价格理论

第三版

Price Theory

An Intermediate Text

[美] 大卫·D. 弗里德曼 David D. Friedman 著

左子杭 程琭 译

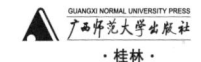

广西师范大学出版社
·桂林·

价格理论
JIAGE LILUN

Price Theory: An Intermediate Text
© 1985 by David D. Friedman c/o Writers' Representatives LLC, New York. All rights reserved.
著作权合同登记号桂图登字：20-2019-158

图书在版编目（CIP）数据

价格理论：第三版 /（美）大卫•D. 弗里德曼著；左子杭，程琭译. -- 桂林：广西师范大学出版社，2024.9. -- ISBN 978-7-5598-7106-0

Ⅰ. F014.31

中国国家版本馆 CIP 数据核字第 2024794ZM8 号

广西师范大学出版社出版发行

（广西桂林市五里店路9号　邮政编码：541004）
（网址：http://www.bbtpress.com）

出版人：黄轩庄
全国新华书店经销
北京盛通印刷股份有限公司印刷
（北京经济技术开发区经海三路18号　邮政编码：100176）
开本：787 mm ×1 092 mm　1/16
印张：40　　　　　　　字数：780 千
2024 年 9 月第 1 版　 2024 年 9 月第 1 次印刷
定价：139.00 元

如发现印装质量问题，影响阅读，请与出版社发行部门联系调换。

序

现代经济学首先是一种思考社会行为的方式。当一个人决定做一件事时,经济学家会本能地去找超过这个人的成本的收益;反之,如果他决定不做某事,经济学家就会去找超过他收益的成本。更进一步,如果两个人自愿参与一项交易或贸易,经济学家就会寻找双方之所得,而不是一方之所得与另一方之所失。

近几十年来,人们越来越认可,这种经济思维方式能为大不相同的经济体制下的人类行为提供洞见。它同时被用来帮助理解人类学家所研究的原始社会和现代的先进经济体,婚姻、送礼等潜在市场的个人交易和股票市场等有组织市场的交易,犯罪的决定和学习经济学的决定,大学毕业生的决定和文盲的决定。

尽管过去几十年来,用经济学思维分析的行为类型已经大为扩展,但讲经济学原理的教科书大都仅有一个狭窄的经济学视野。这并不令人意外,因为一个学科领域的最新发展通常在很多年后才会被写入教科书。幸运的是,近年来,一些经济学教材已经开始有更广阔的视野,而大卫·弗里德曼的这本,在这一点上是我见过的最彻底和最出色的。每一章都显示出一位熟练而富有想象力的经济学家将他的工具应用于他周围的世界。请俯允我从不同章节摘录几个例子来吊起读者朋友的胃口。

认罪协商(plea bargaining)是指检察官同意以从轻量刑来换取被告认罪,经常被批评量刑太轻,让罪犯躲过应得的惩罚,但弗里德曼在第 18 章中指出,认罪协商制度间接加重了想要协商的被告的刑罚!认罪协商避免了对一些被告进行成本高昂的审判,从而使检察官能够将有限的预算更多地用于审判没有协商的被告。通过平均在每次审判花费更多,检察官增加了定罪严判的概率。

关键在于,这种严判也加重了想要认罪协商的被告的刑罚。检察官现在可以拒绝认罪协商,除非被告接受较重的刑罚,因为拒绝协商的被告将会受到更严的刑罚。这就是所谓的"囚徒困境"的一个好例子,或者说是个人和团体激励之间的冲突。通过单独讨价还价,被告被迫接受比他们在一起讨价还价时更不利的条件。

由于广播和电视节目的制作成本很高,但对观众来说"免费",因此每个电台必须以间接的方法收回制作费。最常见的方法是为产品做广告,公司支付广告费。不太常见的方法是向观众募捐,这主要是被"教育类"广播和电视节目采用。然而,募捐同样会遇到认罪协商中遇到的团体和个人激励之间的冲突。观众可以通过共同捐款换来更好的节目,但每个个体都想不捐款就看到节目。

在西方,宗教节目可以提供适当的激励,即声称捐赠给信仰或传教士可以提高捐赠者在上帝面前的地位。因此,每个观众不能将支持责任推给其他人,否则就没有履行对上帝的责任,而上帝知道每个人的所为。弗里德曼据此来解释为何广播布道比纸媒布道更常见。

最后一个例子是关税、配额和其他进口保护。将近200年前,亚历山大·汉密尔顿认为,美国的幼稚产业应该受到关税保护,这样这些产业的发展就不会被进口带来的竞争扼杀。然而,有证据表明,进口保护主要不是保护成长中的新生产业,而是保护弗里德曼所说的夕阳产业,如钢铁业和鞋业(见第19章)。他揭示了特殊利益集团之间的政治影响力竞争为关税和其他主要惠及衰落的旧产业的贸易限制措施提供政治支持。这是一个用经济思维来解释政治行为的绝佳例子。

经济理论是一个强大的引擎,使得经济思维方式能更快、更深入地应用于行为。诸如效用、成本、生产函数、投资、均衡和策略行为等概念在构建这个引擎时非常有用。由于经济思维方式与普通的行为思维方式迥异,掌握经济理论需要全身心的投入和系统的学习,以掌握其逻辑和结构。这些理论见本书的前16章,尽管应用举例也散见于这些章节。弗里德曼依靠几何和语言推理,基本上规避了数学。尽管如此,讨论还是足够严谨,也考虑了经济理论的各种优缺点。

我向学生和其他对我们的经济和社会好奇的人强烈推荐这本书。大卫·弗里德曼显然很享受他的写作,因为他的热情几乎体现在了每一页纸上。你可能会发现他的热情会感染你,并且在你使用新的思维方式去理解(也许是改善)你周围的世界时,你也会觉得有趣。

芝加哥大学经济学与社会学教授
加里·贝克尔(Gary S. Becker)

引言

给老师的介绍

本书主要是为中级微观课程而编写的,修这门课的学生已经掌握了经济学原理。然而,本书是完全自成一体的,不要求你曾学过经济学知识。我希望它也能被用作特别合格的学生的入门课本,如优等生、本科生或在商学院或法学院修第一门经济学课程的学生。

本书与其他中级价格理论书籍的主要区别在于强调经济直觉,强调学会像经济学家那样思考。对研究生的一个常见抱怨是,他们有好的经济学技能,而没有经济学见解。我的目标是,在讲授基本技术工具的同时,让学生将注意力集中在理解他在做什么以及为什么。如果到最后,知道结论已被证明,但却不知道为什么它是真的,那么按部就班地进行数学证明是没有意义的。

由于对经济直觉的强调,本书的组织方式不太传统。前两章旨在向学生展示经济学是什么,为什么有趣和有用;接下来的六章介绍了无差异曲线、效用函数、消费者剩余等传统工具,并用它们来分析非常简单的经济体。一旦学生们清楚了解了简单经济体是如何组织起来的,他们就能逐步加入诸如公司、垄断、变化和不确定性等额外的复杂因素。

在试图讲授经济直觉的过程中,尤其是在本书的开头和接近结尾的部分,我将对经济学进行大量的非常规应用——用于战争、爱情、婚姻、盗窃及许多其他的"非经济"问题。我的目标是呈现经济学家眼中的经济学——不是关于经济事实的堆砌,而是理解几乎所有人类行为的强大方法。

教学细节

在组织本书时,我按主题分配章节,而不是将材料平分成每部分25页。虽然这样的安排对作者和读者都很方便,但却给授课者带来了一些难题,尤其是那些从未教过这本书的教师,对每一章要花多长时间没有明确的概念。

这个问题将通过两种方式解决。每个章节，尤其是较长的章节，有详尽的小节划分，因此可以将一章的第一部分分配一个课时，第二部分分配给下一课时。此外，《教师手册》（Instructor's Manual）还包括一个带注释的目录和为不同时长和重点的课程设计的一些教学大纲建议。该手册早已绝版，欢迎有兴趣的教师与我联系获取一份电子版。

我希望这本书将被相当多的师生使用。考虑到学生多样的背景，我在许多章节末尾处加入了选读章节，包含了一些更高阶的材料。仅在这些章节，我会假定学生们对微积分已很熟悉。为了适应教师的口味和课程时长的不同，书中包含的材料比任何人在一学期的课程中实际讲授的材料要多。几乎所有前面的章节都是必不可少的，但许多后面的章节不是。特别是在应用部分，教师可以自由地讲授那些自己或他们的学生最感兴趣的章节，而忽略其余章节。

我编写了计算机程序配合本书使用，旨在讲授在这种形式下比在更传统的课本或讲课中更容易理解的经济概念。这些程序是为20世纪80年代的计算机——最初的 Macintosh 和装了 MSDos 的 IBM 个人电脑编写的，目前还没有更新成可以在现代电脑上运行的版本，尽管它们在虚拟机上（under emulation）应该仍然可以运行。任何对运行这些程序感兴趣的人，或者最好是有兴趣更新它们的人，可以在 Living Paper 找到它们以及其他讲授经济学的软件项目。

给学生的介绍

高中和大学的经历让许多学生相信，学习一门课程就是背诵一系列的结论。阅读教科书就成了一项创造性的划重点练习，从500页的文字中提取出含有期末考试答案的30或40页。

记住这样的一组答案集就像记住一组随机数字一样容易，也一样没有什么用处。参加这种课程的学生一般在期末考试后不久就会忘记所学的大部分内容。

本书对于经济学（和其他大多数事物）的教学方法有一个不同的理念：既然答案很难记住，也很容易查到，那么就应该侧重于学习思考的方法。本书有两个核心目的，其一是向你介绍"经济学的思维方式"（这个名字是我一个竞争对手起的）。经济学家，甚至是政治观点大相径庭的经济学家，都有用来理解人类行为的共同方法，这在他们看来是很自然的，而在大多数非经济学家看来确实非常奇怪。本书旨在向你们介绍这种思维方式，希望你们中的许多人会觉得有趣，至少有些人可能会发现这种思维方式好到难以抗拒。在这个意义上，我是一个传教士。

第二个核心目的是向你们传授现有的经济分析核心。经济学有别于其他大多数社会科学的一个特点是，它有这样一个核心——一套行之有效且密切相关的思想，它是该领域几乎所有工作的基础。这个核心就是价格理论——分析东西的价格为什么会是这样,以及价格如何发挥协调经济活动的作用。

本书分为六个部分。第一部分是对什么是经济学的一般介绍,以及为什么它值得学。第二部分展示了在一个简单的经济体中,商品和服务的销售价格以及生产和消费数量是如何确定的。这是本书最重要的部分。如果你完全理解了它,你对经济学的理解,就像法国六岁儿童对法语的理解一样了。你可能仍然未知许多细节和复杂因素,但你会理解经济运作的基本逻辑。第三部分补充了上一部分省略的最重要的复杂因素,包括公司、垄断、变化和不确定性。第四部分介绍了经济效率的概念,并说明如何用它来评估不同经济安排的结果。第五部分介绍了前几部分观点在现实世界的一些应用,有些是传统的应用,但大部分不是。本书的最后一章讨论了经济学的好处和经济学家在做什么。

有些章节在结尾处有选读章节;这些章节包含的材料本身很有趣,也许在以后的课程中也很有用,但对于理解课文的其余部分并不重要。它们是为那些认为那一章的观点非常有趣而想进一步研究的学生准备的。其中有些,但不是全部,假定读者熟悉微积分。

在阅读本书过程中,我希望你注意到理解事物的重要性而不仅仅是记住它们。如果你还不曾试过,你可以试着在心里放一个警钟,每当我说"因此……"而你看不出来为何是这样时它就响起,或者每当我说答案是图上某个点,而你找不到很好的理由解释为什么是那个点而非其他点时它就响起。当警钟响起时,请回过头来看看你是否错过了什么。如果还不明白我写的,就请问你的老师,或其他同学,或其他人。这一切都应该是有道理的;如果没有,那就是我们中有一个错了。你可能最终会得出结论说错在我(或者排版员),但你应该在一开始就假设是你的错。

第三版说明

本书的第一版出版于1986年,第二版出版于1990年,第三版出版于2019年。第三版不同于第二版的是,它恢复了第一版中有而第二版删去的两章(第二十二章和第二十三章)。

不同于前两版,本版既有电子版也有印刷版。我把这本书以这种形式重印的部分原因是,目前典型的价格理论课本的价格约为100美元,因此,提供多一种选择——定价10美元的电子书和20美元的印刷版似乎是值得的。

我对各章的文字基本未作改动。这就是为什么第二十二章的公寓租金为200美元,一些读者,特别是那些生活在纽约市或旧金山湾区的读者,可能会觉得这显然不可能。

但在1986年,这是可能的。

献辞

本书献给
A.S.,
D.R.,
A.M.,
M.F.,
我从他们那里学到了经济学。并献给
Linda,
Ruben,
以及其他所有使教授经济学的价值大于成本的人。

我还要感谢帮助我写作这本书的人——电脑的创造者们（第一版用的LNW,第二版和第三版用的Macintosh）、写作本书的文字处理软件（LeScript、WriteNow和Word）,以及图形软件（MacPaint、MacDraw、EazyDraw和GraphicConverter）。还要感谢David Besanko、Jerry Fusselman、James Graves和Lawrence Lynch,他们提出了有益的意见和建议。并特别感谢Wolfgang Mayer,他发现并纠正了超出作者对审稿人的合理期待的缺陷。

最后,我感谢艺术界的朋友们,他们慷慨提供了英文第三版的封面和第一章思考题的漫画。

目 录

第一篇　为了乐趣和利润的经济学　　001
第一章　什么是经济学？　　003
第二章　经济学家如何思考　　022

第二篇　价格＝价值＝成本　简单经济中的竞争均衡　　037
第三章　价格、成本和价值　　039
第四章　边际价值、边际效用与消费者剩余　　080
第五章　生产　　110
第六章　简单贸易　　130
第七章　市场：把需求、供给放在一起　　151
第八章　宏图　　179

第三篇　复杂情况：走进现实　　191
第九章　企业　　193
第十章　少量企业问题：垄断的全部　　236
第十一章　棘手的问题：博弈论、策略行为与寡头垄断　　273
第十二章　时间　　319
第十三章　机会　　344
第十四章　收入分配与生产要素　　386

第四篇　评判结果　　　　　　　　　　　415

第十五章　经济效率　　　　　　　　　　417

第十六章　什么是有效率的?　　　　　　437

第十七章　市场干预　　　　　　　　　　461

第十八章　市场失灵　　　　　　　　　　481

第五篇　应用——传统与非传统　　　　509

第十九章　政治市场　　　　　　　　　　511

第二十章　法律与违法经济学　　　　　　530

第二十一章　爱情与婚姻经济学　　　　　553

第二十二章　供暖经济学　　　　　　　　579

第二十三章　通货膨胀与失业　　　　　　602

第六篇　为什么你应该购买本书?　　　621

第二十四章　最后的话　　　　　　　　　623

第一篇

为了乐趣和利润的经济学

第一章　什么是经济学?

经济学通常被认为是一连串特定问题(比如如何降低失业率?物价为何上涨?银行系统如何运作?股价是否会涨?)的答案,或找到这些答案的方法。但这两种表述都没有充分定义经济学:既因为要解决这些问题并非一定得依靠经济学知识(例如,尽管准确率堪忧,但占星学也可对上述问题做出回答),也因为经济学家利用经济学解决的问题有时看起来与"经济"不相关(例如,家庭子女数量由什么因素决定?犯罪率如何得到有效控制?政府如何施政?)。

而我更倾向于将经济学定义为理解人类行为的一种方式;一般认为的"经济学问题",只不过是这种理解方式被证明有用的先例罢了。

经济学是理解人类行为的一种方式,这种方式先假设人有目的,且往往会选择正确的方式去实现既定目的。

上述假设的后半部分,即"选择正确的方式去实现既定目的",又被称为**理性**(rationality)。这个术语多少有点误导性,因为它只是表明,人们找到实现目的的正确方法是通过理性评估——分析证据、运用形式逻辑从假设推导出结论,诸如此类。但我们没有必要预设人们如何找到达成目的的正确方法。

对于理性行为,人们可以有其他很多解释。举个简单例子,要实现各种各样的目的,我们首先得活下去,而这就要求我们按时吃饭(除非你的目的就是要用你的尸体去制作肥料)。无论用不用逻辑去推理,那些不吃饭的人,压根等不到经济学家去分析他们的行为。再说得明白些,进化使人类(和其他动物)理性地行动——虽不明就里,但依然照做。这个结论也可以通过试错法来证明:如果你每天都走路上班,你很可能不假思索就能找到去公司的最短路线。在这个意义上,保持理性并不一定需要深思熟虑。在本章最后一节,我会举两个"不假思索的理性"的实例。

我对经济学定义的假设,一半是"理性",另一半是"人有目的"。为了使人类行为更符合经济学,我们必须强化这一部分假设,有时候不得不假设人的目的是相当简单的;如果完全不知道人们的目的是什么,就不可能对他们的行为做出任何预测。任何行为,不管有多奇怪,都可以通过假设行为本身就是其目的的方式来加以解释。比如,为什么我倒立在桌子上并用脚趾头举起一张燃烧的 1000 美元钞票?因为我就是想要倒立在桌子上并用脚趾头举起一张燃烧的 1000 美元钞票。

如果你还是不能明白那些有点复杂的目的是如何导致非理性行为的话,那就想想一个需要在标价不同的两件相同商品之间做选择的人吧。就我们所能想到的几乎所有目的而言,这个人肯定更愿意捡便宜的那个,从而节省开销,以备他用。比如,如果他的目的是帮助贫困儿童,他可以用买东西剩下来的钱去资助他们;如果他是个望子成龙的父亲,那省下来的这笔钱就更有用武之地了。当然,如果他追求的是寻欢作乐和奢侈的生活,那么他可以把省下来的钱挥霍在加勒比海的游艇和高级鱼子酱上。

但是,假如你正在电影院约会呢?你想要买一块糖,这么一小块糖在电影院里卖 1 美元,而路上经过的 7-Eleven 便利店只要一半的价钱。这时候,你会在便利店门口停下来买块糖吗?你想让你的约会对象认为你是个小气鬼吗?不用猜,你肯定会摆摆阔气直接在电影院里买了,让约会对象认为你是个不差钱的主儿(不管有没有用,至少你会这么希望吧)。

有人可能会质疑说这两种糖果并不完全相同;电影院的高价糖果有"取悦约会对象"的附加特征。但如果照这么说,世上就没有相同的两件物品了,"人们会选择两个相同物品中价格较低的那个"的说法也就没有意义了。我认为,只要两件物品对实现目的而言是一样的,那就是相同的,除非在特定情况下,行为人的目的足够特殊,我们基于"相当简单目的"假设做出的预测才会出错。

经济学为什么有用

上文提到,经济学基于这样的假设:人有相当简单的目的,并会选择正确的方法实现目的。这个假设的前后两部分都不正确:人们有时有十分复杂的目的,而且有时会犯错。那么,为何这个假设依然有用呢?

假设我们已经知道某个人的目的,并且知道此人有一半概率能够找到正确方法来实现目的,另一半听天由命。由于正确方法只有一种(或是有限的几种)而错误方案却形形色色,因此,我们可以预测他的"理性"行为,但对其"非理性"行为的预测就无从下手了。如果我们基于"他是理性的"的假设来预测他的行为,就有一半的概率预测正确;但如果我们假设他是非理性的,我们就几乎永远不可能正确,因为我们还得去猜他到底会做出哪一种"非理性"行为。因此,我们更愿意假定他的行为是"理性"的,并承认我们有时会出错。更一般的说法是:理性偏好(倾向),是人类行为中一致——因此可预测——的要素(部分)。如果不愿放弃"并宣称人类行为不可理解和预测",又不想用"理性"假设的话,那剩下的唯一方法就只能借助某种非理性行为理论。这种理论不但要告诉我们人们并不总是做出理性行为,而且还要告诉我们,人们会做出什么样的不理性举动。很遗憾,就我所知,这样有说服力的理论还不存在。①

为什么这种理性假设会比我们起初认为的更有用呢?其一,我们往往考虑的不是单个个体的行为,而是很多个体行为的总体效应。只要个体的"非理性"行为是随机发生的,那么这种随机性行为的影响就很可能会在总体中相互抵消。

举个例子。假设我们要做的理性行为是以更低的价格买到更多的汉堡包。对于要买多少,人们是这么决定的:先做出理性决策,然后抛硬币。如果硬币正面朝上,就在原计划购买量上多加一磅;如果反面朝上,就减少一磅。在这种情况下,每个个体的行为是不好预测的,但汉堡包的总体需求量会和不扔硬币情况下相差无几,因为硬币正面朝上和反面朝上的概率大体相同并互相抵消。

其二,与我们打交道的,往往不是随机人群,而是被选中从事特定职业的人。想想那些公司高管吧。作为公司老总,假如你光"凭感觉"盲目挑选管理层,那恐怕选上来的这些人对于"如何让公司利润最大化"这件事,要么心不在焉,要么力不从心。可无论是心不在焉还是力不从心,这种人肯定是干不了这一行的。如果真的干了,恐怕很快就被辞退;如果侥幸没被辞退,也必定后患无穷,拖累公司直至破产。所以要想预测一个公司未来的表现,将利润最大化假设和理性假设相结合是最合适不过的了。

类似的观点也适用于股票市场。我们有理由认为,投资是股民在准确了解公司价值几何的情况下做出的决策,尽管一般民众甚至一般投资者,根本就对公司的内情知之甚少。结果,那些没能掌握足够信息从而屡屡失败的投资者会亏个血本无归,以致退出股市;而那些掌握大量内部消息从而屡屡成功的投资者会赚个盆满钵满,通过"割"其他股民的"韭菜",拥有越来越多的资本进行下一轮投资。因此,消息灵通的投资者在股票市场中的影响力往往远大于其人数占比。正是因为这种投资者所具有

---

① 第一次写这句话时,我的说法是对的。但如今,至少是有争议了。要了解原因,请阅读获得诺贝尔经济学奖的心理学家丹尼尔·卡内曼(Daniel Kahneman)的《思考,快与慢》。你可以说他创立了一个理论来研究人犯了什么错以及为什么犯错,或将其研究看作理性假设的扩展,会考虑到每个人做决策时心理资源的有限供给。——作者

的与人数不相称的巨大影响力，即使我们假定所有投资者都是消息灵通的，并基于此去预测股市运行情况，依然可以得到一个相对准确的结果，尽管预测的假设并不准确。需要特别说明的是，在本例及上述所有各例中，方法的最终检验标准是此种方法做出的预测结果是否正确描述了现实。一个问题是不是经济问题，我们事先并不知道。只有当我们通过经济学解决它时，它才是经济问题。

经济学思维的简单案例

上文已对经济学做了抽象概括；下面举一些具体案例。为了论证上文提到的"经济学并非一系列需要回答的特定问题，而是解决问题的一种独特方法"这一观点，我会选择某些跟通常认为的与经济学议题无关的例子。我先举两个简单的，再举一些复杂一点的。

假设你正在规划大学校园，想让水泥小径穿过校园的草坪。你知道，包括学生在内的绝大多数人的目的是尽快到达他们想去的地方；你还知道，绝大多数学生都知道"两点之间，直线最短"。因此，你得知要提前防范学生践踏草坪。防范措施包括：围上栅栏，铺设对角线型人行道，增加耐踩踏的地被植物，将草坪换成绿色水泥地面，等等。

需要强调的一点是，假定学生都希望看到绿盈盈的草坪而不愿草坪上被踩出棕色小径，那么如果没人践踏草坪，所有人的情况都会变好。理性是对个体行为的假设，不是对集体行为的假设。经济学研究中，最有趣的问题之一就是：在什么样的情况下，个体理性会（或不会）给集体带来最佳结果？这么说吧，就算某个学生不喜欢看到草坪被随意践踏，他也很可能认为，踩踏草坪给他带来的好处（节省了时间）将远远大于他的损失（轻微损伤草皮）。为了实现自身目的，他可能压根不会在乎他的行为增加了其他同样不喜欢草坪被践踏的人的成本而不是收益——除非让那些人开心碰巧也是他的目的之一。他的行为的总成本很有可能大于总收益，但只要对他本人而言，成本小于收益，他就会采取行动。关于这一点，我们会在第十八章"公共品和外部性"一节再详细探讨。

第二个关于经济学思维的例子，是有关找男卫生间的"弗里德曼定律"：男卫生间总是会在三维中的一个维度上毗邻女卫生间。对建筑商而言，其目的之一就是要最小化建筑成本。比起分别铺设两条小的下水管道，直接用一根大的下水管道连接两个卫生间显然更为省钱。所以,把卫生间建得更近以使用同一根下水道,是更省钱的做法。但这并不意味着同一楼层的两个男卫生间也得修建在一起(尽管不同楼层的男卫生间通常处于其所在楼层的同一位置,以达到垂直方向上的"毗邻")。把男卫生间建在一块固然节省费用,但把它们分布在楼层各处却能让更多使用者轻易找到它们。但如果为了把男卫生间放在一起而把男卫生间和女卫生间分开,就没有任何好处可言了,因为男女卫生间的使用人群不同。所以,男女卫生间通常会被连接在同一条管道。那些按照政府合约而没有执行这条定律的建筑,其成本增加了10%。

第三个例子是,假设某人打算做两个决定:买什么车,以及将选票投给哪个政客。无论哪一个,在正式做出决定之前,他都会投入时间与精力研究备选项,改善决策,以期获得自身利益最大化。在买车这件事上,他最后购买的车必定取决于他决定购买什么车;而对于投票,他的决定就只能使候选人胜出的可能性增加千万分之一。如果没有他的选票,候选人也胜出,那他就是在浪费时间;如果有他的票候选人还是落选,他也是浪费时间。所以,理性思考一番过后,他十有八九会把决策重心放在买车上,为之投入更多时间与精力——毕竟,这样做回报更为丰厚。我们用**理性无知**(rational ignorance)这个术语来描述投票:投票人的这种"无知"符合"理性"——为了获取相关信息,投票人的付出大于其回报。

相较于利益分散,利益集中时的问题会少很多。如果某项法规通过,你(或你的公司)能获得它带来的几乎所有利益,那你极有可能投入很多资源支持这项法规(以及提出议案的政客),从而大幅提高法案通过的概率。如果该法规的代价(成本)分摊在许多人身上,就没人会感到自己的利益受到影响,也就没人会去反对它。这个结论的含意,你会在探讨"政治经济学"的第十九章看到。

在阐释上述例子的过程中,我悄悄改变了对"理性"的定义。之前,理性指的是对该做什么(what to do)做出正确决策——比如,投票选出正确的政治家。现在,理性指的是对如何决定要做什么(how to decide what to do)做出正确决策——只有在收集候选人的信息的价值大于其成本时,才去收集信息。对于很多目的,第一个定义已经足够;而当问题的本质在于获取和使用信息的成本时,就有必要用到第二种定义了。

我要举的最后一个例子很有趣,是关于打胜仗的问题。在现代战争中,很多士兵在战场上根本不开枪;而那些开枪的士兵很多也只是胡乱扫射一通,并不会瞄准谁。但这并不是"非理性"行为。很多情况下,士兵们坚信他们个人的举动对取得战争胜利无足轻重;如果他开了枪,特别是还花时间去瞄准目标,那么这时他更有可能被别人射杀。在军队里,将军和士兵们有两个共同目的:希望军队获得胜利,并在战争中存活下来。但比起一心求胜的将军,在普通士兵眼里,"获胜"这个目的并没有那么重要。因此,理性的士兵们会违背将军下的理性的命令。

有趣的是,一项对"二战"中美国士兵的研究表明,最有可能被射杀的往往是持有"勃朗宁"自动来福枪的士兵。这样的士兵就在类似"集中利益"的情况:因为他所持有的武器的威力比一般来福枪强太多,是一种类似机关枪的自动射击来福枪,只要一扣扳机就会不停射击,所以比起持有普通来福枪的小卒,他的一举一动更可能决定战争走向——这就是他总被射杀的原因。

这个问题并非现代战争才有。在冷兵器时代,士兵也常常要决定是坚守阵地还是抱头鼠窜。假设你就是那时候的士兵。诚然,如果你们都坚守阵地,你方可能获胜;但如果你自己逃跑而其他人继续坚守,你方也可能获胜,同时你被杀死的概率也变小了(除非被战友发现你当了逃兵而射杀你)。如果所有人都逃跑了,你方自然落败,你也很可能会被杀死——但溜得越早,被杀的概率就越小。

解决这个困境有一个名计——烧掉背后的桥①。你领着军心涣散的士兵跨过木桥,到达对岸,然后一把火烧了木桥。你指着熊熊火焰对他们说,看吧,没有退路了,如果你们打不赢,就等着上西天吧!既然你方军队已没有退路,敌方军队还有退路(但愿如此),那你方就赢了。当然,如果你方输了,那么你损失的兵将自然也会比不烧桥要多得多。

美国中学历史课上都讲过,独立战争期间,英国士兵穿着鲜红色军装,排着整齐的几何队形,成为英勇的美国士兵的活靶子,被打得落花流水。然而,在我看来,这些英国人是有意为之。毕竟,在短短三十多年后,就是这同一支英国军队,在滑铁卢奇迹般地击败了那位不可一世的法国将军。我认为中学历史课本犯了一个错误,它没有意识到,真正困扰英国军方的其实是如何控制军队的问题。在如此整齐的队列中,士兵想要神不知鬼不觉地溜到后方无异于天方夜谭;而显眼的军装使得军队被袭击时,士兵很难躲藏起来,从而降低了逃跑的收益。

士兵的个人利益与整支军队的集体利益之间的冲突,在克朗塔夫之战(battle of Clontarf)中体现得淋漓尽致。这个故事记载于《尼亚尔萨迦》(*Njal Saga*)。克朗塔夫之战爆发于十一世纪,对战双方分别是爱尔兰军队和爱尔兰-维京混合军队。维京军队由奥克尼群岛首领西格德率领。西格德有一面乌鸦旗。据说只要旗帜飘扬,军队便会勇往直前,但同时举旗的人也会死去。

---

① 类似"破釜沉舟"。——译者

战争中,西格德的军队不停行进;已经有两名士兵因举旗而丧生。西格德命令第三个人把旗子举起来,但那个人死活不从。遍寻他人无果后,西格德说道:"适合做乞丐的就应该扛起袋子。"他把战旗从旗杆上扯下,绑在腰上,带领军队继续向前。最后,他牺牲了,军队也被击溃。这个故事向我们生动地展现出军队中将帅与士卒之间本质的利益矛盾,以及个体"理性"行为是如何阻碍军队取得胜利的。如果队里再有一两个人敢于举旗,西格德军队就可能赢得这场战斗——当然,这胜利的好处,举旗之人是永远也得不到了。

读完这些例子,你还会认为,经济学只和股票、债券、失业率有关吗?

| 思考题 |

假设你是一位英雄(如柯南、博罗米尔或《龙与地下城》中的角色),手拿一把断剑,正被一群坏蛋(土匪什么的)苦苦追杀。你骑着马,而他们没有。然而不幸的是,你的马已经累得快跑不动了,眼看他们就要追上你了。不幸中之万幸,你手里还有一张弓。但倒霉的是,你只有10支箭。幸好,英雄的你百发百中、箭无虚发。但你可能真的是倒霉到家了,因为他们足足有40个人。如图所示,坏蛋们正紧跟在你后面。

问题:运用经济学知识,想出脱身妙招。

提示:千万别想着和那些坏蛋谈和解。他们以身犯险,只为要了你的命——毕竟,他们知道你是个惩奸除恶的大英雄,定会卷土重来。而且,他们很清楚你有多少支箭。

选读部分

几个较难的例子——经济均衡

迄今为止,所有经济理性案例都还没有涉及不同个体之间的(真正意义上)的"理性"互动。这些例子涉及的要么是单个理性个体——如考虑该把卫生间设在何处的建筑师,要么是由一群处理基本相同事务的理性个体组成的集体。而这样的例子在经济学中很少见。在下一章正式开始构建价格理论之前,我们先思考几个更有难度的经济学案例。这些案例都会导致由很多理性个体互动所产生的均衡。

我会用经济学分析中司空见惯的两个场景——"超市柜台前的队伍"以及"拥堵的高速公路",以此向你们展示经济学是如何对我们的生活产生不易察觉的实用结果的,以及由此得出的观点是如何被成功用于处理更为复杂的事务的。分析这些例子的逻辑模式将会在之后的经济分析中反复出现。一旦你真正明白了"柜台队伍长度大体相同"与"各个车道基本同速行驶"这两个事件发生的时机和原因,并同时了解了它们在何种情况下不会发生,恭喜你,经济学中最有用的概念之一已经被添加到你的大脑工具箱里了。

▶ 超市柜台前的队伍

假设你正抱着要买的商品站在超市一排收银柜台的一端。离你最近的队列很长,你根本看不到其他队列的情况;你只知道你那一端的队列有很多人,却不知道其他队列的情况会不会好一些。这时,到底是应该四处打量一番,找到最短的队列,还是应该径直走到离自己最近的那一队?

第一个也是最简单的答案是:就近排队。各队的长度大体相同,你不必浪费时间寻找更短的队列。这是为什么呢?

考虑一下图 1-1 中相邻的两队,例如 4 队和 5 队。有些顾客可能并不会像你一样径直走到某个队伍末尾去排队,而是会在两队之间的空隙处观望一番。这样,他们就可以清楚地知道两个队列的长短状况,从而去相对短的那一队等候结账。这样,他们就无形中"取长补短",从而使两队的长度大体相同。推广到所有队列,其结果自然也是如此。既然长度都差不多,你也就不必再花心思去找那最短的一队了。

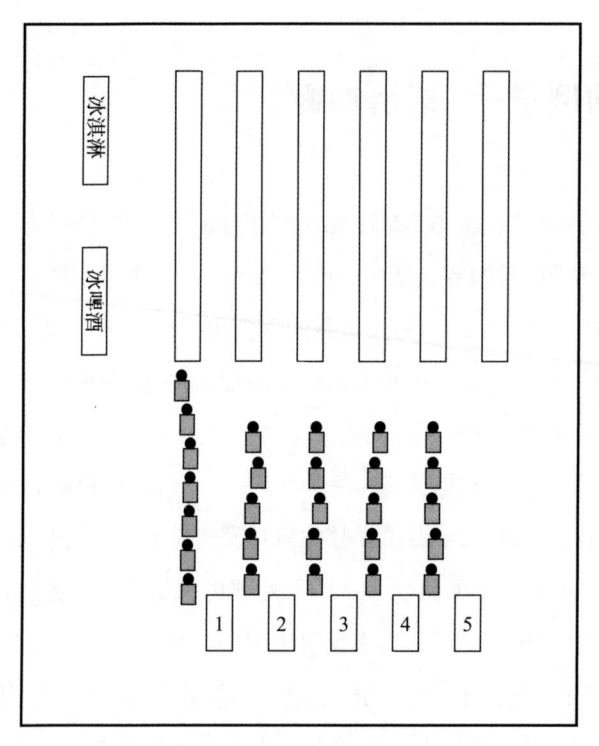

图 1-1

上述论证隐含一些假设。如果假设是错的,论证可能就不成立。例如,假设你去1队排队仅仅是为了想在等结账时顺便买点旁边冷柜里的冰淇淋和冰啤酒。许多顾客也想最后再买这些,所以纷纷来到1队。即使那些在1队与2队中间观望的顾客全都去了人少的2队,2队的人数还是赶不上1队。如果所有顾客都相信上一段的论证并照其行动,那么1队的长度肯定会比2队长,甚至显著长于其他队列;那么,上述论点就是错误的。

设想你在电脑上编了一套程序,让两队长度如上所述变得相等,并设定每分钟有10个人从一端进入排队收银区域,在那一端只能看到1队,另外有6人会去往两队中间观望。此时电脑程序会告诉你,在观望的6个人中,得有8个人去往2队、-2个人去往1队。由于1队原本就有10个人,10加-2刚好等于8——与2队人数相同。电脑"解决"了你的问题,洋洋自得地把答案显示在屏幕上。

然后你重新编程,并在程序中特别指出,去往某队的人数不能小于零。更数学的说法是,人数(站在两队间并从中选择一队的顾客人数)不能为负。在这种情况下,电脑程序所能给出的最优解就只能是让那 6 个人全部去往 2 队——但即使这样,两队人数依然不相等。

这种结果叫做角点解(corner solution),对应了这样一种数学情况:函数极大值并不在其曲线的最高点,而是在曲线与坐标轴的交点处(如图 1-2a 所示)。在这种情况下,很多一般性的结论(譬如前面所说的超市队列等长理论)可能都不再成立。如图 1-2a 所示,相应的结果是曲线极大值的切线并不是平行(于横轴)的。如果极大值是内点解(interior solution)(如图 1-2b),那极大值的切线就是平行的。在经济学(尤其是数理经济学)中,角点解通常就是一般性定理那令人头大的例外情况。

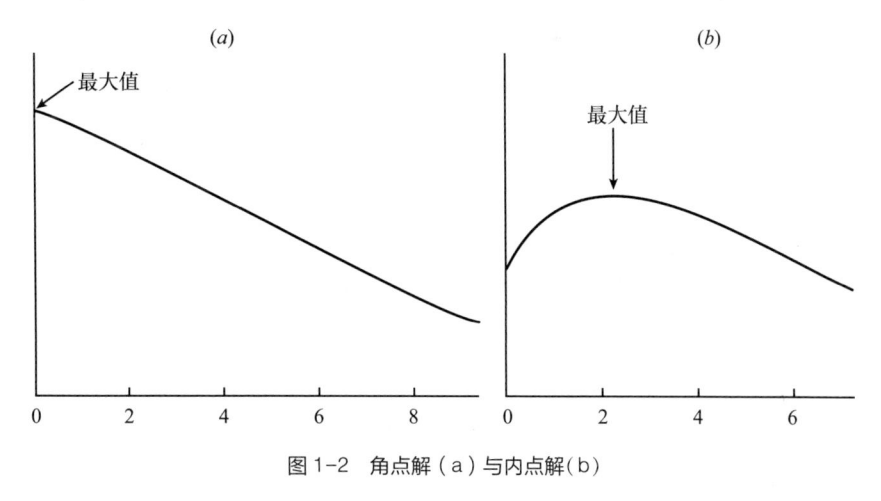

图 1-2 角点解(a)与内点解(b)

在内点极大值处,曲线斜率是 0;在角点极大值处,斜率不一定是 0。

迄今我们一直都假设,在两队间做选择的顾客在看出哪队更短上是没有成本的。但事实并非总是如此。毕竟,我们所说的队列长度,指的并不是空间上的长度,而是排队的时长;比起前面只有八个人但每个人都有满满当当一车东西的队伍,你可能更愿意去往有十个人但每个人手里只有几件东西的那一队。衡量哪条更短,着实需要费一番心思。自然,如果系统运转得足够好,以至于每队所需时长都一样,那就没人会费这个心思了。但事实并非如此。没有什么能让排队时长保持一样。均衡状态下,队长的差别平均而言必须能够补偿找出更短队伍的精力。如果队伍长度的差别比均衡状态下大,人们自然会寻找最短队伍,从而使各队的长度趋于一致(不考虑角点解情况);而如果队长差别比均衡状态下小,人们就不会费精力找了。

现在我们不妨假设,每个顾客预判排队时长的能力都相同。而在这些顾客中,碰巧有一小部分人知道,3 队的结账速度是其他队列的两倍。这些"知情者"都跑去了 3 队。对于"不知情者"而言,3 队看起来比其他队伍都要长——但由于结账快,3 队实际花费的时长要显著短于其他队伍。不知情者不会主动选择3队,直到它的长度跟其他队一样。就这样,知情者和一些走运的不知情者,享受到了二倍速的闪电结账服务。

消息不胫而走,越来越多的顾客成为知情者。尽管所有的知情者都蜂拥而至,由于结账速度快,3队在长度上依然能与其他队伍保持一致,甚至更短;因此,即使知情者越来越多,由于收益大于成本,依然会有源源不断的顾客相继加入。在此基础上,每有一个新的知情者加入3队,令原本整齐的队伍看起来比其他队长了一些,就会有一个不知情者打消前往3队的念头。

最终,3队里面的不知情者全部离开,队伍中只剩下知情者。随着知情者越来越多,3队的长度开始显著增加。此时已不可能再回到五队等长的均衡状况;因为那些不知情者错误地相信队伍越长,排队时间也越长,因此不再主动去往3队,而知情者可不这么想。最终,知情者数量暴增,直至3队的长度是其他队伍的两倍,排队时长与其他队列一样;成为知情者的好处就消失了。

用传统经济学语言描述上述情景就是,(在"做出正确决策"的意义上,)理性行为需要信息。如果获取信息有成本,那么只有在回报大于或等于成本的情况下,人们才会为理性行为获取信息。如果每队长度要相同得知道一点信息,那么队伍时长的差别应该足够大,大到知道哪条队最短所节省的时间能收回获取这个信息的成本。这个原理所适用的成本包括打探哪个队列最短和研究收银员中哪个收银更快。最初的论证是基于信息近乎无成本的假设,这个假设大大简化了很多经济论证,但在使用时要格外小心。

上述论证至少还有一个隐含假设。我们一直假定,顾客全都想尽快结账离开超市。但假如这家超市碰巧是当地居民的社交中心呢?顾客巴不得前面队列再长一点,这样他们就有足够的时间和朋友们谈天说地以及扩大交际圈。他们根本不想快点出去,自然也就不会费心寻找最短队列,整个论证也就立不住了。

▶ 堵车的烦恼

类似的分析过程也可应用于高速公路的行车道。有些时候你被堵在高速上,更为恼火的是,似乎永远有那么一个车道看起来比你所在的车道通行更为顺畅。此时,显而易见的策略就是变道。但如果你真的这么做了,几分钟后,你会惊讶地发现,那辆原本还在你后面的蓝色小破卡车现在居然已经开到了你前面。

要想理解总是选错车道的原因,我们不妨考虑一下那条你进入之后变慢的车道。

本来这条车道是比较快，可是只要一有车从其他车道横插进来，前行速度就会变慢；久而久之，各条车道的速度就会趋同，这与上文中超市队伍的"等长现象"是一样的道理。所以，一开始这条车道的确是最通畅的，但这只持续到其畅通被司机发现的那一刻。

同样，这个案例也有更复杂的分析：把精神损耗和挡泥板剐蹭的损失也计算在内。平均而言，如果每个车主都是理性的，那么他们从变道中获得一点好处才会变道——否则，没人会变道，上述机制也就不会奏效。对边际变道者——刚好满足变道策略的人而言，变道的回报等于成本。如果收不抵支，他不是边际变道者；如果收大于支，自然有其他人去做边际变道者。理论上讲，如果你知道每个司机采用变道策略的成本（精神与剐蹭损失——神经大条的司机或旧车的成本会低些）以及多少个变道者才能够将变道产生的利益降低任意给定数额，你就可以准确定位到那个边际变道者，并计算出变道的总收益。在本章最后，你会知道具体该怎么做。如果你现在就知道了，那么你已经是一名经济学者了——不管你有没有学过经济学。

▶ 更为重要的应用

医生的收入很高；医生也做了很多年医学生和实习生。这两件事并非毫无关系。不同职业有不同的薪资，其运作机制与上述案例大同小异。在考虑了薪资、风险与学习成本等等后，某个职业在净值上比另一个更有吸引力，那么会有很多人选择该职业，从而拉低了薪资水平。因此，对边际求职者来说，各种职业的吸引力从某种意义上讲是一样的。所以，在决定从事哪个职业时，将薪资最高作为唯一评判标准显然失之偏颇。不仅有其他因素，而且有理由相信其他因素在薪资最高的职业中是最糟糕的。你更应该关注的是，相较于其他求职者，你更适合的职业是什么。上文中，你通过比较自己与他人座驾的新旧状况来决定换不换车道，通过比较自己与其他顾客所买物品的多少来决定是否去寻找较短队列；选择职业也是一样的道理。

相同的论证适用于股票市场。一般而言，如果某个公司行情大好，你就应该买进这家公司的股票。但如果其他所有投资者也知道这个消息，那么这家公司的股价就已经反映这个信息了。如果买进那么划算，谁还会卖出呢？所以，你应该买进的，是那些你知道正在变好，且比大多数投资者所认为的都要好的公司的股票——即使从绝对意义上说，它并没有那么好。

我的一个朋友曾经连续好几年投资成功，他的秘诀是反传统智慧而行之。他寻找那些运营不佳的公司并评估其破产后可供清算的资产现值。有时候他会发现，某些公司的净资产竟然高于其股票总值。于是他便买进这类公司的股票,打起如意算盘:如果该公司能够一转颓势令股价上涨自然是好;若是每况愈下以至于最终破产,抛售它们的资产,则股价还是会上升。

如果你对以上内容读了一两次就了然于胸,那在今后选择职业的时候,你不妨考虑考虑当个经济学家。

负反馈

本章有几个情境涉及一个原理——负反馈。一个类似的实例便是开车。如果车子跑到了目的地的右边,这时候方向盘应该向左打一点;如果车子行驶到目的地的左边,这时方向盘应该向右打一点。之所以叫"反馈",是因为行驶方向的一个差错"反馈"给控制方向机制(通过你再到方向盘)。之所以叫"负反馈",是因为一个方向(右)上的差错导致在另一个方向(左)上的纠正。举一个与之相对的正反馈例子——麦克风上扩音器音量被调得过大时的尖锐刺耳声。原本很细微的噪声被麦克风捕捉,被扬声器放大,再从扬声器(喇叭)中传出来,声音又再次反馈给麦克风。如此往复,噪声愈来愈大,最终超出扬声音频范围。

在超市队列案例中,各队之所以能保持长度相同,也是因为负反馈:如果某一队排得过长,顾客就不会去那里,从而使其变短。同样的,在变道案例中,当某条车道通行较为顺畅时,就会有车辆横插进来,从而使该车道前行速度变慢。在上述案例中,我们最感兴趣的不是反馈过程的细节,而是稳定均衡——一旦偏离便会导致纠正反馈的状态——的性质。

没有心智的理性

在为理性假设辩护时我曾指出,理性并不是假设人们就要符合逻辑地推理。逻辑推理并不是唯一的甚至不是最常见的获得正确答案的方式。我将用两个极端例子来说明这一点,在例子中,我们可以看到那些没有心智(mind)因而不可能推理的非生命体是如何显示出惊人的理性的。在第一个案例中,我会向读者展示一个毫无心智的物体——一堆装满玻璃弹珠的火柴盒是怎样学会理性地玩游戏的。而在第二个例子中,我将会说明那些同样毫无心智可言的基因序列是如何理性地寻找其目标,并以此解释真实世界中的一个惊人的事实——这个事实过于基础,以至于绝大多数人都没法经历,也就没法感到震惊。

▶ 会学习的计算机

假如你准备开发一台电脑,用来玩一些简单的游戏,例如井字棋。有两种编程方式可供你选择:第一种是在程序里为每种情况设定好正确的走法;而第二种则更为有趣,是让电脑程序教自己下棋。首先让程序自动运行,随机落子。每轮游戏结束后,电脑会收到本轮游戏的胜负情况,并相应地调整落棋策略,从而减少采用落败着法的概率,提高采用获胜着法的概率。久而久之,只要游戏次数够多,电脑也能变成下棋大师。

电脑本身并不会思考,其所谓"心智",不过就是一种能够识别"战况",用某种随机机制落子,然后根据胜负情况调整概率的装置。与之类似的还有这样一种小游戏:在游戏界面,你可以看到一堆装着或黑或白的玻璃球的火柴盒。游戏开始后,程序会随机挑选玻璃珠,并根据其颜色决定其走法。久而久之,在游戏结束时,每个火柴盒里的玻璃球都被调整到使走法获胜概率更大而失败概率更小。

这种火柴盒游戏及其更为复杂的衍生程序同样不会思考,但它们却是理性的。它们的目的都是获胜,而且在经过足够长的时间去"学习"如何获胜后,它们往往就能选择正确方法实现获胜的目的。我们也可以像理解和预测人类行为的方法一样,去理解和预测它们的行为。所谓理性,只不过是某种获取正确答案的能力,其实现方式多种多样,并非只有理性思考。

▶ 经济学与进化论

经济学与进化论有着千丝万缕的历史渊源。进化论的两位提出者达尔文(Charles Darwin)与华莱士(Alfred R. Wallace)都曾表示,他们的思想源于托马斯·马尔萨斯(Thomas Robert Malthus)。马尔萨斯是李嘉图地租理论的提出者之一。该理论是现代经济学的基石之一,尽管以大卫·李嘉图(David Ricardo)之名命名,但李嘉图只是使用了该理论,并没有提出它。

而且,这两门学科背后的逻辑结构也十分相似。经济学家认为,人们通过正确选择来实现自身目的,但对其达成目的手段背后的心理学因素不甚关心。而进化学家认为,基因——这种影响生物遗传活动的最小单位——通过影响生理构造与生物行为,实现物种成功繁殖的最大化(简单来说,就是后代越多越好)。因为目前存活下来的物种,其祖先必定具有较强的繁殖能力;它们携带着这些"繁殖优胜者"祖先的基因,也会有足够的能力继续繁衍后代,生生不息。但除此之外,对于诸如基因如何操纵器官的那些细节,进化学家并不怎么关心。另外,经济学与进化学中还存在一些共同的研究模式。经济学对个体利益与集体利益冲突的研究,也与进化学中对基因利益与物种利益矛盾的探索,有不谋而合之处。

罗纳德·费希尔(Ronald Fisher)对观测到的性别比例的解释便是个很好的例子。我们知道,在很多物种内部,包括我们人类,雄性后代与雌性后代的数量大致保持一致。从整个物种的利益角度来看,这样的性别比例并无明显益处;毕竟,一个雄性生物可以与多个雌性交配育种。但即使是在只有极少数雄性才交配成功的物种内部,性别比例依然保持在1∶1左右。这是为什么呢?

费希尔的答案如下。设想在某个种群中,雌性的比重为三分之二,如图1-3所示。现在我们向下研究三代。众所周知,每个第三代个体都有一个父亲与一个母亲;如果在第二代中,雌性的数量是雄性数量的两倍,那么就说明,每个雄性所拥有的后代数量将是雌性所拥有的后代的两倍。这就意味着,平均来看,生了儿子的第一代个体,其孙子数量是生了女儿的第一代个体的孙子数量的两倍。如图1-3所示,个体A有6个后代,而B只有3个。A的父母在孙子上的回报是B的父母的两倍。

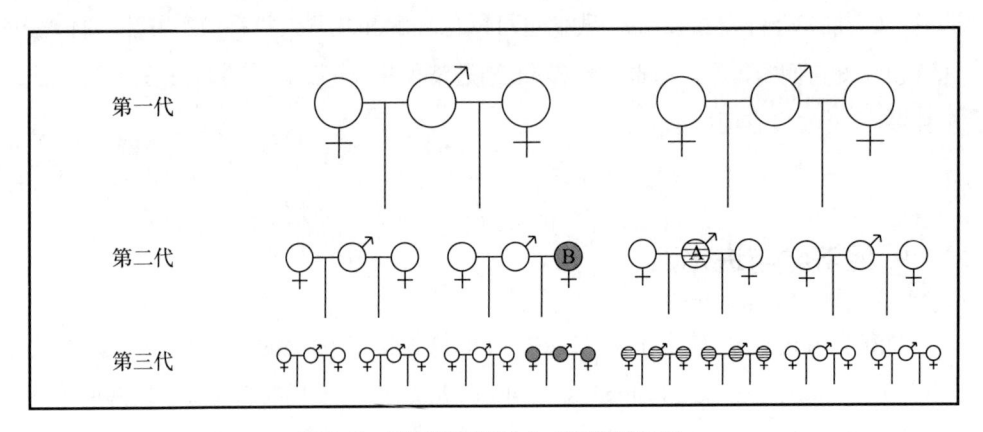

图1-3 初始雌雄比例为2∶1的种群的三代

有儿子的第一代成员,其孙子数量是有女儿的第一代成员的孙子数量的两倍,所以生育儿子的基因增加,最终使性别比例回到1∶1。

因此,如果雌性的数量多于雄性,那么生育儿子的夫妇,其后代数量要比生育女儿的夫妇的后代多。而由于生出儿子的夫妇拥有更多后代，那么就会有较多的人口是他们的后代，拥有他们的基因——其中自然就包括生育儿子的基因。如此下去，生育雄性的基因在人口中的占比就会越来越大。

这时，一开始设定的"雌性比重占三分之二"就很难保持稳定。只要种群中的雌性占比超过一半，剩余雄性后代的基因数量就会比生育雌性后代的基因数量增长快，从而使雌性后代的占比下降。自然，如果雄性比重超过一半，生育雌性后代的基因会占优并扩散。所以，无论一开始是谁占优，最后性别比例都会相等。

在上述论证过程中，我附加了一个隐含假设，即生育雄性与雌性的成本完全相同。但如果对于具有显著性别二态性（即雄性与雌性的体格相差很大）的物种来说，以上结论可能就要改成：雄性与雌性后代的重量总和（后代平均体重乘以后代的数量）大致一致。我们还可以考虑一些更为复杂的因素，例如抚养不同性别幼体直至成年的成本差异。然而，即使不考虑上述因素，只通过微观实体理性行为的简单论证，也能够非常成功地解释在周围世界所观察到的规律。基因固然无法思考，但在上述情况和其他很多情况下，为了实现在未来世代的遗传最大化，它们的表现就好像（as if）经过精心计算一样——真可谓"殚精竭虑"。

· 习题 ·

1. 在讲理性人假设时,我曾说人有时会犯错,他们的正确决策可以预测,错误决策则不能。你能想到其他声称能预测错误的理解人类行为的方法吗?请讨论。

2. 举出一些明显的非理性行为,同时又是实现一个奇怪或复杂结果的正确方式(但不能举书里举过的为约会对象买糖果的例子)。

3. 在本章乃至全书中,我都把个人偏好看成既定的,不评判人们的偏好是否"正确",也不考虑个人偏好可能会改变。

   a. 你认为一些偏好优于另一些偏好吗?举例并讨论。

   b. 描述那些你认为只能被解读为试图改变人们偏好的举动,尝试从经济角度分析这些举动。

4. 弗里德曼的"寻找男厕所法则"可称作"已成化石的理性"——无论建筑师是生是死,他的理性都已凝固在他所设计的建筑中。

   a. 你能想到其他例子吗?请讨论。

   b. 描述一下在哪些情况下,我们不是从行动者的理性去推断某事的结果,而是从结果来推断行动者的理性?

5. 从古至今,将军们使用了哪些手段(除了文中讨论的那些)防止士兵以为逃跑、不瞄准或其他违背所在军队利益的行动于他们自身有利?

6. 前一问题不仅存在于你方军队中,也存在于敌方军队中。讨论将军可能会如何利用这一点,如果可能的话,给出真实世界的例子。

7. 在最近与我们一位院长的谈话中,我说那年我错过了两到三场教职工会议,可谓心不在焉。我应该到会的,我希望他能提醒我。他回答说,他负责的午餐会已经解决了这个问题,因为安排了美味的巧克力甜点,他确信我不会忘记。

   a. 这种让我记住事情的方法,是经济学解决方案吗?

   b. 在什么意义上这种方法的奏效(或不奏效)表明我是选择忘记去开会?

8. 本章讨论了每个个体的理性行为会导致大家都不想要的结果。请基于你自身经历举出这类例子。

9. 许多选民不知道国会议员的名字,而这符合理性。请列举一些理性的无知的例子,解释一下为什么你的无知是理性的。如果许多人都说这是你本应知道的事情,则可加分。

以下是选读部分的问题:

10. 超市排队、高速公路、股票市场的分析都是类似的。在每种情况下,论证方式都可以概括为:"结果具有特定的模式。否则,人们以使结果更接近该模式的方式改变行动,就对他们有利。"这种情况称为稳定均衡。你能想到书里没讨论过的其他例子吗?

11. 超市的快速通道总是更快吗?如果不是,什么时候更快,什么时候不是?

12. 在超市的例子中,我首先假设你已拿满了杂货。为什么?该假设是如何简化论证的?

13. 我讲到了一位朋友的投资策略,他是一位非常有才华的会计师。我认识他时,他二十出头,为那些想通过 CPA 考试的人提供培训,收入不菲。这与他的投资策略有关系吗?

14. 有没有什么理由会让我的会计师朋友希望这本书,至少这一章,不出版?

15. 根据你的自身经历举出一些正负反馈的例子。

16. 某些行业很吸引人,但报酬很低。考虑一下饥饿艺术家这个刻板印象——或者我的一个朋友,他兼职做店员的同时,在努力成为一名专业的鲁特琴师。工作吸引力和低工资之间的联系是偶然还是有逻辑上的联系?请讨论。

17. 你多年来一直在收集某支股票的行为数据。你注意到,每到 13 日逢星期五,该股票就会大幅下跌,但在接下来的几周内又会回升。你的结论是,迷信的持股者因担心坏运而卖出他们的股票。你能利用这一信息做些什么?你的行动会带来什么影响?假设有更多的人注意到该股票的表现并相应行动,会有什么结果?

18. 将你对上一个问题的回答推广到其他股票价格变化可被预知的情况。对于计划通过绘制股票走势图并利用其结果预测市场何时上涨来赚钱,这有什么启示?

19. 假设在弗洛里塔尼亚,因为当地人不相信女性接受教育的意义,养育一个儿子的成本是养育一个女儿的成本的三倍。他们喜欢孙子,每对夫妇都希望有尽可能多的孙子。而由于现代科学和古代巫术的结合,父母可以控制后代的性别。当地男女性别比例将是多少?请解释。

20. 弗洛里塔尼亚人的主要食物是绿鸡蛋和火腿。生产一磅绿鸡蛋的成本正好是一磅火腿的两倍。绿鸡蛋产量越高,价格就越低;火腿也是如此。

   a. 你既生产绿鸡蛋又生产火腿。绿鸡蛋的售价是 3 美元/磅,火腿也是如此。在不改变生产成本的情况下,如何增加收入?

   b. 绿鸡蛋和火腿的价格会有什么变化?

c. 如果每个人都理性行事,你能说出绿鸡蛋和火腿的最终价格吗?

·延伸阅读·

关于基因经济学的入门读物,我推荐理查德·道金斯(Richard Dawkins)的《自私的基因》(*The Selfish Gene*)。

对福利经济学更为广泛的讨论,可参见拙文"The Economics of War," in J. E. Pournelle (ed.), *Blood and Iron* (New York: Tom Doherty Associates, 1984).[http://daviddfriedman.com/Academic/economic_of_war/the_economics_of_war.htm]

经济分析在福利方面的一个非常不同的应用,请见 Donald W. Engels' *Alexander the Great and the Logistics of the Macedonian Army* (Berkeley: University of California Press, 1978)。作者分析了亚历山大领导的战役,但省略了所有具体的战斗。他的核心兴趣点在于亚历山大如何避免大军死于饥渴的问题,以及这一问题是如何决定亚历山大的大部分军事策略的。举个非常简单的例子,你不能通过从一口井或五口井、二十口井里取水来解决军队的饮水问题,这样的速度不足以让十万人的军队免于渴死。

托马斯·谢林(Thomas Schelling)的《微观动机与宏观行为》(*Micromotives and Macrobehavior*),分析了个人理性与群体行为的关系。

第二章　经济学家如何思考

本章由三节组成。第一节讲述与捍卫经济学中使用的一些基本假设和定义。第二节试图证明价格理论的重要性，主要通过列举一些经济问题为例。对于这些经济问题，一些想当然的答案是错的，错就错在没有一套一致的理论来得出价格。第三节简要介绍在后续几章中，我们如何得出这样一种理论。

第一节　假设和定义

经济学用来分析人类行为的方法的一些特点，令许多人觉得古怪甚至不安。其中之一就是假设一个人所看重的不同事物都可以用单一尺度来衡量，以至于即使一种事物比另一种事物更有价值，但足够少量的高价值物品也相当于一定量的低价值物品。例如，一辆汽车对你来说可能比一辆自行车值钱得多，但足够"少量的汽车"（不是保险杠或车头灯，而是每个月有一天使用汽车，或有百分之一的机会得到一辆汽车）对你来说与整辆自行车的价值是一样的——如果可以选择，你不会在乎得到哪一个。

当我们谈论汽车和自行车时，这听起来还算有道理，但对于真正重要的东西呢？比如人的生命价值——把需要使用肾脏透析机或做一次重要心脏手术的机会，与吃一块糖或看一个电视节目所带来的愉悦放一起衡量，这还说得通吗？

尽管听起来很奇怪，但答案是肯定的。如果我们观察一下人们如何对待自己的生命，就会发现他们愿意在生命与相当次要的价值之间做出选择。一个容易想到的例子是，即使某人相信吸烟会减少预期寿命，但他仍会吸烟。另一个例子是体重超重的人愿意接受心脏病发作概率的增加，来换取一定数量的巧克力圣代。

即使你既不吸烟也不大吃大喝，你仍然需要用生命与其他价值进行交易。每当你横穿马路时，你被撞倒的概率就会稍有增加。每当你把有限收入的一部分花在对你的预期寿命没有任何影响的事情上，而不是用来体检或为你的汽车添加安全设备时，每当你选择吃在营养学家开出的最接近理想饮食之外的食物的时候，从概率意义上说，你都在选择放弃一点生命来换取其他东西。

那些否认我们就是而且应该这样做的人，是在隐含地假定有一种东西叫做"足够的医疗保健服务"，人们应该（明智的人也会这样做）首先购买足够的医疗服务，然后将其余的资源用于其他无限更低价值的目标。经济学家则回答说，由于在医疗保健上的额外支出所产生的收益，远远超过将一个人的全部收入都花在医疗保健上的金额，因此由医学科学决定的某个绝对数量的"足够"这个概念是毫无意义的。适当的医疗保健经济是指，购买更多的医疗保健所带来的健康改善，其价值低于你为支付医疗保健服务而不得不放弃的东西。如果根据你自己的偏好判断，购买较少的医疗服务并把钱花在其他方面你会过得更好，那么你购买的医疗服务就太多了。

我之所以用货币来定义足够，只是因为你在购买商品和服务时面临的选择即为是否放弃价值一美元的商品和服务，以换取价值另一美元的其他商品和服务。但市场中的商品和服务只是一般选择问题的一个特例。当你多跑过一次马路，多和一个朋友聊上几句，所获得的快乐正好抵消了因此而增加的被撞倒的概率所带给你的损失时，你就获得了足够的安全。

到目前为止，我已经考虑了少量的生命和其他普通物品之间的选择。也许你已经想到，如果我们考虑用大量的生命去换取大量的其他物品，我们会得出不同的结论。我的论点似乎暗示，应该有某种价码，会让你愿意被别人杀死！

大多数人都不愿意为任何金额的金钱或其他物品出卖自己的生命，这是有充分理由的——他们将无从收取回报。一旦他们死了，他们就无法花这笔钱。这或许不是说明生命是无限宝贵的，而是说明金钱对尸体没有价值。

假设我们给某人一大笔钱，以换取他同意在一周内被杀死。他似乎仍有可能拒绝。其中一个原因（从经济学家的角度来看）是，随着我们在一定时间内消费数量的增加，额外数量对我们的价值就会降低。我非常喜欢吃甜筒冰淇淋，但如果我一周要吃100个甜筒冰淇淋，多吃一个甜筒冰淇淋对我来说就没有什么价值了。我把生命和吃冰淇淋的乐趣放在同一个天平上衡量，但对我来说，一周吃多少冰淇淋都不如我的余生值钱。这就是为什么我最初定义"一切都可以用单一尺度来衡量"这一观点时，我把定义放在了一定量的低价值物品与足够少量的高价值物品之间的比较上，而不是一定量的高价值物品与足够多的低价值物品之间的比较。

想要还是需要？

经济学家假定所有有价值的物品在这个意义上都是可比的，这一点在使用"想要"（wants）而非"需要"（needs）一词时表现得淋漓尽致。"需要"一词暗示的是极其有价值的东西。你需要一定数量的食物、衣服、医疗保健或其他东西。你需要多少，大致可以由适当的专家来决定，与这些东西的价格或对你的特定价值无关。这是非经济学家的典型态度，也是经济学家看待事物的方式往往显得不切实际甚至丑恶的原因。经济学家的回答是，你会并且应该选择拥有多少这些东西，取决于你认为它们的价值有多高，你认为为了得到它们而必须放弃的其他东西的价值有多高，以及你为了得到一定数量的衣服、医疗保健或其他东西而必须放弃多少其他东西。换句话说，你的选择取决于你的偏好，以及你渴望得到的其他东西的成本。

非经济学家（也许我指的是"反经济学人士"）可能会回答说，我们应该拥有足够的一切。如果你有足够的电影、足够的冰淇淋甜筒和足够的你想要的其他东西，你就不再有任何理由为了得到更多的其他东西而选择减少医疗或营养——尽管对我们中的一些人来说，将足够的营养与足够的冰淇淋甜筒结合起来可能是个问题。也许我们的目标应该是建立一个人人都富足的社会。有时有人会说，也许现代科技的奇迹与正确的经济制度相结合，可以使这样的社会触手可及，从而使在不同价值的物品之间做出选择的问题变得不复存在。

这种论调在20年前比现在更流行。现在这种风向已经转变，我们被告知，自然资源的限制和环境消化人类活动所产生废物的能力，严格限制了我们可以拥有的一切事物的数量。然而，即使事实并非如此，即使如我所猜想的，现在的资源限制比过去更没约束力，但拥有足够的一切仍然不是一个合理的目标。为什么？

人们常常认为，如果我们的产量比现在多一点，我们就会拥有想要的一切。为了消费更多，我们每个人都得开三辆车，一天吃六顿饭。这种说法混淆了增加消费价值与增加消费数量的关系。现代音响并不比30年前的音响大，耗电量也并不比30年前的音响大，但从一个音响换到另一个音响却意味着消费的增加。我不需要三辆汽车，但我想要一辆比现在好三倍的汽车。如果我消费那些制造成本更高，但并不比我现在拥有的型号更大的东西，我的生活可以在很多方面得到改善。我对食物磅数的欲望、汽车数量的欲望可以通过适度增加收入得到满足，但我对食物质量或汽车质量的欲望即使在收入高得多的情况下也会保持稳定，只要我还活着并且在任何我能想到的情况下保持清醒，我对于更多的某物的欲望就会永不餍足。

通过内省和对话，我在这个问题上总结出了一条普遍规律。每个人都认为，存在一个收入水平，超过这个水平，所有消费都是无聊的。对每个人来说，这个水平大约是自己收入的两倍。一个每年靠500美元生活的印度农民认为，只要他每年有1000美元，他就能拥有他想要的一切，还能剩下一点。一位年收入为5万美元的美国医生则怀疑,超过10万美元的年收入是否对任何人有用。

农民和医生都错了,但这两种观点都是所持者的理性行为的结果。无论你是靠每年500美元还是每年50000美元生活,你所做的消费决定,你所考虑购买的商品,都是与这样的收入相适应的。在天堂,你会拥有所有你曾考虑购买但又决定不买的东西。你没有必要浪费时间去学习或思考那些价格是你年收入10倍的消费品,因为拥有这些物品并不是你美好生活的一部分。

价值

迄今为止,我已经讨论并试着辨析了两个有关经济学的假设:**可比较假设**(comparability),认为任何两件我们认为有价值的事物都可比;**不满足假设**(non-satiation),认为在任何一个合理的社会,无论是在现在还是未来,我们不可能得到一切所欲之物,因此必须有所取舍。在谈到"价值"时,我也提到了它暗含的一个重要定义——(物的)价值即为我们认为它们价值多少,且这种评估见诸行动而非口说。在讨论生命价值与抽烟的快感价值的权衡取舍时,我认为它们可比,证据是在充分知晓吸烟缩短预期寿命的情况下,为了过足烟瘾,人们依然会明知故犯。这一定义被称为**显示性偏好原理**(principle of revealed preference),即个体的偏好由行为显示出来。

价值的两部分定义都受到了质疑。对于由显示性偏好原理体现的价值的前半部分定义,那些质疑的人更愿意用外在标准来衡量价值——比如"什么才是我们应该要的"或者"什么对我们最有好处"。质疑定义第二部分的人相信,他们的价值并不能通过其行为完全体现出来,这些人珍惜健康和生命,却实在忍不住多抽一根。然而,经济学研究的是人的行为,因而我们将价值度量与行为相联系。毕竟,烟民口中的生命无价也许只能解释他的信念,但在理解他未来的行为上,他的陈述并没有"他掏出香烟并点燃"所显示的价值有用。

即使显示性偏好对我们的目的来说是一个有用的概念,我们是否就应该把它所揭示的称为"价值"?难道"价值"这个词不带有超越个人偏好的含义吗?这已经是个哲学问题,而非本书的范畴了。如果把价值看作饥民手中的面包或瘾君子手中的海洛因令你不舒服,那我们不妨用经济价值(economic value)代之。但请记住,"经济"这个限定词并不意味着"具有货币价值""物质的"、"能为个体带来收益"等。经济价值仅指基于个体判断并通过个体行为得以显现的价值。

经济学笑话：

两个经济学家路过保时捷展厅。一个经济学家指着橱窗里一辆闪亮的汽车说道："我想要这辆车。""显然，你不想要。"另一位回答。

选择还是必需

在人类行为研究层面，经济学者不同于非经济学者之处有：对可比性和不满足性的假设、基于显示性偏好的价值定义、理性基本假设。具体来说，这种不同通常体现为：经济学者总是试图用选择来描述人类行为。对许多非经济学者来说，这种执念似乎是不可理喻的。毕竟，说"选择不买买不起的东西"有什么意义呢？

当你认为你买不起某样东西时，这只能说明你宁愿把钱花在其他东西上。譬如，大多数人都会对标价1000美元的衬衫望而却步。然而，大多数人一年内攒下这么多钱也不是什么难事，如果它足够重要的话——重要到你愿意每天只花一美元解决温饱（大约是最便宜的全营养饮食如奶粉、大豆之类的费用），和两个室友合租，并从慈善旧货店（Goodwill）购买衣服。

考虑一个更为极端的例子。你只有几百美元，而某样价值10万美元的东西对你来说非常有价值，且仅在下月提供。一个月之内，你肯定挣不到那么多钱。在这种情况下，说你买不起似乎是合理的（reasonable）。然而即使在这种极端情况下，说是你内心不想要，也有一定的道理。

再极端一点，假设有某样珍贵到了极点的东西，得到它，余生便永远精彩；得不到它，性命立即不保。如果你没办法赚到、借到或者偷到这么多钱的话，可行的办法是，去里诺或拉斯维加斯，制订能最大可能赚到10万美元的一系列赌注，然后执行。如果你不打算这么做，那么你不买这个东西的原因就不是你无法承担10万美元的价格，而是你不想要它——不够想。

在某种程度上，说"人们没有任何选择"，其实是将"缺乏替代选择"与"缺乏有吸引力或者意欲得到的选择"搞混了。选了最优的替代选择，你可以说你没什么选择；在某种意义上，你是对的。有时就只有一个（比原来好的）替代选择，那这个选择就是最优的。

针对此类混淆有一个例子特别令人不安：有人认为政府应该为穷人提供必要的服务，即使穷人最终必须通过多交税来支付这些服务（事实往往如此）。有人说，穷人并不是真的选择不去看医生——他们只是负担不起。因此，一个仁慈的政府应该从穷人那里拿钱，用来提供他们需要的医疗服务。

听起来是不是很有道理？但让我们用"选择"来重新审视一下。穷人选择不去看医生,是因为如果这样做,他们必须放弃对他们来说更为重要的东西,譬如食物或暖气。说某人在只能以饿死为代价的情况下选择去看医生,听起来可能很残酷,但这样说至少提醒我们,如果你通过强迫他把钱花在医生身上来"帮助"他,你就是在强迫他做出一个选择——饿死。他拒绝了,因为这比他的另一个选择——没有医疗服务——还要糟糕。

在讨论整体经济的灵活性时,个体有多少选择的问题会再次出现,且涉及范围更大了。个体选择的多少可以在多大程度上改变不同资源的使用量。我们的倾向是看现在事物进行的方式,并认为那是唯一可能的方式。但现在事物进行的方式是对某个特定问题的解决办法——在目前各种投入的成本给定的情况下,尽可能便宜地生产商品。如果某种生产投入(非熟练劳动力、能源或原材料等)的成本有所波动,那么其最优生产方式亦会随之调整。

以汽油消耗为例。如果你向某人建议在油价飙升时减少汽油使用量,他的第一反应是:如果少用汽油,他就必须放弃他那份得开车上下班的工作,或者步行整整两英里去购物。的确,当油价在20世纪70年代初飙升时,许多人都认为,除非政府强行干预,否则即使油价涨到天上去,美国人也不会减少汽油的使用量。

但节省汽油的方法并非只有少开车一种。拼车或减慢车速,都是显而易见的方法。购买更轻型的汽车就没那么显而易见。雇员选择住得离公司近一些,或是雇主将公司设在员工住所附近,则更不显而易见。石油主要用于生产汽油与取暖油,炼油厂可以在相当大的程度上控制这两种油的产量,因此,减少取暖油的产量,便会有更多的石油用于生产汽油。诸如隔热材料、小户型房屋、向南迁移等也可以节省汽油。

第二节　价格理论——为何重要

本书有两个目的:一是教你如何像经济学家一样思考,二是传授给你现行经济学理论的一套核心理念。这套理念便是**价格理论**(price theory),主要阐释相对价格如何被确定,及价格如何协调经济活动。

至少有两个理由驱使你学习价格理论。首先,它能让你了解你所生活的世界。你处于一个高度组织化的系统中,而无人组织它。你使用或目力所及的每件物品,都是由数百万人的协调活动产生的,即使是非常简单的物品,如钢笔或者铅笔。譬如一支铅笔,得有人砍树,有人风干木材并将其切割成形,有人制造砍树的工具,有人生产工具的工具,有人生产上述工具的燃料,有人建造生产燃料的炼油厂……虽然这个巨大事业的各个小部分受到集中控制(一家公司组织木材的切割和风干,另一家组装铅笔），但没有人协调整个事业的运转。

市场经济由价格体系协调。生产成本——工人选择工作而不是去度假或做某份工作而放弃另一份工作的成本，或者为某目的使用土地或其他资源而没法将资源用于其他目的的成本，最终都反映在商品的销售价格上。商品对最终消费它们的人的价值，反映在购买者愿意支付的价格上。如果一种商品对消费者的价值高于其生产成本，它就会被生产出来；如果不是，它就不会被生产出来。

若铜有了新的用途，便会增加需求，抬高价格，现有的使用者就会发现，少用一些符合自身利益。反之，若由于矿场枯竭或收成一般，铜的供应量减少，类似的情况也会发生。价格提供了一个复杂精细的信号和激励系统，以协调几百万个公司与几十亿个个体的活动。至于这是如何做到的，你将在接下来的几个月学习。

四个错误答案

如上文所说，掌握价格理论的第一个原因是了解周围社会如何运行。第二个原因是，了解价格是如何决定的，对理解大多数有争议的经济问题至关重要。对价格是如何决定的的一种误解，是许多甚至大多数经济学错误的根源。在下面的四个例子中，显而易见的答案反而是错误的，错在关于价格理论的隐含（错误）假设。我不明示正确答案，但我会给你一点暗示，帮助你探究这些反直觉的结果从何而来。

租赁合同。 租户从房东那里租用公寓，城市通常有法律限制什么租赁协议是合法的。譬如，某部法律可能会规定，无论租期长短，要驱逐租客，房东必须提前三个月通知租客。

似乎这样一部法律会有损房东，有利租客。对于那些在法律生效前已经签署租约的租客来说，这的确是个好事；但对于其他大多数租客来说，并非如此。这部法律实际上形同虚设，甚至还会反过来损害租客和房东两方的利益（当然，这只是一般情况，不排除有小部分租客或房东会从中受益）。

为什么大多数人都会想当然地认为这部法律会令租客受益？因为他们在不知不觉中认定，这部法律对租金并没有什么影响。租金不变，租约更有利，这怎么想都应该是件好事。但这种假定是不可靠的。尽管法律对租金只字未提，但还是间接影响了房东的运营成本（现在要想摆脱不良租户更难了）和租赁协议对租户的吸引力（可得到提前三个月的通知）。随着租赁市场的供求改变，想让租赁价格保持不变几乎是不可能的。试想，如果某条法律规定所有的汽车制造商必须生产成本更昂贵、更具吸引力的汽车，难道汽车的均价不会水涨船高吗？诸如此类的法律要么形同虚设（比如房东本就会提供那些保障吸引租户,获得更多租金的情况),要么贻害双方(更多保障的好处没法弥补租金上涨给一般租户造成的损失)。我这里只是提出主张,没有证明,第七章会详细阐释这个论点。

爆米花价格。 下一个反直觉的结果是有关爆米花的。电影院售卖的爆米花(或糖果、苏打水什么的)通常要比其他地方贵很多。这有个显而易见的解释:电影院有无权选择的观众。虽然显而易见,但这个解释错了。如果我们假设顾客与影院经营者都是理性的,那我们不妨构建一个直接易懂的经济学论证来证明,以高于成本的价格售卖食品实际上会降低电影院的净收入。而要解释观察到的食品价格,我们还需要一个更为复杂的论证。

很多人的误区跟之前一样,他们认为电影院的门票价格是固定不变的;但实际上,票价取决于所售的东西的特性,而这个特性自然包括上文提到的"影院对食品的收费情况"。如果这听起来有些匪夷所思,那么想象一下,就如同观影者在进入影院后必须在影院开设的窗口购买爆米花一样,他们也必须坐在电影院提供的座位上面观影,别无选择。由此观之,高额爆米花与高额座位费对于影院来说都具有极强的垄断性。试想,如果爆米花价格对票价无甚影响,那么何以解释影厅座位的舒适程度会对票价影响甚巨呢?

上述假设显然无法自圆其说。实际上,现行票价之所以能够稳定在某个水平,是因为收取更高票价导致的客源流失成本要大于从高额票价中攫取的额外收益。而由于给座位收取额外费用等同于提高票价(除非顾客愿意站着看电影),因此,它会降低而不是提高影院的利润。

爆米花涨价的影响比租座位的影响更复杂,因为你根据爆米花价格改变你要吃的量,要比根据租座位价格改变你要坐的座位数量容易得多。现在不讨论影院爆米花为何卖得贵这个问题,之后我们会再讨论。然而,这个对高价爆米花的公认解释的错误与上个问题是一样的,它假设可售出的影票价格不会受到产品质量的影响。

对汽油价格的管制适得其反。 第三个与直觉相悖的结果是,尽管政府对汽油的价格管控的确降低了汽油的单价,但却无形中提高了消费者获取汽油的成本;这里所说的成本不仅包括货币成本即价格,还包括非货币成本,譬如排队时间。

想要理解这个结论为什么正确,我们不妨假设不受管控的汽油价格是 1 美元/加仑。在此价格之下,厂商生产的汽油刚好等于消费者想要消费的量(这也是称之为市场价格的原因)。然而,政府突然规定汽油的单价不得超过 0.80 美元/加仑。论证第一步,先假设汽油产量不变。价格降低,消费量自然增加。但上哪儿找另外的汽油去满足消费者新增的需求呢？因此，加油站的汽油即将耗尽。加油站门前一大早便排起了长龙，只等新一天的汽油补给完毕便可鱼贯而入，抢购廉价汽油。但即使这样，也只能是"早鸟先得"，整个司机群体的需求依然得不到满足，加油站的汽油还是会耗尽。随着车主都想成为"早鸟"，队伍就渐渐形成了。如前文所说，当前汽油的成本等于货币成本加上非货币成本——等候时间（加上早起去加油站的时间）；对消费者来说，后者相当于额外的一笔费用。只要每加仑汽油的非货币成本小于 0.20 元，其总成本就低于 1 美元。这时，消费者依然会不断增加对汽油的需求（请记住，1 美元是供求平衡时的"市场价格"），因而等待时间会继续变长。久而久之，只有当总成本（时间加上金钱）达到管控前的 1 美元时，供求才会重新恢复平衡。

到目前为止，我们始终假设生产商在汽油价格为 0.80 美元与 1 美元时的产量保持不变。实际上，这不太可能。由于现行价格低于市场价，生产商势必会通过各种方法减少产量，譬如弃置即将枯竭的矿井、关闭老旧炼油厂等。而由于汽油价格低于 1 美元每加仑，因此，消费者的需求量还是会多于产量，即使当消费者的成本（价格加上时间）达到 1 美元/加仑，情况也是如此。而这将进一步增加队伍长度，推高成本，直到需求量降至与供给量持平。因此，价格控制实际上提高了汽油的成本。在第十七章中，上述分析将会更详细地应用于各种安排下的价格管控。

改进的灯泡。 最后一个例子与灯泡有关。曾经有人认为，如果一家垄断灯泡行业的公司发明了一种使用寿命是旧灯泡的 10 倍的新灯泡，那这家公司最好还是将这项发明雪藏起来比较好。毕竟，按照那些人的说法，如果上市新灯泡，公司的灯泡销量就会锐减到原来的 1/10，因此其总收入与利润也将随之缩减到原来的 1/10。

这种说法的漏洞在于，他们认为公司将以与旧灯泡相同的价格出售新灯泡。试想，如果消费者愿意以 1 美元的价格购买使用寿命为一年的旧灯泡，那么他们自然也愿意以 10 美元的价格购买使用寿命为十年的新灯泡。毕竟，与其说他们买的是灯泡，不如说是"灯泡的使用时长"；这样看来，同样都是 1 美元用一年，价格并没有什么差别。如果这家公司以原价格的 10 倍售出原销量的 1/10，其总收入与之前并无二致。除非新灯泡的生产成本是旧灯泡的 10 倍或以上，否则总成本将比以前低，从而利润更高。因此，这种新灯泡值得生产。

在以上所有案例中，当我说某个结论通常是正确的，我的意思是当所有生产者都一样且所有消费者也一样时，它是完全正确的。这个前提通常是一种近似，它能将群内分配效应与群间分配效应区别开来。

幼稚价格理论

以上例子存在一个共同的误区，认为体系的某一部分在另一部分变化时还能保持不变。上述四个案例中，有三个都假定价格保持不变。我把这种认知误区称为"幼稚价格理论"，即幼稚地认为决定明天价格的唯一因素就是今天的价格。如果你不了解正确的价格决定理论，在处理物价时，你就会很自然地陷入幼稚价格理论误区。在这三个案例中，无论是对于电影票、灯泡还是公寓，为了解决问题，我们都不遗余力地试图改变价格以外的因素。对于不熟悉经济学原理的读者来说，这也情有可原——因为我在提出问题时并未明确点出价格的变化，所以他们便默认价格是不变的。

如果你有类似的想法，那么不妨看看下面这个类比。我去看望一位朋友，他刚满月的孩子正在一张小小的婴儿床里熟睡。我问他，等孩子长大一些，他是打算买张更大的婴儿床，还是直接买一张普通的床供孩子使用。他对这个问题十分困惑，一个劲地问我孩子现在睡的婴儿床到底出了什么问题。我回答说，现在是没有什么问题，可等孩子个头变大了，这张婴儿床就太小了。他说我问的是孩子长大一些（older）——而不是孩子个变大（bigger）后他的打算。

一个婴儿年岁增长，可体型却保持不变，这简直是天方夜谭。同理，若某种商品的生产成本和（或）对于潜在购买者的价值有所波动，其市场价格也绝不可能稳如磐石。只要明白了这个因果关系，"未提及价格可变，便默认价格不变"的假设便不攻自破了。这也是幼稚价格理论的问题所在。

你可能会问：既然如此，我为何还要将这种错误冠以"价格理论"之名？我之所以这么做，是为了指出：在上述每个案例或其他许多案例中，正确理论的替代选择不是没有理论指导（有时会说用的是常识）。正确理论的替代选择便是错误理论。为了分析推出使用寿命更长的灯泡的影响或上述其他案例，我们必须明确或隐含地假设对价格造成影响的因素；我们不能通过假设价格没受影响来回避分析。

第三节 纵观全局，攻克难题

为了理解价格是如何决定的，我们必须以某种方式解开一个错综复杂又相互关联的问题。消费者选择消费多少商品，既取决于他可支配的资源总量——他的收入，也正如前面的讨论所指出的，还取决于他必须放弃多少其他东西才能得到这种商品。换句话说，取决于这种商品的成本有多高。

除其他因素外,成本的多少还取决于他消费多少,因为他的需求影响着生产者的销售价格。生产者卖出多少以及以什么价格卖出,将影响他们选择购买多少劳动力(和其他生产资源)以及以什么价格购买。由于消费者通过出售他们的劳动力(以及他们拥有的其他生产资料)来获得收入,这反过来又会影响消费者的收入,从而使我们进入了一个闭环。看来,要解决这个问题的任何一个部分,必须先解决其余部分。

解决的办法是将问题分解成若干小问题,以足够通用的方式解决每个小问题,使其能够与其他小问题的解法相结合,然后重新整合所有解法,使其相互一致。首先,在第三章和第四章,我们考虑一个拥有给定收入或给定商品禀赋的消费者面对一个市场和一组价格的情况,并分析他的行为。接下来,在第五章,我们将考虑生产者的生产行为,生产者可以为自己的消费或销售而生产,即生产者可以将自己的劳动转化为商品,然后在市场上消费或销售。在第六章,我们考虑个体之间的交易,主要是在两人(或两国)的背景下。在第七章,我们将第三、第四和第五章的内容整合在一起,说明希望购买商品的(许多)消费者和希望出售商品的(许多)生产者之间的互动是如何形成市场价格的。最后,在第八章,我们将前五章的成果结合起来,再现整个互动的系统。

本书的该部分分析的是一个非常简单的经济体。生产和消费都是个人行为,没有企业。世界是可预测的、静态的,复杂的变化与不确定性被假设去掉了。一旦我们理解了这一简单经济的逻辑,我们就可以把最初忽略的复杂因素一个接一个地放回去。

· 习题 ·

1. 举例说明你如何在你的生活和较小的价值之间做出权衡。

2. 假设我们讨论的不是什么有价值,而是什么应该有价值,你认为价值可比性还能成立吗?如果你的答案是否定的,请举出价值不可比的例子。

3. 用你自己的话说明显示性偏好原理,请举一个你或你朋友声称的价值与从显示性偏好推导出来的价值不符的例子。

4. 生命不是唯一被视为无价的东西,其他例子还有健康、爱、救赎和国家之福。请举出你自己和其他人的例子说明这些"无价"的东西经常被舍弃以换取较小的价值。

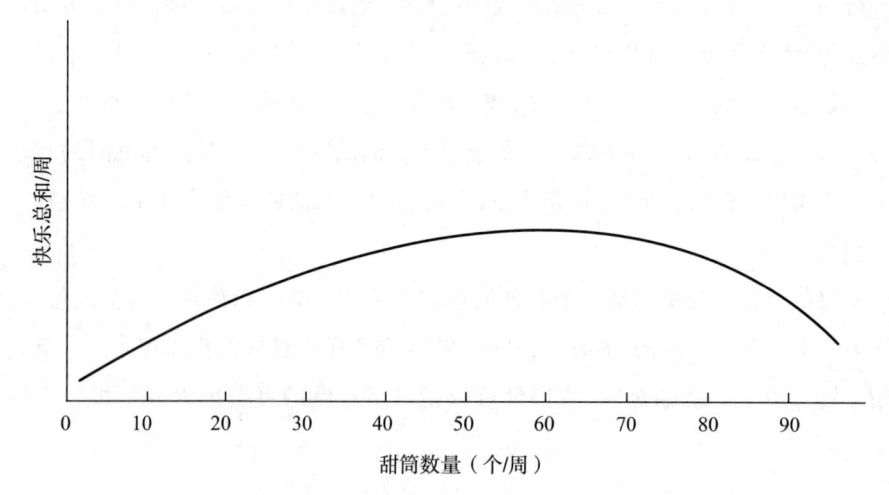

图 2-1　每周吃甜筒的快乐总和,是所吃甜筒数量的函数

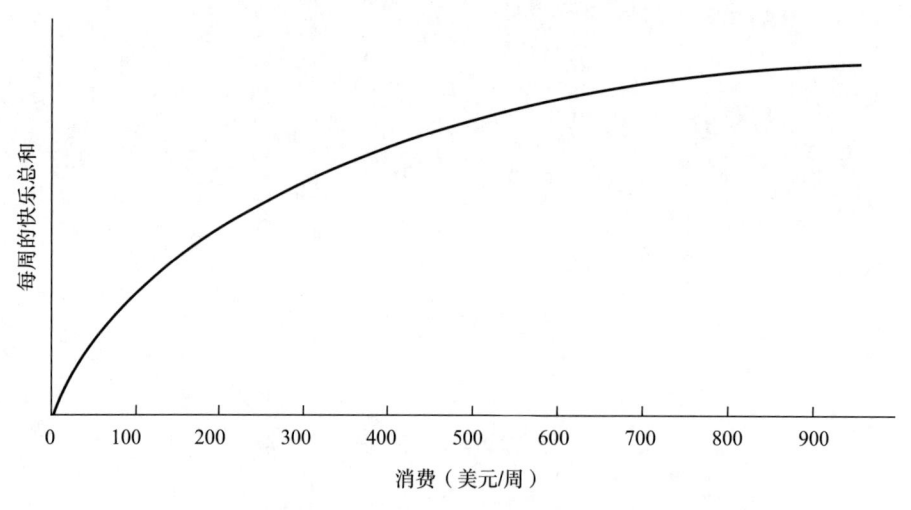

图 2-2　每周从所有消费中获得的快乐总和,是每周支出的函数

5. 图2-1显示我从吃蛋卷冰淇淋(甜筒)中得到的快乐总和如何随我每周吃甜筒的数量变化,图2-2显示我从所购买的商品中得到的快乐总和如何随购买它们的总花销变化,讨论并解释这两个图的异同。

6. 描述人们对以下每种变化可能做出的短期和长期调整,假设其中每种变化都是技术、资源成本等方面的基础变革的反映,是永久的。

    a. 美国大部分国土沉入大西洋和太平洋,地价上涨十倍;

    b. 电价上涨十倍;

    c. 所有取暖费用是原来的三倍;

    d. 美国政府对在美国出生的每个婴儿征收20000美元的婴儿税;

    e. 太阳能卫星开始向地球发射能量,电价跌了99%;

    f. 由于大量移民,很容易招到时薪为1美元的辛勤(但不熟练)的工人。

7. 你是经济学家,有一个孩子,他每说一个坏的单词或短语,你就让他用肥皂漱口。你名单上的第一个禁忌词是"需求"(need),请举出其他单词或短语。如果可能的话,给出本章尚未讨论过的例子。

8. 本章描述了数百万人如何协作生产铅笔。描述你或者你认识的人如何参与生产铅笔、电脑或其他产品。你的例子必须是真实的。

9. 本章讨论的保时捷笑话包含哪些原理?请解释。

10. 有一类美式笑话是,不时有一些天才发明了一种可以永久使用的剃须刀片,或一种水动力的汽车发动机,但这样的发明却被那些想继续靠卖剃须刀片或者汽油赚钱的公司收购并雪藏。这听起来合理吗?请讨论。

11. 我最近收到来自信用卡公司(姑且称为A公司)的一封信,鼓动我支持一条法律,该法条规定商家向使用信用卡的顾客收取更高的价格是违法的,该法条目前有效但即将过期。信中的论证如下:

    首先,现行法律已经允许商家向使用现金的顾客提供折扣,这样的折扣能使顾客受益——这个我们也一直支持。现行法律允许顾客支付原价并享有使用信用卡的便利,或支付现金并获得折扣。我们认为你和所有消费者都应该有选择的自由,这种自由不仅无害还有大益。

    然而,信用卡附加费则完全不同,无论你使用现金或信用卡,它都有坏处。如果你支付现金,你得付原价。如果你想要或需要使用信用卡,它要收你附加费,因而高于原价。

    a. A公司在允许现金折扣和允许收取信用卡附加费之间做出的区分有道理吗?请讨论。

b. A公司显然认为禁止收取信用卡附加费符合其利益(我如何得知?)。这显然正确吗?从信用卡公司的角度,允许这样的附加费有什么好处?

12. 我在与一家希望出版本书的公司谈判时,谈到了二手教材市场的话题。和我交谈的编辑抱怨说教材的销量通常会在第二年急剧下滑,因为学生会从前一年买了新书的学生那里买二手书。虽然跟我洽谈的编辑并未主张消除二手市场,但他显然认为这是一件坏事。我问了他一个问题:假设一位发明家走进你家推销一种新产品——定时墨水,用定时墨水印刷你的书籍并在书籍离仓时激活它,在学年结束时页面将变为空白。学生没法再买二手教材。你的利润会增加还是减少?

为了让问题更具体,假设目前每本教材售价30美元,学生以15美元的价格转卖给其他学生,每本教材花费出版商20美元生产,使用寿命为两年。请讨论。

13. "我们应该要求每个理发师都接受一年的培训并通过考试。理发师的境况会变糟一点点,因为不得不接受培训,但我们其他人显然会更好,因为我们的头发会被剪得更好。"请讨论。引语中的最后一句话是真的吗?

第二篇

价格=价值=成本
简单经济中的竞争均衡

第三章 价格、成本和价值

价格、对消费者的价值与生产成本三者之间的关系,是经济学中非常古老的难题。一个诱人的说法是:商品价格由它对使用者的价值决定。毕竟,怎么会有人甘愿贵买或贱卖呢? 但如果真是这样,那为何相对不那么重要的钻石(如果没有钻石,我们大多数人依然能生活得很好),其每磅的价格要比作为生命之源的水高出那么多呢? 如果你的回答是因为钻石稀有,而决定价格的正是稀缺性不是实用性,那么我说我用黄墨汁书写的签名甚至要比亚伯拉罕·林肯的签名还要稀有,但价格却低得多。

也许是生产成本决定了价格。小时候我常常用BB枪射击草茎自娱自乐。即使一个九岁的孩子的小时工资不高,这也着实是种要价不菲的修剪草坪的方式。不太可能有人会给这种修剪方式支付相应的高价。

但实际上,这个难题——价格、对消费者的价值与生产成本三者之间的关系,早在一个多世纪前就已经被解决了。答案是,价格既等于生产成本,又等于对使用者的价值,因此生产成本与对使用者的价值必然相等。接下来的几章,我们就将讨论市场机制如何实现这三重相等。在本章与下一章中,我们将分析消费者的行为——他必须在其有限的资源下做出购买决策(决定买什么);在此过程中,我们将会了解到,为何作为消费者理性行为的结果,价格会等于(边际)价值。

选择语言

要分析消费者行为——或其他许多经济学问题,有几套语言可供选择。这些语言各有其优缺点。我们可以使用微积分语言,对描述个人对不同商品的偏好的"效用函数"的形式做出假设,并推导出使函数最大化的商品组合(也译为商品束)的特征。这种语言的优点是可以进行简洁而严谨的数学论证,得到一般性的结果,具有普适性。其缺点是,即使你懂微积分,也没有你对汉语①那般精通。除非你对数学有很好的直觉,否则,即便你能够规行矩步地由因导果,但对其内在逻辑仍不明就里。由于这些原因,微积分和效用函数将仅在本文的一些选读部分使用,而不会在一般章节中使用——尽管我会从微积分中借用一些概念,用简单术语解释,并在必要时使用它们。

另一种可行的语言是几何学。对大多数人来说,图像在理解抽象关系上优于方程式,因此,几何论证更加直观。但几何有个缺点,它将我们限制在能用二维画出的情况,典型的如涉及两种商品的选择。第二个缺点是,在绘制图像时,我们很有可能会无意中嵌入对问题的假设,而这些假设有可能是错的。

第三种语言是汉语。虽然汉语在表达精确的数量关系方面不如数学语言好,但于我们大多数人来说,汉语的优势在于它是我们的母语。截至目前,我们用汉语思考,汉语是我们思考问题时最习惯使用的。除非我们有非常好的数学直觉,否则所有的数学论证最终都要在我们的头脑中被译成话语后才能被真正理解。阿尔弗雷德·马歇尔(Alfred Marshall)可能是19世纪最为重要的经济学家,他曾写道,经济学思想应以数学的形式来理解和证明,然后将其译成言语;如果你发现你的分析无法用言语表达,你应该烧掉你的数学证明。由于在言辞论证中我们很难看清数量关系,因此用汉语给出的解释通常会辅以表格。

本章描述消费者逻辑,会先用言辞形式,然后用简单的几何形式,后者适用于描述在两种商品之间的选择。下一章我们将使用复杂一些的几何论证,试图在不使用微积分的情况下,产生微积分结果。这些结果回答了三个有趣的问题:价格如何决定你的购买量?当你有机会以某一价格购买某样东西时,你能从中获得多少好处?价格和价值的关系是什么?

消费者 1:言语描述

作为消费者,你的问题是:在你有限的时间和金钱所能购买或生产的所有商品和服务组合中,你该如何选择。这个问题有两个要素——你的偏好和机会集。你的偏好可以用一个大表格表示,上面显示了所有可能的**组合**(bundles)——可供消费的商品与服务组合;并显示两两相比你更喜欢哪一组。假设个人偏好是连续的;如果你喜欢 A 胜过 B、B 胜过 C,那么你会喜欢 A 胜过 C。**机会集**(opportunity set)可以看作一

---

① 英文版用的词是"英语"(English),但由于英文版面向的是英语读者,而中文版面对的是中国读者,因此此处改为"汉语"。下文亦做了改动。总之,作者指的是读者的母语。——编者

个清单,其中包含所有你能买得起的商品组合。作为消费者,你的问题是决定你更喜欢机会集中的哪些商品组合。

在本章大部分内容中,我将简化这个问题,一次只考虑两种商品——在这一节,我就只考虑苹果和橙子。假设苹果和橙子是唯二的商品,或你已决定所有其他商品的消费量。我们假设苹果和橙子对你来说都是多多益善的**好物品**(goods);剩下的就是**中性物品**(neutral,你不在乎它有多少)和**坏物品**(bads,对你来说越少越好,譬如垃圾、草莓冰淇淋、迷幻摇滚)。正如上述例子所示,某件东西对你来说是好是坏完全取决于你的个人偏好;如果某人喜欢草莓冰淇淋,那草莓冰淇淋对于他来说就是好物品。

偏好:表格形式

表3-1是包含苹果与橙子的各种组合清单。表格显示了每种组合的名称(A—L)、包含的苹果与橙子的个数、它们的效用——你对组合的估值的抽象度量。"组合A与组合C具有相同的效用"这句话等价于"如果在A和C之间做选择,你不会在意得到的是哪个"。"组合G比组合B有更大的效用"这句话等价于"如果在B和G之间做选择,你会选择G"。为每个组合列出其效用可以直观地描述消费者的偏好;通过比较两个组合的效用,我们可以知道你更喜欢哪一个。

表3-1

组合	苹果(个)	橙子(个)	效用
A	10	0	5
B	7	1	5
C	5	2	5
D	4	3	5
E	3	5	5
F	2	8	5
G	10	1	6
H	8	2	6
J	7	3	6
K	9	1	?
L	7	5	?

需要强调的是,这里的效用是一种**序数**度量,即顺序很重要(G比F有更多的效用,所以你更喜欢G而非F),但差额无关紧要。在第十三章,我们会将此概念扩展至**基数**度量——顺序(G比F有更多的效用)和差额(G比F多1效用值)都重要。由于在本章中,效用描述的是某个个体的选择,因此,我们不用考虑个体间的效用比

较——譬如"橙子对我还是对你更有效用"之类的问题。我们会在第十五章探讨这个问题，届时我们会试图去评估那些让某些人境况变好而让另一些人境况变差的变化。

由于A—F的效用相同（5），这六种组合对你来说无差别。如果一开始你有4个苹果3个橙子（组合D），又因故得到1个苹果，失去1个橙子，由D变为C，你的情况没变好也没变差。在这种情况下，1个苹果和1个橙子对你来说具有相同的价值——或者说，一个苹果的价值为一个橙子，一个橙子的价值为一个苹果。

值得注意的是，"一个苹果的价值为一个橙子"这个结论仅在C和D之间成立。当我们在表格中上下移动时，价值会发生变化。如果一开始你有5个苹果2个橙子，你必须得到2个而非1个苹果才足以弥补失去的1个橙子。在这种情况下（B和C之间），一个橙子的价值等于2个苹果的价值。一个橙子值2个苹果，一个苹果值半个橙子。

A—F组合中的数字遵循一个模式——位置越靠上，单个橙子等值的苹果数量就越多，反之单个苹果等值的橙子数量就越多。数值这样设定是因为在通常情况下，消费某物的数量越多，持续增加这种消费对你的价值越小。试想，如果你本来就没有多少橙子，你自然愿意花很多去得到一个（假设你喜欢橙子）；而如果你每天消费12个橙子，你就只愿意放弃一点点苹果去换成13个。当我们沿着这一列向上移动时，组合中的橙子越来越少、苹果越来越多，所以对你来说每个组合中橙子的价值越高，苹果的价值越低，从而导致每个橙子值更多苹果。这种普遍模式被称为**边际替代率递减**（declining marginal rate of substitution），即随着苹果数量的增加或橙子数量的减少，额外的苹果替换额外的橙子的比率降低。

另一种发现这种模式的方法是去问你需要多少个橙子才能将效用提高1。如果你的初始组合是A，那么答案是需要1个橙子，A变成G，效用从5提升到6。如果初始组合是B，则需要额外的2个橙子才能将效用增加1到组合J。在B组合下你已经有一个橙子，所以你从新增的那个橙子上获取的额外效用（一个橙子的**边际效用**[marginal utility]）比一个橙子都没有的A组合要少。

这种模式被称为**边际效用递减原理**（principle of declining marginal utility）——随着你拥有的橙子越来越多，每增加一个橙子所产生的额外效用在不断递减。这也是上一章介绍过的原理，当时我讨论了为什么我不会用我的生命去交换无论多少冰淇淋。如图2-1所示，随着冰淇淋甜筒的消费比例增加，每增加一个甜筒所带来的额外效用就会越来越少。最终我的消费达到一个比率，在那个比率下，消费增加会导致效用减少，即新增甜筒带来的额外效用为负值。

为实现最优组合而交换

假设你的初始组合是表3-1中的A，有人提出用橙子交换你的苹果，以1∶1的比率。你接受了这个提议,用 1 个苹果换了 1 个橙子,从而得到组合 K。由于 K 的苹果比 B 多,橙子又跟 B 一样多,因此你喜欢 K 胜过 B;由于 B 跟 A 效用相等,因此,你喜欢 K 胜过 A。虽然我们不知道 K 的效用是多少,但它一定大于 5(而小于 6,为什么?)。

为了计算出在 1∶1 的交换比率下,你愿意用以多少苹果交换橙子,我们需要在表格中添加更多的商品组合。这个问题用几何方法更容易解决,下一部分将作介绍。然而,从以上对消费者选择的简单分析中,可以得出以下结论。

第一,商品的价值等价于消费者愿意为之放弃的东西。如果以一换一后消费者的境况不变,即消费者认为交换前后的组合无差别,则说明这两样东西价值相等。这是上一章讨论的显示性偏好原理的应用——该原理指我们的价值观由我们的选择所定义。

第二,商品对消费者的价值不仅取决于商品本身的性质和消费者的偏好,还取决于消费者拥有的商品量。假如你有 1 个苹果和 12 个橙子,那么一个橙子就值一点苹果。但如果你有 10 个苹果而没有橙子,据表 3-1 计算可知,一个橙子值很多苹果——3 个。

第三,一件商品的价格(或成本)等于消费者为了得到它而必须放弃的其他商品的数量。在上述案例中,如果有人愿意以 1∶1 的比率用橙子换苹果,那么一个苹果的价格便是 1 个橙子,一个橙子的价格便是 1 个苹果。这被称为**机会成本**(opportunity cost)——得到(购买或生产)某件东西的成本,等于为了得到它不得不放弃的东西。譬如期中考试得 A 的成本可能是三场派对、两场足球赛和一整晚的睡眠。住在你所有的房子里的成本不仅限于你以为的税收、维护等方面的支出,还包括如果你把房子卖给别人而不是自己住,你可以从卖房的钱上收取的利息。

所谓机会成本,并不是某种具体的成本,而是一种看待所有成本的合理方式。购买某样东西的花销之所以被称为成本,仅仅是因为你还想把这笔钱花在其他东西上面。买了 A,你就放弃了买 B 的机会。对你来说,B 的价值仅次于 A,如果没有 A,你就会用这笔钱买 B。因此,没有得到 B 就是购买 A 的成本。这就是为什么如果你确定世界将在今天午夜终结,那么钱对你来说就会变得近乎一文不值。它唯一的价值就是在今天花掉——所以你会"花钱如流水,就像没明天"。

最后一个结论是,当且仅当商品的成本低于其价值时,你才会购买。上述案例中,1 个橙子的成本是 1 个苹果。而在组合 A 和 B 之间,一个橙子的价值等于 3 个苹果,所以你选择购买橙子。如果初始组合为 K,一个橙子的价值仍高于 1 个苹果,这时你还会再买 1 个橙子。当你用苹果换橙子后,你拥有的苹果数量会减少而橙子数量则会增加。根据边际效用递减原理,新增的橙子将会变得越来越没价值,而剩下的苹果将会越来越有价值,故而(多加的)橙子用苹果衡量的价值会下降。交换的结果是,你得到的商品组合,是再加一个橙子其价值不再超过其价格的组合,然后你停止交换。给定你的初始组合(组合 A)和你用苹果交换橙子的代价(价格),这就是你所能得到的最优组合。

迄今为止,我们只考虑了交换(和估值)整个的苹果和橙子。由于这个限制条件,诸如一个苹果的价值概念就显得有些模糊。如果你有 4 个苹果和 3 个橙子,那么一个苹果的价值究竟是你为了多得到一个苹果而放弃的橙子的数量(比如 1 个橙子),还是你舍弃一个苹果所换取的橙子的数量(比如 2 个橙子)呢?如果两种商品交易的量非常小,这种模糊性就会消失。

如果苹果和橙子听着有些怪异,那不妨把它们换成苹果汁和橙汁吧。如果我们从 4 夸脱的苹果汁中增加或减少一茶匙,那么苹果汁对我们的价值几乎没有变化。我们愿意用苹果汁换取橙汁的比率近乎完全一样,无论我们是放弃一点苹果汁来换取一点橙汁,还是放弃一点橙汁来换取一点苹果汁。这种关系很难用言语(文字)表达。在下一节,我会用几何语言重复上述论证,届时这种关系应该会清晰一些——对于那些掌握微积分的读者来说就更是如此了。

消费者 2:几何与无差异曲线

图 3-1 以另一种方式描述表 3-1 中的消费者偏好。横轴代表苹果,纵轴代表橙子。我们并没有直接表示效用,而是绘制了无差异曲线 U_a、U_b 和 U_c。每条无差异曲线都连接一组具有相同效用的商品组合——这些组合对消费者而言无差别。更高的无差异曲线代表更受喜爱的商品组合。比如 U_b 上的点 H,其苹果和橙子数量就比 U_a 上的点 B 多。因为我们假设苹果和橙子都是好物品(即多多益善的物品),所以相比于 B,你更青睐 H。由于 U_a 上所有商品组合的效用都等于 B(由无差异曲线的定义可得),U_b 上所有商品组合的效用都等于 H(同上),因此 U_b 上所有商品组合都会比 U_a 上任何商品组合更受喜爱。同理,U_c 上的商品组合都比其他两条无差异曲线上的更受喜爱。该结论的成立,只需要假设苹果和橙子都是好物品,与不同组合的实际效用无关。

诸如表 3-1 这样的表格只能显示有限数量的商品组合;而几何语言则很好地解决了这个问题:一条无差异曲线包含无数个点,其表示的商品组合数量也是无穷无尽的。而图 3-1 中无差异曲线之间的空白部分则提醒我们,目前图中所示的这几条无差异曲线,抑或是表 3-1 中显示的这几个商品组合,都只是某个无限集合中的一个微不足道的子集。而这几何语言的另一点好处。图中的任何一点,不管是 J、K 还是 L,都代表一组商品——包含一定数量的苹果和橙子,它比其下方的无差别曲线上的商品组合更受你[①]喜欢;但与其上方的无差别曲线上的商品组合相比,又相形见绌。任意一点,你都可以绘制出一条新的无差异曲线经过它,用以表示与该点具有相同效用的所有商品组合。

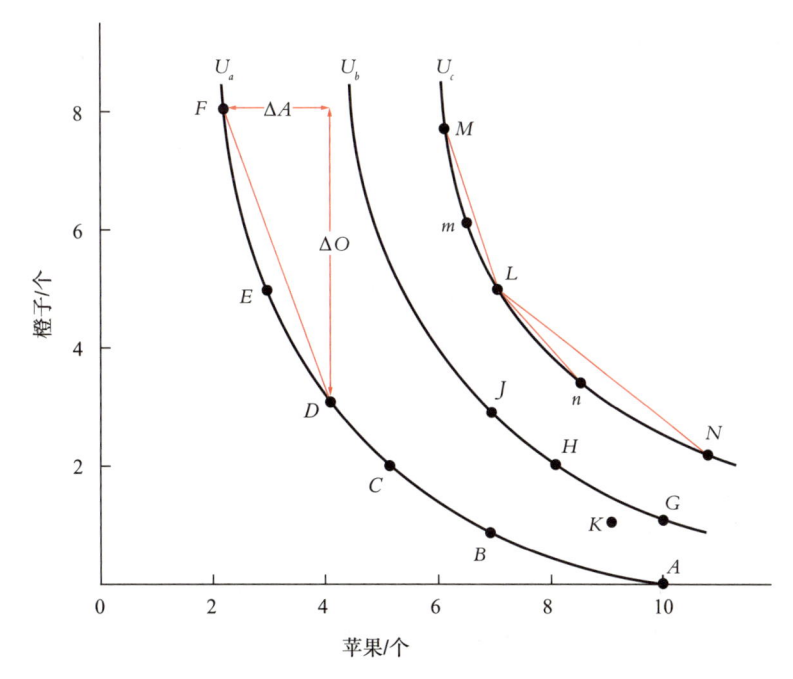

图 3-1 无差异曲线,它表示你对不同的苹果橙子组合的偏好

无差异曲线的斜率表示一种商品用另一种商品测量的价值。 $\Delta O/\Delta A$ 是无差异曲线 U_a 在 FD 段的平均斜率。 mL 和 Ln 的斜率几乎相等,这表明如果只考虑极小的变化,那么测量价值的方式不管是增加一点商品还是减少一点,都无关紧要。

偏好:无差异曲线的形状

我绘制的所有无差异曲线都有一个相似的形状——它们都向右下方倾斜,斜率越靠右越小(这种形状有时被描述为凸的或凸向原点的),为什么呢?

曲线向右下方倾斜,是因为苹果和橙子都是好物品。如果一个商品组合(J)比另一个(C)有更多的苹果和橙子,那么经过它们的曲线将向右上方倾斜,这两个点也不

---

① 指偏好如该图所示的消费者。——译者

第三章 价格、成本和价值 45

可能在同一条无差异曲线上,因为无差异曲线连接了所有对于消费者来说无差异的商品组合,而你喜欢(两者都更多的)J超过C。如果一个商品组合(C)的苹果比同一无差异曲线上的另一个组合(D)多,那么它所有的橙子肯定比后者少——这会使曲线越向右越往下。因此,无差异曲线必须左上右下。如果苹果达到一定(很大)数量,变成了坏物品(你的苹果多到你想少一些而不是多一些),那么无差异曲线就会向上走(倾斜);为了让你保持在同一条无差异曲线上,额外的苹果(坏物品)必须用额外的橙子(好物品)来平衡。

两条不同的无差异曲线不能相交。假如它们相交,交点将同时位于两条无差异曲线上而对应两个不同的效用值。或者说,如果两条无差异曲线相交,它们肯定具有相同的效用值(在交点处的那个组合的效用值),因此它们实际上是同一条无差异曲线。

关于曲线的形状,我们又可以怎么讲呢?当你沿着曲线 U_a 从 F 点移动到 D 点时,苹果数量增加了 ΔA,橙子数量减少了 ΔO。因为 F 和 D 在同一条无差异曲线(U_a)上,所以它们对你来说没区别。这意味着,对你来说,ΔA 苹果和 ΔO 橙子的价值是一样的;一个苹果的价值等于 $\Delta O/\Delta A$ 个橙子。

$\Delta O/\Delta A$ 是以橙子衡量的苹果价值。它也是直线 FD 的斜率(的相反数),并近似于曲线 U_a 在 FD 段的斜率(ΔO 和 ΔA 越小越近似)。沿无差异曲线向右下方移动时,斜度会变得不那么陡峭,因为随着苹果越多(越靠右)橙子越少(越靠下),以橙子度量的苹果价值就会越小。这与表3-1中的模式相同。

我们还能从图3-1的几何图形中看出,为什么(苹果与橙子数量的)变化越小,苹果价值的含义越不含糊。假设我们从无差异曲线 U_c 上的点 L 开始。对于从两个方向发生的较大变化,计算苹果价值的两种方法(为了弥补失去的一个苹果你需要得到多少个橙子,与你愿意为了得到一个苹果而损失多少个橙子)等价于找出直线 LM 和 LN 的斜率,而这两者有很大不同;对于小的变化,它们对应于找出两条较短直线 Lm 和 Ln 的斜率,而它们几乎相等。当变化趋近于零时,两条短直线的斜率也趋于相等,且与无差异曲线在 L 点处的斜率趋于相等。

在教科书中,无差异曲线图通常十分相似,有时只是把同一条曲线平移到不同位置。之所以这样绘制,一是图省事,二是因为对于许多效用函数来说,彼此接近的无差异曲线形状相似。然而,这并不一定总是正确的。

数值例子

图3-1中,D 点代表4个苹果和3个橙子的商品组合,F 点代表2个苹果和8个

橙子的商品组合。ΔA 为 2 个苹果，ΔO 为 5 个橙子。过 D 和 F 的直线的斜率是 $(-)5/2$。$5/2$ 同时也是一个苹果的价值——2 个苹果等价于 5 个橙子，所以一个苹果等价于 5/2 个橙子。

寻找最优商品组合

在上一节中，我们从一组包含特定数量苹果和橙子的商品组合（A）开始，愿意以一换一将苹果交换成橙子。而在这一节中，我们将以略有不同的方式分析上述情形。我们首先假设你有一笔收入（I）可以用来购买苹果和橙子，苹果的价格是 P_a，橙子的价格是 P_o。假设每个苹果 0.5 元，每个橙子 1 元。如果你把全部收入共计 100 元全部花在苹果上，最终可以购买 I/P_a（$100/0.5=200$）个苹果和 0 个橙子，即图 3-2a 中的 K 点。如果你把全部收入花在橙子上，你可以买 I/P_o（$100/1=100$）个橙子和 0 个苹果，即 L 点。你通过代数运算或试错，应该能说服自己相信连接 L 和 K 的线段 B（称为**预算线**[budget line]）代表了目前收入所能买到的所有苹果和橙子组合。对应公式为 $I=a(P_a)+o(P_o)$，其中 a 是你购买的苹果数量，o 是购买的橘子数量。用言语表达就是，你花在苹果和橙子上的钱，等于苹果数量乘以苹果价格加上橙子数量乘以橙子价格——等于你的全部收入 I。记住，在这里，苹果和橙子是唯二存在的商品。

数值例子

假设你的月收入是 100 元；苹果价格 $P_a=0.5$ 元/个，橙子价格 $P_o=1$ 元/个。表 3-2 显示了部分可行的购买方案。图 3-2a 显示了相应的预算线。

表 3-2

苹果	橙子	支出
200	0	200 个苹果×0.5 元＋ 0 个橙子×1 元＝100 元
160	20	160 个苹果×0.5 元＋ 20 个橙子×1 元＝100 元
120	40	120 个苹果×0.5 元＋ 40 个橙子×1 元＝100 元
100	50	100 个苹果×0.5 元＋ 50 个橙子×1 元＝100 元
60	70	60 个苹果×0.5 元＋ 70 个橙子×1 元＝100 元
20	90	20 个苹果×0.5 元＋ 90 个橙子×1 元＝100 元
0	100	0 个苹果×0.5 元＋ 100 个橙子×1 元＝100 元

如图 3-1 所示,无差异曲线显示了某个消费者的偏好。预算线及以下区域(花费低于收入的商品组合)显示了可供该消费者选择的购买方案——他的机会集。图 3-2a 显示了两者。

无差异曲线 U_5 上的商品组合比其他两条曲线上的商品组合更受喜爱;不巧的是,U_5 上并不存在同时在预算线上(或以下)的点,即该消费者的月收入无法购买 U_5 上的商品组合。U_1 上存在两个在预算线上的点(M 和 N),代表该消费者能买得起的两个商品组合;此外,U_1 上位于 M、N 两点之间的部分低于预算线,代表该消费者的收入买得起且还有剩余的商品组合。消费者是否应该选择 M、N 呢?不应该。O 点和 P 点都在预算线和 U_2 上;由于 U_2 在 U_1 之上(因此比 U_1 更受喜爱),所以消费者更喜欢 O(或 P)而非 M 或 N 或 U_1 上任何其他组合。

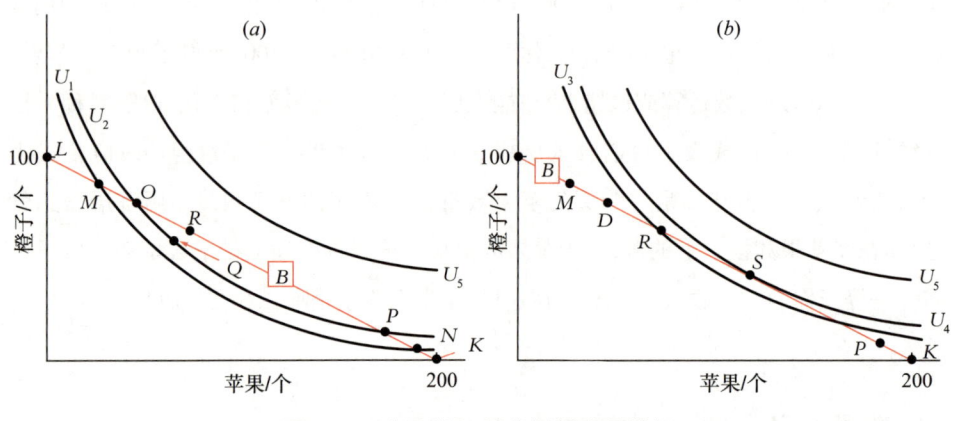

图 3-2 两商品世界下消费者选择问题的解

B 指的是有 100 元收入,用于购买 1 元/个的橙子、0.5 元/个的苹果的消费者的预算线。 最优商品组合是 S(这时预算线与一条无差异曲线相切),因为在 B 上没有一个点是在比 U_4 更高的无差异曲线上。

消费者应该选择 O、P 或它们之间的任意一点(如 Q)表示的商品组合吗?答案依然是不应该。请记住,上图所示的所有无差异曲线仅仅是描述消费者偏好所需的无穷多的曲线集合中的三条。考虑一下 R 点。它代表的商品集合比 Q 包含更多数量的商品,因此比 Q 更合意。由于 U_2 上的所有点效用相等,因此 R 也同时优于 O 和 P。为了证明 R 是否是最优商品组合,我们在图 3-2b 上绘制出它所在的无差异曲线 U_3。此时我们发现,还存在另一点 S,它位于一条位置更靠上的无差异曲线上,同时也在预算线上。

消费者应该选择 S 点吗?是的。它所在的无差异曲线 U_4 刚刚触及预算线。这也就意味着,任何位置比 U_4 更偏上的无差异曲线不能与预算线相交。故 S 是最优商品组合。

可以看出,与消费者收入相一致的最高无差异曲线正好与预算线相切,且最优商品组合正位于切点。这是一般情况下的解;而图 3-3a 和图 3-3b 为我们展示了两个例外。这两种情况的预算线与图 3-2 相同,而无差异曲线则不同;这两个图描绘的收入和价格与图 3-2 相同,但偏好不同。

在图 3-3a 中,最优解是无差异曲线 U_2 上的 X。我们可以沿着预算线继续向右下方移动,从而达到位置更靠上的无差异曲线,但这样消费的橙子数量会变为负值!同样,在图 3-2b 中,如果想要获得比 Y 点更优的解,则必须消费数量为负值的苹果。上图中的 X 与 Y 都是角点解。由此可得,只有在一般情况(内点解)下,即最优商品组合同时包含苹果和橙子的条件下,上一段的结论才能成立——最优商品组合位于切点处。

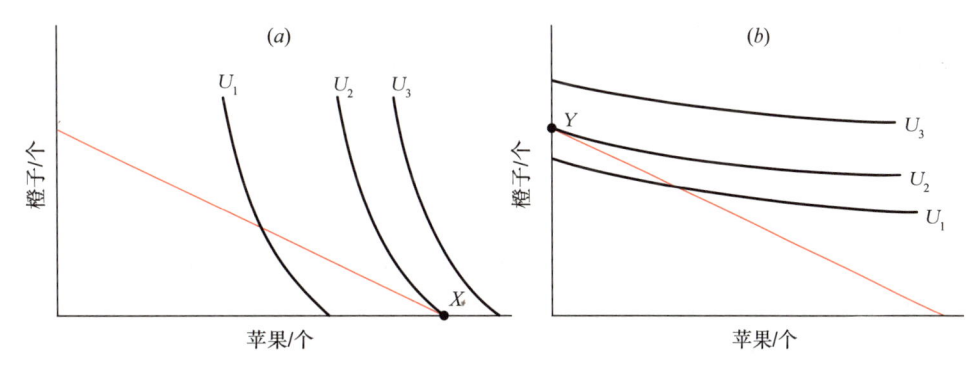

图 3-3 无差异曲线图像上的角点解

X 表示了这样的一种情形:消费者偏好的组合只包含苹果;Y 表示了这样一种情形:消费者偏好的组合只包含橙子。

价格=价值

如果两条线相切,那它们存在交点且在交点处的斜率相同。预算线是从点$(O, I/P_o)$至点$(I/P_a, O)$,因此斜率为$-(I/P_o)/(I/P_a) = -P_a/P_o$。在保持总支出不变的情况下,你能用苹果换橙子的比率①就是苹果价格与橙子价格之比。这个比值与以橙子度量的苹果单价是一样的;如果苹果的单价是 0.5 元,橙子是 1 元,那么为了多获取一个苹果,你必须放弃半个橙子。一个苹果的价格(以橙子计)等于半个橙子。因此,预算线的斜率即为负的以橙子计的苹果价格。

正如本章更前部分所证明的,无差异曲线的斜率是负的以橙子计的苹果价值。因此,在均衡情况下,以橙子计的苹果价格(通过卖一种然后买另一种,将橙子换为苹果的比率)等于以橙子计的苹果价值(即**边际替代率**——橙子取代苹果作为消费品的

---

① 即进行交易时,橙子数量与苹果数量之比。要换取的物品(橙子)作分子,用于交换的物品(苹果)作分母。——译者

比率,即消费者为了换取一个苹果愿意放弃的橙子的数量)。这与我在本章第一节末尾得出的结论是一致的,当时我说你会一直交易,直到你达到一个点,在那一点上,额外橙子的价值(以苹果计)等于其成本(也以苹果计)。

听到这个结论,有人可能会表示:"这不很明显吗?物品的价值当然跟它的价格一样。"还有的人可能会不屑一顾:"这是一堆毫无意义的学术黑话。"但他们都错了。

要了解为什么第一种回应是错误的,不妨思考一下价格和价值的所指。价格是你为了得到某样东西而不得不放弃的东西;价值是你为了得到某样东西勉强愿意放弃的东西。这两个概念中没有什么可以明显看出价值跟价格一样。

第二种回应更可理喻一些。刚刚经历过一堆抽象概念大轰炸,需要点时间才能从废墟里爬出来。建议你代入四种论证方式(已用了两种,下一章再用两种),逐一审视,直到其中一种能令你领悟,再回头审视并领悟其他三种。使用不同语言论证的一个原因正是不同的人有不同的学习方式。

相对价格与相对价值的这种相等是一种普遍模式的一个例子,这种普遍模式后面还会一再看到。在这里我把它称为**等边际法则**(equimarginal principle)——之所以称作边际,是因为进行比较的价值是新增的一个苹果、橙子或其他什么东西的价值。此原则无关我们的品位(喜好、偏好)而关于均衡——我们停止交换之处。在第一章的选读章节中,在一个非常不同的语境下,同样的模式已经出现过好几次:在均衡状态下,超市的所有队伍和高速公路上的所有车道都具有同等的吸引力——只要到达这些队伍或车道的成本是相同的。

看不见的世界——说点题外话

讲到这里,可能还有一种回应:"这些表格和无差异曲线到底是从哪里来的?你怎么可能知道我的偏好是什么?就此而言,我怎么能确切知道我会拿多少个苹果去换一个橙子呢?经济学家难道会到处询问人们对哪些商品组合的喜好程度相同——并蠢到相信这些答案吗?"

我将依次回答这五个问题。这些图表都是从我脑海里冒出来的——都是我编的,但表中数字都是按照特定方式排布的,曲线也都有特定的形状。我不知道你的偏好,连你也没有完全知道你的偏好。

既然我们不能查明无差异曲线是什么,那它们的意义何在?答案是无差异曲线就像经济学的大部分概念一样,是帮助我们清楚思考人类行为的工具。借助它们,我们可以证明,如果人们有偏好并理性地追求它们(即我在第一章所作并为之辩护的假设),就会产生某些结果。本章讨论到现在,我主要关注其中一个结果——相对价值和相对价格的相等。在之后的章节中,我将展示其他结果。诸如无差异曲线之类的概念作为分析工具非常实用,但如若以为要把它们实测出来,那就大错特错了。

收入效应和替代效应

既然我们已经知道了什么是无差异曲线,我们将借助它来探究商品消费量如何随消费者收入和商品价格变化。图 3-4 显示了在价格不变时,收入增加的情况。B_1 和之前的预算线含义相同,都对应 100 元的收入与单价 1 元/个的橙子和 0.5 元/个的苹果;B_2 也对应同样的商品价格,但是收入变成了 125 元;B_3 同理,收入为 150 元。因为三种情况下的相对价格都是相同的,所以三条预算线斜率相同,使它们彼此平行。在每种情况下,我都绘制了一条与预算线相切的无差异曲线。随着收入的增加,对最优消费选择从 X 转换到 Y 再到 Z。在本例中,苹果和橙子的消费量都随着收入的增加而增加——因为它们都是**正常物品**(normal goods)。线 IEP 是**收入扩张路径**(income expansion path),显示了苹果和橙子的消费量是如何随着消费者收入的增加而变化的。

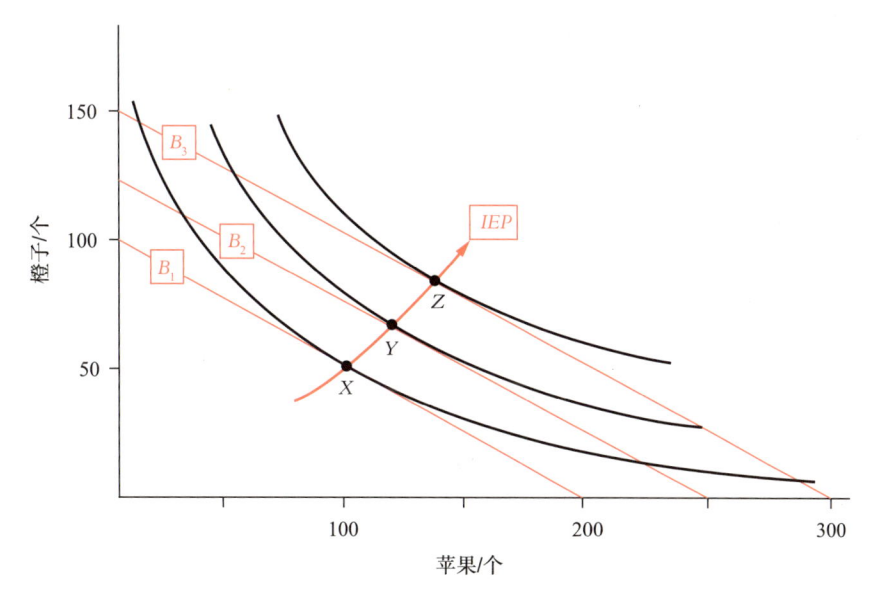

图 3-4 三种收入下的最优物品组合——两种正常物品

X 是 100 元收入下的最优组合,Y 是 125 元收入下的最优组合,Z 是 150 元收入下的最优组合——如 B_1、B_2 和 B_3 所示。苹果和橙子的消费量都随着收入的增加而增加。

图 3-5 显示的收入和价格的模式与图 3-4 完全相同,但其无差异曲线却不同,它对应一个具有不同偏好的个体。这次,随着收入的增加,橙子的消费量增加,但苹果

的消费量却减少了!在这种情况下,苹果是一种**劣质物品**(inferior good)——消费量随收入增加而减少的商品。在某个收入范围内,汉堡和菜豆都是劣质物品的合理例子。当赤贫者经济状况有所好转时,他会选择吃汉堡包而舍弃菜豆,即随着收入的增加,他对菜豆的消费量会下降,所以在这一收入范围内,菜豆是劣质物品;当他的收入变得更高时,他会开始吃牛排而舍弃汉堡,即汉堡包的消费量也随着他收入的增加而减少,所以在这一收入范围内,汉堡包是一种劣质物品。

在描述预算线 B_1、B_2 和 B_3 时,我给出了收入和价格的具体数值。而如果我告诉你,消费者收入分别是 200 元、250 元和 300 元,而橙子和苹果的价格分别是 2 元/个与 1 元/个,上述条件将会产生跟之前完全相同的预算线。如果你的收入翻了一番,同时你买的所有东西的价格也都翻了一番,那么你实际的消费情况并不会改变——你可以买到(数量)跟以前完全相同的商品。

我也可以告诉你,三条预算线对应的消费者收入都是 100 元,而 B_1、B_2、B_3 对应橙子单价则变为 1 元、0.80 元、0.66(即 2/3)元,对应的苹果单价为 0.50 元、0.40 元和 0.33(即 1/3)元。你所消费的所有东西的价格下降,这与你收入增长所对你能买到的东西有着同样的影响。

在无差异曲线图上或其反映的情形里,我们什么时候应该将其变化描述为价格的变化,什么时候应该将其描述为收入的变化呢?这并不明显。这并非因为无差异

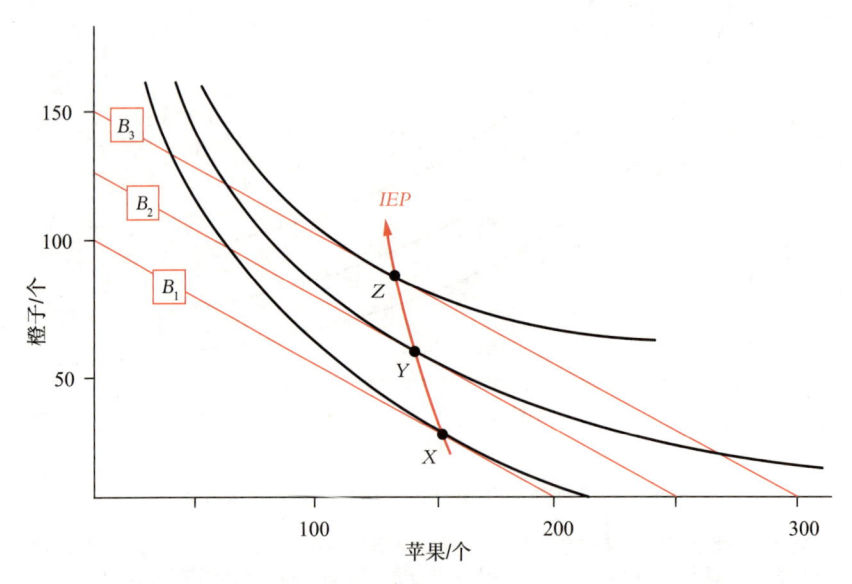

图 3-5 三种收入下的最优商品组合——一种正常物品和一种劣质物品

随着收入增加,橙子的消费量增加,而苹果的消费量减少;所以苹果是一种劣质物品。
IEP 是收入扩张路径。

曲线的不足，而是因为收入变化和价格变化的区别不容易一眼看出。我们习惯于用货币（金钱）来衡量价格和收入，但货币的重要性在于其购买力；如果物价普遍下降，而收入保持不变，我的**实际收入**（real income）——我的购买力，就会提升，提升方式跟价格不变而货币收入增加的方式完全一样。

如果收入和价格同时发生变化，我们怎么判断实际收入究竟是上升了、下降了，还是保持不变呢？收入的意义在于其购买力，而在无差异曲线图中，一组商品对我的价值通过其所在的无差异曲线来表示。因此自然可以说，货币收入和物价的变化如果使我仍处于同一条无差异曲线，那么实际收入没变；如果使我处于更高的无差异曲线上，那么实际收入增加；如果使我处于更低的无差异曲线上，则实际收入减少。

重要的价格是**相对价格**（relative prices）——为了得到某种商品，我必须放弃多少另一种商品。如上文所述，一种商品相对于另一种商品的价格等于负的预算线斜率。因此，如果货币收入和商品的货币价格的变化改变了预算线斜率，同时让消费者处于相同的无差异曲线上，那么这是纯价格变动——价格发生变化，而（实际）收入没有变化。如果这种变化使预算线斜率保持不变，但改变了其位置并使其与另一条无差异曲线相切，那么这是纯收入变动——实际收入发生变化，但（相对）价格没有变化。前者示例如图3-6a，后者示例如图3-6b。

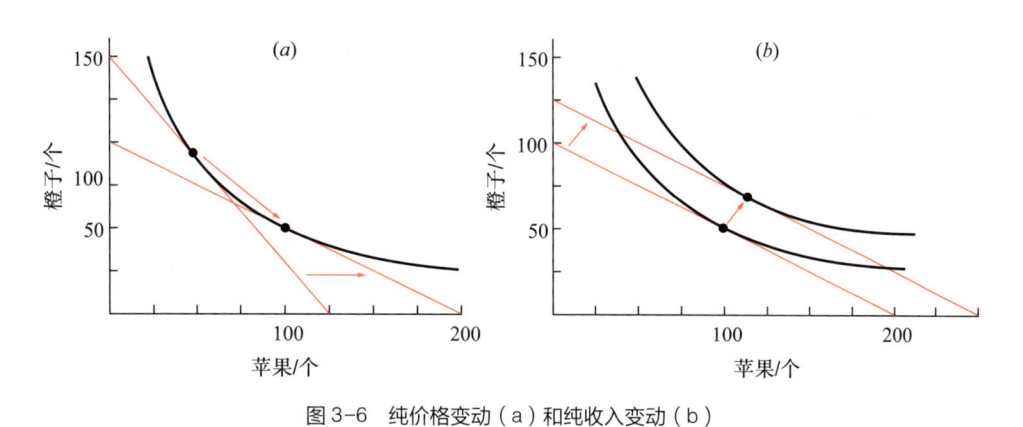

图3-6 纯价格变动（a）和纯收入变动（b）

在图3-6a中，相对价格改变，但实际收入保持不变，因为变化之后个体仍处于同一无差异曲线上。在图3-6b中，相对价格保持不变，但实际收入增加了。

图3-7显示了苹果价格下降产生的影响。预算线 B_1 还是跟原来一样；A 点是 B_1 上的最佳商品组合。B_2 是一条全新的预算线，其对应的收入（100元）和橙子单价（1元/个）与之前相同，但苹果的价格降低了（0.33或1/3元/个）。C 点代表该预算线上的最佳商品组合。如图3-7所示，我们可以将从 A 点到 C 点的变化过程分解为

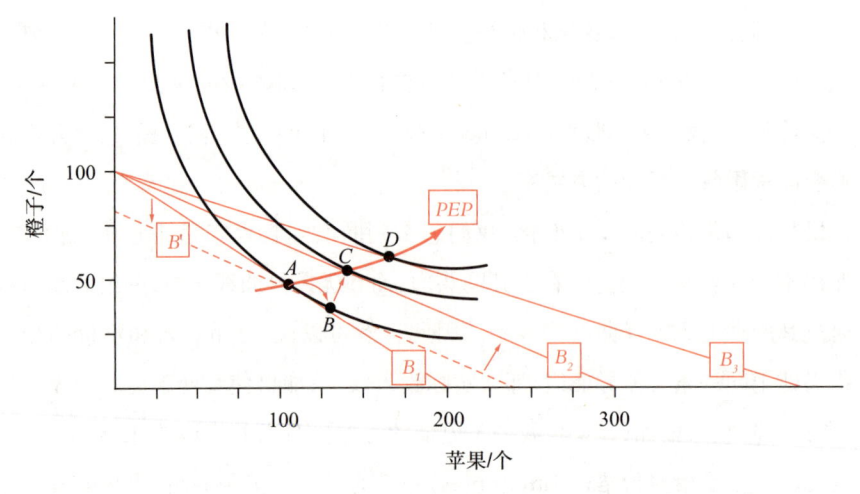

图3-7 苹果价格下跌的影响

当苹果价格下跌时，最优组合从 A 变为 C。从 A 到 B 的移动是替代效应——相对价格发生变化，实际收入不变。从 B 到 C 的移动是收入效应——实际收入发生变化，相对价格不变。进一步的价格下跌使得最优组合变为 D。从 A 到 C 再到 D 的线 PEP 是价格扩张路径。

两部分。纯价格变化不会改变实际收入，因此我们还处于原来的无差异曲线上，但预算线会从 B_1 变成 B'，进而最优解从 A 移至 B。而纯收入变化不会改变相对价格（预算线的斜率），而会将我们移到另一条无差异曲线上。也就是说，最佳商品组合从 B' 上的 B 移至 B_2 上的 C；注意，B' 与 B_2 平行。从 A 到 B 的消费变化称为**替代效应**(substitution effect)（我们用苹果替代橙子，因为苹果变得相对便宜），从 B 到 C 的变化称为**收入效应**(income effect)。

纯替代效应往往会增加变便宜的商品的消费。如果这种表述有些抽象，那么你可以观察无差异曲线的形状，并想象某条预算线沿着它"滑动"的场景（就如同从 B_1 "滑动"到 B' 一样）。这相当于降低一种商品的价格，同时提高另一种商品的价格或降低收入，以此来抵消消费者因此获得的额外收益。在净效应上，消费者生活没变好，也没变差。结果只会增加变便宜的商品的消费。另一方面，由某种商品价格下降（或实际收入增加）带来的纯收入效应，可能会改变该商品的消费量；至于是增加还是减少，取决于它是正常物品还是劣质物品。

如果一种商品的价格下降，但收入或其他商品的价格并未发生任何补偿性变化，既会产生替代效应，也会产生收入效应。正如图 3-7 所示，相对于橙子，苹果比以前更便宜，苹果价格的下降就会导致消费者生活更好了。替代效应总会增加降价商品的消费，而收入效应则是增加或减少其消费。你可以通过**价格扩张路径**(price expansion path，图 3-7 中 PEP)查看净效应。而这条路径显示了两种商品的消费量是如何随其中一种的价格变化而变化的(从 A 到 C 再到 D)。

这表明一种商品可能非常劣质,劣质到收入效应抵消了替代效应还有余,即随着价格的下降,其消费也下降了。设想你把大部分收入都花在买汉堡上。如果汉堡的价格下降50%,而你的收入和其他所有商品的价格保持不变,那么你的实际收入近乎翻了一番。鉴于你变富了,你很有可能会决定减少汉堡消费,多买一些牛排。一般来讲,替代效应会令汉堡的消费量增加。汉堡降价,购买一盎司牛排所需的钱可以买到比以前多一倍的汉堡包,因此用汉堡计价的话,牛排比以前更贵了。但是你现在更有钱了,所以你可能会选择吃更多牛排,尽管其相对成本更高。

当价格下降时消费量不升反降的物品被称为**吉芬物品**(Giffen Good)。目前还不清楚这样的物品是否存在。原因是大多数人消费许多不同的物品,花在某一特定物品上的收入是十分有限的。一种物品价格的下降对其相对价格的影响很大,因此有很强的替代效应,但对实际收入的影响(即收入效应)微乎其微。吉芬物品要么收入占比很高,要么足够劣质,以至于收入的微小变化,其影响超过相对价格剧烈变化的影响。

学生经常混淆劣质物品和吉芬物品这两个概念。劣质物品是指消费量随收入增加而减少的商品。生活中,劣质物品的例子比比皆是——譬如对某些人来说,汉堡或自行车就是。而吉芬物品则是指消费量随其价格下降而下降的物品。吉芬物品一定是劣质物品,但大多数劣质物品却并非吉芬物品。

如果吉芬物品异常罕见或根本不存在,我为什么要花那么多时间讨论它们呢?主要原因是,在大多数经济分析(包括本书的大部分内容)中,我们假定需求曲线向下倾斜,即物品的价格越高,消费量就越少。如果我打算反复使用这个假定,那么为公平起见,我得让你知道这个假定的坚实程度——通过说明它在什么情况下是错误的。

需求曲线

图3-6a 展示了一种纯价格变化对消费的影响。图3-8a 和 b 及表3-3 则展示如何用相同的分析得出**收入补偿需求曲线**[①](income-compensated demand curve,也因经济学家约翰·希克斯而得名希克斯需求曲线)。在图3-8a 中,每条预算线对应不同的苹果价格,从0.5元/个到2元/个不等。橙子的价格保持不变,为1元/个。表3-3 显示了每条预算线所代表的价格、数量和收入。图3-8b 显示了最终的需求曲线,即苹果价格与消费量(购买量)之间的关系,其中消费者偏好如图3-8a 所示。这是一条

---

① 作者有时称之为"收入调整需求曲线"。——编者

收入补偿需求曲线,因为苹果价格提高时,收入也会相应增加到令消费者保持在同一无差异曲线上。因此我们消除了收入效应,消费量的变化仅受替代效应影响。

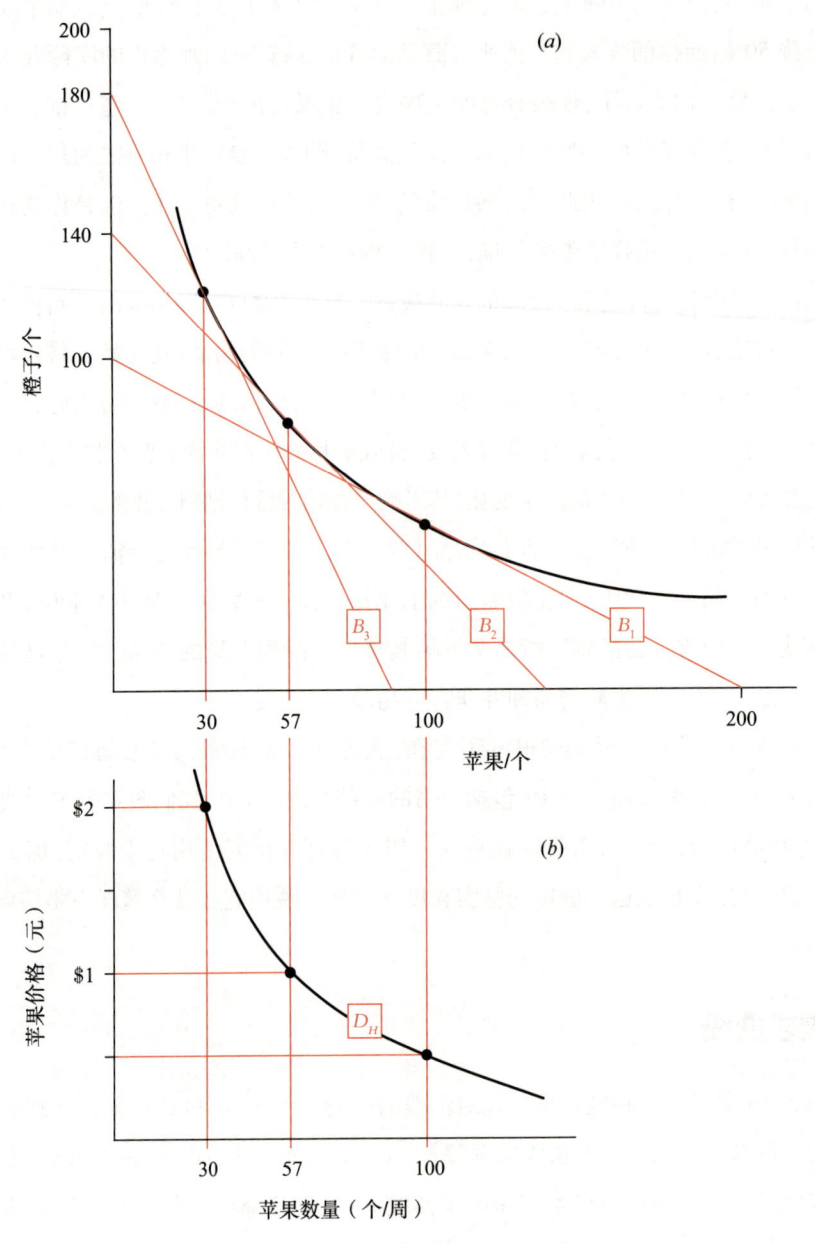

图 3-8 收入调整需求曲线的推导过程

预算线 B_1、B_2 和 B_3 显示了相同实际收入下的不同的价格与收入组合。D_H 是由此产生的收入调整(希克斯)需求曲线。

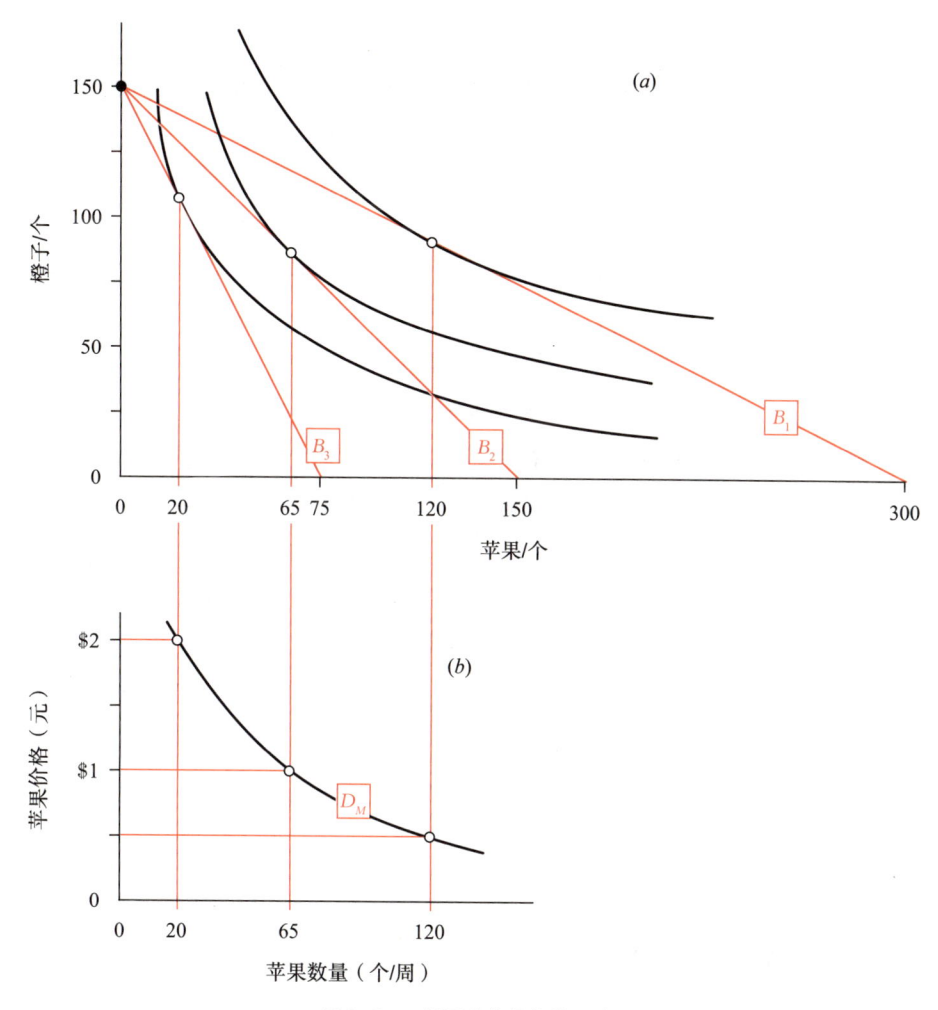

图 3-9　一般需求曲线的推导过程

预算线 B_1、B_2 和 B_3 显示了不同的苹果价格、相同的收入和橙子价格。D_M 是由此产生的一般（马歇尔）需求曲线。

表 3-3

预算线	苹果价格	橙子价格	收入	每周消费的苹果数量
B_1	0.5 元	1 元	100 元/周	100 个
B_2	1 元	1 元	140 元/周	57 个
B_3	2 元	1 元	180 元/周	30 个

第三章　价格、成本和价值

表 3-4

预算线	苹果价格	橙子价格	收入	每周消费的苹果数量
B_1	0.5 元	1 元	150 元/周	120 个
B_2	1 元	1 元	150 元/周	65 个
B_3	2 元	1 元	150 元/周	20 个

图 3-9a 和 b 及表 3-4 展示了**一般需求曲线**(ordinary demand curve,也因经济学家阿尔弗雷德·马歇尔而得名**马歇尔需求曲线**[Marshallian demand curve])的类似的推导过程。如图 3-7 所示,苹果的价格改变了,而橙子的价格和消费者的收入都保持不变。苹果的价格越高,消费者的境况就越差。由于价格上涨后相同收入所能购买的苹果数量减少,其实际收入降低。因此,图 3-9a 中苹果的价格越高,与预算线相切的无差异曲线就越低。在这种情况下,消费量的变化受到收入效应和替代效应的双重影响。

与大多数经济学问题相关的,其实是马歇尔的那条需求曲线,因为在绝大多数情况下,某种商品的价格变化并不会导致消费者收入或其他产品价格的补偿性变化。然而,某些经济学理论只能借助收入补偿需求曲线才能得到严谨的推导过程,譬如将在第四章介绍的消费者剩余理论。

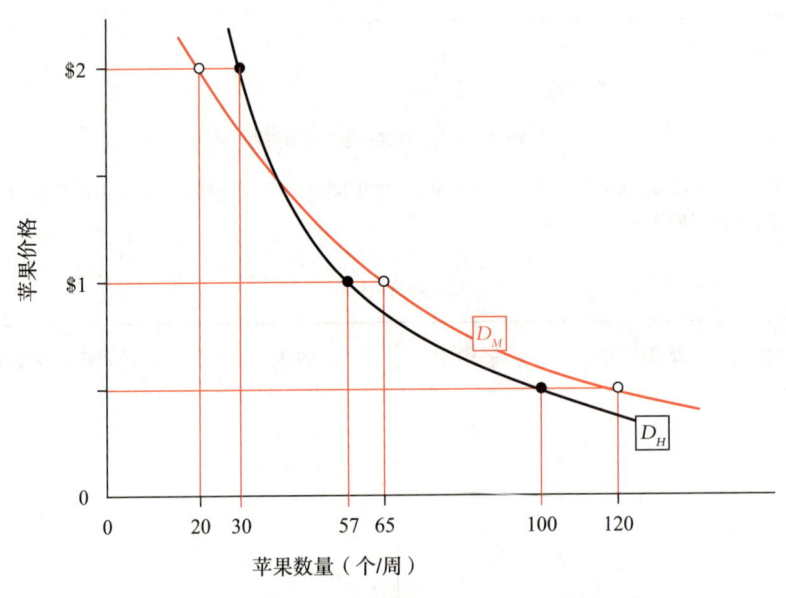

图 3-10 同一个体的一般需求曲线与收入调整需求曲线

D_M 是一般(马歇尔)需求曲线;D_H 是收入调整(希克斯)需求曲线。

如图 3-10 所示，图 3-9b 中的马歇尔需求曲线 D_M 和图 3-8b 中的希克斯需求曲线 D_H 明显不同。这是因为我们考虑的是一个只有两种商品的世界。这时提高其中一种商品的价格必然导致消费者境况显著恶化，因此，是否对这种剧烈变化进行相应补偿会让其行为（购买商品的数量）大为不同。

但在现实世界中我们将会在繁多的商品之间分配支出。如果我只把很小一部分收入花在某种商品上，那么其价格的变化对实际收入的影响很小。在这种情况下，两条需求曲线间的差异可能微乎其微。因此，在下文中，我们通常会忽略一般需求曲线和收入补偿需求曲线之间的差异。

实例应用：关于房价的悖论

假设你刚刚买了一套房子。成交一个月后，房价上涨。你的境况是变好了（因房子更值钱）还是变差了（因价格更贵）？绝大多数人的回答一定是前者；毕竟，你拥有一套房子，而房子现在变得更值钱了。

你刚刚买了一套房子。成交一个月后，房价下跌。你的境况是变差了（因房子更不值钱）还是变好了（因价格更便宜）？根据我的经验，绝大多数人的回答是前者。即使是那些不知道正确答案的人，他们的答案也是一致的。很明显，如果房价上涨让你的境况变好，那么房价下跌一定会让你的境况变差；如果房价上涨让你境况变差，那么房价下跌一定会让你境况变好。

虽然这看起来很明显，却是错的。正确的答案是，无论房价是上涨还是下跌，你的境况都会变好！

在证明这一点之前，我先细致描述一下目前的处境。假设你持有一定量的收入（I），并已支出其中一部分用于购房。可以想象，你的收入要么来自股票债券投资组合，然后卖掉一部分用来买房，抑或来自工资，但有一部分现在要用于还房贷。无论哪种情况，你买了房，用于其他商品的支出就会减少。

我还假设，除了房价，任何其他可能影响你购房量的因素都保持不变；也就是说，如果房价保持不变，你所需的住房数量也不会改变。换言之，你并不打算要孩子，换大房子，或者在退休后卖掉房子搬到佛罗里达。为简化论证，我将忽略除房价以外的购买、出售或拥有住房的所有成本，譬如销售税、中介费等。最后，我会假设房价的变化不可预知；当你购房时，你以为房价如其他物价一样永远不变。

至此，我已经把情况交代清楚了。你可能想停下来，想一想我的回答——无论涨跌都会让你受益——为何正确了。

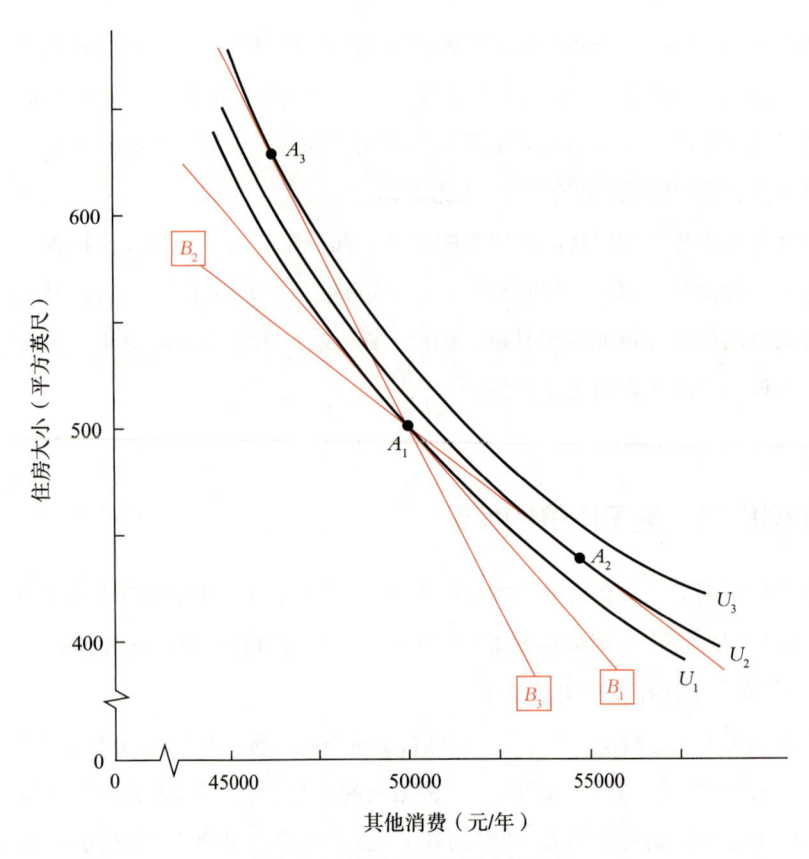

图 3-11 房价的变化对房主的影响

B_1 表示初始房价时的替代选择；B_2 表示买房后房价上涨时的替代选择；B_3 表示价格下跌时的可供选择。A_1 表示在房屋建成后和房价发生变化之前房主的房子和所有其他消费的组合。为了使效应更清晰，我们夸大了预算线斜率的变化。

如图 3-11 所示，纵轴代表住房，横轴代表其余所有商品的支出。预算线 B_1 显示了初始房价（50 元/平方英尺）下的住房数量和其他商品消费量的不同组合。A_1 点是最佳组合——你购买的房子量。它在无差异曲线 U_1 上。

预算线 B_2 则显示了房价上涨到 75 元/平方英尺后的情况。B_2 的斜率必然为：（负的）1 平方英尺/75 元（因为这是新房价）。在这个比率下，你可以用花在其他商品上的钱来交换房子，也可以反过来。新的预算线必须经过点 A_1，因为不行动——继续持有在房价变化前你所有的商品组合——也是你的选择之一。你可以选择从 A_1 点沿预算线向上（以 75 元/平方英尺的价格换取更大的房子），也可以向下（以 75 元/平方英尺的价格卖掉房子，或换一套更小的）。因此新预算线 B_2 须经过 A_1 点，且斜率为 $-1/75$。

该图展示了你会怎么选，A_2 是你新的最优解。由于房价上涨，你选择卖掉现有的房子而买一套小一点的，因为增加的收入大于住房面积减小带来的损失。你现在处

于无差异曲线 U_2 上,该曲线在 U_1 上方,更受喜爱。

B_3 显示了买房后房价不涨反跌到 30 元/平方英尺的情况。其绘制方式不变,但价格比变为 1/30。同样,你可以选择保留原来的房子,所以它必须经过 A_1。A_3 是新的最优解,即由于房价下跌,你卖掉了原有的房子,用出售所得购置了一套面积更大的。你现在位于无差异曲线 U_1 上方的 U_3 上,故而房价下跌使你的境况变好了。

通过图示,你应该能说服自己,结果是一般性的;购房后无论房价是涨是跌,你的境况都好过房价一成不变。同样的论证也可以用言语表述:

> 对你来说,重要的是你消费的东西——多少住房和多少其他东西。价格变化前,你所消费的商品组合——你的房产及你用剩余收入购买的所有商品——是当时可选的最优商品组合。如果价格没有变化,你会继续消费它们。因此,价格变化后,最坏你依然可以选择保留它们,故而你的境况不可能变得更糟。但由于住房和其他商品的最佳组合取决于房价等因素,旧的组合不太可能还是最佳组合。如果旧的不是最佳的,就意味着现在有比价格变化前更有吸引力的选择,因此你现在的境况比价格变化前好;对你来说,新的选择优于之前的最优解。

这个看似自相矛盾的结果值得玩味,其中一个原因是,它向我们展示了不同语言的相对优点。几何语言能够通过图直观展示答案。我们只需看一下图 3-11 就可以知道:无论斜线变得更陡峭(房价更低)还是更平缓(房价更高),任何与 B_1 斜率不同且经过点 A_1 的预算线都必须与 U_1 上方的无差异曲线相切。但这幅图并不能告诉我们这为什么是对的。但当我们使用言语解决问题时,我们很可能会得到错误答案。譬如在本节开头,我们得出房价下跌会使购买者的境况恶化。但一旦我们得到正确答案(可能在一些图像的帮助下),我们就不仅知其然,还知其所以然。

以上论证,我刻意忽略了与买卖房屋相关的各类交易成本——譬如中介费、销售税、寻找合适房源所耗费的时间等。如果将此类成本考虑在内,那么房价的微小变动不会对你产生影响,因为花这些交易成本去增加或减少房屋消费划不来。但大的房价变动,不管哪个方向,都会让你受益。

如果你仍然觉得这样的结果费解,那么你可能是混淆了两个不同的问题:"当你已经买了房,房价的变化是否会改善你的境况"与"当房价即将发生变化,那之前你买的房是否会改善你的境况"。我一直讨论的是第一个问题。我问的是,如果你已经购房,房价的变化会让你境况变好还是变差。答案是,不管房价是涨是跌,你的境况都

第三章 价格、成本和价值

会得到改善。但这并不意味着买房一定是个好主意，如果房价即将下跌，那么等到跌后再买你的境况会更好。

应用：补贴

图 3-12 显示了你在土豆与其他商品之间的偏好。假设你的收入是 150 元/周，土豆的价格是 3 元/磅。如果你把所有收入都花在土豆上，你每周能购买 50 磅土豆，但其他什么也不能买。如果你在土豆上一分钱都不花，你每周就有 150 元可以花在其他商品上。B 是你的预算线；D 是你选择的商品组合。

此时土豆游说团体（土豆种植者）说服了政府，使政府相信土豆对你有益，因此应该给予补贴。你在土豆上每花 3 元，政府就会补贴你 1 元。因此，每买一磅土豆，你在其他商品上的花费就会减少 2 元（而非原来的 3 元）。现在土豆的价格实际上只有 2 元/磅，而非 3 元/磅。

如果你选择不买土豆，你就有 150 元可以花在其他商品上面，不受土豆补贴的影响。如果你把所有收入都花在土豆上，每周可以买 75 磅。预算线变为 B_1，最佳商品组合则变成 D_1，土豆消费增加。你处于此前的无差异曲线 U_2 上方的 U_4 上，你的境况得到了改善。你更幸福了（如果土豆游说团体没有说大话，你也更加健康了），土豆种植者也卖出了更多的土豆，可谓皆大欢喜。

但有个问题。在点 D_1，你每周的土豆消耗量为 40 磅（如果这看起来不合理，你可以假设其中的一些土豆在被你消耗前酿成了伏特加）。这些土豆的单价为每磅 3 元，你只需支付 2 元，另外 1 元由政府补贴。所以，土豆的补贴总额是每周 40 元。某个角落的某些纳税人正在为这项补贴埋单。因此，在断定土豆补贴是皆大欢喜的政策之前，我们应该将这部分成本纳入计算。

要做到这一点，我会假设消费者和纳税人是同一批人。简单起见，我还假设每个人的收入与偏好都完全相同。如图 3-12 及 3-13 所示，每个人的税前收入为 $I=150$ 元/周，税后收入为 $I-T$，其中 T 是支付土豆补贴的税额。不买土豆的消费者有 $I-T$ 用于其他商品的消费，因此 $I-T$ 等于预算线的纵截距，凭此可以在图上确定 T。虽然我们还不知道 T 的具体数值，但我们知道，税收总额必须等同于补贴支出（忽略征税与管理补贴的成本）。

将所有人视为一个整体的话，征收的税款等于支付的补贴，补贴的金额取决于土豆的消费量。但对于大整体中的每个个体来说，他购买土豆的数量对总补贴金额及其来源税款的影响微乎其微。因此，每个个体都把 T 当作给定值（如图 3-13 所示），并基于此寻找其最优商品组合。由于土豆的实际价格仍然是每磅 2 元（支付 3 元，返还 1 元作为补贴），相应的预算线 B' 的斜率也与图 3-12 中的 B_1 相同。

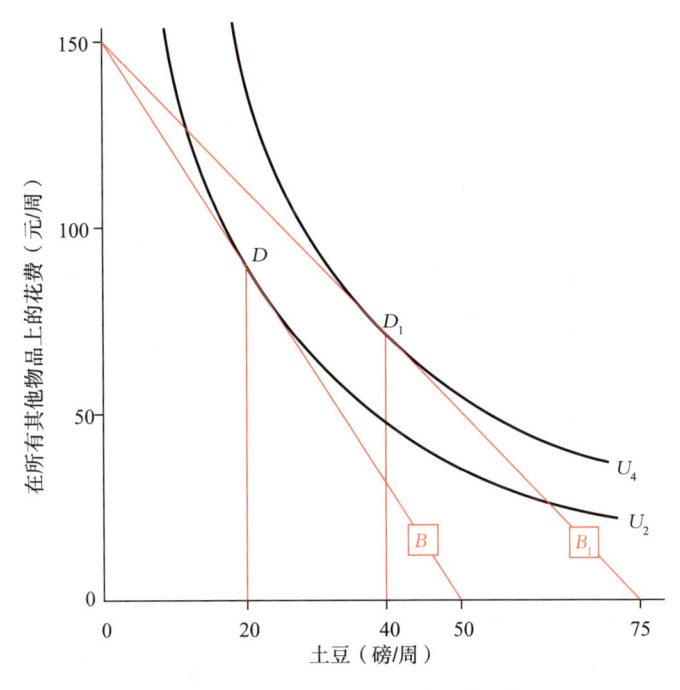

图 3-12 由别人支付的土豆补贴的影响

B 是初始预算线，B_1 是在政府宣布补贴 1/3 土豆购买成本后的预算线。

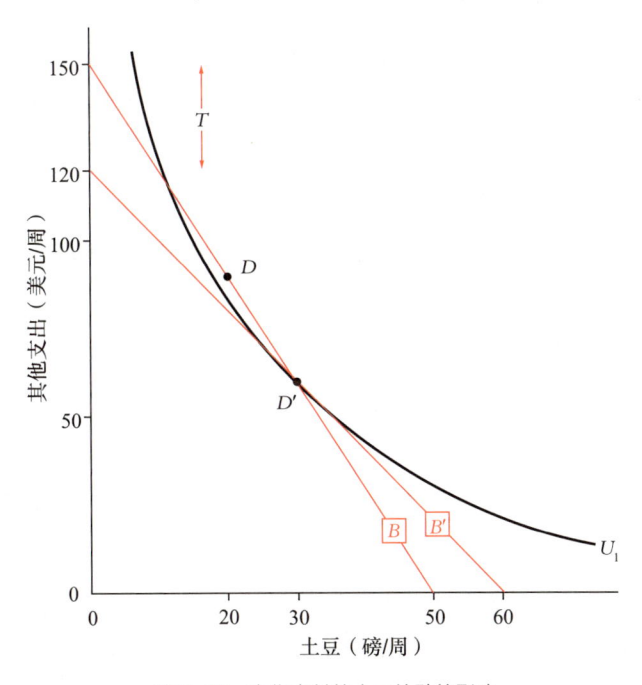

图 3-13 由你支付的土豆补贴的影响

T 是支付补贴的税收；B' 是支付税款并可获得补贴的消费者的预算线。在 D'（B' 的最优点）上，消费者支付的税款刚好等于他收到的补贴；这种境况比没有税收和补贴时（在 D 点）差。

第三章　价格、成本和价值

那么问题来了,我们怎么确定预算线就是 B',而不是其他具有相同斜率的线呢?B' 是唯一能够满足每个纳税人上缴的税额($T=I-(I-T)=$ 150 元/周 − 120 元/周 = 30 元/周)恰好等于补贴给每个人的金额(1 元/磅×30 磅/周,如点 D' 所示)的预算线——这是毋庸置疑的,因为每个个体完全相同,而总税款又必然等于总补贴。

什么时候冲销不是一种冲销? 你选择消费的商品组合 D',同时位于 B' 和 B 两条预算线上,其中 B' 是缴税与获补后的预算线,B 是初始状态下的预算线。这并非偶然。基于上文预设的简化条件,每个人都购买了相同数量的土豆,获得了相同数额的补贴,缴纳了相同数额的税款,因此,无论对整体还是个体,税收和补贴都必须是相等的。如果你缴纳的税款与你收到的补贴一样多,那么税收和补贴就会互相抵消;你购买的商品组合(马铃薯和所有其他商品的支出),还是你没有税收和补贴的初始状态下会选的组合。因此,它必定还是落在最初的预算线 B 上。

事实上,这就是我最初确定 B' 位置的依据所在。我知道 B' 必须与 B_1 平行。我还知道,它的最优解,即它与某条无差异曲线的切点,必须恰好是它与 B 的交点。只有 B' 能同时满足这两个条件。

D' 处于 D 下方的无差异曲线上,这也说明,税收与补贴让你的境况恶化了。这也并非偶然。因为 D' 位于初始预算线上,这也就意味着,在税收和补贴都不存在的初始状况下,D' 是可供选择的对象,而你却选了 D,说明你喜欢 D 超过 D'。因此,补贴与覆盖补贴的税收的综合作用一定会让你的境况恶化。

在会计上,损益相抵的交易过程,如 1000 元的收益与 1000 元的损失相抵,被称为**冲销**(wash)。读完前面几段文字后,大部分读者的第一反应可能是,上述所谓"税收与补贴组合"就是一次冲销——由于所得刚好等于所失,因此根本就没有净影响。

从某种角度看,这种说法是对的;但从更重要的角度看,它是不对的。无论有没有税收与补贴组合,你所消费的商品组合的货币价值都一样;从这个角度看没有影响。但是正如图 3-13 所示,这两种情况下消费者选择的组合是不同的。有税收和补贴,跟没有相比,你最终选的是较不满意的消费组合——它在一条较低的无差异曲线上。

之前我已经简单提到了造成这种差异的原因:虽然全体消费者所缴总税额由土豆总消费量决定,但在对土豆购买量进行决策时,消费者都会把个人所缴视为既定税额。给定其他人的行动,你的预算线是 B' 而非 B。但由于 D 点不在 B' 上,你没有资格选这个组合。如果我们群体决策,会选择 D 点;但如果我们每个人都对补贴和其他人的理性行为作出理性反应,会选择处于劣势的 D' 点。特定情况下,每个个体的理性行为会使每个个体的境况变差。这个结果看似自相矛盾，实则并不新鲜。在前几章在解释逃兵问题和交通堵塞时，我们就遇到过。

厘清去哪里，而非怎么去。 学生们在面对类似马铃薯补贴问题时，往往会犯一个错误，即试图分阶段解决问题。首先，他们绘制出代表有补贴的预算线（B_1），由此计算出土豆消费量，进而计算出支付补贴所需的税额。这种方法的问题在于，收税本身就会改变预算线的位置，从而改变土豆消费量，进而改变补贴总额，最终改变支付补贴所需的税额！这便陷入了一个无限循环：每当你解决了问题的一部分，便会有另一部分发生变化。

要确定用于支付补贴的税款，有些人会通过一系列的逐次逼近找到解。但正确的解法是忽视这种方法，通过揣摩最终结果反推解的特征（即问在最终状态下，解会有什么特征）。这就如我们在图 3-13 中的操作。每磅 1 元的补贴意味着最终的预算线一定与 B_1 平行。税收恰好能够支付补贴，这表明这条预算线的最优点（与无差异曲线相切的点）恰好是它与 B 的交点，这样就可以保证符合该预算线的消费者购买土豆时所获补贴刚好与所缴税款相抵。综上所述，只有 B' 能够同时满足两个条件，因此它就是解。

细微之处。 上述论证隐含一个假设：土豆的市场价格不受税收和补贴影响，即土豆的市场价格总是保持在每磅 3 元。如果只将税收和补贴施加于一小部分人口，譬如一个城镇，那么这个假设还是说得过去的。毕竟，一个偏远小镇的土豆消费量变化几乎不可能在世界市场上掀起多大波澜。但如果将此类补贴计划施加于全美国，那么这种假设就不太合理了。补贴的效应之一便是会刺激土豆需求，从而导致土豆价格上涨。这也是土豆种植者支持补贴的原因之一。

这就引出了第二个问题。迄今为止，我们在分析问题时，只考虑了消费者和纳税人的利益，生产者呢？如果我们综合考虑这三者，有没有可能产生积极的净效应呢？

只要我们有办法把不同人群的收益和损失加在一起，就能回答这个问题，但答案依然是否定的。即使考虑对生产者的影响，补贴的净效应也是负的。第十七章会为你揭晓原因。

其他约束

用于分析有限收入对消费者施加的约束的方法，同样可用于分析其他类型的约束。例如，假设某人在节食，每天只能摄入 1000 卡路里的热量，这时他面临卡路里摄入量的约束。每种食物都可用卡路里/盎司为单位计价,他只能选择总价不超过1000卡路里的商品组合。如果只有两种食品可供选择,那么1000卡路里的商品组合会在一条预算线上,而他的最优组合将在该预算线与某条无差异曲线的切点上。

我们再看一个适用于所有人的案例。我们做的绝大多数事情,包括挣钱和花钱,都需要时间。每个人都必须将每天24小时的有限预算分配给各类不同用途:工作、娱乐、消费、休息等。如果只有两者可供选择,其余事件的时间保持不变,我们又可以通过无差异曲线图来表示这种选择。

选读部分

效用函数

▶ 效用

效用和效用函数是经济学发展历程中的两个重要思想,至今仍是思考理性行为的重要工具。效用思想源于一种尝试(企图)——用个人想要最大化的单一事物(幸福、快乐或类似的事物)来理解个人的所有选择的尝试。我们称这种单一事物为他的效用。效用只有在选择中才能被观察到。"夏威夷度假对你的效用大于轻便摩托车对你的效用"这句话等价于"如果要在夏威夷度假和轻便摩托车之间做出选择,你会选择度假",但这并不意味着"跟轻便摩托车相比,度假对你更有用"。效用在经济学中的含义跟在其他语境下的不同。

效用函数是一种用来描述消费者对不同商品组合的偏好的方式。假设只有两种商品——苹果和梨,你的效应函数为"3×苹果的磅数+2×梨的磅数",用数学公式表示如下:

$$u(a,p) = 3a+2p$$

这就是说,如果你必须在苹果—梨的两种组合之间做出选择,你会选择效用更大的一组。你会偏好4磅苹果加3磅梨(总效用18),而非3磅苹果加4磅梨(总效用17)。

有些读者可能对函数还知之甚少,不理解 $u(a,p)$ 这个表达式。它的意思是"效用(u),取决于 a(苹果磅数)和 p(梨的磅数)的效用"。被决定的形式显示在等号的另一侧。

关于这类函数,有几点值得强调。首先,我们并不可能确切知道某人的效用函数——要想这样做,我们必须知道他对于所有不同商品组合的个人偏好。效用函数的目的是借助能够反映行为的简化图像来理清思路。这类**模型**并没有试图描述现实;而是建立一个逻辑结构跟复杂现实一样的简化情景,以便用它来理解复杂现实。请不要将这类模型与大规模的计量经济学模型混为一谈——后者是企图预测真实世界经济行为但不是很成功的复杂方程组。

需要强调的第二点是,同一行为模式可以由不同的效用函数来描述。在上面给出的例子中,假设效用函数不是 u,而是:

$$v(a,p) = 6a+4p = 2u(a,p)$$

第二个函数(v)正好是第一个函数(u)的两倍。如果在第一个函数中,某个商品组合的效用比另一个高,那么在第二个函数中同样如是。消费者个人总是选择效用较高的组合,因此这两个效用函数所描述的行为是完全相同的。

到目前为止,我们假设消费者的效用只由两种商品决定。效用函数通常写成 $u(x)$,其中 x 代表商品组合。在简化的两种商品条件下,x 代表苹果和梨的数量;$x=(2,3)$ 即代表包含 2 个苹果和 3 个梨的商品组合。将其推广到 n 种商品,x 便成为了一个更长的数列。如果我们将第一种商品称为 X_1,数量为 x_1,第二种商品为 X_2,数量为 x_2,并依此类推;第一种商品的单价用 P_1 表示,并以此类推,那么你的收入约束,即购买的商品组合总价不能超过总收入,便可以用以下不等式表示:

$$I \geqslant P_1 x_1 + P_2 x_2 + \ldots + P_n x_n$$

不等式右边即为消费者购入上述数量的商品组合需要支付的费用,它等于买入第一种商品 x_1 的费用(数量乘以单价——3 磅×1 元/磅=3 元),加买入第二种商品 x_2 的费用,加……

上述关于等价效用函数的观点可以更为一般化。对于两个效用函数 $u(x)$、$v(x)$ 及任意两个商品组合 x_a、x_b,只要 $u(x_a)$ 大于 $u(x_b)$,$v(x_a)$ 就大于 $v(x_b)$,反之亦然;那么,这两个效用函数所描述的行为完全相同,也因此等价。效用函数的目的是表明哪一组商品更受我①的喜爱(即在效用函数中效用更高的那一组)。如果两个函数对这个问题给出的答案总是相同,那么它们就是等价的——它们所显示的偏好是完全相同的。

我的收入与我想要的商品的价格共同确定了我所能选择的组合,而效用函数则界定了我的偏好。用数学语言来说就是,消费问题只不过是选择问题,即如何在收入约束下(要求支出不得超过收入),选择能使你的效用最大化的商品组合。这也正是本章此前在做的。效用函数只是提供了一种在数学上更为精确的方法来讨论它而已。

▶ 微积分

有一个效用函数 $u(x,y,z,\ldots)$,其效用值取决于 X、Y、Z 等商品的消费量。假设数量 x、y、z 等都可以连续变化,并假设对任意 $x,y,z,\cdots>0$,u 是具有连续一阶导数的连续函数,且是其所有自变量的递增函数(由于它们是正常物品,故而效用随着消费量的增加而增加)。函数 u 遵循边际效用递减原理:du/dx 随着 x 的增加而减小(对于 y、z 等也是如此),因此 $\partial^2 u/\partial x^2 < 0$。我们的问题是在收入约束下最大化 u:

$$I \geqslant xP_x + yP_y + zP_z + \ldots$$

这类问题(即约束最大化)的常见解法是使用也许你已经熟悉的拉格朗日乘数。而对这个特定问题来说,我们可以以一种更简单也(对我而言)更直观的方法来解决。

---

① 指某个消费者。——译者

首先，请注意，收入约束中的≥完全可以替换为=，因为收入的唯一最终用途就是用来购买商品，而且多总比少要好，因此没有任何理由让支出低于你的全部收入。

我们现在令 x 和 y 变化，其他所有商品的数量保持不变。当效用达到最大值时，x 的无限小的增量（因为受收入约束）以及 y 的无限小的减量（使得花在 x 和 y 上的总支出不变）一定会使最终效用保持不变，或者换句话说：

$$0 = du(x, y, z, \cdots) = \frac{\partial u}{\partial x}dx + \frac{\partial u}{\partial y}dy$$

由此可得：

$$0 = \frac{du(x, y, z, \cdots)}{dx} = \frac{\partial u}{\partial x} + \frac{\partial u}{\partial y} \cdot \frac{dy}{dx} \quad \text{（等式 1）}$$

为了求出 $\frac{dy}{dx}$，我们用 x 来表示 y 的收入约束，然后求导：

$$y = (I - z\,P_z - \cdots - x\,P_x)/P_y$$

$$\frac{dy}{dx} = -\left(\frac{P_x}{P_y}\right)$$

将其代入等式 1，我们得到：

$$0 = \frac{\partial u}{\partial x} - \left(\frac{P_x}{P_y}\right)\frac{\partial u}{\partial y}$$

整理得：

$$\frac{\partial u/\partial x}{P_x} = \frac{\partial u/\partial y}{P_y}$$

$$\frac{\partial u/\partial x}{\partial u/\partial y} = \frac{P_x}{P_y}$$

这与我们在本章此前推导出的关系式是一致的，当时我们的结论是：以橙子衡量的苹果价格（P_a/P_o）等于以橙子衡量的苹果价值。$\partial u/\partial x$ 是 x 的边际效用，$\partial u/\partial y$ 是 y 的边际效用，它们的比值是以 y 衡量的 x 的价值——边际替代率。如果一磅 X 的边际效用为 3，一磅 Y 的边际效用为 1，那么在边际上，一磅 X 相当于 3 磅 Y。对于 X 与 Z 或其他任何一对商品，结论同样如是（前提是保持其他所有商品的消费不变），故而等边际法则适用于我们消费的所有商品。

然而，它并不适用于我们不会消费的商品。你可能会记得在微积分课程中，判定最大值的一般条件是导数为零，但如果最大值恰好出现在自变量范围的两端，就不成立了。如图 3-14 所示，f(x) 的定义域为 x>0，在 x=0 时有最大值。该点函数的导数为负，但已经不能往值更小的 x 去找更大值的 f，因为这是 x 的最小值了。这是一个角点解，最大值出现在端点处（图 3-14 上的 A 点），函数在 x=0 处遇到了阈值。

如果有一种商品 X，你不消费它时（x=0）你的效用最大，这时就出现消费的角点解。既然是角点解，效用最大化处的导数值也不必为零，因而等式 1 也不一定要成

图 3-14　角点解

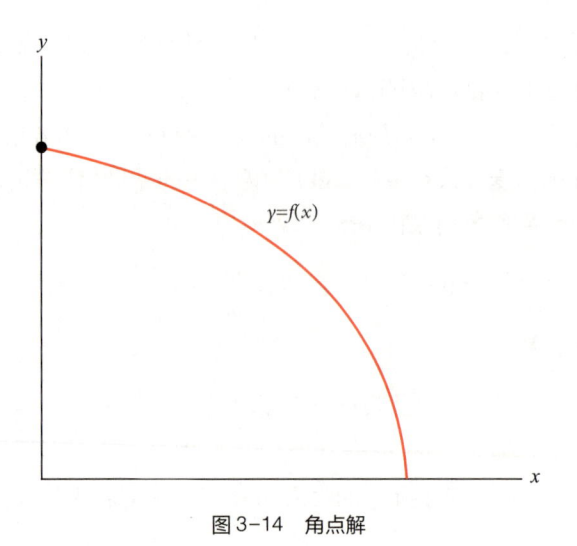

在 A 点，$f(x)$ 达到最大值但 $\partial f/\partial x$ 不是 0。

立。换句话说，这意味着随着你不断减少对商品 X 的消费（并用省下的钱不断增加对其他商品的消费），总效用一直呈递增态势，直到 X 的消费量减少到 0 为止。尽管商品 X 的边际效用低于其他商品，但由于 X 的消费量已经是 0 了，你无法减少一元商品 X 的消费，并增加一元其他商品消费。我之前提到过，等边际法则不适用于你不会消费的商品，并用图 3-3a 和 3-3b 予以了说明。角点的示意图不同，因为这里是效用函数，那里是无差异曲线，但展示的情形是一样的。

▶ 无差异曲线与效用函数

接下来，我们将通过效用函数对无差异曲线进行一系列分析。受二维图像的限制，我们只考虑含有两种商品的效用函数。即便如此，同时展示两种商品的变化也会耗尽可用的两个维度，没有剩余的维度来展示效用函数本身。如果有了第三维，我们就可以绘制一个曲面，用任意点 (x,y) 上方的曲面的高度来表示 $u(x,y)$[①]。可惜这本书是写在二维纸面（或二维屏幕）上的；尽管如此，图 3-15a 还是想克服这一限制。

这个问题并不新鲜，这是每个地图制作者在二维纸上描绘三维景观时都会面临的。解决方案是绘制等高线图。在等高线图上，所有海拔为 100 英尺的点构成一条线，海拔为 200 英尺的构成另一条，以此类推。通过这种方法，等高线地图成功模拟出了三维的陆地形状。在地势陡峭的地方，等高线趋于密集（这表示对应地势仅在很短的水平距离内就上升了 100 英尺）；在地势平缓的地方，等高线之间则相距甚远。

---

① 即用任意一点 (x,y) 跟它对应到曲面上的点的垂直距离表示 $u(x,y)$。——译者

(a)

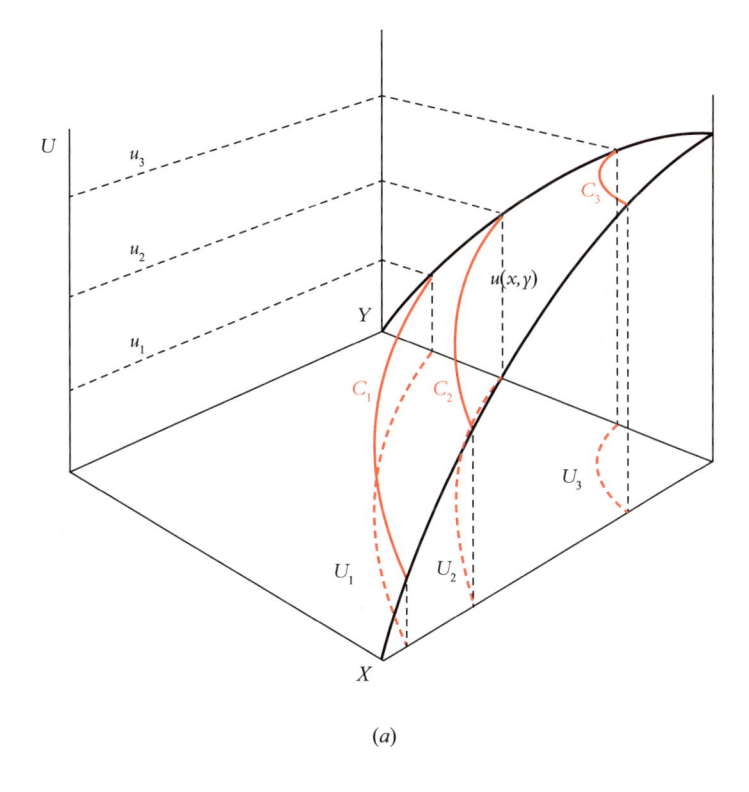

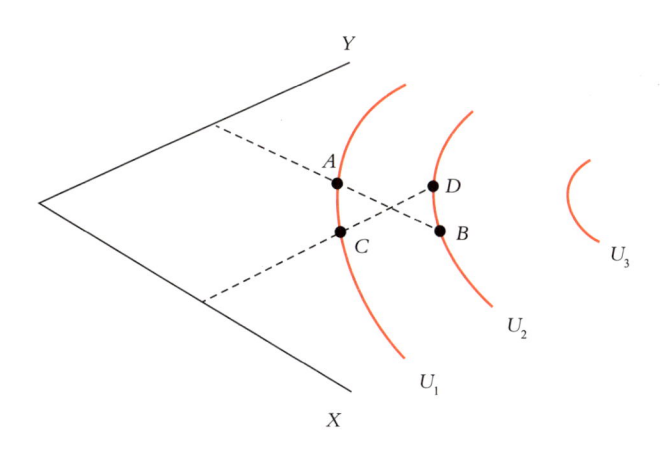

(b)

图 3-15　效用曲面、等高线和无差异曲线

$u(x,y)$ 显示了效用如何随 x 和 y 的消费量而变化。C_1、C_2 和 C_3 是 U 上的等高线；U_1、U_2 和 U_3 是相应的无差异曲线。C_1 是在"高度"为 u_1 的等高线；U_1 是连接所有效用为 u_1 的商品组合的无差异曲线。C_2 和 U_2、C_3 和 U_3 也是如此。

第三章　价格、成本和价值

经济学中的无差异曲线就相当于地形图上的等高线,将所有于你而言效用相同的点,即同效用商品组合,连缀起来。图 3-15a 中显示了无差异曲线 U_1、U_2 和 U_3,每条曲线都有效用标记。由于 U_1 效用值小于 U_2,U_2 又小于 U_3,因此 U_3 上的点比 U_2 上的点更受偏好,而 U_2 上的点比 U_1 上的点受偏好。图 3-15a 的 X-Y 平面对应本章前面提及的无差异曲线图。

无差异曲线无法完全描述对应的效用函数,线上并没有标注,写着"效用等于 9"之类。所有的无差异曲线告诉我们的是,哪些商品组合对我们来说无差别,哪些更受我们偏好。从这个意义上来讲,无差异曲线比等高线图上的线条提供的信息要少,因为等高线不仅能描述哪里等高,还能告诉我们具体的海拔高度数值。因此,一组无差异曲线可能对应于许多个不同的效用函数。尽管如此,我们依然可以完全根据无差异曲线来分析消费行为,原因是我之前提到的一个观点——不同的效用函数描述的行为可能相同。

当我们沿着一条无差异曲线移动时,效用保持不变。假设 (x,y) 和 $(x+dx,y+dy)$ 是同一条无差异曲线上的两点。我们有:

$$u(x,y) = u(x+dx, y+dy) \cong u(x,y) + dx\frac{\partial u}{\partial x} + dy\frac{\partial u}{\partial y}$$

当 $dy, dx \to 0$ 时,近似相等变为相等,它们的比值即为无差异曲线的斜率。在这种情况下,

$$dx\frac{\partial u}{\partial x} + dy\frac{\partial u}{\partial y} = 0$$

以及

$$-\frac{\partial u/\partial x}{\partial u/\partial y} = \frac{dy}{dx} = 无差异曲线的斜率$$

这与我们早先得出的结论不谋而合,即负的无差异曲线斜率等于以橙子(Y)衡量的苹果(X)的价值。

图 3-15b 中的 U_1,就像前面讨论的无差异曲线一样,向右下方倾斜,斜率为负值。为了保持效用不变,一种商品数量的减少必须用另一种商品数量的增加来抵消。向另一方向倾斜的无差异曲线可以用来描述你对两种商品的偏好,其中一种是好物品,另一种是坏物品——$\partial u/\partial y > 0$。如果觉得这很奇怪难以图解,试着描摹你的工作时长和你的货币收入组成的效用函数,前者是坏事(坏物品),后者是好事(好物品),然后在给定薪资下推算你愿意工作多久。或者是这样一种情况:生产一种好品同时会产生不想要的废品。

无差异曲线的斜率通常为负值,因为它通常代表两种商品之间的偏好。当你沿

着曲线向右下方移动时,曲率或者说斜率会趋于平缓,而当你向左上方移动时,斜率则会趋于陡峭,这符合边际效用递减原理,或者严格地说,这是由边际效用递减原理决定的。如图3-15b,从 A 移动到 B。Y 的量保持不变,X 的量增加,因此 $\partial u/\partial x$ 必定减小。无差异曲线的斜率为 $-(\partial u/\partial x)/(\partial u/\partial y)$,因此,无差异曲线在 B 点的斜率比 A 点平缓——除非随着 x 的增加,$\partial u/\partial y$ 下降的速度比 $\partial u/\partial x$ 增加的速度还要快。没有明显的理由可以解释这种情况应当存在,但我们的假设也没有使其不可能出现。同样,当你从 C 移动到 D 时,y 增加,x 保持不变,$\partial u/\partial y$ 减小,无差异曲线的斜率变陡峭——除非出于某种原因,Y 的增加使 X 的边际效用降低的速度比 Y 本身的边际效用降速还要快。

和前文的几个案例相同,如果考虑到消费一种商品可能会影响另一种商品的效用,我们的分析就会变得复杂。而在现实世界的大多数情况下,我们预计上述效应并不会那么大——我们消费许多不同的商品,其中大多数彼此之间几乎没有什么关系。除了一些密切相关的商品——譬如汽车与自行车、面包与黄油、香蕉与花生酱等。在某些情况下(**替代品**[substitutes],譬如汽车与自行车),拥有其中一种越多,另一种商品的价值就越低;在其他情况下(**互补品**[complements],譬如面包与黄油、汽油与汽车),我们拥有其中一种越多,另一种的价值就越高。

在这些情况下,无差异曲线的形状可能会很奇怪,本章的课后习题给出了一些例子。在大多数情况下,我们默认**边际替代率递减原理**(principle of declining marginal rate of substitution)成立,也就是说,无差异曲线的斜率会随着向右下方的移动而趋于平缓,随着向左上方的移动而趋于陡峭。正如此前讨论的,这与边际效用递减原理非常相似,以至于为大多数实际目的的考虑,我们可能会默认它们是一回事。

现在我们已经从效用函数直接推导出了等边际法则,并阐明了效用函数和无差异曲线之间的联系。值得注意的是,虽然我们从货币收入和货币价格的角度进行论证,但货币与此并无本质联系。对于任意商品组 $(x, y, \ldots)$,我们完全能以 P_y/P_x 的价格(即用 X 表示 Y)用 X 交换 Y,以 P_z/P_x 的价格交换 Z,以此类推。在这里,以及在价格理论的其他部分,货币和货币价格的使用简化了论述,但不影响结论。

· 习题 ·

1. 在本章开头,我举了一些坏物品的例子。你认同它们是坏物品吗?如果不认同,我们其中一定有谁错了吗?请讨论。

2. 假设我对汉堡包和钢笔的偏好如下:

表3-5

选项	汉堡包(磅/年)	钢笔(支/年)	效用(单位/年)
A	100	30	50
B	108	29	50
C	118	28	50
D	200	30	75
E	?	29	75

a. 对我来说,一磅汉堡包的价值是多少(在A和B点之间)?

b. 在商品组合A和B之间,我更喜欢哪一个?在C和D之间呢?

c. E应该有多少汉堡包才能让我感觉它和D无差异?请简要解释。

3. 图3-16显示了你对白兰地和香槟的偏好。相比A,哪个商品组合你更偏好,哪个不如A,哪些等价于A?有哪些商品组合,是无法判断跟A相比是等价、更好还是更差的?

4. 对B点回答相同的问题。

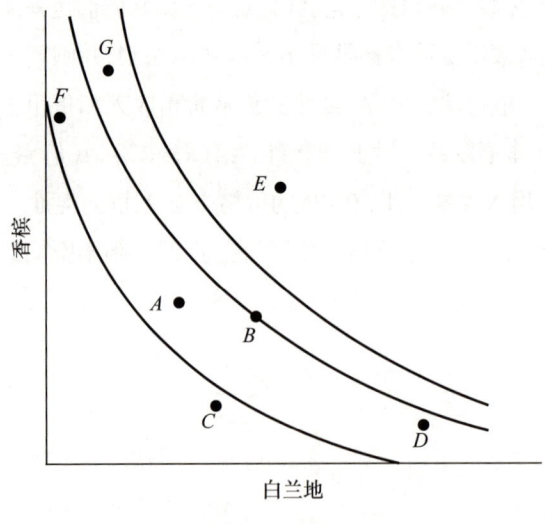

图3-16 问题3

图 3-17 问题 5

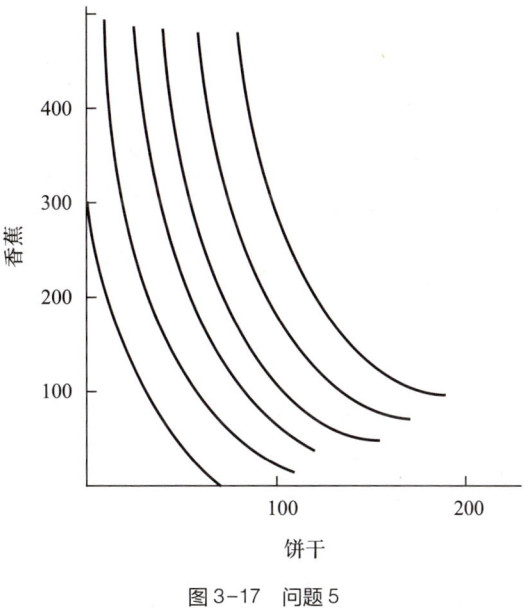

5. 图 3-17 显示了你对饼干和香蕉的无差异曲线,你的收入为 100 元,饼干的价格是 1 元/包,香蕉的价格是 0.25 元/根,你各消费多少?

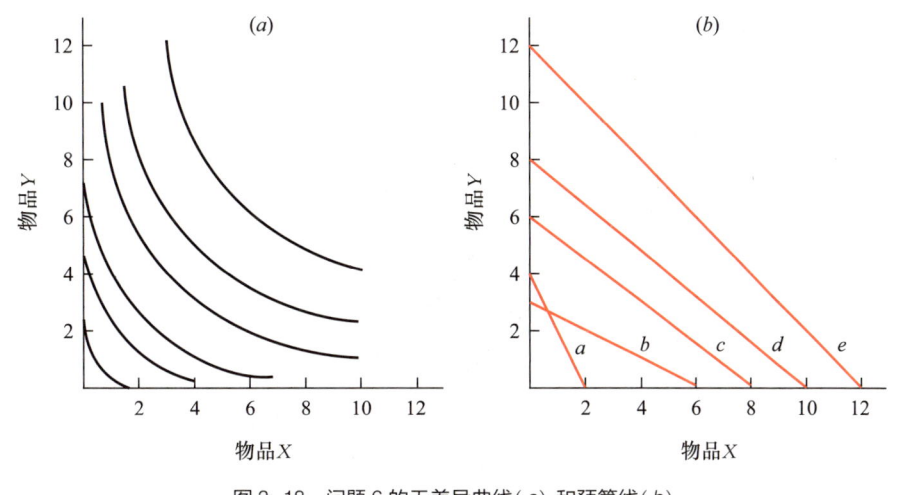

图 3-18 问题 6 的无差异曲线(a)和预算线(b)

6. 图 3-18a 显示了一组无差异曲线,图 3-18b 显示了一组预算线。你的收入为 12 元/周,商品 X 的价格为 2 元,商品 Y 的价格为 4 元。

    a. 图 3-18b 中哪条是你的预算线?

    b. 在图 3-18a 中,你更喜欢哪一点?换言之,你选择消耗多少 X 和 Y?

7. 图 3-19a、b、c 和 d 显示了四组不同的无差异曲线,其中 U_3 上的点比 U_2 上的点更受喜爱,U_2 上的点比 U_1 上的点更受喜爱,用文字描述每组的偏好模式。是的,它们很奇异。

第三章 价格、成本和价值

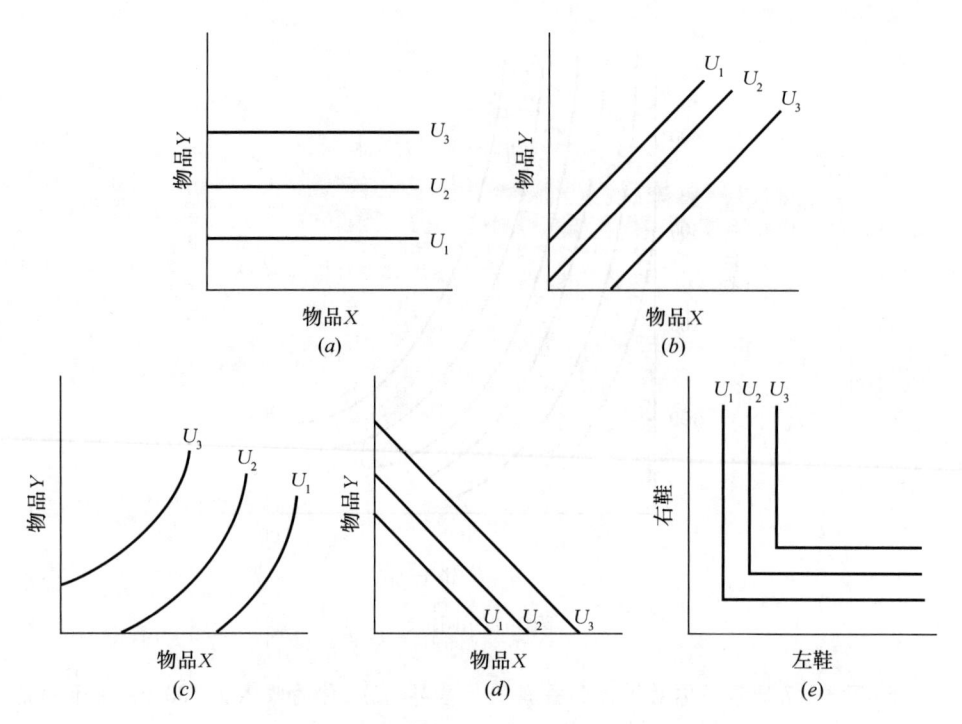

图 3-19 一些奇异的无差异曲线，U_3 总是优于 U_2，U_2 总是优于 U_1

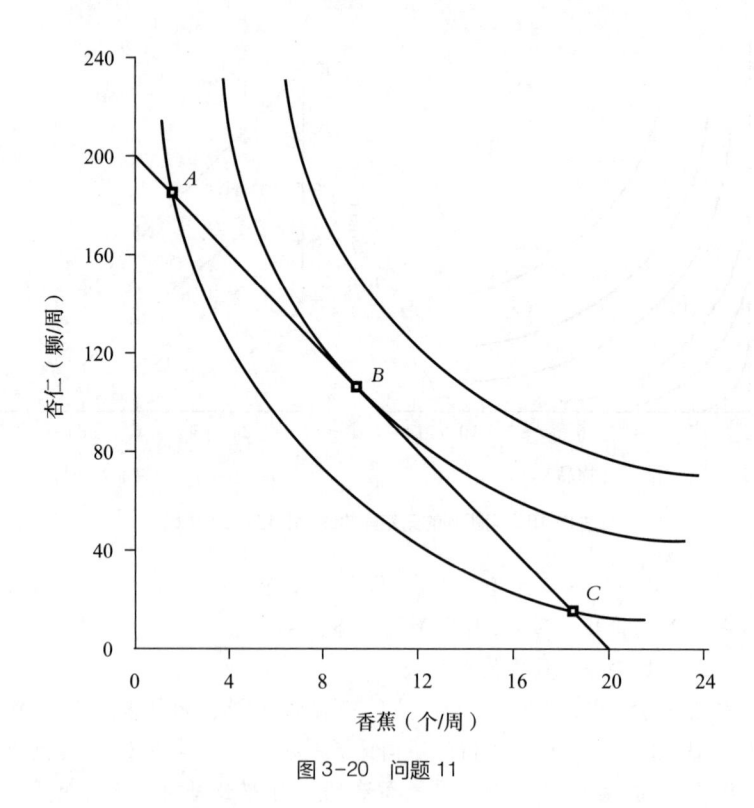

图 3-20 问题 11

8. 图 3-19e 显示了你对左鞋和右鞋两种商品的偏好,解释为什么无差异曲线的形状如图所示。

9. 为两个近似互补但不完全互补的事物画一组可能的无差异曲线。一个例子可能是面包与黄油,前提是你更喜欢涂黄油的面包同时愿意吃不涂黄油(或涂了但比你喜欢的量少)的面包。

10. 画一组对完全替代品——例如黄油与人造黄油——无法区分的人的可能的无差异曲线;为近似替代但不完全替代的事物画另一组,这样的一个例子可能是鸡肉与火鸡肉,前提是在某些菜谱下,你稍微偏爱其中一个。

11. 图 3-20 显示了无差异曲线图和预算线。

    a. 你在 A、B、C 点的边际替代率是多少?

    b. 预算线在 A、B、C 点的斜率是多少?

12. 根据图 3-4 推导收入调整后的苹果需求曲线,图中 B_1 应该是你的预算线之一。

13. 根据图 3-4 推导苹果的一般需求曲线,假设你的收入是 100 元,橙子的价格是 1 元。

14. 威廉的收入是 3 元/天,苹果 0.50 元/个。

    a. 画出威廉在苹果与其他一切商品支出之间选择的预算线。

    b. 为减少医疗开支,政府决定对苹果进行补贴。威廉每花 1 元买苹果,就会得到 0.25 元的补贴。威廉不用缴税,画出威廉的预算线。

    c. 政府决定不补贴,而是发放消费券。政府每天给威廉提供 0.5 元,只能用于购买苹果,不购买苹果的任何余额都必须返还。威廉仍不交税,画出他的预算线。要注意,它与我们画过的预算线都不一样。

15. 情形同前一个问题,图 3-21 显示了威廉的无差异曲线。

    a. 在既没有补贴也没有消费券的情况下,威廉每天消费多少个苹果?

    b. 有补贴呢?

    c. 有消费券呢?

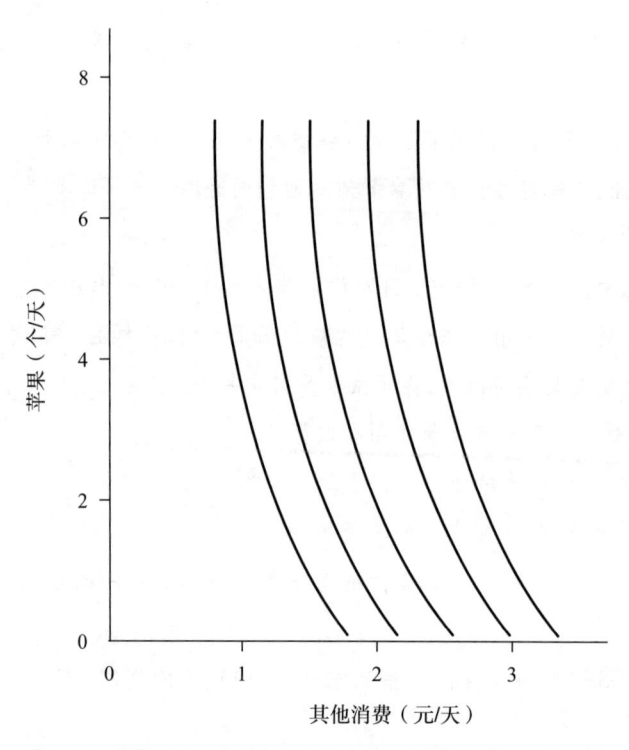

图 3-21 体现威廉对苹果与其他所有商品之间偏好的无差异曲线

16. 假设不是如文中所说对土豆进行补贴,而是征税,你每花 2 元购买土豆,就必须另外向政府缴 1 元的税。税款征收后作为人口补贴(demogrant)返还给消费者,每个人都得到固定数量的钱来增加其收入。我们假设每个人收入和偏好都相同。比起没有税收(也没有补贴),人们的境况会更好还是更糟?请证明你的答案。

以下是选读部分的问题:

17. "A 对我的效用比 B 多"这一陈述含有什么可检验的命题?

18. 从几何学角度(不需要精确)和微积分来做下列四小题。有两种商品,x 是一种商品的数量,y 是另一种商品的数量,你的收入是 I。$u(x,y) = xy+x+y$。

    a. $P_x=1$ 元,$P_y=1$ 元,$I=10$ 元。如果 P_y 上涨到 2 元,I 必须增加多少才能使你境况不变?

    b. 同 a 所述,假设 I 没有变化,那么在价格变化前后,每种商品的消费数量是多少?在每种变化中,有多少是替代效应?多少是收入效应?

    c. $P_x=1$ 元,$I=10$ 元。画出你的消费量 Y 与 P_y 的函数关系图,P_y 的范围是 0 到 10 元(你对 Y 的一般需求曲线)。

d. 两种商品价格都等于 1 元,当 I 从 0 到 100 元时,每种商品的消费是如何变化的?

19. 效用函数为 $u(x,y) = x - 1/y$,回答下列问题:

    a. $P_x = 1$ 元,$I = 10$ 元。画出商品 Y 的需求曲线,1 元 $<P_y<100$ 元。

    b. $P_x = 1$ 元,$I = 10$ 元。P_y 从 1 元增加到 2 元,标出新旧均衡。收入效应可以通过改变 I 来消除,也可以通过改变 P_x 和 P_y 而保持它们的比值不变来消除。I 的必要变化是什么?价格的必要变化会是什么?请画出这两者。

    c. $P_x = 1$ 元,画出商品 Y 的收入补偿需求曲线。起点为 $P_y = 1$ 元,$I = 10$ 元。

    d. $P_x = 1$ 元 $= P_y$。在 $0<I<10$ 元的情况下,画出 Y 与 I 的关系图。

第四章 边际价值、边际效用与消费者剩余

第三章利用预算线和无差异曲线组成的几何图形,分析了消费两种商品时人的行为。在这一章,我们将研究范围扩大到多种商品。我们会再次使用几何图形,但方式不同。图表的横轴代表某种商品的数量,纵轴表示与该商品相关的变量(效用、价值、边际效用、边际价值),并随前者数量的变化而变化。

在本章第一节,我们详细阐述了边际效用和边际价值的概念,以及如何借助这两个概念分析消费者行为。该分析最重要的结论是:消费者需求曲线与边际价值曲线相同。第二节将借助该结论推导出消费者剩余的概念,以回答这样的问题:"以某一价格购入的某种商品对我来说价值多少,即我的经济境况会比没有这些商品时改善多少?"本章余节的主题则较为松散,我们将重新推导等边际原理,更深入细致地探讨前两章的问题,并利用消费者剩余分析第二章中讨论的爆米花问题。

第一节 边际效用和边际价值

迄今为止,我们仅仅考虑了包含两种商品的简单消费——这种情况在现实生活中几乎不存在。现在我们将会考虑更一般的情况,即将两种商品扩展到多种商品。但由于二维图纸的限制,我们只能退而求其次:将其中一种商品单独剥离出来当作变量,并将剩余收入花在由其余商品组成的最优商品组合上。

表4-1显示了各商品组合的情况,每个商品组合由数量相同的其他商品和不同数量的橙子构成。该表除了显示每个商品组合的总效用之外,还展示了每个新增橙子的**边际效用**(marginal utility)——将那个橙子添加到商品组合后效用的增加量。

表 4-1

商品组合	橙子(个/周)	总效用	边际效用
A	0	50	
B	1	80	30
C	2	100	20
D	3	115	15
E	4	125	10
F	5	133	8
G	6	139	6
H	7	144	5
I	8	146	2
J	9	147	1
K	10	147	0
L	11	147	0
M	15	147	0
N	20	147	0

图 4-1 以图的形式显示了同样的信息,横轴表示橙子数量,纵轴表示总效用和边际效用。比较表 4-1 与图 4-1,可以发现,表中一个橙子与两个橙子之间有一个边际效用值,两个与三个之间也有一个……而图中的边际效用值是随着数量平稳变化的。这是因为,表中显示的边际效用实际上是相应范围内的边际效用平均值。比如,20 是介于一个橙子与两个橙子(即商品组合 B 与 C)之间的边际效用平均值。

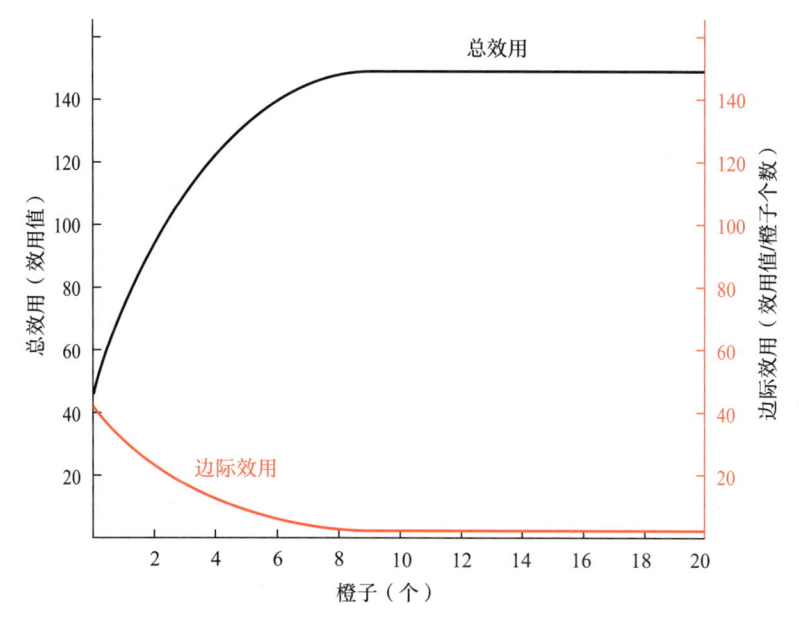

图 4-1 橙子的总效用和边际效用,假设处理橙子没有成本

总效用用黑线表示,边际效用用彩线表示。 因为多余的橙子可以被处理掉,所以边际效用永远不会为负,总效用也不会随着橙子数量的增加而减少。

在表 4-1 中,边际效用指的是数量相差 1 的橙子(1 个与 0 个,2 个与 1 个……)之间的效用差值。在图 4-1 中,它是总效用曲线的斜率。二者的含义相同,都代表总效用随橙子数量的增加而增加的速率。因为边际效用等于总效用曲线的斜率,所以当总效用急剧上升时,边际效用很高;保持不变时,边际效用为零;下降时,边际效用为负。

总效用用的是虚拟计量单位——**效用值**(utiles)。由于边际效用值等于效用的增量除以橙子的增量,所以其单位便是"效用值/个"。这就是为什么图 4-1 有两条由不同单位标示的纵轴。边际效用和总效用都取决于橙子的数量,因而两者有相同的横轴。将二者置于同一张图中,我们可以更直观地看到它们之间的关系。

总量和边际量的思想在本书中将多次使用,它们至少适用于五个经济学概念——效用、价值、成本、收入和支出。在每种情况下,总计和边际之间的关系是不变的——边际量恒等于总量的斜率,即总量随着数量增加而增加的速率。在本章中,我们利用边际效用和边际价值来理解消费者的选择。在后续章节中,我们还会以类似的方式使用边际成本对(个人和企业的)生产行为进行分析。

边际效用递减

假如消费者在考虑每周吃多少个橙子。如果问题是每周吃 1 个橙子还是 1 个都不吃,消费者会毫不犹豫地选择前者;如果选择是一周吃 10 个还是 9 个,消费者可能依然会选择前者,但多吃一个橙子对消费者的好处就会大大减少。橙子对消费者的边际效用不仅取决于他对橙子的喜爱程度(taste),还取决于消费的数量。可以预期,每多吃一个橙子,消费者的总效用还会增加,但增加的速度会越来越慢。正如表 4-1 所示,总效用增速的放缓意味着边际效用的递减,即边际效用随着橙子数量的增加而减少。这就是边际效用递减原理。可能有某个点(表 4-1 和图 4-1 中的每周 9 个橙子)刚好是你想要的橙子数量。在这一点上,总效用停止增加:新增的橙子对消费者不再有好处,不再是好商品,边际效用为零。

如果把多余的橙子丢掉只是举手之劳,那么多些橙子我们的境况也不会变糟,因而不会是坏商品。但如果处理橙子需要成本(不妨想象一下你被埋在一堆橙子里),那么新增橙子的边际效用就会变成负值——你会要少不要多。图 4-2 显示了在处理橙子有成本的前提下,橙子的总效用及边际效用,它们是橙子消费量的函数。

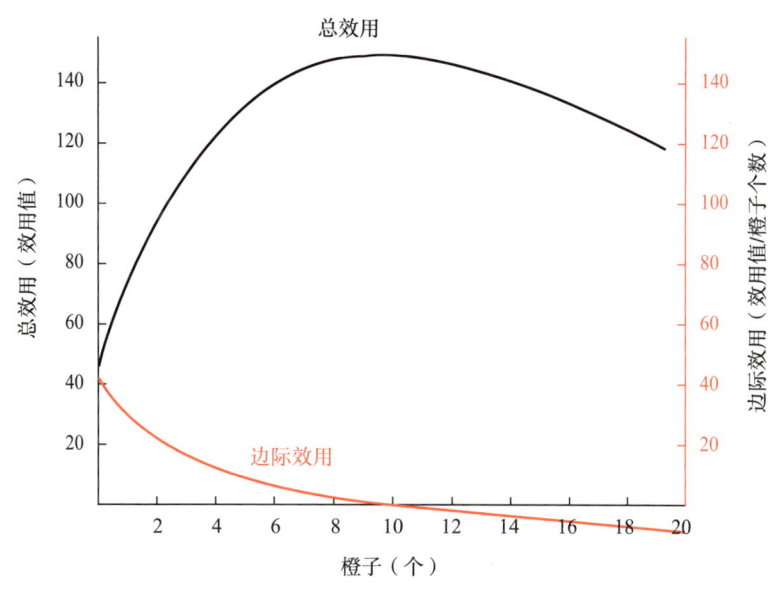

图 4-2　有处理成本时的橙子总效用与边际效用

我只想吃 10 个橙子，所以额外的橙子有负的边际效用。当橙子数量超过 10 个时，总效用下降。

从边际效用到边际价值

作为一种思考选择的工具，效用足以称得上便利，但它有一个严重的局限——我们永远无法观察到它。我们可以通过你的选择来判断商品组合 X 是否比组合 Y 对消费者效用更高，但这并不能告诉我们效用多多少。由于效用值并不是可以处理、品尝、交易和测量的实物，我们永远不可能拿 3 效用值和 1 个苹果让消费者来选，想以此测出一个苹果对消费者的边际效用是多于 3 还是少于 3。

我们所能观察的，是不同商品的相对边际效用。如果观察到消费者喜欢两个苹果超过一个橙子，我们可以得出结论，消费者从这两个苹果中获得的额外效用比从一个橙子中获得的多；因此，每个苹果的边际效用一定大于每个橙子边际效用的二分之一。如果以每个苹果的边际效用单位而非效用量来衡量效用，那么我们可以说一个橙子的边际效用小于 2。如果我们观察到 3 个苹果与 1 个橙子对你来说无差别，我们就可以说一个橙子的边际效用恰好是 3。

但我们即将讨论的概念是**边际价值**(marginal value)，它指的是某物品增加一单位对消费者来说值多少其他物品。与边际效用不同，边际价值在原则上 (某种程度上也可以说在实践中) 是可以被观察到的。我们没法看到消费者在苹果与效用值之间做

第四章　边际价值、边际效用与消费者剩余

选择,但我们可以看到消费者在苹果与橙子之间做选择。它就是上一章提到的"(以苹果衡量的)一个橙子的价值"。更准确的说法应该是"多一个橙子的价值"（the value of one more orange）。

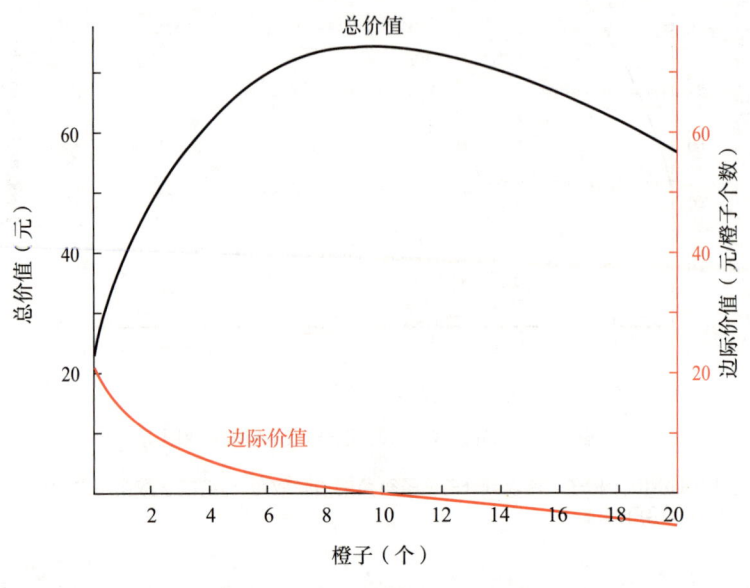

图 4-3 橙子的总价值与边际价值

假定收入的边际效用是 2 效用值/元,因此橙子以元计的总价值的数值是以效用值计的总效用数值的一半。 边际价值与边际效用的关系也是如此。

虽然能够以苹果为单位来讨论边际价值,但以元为单位显然更为容易。"多一个橙子对消费者的价值是 1 元"的意思是"多拥有一个橙子"与"多获得一元"对消费者来说没差别。钱的最终目的是消费,这就意味着如果消费者的收入增加 1 元,"多拥有一个橙子"与"拥有收入多 1 元时会买的任一商品"这两件事对消费者来说也无差别。显示总效用和边际效用的图表（图 4-2）与显示总价值和边际价值的相应图表（图 4-3）看起来一样,只是刻度不同而已;前者纵轴上的单位是效用值,后者则是元,且两个单位并不一一对应。在绘制图像时,我们假设收入的边际效用是 2 效用值/元（新增的 1 元等价于 2 个效用值）,所以橙子的边际效用 20 效用值/个相当于橙子的边际价值 10 元/个,60 效用值相当于总价值 30 元。

如果 1 元的边际效用保持不变,那么以上述方式看待边际价值与边际效用的关系就是适当的。如果确实不变,以元为单位衡量效用就如同用橡胶尺测绘建筑一般。由此产生的一些问题会在本章末尾的选读部分中进行讨论。目前,我们不妨假设 1 元的边际效用为某个恒定常数。在这种情况下,边际价值等于边际效用除以新增一元收入的边际效用:

$$MV(橙子) = MU(橙子)/MU(收入)$$

边际鸡蛋与其他鸡蛋有何不同？ 消费者每周吃一定数量的鸡蛋。假设第五个鸡蛋的边际价值（每周）是 0.5 元/周。这并不是说有某个鸡蛋的市场价就是 0.5 元，而是说每周吃 5 个鸡蛋和吃 4 个鸡蛋的（效用）差值是 0.5 元/周。如果我们假设这 5 个鸡蛋从周一到周五每天吃一个（周末吃谷类食品），那么，"某一个鸡蛋比另一个鸡蛋更有价值"的说法就没什么道理了。而"从 4 个加到 5 个的额外价值低于从 3 个到 4 个的额外价值"这种说法，似乎就挺有道理。我们只能说，"鸡蛋的边际价值"，而不能说"边际的鸡蛋"。

诚然，上述正是理解边际价值的正常视角，但在些特定情况下，使用边际单位（即产生边际价值的特定单位）往往能够帮助我们更加清晰地理解边际价值的思想，从而进一步应用于更一般的情况。

水的边际价值下降。 我们知道，水有多种用途——饮用、洗涤、冲洗、灌溉、游泳等。假设一加仑水在某种用途上的价值不取决于另一种用途上已用的水量，即不同用途的水的价值互相独立。对于每种用途，我们可以分配一个值（XX 元/加仑）。如果水价为 1 元/加仑，我们只会将水用在那些至少值这个价的用途上；随着水价下降，水的用途①也会增加。如果洗涤用水的价值为 1 元/加仑，但游泳用水只值 0.10 元/加仑，灌溉用水只值 0.01 元/加仑，那么，如果水价在 0.10 元到 1 元之间，我们不会选择游泳，如果水价在 0.01 元到 0.10 元之间，我们可以洗澡和游泳，但不会去灌溉，如果水价低于 0.01 元，以上三种用途都会被使用。进而，我们可以开始探究水的边际用途——在特定价格下用水恰好值得的用途。

如果每一新增单位的水都有其各不相同且互相独立的用途，那么边际效用递减原理就很容易解释了。如果消费者只有一点水，他会把它用于最有价值的用途——比如饮用。但随着消费增加，新增的水的会被用于越来越不重要的用途，因此每一新增加仑的水对你的益处低于之前的。这个有关水的特殊例子，边际效用递减，不仅是可观察到的，也是符合理性逻辑的。它与鸡蛋例子的不同之处在于，泳池用水的变化并不会改变饮用水与灌溉水的价值，但如果消费者每周在周一、周二、周四、周五之间的周三多吃一个鸡蛋，那么另外四天消费者从吃鸡蛋中所获得的享受可能会下降一点。

---

① 可理解为平常我们所说的"用水的地方"。——编者

货币边际价值的下降。 现在我们把研究对象从水变成货币。消费者可以用货币购买很多不同的物品。想象一下,所有的物品都分别按 1 元的价值装在包装袋里。假设可以按照消费者对不同包装袋里的物品的重视程度——它们对消费者的效用——来排序。如果你有 100 元,你会买 100 个对你而言最有价值的包装袋。消费者的钱愈多,可供选择的包装袋清单就愈长,每增加一个包装袋的价值就愈低。所以,随着消费者拥有的货币量的增加,新增货币对消费者的价值在减少。

上述看待问题的方法虽然有用,但并不完全正确,因为商品之间并不完全独立;拥有一种商品可能会使另一种商品的价值上升或下降。我们可以想像得到的一种场景是,相对于把我们的收入从 2000 元增加到 2001 元,从 3000 元增加至 3001 元的情况显然对我们要重要得多。对此,我们可以举出很多例子。这个话题将在第五章讨论。

边际价值与需求

本章的目的之一是推导需求曲线——某种商品的价格与某个消费者对它的购买量之间的关系。现在我们就来推导。不妨假设消费者能够以 0.8 元/个的价格买到所有想要的鸡蛋。消费者首先要考虑的是每周买 1 个还是 1 个都不买。如果第一个鸡蛋对消费者的边际价值超过 0.8 元(换句话说,相较于任何可以用 0.8 元买到的商品,消费者更偏好购买一个鸡蛋),那么,购买一个鸡蛋会使消费者的境况变好。下一个问题是买 2 个鸡蛋还是买 1 个鸡蛋。同样,如果新增鸡蛋的边际价值大于 0.8 元,那么,把 0.8 元用于多买一个鸡蛋,消费者的境况变好。根据这个逻辑推导下去,可以得出:消费者会一直增加对鸡蛋的消费,直到鸡蛋的边际价值等于 0.8 元为止。当消费者的消费量超过这个特定的点,购买鸡蛋仍然要花 0.8 元,但每周新增的那个鸡蛋的价值将低于 0.8 元(这就是边际效用递减);也就是说,消费者所消费的这个鸡蛋对他而言的价值低于购买它的花费。若消费者的消费量低于这个特定的点,那就说明消费者如果多买一个鸡蛋,它对他的价值就会高于购买它的花费。这表明,如果消费者的行为是理性的,那么鸡蛋的边际价值曲线(新增鸡蛋的边际价值与鸡蛋每周消费量之间的函数关系)与消费者对鸡蛋的需求曲线(鸡蛋每周消费量与鸡蛋价格之间的函数关系)应该是完全重合的,因为在任一价格下,消费者消费的鸡蛋数量会使得鸡蛋的边际价值等于那个价格。这种关系如图 4-4a 和 4-4b 所示。请注意,鸡蛋的边际价值曲线,描绘了每个鸡蛋的价值与数量之间的函数关系;而消费者的需求曲线,描绘了鸡蛋的数量与价格之间的函数关系。

图 4-4c 和图 4-4d 将上述两种关系细化到了连续变化的图像上。只要新增葡萄酒的边际价值大于其实际价格，人们就会继续增加消费，直到最终边际价值与价格保持一致。上述结论适用于图像上的任何一点，所以，需求曲线和边际价值曲线是完全重合的。

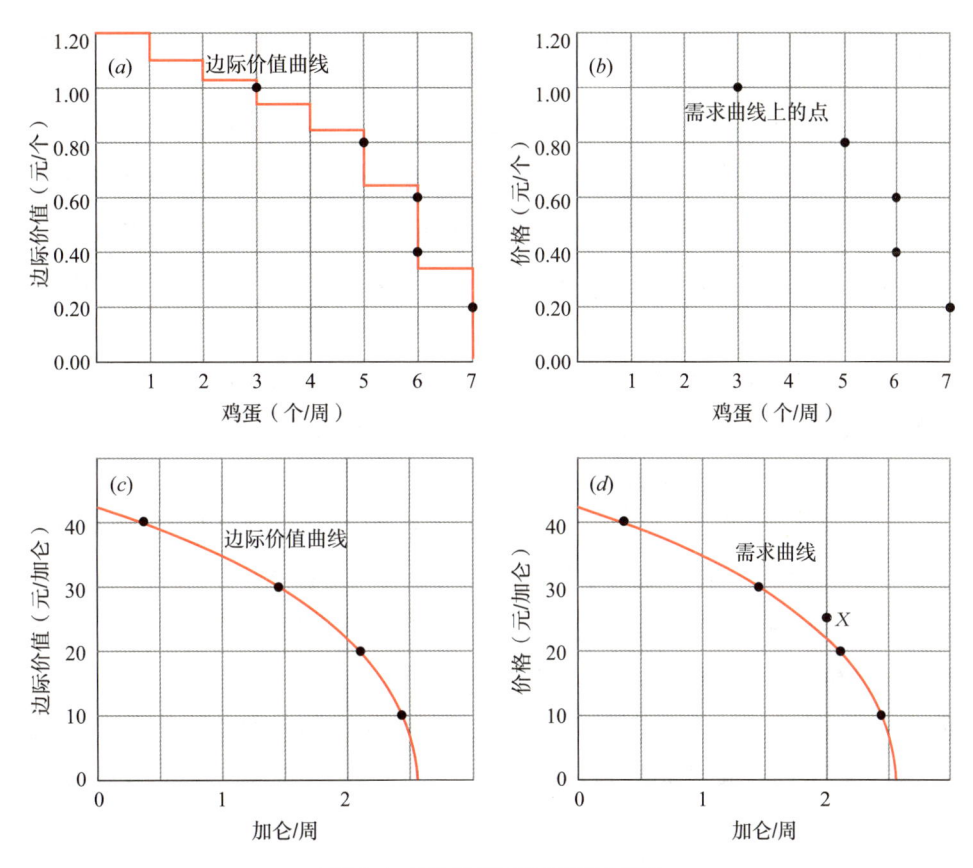

图 4-4 边际价值与需求曲线上的点

方格图（a）和（b）表示了一种成件品（lumpy good）的情况。在任何价格下，你会购买一个令边际价值等于价格的数量，因此需求曲线上的（价格，数量）点与边际价值曲线上的（边际价值，数量）点相同。方格图（a）和（b）表示的是连续品（continuous good）的情况。在任何价格下，你购买一个令边际价值等于价格的数量；每个价格下都会是这种情况，因此需求曲线与边际价值曲线相同。

根据边际效用递减原理，边际价值曲线会向下倾斜：随着拥有数量增多，消费者对新增量的重视程度就会越低。我刚刚已经证明需求曲线与边际价值曲线完全重合，因此需求曲线也应该是向下倾斜的。

一些问题。 上述结论有一个缺陷。到目前为止，我们一直假设收入的边际效用——用额外收入购入的商品所增加的效用——是恒定的。但正如苹果的边际效用取决于我们有多少个苹果，收入的边际效用也取决于我们有多少收入。当人们的收入增加，就会增加（对正常商品）的消费，进而使这些商品的边际效用下降。由于每一元收入的边际效用要等价于消费者用这一元钱所能买到的商品的效用，因此，随着收入增加，收入的边际效用也是在下降的。

边际价值曲线描述的是，在其他一切条件不变的情况下，人们增加某种商品的消费会发生的情形。这与图 4-4d 中的需求曲线有所不同。需求曲线表示的是消费量与价格的关系。随着商品价格的下降和消费量的增加，人们用于购买此商品的收入总额会增加，进而用于购买其他所有商品的收入就会减少。由于边际价值曲线显示的是某一商品以货币衡量的价值，因此随着该商品价格的变化价值应该略微波动，因为该商品价格的变化会改变消费者在其他商品上的支出，从而改变货币的边际效用。

当某种商品对消费者的价值取决于他拥有的其他相关商品的数量时，也会产生类似的难题。如果有足够多的黄油，面包就会更好吃；但如果有很多人造黄油，黄油的价值就会下降。在图 4-4b 和 4-4d 中，随着某种商品的价格下降和消费量增加，相关商品的消费量也会发生变化，而这可能影响到该商品对消费者的价值。

这与前文所讨论的"吉芬物品"是同一码事：某种商品的价格变化不仅会影响该商品的相对价格——用其他商品衡量的成本，还会影响消费者对所有商品和服务的整体消费布局——价格下降就相当于收入增加。对这个问题的深入研讨，将会用到上一章讨论的"收入补偿（希克斯）需求曲线"。

上一章用来证明需求曲线向下倾斜的方法简明可行，且对大多数实际情况都适用。由于人们的消费品类繁多，通常只能把收入的很小一部分用于某种商品，因此，某种商品的价格发生变动，相较于对该商品花费的影响，其对消费者实际收入及其他商品消费量的影响几乎可以忽略不计。如果忽略这种微小的收入效应，则上述的困扰就不复存在，需求曲线与边际价值曲线也就完全重合。既然边际价值曲线在边际效用递减原理的作用下向下倾斜，那么需求曲线也理应向下倾斜。对于只消费两种商品的情况，无差异曲线论证为我们拟合了一条向下倾斜的需求曲线；而对于消费多种商品的一般情况，上述论证也给出了一条向下倾斜的需求曲线。

提醒。当我让参加考试或测试的学生解释为什么需求曲线与边际价值曲线重合时，几乎所有人都自以为知道正确答案，但事实上他们大部分人的回答是错的。他们的问题似乎是由不精确的口头论述所造成的混乱。某些说法看起来不言自明，譬如："你的需求是指你有多需要某样东西，这等于它对你的价值"，或者"你的需求是指你愿意为它支付多少钱,这等于它对你的价值"。但实际上,这两种解释都是错的。你的需求曲线代表的并非你有多需要某种商品,而是你需要多少某种商品——是一个数量,而不是感情的强烈程度(intensity of feeling)。

换言之,你的需求曲线表示的不是你愿意为某种商品出多少钱。图4-4d中,X点(价格=25元/加仑,数量=2加仑/周)位于你的需求曲线上方。如果你必须在"以每加仑25元的价格每周购买2加仑的葡萄酒"与"根本不购买葡萄酒"之间做选择,你还是会选择前者——这一点接下来几页会解释。需求曲线表示的是在任一价格下你会选择购买的数量,假定在那一价格下可以自由选择购买多少。如果你是在那个数量与不购买之间做选择,那么,需求曲线是不会表示在任一数量下你会支付的最高价格的。

任一价格下的需求曲线高度都等于消费者为多购买一点商品所愿意支付的金额,即边际价值。这一点无可辩驳,但其原因并非是需求和价值是同一回事,而是前述鸡蛋和葡萄酒的讨论所给出的理由。同样重要的是,本章后续部分会说明,需求与边际价值之间的关系是推出消费者剩余的关键,而消费者剩余是解决诸多经济学问题的重要工具。本书之所以再三强调这两条曲线之间的关系,是因为很多初学者很容易跳过这看似不证自明的关系,去构建一个缺失了这个根基的经济学结构。

价格、价值、钻石与水

除了"需求曲线向下倾斜"外,边际价值分析还得出了另一个有趣的结论:价格(即人们为了得到某物必须放弃的东西)和价值(它对你来说值多少钱,或者说,人们为了得到某物愿意放弃的东西)之间并没有明显的联系,正如俗话所概括的,"生命中最好的东西是免费的"。但是,如果人们能够以每单位P元的价格买到不限量的某种商品,基于上文讨论的种种原因,人们对此种商品的最终消费量一定会满足"新增单位商品价值恰好等于P"的条件。因此,在均衡状态下,当人们在不同商品之间分配收入的方式恰好能够将自身利益最大化时,商品的边际价值正好等于该商品的价格!如果生活中最好的东西果真都是免费的,即你可以在不放弃任何其他东西的情况下想消费多少就消费多少(空气的确如此,但爱情可不是这样的),那么这类物品的边际价值就是零!

这不禁让我们想到了钻石与水的悖论:水的用途远大于钻石,但其价格却远低于钻石。对此我们可以这样解释:对人类来说,水的总价值远远大于钻石的总价值(也就是说,有钻石而没水的情况要比有水而没钻石更为糟糕),但水的边际价值要远远小于钻石的边际价值。因为我们能以很低的代价得到水,所以就会将其应用于所有能够体现其价值的用途上;如果再多有一些水,我们就可以把它用于不那么有价值的用途上,比如再给草坪浇一次水,以防灌溉不足。而钻石的数量极其有限,因此只能被用于极少数高价值的用途。简言之,相对价格等于相对边际价值;钻石要比水昂贵得多。

第二节　消费者剩余

以上论述引出了另一个相关的悖论。假设有人说:"由于所有东西的价值都等于价格,我买或不买某物,境况都是一样的。因此,即使我处于鲁滨孙·克鲁索的荒岛上,没什么可供购买,我也会和现在一样开心。"这种说法的错误在于混淆了边际价值和平均价值的概念:以最后一滴水的价值购买最后一滴水的确不能改进你的境况,但(以相同价格)购买之前所有(对你更有价值)的水会使得你的境况大大改善。请注意,这里的"之前"是价值排序,而非时间顺序。

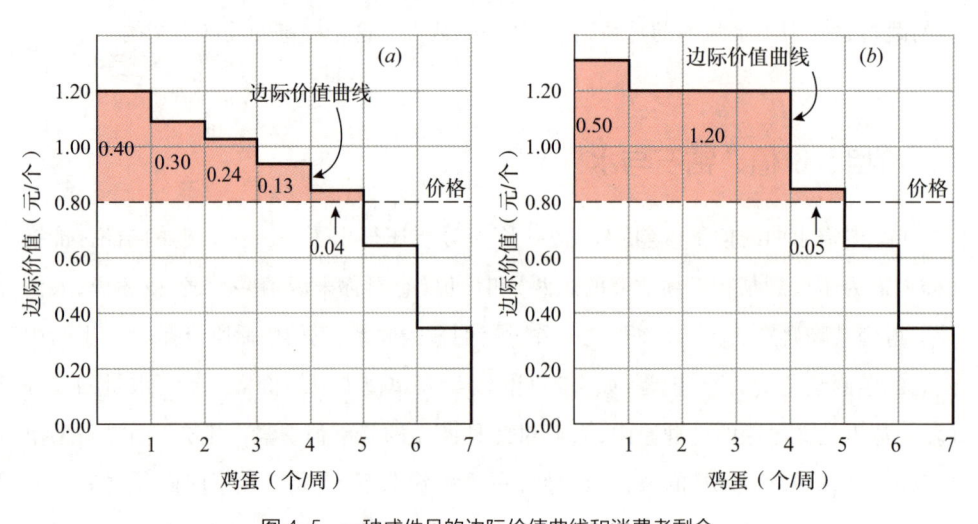

图 4-5　一种成件品的边际价值曲线和消费者剩余

边际价值曲线以下和价格以上的阴影区域等于你以该价格购买那个数量所获得的收益。这被称为消费者剩余。

我们可以把这个观点表达得更准确些。某种意义上,如果我们能够以 0.01 元/加仑的价格随心所欲地买到不限量的水,或者以 0.80 元/个的价格随心所欲地买到不限量的鸡蛋,我们是否可以据此确定经济境况的改善程度? 答案如图 4-5a 所示。相较于一个鸡蛋都不买,购买一个鸡蛋会使你在放弃 0.80 元的同时获得 1.20 元的边际价值,则你的境况改善了 0.40 元；购买第二个鸡蛋可以进一步获得 1.10 元的价值，但成本依然是 0.80 元。因此，相较于只买一个鸡蛋，买两个鸡蛋的情况会让你的境况改善 0.70 元。

但这并不意味着相比一个鸡蛋都不买，你多出了 0.70 元的收入——相反，你是少了 1.60 元。这说明，相比一个鸡蛋都不买，买两个鸡蛋使你的经济境况的改善程度，等同于你的收入增加 0.7 元所能多买的物品。也就是说，以现有收入水平购买两个鸡蛋（和其他任何你会用这笔收入够买的商品），和在现有收入水平上增加 0.70 元但不允许购买任何鸡蛋，这两种情况对你而言是无差异的。

继续看图 4-5a。只要你每周吃的鸡蛋少于 5 个，增加鸡蛋的购买量就会改善你的经济境况。但当每周的鸡蛋消费量达到 5 个时，任何进一步的购买所需成本都会大于其所值。相较于不吃鸡蛋，以 0.80 元的价格食用 5 个鸡蛋给你带来的总收益为图中所示小矩形的总和。第一个矩形的收益是 0.40 元/个乘以 1 个鸡蛋，总收益为 0.40 元；下一个矩形是 0.30 元/个乘以 1 个鸡蛋，以此类推。

加总矩形面积可能会使有些读者感到困惑。如果每个矩形的高都代表着每个阶段新增鸡蛋的收益，那么，为什么不直接将这些高相加呢？我们不妨看看图 4-5b，图中显示的边际价值曲线，其相应矩形的宽度不再与每周 1 个鸡蛋一一对应。同样是 0.40 元/个，在 3 个鸡蛋上所获的总收益是在 1 个鸡蛋上所获收益的 3 倍。

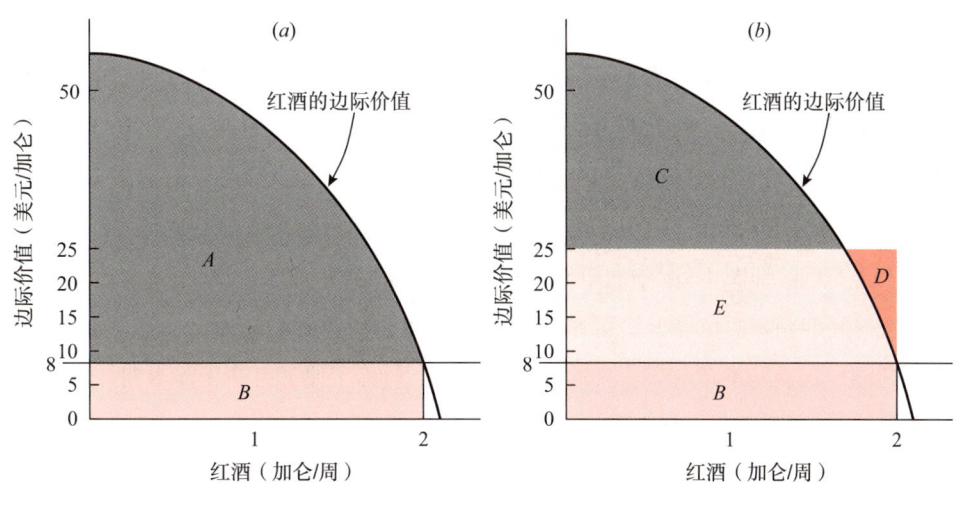

图 4-6 一种连续品的边际价值曲线和消费者剩余

A 是能以每加仑 8 美元的价格买到你想要的所有葡萄酒的消费者剩余。 B 是你付出的金钱。 A+B 是你每周 2 加仑葡萄酒的总价值。 B+E+D 是如果你每周以 25 美元/加仑的价格买 2 加仑酒所支付的金额。

最后，请看图 4-6a。图 4-6a 中展示的对象不是诸如鸡蛋那样的成件品，而是像葡萄酒这样的连续品。如果将购买葡萄酒的收益一滴一滴累加起来，对应的小矩形恰好可以填满阴影区域 A。这就是消费者以每加仑 8 元的价格购买葡萄酒的净收益。

这一区域——代表某个消费者从消费中获得的收益——有一个名字叫**消费者剩余**(consumer surplus)。如图 4-6a 中 A 区域所示，它等于需求曲线下方与价格曲线上方的区域面积。之后我们还会提到这个概念，它是本章的主要内容之一。传统上，消费者剩余在经济学研究中常常被用于评估经济体系中的某些变化(如引入税收或补贴)对消费者的净效应。正如第十章和十六章中会讲到的，消费者剩余这个概念有时会有助于企业的产品定价决策。

你在某一价格下购买葡萄酒所得到的消费者剩余，是你能以此价格买到自己所要数量的葡萄酒对你的价值，也就是为葡萄酒支付的价格与它对你的价值的差值。相同的分析适用于衡量其他机会对你的价值。例如，假设每周免费送给你 2 加仑葡萄酒，你既不能将它卖出，也不能再添置新酒。于你而言，你所得到的价值就是第一滴酒的价值，加上第二滴酒的价值，再加上……一直加到占满需求曲线下方的整个区域——图 4-6a 中的区域 A 加上区域 B。这就好比你每周以 8 元/加仑的价格购买 2 加仑葡萄酒，然后这些钱又被原封不动退回。A 区是购买葡萄酒的消费者剩余；B 区则代表每周花在购酒上的 16 元。对你来说，葡萄酒的总价值是二者之和，即边际价值曲线下方的面积；总价值等于边际价值曲线下方区域的面积。

给定 A 区加上 B 区代表每周得到 2 加仑葡萄酒对你的价值，如果你仅有的另一种选择是一点酒都得不到，那么这两区域之和同时也代表你愿意为每周 2 加仑的葡萄酒所支付的最大金额。图 4-6b 向我们展示了这种情况。每周以 25 元/加仑的价格购买 2 加仑的消费者剩余即为葡萄酒对你而言的价值减去你为酒支付的金额；具体来讲，葡萄酒对你的价值等于上一张图中的 A 区与 B 区之和，还等于图 4-6b 中的 C+E+B。在这种情况下，你正以每加仑 25 元的单价每周购买 2 加仑的酒，所以每周的花费为 50 元，即图 4-6b 中的矩形 D+E+B。从葡萄酒的价值中减去这个矩形(C+E+B)，得到的剩余面积等于 C 区减去 D 区。正因为消费者剩余为正，所以你才购买了葡萄酒。这就是本章前文所说的，在这种情况下，你宁愿拥有高于需求曲线的价格与数量组合，也不愿什么都不买。

第三节 杂谈

再谈等边际原理

人们消费的商品形形色色；理性的你会不断调整你对各种商品的消费量，直至在你的收入所能购买的所有组合中,选出你最喜欢的那个组合。现在不妨假设只消费两种商品——苹果和饼干。不管是苹果还是饼干,你都要考虑增加1元的购入所带来的边际效用。假如苹果的边际效用大于饼干,则只要少花1元买饼干,多花1元买苹果,就能用同等数额的钱组合出更优的购买方案。因此,当所购商品组合达到最优状态,1元苹果的边际价值必定等于1元饼干或其他任何商品的边际价值。如果二者没有达到平衡,则可证明:在相同价格条件下,一定存在更优组合,故目前所得组合并非最优。

上述论述可能令人困惑,下面我们用具体数字再次说明。假设你现在正准备购买你的最优苹果与饼干组合,苹果售价为0.5元/个,(巨型)饼干售价1元/块。你每周要吃4块饼干和9个苹果,基于此,饼干的边际效用是3,苹果的边际效用是2(再次提醒:某物的边际效用不仅取决于个人偏好,也取决于消费多少)。1元可以购买2个苹果;1元也可以购买1块饼干。若将苹果的消耗量增加2个单位,其对应效用将增加4个单位;若将饼干的消耗量减少1单位,效用则会减少3单位。因此最终结果是净效益的提升(4-3=1)。在这个过程中,你对苹果与饼干的总投入保持不变,因此,对其他商品的花费金额也将保持不变。或许你还想在此基础上更上一层楼,进一步从对苹果与饼干的消费中增加收益,并维持其他消费收益不变。但那是不可能的,因为你对这两种商品的消费已经达到最优状态,再也没有改进的可能了。

我们已经证明,如果每单位货币所购买的不同商品的边际效用不同,则对应购买方案就不可能达到最优。因此,如果消费者购买的商品组合是最优的,那么他所消费的每种商品的单位货币边际效应一定是相等的。换句话说,每种商品的边际效用必须与其价格成正比。如果黄油每磅4元,汽油每加仑2元,那么购买1元的黄油(1/4磅)增加的效用就一定与购买1元汽油(1/2加仑)相同,每磅黄油的边际效用须为每加仑汽油边际效用的两倍——这等于二者价格之间的倍数关系。

这已经是我们第四次得出这个结论了。上一次试图推导这个结论的时候,还是在证明边际价值曲线和需求曲线重合的过程中,那时我们证明:商品消费数量的上限满足"边际价值等于实际价格"这个条件。虽然那个推导没有明确将"边际价值等于价格"归入等边际原理范畴,但相信大家都不难看出这一点。我们可以将这一结论简单推广至消费者购买的所有商品。如果每种商品的边际价值等于其实际价格,那么对于其中任何两种商品,它们的边际价值之比就必然等于其价格之比。由于商品的边际价值等于其边际效用除以收入的边际效用,那么两种商品的边际价值之比也同样等于其边际效用之比。

对此,使用代数语言或许比文字语言更为直观清晰。我们考虑两种边际价值分别为 MV_x 和 MV_y 的商品 X 与 Y,其边际效用分别为 MU_x 和 MU_y,其价格分别为 P_x

和 P_y。我们有

$$MV_x = P_x$$

$$MV_y = P_y$$

$$MV_x \equiv \frac{MU_x}{MU_{\text{收入}}}$$

$$MV_y \equiv \frac{MU_y}{MU_{\text{收入}}}$$

故而，

$$\frac{P_x}{P_y} = \frac{MV_x}{MV_y} = \frac{MU_x}{MU_y}$$

上述等式左边对应第三章中以橙子计算的苹果价格（即预算线斜率的相反数；苹果是 X，橙子是 Y）；右边则是边际替代率（即无差异曲线斜率的相反数）。

本章对这一原理的推导暂告一段落，但它还会在之后的学习中再次出现。值得注意的是，上述推导过程使用的形式为我们揭示了此原理得名"等边际"的原因。对此，我们也可以使用一种简便的但也是通俗的、不够精确的说法："万物边际皆平等"。

重要的是，在等边际原理的种种实际应用中，需要注意此原理并非有关初始情况（偏好、市场价格、道路、收银台等）的陈述，而是对理性决策结果的陈述。相较于苹果，你可能（和我一样）更喜欢克罗格巧克力曲奇（就是过去在店里烘焙并在熟食区出售的那种）；如果是这样的话，你对曲奇的消费量可能远大于苹果。等边际原理想要告诉人们的是，消费者对曲奇的消费量足以令曲奇的边际效用降至与苹果同等水平。

可无限细分的饼干

有些读者可能会意识到上述对等边际原理的最新论证有个问题。最初，我们定义 n 单位商品的边际效用为 $n+1$ 单位的效用减去 n 单位的效用；由于边际价值的概念衍生于边际效用，所以，似乎边际价值的定义也可以此类推。以 9 个苹果和 4 块饼干为例。苹果的边际价值是 10 个与 9 个的价值差异，饼干的则是 5 块与 4 块的价值差异。但是，本书要考虑的变化不是苹果消费量从 9 增加到 10，而是增加到 11 的同时，饼干的消费量从 4 减少到 3。除非第 11 个苹果的边际价值与第 10 个苹果相等且第 4 块饼干的边际价值与第 5 块相等（但根据边际效用递减假设，这显然不成立），否则我对等边际原理的论证就是错的！

对上述异议给出的解释是:尽管把一个苹果或一个橙子的边际效用描述为 10 与 9 之间的效用差值,但这只是一个近似值。严格来讲,我们应该假设所有商品都是以连续变化的数量被消费的(如果这个说法让你联想到了苹果酱和曲奇屑,那就提前预习我们在下一节对时间的讨论)。我们应把边际效用定义为消费量略微增加尽可能少的量所带来的额外效用,除以增加的那一点点消费量;边际价值的定义也可以此类推。因此,边际价值等于总价值曲线的斜率;在图 4-7 中即为 $\Delta V/\Delta Q$。如果我们每周消耗 100 加仑的水,新增的一滴水(约等于百万分之一加仑)相当于一百分之一分,那么水的边际价值即为 0.00001 分/0.000001 加仑,即 0.1 元/加仑。上一节的论证可以这样重新表达:苹果消费增加 0.002 个,饼干减少 0.001 块。由于我们预期饼干的边际价值在 4 个和 3.999 个之间不会有太大变化,上一节的论证才得以成立。

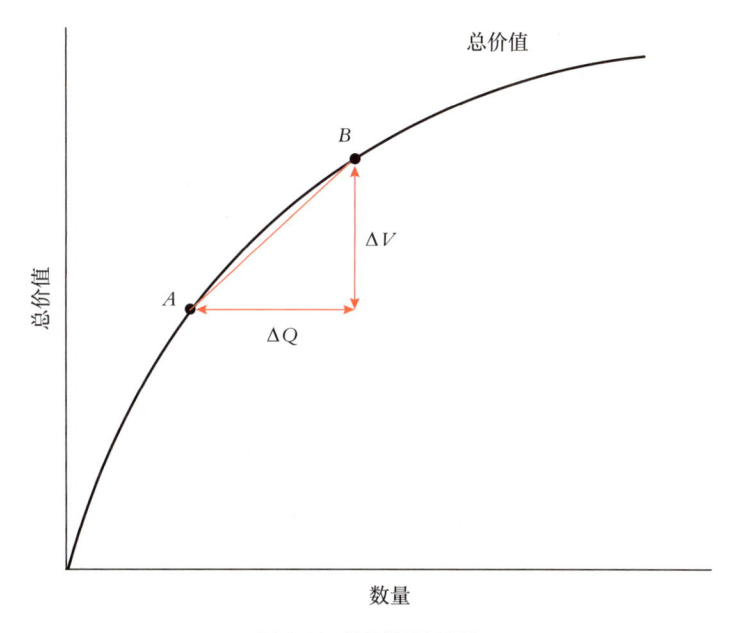

图 4-7 总价值及其斜率

$\Delta V/\Delta Q$ 是 A 与 B 之间总价值的平均斜率。随着 ΔV 和 ΔQ 变得更小,A 和 B 一起移动,并且 $\Delta V/\Delta Q$ 接近某一点处的斜率——这就是边际价值。

边际效用(见第三章选读部分)和边际价值的精确定义的阐释需要借助微积分的相关概念——譬如苹果的边际价值是总价值相对于消费数量的一阶导数。因为本书并未假设所有读者都掌握了微积分的相关知识,所以才使用了上一节那种不甚精确的语言。同样的微积分思想,就应用在了我们熟知的速度与加速度等概念上。比如,人们可能会在不经意间说出这样的话:"我在一小时内行驶了 50 英里,所以我的速度是每小时 50 英里。"但是,我们应该知道,速度其实是一个瞬时概念,50 英里每小时只是一个平均值(譬如有一段时间在等红绿灯,有一段时间的速度是 50 英里,而有一段则达到 65 英里)。要想对速度进行精确定义,就必须用距离的微小变化除以其发生的微小时间段,就如同边际价值的精确定义,就是用价值的微小变化除以引起价值变化的微小数量变化一样。

经济学与时间

在经济学讨论或写作中,用数量来描述是很方便的——比如消费了多少个苹果或多少加仑的水。但实际上,对消费者而言,一天吃 100 个苹果和一年吃 100 个苹果,其价值显然不同。处理这个问题的最简单方法,就是将消费"速率化"而非"量化",比如要说消费 6 个苹果/周,7 个鸡蛋/周,诸如此类;收入,也不能直接说是收入多少元,而是要说每周收入多少元。价值也是一个流量——每周 6 个苹果的价值不是 3 元,而是 3 元/周。

如果把所有的量都看作是流量,并将分析限制在假设收入、价格与偏好长期保持不变的前提下,那么,我们就可以规避大多数情况下"时间"带给经济学的复杂性。无疑,这些复杂问题对于我们理解所处的非静态世界是重要的。但是,在解决难题时,先易后难往往是明智之举。因此,在本书这一部分,我们忽略了与变化相关的大多数问题。一旦我们构建出一个清晰的静态经济学框架,就可以用它去理解更为复杂的情形——这将从第十二章开始。在此之前,我们先假定在一个完全静态且可被预测的世界里研究经济学,在这个世界里,没有明日与今日、明年与今年之分。所以,当我们绘制无差异曲线时,从来没有、也根本无需考虑消费者未雨绸缪,只花掉收入的一部分,以备不时之需。在这个世界里,今日不下雨就意味着以后皆晴天。

时间与变化的问题,并非本书唯一选择性忽略的难题;我们可以列一个清单,看看直到本书最后究竟有多少问题得到了解决。

将鸡蛋消费赋予时间尺度的好处之一,是可以让我们不断地对消费情况进行调整。要将每周购买鸡蛋的数量增加 1/10 个是十分困难,毕竟,剩下的 9/10 个鸡蛋怎么处理呢?但将每周消费鸡蛋的速率提高 1/10 是很容易做到的——只需平均每年多吃 5 个鸡蛋就行了。由此,成件品就变成了连续品——在数学层面,连续品的消费比成件品的消费更易分析。进而我们便可以将苹果和饼干的增量无限细分并尽可能缩小,并以此定义边际效用和边际价值,而不用非得先把苹果榨成苹果酱,将饼干碾成饼干屑。

我们还应该注意到与时间相关的第二个问题。我是这样描述选择过程的:"先做这个,再做那个,然后……"例如:先将苹果消费从 4 个增加到 5 个,再从 5 个增加到 6 个,以此类推。这听起来好像是说过程随时间推移而不断发展,但事实并非如此。我们所描述的过程仅仅发生在消费者的脑海里,即解决商品消费问题的逻辑步骤。更准确的描述应该是:首先,想象你选择不消费苹果,并设想由此产生的商品组合;接着,想象你消费 1 个苹果而非一个都不买,并将新商品组合与前者进行比较;然后,想象消费 2 个而不是 1 个;以此类推。最后,在计算出使效用最大化的消费方案之后,我们转动开关,生活的游戏正式开始,你把你的消费方案付诸实践。

这里的"时间"概念有两种:一是为做决策之前在脑海中进行的一系列计算的预想时间;二是实际执行过程中的时间。如果你觉得区分这两种时间概念很困难,如前文所述,你可以只考虑收入、偏好和价格等长时间稳定不变的状况。一般情况下,消费者首先会花几天时间将商品排列成不同组合,看看自己偏爱哪一种。试错过程中的损失可以忽略不计,因为与解决方案最终付诸实践的漫漫时日相比,前期的准备过程可谓转瞬即逝。

货币、价值与价格

尽管价格和价值通常以货币形式表示,但货币并不是必要的。例如,在阐述等边际原理时,我们首先把饼干换算成对应货币(少买 1 块饼干,省下的 1 元可以花在其他商品上),然后把货币换算成苹果(花 1 元买 2 个苹果)。即使 1 元货币这个媒介不存在,我们也会得出完全相同的结论。

我们习惯于用货币来表示价格,但价格其实可以用任何有价值的事物来表示,比如把所有商品的价格用苹果来表示。在上述例子中,1 块饼干的"苹果价格"是 2 个苹果,即消费者为了得到 1 块饼干所必须放弃的东西。自然,苹果的价格是 1(个苹果)。一旦我们知道了所有商品用苹果衡量的价格,也就同时知道了它们用其他任一商品衡量的价格。如果 1 个桃子能换 4 个苹果,4 个苹果能换 8 块饼干,那么 1 个桃子的"饼干价格"即为 8。

有两种方法可以证明上述结论。较为简单的一种方法是,如果有人持有饼干而想要桃子,那么他为 1 个桃子支付的饼干数量永远不会超过 8 块,因为他总是能够用 8 块饼干换取 4 个苹果,再用 4 个苹果换取 1 个桃子。同理,一个持有桃子而想要饼干的人永远不可能在少于 8 块饼干的交换条件下将桃子拱手让人,因为他总是能够用手中的 1 个桃子换取 4 个苹果,进而用 4 个苹果换取 8 块饼干。如果买桃子的人的支出不低于 8 块饼干,而卖桃子的人的收入不超过 8 块饼干,那么 1 个桃子(以饼干计)的价格就一定是8。同样的分析也适用于其他任何商品。因此，一旦我们知道了所有商品用某种商品(在该案例中是苹果)衡量的价格，就可以计算出它们用其他任一商品衡量的价格。

当然，这个论点的合理性基于我们迄今为止的所有分析中隐含的一个假设，即忽略除实付价格以外的所有交易成本。这个被称为**零交易成本**的假设，是生活中大部分经济活动的合理近似情况，本书大部分篇幅都默认这种假设成立。当然，在第六章和第十八章的部分讨论中也存在一些例外。实际上，我们并不清楚这个假设在此处是否合理。例如，假设你持有20辆汽车而想要一栋房子。汽车的"饼干价格"是4万；房子的"饼干价格"是80万。根据上述观点，为了得到房子，你所要做的就是先用汽车换饼干，再用饼干换房子。

但是，当你等待房子的卖家来取饼干时，该将这80万块饼干储存在何处呢？向卖家清点这些饼干又须花去多长时间呢？当交易过程结束，饼干又会变成什么样子呢？显然，在现实生活中，这种间接交易的确存在一些问题。

这就引出有关相对价格(即某商品相对于其他商品的价格)必须符合上述模式的第二个原因。要交易大量的苹果、饼干、桃子或是其他什么商品，对诸如你我这样的个体而言，都是代价极其昂贵的。但对于专事大宗商品贸易的人来说，交易的成本则要低得多。因为他们通常都是成车成车地购买苹果、小麦、猪肉以及其他许多稀奇古怪的东西，且并非通过运输实体货物来进行交易，而仅仅是在货物保持静止不动的情况下，通过纸质凭证达到交易目的。对于这样的专业贸易者来说，零交易成本假设几乎可以说是正确的。他们在做生意的过程中，会以零成本的方式迫使相对价格采用跟消费者一样的模式——即使他们本人从不消费任何商品。

为了理解上述过程，我们设想一开始是一个截然不同的相对价格结构。1个桃子换2个苹果，1个苹果换4块饼干，但是桃子以饼干计的相对价格是10。此时桃子、饼干与苹果市场上出现了一位专业贸易员。他先购入1万个桃子，并用这些桃子交换10万块饼干(1个桃子的价格是10块饼干)，再用这10万块饼干购买2.5万个苹果(1个苹果的价格是4块饼干)，进而又用苹果交换1.25万个桃子(桃子的价格以苹果计是2)。他从1万个桃子起步，仅仅是来回倒腾了一阵代表桃子、苹果与饼干所有权的纸质凭证，就能在最后凭空多得到2500个桃子，然后用这些桃子换取任何他想要的商品。如此循环往复，最终他想要多少桃子就有多少——并且想用这些桃子换多少其他商品就能换多少。

在上述论述中，我们隐含假定这种**套利**交易对所交易商品的相对价格不会产生影响。但实际上，若仅凭几张凭证便可获利颇丰，一定会有无数人蜂拥而上。当交易者总数或单次交易额足够大时,相对价格就会产生变化。每个人都想以 10 块饼干换 1 个桃子的比率卖出桃子并购入饼干,其结果就会压低以饼干计的桃子的相对价格,即消费者可以用 1 个桃子购买到的饼干数量。同理,每个人都试图以 4∶1 的比率用饼干买进苹果,以饼干计的苹果价格自然也随之提高,这同时也推高了以苹果计的桃子价格。如此循环往复,"套利"的利润空间就会越来越有限。如果交易者不用考虑交易成本问题,那么这个过程会一直持续到没有任何利润空间为止。当达到这一点时,相对价格正好符合上述模式——对于桃子与饼干,无论是直接交易还是借助苹果这个媒介进行间接交易,最终结果都是一样的。如果交易成本无法被忽略,结果也大抵相同,但会略有出入;只要相对价格之间的差值足够小,它们就会一直保持稳定,这样商人就不会为了消除这些差值而进行套利活动了。

我们现在已经证明,一旦知道桃子与饼干用苹果计的价格,就能够确定桃子用饼干计的价格——这个结论在交易成本为零时完全成立,在交易成本不为零的情况下也大体成立。通过类似论证,如果任意两种商品的价格一开始都是用苹果或土豆或其他物品衡量,得出这两种商品之间的交换比率(即为得到一单位其中一种商品,必须给出多少数量的另一种商品)。从这个层面来讲,等边际原理表现为:"两种商品的边际效用之比与其交换比率相同"。如果苹果与饼干的交换比率是 2∶1,那么在均衡状态下,一块饼干的边际效用一定是一个苹果的 2 倍。

我们一直以货币为尺度来谈论价值和价格。同样,在这里货币也只是一个便于解释的工具。某商品的边际价值是 0.80 元,就是指获得多一单位此种商品与额外获得 0.80 元时你会买的其他东西,对你来说无差别(一样好)。就像我们在研究价格问题时所说的,货币是概念层面的媒介物——我们实际上是在拿一种消费品跟另一种比较。这一章的所有论点也都可以用"土豆价值"进行论证,且难度与使用"货币价值"大体相同。事实上,土豆价值可能比货币价值更重要,如果不信,看看你午餐吃的汉堡包和炸薯条吧!

人们常常断言经济学是关于金钱的,或者说经济学的错误之处在于它只关注金钱。这个说法与实际情况大相径庭。虽然货币在经济分析中举足轻重,但价格理论同样可以在根本就不涉及货币的纯粹物物交换中推导和解释。

类似的错误是,经济学家认为每个人都希望将自己的财富或收入最大化。这种假设是荒谬的。如果有人希望自己的财富最大化,那就永远不会在必需品(比如食物)之外的其他东西上多花一分钱。如果有人想让自己的收入最大化,那就不会给自己预留任何闲暇时间(维持健康所需的休息时间除外),而且总是选择薪水最高的工作,而不管它是否令人心情愉悦。我们几乎总是做出这样的假定:所有人都会偏好更多的财富和收入,在其他一切条件都保持不变的前提下。喜欢加薪和喜欢疯狂加班得到的加薪,不是一回事。

结论:消费、语言及其他

第三章和第四章对消费的分析包括两个方面:一是展示了如何以多种方式分析理性行为,且每种方式使用各自的语言来呈现相同的逻辑结构;二是使用这种分析推导出三个相互关联的结论。

三个结论中最通俗易懂的是需求曲线向下倾斜,它曾分别由无差异曲线与边际价值推导出,意味着某物的价格越低,消费者买得越多。两种情况的论证都基于边际效用递减;两种情况都存在可能的例外,这种例外通常基于价格下跌与收入上涨所引起的不确定性;在这两种情况下,如果我们坚持一种纯粹的价格变化,即一种商品的价格变化会被其余商品价格在与之相反的变化或收入的相应变化所抵消,则上述不确定性就会消失。如果我们假设任何一种商品在总消费额中的占比小到可以放心忽略其价格变化对实际收入的影响,那么上述不确定性也会自然消失。

第二个结论,能以某价购买某物对一个消费者的价值,即消费者剩余,等于需求曲线以下、价格曲线以上的区域面积。这个概念就是教授(出于某种令人无法理解的原因)坚持让学生背诵的诸多奇怪知识中的一个。我的建议是不要死记硬背,而要反复研究得出结论的推导过程(鸡蛋和葡萄酒的案例),直至豁然开朗。那时,就不再需要背诵了,因为你已经能够举一反三。这个结论值得理解,不要仅仅为了应付经济学考试而胡乱塞进脑子里。在后面的章节中,我们还会看到,消费者剩余是理解有关政策争论(比如"应该征收关税吗?")以及让迪斯尼乐园实现利润最大化的关键。

第三个结论是等边际原理,它告诉我们,在个体行为完全理性的前提下,商品的边际效用之比等于其价格之比。这一原理,除了有助于我们理解消费,还有助于理解医生的高薪是如何与医学院的高昂费用以及艰苦的实习期联系在一起的,高速公路上变更车道行驶为什么不会让我们领先,股市为何赚不到钱,等等。

第四节 爆米花:一个应用

第二章提出过这样一个问题:为什么电影院里爆米花的价格比其他地方要高?

虽然直至第十章,我们才能较为完备地回答这一问题,但在这里,也可以用消费者剩余的概念来证明那个公认的答案是错的。这个答案是,一旦顾客进入影院,影院老板就拥有了垄断地位;通过向顾客收取高额费用,他可以将其利润最大化。我将证明的是:高价卖爆米花不仅没有实现利润最大化,反而会比以成本价卖爆米花的利润还低!

对上述结论的证明需要一个常用的经济学假设,即人是理性的,再加上一个重要的简化假设——所有消费者都是相同的。虽然后者显然不切实际,但它不会影响我们证明上述垄断论点的错误性;如果影院老板因为垄断市场而坐地起价,即使顾客都一样,他也依然会坐地起价。无论在影院还是在其他什么地方,假设消费者相同(且生产者相同)会大大简化分析过程。这往往是得到某个经济学问题的第一近似解的好方法。

影院老板向顾客推销一个套餐,其中包含一次观影机会及相关物品与服务,譬如舒适的座位、干净的休息室和购买爆米花的机会等。他向顾客收取的是他能打包卖出此套餐的最高价格。因为顾客都是相同的,所以每个人都会支付相同的价格,没人会愿意多花一分钱。

为了确定套餐要包含哪些东西,影院老板必须考虑套餐内容的变化会如何影响它对顾客的价值,从而将收取的电影票费用最大化。比如,假设他决定在每个顾客进门时给他们 25 美分,以此来提高套餐的吸引力。显然,这将使顾客愿意在电影票上支付的金额增加 0.25 美元。但由于分发硬币需要额外的时间与精力,商家的经济境况反而会更糟。

假设影院老板认为既然他垄断了影院的座位供应,因此决定不妨在原有票价之上对每个座位额外收取 1 美元。因为没有人想要站着看电影,所以消费者要付 4 美元购买一张入场券,再多付 1 美元买一个座位。这就相当于支付 5 美元的入场费。如果顾客本来就不愿意付 5 美元购买这部电影的观看权,当这 5 美元被分成两部分收取时,他就会更加不情愿;如果顾客愿意支付这 5 美元,影院老板就应该在一进门的时候就一次性收取这些费用。

现在让我们假设剧院老板正为剧院是否应该以 1 美元的单价售卖爆米花这件事情上犹豫不决。售卖爆米花的好处之一是他能从爆米花中获利;好处之二是,相比不提供爆米花的影院,顾客更偏爱提供爆米花的影院,因此他们对票价的预期上限也会相应提高。这些好处难道还不足以令人心动吗?

图 4-8 描述了某个顾客对爆米花的需求曲线。如果爆米花的价格是每盒 1 美元,他就会选择买 1 盒。阴影部分是他的消费者剩余——0.25 美元。根据消费者剩余的定义,这意味着,消费者对"能够以 1 美元/盒的价格买到爆米花"与"不买任何爆

米花但能够得到 0.25 元的额外收益"这二者之间不存在偏好差异；以 1 美元/盒的价格购买爆米花的机会对他来说值 0.25 美元。以此价格提供爆米花就相当于在每位顾客进门时给他 25 美分，因为这使影院提供的套餐（包含电影及便利设施和爆米花）于他而言的价值高出 0.25 美元，因此影院老板就可以在避免顾客数量降低的前提下将票价提高 0.25 美元。因此，影院就应该贩售爆米花，前提是这样做的成本低于 1.25 美元/位客户。这个成本上限就是他可以从贩售爆米花中得到的收益——1 美元购买爆米花，再额外加上 0.25 美元的入场费，因为现在购买爆米花的机会是套餐的一部分。

但 1 美元/盒真的是最优价格吗？如图 4-8 所示，假设生产爆米花对商家的边际成本（每生产一箱爆米花的新增成本）为 0.50 美元/盒。他可以生产任意数量的爆米花，但每多生产一盒就要花掉 0.5 美元（包括爆米花原料、黄油、工资等等）。假设他把爆米花的价格从 1 美元降到 0.5 美元，但向每位顾客一次性售出 2 盒而非 1 盒，他的收入仍然是 1 美元/位顾客。

由于这种变化，他在每位顾客身上的成本增加了 0.5 美元。然而，图 4-8 中浅色阴影部分代表消费者剩余的增加量，即 0.75 美元；这也说明他可以在不流失顾客的情

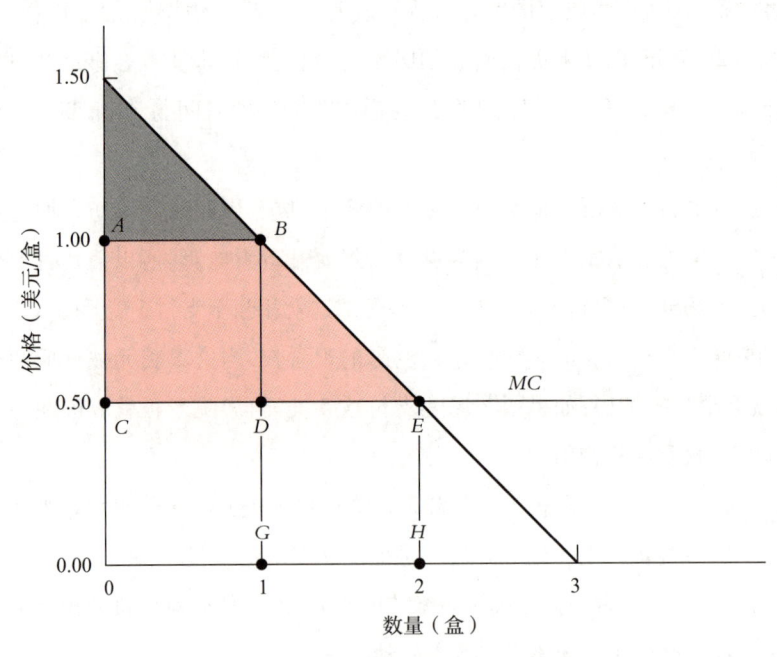

图 4-8 影院某个顾客对爆米花的需求曲线

阴影三角形是该顾客以 1 美元/盒购买爆米花的消费者剩余。 彩色区域 (ABEDC)是指如果价格从每盒 1 美元下降到每盒 0.50 美元，他所增加的消费者剩余。

况下提高票价。卖爆米花的收入没有变化,成本增加 0.50 美元/位顾客,入场费收入增加了 0.75 美元/位顾客,因此他的利润增加 0.25 美元/位顾客。

这个论点具有一般性,其正确性不受具体数字的影响。只要爆米花的价格高于其边际生产成本,生产者就可以通过将爆米花的价格降低到边际成本(图 4-8 中的 MC)并通过因此增加的消费者剩余来提高入场费的价格,进而提高利润。降价减少了商家已经贩售的爆米花的收入,其缩减幅度与价格下降幅度一致,即矩形 ABDC 的面积。价格降低,消费者对爆米花的需求量自然会增加,新增的这部分需求量的生产成本刚好由顾客付的款给平掉,因为爆米花的价格恰好等于生产成本;在图 4-8 中,表示销售爆米花的额外成本和额外收入的区域都是矩形的。消费者剩余增加,即图中彩色区域——矩形 ABDC 加上三角形 BDE。由于商家可以通过增加消费者剩余来提高入场费,其收入增加 (ABDC+BDE)(新增的入场费) + (DEHG-ABDC)(爆米花收入的变化)。他的成本增加 DEHG,所以其利润增长了 BDE。

以上论点完全可以不用图表,只用纯文字表述:"对于那些已经售出的爆米花,降价是影院老板向顾客的一种让渡,因此减少的爆米花销售额与增加的消费者剩余一样(都是 ABDC)。而对于较低价格售出的那些新增爆米花,消费者向商家支付其生产成本(DEHG),并获得其消费者剩余(BDE)。因此,如果将爆米花售价降至边际成本水平,增加的消费者剩余将会超过减少的爆米花收入。影院老板可以通过提高门票价格,将部分消费者剩余收入囊中。这样做,既可以将爆米花的售价降至成本水平,也可从新增爆米花的消费者剩余(BDE)中分一杯羹。

以上结论表明,如果考虑爆米花价格对顾客愿意支付费用的影响,任何高于生产成本的售价提升都会降低影院老板的利润。

现在就只剩下一个难题了。我们用经济学知识证明了影院老板以成本价出售爆米花实现利润最大化的可行性。经济学也告诉我们,影院老板想要最大化自己的利润,而且知道如何实现。这意味着他们一定会按成本价出售爆米花。但他们显然没有。那么,就一定是某个地方出了问题,要么是论证的逻辑和假设,要么是我们对影院实际运作状况的观察。在第十章,我们将回到这个难题,并提供两个可能的答案。

选读部分

用（微型）橡胶尺测量消费者剩余

之前我们利用边际价值曲线和需求曲线之间的相等性来推导向下倾斜的需求曲线时，讨论了使用商品而非效用来衡量价值的问题。现在，我们来讨论一下，同样的问题是如何影响消费者剩余概念的。

假设一种新商品以 P 价格出售。消费者剩余，即新商品需求曲线下方和价格水平线上方的区域面积，是我购买新商品的净收益（单位：元）——效用增加量除以 1 元的边际效用。当我增加对新商品的支出时，就必须同时减少对原有商品的总支出。花在某商品上的支出越少，我对它的消费量就越少；消费量越少，其边际效用就越大。因此，在我调整消费模式，将新商品包括在内后，其余所有商品的边际效用都将随之上升。由于单位元的边际效用代表用单位元所能购买到的商品的总效用，那么单位元的边际效用也将随之增加。但是，我们在最初讨论边际效用、边际价值与消费者剩

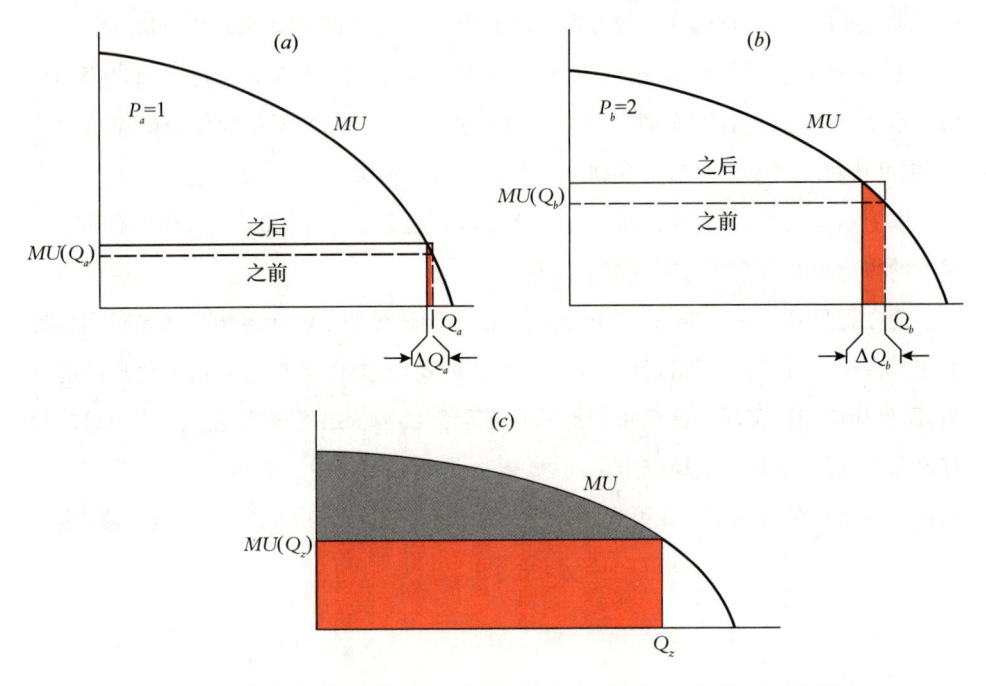

图 4-9　三种物品的边际效用曲线，展示了有第三种物品可选之前及之后的情况

当物品 Z 可供选择时，消费者会减少 A—Y 的消费，花更多的钱在 Z 上。图 a 和图 b 的彩色区域分别代表 A 和 B 的效用损失（C—Y 也类似，此处不做展示），将 A—Y 的这部分彩色区域加起来，就等于图 c 中的彩色区域，它表示物品 Z 的支出。

余时,是假定单位货币的边际效用(通常被称为收入的边际效用)为一个常数。

上述对单位货币边际效用的假定,对大多数情况来说都是一种好的近似,其原因如图4-9所示。假设消费者最初消费25种不同的商品 A—Y 与第26种商品 Z,Z 以价格 P_z 出售。曲线显示出消费者对商品 A、B 和 Z 的边际效用。在虚线所示的初始情况下,消费者将所有收入分配到 A—Y 上,使每种商品上所花费的最后一元货币的边际效用都保持一致。我们假定商品 A 的价格为1元/单位(这里的"单位"可以是磅、加仑或其他任何什么东西,它取决于货物的种类);商品 B 的价格为2元/单位。

在商品 Z 上架后,消费者对消费计划重新安排,以保证用于每种商品的单位货币的边际效用都是相等的。如图中实线所示,由于消费者将一部分收入匀给 Z,所以消费者必须减少在其他商品上的支出。如果消费者只是简单地把花在某种商品上的所有支出转移给 Z,其单位元边际效用就会随之上升,同时其他商品的单位元边际效用依然保持不变,此时消费者的购买方案就不能满足等边际原理,效用也因此无法得到最大化。因此,消费者会将每种商品的支出都减少一点点,从而将其边际效用以同等幅度提升。其结果是消费者对商品 A 的消费量是 $Q_a-\Delta Q_a$,对 B 的消费量是 $Q_b-\Delta Q_b$,以此类推;根据等边际原理,有:

$$MU(Q_a-\Delta Q_a)/P_a = MU(Q_b-\Delta Q_b)/P_b = \cdots = MU(Q_z)/P_z \quad (\text{等式 1})$$

由于总支出不变,商品 A—Y 的支出减少量须与商品 Z 的新增支出保持一致,故而

$$\Delta Q_a P_a + \Delta Q_b P_b + \cdots = Q_z P_z \quad (\text{等式 2})$$

如图所示,由于其余商品的门类高达25种之多,所以当消费者开始消费新商品时,每种商品的消费降幅都很小。因此,每种商品的单位元边际效用在变化后几乎与变化前相同。

为了将计算消费者剩余的单位由元更换为效用(以提高计算的精准度),我们不妨看一下图4-9a和图4-9b中的狭窄阴影区域。此区域表示商品 A 与商品 B 消费量减少所带来的效用损失,大体等于高度为 $MU(Q-\Delta Q)$、宽度为 ΔQ 的狭窄矩形,其中"Q"在图4-9a中用 Q_a 来表示,在图4-9b中用 Q_b 来表示。如果将所有矩形的面积相加(对于所有的商品 A-Y),就可得到

$$总面积 = MU(Q_a-\Delta Q_a)\Delta Q_a + MU(Q_b-\Delta Q_b)\Delta Q_b + \cdots$$

代入等式1,有

$$总面积 = (MU(Q_z)/P_z) \times \{P_a \Delta Q_a + P_b \Delta Q_b + \cdots\}$$

根据等式2,有

$$总面积 = (MU(Q_z)/P_z)(P_z Q_z) = MU(Q_z)Q_z = 图4-9c中彩色区域面积。$$

因为消费者从消费Q_z数量的Z获得的总效用等于MU曲线下的区域(阴影区域+彩色区域),所以其净收益即为阴影区域——这里,消费者衡量消费者剩余的单位是效用值。

上述推导过程中的一个近似忽略了图4-9a与图4-9b狭窄矩形中的阴影部分。相对于彩色部分,随着所消费的不同商品品类增多,阴影部分与彩色部分之间的差异就越小;随着商品品类趋向于无穷大,阴影区域与彩色区域面积之比趋向于零。因此,对于一个可在无限种类商品之间规划其支出的消费者而言,我们现在所衡量的消费者剩余(即一般需求曲线下方与价格曲线上方所夹区域的面积)与其定义(即消费者所能购买商品之于消费者的价值)是完全相同的;如果商品种类足够丰富但还算不上无穷,上述结论也大体能够成立。

纯粹的数学论证不足以令人满意,除非能被表达成文字语言。这里就有一个特殊例子,可以用一段简短对话来表达:

问题: 当有新的商品可购买时,消费者会把钱花在那件商品上,从而获得消费者剩余。但消费者同时也放弃了用那笔钱购买其余商品的机会。这样做,不会使消费者剩余有所减少吗?

回答: 如果消费者消费的商品种类足够多,他可以将其他每种商品(比如一个可买可不买的橙子、一次可去可不去的旅行)的消费量减少一边际单位,积少成多,从而攒下购买新商品的钱。所谓边际单位,其价值就是消费者为之支付的钱——这就是它被称为"边际"的原因——所以它不会产生剩余。

· 习题 ·

1. 图 4-10a 绘制了一些总效用曲线，图 4-10b 绘制了边际效用曲线。

   a. 哪些总效用曲线对应好物品？（可能不止一条。）

   b. 哪条边际效用曲线与总效用曲线 b 对应？与总效用曲线 e 对应？

   c. 哪些总效用曲线和哪些边际效用曲线符合边际效用递减？

2. 图 4-11a 是一些总效用曲线，请画出相应的边际效用曲线。

3. 图 4-11b 是一些边际效用曲线，请画出相应的总效用曲线。

4. 图 4-12 是你对柿子的边际和总效用曲线。柿子是好物品还是坏物品，还是两者都是？请解释。

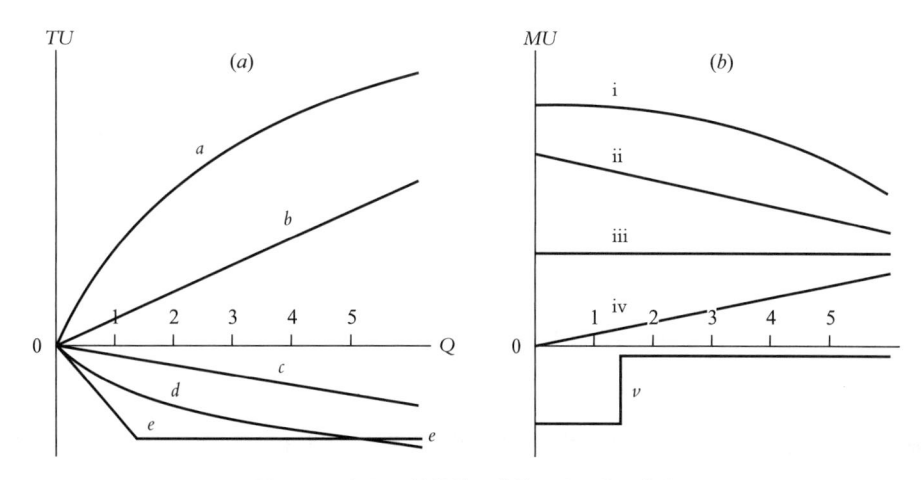

图 4-10 问题 1 的总效用曲线和边际效用曲线

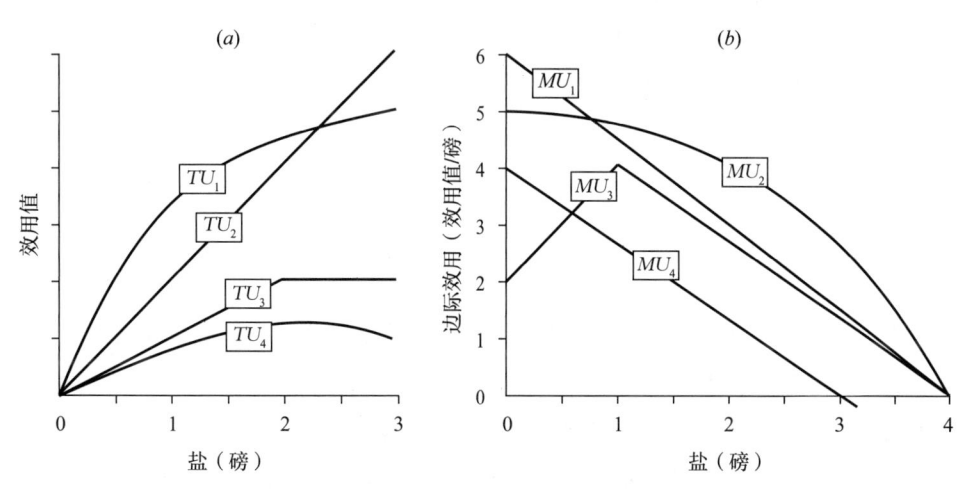

图 4-11 问题 2 和 3 的总效用和边际效用曲线

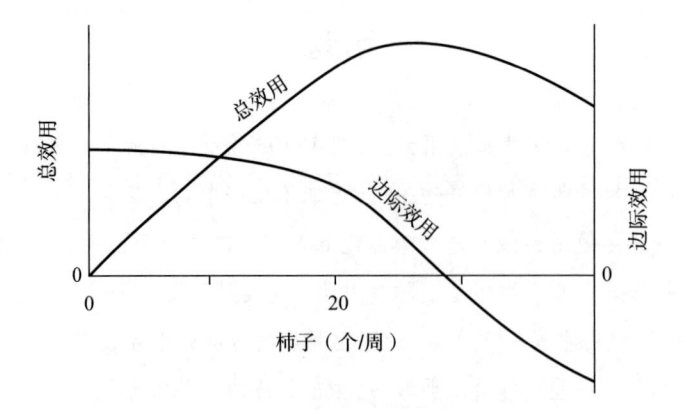

图 4-12 问题 4 的柿子总效用和边际效用曲线

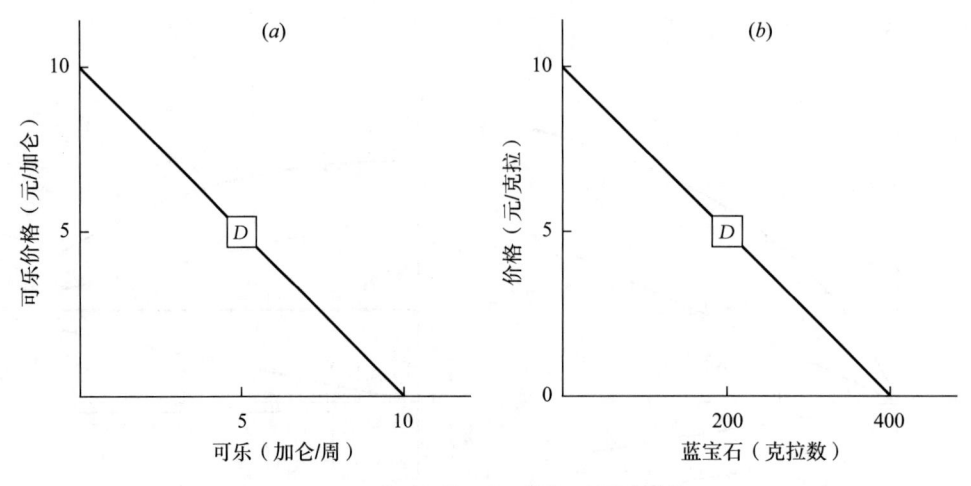

图 4-13 你对无糖可乐和蓝宝石的需求曲线

5. 图 4-13a 是你对可乐的需求曲线。

   a. 能以 5 元/加仑买到那个价格下你想要的无糖可乐数量，比买不到任何无糖可乐，你的境况变好多少？

   b. 能以 3 元/加仑买到 3 美元/加仑下你想要的无糖可乐数量，比以 5 元/加仑买到那 5 元/加仑价格下你想要的数量，你的境况变好多少？

6. 估计一下，在美国所有用水中，饮用水约占百分之几。给出数据来源。人们普遍认为，缺水就是指人们口渴没水喝的一种境况，这种看法是否准确？这说明了每周几加仑的水的边际价值和我们每周实际消费的水的边际价值之间有什么差异？（这无法从本书任何内容中得出数值方面的答案。它的目的是让你对现实世界数量做非常粗略的估算练习。这很有用，同时还能将本章的抽象例子与实际情况联系起来。）

7. 图 4-13b 是你对蓝宝石的需求曲线。由于宗教原因，蓝宝石不能买卖。你意外发现了 100 克拉蓝宝石，你的境况会变好多少？

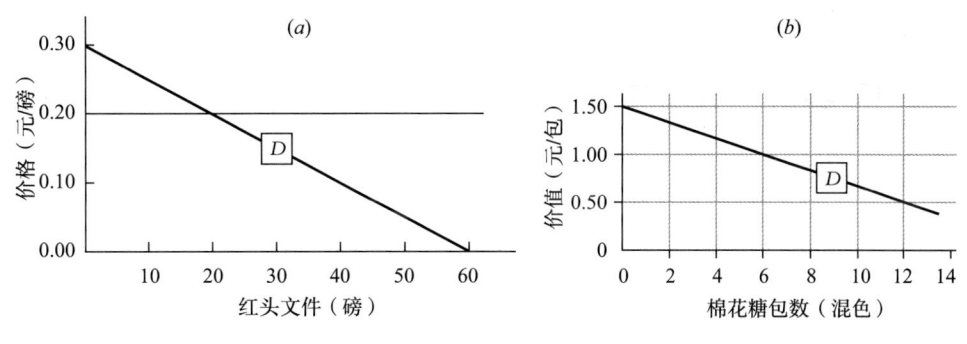

图 4-14 你对红头文件和棉花糖的需求曲线

8. 图 4-14a 是你对红头文件的需求曲线。红头文件没有市场,但政府为了减少库存,命令你以 0.20 元/磅的价格购买 50 磅红头文件。你的境况因此变好或变糟多少?

9. 你想在狂欢节派对上把彩色棉花糖(紫色、绿色和金色)放入热饮中,图 4-14b 是你的需求曲线,彩色棉花糖的价格是 1 元/袋。

    a. 你买了多少袋?

    在你买完并付完钱后,商店的公共广播系统发出一个公告:狂欢节特别促销活动开始,彩色棉花糖现在只需 0.5 元/袋。

    b. 你会再买一些吗?如果是的话,你会再买多少?

    c. 你最初买的和在促销中买的棉花糖的总消费者剩余是多少?

10. 在文中例子中,如果将爆米花的价格进一步降低到 0.25 元/盒,利润会有什么变化?

第五章 生产

前两章讨论消费,本章讨论生产。为简单起见,我们假设只有一种生产投入——生产者的时间,它将被用于生产形形色色商品中的任何一种。在你看来,这些商品可能是像割草或洗碗的服务,也可能是用有无限量供应的原材料生产的物品;或者,你也许会把生产者看作是一个雇员,他提供某种形式的劳动(装配汽车、粉刷房子),然后将其卖给一个将这些劳动与其他投入结合以生产商品的企业。

单一投入与单一产出的假设隐含着进一步的假设,即对生产者偏好来说,把一小时花在"修剪草坪"还是"洗碗"上,是无差异的。否则,就会出现额外的投入(如割草的不愉快)或额外的(也许毫无价值的)产出(如把草屑弄得全身都是),从而违背单一投入与单一产出的假设。

在第九章,我们会分析更复杂的生产形式。每个生产单位(一个企业而非一个工人)都有其对应的**生产函数**(praduction function)来表示如何将劳动要素与原材料等投入结合起来,生产出不同数量的产品。有关生产的决策将涉及几个步骤。对于任何数量的产出,企业一定会首先找到使生产成本(投入组合)最小化的方法,然后确定生产任何数量产品的成本(总成本函数)。给定上述信息与市场价格,企业就可以对生产计划作出决策,实现利益最大化。

第一节 论证

在前两章,我们从消费者偏好中推导出商品的需求曲线;在本章,我们将从生产者偏好与能力中推导出供给曲线。推导的第一步是观察潜在的生产者是如何决定生产哪种商品;接下来要观察他如何决定工作时长,最后一步是考虑到有很多不同生产者的情况,供给曲线就是将他们的个人供给曲线加总。

选择要生产的产品

表 5-1 显示了修剪草坪、洗碗和做饭这三种劳动的每小时产出、价格与潜在工资。修剪 1 块草坪的价格是 10 美元，生产者每小时可以修剪 1 块草坪，因此潜在工资是 10 美元/小时。类似的，每小时洗 70 个盘子，每个盘子 0.10 美元，工资为 7 美元/小时；每小时做 2 顿饭，每顿 3 美元，工资为 6 美元/小时。从生产者的角度来看，三种选择之间的唯一区别是潜在工资，他显然会选择修剪草坪。请注意，这个决定取决于价格而非其他。如果修剪草坪的价格低于 7 美元，而其他价格如下表所示，他就会改为洗碗。

表 5-1

	修剪草坪	洗碗	做饭
产出	1 块/小时	70 个/小时	2 顿/小时
价格	10 美元/块	0.10 美元/个	3 美元/顿
工资	10 美元/小时	7 美元/小时	6 美元/小时

劳动力供给

图 5-1a 显示了劳动边际负价值与工作小时数的函数关系。如果你每天有 24 小时的闲暇时间（即完全不工作），只需要一小笔钱（在下图中是 0.50 美元）就能够让你心甘情愿工作 1 小时；也就是说，对生产者偏好而言，工作 0 小时与工作 1 小时并获得 0.50 美元，这两种选择是无差异的。在另一个极端，如果你一天已经工作了 10 个小时，那就需要 10 美元甚至更多钱才能让你愿意多工作 1 小时。

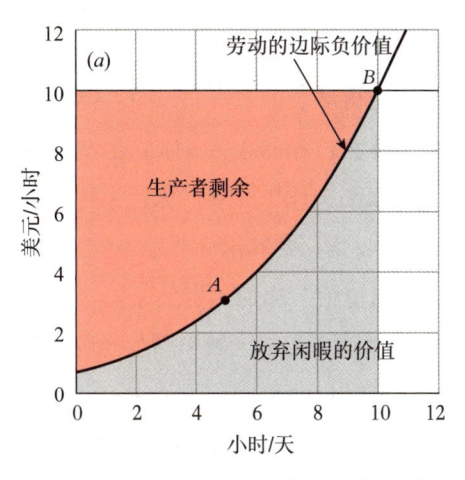

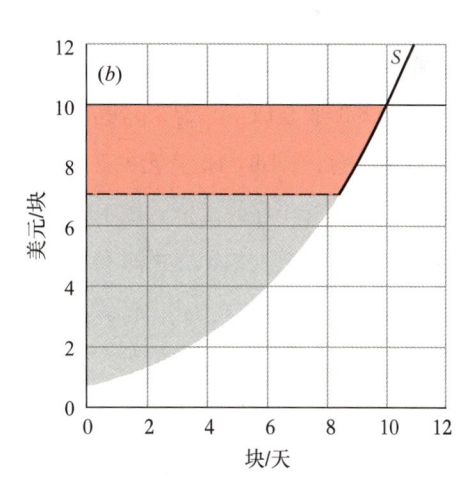

图 5-1 生产者剩余、劳动的边际负价值和修剪草坪的供给曲线

劳动力边际负价值曲线以上和低于 10 美元/小时的区域是生产者能以 10 美元/小时的价格工作的生产者剩余。草坪供给曲线上方和价格下方的彩色区域是生产者以 10 美元/块的价格修剪草坪的生产者剩余。在生产者对修剪草坪与下一个最赚钱的生产机会（洗碗）感到无差异的价格下，供给曲线是水平的。

第五章 生产

假设工资是每小时 10 美元,工作时长是每天 5 小时。即使只给你 3 美元的额外报酬,你也愿意多工作 1 小时;由于你多工作 1 小时本就可以得到 10 美元,因此,多工作 1 小时显然会使你的境况得到改善。只要劳动的边际负价值小于工资,上述论点就能够成立,因此最终的工作时数应该满足边际负价值等于工资。在工资为 10 美元的情况下,你提供的劳动时长与劳动的边际负价值为 10 美元时的时长是相等的。同样的关系也适用于其他任何水平的工资,所以劳动边际负价值曲线与**劳动供给曲线**是重合的,正如第四章提及的边际价值曲线与需求曲线的重合一样。

闲暇通常与其他商品一样,拥有的越多,其价值就越低,即边际价值是递减的。对你而言,劳动 1 小时的成本就是所放弃的 1 小时闲暇:闲暇时间越少,劳动的成本就越大。因此,如果闲暇的边际价值是递减的,那么劳动的边际负价值就是递增的。这符合我们的实际生活经验:每日的工作时间越长,就越不愿意再加班 1 小时。由于劳动的边际负价值曲线在上升,用以表示工作时长与工资函数关系的供给曲线也向上倾斜。每小时的劳动报酬越高,你选择的工作的时间就越长。

生产者剩余

我们现在可以用类似消费者剩余的方式来定义生产者剩余。假设工资是每小时 10 美元。在第一小时作为生产者的你愿意以 0.5 美元的报酬工作,由于你实际上会获得 10 美元的报酬,因此,你的净收益(gain)有 9.5 美元。接下来的一小时,假设你愿意以 1 美元的报酬工作,而实际得到 10 美元报酬,则净收益就是 9 美元。将所有工作时间的净收益收汇总起来,就会得到图 5-1a 的彩色区域。

请注意,每小时 10 美元的工作于你而言的净收益(benefit)——你的**生产者剩余**——并不等于你的工资。以 10 美元/小时的工资水平工作 10 小时,你每天将获得 100 美元的工资。然而,这并非你从工作中得到的净收益。要算出净收益,就必须减去工作成本,即你花在工作而不是其他事情上的时间价值。你的工资等于一个宽为 10 小时/天,高为 10 美元/时的矩形面积,即图 5-1a 中两个阴影区域和彩色区域面积之和。你的时间对你本人的价值——每天工作 10 小时对你的总负价值——可用供给曲线下方的面积来表示;我们可以将其简单理解为,你在每天被迫无偿工作 10 小时后境况变糟的程度。矩形面积减去供给曲线下方区域的面积即为供给曲线上方区域的面积,这就是生产者剩余,即你以每小时 10 元的薪酬工作与不工作的情形相比,境况所改善的程度(数额)。

这个结果与上一章中的消费者剩余十分相似。消费者购买商品,商品对他的总价值是用其边际价值曲线下方区域的面积来衡量的。消费者为此支付的金额等于价格乘以数量的矩形面积。其消费者剩余等于所得与所费的价值差,即边际价值曲线下方和价格曲线上方之间的面积。生产者出售自己的闲暇,其价值是通过闲暇边际价值曲线(或与其重合的劳动边际负价值曲线)下方区域的面积来衡量的。作为交换,他得到的是小时工资乘以工作时长的矩形面积——出售闲暇(工作)的价格乘以出售的闲暇时长(工作时长)的数量。他的生产者剩余是工作所得与对应成本——他为此放弃的闲暇价值之间的差额,在图中用工资和劳动边际负价值曲线之间的区域来表示。正如对苹果的需求曲线与其边际价值曲线是重合的,劳动边际负价值曲线也与劳动供给曲线重合。

商品供给:一个生产者

我们现在有了劳动供给曲线,但我们想要的是修剪草坪的供给曲线。作为生产者的我,修剪草坪的速度为每小时 1 块,因此 10 美元/块草坪的价格对应的就是 10 美元/小时的工资;每天 10 小时的劳动供给对应的就是修剪 10 块草坪。修剪草坪服务的供给曲线,看起来是与劳动供给曲线完全相同,我们唯一要做的就是重新标记纵轴"美元/块草坪"与横轴"块草坪/天"。

然而,事实并非如此;修剪草坪的供给曲线和劳动的供给曲线并不重合。我选择去修剪草坪而不是忙别的,取决于修剪草坪的价格。如果这个价格降到每块草坪 7 美元以下,我修剪草坪的产量就会降为零;我去洗盘子反而更赚钱。由此,修剪草坪的供给曲线如图 5-1b 所示。彩色区域代表我在 10 美元/块草坪的薪资水平下的生产者剩余。为什么生产者剩余并不包含 7 美元/块草坪线下方的阴影区域呢?不妨想一想,如果我修剪一块草坪仅能得到 7 美元报酬,那比不修剪草坪的境况能改善多少呢?丝毫没有改善!领着这工资,还不如去洗盘子。

还有另一个有关机会成本的例子。机会成本这个概念在第三章讨论过。对我来说,修剪草坪的机会成本就是为此必须放弃的东西,不管是什么。如图 5-1b 中曲线 S 的实心部分所示,如果对我来说,时间的最佳替代用途是闲暇,那么其机会成本就等于闲暇的价值;如果最佳替代用途是洗碗,如 S 的虚线部分所示,那么其机会成本就是用相同时间洗盘子所获得的报酬。

从劳动供给曲线过渡到草坪修剪供给曲线非常简单,因为我修剪草坪的速度是 1 块/小时。假设草坪不再生长,同时有人发明了自动洗碗机,那我就会成为厨师。假设我的劳动供给曲线如图 5-1a 所示,图 5-2 显示的是我的烹饪服务供给曲线。

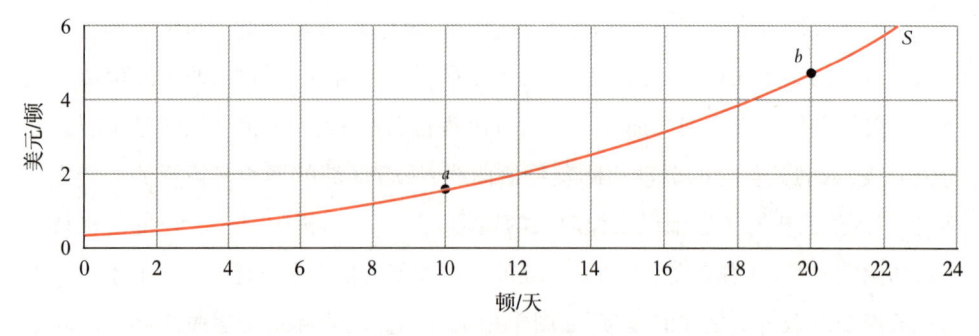

图 5-2 烹饪服务供给曲线

该供给曲线与劳动力供给曲线相同,除了每个工作小时对应于两顿饭,美元/餐对应于 2 美元/小时。点 a 和 b 对应于图 5-1a 中的点 A 和 B。

为了推导出图 5-2,我们假定我每小时可以烹饪出两顿饭(表 5-1)。如果每顿饭的价格是 5 美元,我每小时就可以赚 10 美元。在 10 美元的时薪条件下,每天 10 小时的工作时长能做 20 顿饭。因此,图 5-1a 中的 B 点(10 美元/小时和 10 小时/天)对应图 5-2 中的 b 点(5 美元/顿和 20 顿/天);以此类推,A 点对应 a 点。烹饪服务供给曲线与劳动供给曲线初始形状相同,只是被垂直压缩到原来的一半并被水平拉伸到原来的两倍。与图 5-1b 所示的草坪修剪服务的供应曲线不同,它没有被水平截断(没有水平线段),因为根据假设,做饭是唯一可以提供的服务。

多个生产者

我们已经分析了单个生产者的供给曲线。但如果生产者不止一个,我们就没有理由假设他们生产不同商品的能力都相同,也没有理由假设他们都有相同的劳动供给曲线。如果他们的生产能力与供给曲线不相同,那么他们的草坪修剪服务或者其他商品的供给曲线也会不同。当生产者由于他们工作不同、技能不同而导致薪酬(价格)不同时,水平线段就会出现。如果某个生产者非常善于修剪草坪(每小时能修剪很多块草坪)或非常不善于从事任何其他工作,那么即使修剪草坪的报酬非常低,他也会选择从事修剪草坪的工作。反之,如果一个生产者不擅长修剪草坪(修剪每块草坪都需要很多个小时)或很擅长其他工作,那么,他只有在修剪草坪的报酬十分高昂时才会选择修剪草坪。图 5-3 显示了上述这样的两个生产者 A(安妮)和 B(比尔)的供给曲线,及他们的总供给曲线。

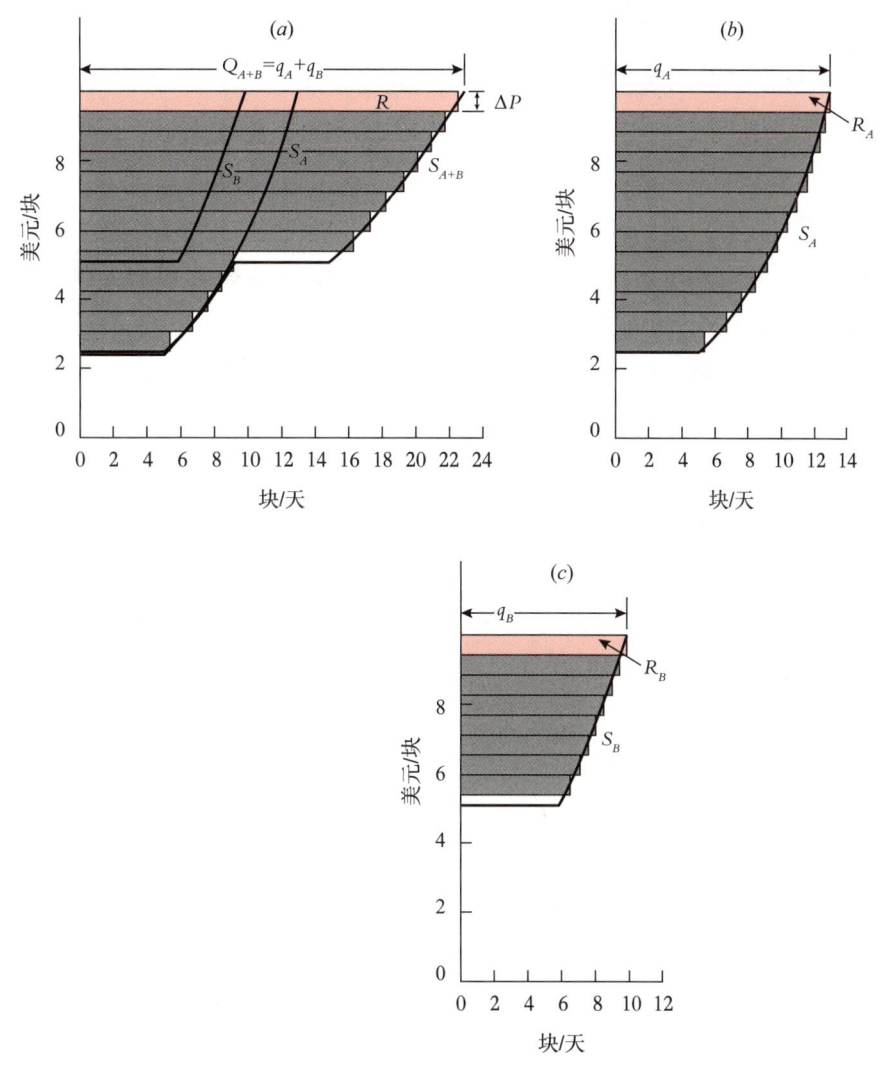

图 5-3　一条有两个生产者的供给曲线的生产者剩余

矩形 R 是 R_A 和 R_B 的和，其他矩形也是如此。所以图 5-3a 中的阴影区域是图 5-3b 和 5-3c 中的阴影区域的总和。当 P 接近于零时，每个图上的阴影区域恰好（而不是近似）等于相应的生产者剩余。因此，根据总供给曲线 S_{A+B} 计算出的生产者剩余是根据 S_A 和 S_B 计算出的生产者剩余之和。

在低于 2.50 美元/块（草坪）的价格下，安妮（A）和比尔（B）都不工作。在高于 2.50 美元/块但低于 5 美元/块的价格下，只有安妮工作，总供给曲线就是她的供给曲线。当价格升至 5 美元/块时，比尔突然进入市场，每天修剪 6 块草坪；再加上安妮每天 9 块的产量，总产量为 15 块。当价格从 5 美元涨到 6 美元时，安妮的产量又增加了一个单位，比尔也是如此，所以总产量增加了 2 块，达到 17 块。

总供给曲线是每个生产者供给曲线的水平加总。求和过程之所以发生在水平方向,是因为我们要对每个价格的产量(显示在水平轴上)求和。不管价格是多少,A 和 B 都能够以相同价格出售其产品,供给总量为他们各自产量的水平方向的总和。类似于我们想从两条或两条以上的个人需求曲线中得出一条总需求曲线。同一市场中的所有消费者都面临着相同的价格,因此该价格下的总需求量等于消费者 A 的需求量加上消费者 B 的需求量加上……

6 美元价格下 B 的生产者剩余与 A 的生产者剩余之和恰好等于根据总供给曲线算出的总生产者剩余,即位于总供给曲线上方和 6 美元水平线下方的区域。原因如图 5-3a 至 5-3c 所示。5-3a 所示的狭窄水平矩形 R,高度为 ΔP,宽度为 $Q_{A+B} = q_A + q_B$,所以其面积在图 5-3b 与图 5-3c 中为 $\Delta P \times Q_{A+B} = (\Delta P \times q_A) + (\Delta P \times q_B) = R_A + R_B$。同样的算法适用于其余所有组成生产者剩余的水平小矩形,在每种情况下,图 5-3a 中每一个构成总供给曲线的矩形的面积都等于图 5-3b 与图 5-3c 中分别构成各自供给曲线的对应矩形面积之和。因此,图 5-3a 中的阴影区域面积等于 5-3b 与 5-3c 中的阴影区域之和。由于矩形与供给曲线只是略有重叠,阴影区域与相应剩余并不精确相等,但矩形的宽度越小,二者之间的差异就越小。当矩形的高度(ΔP)降为极限——0 时,其阴影区域面积恰好等于对应的生产者剩余,故而从总供给曲线中计算得出的生产者剩余等于各个供给曲线生产者剩余之和。

上述结论适用于任意数量的生产者,类似于消费者剩余适用于任意数量的消费者。因此,我们完全可以像处理个人需求或供给曲线那样,通过对总需求曲线或总供给曲线的计算,得出消费者剩余或生产者剩余的总量。这一事实在第七章中十分重要,因为我们将分析税收对生产者、消费者及其他方面的成本。

现在,我们已经有了两个理由预期供给曲线会向上倾斜。其一,劳动边际负价值递增原理;其二,随着商品价格上涨,越来越多的人会发现生产这种商品比生产其他任何商品的获利空间都大。随着每一个新生产者进入,总供应曲线就会有一个新的水平段——价格上涨导致产量的增加超过了现有生产者的新增产量。下一节我们会证明这一点是十分重要的。我们将看到,预期供给曲线向上倾斜的第一个原因并没有一开始那么有说服力。

第二节 一些问题

再看看图 5-1a,好好思考它的含义。一个生产者以 1 美元的时薪工作 2 小时,每天能够挣到 2 美元。也许靠每年 730 美元的收入养活自己是可能的,但这无疑是十分艰辛的。如果同一个人选择以 15 美元的时薪每天工作 12 小时,全年不休,那他的年收入就可达 65700 美元。好吧,也许真的有人能为了赚钱一年 365 天连轴转,但我怀疑,这些人中的大多数实际上是工作狂,而非为了挣钱。

生产中的收入效应与后弯劳动供给曲线

图 5-1a 的分析有个错误,它遗漏了第三章所描述的收入效应。工资的上涨(比如从每小时 10 美元涨到 11 美元)会产生两个效应:其一是会提高闲暇的成本——1 个小时不工作带来的收入减少量从 10 美元增加到 11 美元。这一效应可以解释为什么人们在更高薪资水平下更愿意延长工作时间。但与此同时,工资增长意味着(提供劳动的)生产者会变得富有,从而倾向于更多地消费闲暇。如图 5-4 所示,如果第二种效应大于第一种,那么工资的增加就会导致工时的减少。这被称为**后弯劳动供给曲线**(backward-bending supply curve for labor);从 F 点到 G 点(或许还包括点 G 以上的部分)是后弯部分。在只有一个生产者的情况下,这会导致商品供给曲线向错误的方向倾斜;对某些种类的商品而言,更高的价格会反而会使产出减少,而非增加。

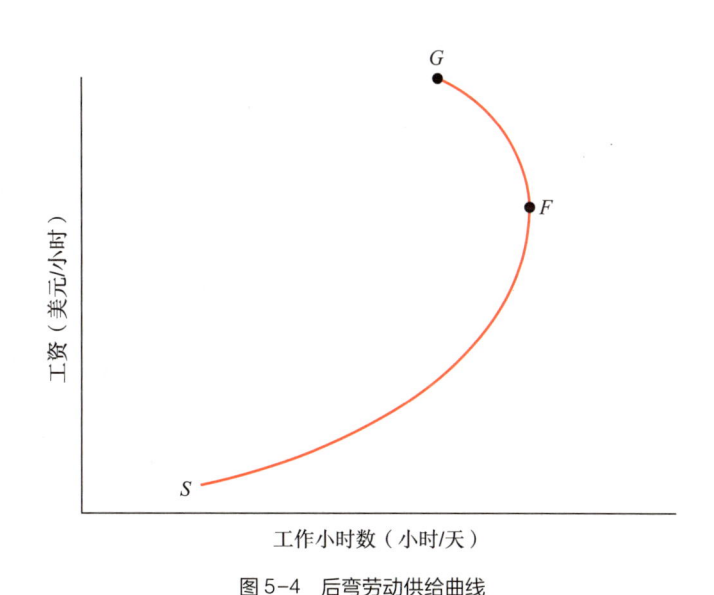

图 5-4 后弯劳动供给曲线

随着工资增长,工作时长增加到 F 点后开始减少

这不是我们第一次看到收入效应和替代效应相冲突。在第三章,类似的情况得到了吉芬物品——它有一条后弯的需求曲线。我有充分的理由认为,在现实世界别指望看到吉芬物品,但那些理由对后弯劳动供给曲线并不适用。

原因之一是,虽然我们预计大多数物品的消费随收入增加而上升,但吉芬物品随着收入增加而下降,是劣质物品。事实上,它必须非常劣质,劣质到价格上涨的收入效应(由于我们在购买它,这等效于实际收入下降)超过替代效应。而我们的劳动是我们出售的对象,不是购买的对象,其价格(工资水平)的上涨使我们更富有而不是更穷,我们因而倾向于购买更多的闲暇。所以向后弯曲的的劳动供给曲线只要求闲暇是正常物品。

吉芬物品不太可能存在的另一个原因是,它必须是花费了我们大部分收入的商品,以至其价格的下降可以对实际收入有重要的影响。与生产不同,这在消费上是不太可能的。我们大多数人在消费上多样,但在生产上专一;我们将收入分配给许多种消费品,但我们的大部分收入来自出售一种劳动。如果我们出售的对象价格大变,那么收入也会大变。因此向后弯曲的劳动供给曲线比吉芬物品更有可能存在。

如果需求曲线总是向下倾斜,供给曲线总是向上倾斜,而不是像图5-4中那样后弯,经济学会简单得多。庆幸的是,商品供给曲线的向上倾斜并不完全需要劳动供给曲线的向上倾斜。如果一群个体提供较少的劳动,因而修剪的草坪较少,那么随着修剪草坪的价格上涨,这些人的个人劳动供给曲线将向后弯曲。但如果价格上涨增加了那些发现修剪草坪高于任何其他可选工作的人数,那草坪的总供给曲线仍可能正常倾斜。庞大而复杂的社会很可能如此。如果许多不同的商品被生产,每种商品只雇佣一小部分人口,那么哪怕商品价格上涨很少,也可以诱使一些人转而生产它;如果(似乎真是这样)只有部分生产者的劳动供给曲线后弯,情况更是如此。

边际价值与边际效用

看待后弯劳动供给曲线的另一个角度,是视其为收入变化对边际价值和边际效用之间关系影响的结果。当你的工资从每小时10美元增加到11美元时,你的时间得到了比以前更高的回报,但由于在更高的收入水平上,每一美元对你来说价值更少(收入的边际效用下降),你实际上可能获得的效用较少,即新的、更高的11美元收入对你来说,可能比之前的10美元价值更低。如果真是这样,并且如果闲暇的边际效用没有被你的收入增加改变,你会选择在工资更高时减少出售时间,因此工作时间减少;如果闲暇的边际效用增加了(你现在有更多的钱花在高尔夫和加勒比度假上),这个论点则更站得住脚。

本章第一节对生产的分析(忽略收入效应),适用于相对于生产收入有大量其他收入来源的生产者。他的工资变化对他的收入影响很小,因此我们可以合理地忽略收入效应,只考虑替代效应。其结果是图 5-1a、5-1b 和 5-2 中所示的曲线。这个分析也适用于工资只是短暂调整的生产者。他可以凭借储蓄或借贷将钱从这一年结转到另一年,所以钱对他的价值不取决于他目前的收入,而是某种终生均值,或者说是他的**永久收入**(permanent income)。他的永久收入只会受到这周周薪变化很小的影响,工资临时调整的收入效应很小。

200 多年前,亚当·斯密写下奠定了现代经济学的《国富论》时,劳动力供给曲线是否向后弯曲曾引起相当的争议。一些雇主认为,如果工资上涨,雇员的工作时长将减少,国民收入将下降。斯密认为,更高的工资将意味着更好的食物,愿意且能够工作更久以换取更多报酬的更健康的员工。值得注意的是,通常被认为是资本主义捍卫者的斯密一直认为,对工人有利的事情对国家有利,也几乎始终如一地认为,给商家和制造商的好处(高关税和其他来自政府的特殊关照)对国家不利。他是资本主义的捍卫者,而非资本家的捍卫者。

第三节 无差异曲线与劳动供给

到目前为止,我们已经用边际价值曲线分析了劳动供给曲线,或由劳动生产的商品或服务的供给曲线。另一种方法是用无差异曲线分析。图 5-5 的无差异曲线显示了某个体在闲暇(这里定义为不带来金钱的任何时间)和收入之间的偏好。通过这样的图,我们可以推导出具备向后弯曲可能性的劳动供给曲线。

图 5-5a 显示了一个没有其他收入来源的人,当其工资分别为每小时 5 美元、10 美元和 15 美元时的生产可能性集(闲暇和收入的可能组合),以及相应的无差异曲线和最优组合。在每种情况下,一个极端是每天 24 小时闲暇,没有收入;另一个极端是没有闲暇,收入是 24 倍小时工资。以每小时 5 美元的工资为例,线的起点是 24 小时闲暇,没有收入,终点是每天 120 美元的收入。图 5-5a 中闲暇和收入的可能组合对应于这两个极端之间的线上的点。随着工资从每小时 5 美元到 10 美元到 15 美元,生产线从 W_1 移动到 W_2 到 W_3,最优组合从 A_1 移动到 A_2 到 A_3。

图 5-5a 所示的无差异曲线意味着劳动供给曲线是正常的,至少在图示的工资范围内是如此。随着工资上涨,工作小时数也会增加(如图所示,闲暇小时数下降)。图 5-5b 是一组不同的无差异曲线,推出了向后弯曲的供给曲线。图 5-6 显示了两条供给曲线 S_1(推自图 5-5a)和 S_2(推自图 5-5b)。

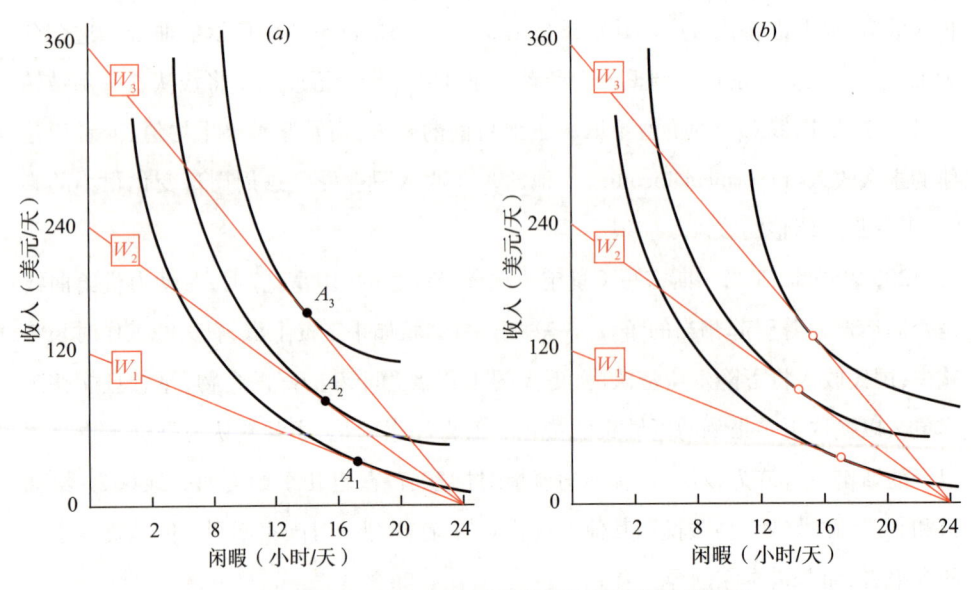

图 5-5　用于计算劳动供给曲线的无差异曲线及预算线图

预算线显示不同工资水平下，一名工人可获得的闲暇和收入的组合选择；无差异曲线显示他对这些组合的偏好。 图 5-5a 的无差异曲线可推出正常倾斜的劳动供给曲线；图 5-5b 则推出后弯劳动供给曲线。

学生在家庭作业（或考试）中重做图 5-5a、5-5b 和 5-6 所示的计算问题时，经常会错误地假设可以简单地连点成线，例如连接 A_1、A_2 和 A_3，然后在另一个图上炮制一条一样的线作为劳动供给曲线。但图 5-5a 和 5-5b 的纵轴是收入，而图 5-6 的纵轴是工资水平。收入是工资（美元/小时）乘以工作小时数。工资在图 5-5a 上不是点的纵坐标，而是线的斜率。例如，W_1 的斜率为（负）5 美元/小时，并显示了可以为该工资工作的人的其他选择。在图 5-6 中与图 5-5a 中的 A_1 相对应的点是 C_1，它的纵坐标是 5 美元/小时（对应 W_1 的斜率），其横坐标为每天 7 小时（对应 A_1 的工作小时数——每天 24 小时减去每天 17 小时的闲暇时间）。你可能想自己检查 A_2 与 C_2 之间、A_3 与 C_3 之间的对应关系。

读到这里你可能已经意识到，本章的分析是我们在第三章和第四章的分析的一种特殊情形。不去谈论劳动供给和劳动边际负价值，我们从个人的禀赋之一闲暇（每天 24 小时）出发；闲暇可以一定的价格（工资）出售，对个人也有一条边际价值曲线。正如第四章，边际价值曲线与需求曲线吻合。闲暇曲线的边际价值与劳动曲线的边际负价值相同，并且闲暇的需求曲线与劳动的供给曲线相同，除了水平轴的方向相反——增加闲暇对应于减少劳动。

我们的老朋友等边际法则也适用于此。个人卖出一定数量的闲暇时间（工作小时数）使得增加一点闲暇的价值（增加一点劳动的负价值）正好等于他为此付出的代价。在均衡时,工资等于闲暇的边际价值(劳动的边际负价值)。

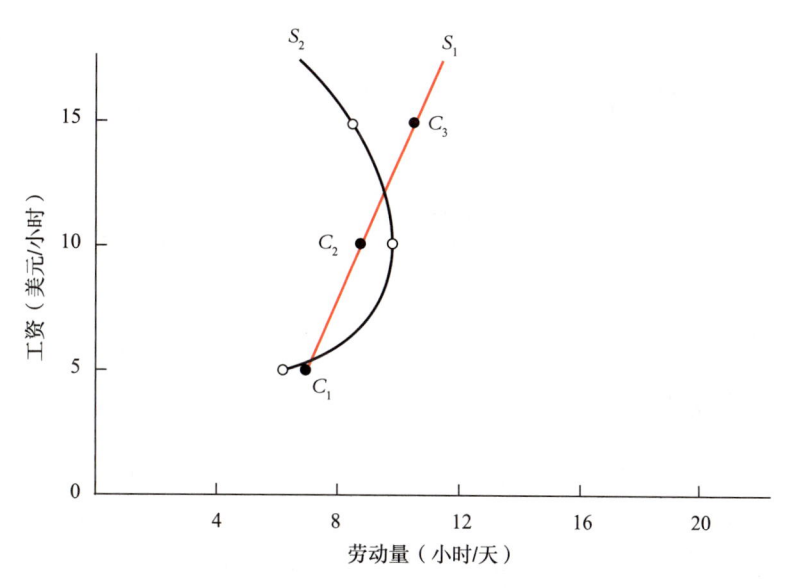

图 5-6　图 5-5a 和 5-5b 隐含的劳动供给曲线

点 C_1、C_2、C_3 分别对应于图 5-5a 上的点 A_1、A_2、A_3。 注意,此图的纵轴是工资,不是收入;图 5-5a 和 5-5b 上的工资不是点的纵坐标,是线的斜率。

选读部分

更复杂的生产情形

我们已经考虑了相对简单情形下的生产。生产者在市场上出售他们的产品,他们只需要知道售价是多少以决定生产什么;对于任何商品来说,产量都与花费的时间成正比。在本节,我们将考虑一些更复杂的情形。

▶ 不交易的生产

至今在我关于生产的讨论中,我都假设生产者的产品是拿来出售而不是自己消费。图 5-7 分析了另一种选择——自产自销的情形。MV 是修剪草坪对你的边际价值;MdV 是你的劳动的边际负价值。你的产出率是每小时 1 块草坪,水平轴显示你生产和消费了多少修剪过的草坪。你对修剪过的草坪的消费是欣赏景色——不是吃草。

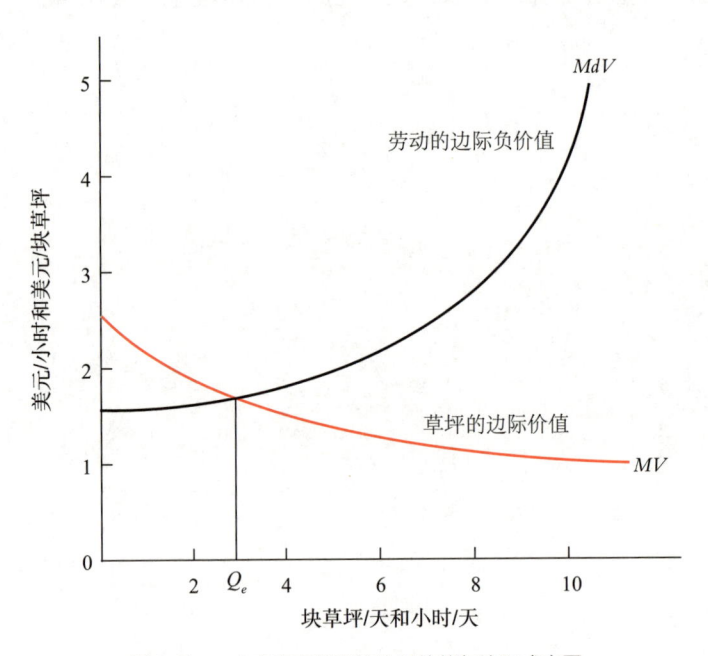

图 5-7　一个自产自销者的边际价值与边际成本图

生产的边际成本是劳动的边际负价值,由于产出率是每小时 1 块草坪,纵轴单位可视为美元/小时或美元/块草坪,横轴的可视为块草坪/天或小时/天。

如果产量小于两条曲线相交的 Q_e,那么商品的边际价值大于生产它的劳动的边际负价值。这意味着如果你额外生产一单位,商品对你的价值将超过你生产它的劳动的成本,因此生产它你的境况就改善。只要数量少于 Q_e,这一点一直成立,所以你不断增加你的产出(和消费)水平,直到它达到 Q_e。超出 Q_e,也即额外的产出花费的劳动比产品的价值多,任何新增的产量都会让你境况变糟。

图 5-7 显示了只能生产一种商品的情形,而图 5-8 显示了可以生产两种商品的情形——做饭和修剪草坪。个人的偏好如第三章一样,通过无差异曲线表示。如果选择每天工作 10 小时,可以生产 10 块草坪或 20 顿饭,或任何中间组合,**生产可能性集**是图 5-8 中的彩色区域,最佳组合是该集合中与最高无差异曲线相交的点,即点 A。这张图等同于收入为 10 美元/天,且能以 1 美元/块的价格购买修剪草坪服务和以 0.5 美元/顿的价格买饭的人的境况。在每种情形下,个人都会从包括 10 块草坪(无饭)、20 顿饭(无草坪)以及介于这两者之间的任何组合中选出最优组合。

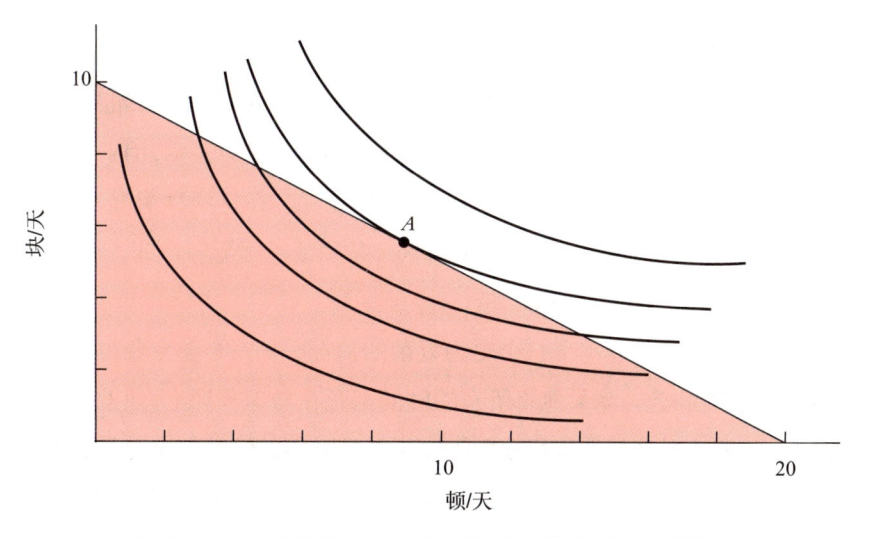

图 5-8 一个每天工作 10 小时的人的无差异曲线和生产可能性集

这个人每天可以修剪 10 块草坪或做 20 顿饭,10 块草坪和 20 顿饭之间线段上的点表示在修剪草坪和做饭上不同的时间分配。 A 是他的最佳选择。

然而,如果你从上图中抽离出来,仔细想想以上现象究竟意味着什么,你会发现,在这两种情况之间有一个重要的区别。在讨论消费者花钱的问题时,我们总认为他一定会把全部收入都花完,因为钱唯一的好处就是买东西。将这个放到工作时间的情况,这相当于在说他每天会工作 14 个小时——甚至是 24 小时连轴转!

在绘制图 5-8 时,我含蓄地假设,于你而言唯一有价值的事情就是吃饭和修剪草坪——尤其需要注意的是,我假设闲暇时间于你而言毫无价值。如果以上假设全部成立,你会保持昼夜不停的高强度工作。但是,在绘制上图时,在对以上结论之荒谬性只字未提的情况下，我成功地将这个明显脱离现实的假设用几何语言表述了出来。这个例子很好地说明了为何我们需要在数学语言与书面表达这两种话语体系之间建立起一套流畅的互联互通机制，以便及时了解（抽象）数学语言的实际含义。因此，投稿到经济学期刊的文章被译成英文后变得狗屁不通的并不少见。有些最终还发表了！

不过，这个在上文中广受批判的图表也并非毫无用处。至少它可以用来说明，如果某人决定工作一段时间，两种商品他会选择各生产多少。想要得出他会选择的工作时长，还需要添加第三个维度，以显示他对饭菜、草坪与闲暇的偏好。

非线性生产

现在让我们放弃另一个假设。迄今为止，每种物品的产量都与其生产时间成正比。因此，任何一对物品的生产可能性集合的边界（总工时保持不变，如图 5-8 所示）总是一条类似于预算线的直线。这种相似性并非偶然。在第三章，消费者通过花费金钱获得物品；在本章，消费者通过耗费时间获得物品。在这两种情况下，计算这组物品的总支出的方法都是用一种物品的单价（以货币或时间衡量）乘以所购数量加上另一种物品的单价乘以所购数量。

而图 5-9a 则向我们展示了一个更为复杂的情况——一个越专业生产率就越高的人的生产可能性集合。如果他将所有的时间都花在修剪草坪上，他就能保持高水平的剪草技能，每小时修剪的草坪数量比他花大量时间做饭时每小时修剪的草坪要多。如果他把所有的时间都花在做饭上，他同样也能将烹饪技术保持在很高的水平，且每小时做的饭菜数量也将超过他花大量时间剪草时做的。（也许计算饭菜数量时应该考虑饭菜的质量，譬如一顿由专业剪草师做的一顿饭，只能算一位蓝带厨师做的饭的十分之一。）而 J 点表示的是他试图兼顾剪草与做饭的后果：使自己成为"万事皆通却无一事精的人"。

图 5-9b 显示了一个生产可能性集合，其边界曲线与开头所提到的情形截然相反。你可以认为此图是在描述某个可以从事两种截然不同生产活动的生产者——譬如挖沟和作十四行诗。此生产者用健硕的肌肉挖沟，用敏捷的头脑作诗。如果他的文思不受到挖沟的影响的话，他完全可以每天再多写几首诗；如果他不是心心念念想为彼特拉克十四行诗的前八行多找到三个与"世界"押韵的词的话，他还可以多挖几条沟。但是，这两种活动只是温和的相互竞争关系，因而产生了如图所示的曲线。

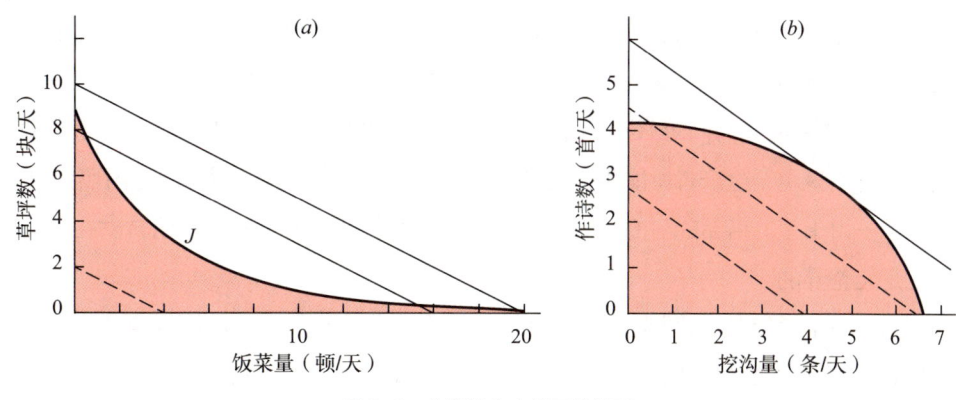

图 5-9 非线性生产的两种情形

这个人正在生产商品以供销售。彩色区域是他能生产的商品组合。直线是等收入曲线；每一条都表示能卖出某个给定金额的所有商品组合。生产商想要生产出能卖出最高金额的组合。而这将是彩色区域中触及最高等收入曲线的那个点。

现在让我们回到本章最初的问题——生产哪种物品。在前面的讨论中，我们假设个体生产物品或服务的行为是为了在市场上出售而非自己消费。在更为复杂的情况下，我们可以再现表 5-1 的讨论，在我们的图中加上**等收入直线**，用以表示以相同总额出售的不同商品组合。从生产者的角度来看，这些都是无差异曲线，因为对生产者来说，有关产量的所有问题归根结底都是能卖出多少钱的问题。与通常意义上的无差异曲线不同，这些全部都是直线。如果剪草的价格是 10 美元/块，饭菜的价格是 5 美元/餐，如果你以含 10 块草坪的商品组合为起始点，在获利不变（100 美元）的基础上改变组合情况，你会发现，每当你在组合内减去 1 块草坪，为了保持获利不变，你必须同时加上 2 顿饭。结果便是一条直线，如图 5-9a 和 5-9b 所示。直线的斜率取决于两种商品的相对价格。基于此，我们很容易挑选出最优商品集。对于你所考虑的任何工作时长，找到与其相应的生产可能性集合存在交集的位置最高的那条直线。它们的切点便是在那个劳动量下获利空间最大的商品组合。

看图 5-9a，你应该能够说服自己，无论等收入线的斜率是多少，与生产可能性集合相交的最高等收入线必与曲线的一个端点（全都是草坪）或另一个端点（全都是饭菜）相交，或可能与两个端点同时相交，但不可能与直线中间的任何一点相交。这与我们在日常生活中观察到的现象相符——人们的生产活动趋于专业化，把所有的时间（除了家庭生产活动——自己做饭、自己洗脸等）花在生产一种商品或服务上。另一方面，如图 5-9b 所示情形虽然可以导致生产专业化（如果等收入线的斜率很陡峭或是很平缓，那就意味着其中一种物品的价格比另一种要高很多），但也同时能够导致生产多样化，如图中的情况所示。

图 5-9a 和图 5-9b 看起来很像是无差异曲线图，尤其是图 5-9a。在某种程度上，

它们的确存在相同之处,但其中的直线与曲线已然转换了角色。在一般的无差异曲线图中,直线代表预算线,表示可供消费者选择的商品组合。曲线则代表无差异曲线,表示对消费者具有同等吸引力的商品组合。在图 5-9 中,这些曲线相当于预算线——它们显示了生产者所能生产的商品组合。直线的等收入曲线则相当于无差异曲线——由于生产商品的目的是出售,故而任意两个售价相同的商品组合对生产者来说是无差异的。

从另一个角度来看,图 5-9 中直线状的等收入曲线和第三章的预算直线归根结底是同一类直线。二者都显示了给定金额下的所有商品。对于持有定量货币消费的消费者而言,这条直线罗列了他用这笔钱所能选择购买的所有商品组合。从生产者的角度看,这条直线则代表了他为了获得这笔钱所能选择出售的所有商品组合。这是同一笔交易,只是从不同角度看罢了。

这里的逻辑本质上与第三章相同。个人有目标(对消费者来说,是从消费中获得的效用;对生产者来说,是从收入和闲暇中获得的效用)和机会。他选择了一个能最好地实现其目标的机会。预算线和无差异曲线的几何装置只是在第一章开始时形式化经济学定义的一种方法,也是分析那些有目标且往往会选择正确的方式来实现目标的人的一种方法。

·习题·

1. 图5-10a是你的劳动供给曲线,你的工资是10元/小时,你的生产者剩余是多少?请用数字或画图作答。

2. 图5-10a是你的劳动边际负价值曲线,你可以赚取8元/小时的洗车费或6元/小时的餐馆服务费。你洗车的生产者剩余是多少?换句话说,如果洗车店倒闭,你的境况会变差多少?

3. 你意外地继承了富有的叔叔给你留下的每年1万元的信托基金,图5-10a是你的劳动供给曲线,你认为你的劳动供给曲线现在可能是什么样?把它画出来。

4. 你可以每小时生产3把弯刀,也可以每小时生产5个炸药包,图5-10b是你的劳动力供给曲线。假设一个炸药包的价格是2元,请画出你的弯刀供给曲线;假设一把弯刀的价格是4元,画出炸药包的供给曲线。

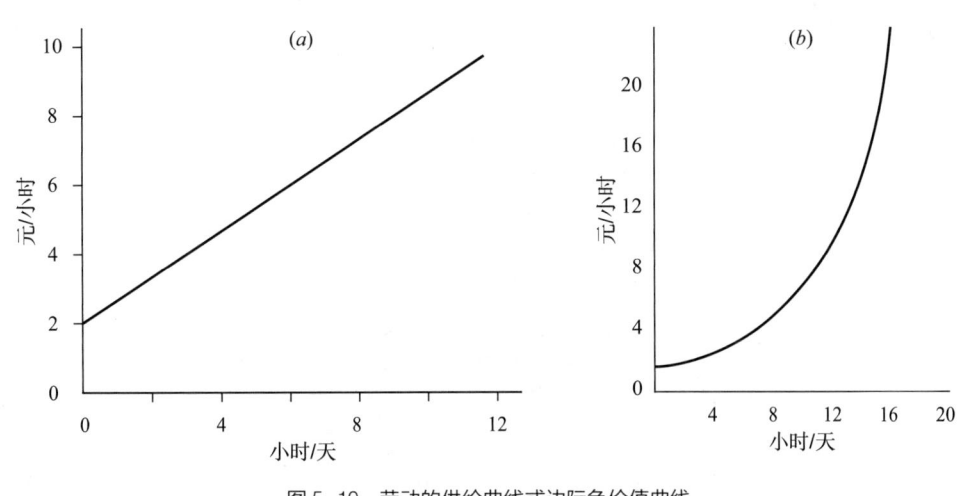

图5-10 劳动的供给曲线或边际负价值曲线

5. 有些人,如童子军教官和家长会委员,愿意从事没有报酬的工作,在某些情况下甚至低于零,为这样的人画一条劳动供给曲线。

6. 我在文中证明,由两个生产者加总的总供给曲线算出的生产者剩余等于他们各自的供给曲线求和算出的生产者剩余。请证明消费者剩余也有一样的结论。

7. 证明该结论适用于三个生产者。

8. 证明该结论适用于任何数量的生产者。

9. 在讨论过的例子中,生产者剩余总是小于工资。你能想到大于的情况吗?请讨论。

10. "在每年仅花费1百万元公共开支的情况下,某市政府通过吸引新公司入驻本市,使当地居民的收入增加了 2 百万元。居民应该感激;他们每给我们 1 元的税款,我们就为他们提供 2 元的收入。"假如其中事实无误,结合本章思想讨论这个结论。

11. 图 5-5 中的生产可能性线是基于如果不花时间工作就没有收入的假设绘制的。如果某人从父母那里得到 10 元/天,且能以 5 元/小时的价格工作任意时长,为其画出预算线。

12. 你为上一问题所画的预算线还可以描述哪些情况?

13. 某人能以 10 元/小时的工资工作任意时长,但必须为他的累积债务支付 20 元/天的利息,为其画出预算线。

14. 你为上一问题所画的预算线还可以描述哪些情况?

15. 在第四章,我反驳了经济学家假设个人只重视收入的想法。如果某人总是喜欢更多的收入而不是更少的收入,而不论其他有价值的事情的成本是多少。请画出一组他的劳动与闲暇的无差异曲线。他每天会工作多少小时?

16. 图 5-11 是表明你对闲暇和收入的偏好的无差异曲线图,请画出在 1—10 元/小时的工资范围内相应的劳动供给曲线。它的斜率是多少?说明你是如何计算的。

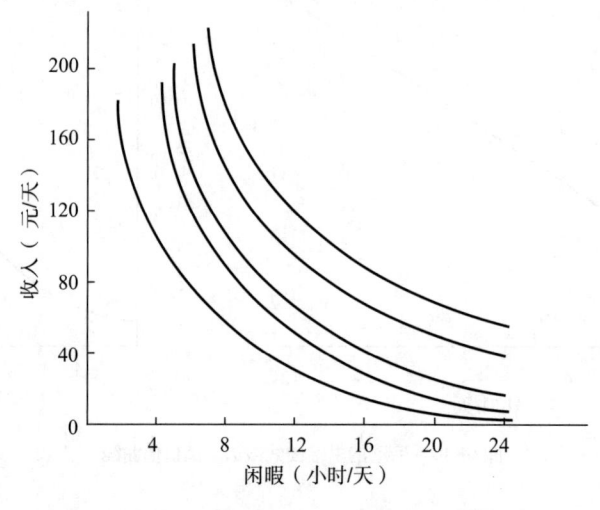

图 5-11 表明收入和休闲偏好的无差异曲线

以下是选读部分的问题:

17. 在图 5-7 所示的情况下,如果你被禁止从事生产,你的处境会更变糟多少?从生产者剩余和消费者剩余的角度讨论你的答案。

18. 用无差异曲线来解释为什么我们通常不在消费上专一。用无差异曲线来说明一个人消费专一的情况。这种在无差异曲线图上解决相应的决策问题的方法有一个术语,叫什么?

19. 画出图 5-9a 中生产者为自己消费而生产商品的无差异曲线图。他的最优解在哪里?他选择专一还是多样?

20. 画出图 5-9b 中生产者为自己消费而生产商品的无差异曲线图。他的最优解在哪里?他选择专一还是多样?

第六章 简单贸易

第一节 贸易的潜在收益

个体之间会相互交换物品，他们由此获得的好处取决于交换的数量和条件——如果你花100元而非1元来购买本书，那我（即本书作者）的境况就会更好（而你的情况会更糟）。市场价格是如何决定的我们尚未得知——这将是下一章的主题，因此，对于交易的收益将如何分配，我们无法说太多。然而就目前所知，我们已足以理解**贸易共赢**(mutual gains from trade)何以可能，即一人的收益为何不一定是另一人的损失。本章的这一节会探寻这种互利的起源。首先谈论个体有存货可供消费或用于交换的情况，其次探讨个体生产用于交换的商品的情况。

没有生产的贸易

假设，我有10个苹果，你有10个橙子。如表6-1和图6-1所示，我们的偏好相同。F点是我的初始组合，A点是你的初始组合。表格的第一栏表示效用跟10个橙子加0个苹果相等的组合，对应图6-1中的无差异曲线U_1；第二栏表示效用跟10个苹果加0个橘子相等的组合，对应U_2。

假设，我用5个苹果交换你的5个橙子。我们现在每人都有5个苹果和5个橙子，因而都处于R点。R点所在的无差异曲线显然要比A点和F点的都高，所以我们的境况都得到了改善。同样的结果也可以从表中看出来。于我而言，最初的10个苹果跟包含5个苹果加2个橙子的组合是无差异的。既然橙子是好商品，那对我来说就是多多益善。因此，我更偏好5个苹果加5个橙子的组合，而非5个苹果加2个橙子；因为5个苹果加2个橙子的组合与10个苹果的组合，对我来说是无差异的，所以我更偏好5个苹果加5个橙子，而非一开始的10个苹果。同理，对你来说，初始的10个橙子跟4个苹果加0个橙子的组合也是无差异的。显然，如果你选择5个苹果加5

个橙子,你的境况会得到改善。这样,你我双方都能从交易中获益,因此,我们两人都愿意达成这笔交易。

表6-1

第一栏				第二栏			
组合	苹果	橙子	效用	组合	苹果	橙子	效用
A	0	10	5	F	10	0	10
B	1	6	5	G	7	1	10
C	2	3	5	H	5	2	10
D	3	1	5	K	4	3	10
E	4	0	5	L	3	5	10
				M	2	8	10
				N	1	12	10
				O	0	17	10

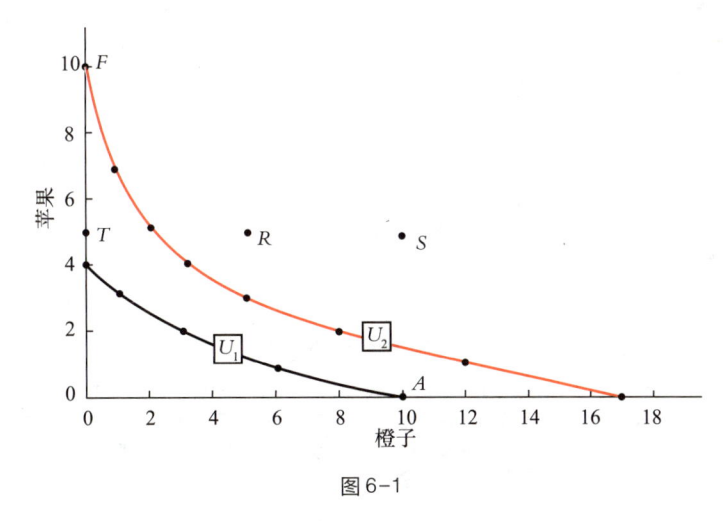

图6-1

苹果与橙子之间的无差异曲线,显示了表6-1所示的相同偏好

我们之间还有其他可以使双方获益的交易。由于我对初始组合(10个苹果)与包含5个苹果加2个橙子的组合偏好无差异,因此,只要我用5个苹果交换到超过2个橙子,就可以在交易中获益。同理,只要你能用手里所有的橙子交换到超过4个苹果,也同样可以从中获益。所以,如果你给我10个橙子,我给你5个苹果,我们的境况都会比一开始要好(我处于图上的S点,你在T点);如果你给我3个橙子,我给你5个苹果,我们的境况同样会改善。显而易见,我倾向于用5个苹果换取10个橙子,但你倾向于只给3个。这就有了**议价空间**(bargaining range)——一系列不同的交易,有

些对我利好多一些、对你利好少一些,但至少我们都比初始情况更好。本章有关双边垄断的章节中会讨论存在议价空间产生的后果之一。其他后果(以及解决实际交易结果不确定性的方法)会在后面的选读章节中讨论。

此前所举的例子,交易收益都来自不同的**禀赋**(endowment),即不同初始数量的商品。假如双方的禀赋相同(比如5个苹果加上5个橙子),偏好却不同,也同样存在共赢贸易。图6-2a 显示了我的偏好(彩色无差异曲线)和你的偏好(黑色无差异曲线)。我们都有相同的初始禀赋——5个苹果和5个橙子。箭头显示了我用4个苹果和你换取4个橙子的结果,两人的境况都因此得到改善。与前例类似,共赢交易远不止这一种。

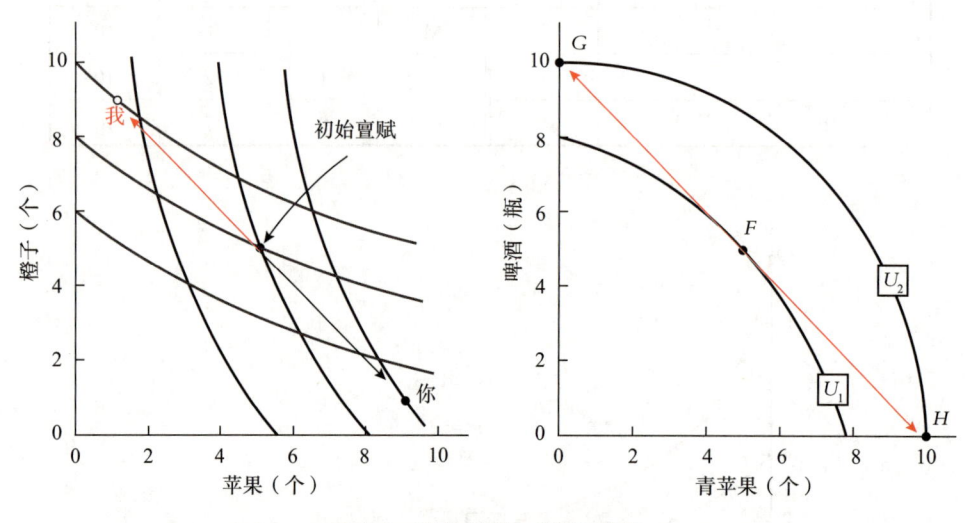

图 6-2 无差异曲线,禀赋及交易

图(a)表示两个偏好不同但初始禀赋相同的个体的情况。 彩色无差异曲线表示我的偏好;黑色曲线表示你的。 图中展示了一种对我俩都有利的交易(你给我 4 个橙子换 4 个苹果)。 在图(b)中,我们有相同的偏好和禀赋。 5 个苹果换 5 瓶啤酒的交易让双方都更好,因为 G 点(10 瓶啤酒)和 H 点(10 个苹果)都好于 F 点(5 个苹果和 5 瓶啤酒)。

我们甚至可以画出一条无差异曲线,让两个拥有相同偏好与禀赋的人都能从交易中获利。然而,如图 6-2b 所示,这种无差异曲线的形状与通常假设的有所区别。图中的商品是啤酒和苹果,G 点代表的啤酒数量恰好能把你灌醉(你对微醺并不感兴趣),H 点代表的苹果数量恰好能烤一整个苹果派供晚宴享用。你的初始禀赋 F,包括只够做一个小苹果派的苹果和不能把你灌醉的啤酒。你更喜欢 G(全是啤酒)或 H(全是苹果)而不是 F。在这种情况下,如果两个人偏好相同,啤酒和苹果的禀赋也相同,他们就都可以通过交易获利。一人拿走所有的苹果,另一人拿走所有的啤酒,两人的境况都因此得到改善。

但是在这种情况下,你的偏好违背了边际效用递减原则。我们不难举出其他例子。比如,如果你需要一加仑汽油才能到达目的地,那么将汽油从 1/2 加仑增加到 1 加仑比从 0 增加到 1/2 加仑,会使你获益更多。虽然这种情况完全有可能发生,但我们通常更倾向于假定它们不存在,从而减少分析过程中不必要的复杂性。

贸易与生产——文字版本

前面,我们一直在做固定禀赋的商品贸易;现在,我们将考虑贸易与生产的结合,先用文字语言表述,再用几何语言说明。我们发现,如果只考虑两种贸易品并保持其他所有物品(闲暇除外)的消费不变,分析会简便许多。为进一步简化分析,我们还假设,在可供选择的方案中,人们消费的贸易品数量都是相同的,即人们对贸易品的需求"完全无弹性"(这个术语后面会讲到),贸易的好处就是增加闲暇;如果生产消费品的时间减少了,我们就有更多的时间来享受这些消费品。

假设我修剪一片草坪得花 1 小时,做一顿饭得花半小时。而你做饭比我好,能在 15 分钟内做好。但你修剪草坪比我差,修剪一块草坪需要花费足足 2 小时。对我俩而言,生产可能集都是线性的——做两顿饭(或修剪两块草坪)花费的时间是一顿饭(或一块草坪)的两倍。

起初,我每天修剪 1 次草坪(假设草长得很快),做 3 顿饭,共花费 2.5 小时;而你也在做相同的事情,每天共花费 2.75 个小时。

我提议给你修剪草坪,以换取你为我做饭。我只需要花 2 个小时就能修剪完所有草坪;你只需要花 1.5 个小时就能做好 6 顿饭。我们的境况都会变得更好。和前例一样,这个例子也有许多种交易能使双方的初始状况得到改善。例如,我可以帮你修剪草坪,换来你为我做 4 顿饭(你会帮我烹饪所有的饭菜;我会在 4 天中的 3 天帮你修剪草坪)。你做 4 顿饭只需 2 小时,但修剪 1 块草坪却要花整整 2 个小时,达成上述交易显然于你有益。

我比你更擅长修剪草坪,所以我选择修剪草坪;你更擅长做饭,所以你选择做饭。如果"更擅长"指的是"可以在更短时间内完成",那么我似乎是能做到在做饭和割草两方面都比你更擅长的,如果我真是这么厉害,那我似乎没法从与你的交易中获益。

这听起来颇有道理,但实际上却是错的。举个简单例子就可以证明。假设我能在 15 分钟内做完一顿饭,在半小时内修剪完草坪。但你要花半小时烹饪,花 2 小时修剪草坪。我事事出色、样样精通,试问你还能拿什么跟我交易?

和以前一样,你为我提供做饭服务,以换取我为你修剪草坪。交易前,你花 1.5 个小时做饭，花 2 个小时修剪草坪，共计 3.5 个小时。交易后，你花 3 个小时做了我们两个人的饭菜。从时间层面来看，你节省了半个小时，你的境况改善了。那我呢？

交易前，我每天花 45 分钟做饭，花 1/2 小时剪草，共计 1.25 小时。交易后，我每天花 1 小时修剪两片草坪，共计 1 小时。我的境况也得到了改善！怎么会这样？我把"更擅长"的事情交给你来做，为何我也会受益呢？

答案是：(你我的)时间成本与(你我)是否在交易中获利没有任何关系；时间并非我们要交换的物品，与我们的交易利得有关的是我修剪草坪的成本(cost，也译为代价)和你修剪草坪的成本(均以饭菜衡量)——我们的机会成本。毕竟，我们所要交换的是修整过的草坪和做好的饭菜，而不是时间。

在第一个例子中，我修剪草坪的机会成本是 2 顿饭，因为修剪一块草坪花了我做 2 顿饭的时间；而你修剪草坪的机会成本是 8 顿饭。既然你修剪草坪的成本(以饭菜衡量)比我高，你自然就会用饭菜来和我交换修剪草坪的服务。

我们也可以用另一种方式来描述这个情况：我做一顿饭的成本是 1/2 块草坪，而你的成本则是 1/8 块草坪。既然你做饭的成本(以草坪衡量)要比我低得多，我自然会将向你买饭菜，用修剪草坪来偿还你。这是对同一个交易的两种描述：当我们用"修剪草坪"换取"烹饪菜品"时，对应的描述既可以是"用饭菜购买草坪"，也可以是"用草坪购买饭菜"，这取决于我们是从哪一方的视角来看的。

对你来说，(修剪)一块草坪的机会成本是 8 顿饭，所以你愿意以低于 8 顿饭的任意价格购买修剪一块草坪的服务——这比你自己修剪草坪更为划算；对我来说，(修剪)一块草坪的机会成本是 2 顿饭，所以我愿意以高于 2 顿饭的任意价格出售这种服务。显然，共赢的价格区间很大，在每块草坪 2 顿饭和每块草坪 8 顿饭之间的任意价格都可以实现共赢。

现在看第二个例子：我做一顿饭需要 15 分钟，修剪一块草坪要 30 分钟；你做一顿饭要用 30 分钟，修剪一块草坪要 2 小时。因此，我修剪一块草坪的成本是 2 顿饭；你修剪一块草坪的成本是 4 顿饭。只要我修剪一块草坪能换到 2 顿以上的饭菜，我就能从中获益；同理，对你而言，只要修剪一块草坪的价格低于 4 顿饭菜，你也能从中获益。共赢的空间依然存在。

只要我们认识到，生产一种物品的相关成本是用其他物品来衡量的，就会明白为什么我不可能事事都比你出色。如果我更擅长修剪草坪(以饭菜衡量)，那么我一定更不擅长烹饪饭菜(以草坪衡量)。如果文字表述不太清楚，则可以用代数来说明。

假设 L 是我修剪一块草坪的时间，L' 是你修剪一块的时间；M 是我做一顿饭的时间，M' 是你做一顿饭的时间。对我来说，修剪草坪的成本(以饭菜来衡量)是 L/M；如果修剪一块草坪需要 30 分钟,做一顿饭需要 15 分钟,那么修剪一块草坪的时间就足够我做 2 顿饭;对你来说,相应的成本则是 L'/M'。同理,以修剪草坪来衡量,我做一顿饭的成本是 M/L,你的成本则是 M'/L'。假如 $L/M>L'/M'$,那么 $M'/L'>M/L$。如果你在修剪草坪方面优于我,那我一定在做饭方面优于你。

现在放入具体数据来论证。想象一下,我修剪草坪的成本是 3 顿饭,你修剪草坪的成本是 2 顿饭。3 > 2。我修剪草坪比你差;我修剪一块草坪要花费更多顿饭。但 1/3<1/2。我烹饪胜过你。我做一顿饭的成本仅为 1/3 块草坪,而你则需要 1/2 块草坪。

比较优势。 上述一般性原理被称为**比较优势原理**(Principle of comparative advantage),在对外贸易的背景中经常被讨论。这一原理是指:如果两个国家或两个个体各自生产自己有比较优势的商品,那么双方都能通过贸易获利。如果 A 国生产某商品的成本相对于其他商品而言要低于 B 国的这个相对值,则 A 国生产该商品比 B 国有比较优势。

有人可能会混淆**绝对优势**(absolute advantage,"我事事比你出色")与比较优势。他们通常会认为:由于某国具有某些优势条件,比如低工资、高生产力、低税收等,因此,这个国家就能够以低于另一国厂商的价格向后者销售所有产品,从而使另一国的生产者与工人失去工作。这种观点常常被用来论证保护性关税的合理性——对进口产品征税,以防它们与本国产品竞争。

但实际上,这个论证漏洞百出。首先,如果美国从日本进口商品的同时却没有向日本出口任何商品(排除其他国家干预的影响),那么美国人就是在搭日本人劳动力和资本的便车。日本人会为美国人提供汽车、音响、电脑、玩具与纺织品,而美国人只需提供美元——那些生产成本低廉的绿皮纸作为交换。这对美国人来讲是笔好买卖,但对日本人而言可不是。

同许多其他情况一样,在这里,金钱本位的思考方式掩盖了真相。贸易归根结底是以物易物——虽然当有多国参与贸易时,这一点可能不太明显。因为日本人可以拿从美国人那得到的美元向德国人购买商品,而德国人又通过从美国购买东西而把美元送回去。日本不可能在每一种商品的生产上都更具优势。如果日本生产一辆汽车花费的电脑更少(也就是说,日本生产一辆汽车投入的所有成本除以在日本生产一台电脑投入的所有成本要小于美国的相应比例),日本生产一台电脑花费的汽车就会更多。如果日本用汽车来交换美国的电脑,双方都会获利。

如果你仍认为"向日本汽车征收关税是为了保护美国人不受日本人侵害,防止美国工人的饭碗被日本工人抢走"这种说法是合乎情理的,那么请看下面这则故事。

"种植"本田。 我们有两种生产汽车的方法:既可以在底特律制造,也可以在爱荷华州"种植"。制造汽车的方法不必赘述。而如果要"种植"汽车,首先要"种植"汽车的"原材料"——小麦。然后,把小麦运到船上,驶向大洋彼岸。最后,满载本田汽车而归。

从我们的角度来看,"种"车跟造车一样,都是一种生产方式,只不过前者使用的是美国农民而非美国汽车工人。大洋彼岸究竟发生了什么并不重要,即使真的有一台机器坐落在夏威夷岛与日本岛之间的某处,把小麦放进去就能生产出汽车,对我们来说结果也是一样。关税的确是一种保护美国工人的方式——保护其免受其他美国工人的"取代"。

在第十九章,我们将再次讨论关税,阐明在什么情况下、于何种意义上,美国政府征收的关税会给美国人强加净成本,以及在何种特殊情况下会出现反例。我们还会讨论为什么会有关税,以及为什么实际受关税保护的行业往往不是经济学家们根据专业理论推导出的理应受保护的行业。

贸易和生产——几何版本

用无差异曲线表示我们对两种制成品的偏好,存在一个问题。由于平面图只有两个维度,闲暇就无法在图中表示;一不小心,我们就很可能会把闲暇视为没有任何价值的东西来处理。解决这个问题的一个办法是把闲暇单独放在一条坐标轴上,把其余所有商品——用购买这些商品的收入表示——放在另一条上。这是第五章用无差异曲线推导劳动力供给曲线的方法。虽然这种图像对分析生产与闲暇的时间分配很有帮助,但对分析贸易活动却毫无用处。为了进行贸易,我们必须有两种可供交换的物品。由于闲暇本身无法交换,因此除闲暇外,我们还需要另外两种物品。但是在二维的纸上,我们无法画出含有三种物品的图。

如果我们想用几何方法来分析贸易活动,就必须回到两种可交易的物品(或服务)各占一轴的情况。合理的做法是,假定闲暇(和其他商品)的消费量不变,用无差异曲线表示人们对这两种物品的偏好。这种曲线图可用于分析,在不考虑其他物品(包括闲暇)的消费决策的情况下,人们对某两种物品的选择。

图6-3表示上一节第一个示例中你我的生产可能集。唯一新增的条件是假设我

们每人每天要花 6 个小时工作。假定我们有相同的偏好,分别用无差异曲线 U_1、U_2 和 U_3 表示,其中,点 A 是我的机会集与最高无差异曲线相切的点,点 B 是你的机会集与最高无差异曲线相切的点。

为了理解总机会集为什么会如图中所示以及它为何占有如此大的面积,设想我们从图 6-3 左上角的 D 点开始。我们所做的就是修剪草坪——每天 9 块(6 块由我负责,3 块由你负责)。

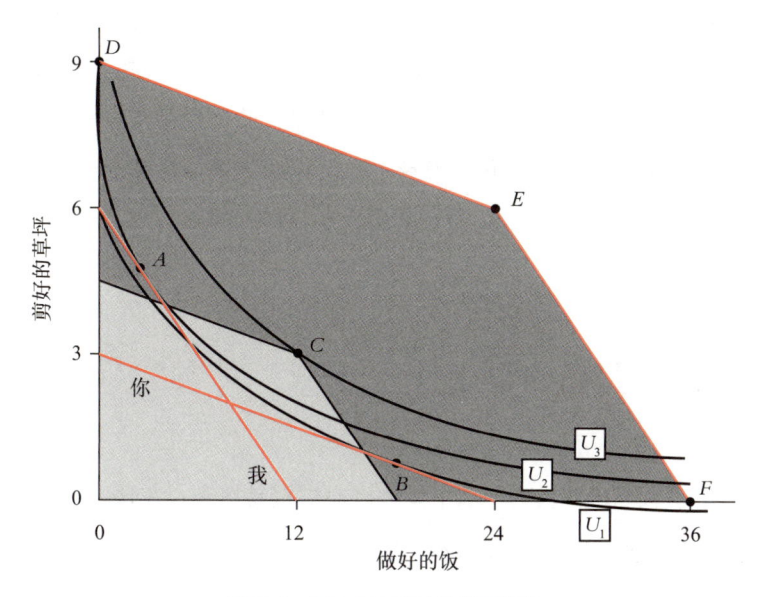

图 6-3　两个生产者的生产可能集

整个阴影区域表示两个生产者联合产出的生产可能集。浅色阴影区域显示了如果产量均分,每个生产者可实现的各种选择。C 是联合生产但产量均分的最优点,它优于我单独生产的最优点 A,也优于你单独生产的最优点 B。这证明了双方从交易中获得利益的可能。

做一顿饭,我们必须付出多少代价(以修剪的草坪来衡量)?如果是我来做饭,我们必须放弃修剪 1/2 块草坪的机会(我修剪一块草坪需要 1 小时,做饭只需要 1/2 小时);如果是你来做饭,成本就只有 1/8 块草坪。显然,让你来做这顿饭能降低成本。当我们沿着机会集的边界不断向右下方移动时,我们只需为每顿饭放弃 1/8 块草坪——这就是边界线下降缓慢的原因。

最终,我们到达 E 点,即你把每天 6 小时的工作时间全部用于做饭,而我仍旧专职修剪草坪。这样的话,我们每天能够生产 24 顿饭与 6 块修剪过的草坪(如果这一结果看起来比我们实际能做的事情更多,那么请你记住,当我们试图将这些简单案例扩展到包含远不止两种商品的真实世界时,不满足假设会变得更加合理)。如果我们还想生产更多的饭菜,我就得参与到烹饪过程中——我每做一顿菜的机会成本是 1/2

第六章　简单贸易

块草坪。由此,边界就会陡然下降,因为我做饭的机会成本高于你。最终我们会到达 F 点,两人都全职做饭,每天共生产36顿饭。

图6-3中的整个阴影区域表示的是我们两人的总生产可能集。而内部的浅色阴影部分则表示如果我们将(预期)产量平均分配,即每人收获一半数量的整齐草坪与可口饭菜时,我们所能拥有的草坪和饭菜数量。对于我们每个人来说,C点是这种假设下的最优点。它所在的无差异曲线比 A 点与 B 点的都高,而 A 点和 B 点是没有交易时的最优点。显然,还有很多其他形式的分工。重点是要搞清楚:当我们通过交易实现优势互补后,双方的消费机会集究竟会增加多少。我(相对)更擅长修剪草坪,而你更擅长做饭。如果没有交易,我就不能充分发挥我的比较优势——我得花大量时间做饭,也没有足够的草坪来让我一展身手。于你而言则恰恰相反——草坪太多剪不完,饭菜太少不过瘾。通过贸易,我们都解决了自己的问题。

第二节　两人贸易的复杂性

在第一节,我们已经明白为什么个体可以通过贸易获利。在这一节,我们将更深入地探究两人贸易的相关问题,尤其是与交易双方利益分配冲突有关的问题。

双边垄断——花园里的蛇

迄今为止,我对贸易活动的看法是完全乐观的,因为它能够促进个体合作、实现互利互惠。但有个问题。在每一个案例中,能够使双方都获利的交易有很多。有些受某一方偏爱,有些受另一方偏爱。最终会有一种交易出现,是什么决定了这种交易的出现呢?

不妨考虑以下简单案例。我有一匹马,对我来说值100元,而对你来说值200元。如果我把它卖给你,我会净赚100元;其售价决定了买卖双方的利益分配方式。售价100元,利得全归你;售价200元,利得全归我。在以上两极值间的协商区间内,我们以不同的比例瓜分100元的剩余。

讨价还价成本。如果我执意不肯以任何低于199元的价格出售这匹马且成功说服了你,那么支付这笔钱依然符合你的利益,因为哪怕赚1元也总比什么都不赚要好;同样,如果你执意不肯以任何高于101元的价格买下这匹马且成功说服了我,那么卖掉这匹马同样也符合我的利益——原因同上。我们可能会花费大量的实际资源,譬如时间和精力等,以试图说服对方接受自己的谈判立场(即我们宣称能够支付或接收的金额)。

要想达成赚取剩余的目的,我可以谎报这匹马对我的实际价值。当我提出这个问题时,我(本书作者)会告诉你(本书读者之一)这匹马到底价值几何,但问题情境中的"你"和"我"并没有这些信息。交易双方都必须猜测这匹马于对方而言的价值,且双方的目的性都很明确:试图让对方猜错。如果我相信这匹马对你来说只值101元,那我就没理由会索取更多了。

这种讨价还价有个危险就是,我们可能太厉害了。如果我使你相信这匹马于我而言的价值真的超过200元(我可能真会这么做,因为我可能错误地认为,如果有必要,你真的会为此支付那么多),那你就没有理由买入了;反之,如果你让我相信,它于你而言的价值还不到100元(原因同上),那我也没有理由售出了。无论是哪种情况,最终的结果都是交易失败,100元的利得也因此化为乌有。

罢工和战争——错误还是实验? 我们来讨论下罢工问题。当罢工结束后,工会和管理层将会签订合同。通常,在劳资谈判的第一天,如果双方就最终所签订的合同达成一致,那么无论是管理层代表的股东利益,还是工会代表的工人利益都会得到改善,从而避免了罢工的代价。而这种两相受益的局面之所以未能达成,是因为工会试图说服管理层,他们只接受对工人非常有利的合同,同时管理层也正试图说服工会,他们绝不会提供这样一份合同。双方都试图表明,与其向对方妥协,他们宁愿付出巨大代价,如采用罢工的形式,从而使自己的谈判立场具有说服力。

战争也是如此。硝烟散去后,交战国之间通常会签订和平条约;战争的某一方会大获全胜,或战争双方会达成某些妥协。如果和平条约在宣战后就能立即签署,战争的正式爆发也就可以被阻止,这无疑将挽救大量生命,节约大量物资。而这种局面之所以未能形成,部分原因在于交战双方的事实信念不同,参战国都认为自己的坦克与飞机更为先进、自己的士兵更为勇猛,哪一方都不会提前将自己预设为战败国,自然无法在和平条约上达成一致。在这种情况下,人们可能会将战争视为某种解决对双方军事力量的认识分歧的昂贵尝试。

当然,战争的爆发还存在其他原因。即使双方在敌我军力的判断上达成了一致,在各方愿意付出多大代价打赢战争上,他们的看法也可能不同。据说,当年日本政府就对美宣战前景向海军部征询时,海军部回答说,他们能保证第一年高歌猛进,第二年转入守势,但接下来便会节节败退——这是一个相当准确的预言。但结果日本人还是选择了袭击美国,因为他们坚信,由于美国即将在欧洲参加一场更为困难和重要的战争,开战两年内美国一定会主动求和。这个误判的代价真大啊!

尽管双边垄断议价是影响真实世界经济体的一个普遍且重要的要素,但它并非贸易活动的主流。幸运的是,从节省议价成本与简化经济分析的角度来看,我们还有其他一些更为重要的机制,这些机制能够确定商品交换的条件,或降低(交易)结果的模糊性并大幅降低交易的成本。

被"宰"

一个广泛共识是,如果某人以高于最低盈利价格的售价向你售出商品——例如,将售价定为5元就能盈利,但他却以6元卖给你,那他对你就是不厚道,用一个现代俚语来说就是他在"宰客"(ripping you off)。其实,这种看待问题的视角非常奇怪,也十分片面。如果你为这件商品支付了6元,那么它对你的价值至少为6元。(暂不考虑欺诈——预计所得与实际所得不符的情况。)如果此商品对他而言成本是5元,对你值6元,那么此交易行为会为他带来1元的收益;但你主张他应该以5元的价格卖给你——主张你有权利从交易中攫取全部利益——就是没道理的。同样没道理的是认为他应该获得所有收益——认为如果你花5块钱买入了一件必要时你愿意出6元买入的商品,那么你就是在"宰"他。试想一下,有本新书标价4元,出于对作者的喜爱,你乐意出价10元。但你不会觉得自己有义务出高于4元的价格买下它,甚至不乐意在二者之间取个平均数。

事实上,大幅度的议价区间在交易活动中并不常见,因为双边垄断并非贸易的主流形式。若成本计算得宜,我们购买的大部分商品都是以约等于成本的价格在出售。我们会在接下来的几章中了解到原因。然而,双边垄断和议价区间的确存在。我自己就是个垄断者:我公开发表演讲,写各种话题的文章,且我有理由相信,没有人的演讲和文章会和我一模一样。我喜欢写作与表达。即使没有报酬,我也会发表一些演讲,写一些文章。的确,有的时候,我发表演讲和写文章并不是为了赚钱。但如果能收费的话,没理由说我不应该为我的服务收费。对于一场本打算无偿发表的演讲,如果有人愿为此支付500元,那么这就是这场演讲能产生至少500元净收益的明证。我不明白为什么我应该感到有义务将全部收益拱手让给我的听众。

选读部分

埃奇沃思方框

在两人交易的情境下，互利共赢的交易可能有很多种；一方可能偏好某一些交易，而另一方可能偏好另一些。这就产生了两个亟待解决的问题：其一是如何从贸易活动中"榨取"尽可能多的总收益？其二是如何分配这些总收益？对于总收益最大化，交易双方利益取向一致，但对于总收益的分配，双方则各有心思。

处理上述问题的一种巧妙方法叫做"埃奇沃思方框"（Edgeworth Box），它是以 19 世纪经济学著作《数学心理学》（*Mathematical Psychics*，书的内容并不如其名）的作者弗朗西斯·Y. 埃奇沃思命名的。

在最简单的两人交易情境（如本章开头讨论的情境）中，商品只有 2 种，没有生产因素的影响。变量有 4 个：我对商品 X 的拥有量（x_1），你对商品 X 的拥有量（x_2），我对商品 Y 的拥有量（y_1），你对商品 Y 的拥有量（y_2）。由于交易不改变两种商品的总量，我们得到两个**约束条件**（*constraints*）：$x_1+x_2=x$ 与 $y_1+y_2=y$，其中 x 和 y 分别是 X 和

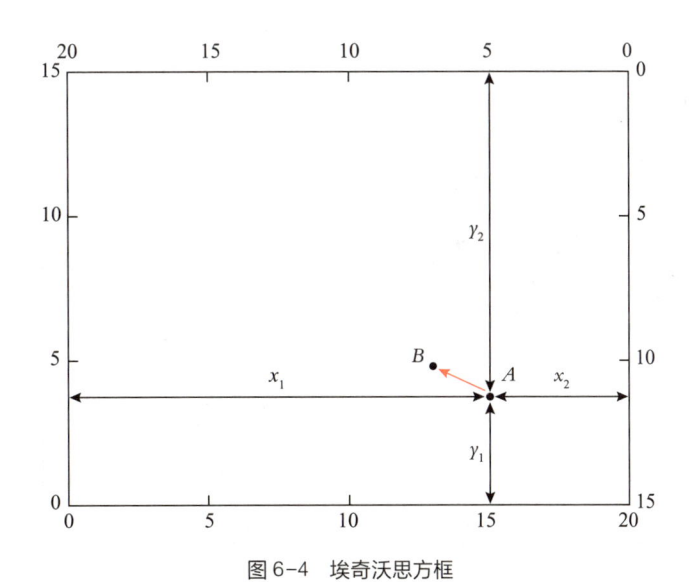

图 6-4　埃奇沃思方框

一个点，比如 A 或 B，表示我俩对 X 和 Y 的一种分配。 x_1 是我对 X 的拥有量，x_2 是你对 X 的拥有量； y_1 是我对 Y 的拥有量，y_2 是你对 Y 的拥有量。 我的数量是从方框的左下角开始算的；你的数量是从右上角开始算的。

Y 的总禀赋。由于我们有四个变量和两个约束条件,因此可以用约束条件来消除其中两个变量,剩余的两个变量就可以在二维平面(如本页)上显示了。

如何构建一个方框图。 首先画一个方框,如图 6-4 所示,长度为 x、高度为 y(具体数值分别为 20 和 15)。你我之间任意一种分配 x 与 y 的方式都可以用方框中的点来表示,譬如点 A。从方框左沿到点 A 的水平距离是 $x_1(=15)$,从方框下沿到点 A 的垂直距离是 $y_1(=3)$,所以 A 代表我拥有的 x 和 y 的量,其计数原点位于方框的左下角。由于方框的长度为 $x(=20)$,从 A 到方框右沿的水平距离为 $x-x_1=x_2(=5)$;从 A 到方框上沿的垂直距离为 $y-y_1=y_2(=12)$。所以,A 也代表了你持有的 X 和 Y,其计数原点位于方框的右上角,且需将原图倒过来看。方框中的任意一点都代表一种分配 X 和 Y 的方式,我的份额从左下角开始计算,你的份额从右上角开始计算。所有可能发生的交易都表现为从方框中的一个点(如 A)到另一个点(如 B)的移动。从 A 移至 B 的交易过程代表我给你 2 单位的 X 来交换 1 单位的 Y。

埃奇沃思方框是交易双方的机会集,它表示了现有商品在交易双方间的所有分配方式。任何交易过程都可以用方框中的两点位移来表示。为了解交易双方愿意达成的交易种类,我们还需要知道他们的偏好。图 6-5 在原图基础上引入了交易双方

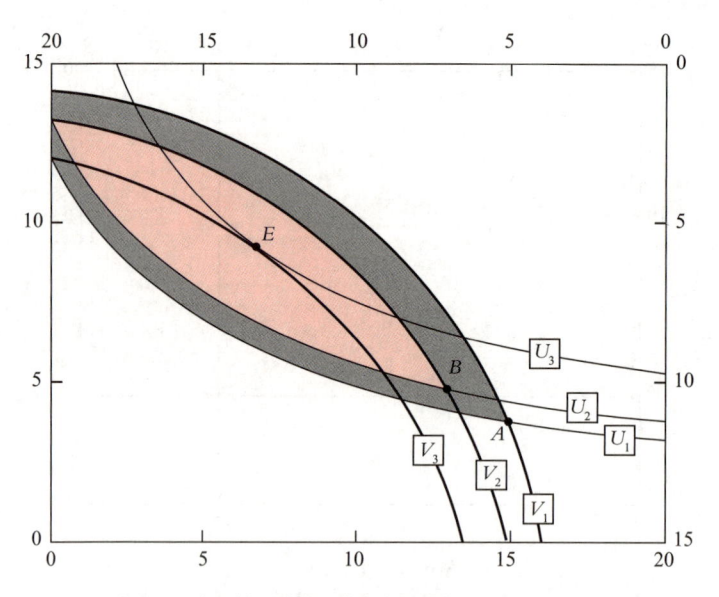

图 6-5 含无差异曲线和潜在交易收益的埃奇沃思方框

细的无差异曲线表示我的偏好;粗的表示你的。 相比 A,我们都更喜欢阴影加彩色区域中的点;相比 B,我们都更喜欢彩色区域中的点。 一旦到达 E 点,就没有任何交易能使双方都受益。

的无差异曲线(我的是细线——U_1，U_2，U_3，你的是粗线——V_1，V_2，V_3)。我的无差异曲线以我的消费量(x_1，y_1)表示，而你的无差异曲线以你的消费量(x_2，y_2)表示。因此，我的曲线向我左下角的原点凸起，而你的向你右上角的原点凸起。我的效用值会随点向右上方移动而逐渐增大(即增加我的消费)；而点越靠近左下方，你的效用值越大。

交易。 这么听起来，交易好像一定是损人利己的，但事实并非如此。如果某一交易过程能让我们向左上方或右下方移动，那么我们都可能会处于更高的无差异曲线上。考虑图 6-5 中 A 点到 B 点的移动。因为无论对我们中的哪一方来说，B 所在的无差异曲线都比 A 更高，所以这样的交易对双方都有利。如果我们从 A 点开始，那么 U_1 与 V_1 间阴影和彩色部分中的任意一点都会为交易双方所青睐，对于将 A 点移动到上述区域点集的交易，双方均有可能同意。

假设我们决定要做从 A 点到 B 点的交易。此时无差异曲线移至 U_2 与 V_2，夹在这两条曲线间的部分进一步缩小，变为图中的彩色区域，代表比 B 点更优的交易组合。为了获得更大的收益，我们有必要再交易一次。在每一次的交易中，上述过程会一直重复，直至两条无差异曲线相切为止(譬如 E 点)。因为两曲线朝相反方向弯曲，这就意味着从 E 点开始，于我而言处于较高无差异曲线上的任意点，于你而言都处于较低的无差异曲线上；任何能够改善我境况的交易都会使你的境况变差。这一点用

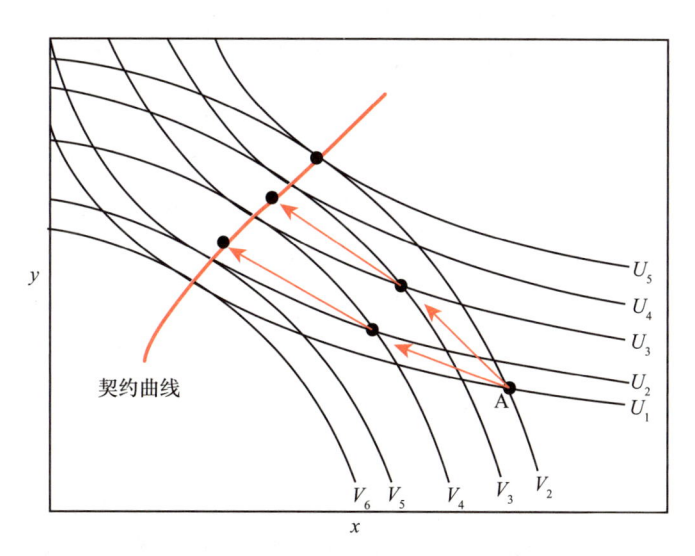

图 6-6 表示契约曲线及到达它的各种方式的埃奇沃思方框

从点 A 开始，这些箭头表示到达契约曲线的两种可能的交易过程。

图像表示比用文字叙述要清晰得多。

契约曲线。 点 E 不是唯一的。图 6-6 是与上面相同的方框,但多画了一些无差异曲线,以便画出**契约曲线**(contract curve)——在其上再无互利交易可能的所有点的集合。如上一段所讲,双方无差异曲线在不同位置上的切点构成了这条曲线。假如只要有利可图我们就继续交易,那么最终我们都会落在契约曲线的某一点上。图中的箭头表示了两种不同的交易过程:它们都从 A 点出发,但终结于契约曲线上的不同点。一旦双方到达契约曲线,就没有什么交易能让双方的境况都变好了。

贸易平衡、汇率与石油经济

近年来,对外贸易一直是美国撰稿人和评论员的热门话题。美国民众对此的讨论主要集中在贸易逆差和美国"竞争力"的问题上,然而大多数讨论都基于一些已经过时超过 150 年的理论——至少在大卫·李嘉图提出比较优势原理时就已经过时了。这就好比一些太空计划的讨论,从一开始就假设地球位于宇宙中心,太阳、其他行星和恒星都绕着地球转。

本章前文中有关贸易的讨论为我们理解(与贸易相关的)媒体报道之荒谬奠定了必要的基本思想。迄今为止,我们已在两个个体或国家之间互换商品的情境下检验了这些观点的合理性;但我们并未涉及汇率、货币价格或贸易差额等问题。本小节将试图清晰展现比较优势的逻辑如何在现代国际贸易中运作。

我们不妨从一种老生常谈开始:美国在国际贸易中没有竞争力,其原因是,与国外商品相比,美国的生产成本及受成本影响的预期售价要高出太多。这种说法的根本问题是,美国商品的成本以美元计算,而日本商品的成本以日元计算。为了使二者具有可比性,我们首先要知道 1 美元能换多少日元,即**汇率**(exchange rate)。在真正了解决定汇率的因素之前,我们不能确定在日本销售的美国汽车的高昂价格(以日元计)在多大程度上是由其生产成本(以美元计)决定的,又在多大程度上是由美元与日元间的兑换比率决定的。

汇率由什么决定?有人希望用美元换日元,有人希望用日元换美元。正如下一章将详细阐释的那样,均衡价格是那个买方选择购买的数量跟卖方选择出售的数量相等的价格。如果日元的供给大于需求,日元的价格就会下降;如果日元的供给小于需求,日元价格就会上升。当这两个数字相等时,价格处于均衡水平,就像在任何其他市场上一样。

为什么人们想用美元换日元，或者用日元换美元？为了简化分析，我们先假定不存在**资本流动**（capital flows），也就是说，日本人不想购买美国国债、土地或股票，美国人同样不想在日本购买类似资产。日本人想要美元的唯一原因是为了购买美国货，而美国人想要日元的唯一原因也是为了购买日本货。

假设在某一汇率下，比如200日元兑1美元，大多数商品在日本比在美国卖得便宜——美国"没有竞争力"。在这种情况下，许多美国人会想着用美元换取日元，以此购买日本相对廉价的商品并进口，但很少有日本人愿意用日元换美元，因为在美国几乎没有值得买的东西。日元的供给远低于需求，因此日元的价格上涨。日元现在能换取更多数量的美元，而美元能换取的日元数量则会减少。

1美元换取的日元数量越少，美国人在日本购买的商品就越昂贵，因为美国人持有的是美元，日本人卖东西收的是日元。1日元能换取的美元数量越多，美国货对日本人来说就越便宜。汇率会持续变动，直到两国的物价平均而言大致相同——更准确地说，直到美国人提供的美元的数量等于日本人希望购买的数量。由于购买目标国家的商品是一国人民想要获取另一国货币的唯一原因，这就意味着，目前美国进口的商品的美元价值（用来换取日元的美元数量）等于美国出口的商品的美元价值（用日元购买的美元数量）。美国人出口自己具有比较优势的商品（相较于其他商品，此类商品在美国的生产成本比同类商品在日本的生产成本要低），而进口日本人具有比较优势的商品。

以上的分析过程启示我们：贸易具有自动平衡机制。某国商品质量的提高或成本的下降，并不会导致贸易失衡，而会导致汇率变化。生产力的提升可以提高一个国家的富裕程度，但并不能使该国更具竞争力。

这就引出了一个不容忽视的问题：若贸易能实现自动平衡，美国为何会出现贸易逆差？要想回答这个问题，我们必须抛弃"忽略资本流动"这一假设，即日本人想要美元的唯一原因是购买美国商品。

假设出于某种原因，美国是一块颇具吸引力的投资热土。外国人——以日本人为例——希望获得美国资产，包括股票、土地、政府债券等。为此，他们必须持有美元。在美元—日元的兑换市场上，日本人对美元的需求一部分指向美国商品，一部分指向美国资产（土地、股票等）。在均衡汇率下，美国的进口（美元的供给）等于美国的出口加上日本的投资（美元的需求）。美国因此存在贸易逆差，即进口大于出口。

从一家出口美国商品的公司的角度看，产生贸易逆差的原因是美国的成本太高——美国的出口量达不到进口量。但这个所谓的"原因"存在因果倒置的问题。事实上,"美元成本高于日元成本"的论述无关成本,而只与汇率有关。贸易逆差的真正原因是资本的流入。其实,资本流入和贸易逆差只是会计恒等式的两端。如果汇率并未达到使美国的进口大于其出口的水平,那么日本人手中就没有多余的美元可以用来购买美国资产了。

这种分析带给我们的一个启示是:"贸易逆差"(trade deficit)和"不利的收支差额"(unfavorable balance of payments)等术语具有很强的欺骗性。资本流入本身并无坏处。在十九世纪的大多数时间里,美国都存在资本流入及其导致"不利的"贸易收支差额;但正是由于这些从欧洲流入的资金,众多运河和铁路才得以修建。

美国现有的贸易逆差是否应该被视为亟待解决的问题,取决于人们对其形成原因的看法。如果资本流入美国,是由于外国人认为美国是一块安全而繁荣的投资热土,那么目前的贸易逆差与150年前的情况是类似的;如果资本流入美国是因为美国人喜欢依赖贷款,并把账单都扔给下一代,那么这的确是个问题。但贸易逆差只是表征,而非疾病本身。

· 习题 ·

1. 表6-2显示了3个人生产1张桌子或1把椅子各需要多少小时。

   a. 如果只有 A 和 B 存在，A 是向 B 买椅子，还是向 B 卖椅子，还是都不？

   b. 如果只有 A 和 C 存在，A 是向 C 买椅子，还是向 C 买桌子，还是都不？

   c. 如果只有 B 和 C 存在，B 会向 C 买椅子，还是向 C 卖桌子，还是都不？

表6-2

生产时间	1张桌子	1把椅子
A	10 小时	2 小时
B	15 小时	5 小时
C	12 小时	6 小时

2. 表6-3a显示了苹果和橙子的各种组合对 A 的效用，表6-3b显示了对 B 的效用。

   a. 画出 A 和 B 的无差异曲线。

   b. 假设 A 开始时有10个苹果，没有橙子，她可以用2个苹果换1个橙子，那么，她最终各有苹果和橙子多少个？

   c. 假设 B 开始有10个橙子，没有苹果，他可以用1/2个苹果交换1个橙子。最终各有苹果和橙子多少个？

   d. A 开始有10个苹果（没有橙子），B 有10个橙子（没有苹果），他们互相自愿交易。他们最后会得到什么组合？

3. 问题2中的 A 开始时有1个苹果和9个橙子。她可以用苹果换橙子（或橙子换苹果），每个橙子换1个苹果。她最后的组合是什么？

表6-3

	(a)			(b)	
苹果	橙子	效用	苹果	橙子	效用
10	0	10	6.5	0	5
6	1	10	5	1	5
4	2	10	3.9	2	5
2	3	10	3	3	5
1	4	10	2.2	4	5
0	5	10	1.5	5	5

续表

(a)			(b)		
苹果	橙子	效用	苹果	橙子	效用
10	1	15	1	6	5
6	2	15	0	10	5
4.5	3	15	10	0	10
3	4	15	7	1	10
2.2	5	15	5.5	2	10
1.5	6	15	4	3	10
1	7	15	3	4	10
0	10	15	2.5	5	10
10	2	19	2.1	6	10
8	3	19	1.6	8	10
6.2	4	19	9	2	15
5	5	19	7.2	3	15
3.9	6	19	6	4	15
3	7	19	5	5	15
1.5	10	19	4.1	6	15
			3.4	7	15
			2.3	10	15

4. 我比我妻子更善于与承包商、维修人员等讨价还价，在一定的时间和精力下，我有可能得到更低的价格。而且，我相当享受这种讨价还价，而她却不喜欢这样。这是为什么我应该去讨价还价，而她应该做其他家庭工作的两个理由，还是一个理由的两个部分？请讨论。我与妻子对彼此并不自私（我很重视她的幸福，她也很重视我的），是否意味着我们在分配家事时应该忽略比较优势的原则？这是否简化了通常与（我们之间的）交换有关的任何问题？

5. 我可以每年写一本经济学教科书，或者每三年发现一口油井（包括我学习地质学到足以发现油井的时间）。我的妻子可以每年发现一口油井，或者每两年写一本经济学教科书。

　　a. 画出我每年产出教科书和发现油井的机会集。

　　b. 画出我妻子的。

　　c. 画出我们的联合机会集。

6. 情况同上一题。

　　a. 我们每写一本教科书，就有 50000 元的报酬；我们每发现一口油井，就有 75000 元的报酬。我们所关心的只是钱（经济学家和地质学家是唯利是图之辈),绘制我们产出教科书和发现油井的联合机会集以及相关的无差异曲线。既然我们关心的是钱,你还可以用什么术语来表示我们的无差异曲线? 我每年会写多少本教科书,发现多少口油井? 我的妻子呢?

b. 和此前一样,我们写教科书的报酬是 50000 元/本。我们发现油井的报酬要多高才能让我们决定不写教科书,而把所有的时间都花在发现油井上?

c. 我们发现油井的报酬是 75000 元/口。要每本教科书给多少报酬才能让我们决定把所有的时间都用在写教科书上?

7. 我把 20 世纪 70 年代中期的时间用于发现油井之后,决定再也不想多看一个钻井日志;我的妻子把 20 世纪 80 年代中期的时间用于写教科书之后,决定再也不想多看一条无差异曲线。在详细考虑了这个问题之后,我们决定不像我们曾想的那样唯利是图。考虑到这样一个事实:对于任何给定的收入,我更想写教科书,而她更想发现油井;尽管如果有足够的报酬,我们中的任何一个人都可能愿意做另一个人的工作。我决定重新绘制我们的无差异曲线。我在油井和教科书之间的无差异曲线形状如何(假设报酬同前一个问题的 a 小题)? 她的呢? (注意:本问题没有提供足够的信息来告诉你无差异曲线的确切形状,但它应该足以让你画出一些合理的曲线。)

8. 我有一个非常有才华的妻子,她和我一样擅长写教科书(1 本/年),而且极其擅长发现油井(2 口/年)。她也很懒,我无法说服她工作超过半数以上的时间。我的才能同问题 5。请回答问题 6 的那些问题。

9. 假设我不与我妻子贝蒂结婚,而是与她做交易。我想每年消费一半的经济学教科书和四分之一的油井(不考虑偏好);我非常善于讨价还价,可以从与她的交易中得到所有的好处,而她跟不交易相比,既没有变好也没有变差。

a. 我们的能力同问题 5,我一年工作多长时间?

b. 我们的能力同问题 8,我一年工作多长时间?

c. 在回答 a 和 b 时,你是否需要对贝蒂的偏好做出任何假设?

d. 这个问题阐明了什么原理? 请解释。

10. 图 6-3 对应本章用文字讨论生产贸易的第一个例子,请画出一个类似的图与第二个例子相对应(该例子是我能用 15 分钟做一顿饭,用 1/2 小时修剪一块草坪;而你需要 1/2 小时做一顿饭,2 小时修剪一块草坪)。

11. 图 6-7a 和 6-7b 对应的是第五章选读部分中讨论的两种可能情况。用它们来说明为何两个具有完全相同的生产可能性集、完全相同的偏好和正常形状的无差异曲线的人能从交易中获利。(提示:只有一幅图适用。)

12. 当我为你工作以换取其他东西时,我放弃了闲暇,而你得到了闲暇。为什么这与我用闲暇来换取你为我的工作支付的任何报酬不完全是一回事呢?

以下是选读部分的问题:

13. 图 6-8 表示 A 和 B 的埃奇沃思方框,他们的初始情况在 D 点。

    a. 标出一个可能的交易(结果)区域,在那个区域两人都更喜欢结果 D。
    b. 画出契约曲线。
    c. 画出能在契约曲线上达成某点的一系列交易。

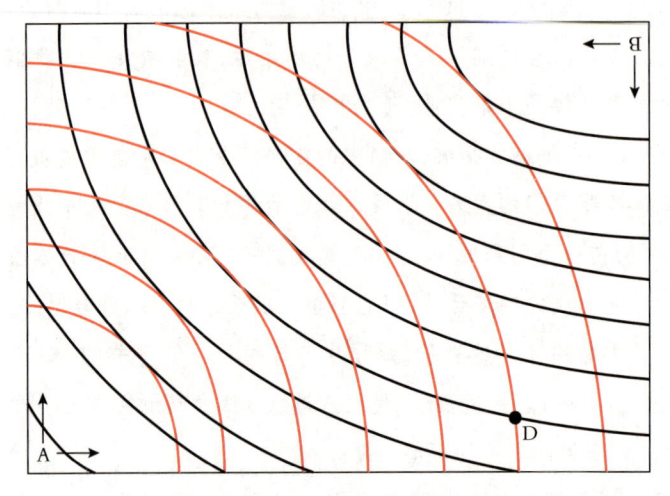

图 6-8 个体 A 和 B 的埃奇沃思方框

第七章 市场：把需求、供给放在一起

第一节 均衡价格和数量

在本章，我们将结合第三到五章中有关需求曲线和供给曲线的知识以及第六章讨论的贸易思想，来理解价格和数量是如何被确定的。

在第三章，我们知道了如何从个体消费者的行为推导出需求曲线——他能买到某商品的价格与其购买数量之间的关系。在绝大部分市场中，所有消费者支付的价格大体相同，因此我们可以讨论单一市场价格和单一需求曲线，由它代表全体消费者对商品的总需求量与其价格之间的函数。如图7-1所示，在任何价格条件下，市场的总需求量都等于每个消费者在此价格下打算购买的数量之和，**市场需求曲线**(market demand curve)也同样是个体需求曲线的水平加总。

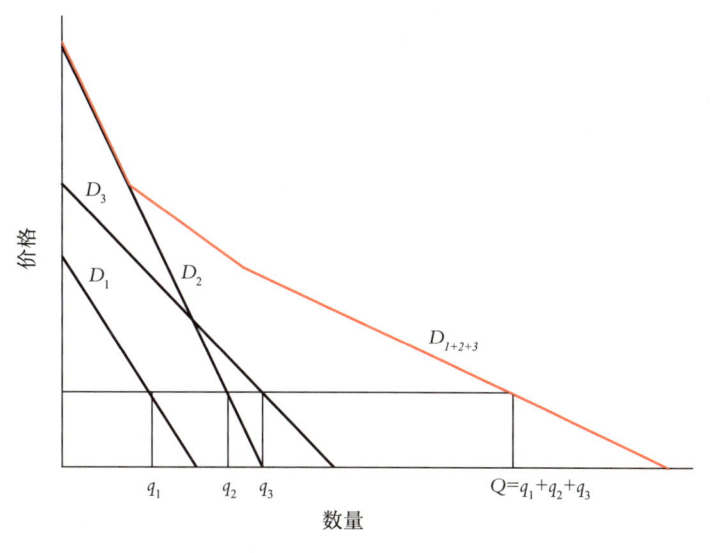

图7-1 市场需求曲线

市场需求曲线是个体需求曲线的水平加总，因为在任一价格下，总需求量是我在这一价格水平下的需求量加上你在这一价格水平下的需求量加上……

在第四章，我们说明了如何使用消费速率而非消费的单位数量来分析连续可变物品的消费量——"块饼干/周"而非"块饼干"。当我们开始考虑大量消费者的总体需求时,就有了第二个能够证明物品与曲线连续性的理由。对于像汽车这样的成件品,个人需求曲线是阶跃函数而非平滑曲线(消费者只会买 1 辆或 2 辆汽车,而不可能是 1.32 辆汽车),即使是十分微小的降价也会让(数百万人中的)一些消费者从犹豫不决到下定决心买车。

在第五章,我们阐述了个人供给曲线的推导过程:将生产者对不同商品的产出率与其劳动力曲线的边际负价值(或是反映其对闲暇和收入偏好的无差异曲线)相叠加。正如市场需求曲线是个人需求曲线的水平加总一样,市场供给曲线也是个人供给曲线的水平加总;既然我们已经知道了个人供给曲线的推导过程,我们也会知道如何推导总供给曲线。

我们现在要把供给曲线和需求曲线放在一起。图 7-2a 显示了小装置的供需曲线,小装置是一种假设性商品,主要被编写经济学教材的作者们"消费"。图中所示的特定曲线恰好是直线;没错,在经济学家与数学家的语言体系中,曲线这一术语包含直线。图表的纵轴代表价格,横轴代表数量。图表上的任何一点,如点 A,代表数量与价格的组合(Q_A 和 P_A)。那么市场价格、生产量与消费量将会是多少呢?

正如任何经验丰富的猜测者所能预测到的那样,答案是:供给曲线和需求曲线的交点,点 E。但真正有趣的问题是为什么。

假设图 7-2a 中的价格是 P_1,在此价格水平下,生产者想要生产并销售的商品数

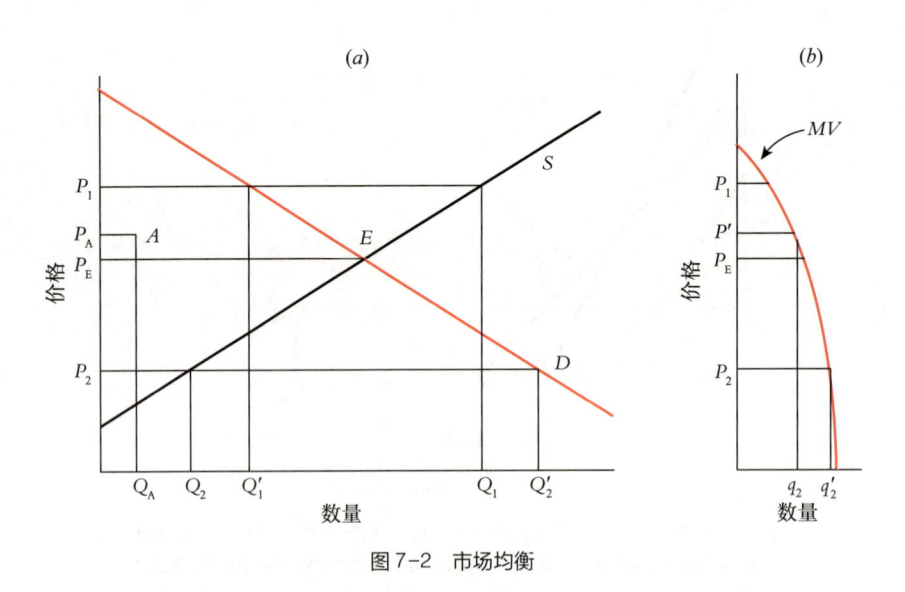

图 7-2 市场均衡

在点 E 处,$P=P_E$;需求量等于供给量。 价格低于 P_E 时,供应量小于需求量;如图7-2b 所示,此时个体的消费量对应 $MV>P$,因此个体愿意为额外的数量支付更高的价格。

量为 Q_1，而消费者只想买 Q_1'（小于 Q_1）。一些生产商发现，自己有一些小装置卖不出去。为了清仓处理，生产者愿意降价。价格因而下跌。只要供给量大于需求量，生产者就会继续降价。

假设图 7-2a 中的价格是 P_2，现在生产者想要生产的数量为 Q_2，而消费者想要购买的数量更多，为 Q_2'。消费者不可能消费那些没有被生产出来的商品，所以必然有些人买不到自己想要的东西。为此，他们愿意付更多的钱，所以价格被不断抬高。图 7-2b 显示了该类消费者相应的边际价值曲线。在 P_2 的价格水平下，该消费者愿意购买 q_2' 数量的商品，但他发现自己只能买到 q_2 数量的商品。在这个数量水平下，多一个小装置对他的边际价值为 $P'>P_2$；他愿意以不超过 P' 的任意价格买多一个小装置，价格因此被抬高。

低于 P_E（供需均衡情境下的商品价格）的价格将被抬高；高于 P_E 的价格将被压低。故而 P_E 是**均衡价格**（equilibrium price）。但由于 P_E 是供应量（按价格 P_E）与需求量（按价格 P_E）相等时的商品价格，因此它是两条曲线相交那一点所对应的价格。

均衡（Equilibrium）思想在诸多科学领域中都有应用，它指的是一种状态，在这种状态下，系统没能产生改变自身状态的力。通常来讲，区分**稳定均衡**（stable equilibrium）、**不稳定均衡**（unstable equilibrium）、**亚稳定均衡**（metastable equilibrium）这三种不同的均衡对初学者大有裨益。在稳定均衡下，如果某种东西使系统略微偏离均衡状态，一定会有力作用而使系统回归均衡状态；在不稳定均衡下，如果某种东西使系统略微偏离均衡状态，一定会有力作用而加剧系统的失衡；在亚稳定均衡下，如果某种东西使系统略微偏离均衡状态，根本不会产生作用力，系统会保持在新的状态，并形成新的均衡。

这三种均衡可以用铅笔为例加以说明。握住笔杆上的某个点，将橡皮擦悬挂在铅笔下端，现在它处于稳定均衡状态——如果有人轻轻推动橡皮擦，它会摆动回原来的位置；将铅笔平稳地放置在手指上的某一点，现在它就处于不稳定均衡状态——只要轻轻碰它，它就会从手指上滑落；把（圆筒形的）铅笔平放在桌面上，现在它处于亚稳定均衡状态——轻轻推它，它会滚动一段距离，并在新的位置上稳定下来。我们有时遇到的一些人，或者猫科动物，似乎就处于亚稳定均衡状态。

图 7-2a 与图 7-3 中出现的均衡点就处于稳定状态——若相应的价格与数量偏离了 E 点，则会有某种回复力（restoring forces）使其还原至初始状态。在 I 区（图 7-3），需求量大于供给量，价格上涨；在 III 区，需求量小于供给量，价格下降；在 II 区，生产量大于生产者希望在该价格时生产的数量，因此他们减少产量；在 IV 区，由于类似的原因，生产者增加产量。上述回复力如图 7-3 中的箭头所示。

现在，我们有一个简单规则可用于合并供给曲线与需求曲线以得出市场价格和

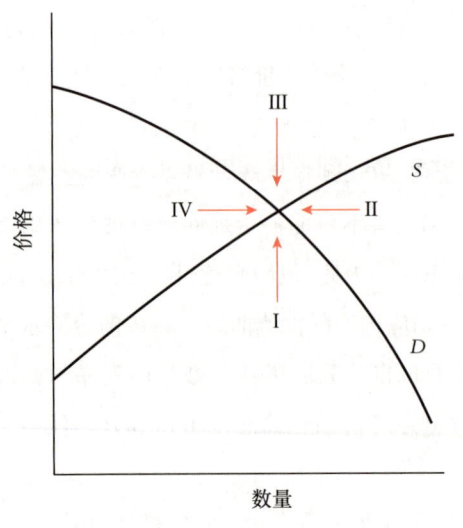

图 7-3 稳定均衡

箭头表示使系统重回均衡状态的力的方向。

数量。均衡出现在两条曲线的交点处,且如果需求曲线向下移动,供给曲线向上移动,均衡仍然会保持稳定——正如通常所假设的,理由第三、四、五章已经给出。我们现在将用此规则来分析需求曲线和供给曲线移动产生的影响。

弹性——说点题外话

抛开其他影响因素,供给曲线和需求曲线中价格与数量的变化所带来的影响取决于曲线的陡峭程度。经济学家们发现,用曲线的弹性来讨论曲线的陡峭程度是有用的。我们将需求曲线或供给曲线在某一点上的**价格弹性**(price elasticity)定义为数量的百分比变化与价格的百分比变化之比。例如,如果价格上涨1%,供给量增加1%,我们就有:

$$\frac{数量变化百分比}{价格变化百分比} = \frac{1\%}{1\%} = 1$$

在这种情况下,供给弹性就是1。同样,假定价格不变,用图像来考察收入与需求量之间的关系,则正常商品的收入需求曲线为向右上倾斜的,而劣质商品的收入需求曲线为向左下倾斜的。我们将该曲线的**收入弹性**(income elasticity)定义为需求变化百分比与导致其变化的收入变化百分比之间的比值。

就本章目的而言,我们只需要知道"极其富有弹性"意味着价格的微小变化会导致数量的大幅变化,而"极其缺乏弹性"意味着价格的大幅变化只会引起数量的微小变化。二者的极端情况分别是**完全富有弹性**(perfectly elastic,供给曲线或需求曲线是水平的)和**完全缺乏弹性**(perfectly inelastic,供给曲线或需求曲线是垂直的)。关于弹性思想,将在第十章做更为详细的讨论。

曲线移动

图 7-4a 显示了需求曲线从 D_1 向 D_2 移动的供求关系图。我们可以想到的原因包括口味(偏好)的变化(小装置变得更受欢迎)、天气的变化(夏天很热,小装置在炎热天气下运转效能更高)、相关商品价格的变化(生产小装置要用到大量的"装置用油",而这种油的价格在不久前下降了)、消费者收入的变化、预期未来价格的变化,等等,从而使需求曲线向外移动。需求增加了——在任一价格下,新的需求量都比原来要大。结果,均衡点从 E_1 移至 E_2。均衡价格和均衡数量都增加了。

在图 7-4b 中,供给曲线发生移动。也许是因为原料价格下跌,供给有所上升,即

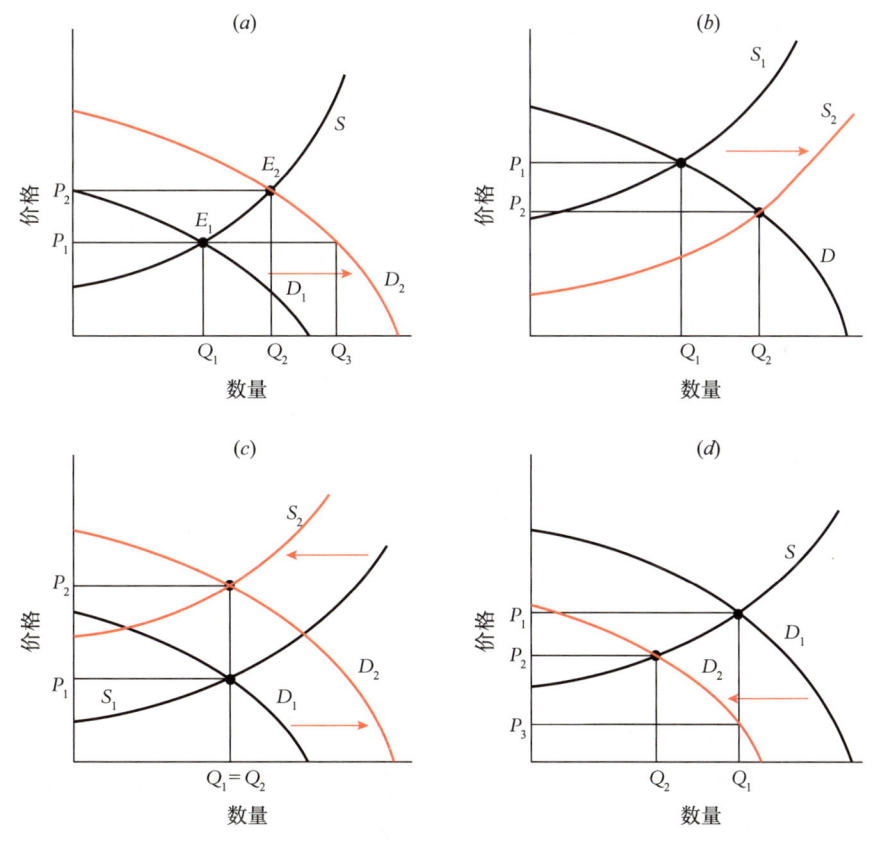

图 7-4 供给和需求曲线移动的影响

在图 7-4a 和 7-4d 中,需求曲线移动。在图 7-4b 中,供给曲线移动。在每一种情形下,需求量、供给量以及价格都会因此改变。在图 7-4c 中,需求曲线和供给曲线同时移动;价格发生变化,但数量保持不变。

在原来的任一价格下,新的供给量都大于原有的供给量。因此,均衡数量增加而均衡价格下降。这些结论具有一般性:只要需求曲线向右下倾斜且供给曲线向右上倾斜,需求增加就会使均衡价格和均衡数量上升,而供给的增加将使均衡数量上升、均衡价格下降。需求或供给的减少会产生与之相反的效果。你应该可以通过图 7-4a 和 7-4b 来验证这些关系。

为避免混淆,有一点很重要,我们需要将**供给变化**(changes in supply,如图 7-4b 所示的供给曲线变化)与**供给量变化**(changes in quantity supplied)区分开来。在图 7-4a 中,供给曲线保持不变,但供给量从 Q_1 增加到 Q_2。供给曲线或需求曲线反映的是价格与数量间的关系;如果价格因需求曲线的变化而变化,即使供给曲线保持不变,新的价格也会带来产生新的供给量。另一方面,在图 7-4c 中,供给曲线和需求曲线都发生变化,但供给量却保持不变。在这个例子中,供给曲线的变化幅度刚好足以抵消价格变化的影响,因此新供给曲线上的新价格对应的供给量与原有曲线保持一致。类似的例子比比皆是,如供给与需求两条曲线同时变化,但只有均衡数量改变了,价格保持不变;或者数量和价格都发生了改变。

类似的,我们也应该区分**需求变化**(changes in demand)和**需求量变化**(changes in quantity demanded)。留意到这两组概念的差别,我们可以避开报纸上那些荒诞不经的经济讨论。例如,考虑以下悖论:

> 需求上涨,价格必然被抬高,因此需求上涨与价格上涨相关。但若价格上涨,需求就会下降,因此需求下降与价格上涨相关。

或:

> 如果需求增加,价格就会上涨,但价格的上涨又会导致需求下降。

或:

> 如果需求减少,价格就会下降,供给也会随之下降,价格就会回升。

要想避免上述混乱,我们可以绘制相关曲线,严格区分曲线移动(需求曲线或供给曲线的外移或内移)与沿着曲线移动(由价格变动引起的需求量或供给量变动)。如果需求曲线发生变化,如图 7-4a 所示,而供给曲线保持不变,那就是需求的变化,这种变化会导致价格和供给量的变化——但供给(供给曲线)不会改变。如图 7-4b 所示,供给的变化会改变价格和需求量,但不会改变需求。

前两个悖论如图 7-4a 所示。需求增加(需求曲线向外移动)会提高价格;价格提高会使需求量小于 Q_3(需求曲线发生位移但价格不变时的需求量)。由此产生的需求量(Q_2)虽然小于Q_3,但大于原有需求量(Q_1)。Q_2必须大于Q_1,因为需求量要等于供给量,而供给曲线没有移动,同一供给曲线上的更高价格必然对应更高的供给量。

第三个悖论如图7-4d所示。需求减少(需求曲线内移)使价格降低;在这个价格下的供给量低于原来价格水平下的供给量($Q_2<Q_1$)。由于供给量等于需求量(对应新需求曲线上的新价格),价格没有理由回升。事实上,如果较低的价格并未减少供给量,为了使供给量和需求量保持一致,价格将不得不进一步下降(到图7-4d中的P_3)。只有在这个意义上,"减少供给"(实际上减少的是供给量)才能"使价格回升"(降低了价格下跌的幅度)。

图7-5a至7-5f描述的是一些有趣的极端案例。在图7-5a和7-5b中,供给曲线是完全富有弹性的。在图7-5a中,行业将以价格P生产任意数量的产品(也可能是更高的价格,但这种情况永远不会发生,因为一旦价格上涨,供给量就会超过需求量),若价格低于此水平,供给量就为0。需求变动(图7-5a)对价格没有影响,它只会改变原有价格水平下的数量。如图7-5b所示,供给(曲线)从S_1移向S_2(两者都是完全富有弹性的),(均衡)价格的变动体现在该位移的(垂直)大小上,而(均衡)数量的改变体现在该价格变动沿原有需求曲线所对应的需求量的变化上。

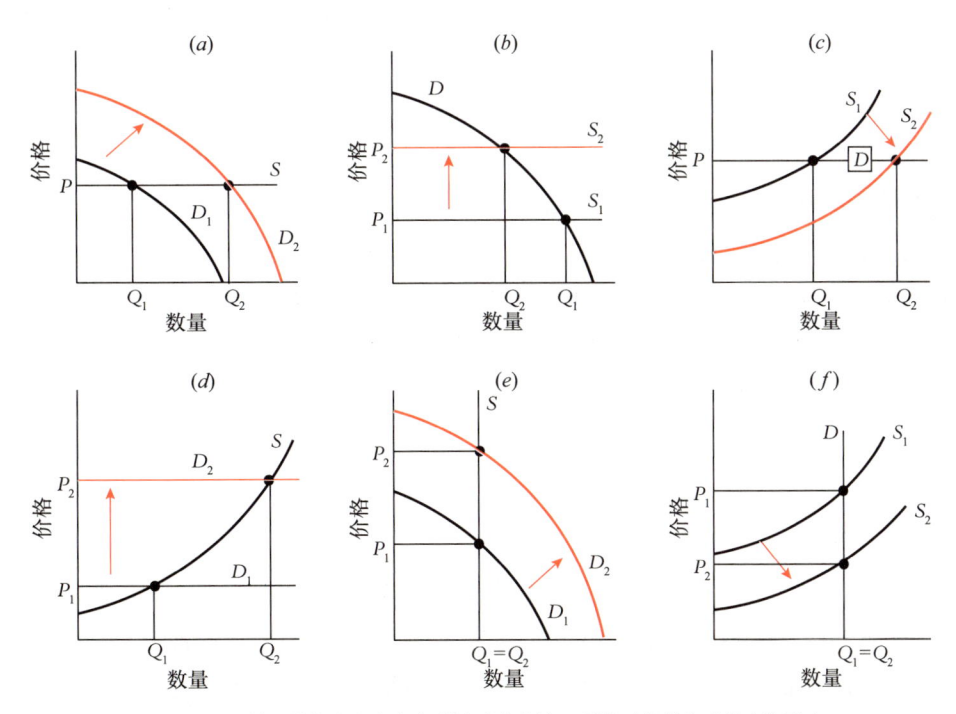

图7-5 当某一曲线为完全富有弹性或完全缺乏弹性时曲线移动带来的影响

当一条曲线完全富有弹性时,另一条曲线的移动会改变数量但不影响价格(图7-5a和7-5c);
当一条曲线完全缺乏弹性时,另一条曲线的移动会改变价格但不影响数量(图7-5e和7-5f)。

在图 7-5c 和 7-5d 中,需求是完全富有弹性的。消费者愿意以图 7-5c 中的价格 P(也可能是更低的价格)购买任意数量的商品,但是如果价格高于 P,则会拒绝购买。供给曲线的移动(图 7-5c)不影响价格,但通过其水平变化分量改变均衡数量。需求曲线的移动(图 7-5d)通过其垂直变化分量改变价格,并通过价格变动对供给量的影响来改变均衡数量。

图 7-5e 中,供给曲线完全缺乏弹性——供给量变化与价格无关。土地供给通常被认为是完全缺乏弹性,因为地表面积的平方英里数是恒定的。劳动供给也是完全缺乏弹性的(如果把人们提供给自己的劳动时间,比如闲暇,也包括在内的话)。按照这种定义,劳动供给等于每天 24 小时乘以总人口。它是恒定的,至少在短期内是这样。但我们通常所说的劳动供给还需要减去劳动力持有者的个人需求。人们不会每天 24 小时"连轴转",总会留出一些时间做自己想做的事情。在十五章,我们将再次提到这两个例子。

如图 7-5e 所示,对于完全缺乏弹性的供给曲线,需求曲线的变化只会使相应的价格发生变化,而数量会保持不变。对于完全缺乏弹性的需求曲线(就是我们在第二章讨论过的必需品),供给曲线的变化也会产生类似的效果,如图 7-5f 所示。

经济学家的经济学,与新闻记者、演讲型政治家的经济学的区别之一就是,在非经济学家的论调里,好像所有的供给曲线和需求曲线都是完全缺乏弹性的。这和前文中他们对"需要"和"想要"的争论如出一辙。非经济学家倾向于认为我们对水的需求等于"我们需要的水量",并假设如果不能拥有这个量我们就会渴死。但是,正如回答第四章的一个练习题所应该知道的,在我们所消耗的水中,只有一小部分是被饮用的。尽管人们对饮用水的需求在很大的价格范围内是高度缺乏弹性的,但对其他用途的水而言却并非如此。如果水价翻一番,农民就会减少灌溉用水,化工企业会减少生产用水,房东也会比以往更为及时地修理漏水的水龙头。没有人会死于口渴,但水的总消耗量会大幅下降。

谁纳税?

现在,我们准备开始回答经济学家常常被问到的一个问题:"谁是真正的纳税者?"当政府对某些商品征税时,这些钱是来自生产者的利润,还是来自生产者转嫁给消费者的更高商品价格?对于这个问题,报纸专栏或 30 秒新闻快报给出的答案常常是令人失望的,我们也是通过数周时间对于前面篇幅的学习,才开始尝试回答这个问题。

假设政府对每个小装置征收 1 元的定额销售税,即生产商(假设就是销售商——在当前分析阶段不存在中间商)每售出 1 个小装置,就必须向政府支付 1 元。如图 7-

6所示,供给曲线上移1元(从 S_1 到 S_2)。

为什么销售税会以这种方式改变供给曲线呢？对生产者来说，重要的是他自己得到了多少，而非消费者付出了多少，因此，定价6元的含税商品与定价5元的免税商品其实并无差别。在征税条件下以6元单价生产的商品数量等于免税条件下以5元单价生产的商品数量，在其他价格下也是相同的。在新供给曲线上，每个数量对应的价格都比原有供给曲线高出1元，因此供给曲线上移1元。

但是，这并不意味着市场价格也会上涨1元。如果价格上涨1元，生产者的生产量将与税前持平；在较高的价格条件下，(消费者的)消费量将会减少，因此供给量将大于需求量。另一方面，如果价格没有上涨，那么需求量将与税前持平，但供给量将会减少(因为生产商在每个小装置上都少赚了1元)，所以供给量小于需求量。如图7-6所示，价格的确会上涨，但涨幅不到1元。从字面上理解，所有税收都由生产者上交给政府，但实际上，消费者支出的金额上涨了 a，生产者得到的价格下降了 b。

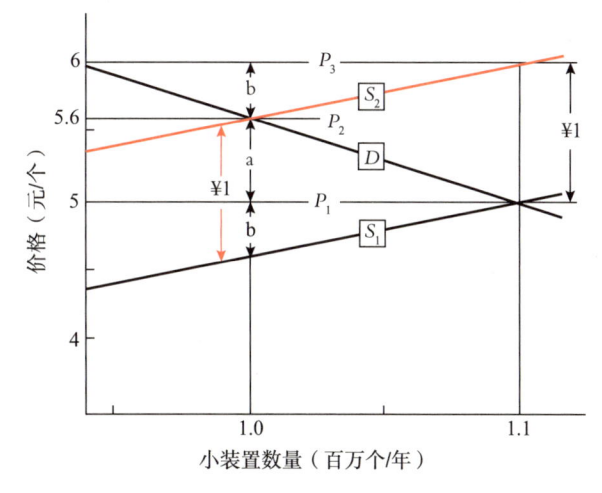

图 7-6　生产者对小装置纳税 1 美元的影响

由于纳税的影响，供给曲线从 S_1 上移到 S_2；均衡价格升高 a，从 5 元/个小装置变化到 5.60 元/个小装置。(均衡)数量从每年 1.1 百万个小装置下降到每年 1 百万个小装置。

要想理解图中的 b 为何等于生产商所得价格的减少量，就要注意，如果市场价格一直上升到 $P_3 = P_1 + 1$ 元，那么在缴纳 1 元税款之后，生产商卖出一个小装置的收入仍然是 P_1，和征税前一样。但由于实际价格仅为 $P_2 = P_1 + a$，生产商从每个小装置上得到的收入(税后)降低了 P_3 与 P_2 的差额，即 b。用代数语言表达就是：

$$P_3 - P_2 = (P_1 + ¥1) - (P_1 + a) = ¥1 - a = b$$

如图 7-6 所示，税收负担在消费者和生产者之间的分配方式取决于供求曲线的斜率。图 7-7a 和 7-7b 显示了两种极端情况。在图 7-7a 中，供给曲线 S 完全缺乏弹性；因此，我们看不到 S 的变化，因为垂直于纵轴的直线再怎么向上移动都不会发生改变。由于数量和需求曲线都保持不变，价格就必须保持不变，因此整个税负由生产者承担；土地税的真正承担者有时就是如此。在图 7-7b 中，需求曲线完全缺乏弹性，且价格提高了 1 元整，因此，整个税收负担都由消费者承担。真实世界中的大多数案例都介于这两种极端情况之间。

图 7-8a 中，小装置的初始需求曲线和供给曲线与图 7-6 中的相同，不同的是税收的形式。政府决定向消费者而非生产者征税。消费者每购买一个小装置，就需向政府支付 1 元。结果是需求曲线而非供给曲线发生移动——自 D_1 下移至 D_2。消费者选择购买的小装置数量取决于消费者购买它们所花费的金额——价格加上税金。假设在征税前，消费者选择以 5 元的价格购买 12 个小装置；加上税金后，消费者只愿意以 4 元的价格购买相同数量的商品，因为即使按照 4 元的价格，消费者仍需为每件商品实付 5 元——4 元给生产商，1 元给政府。

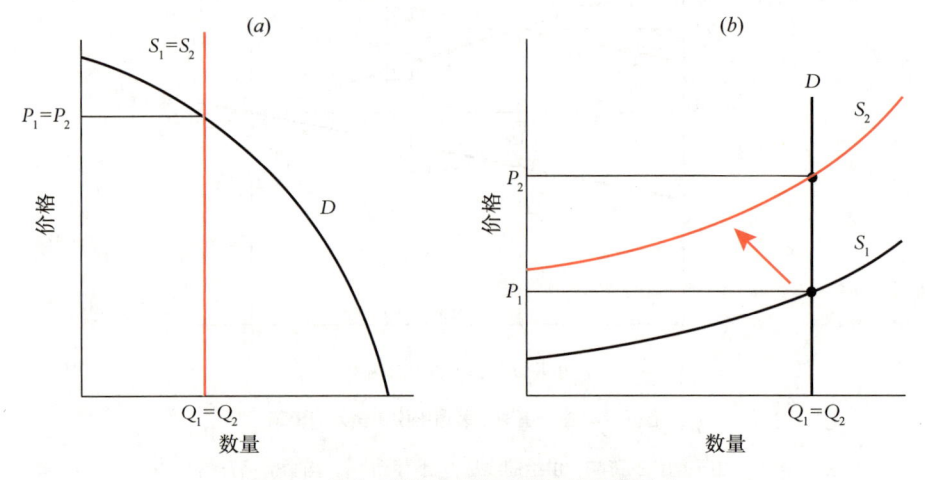

图 7-7　需求或供给完全缺乏弹性时征税的影响

在图 7-7a 中，供给曲线完全缺乏弹性，整个纳税的负担由生产者承担。 在图 7-7b 中，需求曲线完全缺乏弹性，整个税负由消费者承担。

这是第三章讨论的"成本是机会成本"这一原理的具体应用。消费者花 5 元购买 1 个小装置的成本是放弃本可以用这笔钱购买其他产品的机会。因此，5 元（免税）的小装置与 4 元加 1 元税的小装置花费的金额相同，并都由消费者支付；无论在哪种情况下，消费者都放弃了购买其他价值为 5 元商品的机会。由于小装置的单位成本在两种情况下是完全相同的，而且由于消费者是根据其成本和价值决定购买量的，如

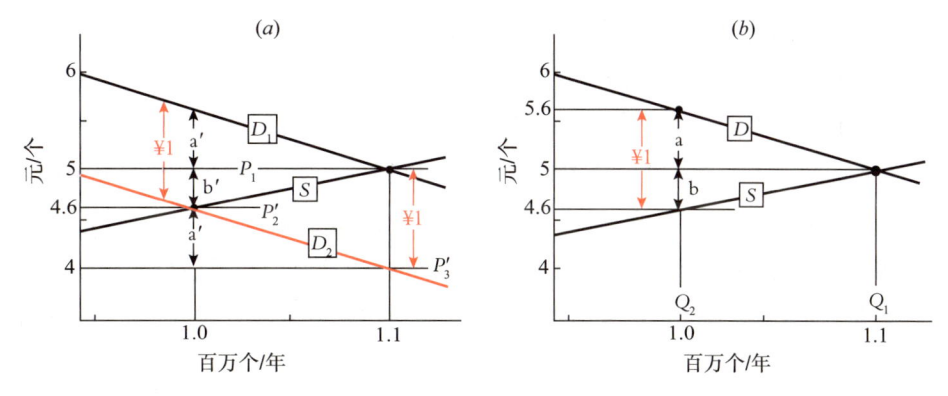

图 7-8 对小装置征收 1 元税的影响：两种图像表示方式

在图 7-8a 中，税收来自消费者，需求曲线从 D_1 下降至 D_2。在图 7-8b 中，需求曲线是支付价格（市场价格加消费者的纳税额）的函数，而供给曲线是接受价格（市场价格减去生产者的纳税额）的函数。图 7-8 表示对生产者或消费者征收 1 元税的情况。

第四章中个人需求曲线的推导过程所示，在这两种情况下，消费者购买小装置的数量都是相同的。对于其他消费者而言也是如此。因此，无论是免税的 5 元还是 4 元价格加上 1 元税金，总需求量都不会发生改变，对于其他任意价格而言也是如此。需求曲线向下移动了 1 元，即税收的数额。

我们将视线移至图 7-8a，可以看到，由于需求曲线的变化，生产者得到的价格下降了 b'，而消费者为每个小装置支付的金额则上升了 a'。要想知道为什么 a' 是消费者支付单位商品金额的增量，我们要注意，如果价格整整下跌 1 元到 P_3' 的水平，消费者的境况就不会再下降了——他们在较低价格水平的基础上缴纳税款，使其为每件商品所支付的总金额与之前保持不变。但现实中，价格只会降到 $P_2' > P_3'$，因此消费者为每个小装置支付的金额的增量为

$$P_2' - P_3' = (P_1' - b') - (P_1' - \$1) = \$1 - b' = a'$$

如果我们将图 7-8a 与图 7-6 进行比较，会发现图 7-8a 是图 7-6 中所有元素向下平移 1 美元后的结果，$b = b'$ 且 $a = a'$。图 7-6 中，纵轴显示的价格是税后价格，因为该税由生产者承担。图 7-8a 中显示的是税前价格，因为该税由消费者承担。税前价格与税后价格的差额即为税额——1 元。在这两种情况下，供给量都由生产者的实收价格来决定，需求量也都由消费者的实付价格来决定，税收产生的影响是使消费者的实付价格比生产者的实收价格高出 1 元。

如图 7-8b 所示，对于上述情境，还存在第三种描述方法。这里，供给量以实收价格的函数呈现，需求量以实付价格的函数呈现。征税之前，市场均衡出现在实收价格

等于实付价格的数量(Q_1)上;征税之后,市场均衡出现在实收价格比实付价格低 1 美元的数量(Q_2)上,其中的差额将流向政府。

如果仔细查看图 7-6、7-8a 与 7-8b,我们不难发现,它们其实是相同的,唯一发生变化的是纵轴上的量。这三个图的形状之所以保持不变,并非是我碰巧画成了这样,而是它们必须被画成这样;所有三个图形都描绘了相同的情形。小装置对消费者的成本(这对他们而言至关重要),生产者售出单位小装置所获金额(这对他们来说也至关重要)以及小装置的销售量都是相同的。税负的实际分配方式与真正纳税的主体毫无关系!

税收的真实成本

在上一节,我们初步讨论了"谁是真正的纳税者"这一问题。现在我们似乎已经有了答案。通过供求曲线,我们可以清楚地看出多少税金以涨价的形式转移给了消费者,以及生产者收入在税后究竟降低了多少。对于任一具体情况,答案都取决于供求曲线的相对弹性,取决于需求量和供给量随价格变化的速度,如图中 S 曲线与 D 曲线的斜率所示。

虽然我们已经回答了这个问题,但这个问题本身并不是一个合适的问题。我们知道,税收增加了消费者购买小装置的成本,降低了生产商销售小装置的收入,但这并不足以描述他们各自境况变坏的程度。消费者的成本不仅取决于他花了多少钱,还取决于他从中得到了什么。

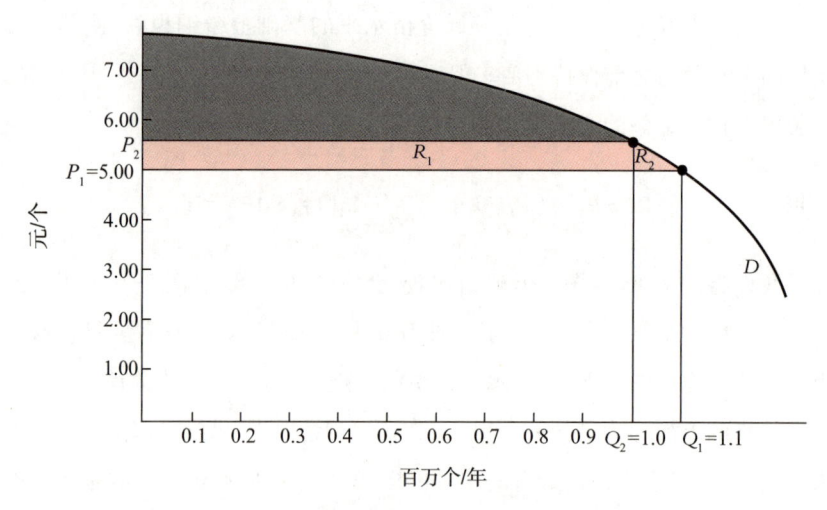

图 7-9 对小装置征税 1 元对消费者剩余的影响

图中的整个阴影和彩色面积代表税前消费者剩余;阴影面积代表税后消费者剩余。彩色面积是征税带给消费者的成本。 R_1 是政府的税收; R_2 是超额负担。

为了让论证更有冲击力一些,想象一下,政府决定对每件商品征收1000元的税。小装置的生产量和消费量都降到零。政府一无所获,生产者和消费者也一无所获。这是否意味着1000元/个的税款对消费者和生产者来说不存在任何税收成本呢?

显然不是。在增税之前,消费者完全可以选择零消费。但事实上,他们以5元/个的价格消费了110万个小装置(图7-9),这表明,比起什么都不买,消费者更倾向于以这一价格购买这一数量的商品;因此,税收使他们的境况变得更糟。之前的错误在于,我们假设消费者的税收成本仅为商品购买量乘以价格增量。正确的算法还应包含因购买量减少而带来的损失。

现在让我们考虑一个更为合理的税收标准——1元/个而不是1000元/个。如图7-9中的P_2和Q_2所示,上述征税方式使消费者购买单位小装置的成本变为5.60元,需求量和供应量变为100万。无需纳税的日子里,消费者每年购买的小装置数量为110万;征收1元的税收后,消费量下降到100万。减少的10万个小装置每个至少价值5元(这就是为什么消费者选择在征税前以每个5元的价格购买它们),但仍少于5.60元(这就是为什么当价格上升到5.60元时,消费者不再购买它们)。在这里,使消费者境况变糟的因素有两个:一是他们无法每年以5元的单价购买这10万件商品并从中获益,二是他们必须为每年继续购买的100万件商品支付更高的价格。同样,生产商的境况也会变得更糟,因为他们无法从减少的10万件商品上获得利润,并且还需承担继续生产100万件商品所带来的收入损失。

在税收成本的初步分析中,我们漏掉了第四章(和第五章)介绍的消费者(和生产者)剩余。消费者(和生产者)剩余是用来衡量消费者(和生产者)以特定价格购买(和出售)任意数量的某一商品所带来的利益。征税前,消费者以每个5元的价格购买任意数量的小装置;征税后,他以每个5.60元的价格购买任意数量的小装置。如图7-9所示,于他而言,税收成本等于征税前后消费者剩余的差额。图7-9中的整个阴影和彩色部分代表税前的消费者剩余。阴影部分代表税后的消费者剩余。彩色部分即为二者之差——税收成本。它分为两个区域:R_1是矩形,其高度代表价格增量,宽度代表税后的商品消费量(每年100万);R_2为(近似)三角形,代表因征税而损失的100万个小装置的消费者剩余。R_1代表由消费者支付的税款,即价格增量乘以税后商品消费量;R_2是税收**超额负担**(excess burden)的一部分。R_1代表消费者的损失,也代表政府的等额收益(税收收入);R_2代表消费者的损失,但无人能获得相应的收益。通常来说,理想的税制应使超额负担最小化,从而以尽可能低的税收成本征收既定数量的政府收入。

图7-10a与7-10b表明:R_1和R_2之间的关系取决于需求曲线的形状。如果需求曲线非常平缓(需求非常有弹性),那么由税收引起的价格上涨(从P_1到P_2)会导致需

求量的大幅下降,同时,消费者剩余的损失将大于税收收入。图中 P_3 是需求量为零时的价格——**窒息价格**(choke price),对于将价格抬高到如此程度的税收,R_2 大小可观(P_1 处的全部消费者剩余)且 R_1 为零。如此征税的影响是,税收全部转化为超额负担,且政府没有任何税收收入。

另一方面,如果需求曲线的斜率非常陡峭(需求非常缺乏弹性),如图 7-10b 所示,那么价格的上涨只会导致消费的小幅下降,相比于 R_1,R_2 要小得多。在需求完全缺乏弹性的极端情况下,消费并未减少,因此也没有产生超额负担。

以上结论,有时会被当作只对必需品征税而对奢侈品免税的理由,其背后的观点是,必需品的需求是极其缺乏弹性的(你"必须拥有它们"),而奢侈品的需求是极其富有弹性的;因此,相较于奢侈品,对必需品征税几乎不会产生超额负担。但是,衡量不同商品的价格需求弹性的实际尝试并不总能支撑上述理由。例如,对大多数人来说,香烟是一种奢侈品(而且是一种罪恶商品——因此我们对其征收的是"罪恶税"),但对香烟的需求似乎是缺乏弹性的。无论如何,即使对必需品征税的确能将超额负担降到最低,但反对的声音从未停息:对必需品课税会"伤及穷人"(hurt the poor),对奢侈品课税则是在"榨取富人"(soak the rich)——后者一般比前者呼声更高,至少作为政治口号是如此。

迄今为止,我的讨论只集中在征税对消费者的成本上。类似的分析也同样适用于生产者,只需将"消费者剩余"替换成"生产者剩余"。结论是相似的:无论是对于消费者还是生产者,其税收成本都包含超额负担,且超额负担与生产者剩余成本之间的关系取决于供给曲线的弹性。

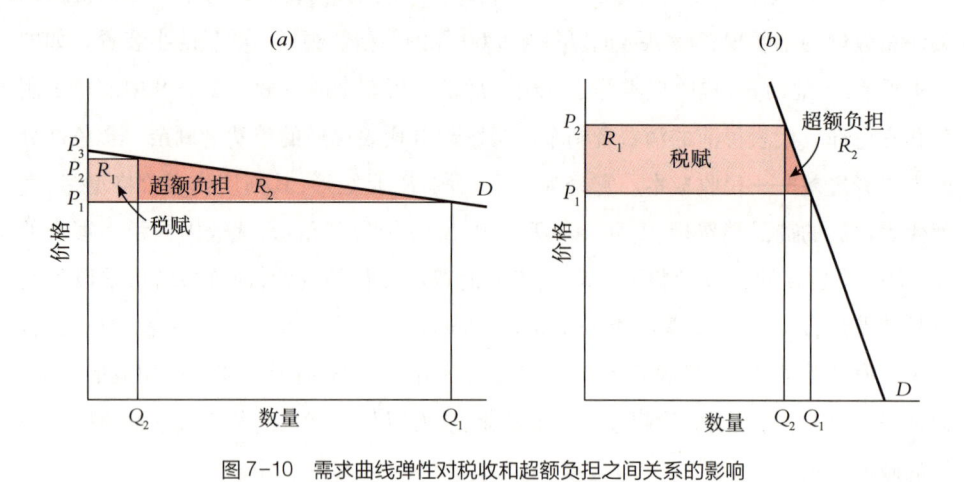

图 7-10 需求曲线弹性对税收和超额负担之间关系的影响

一个非常富有弹性的需求曲线(图 7-10a)会产生高的超额负担与税收之比;一个非常缺乏弹性的需求曲线(图 7-10b)则会产生低比例。

在讨论征税的超额负担或其他任何取决于供需弹性的事物时,区分长期与短期的影响是至关重要的。长期供需弹性通常大于短期供需弹性。如果汽油价格上升,消费者对此做出的直接回应就是减少驾驶;从长期来看,他完全可以选择拼车、买排量更小的车或是搬到公司附近住。如果燃油价格上涨,短期他只能通过关掉恒温器来节省费用。而在长期,他可以改进寓所的隔热装置或是搬到气候更暖和的地方去住。

从短期来看,生产者受限于已有工厂(规模)。如果价格下跌,比起让机器闲置生锈报废,他可能仍会选择维持生产。但从长期来看,供给更加具有弹性,在较低的价格水平下,维持机器运转或将机器以旧换新都不再有价值。如果价格上升,生产者在短期内只能靠榨取现有工厂的产能以增加产出;而在长期,他完全可以建一个更大的工厂。

基于以上种种原因,供求在长期通常更富于弹性。高弹性意味着高超额负担,故而相对于征收税额的大小,税收的超额负担通常随时间不断增加。一个著名的例子便是几世纪前伦敦的"窗户税",它直接导致了一种少窗的建筑风格的出现。更近的一个例子是新奥尔良州征收的房屋税,它取决于前排房屋的楼层。这种征税方式被认为是"驼背屋"(camelback house)——前屋只修一层而后屋修两层——的起源。从长期来看,伦敦少窗房屋的采光不足与新奥尔良高昂的筑楼费用即为上述税收超额负担的体现。

房东与租客——价格理论的应用

假设圣莫尼卡地区的政府认定,所有房东都居心叵测,而所有租客都心地纯良,因此每位房东每月必须向其租客支付10美元。在短期,租客的获益意味着房东的损失,因为缔约的租期通常不低于一年;只要租客按照以往标准支付租金且每月能够额外得到10美元,他的经济境况就会得到改善。但在长期,公寓的供需曲线都会因为新规的施行而发生改变,进而改变租金的均衡状态,如图7-11a所示。

从房东的立场来看,新规仅仅相当于对每间出租的公寓征收10美元/月的税金。决定房东出租与否(与之相对的是自己居住、将其改造为产权公寓、将其拆除或一开始就不建等其他选择)的是他最终的获益情况,而不是租客一开始付给他的钱。由于他每月必须返还给租客10美元,他的最终收益实际上减少了10美元。因此,供给曲线上移10美元;当每间公寓月租为510美元时,房东提供的公寓数量与新规施行前500美元/月的水平时一样。

从租客的立场看，10美元是一种补贴，相当于负税收。正税收会使需求曲线下移的幅度等于所征税收的金额，而负税收则会使需求曲线以相应的数额（10美元）向上移动。新规施行前，租客以500美元/月的价格租住的住宅数量（而不是买房子、和朋友合租或搬到芝加哥）等于现在他们以510美元/月的价格租住的住宅数量。因为对于租客来说，510美元的租金减去房东所给的10美元补贴后的净成本保持在500美元不变。如果租金低于510美元，他选择租住的住宅会多于他之前在500美元/月所租住的住房；如果租金高于510美元，他会选择少租住宅。

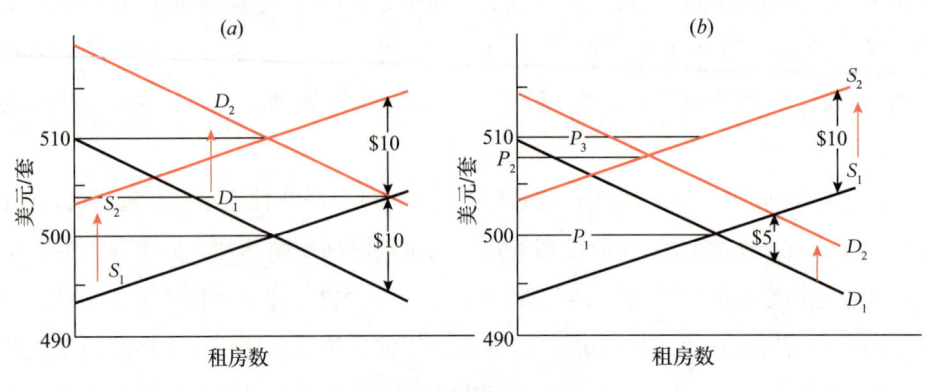

图7-11 管制租赁市场的影响

图7-11a表示从房东强制转移10美元给租客的影响。 图7-11b表示要求房东给租客提供六个月告示期的影响。 这一要求等同于向房东征税10美元而对租客补助5美元。

上述结论如图7-11a所示。简单起见，我们将住房视为一种诸如流水一样的简单连续商品，并以标准尺寸的公寓作为定义价格与数量的计量单位。由于供给与需求曲线都向上移动10美元，二者的交点也因此上移10美元。新的租金均衡点正好比原来的均衡点高出10美元，因此，这项新规既不会使租客得到实惠，也没有损害房东的利益。

如果你觉得这个结论似是而非，那你就是我之前所说的幼稚价格理论的受害者。一旦我们不再假设价格是以某种神秘的方式从天而降，而是真正理解了它们是如何被决定的，那么上述结论就不再是也许，而是显而易见了。也就是说，房东从租客上交的租金中抽出10美元返还给租客的"仪式"并不会影响双方实际的所付和所得。

现在让我们来考虑一个不同的法律规定，它看起来不那么抽象。由于市政府认为，房东"强迫"租客签订"偏向"房东利益的租赁合同是不公平的，因此它通过了一项法律，要求房东在驱逐租客之前留出六个月的通知期，即使租客在租赁合同中已经同意了更短的期限。同时，我们也要考虑这一政策的时间效应，从而使租金得以调整至由供给和需求曲线所决定的新的均衡状态。

假设所有的房东都是相同的。"六个月通知期"的规定提高了房东的运营成本,因为这使得驱逐不受欢迎的租客变得更加困难。从房东的立场看,这相当于征税。假设它相当于10美元的税。换言之,于房东而言,"必须有六个月的通知期"和"必须每月为每间公寓支付10美元的税款"之间无差别。如图7-11b所示,公寓的供给曲线上移了10美元。

假设所有的租客也是相同的,从他们的立场看,六个月的额外保障是颇具价值的;有这种保障的公寓比没有保障的公寓更值钱。因此,这相当于他们获得了补贴,即负税收。假设这种保障等价于每月5美元的补贴。如同上一个案例,结果是需求曲线的上移;愿意每月为租期不足6个月的公寓支付500美元的租客,也同样愿意为有额外保障的公寓每月支付505美元。如图7-11b所示,曲线上移了5美元。结果与图7-11a所示的10美元转移类似,但需求曲线只上移了5美元,而非10美元。

观察上述数据,我们可以看出,新价格高出原价格的部分在5美元到10美元之间。这并不是偶然。具体的价格取决于曲线的斜率,但是,正如你应该可以轻易证明的那样,价格的增长必须大于较小的变化而小于较大的变化。由于这条法律给房东增加的成本大于其增加的租金,房东的境况会变得更糟。对租客来说,由于公寓增加的价值小于增加的租金,租客的境况也会变得更糟!

在我提出问题时,我假设"六个月通知期"的新规定对房东权益的损害大于对租客的恩惠。如果做相反的假设会怎样?假设这条法律的实施会带来5美元的成本(供给曲线上移5美元)和10美元的收益(需求曲线上移10美元)。在这种情况下,我们可以证明,租金的增量将再次落在5美元与10美元之间。这项法律的结果使双方境况都得以改善——房东获得的租金增量大于其成本增量,而租客支付的租金增量则小于改进后的合同给他带来的价值。

然而,在这种情况下,这项法律就变得可有可无了。如果相关法律没有对租赁合同的条款作出明确规定,房东会在没有"六个月保障"的情况下以500美元/月的价格出租公寓;但他慢慢会发现,如果以509美元/月的价格向租客提供包含"六个月保障"的公寓,是符合他利益的。租客也会接受这个提议,因为根据我们的假设,在有保障的509美元月租与无保障的500美元月租之间,租客会选择前者。房东的境况得以改善,因为他每月只需多花5美元来提供这种保障。因此,即便没有相关法律,所有的租赁合同都会自发地规定"在驱逐租客前留出六个月的通知期"。所以,在这种情况下,法律没有什么效力,它只不过是在"迫使"房东们去做他们原本就会做的事情罢了。

从更一般的角度来看,这项法律还会为房东提供利好,使其在合同中加入一些对租客而言获益大于支出的条款,并据此调整租金。假定房东已经这样做了,任何要求房东提供额外保障的规定(或者合同中的其他条款)都会迫使他在合约中增加成本

(于房东)高于价值(于租客)的条款。最终的结果是房租上涨,房东和租客的境况都比以前更糟。

为了证明这一结果,我们对其中一些假设加以简化。其一,此项规定施加于每间公寓上的成本与公寓的出租数量无关;此规定产生的效果与定额税相同,即以相同的幅度将整条供给曲线向上移动。我们也对租客做同样的假设——每间公寓的保障价值是相同的,不受公寓消费量的影响(实际上,图表的横轴不应该代表公寓数量,而应该代表出租住宅量——房间的数量、以平方英尺计的公寓面积,或者类似的计量单位)。去掉这些假设将使图表和分析更加复杂。或许可以设想这样一种情境:政府规定对供求曲线的影响,要么是房东受损而租客受益,要么是租客受损而房东受益。然而没有什么理由能期望上述情况发生。

第二个假设是所有的房东都是相同的,且所有的租客也是相同的。去掉这些假设会在一定程度上改变结果。假设你是一个非常善于识别优质租客的房东,那么提供"六个月保障"不会让你付出任何代价,因为你永远不会把公寓租给任何有可能被提前驱逐的租客。假设租客与其他房东的关系如图 7-11b 所示,如果租房合同没有受到相关法律限制,你会发现通过主动提供保障,你可以收取 505 美元而非 500 美元的月租;因为提供保障对你来说不需要任何成本。当修改后的法律条文强制要求所有房东提供保障时,你会发现,包含六个月保障的公寓的市场租金已经超过 505 美元(如图 7-11b 所示)。这种限制实际上帮了你:它迫使你的竞争对手(其他房东)在其"产品"中增添一项特征(保障),这一成本于他们而言是昂贵的,于你而言却不是。他们的高昂成本使市场供给曲线向左移动,从而提高了市场价格,最终使你获益。

我们还可以构建涉及租客的类似案例。有趣的是要注意,法律限制对房东与租客所签订合同的影响并不像大多数人一开始所预想的那样,是从一个群体(房东)到另一个群体(租客)的再分配。在上述两个群体同质的情况下,这些限制要么毫无效果,要么伤害到所有人。而在两个群体异质的情况下,这种限制也可能会导致群体之间的再分配:牺牲一方群体中某些成员的利益,而使另一方或双方群体中的个别成员获益。

经济学教学(和学习)的难点之一,在于许多经济学理论似乎只是在对熟悉话题发表看似合理可信的议论。这是一种错觉。在本章,我们已经证明了两个难以置信的结果:无论从生产者还是消费者那里征税,其结果都一样;以及"有利于"租客的合同限制实际上使房东和租客的利益都受到损失。

经济学似乎仅仅是在合理可信地谈论司空见惯的事物——这一看法会对学生造成一种危害。在课程的前半部分,学生可能会时不时地对课本或教授传达的看似合理的陈述点头称是,但在期中测验时却会发现,自己并未学会课程与教材中理应传授的大部分思想结构,尽管在刚听到这些知识的时候,一切对他来说都那么清楚明白。

检验自己是否真正理解所学内容的最好办法,就是将它们应用在具体的数值案例中。这也是此类案例的意义所在。无论你是否会成为一名经济学家,你都不太可能会遇到与经济学试卷中等价的真实世界案例。真实世界很少会为我们提供准确的供求关系曲线。无论是作为经济学家,还是经济生活的参与者,你将面临诸如"租赁合同限制对租客是有利还是有害"之类的问题。要理解这些问题,你必须要学会经济学,而不仅仅是学习经济学;数值问题就是一种用来检验你是否做到这一点的方法。同理,要想知道你是否学会了打字,正确的方法不是看你是否能讲述或牢记打字的方法,而是试着去打一些东西——即使只是"敏捷的棕色狐狸跃过了懒狗"①之类的简单语句。经济学教材中的许多问题与经济学的现实应用,就跟"敏捷的棕色狐狸"与你最终想打出的文字一样,息息相关——而且前者在关系中的功能也基本一样。

第二节 供给与需求:一些总体性观点

在本章的第一节,我们综合了第三到六章所做的工作,来说明均衡价格和数量是如何由需求与供给曲线决定的。接着,我们把上述分析应用在了解释一系列的现实问题上。在第二节,我们将回顾之前所做的工作,用以澄清一些观点和避免一些常见的误解。

机制与均衡

在经济学(和其他领域)中,通常有两种不同的方法来解决同一个问题,一是研究一系列(可能是无限的)变化,二是研究所有变化都停止时的情况。后者往往比前者容易得多。

考虑一个简单的供需问题。当鸡蛋价格为1元/个时,消费者希望每周购买1000个鸡蛋,而生产者只希望生产900个。分析这个问题的第一种方法可能如下:

第一步:只有900个鸡蛋可供购买。消费者相互竞价,直到将价格推高至1.25元;在这个价格条件下,他们每人只想买900个鸡蛋。

第二步:在新的价格之下,生产商希望每周生产980个鸡蛋。他们将此付诸行动。但他们发现,在1.25元的价格下,他们卖不出那么多鸡蛋,所以

---

① 原文为:"The quick brown fox jumped over the lazy dog",这是包含26个英文字母的最短句子,是以前打字机维修工用来检查打出的字母是否清晰的。打这个句子比一个一个字母挨着试更快,也不容易漏掉,顺带还能测试句号和空格。——编者

他们（通过降价）相互竞争，直到价格降至 1.05 元；在这个价格下，消费者将购买 980 个鸡蛋。

第三步：在 1.05 元的价格之下，生产者每周只想生产 910 个鸡蛋。他们将此付诸行动。消费者相互竞价……

正如你所看到的，这种方法存在几个漏洞。首先，这个竞价系列可能会永远持续下去，直到价格逐渐趋于某一固定值；而在某些供需曲线下，这个竞价系列会产生偏离——价格波动会越来越大。此外，该分析假设生产者和消费者总是根据已有价格作出决定，而非试图估计价格走向。一旦去掉这一假设，事件序列就会有很多，具体数量取决于我们对生产者预测未来方式的具体假设。另一个分析此类问题的方法如下：

如果供给量大于需求量，价格就会下降；如果供给量小于需求量，价格就会上升。因此，价格将趋向于使二者相等的点，即为均衡价格——供求的交点。

短缺、过剩及其由来

对大多数非经济学家来说，短缺是一个自然事实，就是不足。但对经济学家而言，它几乎与自然无关。钻石的供给十分有限，但钻石并不短缺；水资源非常丰富，美国人平均每天直接或间接消耗超过 1000 加仑的水，但还是能看到水资源的短缺。

这种认知的错误之处，在于将"足够"认定为自然事实，即"我们需要特定数量的土地、水、钻石、石油或其他什么东西"。事实上，我们选择消费的数量（及生产者选择生产的数量）取决于价格；我们所认为的"需要"（need）通常是我们习惯支付的价格水平所对应的需求量。**短缺**（shortage）不是指可用数量极其有限，而是指实际数量低于我们的需求。由于我们的需求量取决于价格，短缺只意味着价格太低——低于使供需量相等的价格水平。这通常是政府价格管制（例如 20 世纪 70 年代初的天然气和石油价格）或政府拒绝对其供应的产品（城市用水）收取市场价的结果。有时候，这也可能是生产者错误地估计了需求（如特定车型的小汽车），并且不愿意或不能迅速地调整价格或产量。一个明显的例子是，卖家受限于广告价格，并发现在这一价格下产品被买光了。

一个有关相对稳定的供需失衡（**过剩**[surplus]而非短缺）的有趣案例发生在许多年前的香港。在旧时的香港，人力车（Rickshaws）十分常见，它是由人力拖拉的客运工具——一种"人力出租车"。随意观察就可以看到，人力车夫们大部分时间都坐在路边等待顾客——供给量远大于需求量。这是为什么呢？

一种解释是，许多顾客是来自工资水平远高于香港的国家或地区的游客，他们认为理所当然的价格其实远高于当地的供需均衡价格。因此，就会有更多的人被吸引至人力车行业中，直到该行业的日均收入（每天 1/4 的时间从事高薪工作，另外的 3/4 时间无所事事）降低到与香港的其他工作相当的程度。值得注意的是，为价值 1 港元的乘车服务支付了 4 港元，比起支付让车夫无获益的低价，游客损失了 3 港元。

看不见的需求曲线

如果你只是漫不经心地阅读经济学教材，可能会对经济学家产生这样一种印象：他们就是四处测量各种供给曲线和需求曲线，并由此计算价格和数量的一群人。这完全是一个误会。我们所观察的是价格与数量。我们对于特定需求曲线的了解大多出自这种观察。大多数情况下，供给曲线和需求曲线并非是信息的总结，而是分析的工具，是一种了解价格决定机制的方式。

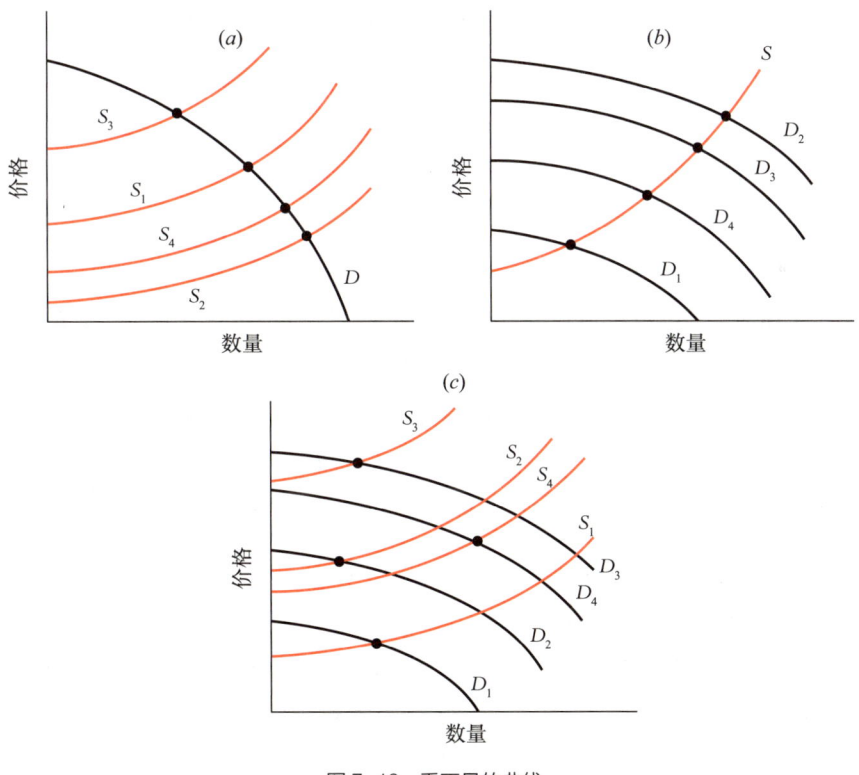

图 7-12　看不见的曲线

我们观察到的仅仅是供给和需求曲线的交点。如果供给曲线移动（图 7-12a），所有交点的集合将绘制出需求曲线；如果需求曲线移动（图 7-12b），所有交点的集合会绘制出供给曲线；如果二者都移动（图 7-12c），则无法得到完整的需求或供给曲线。

的确，供求曲线在某种程度上是不可观测的。我们观察到的，是今年种植了一定数量的小麦，并以一定的价格出售。其他年份，我们也可以做类似的观察。那我们是否可以在图表上画出相应的观察点并称之为需求曲线吗（"当价格为 1 美元时，需求量为 400 万蒲式耳；当价格为……"）？答案是否定的。如果需求和供给曲线能年复一年地保持不变，价格和数量也同样会保持不变。既然现实中价格和数量没有保持不变，那么应该至少有一条曲线发生位移了，也可能是两条。若需求曲线保持不变而供给曲线发生移动，（例如天气的变化会影响小麦的供给），那么观察到的点将会连缀成需求曲线（图 7-12a）；但若需求发生变化而供给保持不变，相应点则会形成供给曲线（图 7-12b）。如果两条曲线都发生位移，那我们就一条曲线都得不到了（图 7-12c）。

需求还是供给？

经济学的起始谜题之一是，价格到底是由商品对购买者的价值（需求）决定的，还是由生产成本（供给）决定的？现在你应该可以看出，答案是，由两者共同决定。如果供给曲线在价格 P 处是水平的，那么无论需求曲线如何，P 即为市场价格——除非在该价格下的需求量为零，这种情况下，生产者什么也卖不出去，所谓的市场价格也不复存在。同理，如果需求曲线在价格 P 处是水平的，无论供给曲线如何（相同的例外情况），P 即为市场价格。通常情况下，两条线都不是水平直线，任意一条线的移动都会使价格发生改变。

"价格由对消费者的价值和生产成本共同决定"，这种说法在更为复杂的意义上同样成立；在某种意义上，"价格既等于对消费者的价值，也等于生产成本"——即使在水平供给曲线、价格完全由供给决定的极端情况下，结论依然成立。

为什么上述说法是正确的呢？如果我们所说的价值和成本是指边际价值和边际成本，这个结论就是正确的。面对以价格 P 购买任意数量商品的机会，消费者选择消费的商品数量对应的边际价值恰好等于 P。第四章已经说明了这一点：我们从消费者的边际价值曲线中推导出了需求曲线。因此，价格等于价值——不是因为价值决定价格，而是因为（可以买到的商品）价格决定了（消费者选择消费的）数量，而消费量决定（边际）价值。换个角度来看，如果生产者能够以价格 P 生产任意数量的产品，他就会一直增大产量，直至其边际生产成本（劳动力的边际负价值除以每小时的单位生产量）达到 P。第五章已经阐明了这一点，第九章将进一步解释：如果不是个体生产者，而是一个企业，此种机制是如何运作的。因此，价格等于成本，并非因为成本决定价格，而是因为（生产者可以出售的）价格决定（生产的）数量，而数量决定边际成本。

在考虑单个消费者或单个生产者时,我们可以把价格视为既定的,因为他的消费行为或生产行为不可能对价格产生显著影响。但当我们考虑整个行业(由许多生产者组成)和整体需求曲线(由许多个人需求曲线组成)时,我们就不能这样做。市场价格是供需量达到均衡时的价格。这一价格下的供给量和需求量,决定了价格等于边际成本,也等于边际价值。需求曲线和供给曲线共同决定了价格和数量,数量(与供需曲线一起)决定了边际价值和边际成本。

提醒

我发现,学生们在理解本章的材料时,经常会犯两个微妙的错误。一个是有关需求的口误。他们很容易把"我的需求增加"理解为"我更想要它",但需求(或需求曲线)是作为价格函数的需求量曲线图。需求增加,意味着在任一价格下,你都比以前要得多——而不是你更想要它。你想要多少,取决于你的边际价值而非需求;此外,它还取决于你目前的拥有量。需求曲线和边际价值曲线的重合不是定义使然(它们的定义截然不同),而是如第四章所证明的那样。

另一个错误与供给曲线移动的原因有关。我们一般认为,价格是买卖双方讨价还价的结果,且双方都认为自己要的价是合理的。因此,我们很容易将征税后价格上涨的原因想像成如下场面:卖家告诉买家,"看,我的成本增加了,所以涨价对你来说是合理的吧。"买家回答说,"涨价合理这点我同意,但我不必承担全部税金,所以我们不妨各退一步——你将一部分税金转移给我,剩余部分由你自己承担。"

上述的虚拟对话与本章一直描述的相应过程毫不相干,也与价格的真实决定因素无关。之所以这样说,是因为我假设市场中的买家和卖家们不计其数,每个个体在决定买多少或卖多少时,都会视价格为给定的。因为他们明白,自己所做的一切都不会对价格产生什么影响。在这样的背景下,讨价还价根本没有用武之地。如果你非要认为我的价格不够公道,自然有其他懂得赏识的人争着来买;如果真的没有人愿意以我定的价格购买商品,那一定是我把市场价格搞错了。

当政府向生产者征税时,每个生产者都会修正他对产量的计算来使其符合他的利益。征税前,比方说价格为10元,生产者会不断增加其生产量,直至额外生产一个小装置的各项成本(时间与精力)之和达到10元;当纳税金额为1元时,他发现,新制一个小装置所获的收益仅为9元——小装置的10元减去纳税的1元。因此,他的处境与价格为9元且无税时的假设情形相同,所以他会把生产量降低到这一情形下本该生产的数量。他并不是在和任何人讨价还价,而仅仅是在变动的市场环境中不断实现自身利益的最大化。其他所有的生产者都采取了类似的行动——有的减少产量,有的则离开这个行业,转而生产其他种类的产品。(10元价格下的)供给量低于需求量,所以价格会上涨。价格不断上升时,生产者会增加产量,消费者也会减少消费量,只要这些变动都符合他们的利益。价格会持续上涨,直至生产者的目标产量与消费者的目标消费量持平。

· 习题 ·

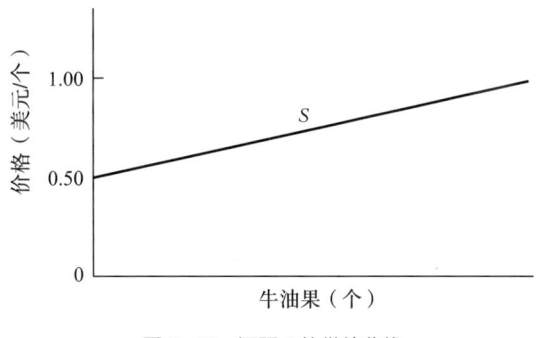

图 7-13 问题 1 的供给曲线

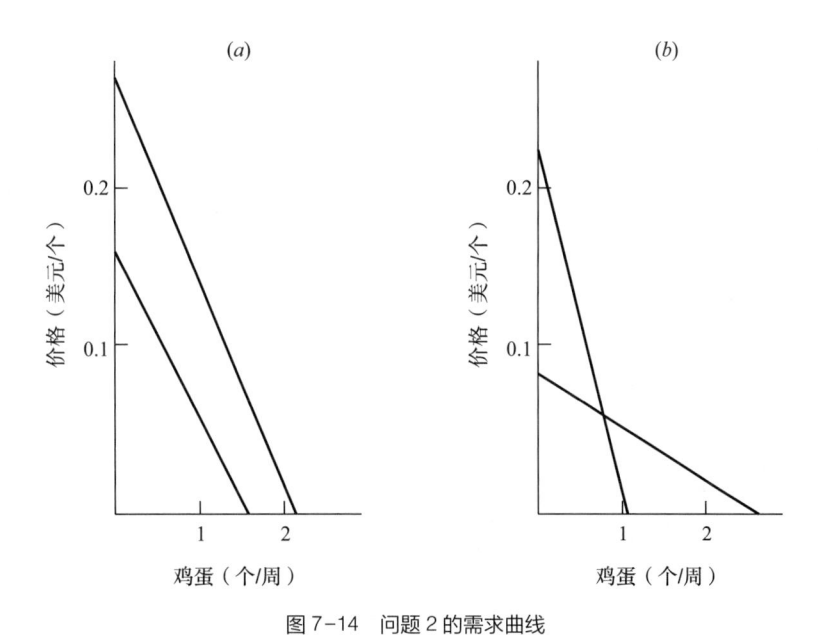

图 7-14 问题 2 的需求曲线

1. 图 7-13 是牛油果的供给曲线，牛油果被征收 0.50 美元/个的税，请画出新的供给曲线。

2. 图 7-14a 和 7-14b 分别显示了两个人的需求曲线，请各画出联合需求曲线。

3. 图 7-15 是花生酱的需求曲线，征收消费税后，每购买一罐花生酱必须向政府缴纳 0.4 美元，请画出新的花生酱需求曲线。

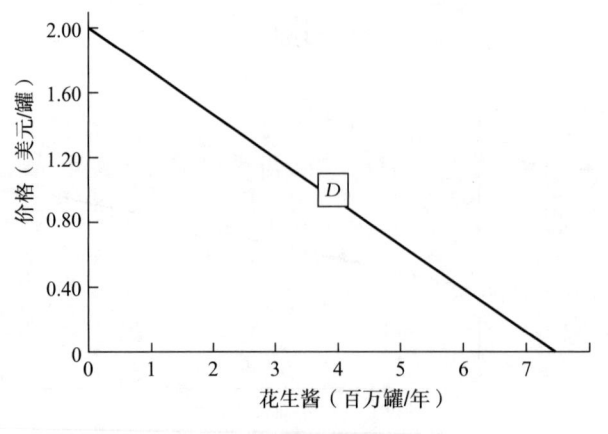

图 7-15 问题 3 的需求曲线

4. 图 7-16 显示了 1925 年马铃薯的需求和供应,请重新画图展示下列引文所述的变动,每个小题彼此独立并非连贯。可以假定引文的作者们对经济学的了解跟一般的报纸记者差不多。如果你想,你可以解释你的答案。

a. 1926 年,炸薯条的发明引起土豆需求的极大增加,其结果是提高了马铃薯的价格,价格的上涨增加了供给,促使价格再次回落。

b. 1926 年,恶劣的天气减少了马铃薯供给,使价格上涨,更高的价格减少了需求,从而使价格下跌。

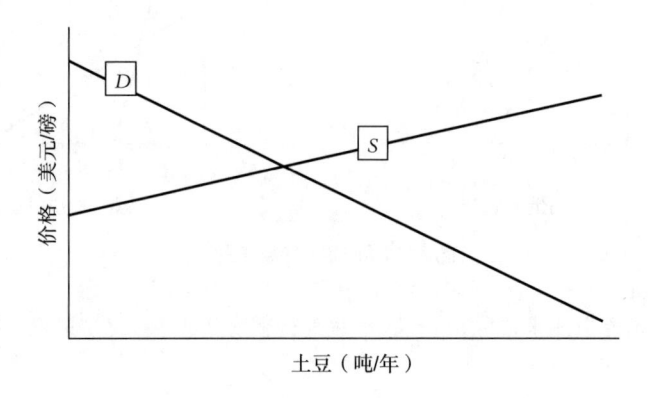

图 7-16 问题 4 的供给和需求曲线

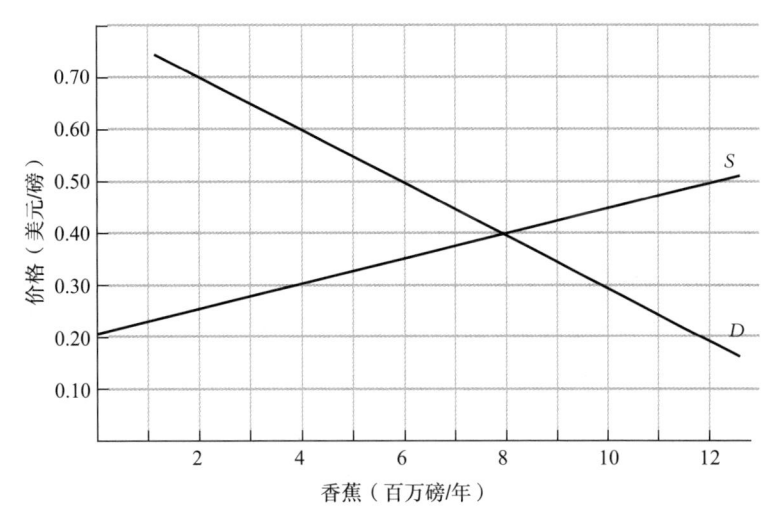

图 7-17 问题 5 的供给和需求曲线

5. 图 7-17 是香蕉的供给和需求曲线。

   a. 均衡价格、数量和总消费者支出是多少?

   对于 b-g,回答下列问题:

   i. 香蕉的均衡价格、数量、消费者支出是多少?

   ii. 与 a(无税)相比,消费者的境况变好多少或者变坏多少? 对生产者呢?

   iii. 政府得到多少收入?

   b. 消费者必须为香蕉支付 0.10 美元/磅的税。

   c. 生产者必须为香蕉支付 0.10 美元/磅的税。

   d. 消费者获得生产者支付的 0.10 美元/磅的税。

   e. 生产者和消费者各付 0.05 美元/磅的税。

   f. 政府要求所有的香蕉都要贴上采摘日期的标签,导致生产者的成本增加0.08 美元/磅。价格为 P 的无标签香蕉和价格为 P 加 0.05 的有标签香蕉,对消费者来说无差异。

   g. 除了生产者的成本变成 0.03 美元,对消费者的价值是 0.08 美元,其他同 f。

6. 征税能否降低消费者在香蕉上的总支出,同时又损害消费者? 如果是,请举例说明,并解释。(注意:b-g 都是独立的,每一题都从相同的初始情况开始,有一定改变,然后评估结果。)

7. 在供给曲线完全有弹性的情况下,计算税收的影响;也计算需求曲线完全有弹性的情况。

8. 需求和供给的价格弹性与生产者的超额负担之间有什么关系? 用与图 7-5a

至 7-5f、7-10a 和 7-10b 这种类似的图来证明你的结果。

9. 图 7-6 中的 P_2 和 P_3 与图 7-8a 中的 P_2' 和 P_3' 之间的确切数学关系是什么?

10. 我断言,通过一些努力,我们是能够想出一种情况,让对租赁合同的限制实际上有利于房东但有损于租客的。请想出来。你应该假设对于每一个数量,需求曲线的上移幅度小于供给曲线(规定限制使得房东付出的代价大于对租客的好处),但你不需要假设这种转移沿曲线均匀移动。

11. 社会保障金一半由雇主支付,一半由雇员支付,你认为这种分担的意义是什么?如果完全由雇员支付,或完全由雇主支付,或以其他方式分担,情况会有什么不同?请论证你的答案。

12. 你认为目前社会保障金在雇主和雇员之间的分担为何存在?

13. 在讨论人力车过剩问题时,我声称顾客付给人力车夫的高价是顾客的成本,而不是车夫的收益,请解释。

第八章 宏图

解释经济体

在前几章,我将经济体描述为一个复杂且相互依存的系统,并计划通过分别解释其中各部分来理解整个系统。我已经这么做了,至少是将其用在了一个简单经济体上。这些部分包括消费者、生产者以及二者相互作用的市场。在第三、四章讨论消费者行为的过程中,我们知道了个人需求曲线——显示了每一价格下消费者会购买的数量——是如何因消费者努力实现自身目标而形成的。个人需求曲线的形状取决于个人偏好、收入水平和其他所有商品的价格。一旦获得每个消费者的个人需求曲线,就可以将其加总,得出市场需求曲线。

第五章用相似的论证推导出了供给曲线。不同之处在于,我们引入了一个新元素——"生产函数",即特定生产者在生产活动上花费的时间与其生产数量之间的关系。在第五章,生产函数以图表的形式,表示了生产者生产各类商品组合的速度。生产者将自己的时间投入生产,卖出商品以换取货币,进而再以消费者的身份,用这些货币来购买自己期望消费的商品。

同大多数经济学一样,在本书中,货币也不是分析过程中不可或缺的要素,尽管它让分析更易于呈现。即使是基于以物易物(即个体用其生产的物品直接与他人进行交换)的贸易方式,我们也能使用本质上相同的方式来分析生产与消费的过程。唯一的区别在于,无论是对我们这种"局外人"而言,还是对身处市场环境中的"局内人"而言,以物易物的经济体系会更为复杂。如果我们不讨论苹果、烹饪菜品或是修剪草坪的价格,就必须讨论以菜品衡量的苹果的价格,或是以橘子衡量的修理草坪的价格,这会让我们对经济体的运行与其参与者的生活的描述变复杂。

从个体交易者的角度来看,以物易物的另一个复杂之处在于**双重巧合问题**(double coincidence problem)。在一个存在货币流通的经济体中,个体可以将其生产的物品售卖给另一个体,并用所得货币从其他个体处购买他想要的物品。但在以物易物的经济体中,交易者必须找到一个既持有他想要之物、又钟意他持有之物的交易对象。在截至目前几乎所有的分析过程中,我有意忽略了与某个市场有关的**交易成**

本(transaction costs)——寻找交易对象和讨价还价。这种有用的简化分析在以物易物的市场中根本行不通。

在从有关消费的章节中得到需求曲线和消费者剩余,以及从有关生产的章节中得到供给曲线和生产者剩余后,我们在第七章中将二者结合起来,用以描述市场价格的决定过程:它们是如何为供给和需求的变动所影响,以及相应的变动又如何影响消费者和生产者的福利。我们现在拥有了经济体的所有组成部分——供给、需求及其组合。让我们看看能否把它们整合起来。

整合在一起——首次尝试

将上述不同部分整合在一起似乎很简单。我们先从个体偏好(用无差异曲线或效用函数表示)和个体生产物品的能力(用生产函数表示)入手;进而由消费者偏好及其收入水平推导出需求曲线,由生产者对闲暇与收入的偏好及其生产函数推导出供给曲线;再从需求曲线和供给曲线的交点得出价格(和数量);最后大功告成——从偏好和生产函数中推导出价格和数量。

但实际并非如此简单。供求曲线的交点给了我们价格,个体生产和出售的物品的价格给了我们收入。但其实我们需要从收入入手,因为收入才是决定需求曲线的因素之一!

如果我们不再讨论总体意义上的价格,而是讨论具体商品的价格,同样的问题也会出现。比如,我们通过供给曲线和需求曲线推导出了小装置的价格;又以同样的方式推导出了饼干的价格。但是,影响小装置需求的因素之一就是饼干的价格(如果饼干很便宜,相比于小装置,你更愿意把钱花在饼干上)。当然,我们可以调整一下二者的顺序,但如此一来,小装置的价格就成了影响饼干需求的因素之一。

为什么我们会认为一种商品的需求曲线取决于另一种商品的价格呢?原因有两个:其一,不同商品在消费过程中很可能是相互关联的,即所谓的**互补品**与**替代品**。比如,面包与黄油通常会相互搭配,因此,面包对于消费者的价值,部分取决于黄油的价格,反之亦然。你对面包的需求曲线会随着黄油价格的下降而上移,因此,面包和黄油是互补品;火车和飞机提供同种类型的服务——交通运输,当机票价格下降时,消费者对铁路旅行的需求曲线也会下移,因此,火车和飞机是替代品。

当描述一个高度简化的经济体时,我们也许会假设上述可能性并不存在。如第四章大部分内容所述,我们可以将分析过程局限于某一类人,对他们而言,一件商品的有用性并不取决于他们对其他商品的持有量;在后期分析中,我们可以再次引入上述复杂假设。换言之,在现阶段,我们可以假设,个体的效用函数只是许多小效用函数的总和——苹果的效用(只取决于苹果的拥有量),加上橙子的效用,加上水的效用,加上……还有一种相互依存的关系没有那么容易处理。一件商品的需求曲线与其边际价值曲线重合,这告诉我们多少钱(美元)等于多少新增单位的该商品。但是钱对其他可用它买到的商品来说也具有价值,所以钱的价值也取决于那些商品的价格。如果所有商品的价格都下降,一单位某一商品依旧等价于相同数量的其他商品,但等于更少的美元,所以一件商品的需求曲线取决于可以用钱买到的其他商品的价格。如前所述,所有商品价格的下降等同于收入的上涨,并且这一变化对于任意商品的需求曲线都有类似的影响。

在考虑一种商品的价格决定因素时,一种简单可行的方法是:将其他所有价格视为既定,从而分析某些变化对该商品的需求或供给曲线的影响。但在理解相互依存的整体经济系统时,上述方法就不再适用。因为每个价格都受其他价格的影响——这种影响可能是直接的,比如某商品的价格可能会影响其他商品的需求曲线;也可能是间接的,比如某商品通过改变生产者的实际收入来影响其他商品的供给和需求曲线。

把果冻钉在墙上①

组成经济系统的不同要素之间相互依存并非新鲜话题,它不过是我们曾碰到并处理的某个问题的复杂版本。错误就在于,认为在解决了这个问题的各个部分之后,就可以依次将它们组装成一个整体——所以我们会先解决系统的一个部分,然后再解决另一部分,再……第七章所讨论的鸡蛋市场就是这一错误的简化案例——当时我试图分阶段解决问题:在每一阶段,我处理系统的某一部分,而忽略了其余部分的影响。我的分析始于给定的鸡蛋产量,然后找到一个使该数量等于消费者希望购买的数量的价格。在这一步,我是在求解价格,而该价格必须满足在那个价格下需求量等于产量这个条件。下一步,我要求出这一价格下所生产的数量;换言之,给定产量等于生产者选择生产的数量这一条件,我需要用上一个阶段推导出的价格来求出相应的数量。如果我求出的是一个异于已知生产数量的值,我就必须推倒重来——回到第一步对需求端的分析,求出一个新的价格,再重新分析供给端,求出新的数量……上述的逻辑混乱之处在于,在解释相互作用的系统时,每次只关注了一个方面,而忽视了其他方面的影响。

---

① 比喻一件不可能的事情。——译者

解决这一问题的方法是停止将经济系统看作一个相互传导的机制,转而寻找均衡点。均衡点就出现在某个使供给量等于需求量的价格与数量的组合上。在更为复杂的整体经济情况下,我们也将遵循与之本质相同的思考程序。

整合在一起——再次尝试

我们要解决的问题是:如何从个人偏好与生产函数出发,推导出完整的均衡价格与均衡数量组合集。首先第一步,我们可以将每种商品的价格整理成列表,这个初始列表仅仅是个初步猜测,包含一系列随机抽取的价格(即价格列表)。

由于每条供给曲线由生产者想要购买的商品的价格和他所能出售的商品的价格(以及我们已知的偏好和生产函数)共同决定,我们可以算出所有的供给曲线。其次,任何商品的供给量由供给曲线及该商品的价格共同决定,因此我们可以算出每种商品的供给量。此外,收入由生产商品的价格和数量共同决定,所以我们可以算出每位生产者的收入。再次,任一商品的需求曲线由(消费者作为生产者所获得的)收入和(其他商品的)价格共同决定,因此我们可以算出所有的需求曲线;最后,任何商品的需求量由需求曲线和该商品的价格共同决定,因此我们可以算出每种商品的需求量。

因此,从偏好、生产函数与价格列表出发,我们可以计算出每种商品的供给量和需求量,并两两进行比较。如果列表中每件商品的供给量和需求量都相等,我们就得到了正确的、用以描述系统均衡状态的价格列表。若它们不相等,我们就另选一系列价格,重新进行计算。如此往复,直至找到合适的一列价格为止。其逻辑顺序如图8-1所示。

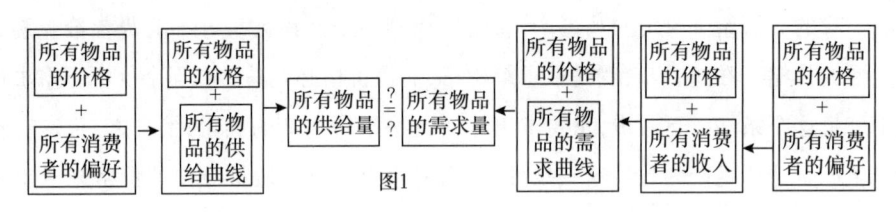

图 8-1 如何求解一个经济体

从所有商品的价格、生产函数和所有消费者的偏好开始,我们可以得出供给量和需求量。如果所有商品的供给量与需求量都相等,那么初始价格集就描述了一种可能的市场均衡——该经济体的解。

在实践中,上述寻找正确答案的方法是效率低下的,就好比把一千只猴子放在一千台打字机前,等待其中一只碰巧打出整篇《哈姆雷特》。但可能第一个一百万年过去了,它们还只能打出"To be or not to be, that is the grglflx"①这样的语句。事实上,只要能对每个人的偏好和生产能力作出清晰的描述,我们完全具有更加高效的方法——把它转化为一般的数学问题,使方程组所含等式的个数等于未知量的个数(由 n 条 n 元方程式组成)。上述简单的鸡蛋案例只是含有两个未知数(数量和价格)的两个方程式(数量等于生产者在此价格水平下的生产量;数量等于消费者在此价格水平下的需求量)。一个含有两个未知数的问题可以在二维空间中解决,这刚好符合我们所具有的条件,因此我们能够用图求解,即找到两条曲线(供给曲线和需求曲线)的交点。

我已经讲述了解决经济问题的正确方法和错误方法,由于行文较快,你可能只注意到了后者而忽略了前者。为此,我再重申下结论:

要想求解一个经济体,必须找到一组价格,使所有商品及服务的需求量等于供给量。

这一简单结论——与之前上百页的表述形成了鲜明的对比——可能会让你想起那句"大山生了只小老鼠"②。但如果没有这一百多页,我们就不会知道价格(与偏好)是如何推导出供给曲线和需求曲线的,也不知道供给曲线和需求曲线是如何决定价格的。

在真实世界中,即便是求解一个非常简单的经济体,也会涉及数千个方程式;而在具体实践中,即使是用高等数学和现代计算机,这一问题也无法得到解决。但分析重点并不在于解决实际经济问题并得出一组价格和数量。即使我们知道怎样求解等式,但由于我们并不知道每个人的偏好和能力,等式的具体表达形式也就无从得知。我们观察到的是价格和数量,是解决方案,而不是问题。分析的重点是了解系统内部是如何相互联系的,进而了解任一变化(关税、税收、法律、发明)是如何影响整个系统的,同时也让我们领悟到万物互联这一逻辑结构的乐趣所在。

你可能会认为,如果我们不具备"解"所需要的信息与计算能力,就无法理解一个经济体。但正如我试图在第一章阐明的,经济学家并不想知道人们的目标是什么,而只想知道人们理性追求其目标所产生的结果是什么。现在我还要补充一点:经济学

---

① 此处借用了莎士比亚作品《哈姆雷特》中的名言"To be or not to be, that is the question",只不过作者故意将"question"拼写为"grglflx",意指即便过了一百万年,猴子也无法正确打出这一句子。——编者
② 原文为"The mountain that gave birth to a mouse",出自古罗马诗人贺拉斯的《诗艺》,讽指"虎头蛇尾,令人失望的事"。——编者

家也并非生产技术方面的专家。

如果仅凭不能实际求解经济体(即预测完整的价格与数量组合)就否定经济学的用途,那我们不妨回顾一下我们已经做过的工作。到目前为止,本教材已至少包含四个明显反直觉的结果:(1)影院老板通过以成本价出售爆米花来实现自己的利润最大化;(2) 对一个国家或一个个人来说,擅长生产某样东西,逻辑上就等于不擅长生产其他东西(比较优势原理);(3)生产者或消费者的纳税成本不受纳税主体的影响;(4)看似"有利于租客"的法律限制条款要么形同虚设,要么对双方都有损害。上述结论没有一个取决于我们对真实世界中需求或供给曲线的理解,也不取决于推导出这些曲线所需的偏好与能力。

经济学并非唯一无法解答其研究系统的科学。三体问题——根据牛顿物理定律确定受万有引力影响而相互作用的三个物体之间的运动规律,也未得到解答,但这并不妨碍天文学家利用物理学来了解太阳系:他们已经在太阳系中发现了 8 颗行星、1 颗恒星与不计其数的卫星、彗星和小行星。

选读部分

局部均衡与一般均衡

我们在第七章所做的那种经济学,是经济学家口中的局部均衡分析;我们分析了市场变化对某一种商品(无论是小装置还是公寓套间)的影响,而忽略了它对其余商品的影响。而在这一章所做的,被称为一般均衡分析。通过这种分析,我们知道如何从原理上求解一个经济体。

无论是在本书还是在其他地方,绝大多数经济分析都属于局部均衡;假设我们感兴趣的仅仅是对一个或有限几个商品的影响。很多情况下,这种假设是合理的——并非因为它准确无误,而是因为它可以引出正确的结论。

考虑某一变动使得一种商品的需求或供给曲线发生移动。如第七章所述,其结果是改变了商品价格、生产量以及购买量。这种变化发生后,消费者几乎不可能在新的价格水平之下花费同原有价格下一样的金额。

如果消费者在价格发生变化的商品上增加(或减少)花费,那么他就必须在其余所有商品上减少(或增加)花费。因此,这些商品的需求量都会发生变化,所以最初的假设,即只有一种商品受到影响,就是错误的。

正如构建经济学的那些基本假设一样,上述假设虽然错误,却有用。在大多数情况下,这种影响会分散到众多商品中去,结果是每种商品所受到的影响都微乎其微(但在两种商品是高度替代或高度互补的特殊情况下,这种影响就会比较显著,这就是为什么替代品或互补品必须放在一起研究的原因)。价格的微小变动对总剩余——消费者剩余与生产者剩余之和——产生的影响大致可以忽略不计。粗略地说,涨价 0.10 美元所带来的影响并不是涨价 1 美元影响的十分之一,而是百分之一。原因是,当价格上涨时,大部分消费者剩余的损失会转化为生产者剩余的增加;只有随着生产和消费数量的减少而导致的(消费者和生产者)那部分剩余的损失才是净损失。由于涨价 1 美元对应的数量减少大约是涨价 0.10 美元的 10 倍(如果相关曲线是一条直线,则正好是 10 倍),且减少每单位消费所对应的平均消费者剩余损失也约为 10 倍,因此,它们的乘积(总剩余的减少)即为 100 倍。

从上述论证可以得出,尽管某种商品的价格与数量的变化会导致另一商品的价格变化 1 美元——这一影响可能是显著的,但如果将这 1 美元的价格变动均分至其他 10 种商品上(即每种商品的价格变动 0.10 美元),那么这种重要性就会大打折扣,更不用说将其均分到100种商品上了(每种商品的价格变动0.01美元)。由于这种影响通常会被分摊到上千种商品上,忽略它们的存在通常是合理的。这也是一种证明局部均衡分析合理性的理由,并且你也许已经意识到了,一般均衡分析通常要难得多。

这一章真的是必要的吗?

在本章中,我先用大量篇幅阐释那些"不那么正确"的经济学分析方法,接着解读相应的"正确范式",最后却又说明了为何我仍将使用这种不甚正确却又更为简便的分析方法。看起来,即使将这一章全部删除,也丝毫不会影响到整本书的行文逻辑,还会节省读者的阅读时间,使其免受困惑。从这种意义上讲,这一章的确没有存在的必要;其他章节并无需要依靠本章内容才能解决的问题,本章也没有课后习题。

本章——和其他看似一样没必要的复杂化章节——之所以存在,是因为我坚信,对学生撒谎是种糟糕的教学方法。如果我要教你们一种经济分析的特殊方法,我理应指出它存在的问题及矛盾——正如我在本章所做的——而非一略而过,敷衍了事。被我用来证明自己经济学方法合理性的论证,实际上只是更为复杂的论证的一个梗概,你们中那些立志成为经济学家的人可能会在几年后再次遇到这种复杂的论证。本书的剩余部分,我都只限于使用局部均衡理论;而本章的目的就是解释我为什么这么做。

中场休息

迄今为止我们做了什么

在本书第一篇，我将经济学定义为一种理解人类行为的方式，这种方式基于一个假设——人们有自己的目标并倾向于选择正确的方法来实现它们。紧接着，我又增添了几个额外要素：(1)假设人们的目标相当简单；(2)基于显示性偏好定义价值；(3)主张所有我们认为有价值的物品都具有可比性。在第二篇，我用经济学分析了个体行为，以说明在一个简单经济中，价格与数量是如何被决定的。这两部分的关联可能并不总是显而易见；尽管第二篇应用了第一篇的观点，我通常不会中断分析来指出某处所应用的假设或定义是什么。但既然我们正处于某个中途点——完成了对简化经济的分析，即将跃入更为复杂的知识海洋，于此处回顾我们已完成的工作并找出其中的联系，是十分合适的。

有关理性的核心假设，即人们倾向于选择正确的方法来实现他们的目标——已在第二篇被广泛应用。我们反复使用的方法是：首先，弄清楚一个理性的人会如何行事，即如何最好地实现他的目标，然后把这个结论推广到其他人。

比如，在对生产进行分析时，我们首先要算出符合生产者利益的产品是什么，进而断定那就是他将会生产的物品。接着，给定他的偏好，我们要算出符合他利益的产量是多少，并断定那就是他所要生产的数量。同样，在对消费的分析中，需求曲线等于边际价值曲线，因为个体会采取使其净收益最大化的行动。在对贸易的分析中，个体只会进行对其有利的交易，且只要交易对双方都有益，交易就会持续下去。

第一章所讨论的理性假设，其内容之一就是人们具有相当简单的目标。虽然很少被提及，但在第二篇，我们也多次应用了这一假设。比如在第三章讨论预算线与无差别曲线时，我假设人们拥有金钱的唯一理由是获取钱能够买到的东西。比如，在讨论最优商品组合的位置时，我假设个体会花掉所有的收入——毕竟，把钱花掉才是金钱的唯一用途（我们没有考虑个体为未来储蓄的可能性，因为我们假设的是一个每天都在重复的静态世界）。有人会想到，现实生活中存在着大量甘愿少消费多存钱的个体，所以上述假设并不合常理，但请记住，我们永远也无法搞清楚人们应该想要什么。

经济学处理的是人们真正想要的东西的后果。我忽略储蓄行为这种可能性,并非因为它有违常理,而是它不符合"人们的目标相当简单"这一假设。

当讨论收入效应与替代效应时,我再次假设人们想要金钱仅仅是为了消费。你可能还记得,我曾断言,如果你的收入翻倍且你所消费的一切的价格也翻倍,那么你的境况并没有得到改善。但假设在你生命中的某一刻,你突然产生了想要成为百万富翁的念头:你想要的并非是某一水平的消费,而是你拥有一百万美元这一事实。如果是这样,那么将所有收入和全部价格都提高一倍会使你更易达成此目标。但我假设不存在这样的情况,因为它同样违反了"目标相当简单"这一假设。

在第二篇,我也使用了基于显示性偏好的价值定义。有些人可能会说,这是显示性偏好,不代表理性,在显示性偏好之下,需求曲线等价于边际价值曲线;你的价值是通过你在任一价格下选择消费的数量(即需求曲线)来显示的。显示性偏好原理和理性假设是紧密相关的;如果我们不相信"人们倾向于选择最有利于实现其目标的行为",就很难从他们的行为中推断出他们的目标。如果你认为一个苹果的价值是1元,那就意味着你会在1个苹果与低于1元的货币之间选择前者,在1个苹果与高于1元的货币之间选择后者。因此,你会不断增加对苹果的消费,直到它对你的边际价值等同于它的价格。由于在任一价格下你都会这样做,因此,代表你在任意价格下的购买量的图形就等同于代表你在任意数量下的边际价值的图形——因此需求曲线和边际价值曲线是相同的。

显示性偏好还出现在推导消费者剩余的过程中。在第四章,消费者剩余和理性的结合,被用以证明这样一个论点:为了获得利润最大化,影院老板会以成本价出售爆米花。这一论点基于此种假设:消费者在决定愿意花多少钱购买电影票时,会理性地将爆米花的价格计算在内。然而在有关爆米花问题的课堂讨论中,我发现学生们通常不愿意接受这一点;他们宁愿相信消费者会(非理性地!)忽略爆米花的价格,仅凭票价来断定电影是否值得他们花钱。或许如此。将经济学应用于(解释)任何形式的行为是一个实证问题。我所说明的是,当把经济学的假设应用于影院爆米花这一问题上时,针对它高昂价格的显而易见的解释就是错的。

理性假设被再次应用在了爆米花问题上,这次是针对影院老板,而非其顾客。如果对影院老板而言,理性策略就是按成本价出售爆米花,那么他所做之事就是理性。但在实际观察中,影院老板所售卖的爆米花价格显然比其生产成本要高得多,这让我们感到困惑。人们也许会自然推断出:经济学是错误的。在第十章,我希望能够说服你:针对这一困惑仍存在更合理的解释。

在第一篇,我们还讨论了另一个经济学观点——可比性,即在我们所珍视的每一件好物品中,没有一件与其他好物品相比是无限重要的。虽然我们从未在第二篇提及可比性的概念,但它隐含于我们在第三、四、五章所描绘的表格和图形中。想象一下为两种物品绘制无差异曲线,"必需品"(need)A 在横轴,"一般需要品"(want)B 在纵轴。由于再多的 B 也无法弥补 A 的微小下降,所以无差异曲线是垂直的。但是垂直的无差异曲线意味着 5 单位 A 和 5 单位 B 的物品组合,与 5 单位 A 和 10 单位 B 的物品组合,对你来说没差别——但这与你珍视 B 是前后矛盾的。我们也可以分析这一情况——但不能使用无差异曲线。

我已经举了一些例子来说明第一篇的假设如何被应用于第二篇的分析中。这些假设会继续被用于本书的其余部分;如同在第二篇,我只会偶尔指出哪些假设对应哪些论证。写作本书带给我的启发之一是,经济学远比我想象的要复杂得多。在这样一个错综复杂、相互联系的思想体系中,指出每一处联系会让分析难以进行下去。因此,绝大部分用于找出不同组成部分是于何处、以怎样的形式联系起来的工作,将由你自己来完成。

这并非全然是坏事。据我的经验,只有当我出于自己的目的弄明白一些问题时,我才有可能真正理解它们。阅读或讲座可以告诉你答案,但在你亲自将逻辑图案在脑海里拼接起来之前,你所读或所听到的仅仅只是文字。

下一步的行动

至此,本书的前半部分将告一段落。下半部分将致力于拓展和应用到目前为止我们所理解的思想。在第三篇,我将在我们的简单模型中引入一系列复杂化要素。首先,第九章会考虑公司的存在——作为最终生产者和最终消费者之间的中间商——于前者处购买生产服务进而向后者出售消费品;接下来,在第十章,我会去掉下述假设:在我们所研究的市场中,个体生产者和消费者所占份额非常小,以至于他们的决定无法对市场价格产生重大影响;这让我们转向对垄断和相关复杂问题的研究上——包括第十一章的策略性行为以及分析这些行为的博弈论;在第十二章和第十三章,我在分析中加入了时间和不确定性,从而让我们所分析的世界显著贴近我们所生活的世界。最后,在把理论扩充到容纳了真实经济体的复杂化要素之后,我将于第十四章运用其来回答经济学家常被问及的一个问题:在市场经济中,收入分配是如何被决定的。

在第四篇的开头,我明确了"经济福利""效率""合意性"标准,以及在讨论消费者剩余和生产者剩余时，所介绍或至少提及的类似标准。接着，我会说明上述标准如何被用于评判各种不同的经济安排。在这一主题以及去掉"价格自由变动以实现供求平衡"这一常规假设的拓展之上，我会讨论市场运作受各种干扰的影响（某些影响已在前述章节中触及了）。

在第十七章"市场干预"的末尾，你或许会留下这样的印象：市场是一个完美的机制，足以满足我们的欲求，对市场的自然运作的干预缺乏正当的理由。在十八章，我试图通过讨论"市场失灵"来驱散这一印象。市场失灵（市场未能遵循我们的假设来运作的情况），常常隐性地导致市场未能按照我们所预想和希望的那样发挥功能。这一章实则是对第一章下述论点的延伸——个人的理性行为不一定导致群体的理性行为。

到第四篇的末尾，本课程的全部重要思想就都涵盖了。第五篇是对这些思想的应用。其中一些应用是常规性的，比如第十九章对关税影响的分析和第二十三章对通货膨胀和失业的讨论。更多的则是我认为极其有趣的一类案例——例如运用经济学分析我们绝大多数人都会身处其中的约会、性以及婚姻市场，或者解释为什么芝加哥人的房子会比洛杉矶人的更暖和，再或者对盗窃进行经济分析。

在本书的最后一章，我将会讨论如何进行经济学研究，学习经济学的好处是什么——除了通过一项课程（考试），你为什么应该学习我想要传授的知识——以及经济学家都在做些什么。

第三篇

复杂情况：走进现实

第三编

身言书判：士庶选贤

第九章　企业

之前我们都是在这样的语境下讨论生产的：一个人将其时间用于提供某种服务，如割草。尽管这有助于初学者区分生产和消费，却忽略了生产的两个重要特征：其一，生产一种产品需要使用一种以上的投入品；其二，生产过程需要多人合作。本章我们将探讨在企业（firm）——将各种投入结合起来转化为某种产出的一群人——这种更加复杂组织形式下的生产。

企业为什么会存在？第六章的图6-5和6-6已给出部分原因。因为比起单独行动，合作生产的两个人能为自身谋得更多利益。第六章中的这种合作是通过贸易得以实现：个体各自独立生产，但在决定生产多少时，会把自己所生产的产品与其他物品进行交换的可能性考虑进去。在一个企业中，这种合作则更为紧密。通常是多人通力合作，生产一种物品。选择这种生产方式最显而易见的原因是可以生产得更多。这很大程度上是劳动分工的结果——相比每个人都完成整个生产程序，每个人专门从事自己擅长的生产程序的某一部分，总体生产效率要高得多。无论技术多么纯熟、装配多么精良，我们也很难想象一个工人在一年之内独自组装一整辆汽车；然而在汽车厂的生产流水线上，平均每名工人每年都能生产好几辆汽车。

在汽车生产中，分工不仅存在于企业内部，还存在于不同企业之间，例如通用汽车公司并不生产其汽车钢板。不妨想象一下，如果社会实现了高度分工，那么所有分工都将存在于企业之间，每个企业只从事生产程序的一部分，甚至每个企业可能只有一个人。这种可能性以及由此产生的困难，将会在本章选读部分进行讨论。

在讨论消费时，我们把个体简化为一组偏好集合，他所处的决策环境简化为一组价格集合和一个预算约束。在讨论企业时，我们遵循类似的分析思路。我们从生产函数——描述企业将投入（劳动力、原材料、资本）转换为产出的方程开始；为便于讨论，我们不妨假设，每个企业只生产一种产品。生产函数与"利润最大化"假设共同刻画出企业的一般特征：企业所面临的投入和产出的价格共同刻画出企业的决策环境。二者的结合为我们刻画出企业会做出怎样的决策：企业选择生产多少，以及如何实现这一产出。

第一节 从生产函数到成本曲线

我们从生产函数开始讨论，它向我们描述了企业是如何将投入转化为产品的。我们可以将生产函数看作显函数 $Q(x_1,x_2,x_3,\cdots)$，其中 Q 代表产量，$x_1,x_2,\cdots$ 代表所有可供使用的投入品的数量；或者，我们也可以将生产函数看作一个巨大表格，列出所有可能的投入品的组合方式，以及每种组合方式的不同产出结果。表 9-1 就是一个陶罐生产企业的表格的一部分；表格下方给出了生产函数的显函数形式。在表 9-1 中，行表示在特定投入组合（即劳动力、资本与黏土的使用量组合）下，一年内可以生产的陶罐数量。

该表还列出了投入的成本；我们假设企业在市场中所占的份额很小，以至于其所买投入与所卖产品的价格是给定的，不受其购买量或销售量的影响。劳动力的价格是 10 美元/小时，黏土的价格是 4 美元/磅，资本的使用价格（严格来说，是租金）是 0.05/年。前两者的涵义是显而易见的，"资本的使用价格"则是指"利率"。如果利率为 0.05/年（更常见的说法是"5%/年"），那么，使用价值为 100 美元的资本一年就要花费 5 美元，即为了用投入组合 A 生产一个陶罐，你借钱购买一台价值 100 美元的机器使用一年（100 美元年资本）所需要支付的利息。在年底，你可以转售机器偿还贷款，或者将机器再保留一年，并使用这价值 100 美元年的资本来生产另一个罐子——但由于继续使用资本，你就必须再为贷款支付 5 美元的利息。即使机器用完后就归还，我们还是得把使用的资本看作一种投入。把企业的投入看作是由多少磅黏土和多少美元-年资本组成，以及即使用完后就归还，你还是得把用过的资本看做一种投入，这两点你如果觉得奇怪，那你可以想下适用此视角的第三种投入——劳动：在生产中投入的不是工人本身，而是工人的劳动时间，当工人干完活，企业就会把工人"归还"给他自己了。

企业必须弄清楚生产多少产品和如何生产。明智的做法是将难题划分为若干可操作步骤：第一步，任选一个产出水平，并根据生产函数和投入品价格，计算出如何以尽可能低的成本生产出该数量的产品。为此，我们要考虑到能产出该产量的所有投入组合。例如，在表 9-1 中，投入组合 H、I、J、K、L 和 Q 可分别用于生产 3 个陶罐。接着，分别计算每个组合的成本，计算方法与计算某个消费组合的成本是一样的：将每种投入品的数量乘以其价格，进而得出该投入品的成本。然后，将所有投入品的数字相加，得出整个组合的成本。上述过程如表格所示，用数学公式表示：

$$C = P_1 x_1 + P_2 x_2 + P_3 x_3 + \cdots$$

表 9-1

投入组合	劳动（小时）	劳动成本（10美元/小时）	资本（美元-年）	资本成本（0.05/年）	黏土（磅）	黏土成本（4美元/磅）	总成本（美元）	陶罐产量（个）
A	1.00	10.00	100	5.00	1.00	4.00	19.00	1
B	0.25	2.50	400	20.00	4.00	16.00	38.50	1
C	4.00	40.00	25	1.25	0.25	1.00	42.25	1
D	2.00	20.00	200	10.00	2.00	8.00	38.00	2
E	4.00	40.00	100	5.00	1.00	4.00	49.00	2
F	1.00	10.00	100	5.00	16.00	64.00	79.00	2
G	1.00	10.00	1600	80.00	1.00	4.00	94.00	2
H	3.00	30.00	300	15.00	3.00	12.00	57.00	3
I	9.00	90.00	100	5.00	1.00	4.00	99.00	3
J	4.00	40.00	100	5.00	5.06	20.24	65.24	3
K	4.00	40.00	225	11.25	2.25	9.00	60.25	3
L	1.00	10.00	8100	405.00	1.00	4.00	419.00	3
M	4.00	40.00	400	20.00	4.00	16.00	76.00	4
N	9.00	90.00	178	8.89	1.78	7.12	106.01	4
O	0.946	9.46	94.6	4.73	1.18	4.72	18.92	1
P	1.89	18.90	189	9.45	2.36	9.44	37.84	2
Q	2.84	28.40	284	14.20	3.55	14.20	56.76	3
R	3.78	37.80	378	18.90	4.73	18.92	75.68	4

$$产出 = 劳动^{\frac{1}{2}} \times \left(\frac{资本}{100}\right)^{\frac{1}{4}} \times 黏土^{\frac{1}{4}}$$

C 代表该组合的总成本。通常情况下，同一产出结果往往对应多个投入组合。例如，通过增加对劳动的使用，企业可以最大限度地减少浪费，进而减少对原材料的消耗。这种做法是否值得，取决于劳动力与原材料的相对价格。通过增加对机器的使用（其最终形态是资本——对于"资本"，我们要到第十四章才会理解得更为透彻），企业或许能够节省对劳动或原材料的消耗，或者两者都能节省。可供企业选择的原材料种类有很多（例如，在制造汽车时，塑料、铝和钢互为替代品），每种原料都有各种价格不同形式不同的种类。搞清楚如何生产 73 台电视机是一个极其复杂的过程，答案并不唯一，因为生产方法不计其数。然而，通常情况下，成本最低的方法只有一种，这正是企业所要寻找的。

在表 9-1 中，当我们将生产 1 个陶罐的所有投入组合进行比较，就会发现，组合 O 的成本最低；同样的，组合 P 是生产 2 个陶罐时成本最低的，Q 是生产 3 个时成本最低的，R 是生产 4 个时成本最低的。图 9-1 显示了表 9-1 所隐含的**总成本曲线**（总成本与数量的函数）。

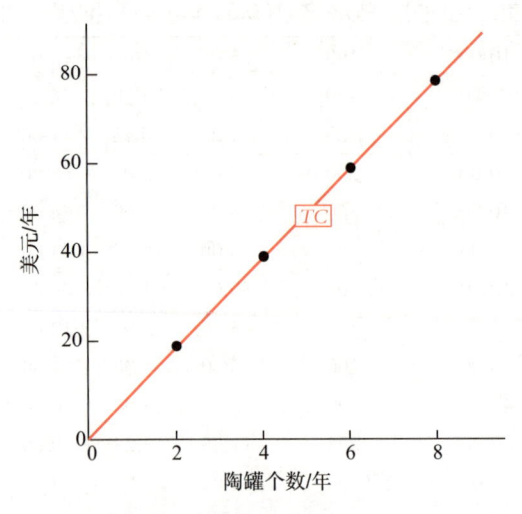

图 9-1　生产陶罐的总成本

该图表示每个陶罐产量下成本最低的投入组合的成本。

表 9-1 所展示的投入组合数量极为有限，因而我们根本无法判断是否找到了成本最低的投入组合，还是仅找到了表格所示的有限投入组合中成本最低的。这是用有限的表格表示无限的选择时所会碰到的问题。在本章选读部分，本书将展示如何利用微积分找出不同产出水平下成本最低的投入组合。当产出水平分别为 1、2、3、4 时，用微积分计算的成本最低的投入组合分别是组合 O、P、Q、R，这些结果略优于不用微积分所找到的最低成本组合 A、D、H、M。就算不用微积分，我们至少也能通过简单的试错，非常逼近完美理性的决策。

或许你已经意识到，利用表 9-1 来找出成本最低投入组合的方法，与第三章利用类似的表格来找出最优消费组合的手段十分相似。这两个问题有着近乎一致的逻辑。第三章比较了所有成本相同的消费组合以找出效用最大的那个；本章则比较所有产出相同的投入组合以找出成本最低的那个。

分析完生产函数，我们有两个分析方向可走：一是先将企业视为消费者并分析其行为，进而推断出其对钢铁、劳动及生产所需其他投入品的需求曲线；二是将其视为生产者与销售者，并分析其行为，以推导其产品的供给曲线。你将会看到，这两条分析路径是相互联系的，因为对企业而言，产品的售价是决定其对投入品的需求的一个重要因素。

投入品市场

几何分析 I：等产量曲线和等成本线。 在第三章，我们在认识到表格的样本局限性后，转而使用预算线和无差异曲线对问题进行几何分析。如图 9-2 所示，同样的方法也适用于分析生产。和分析消费一样，在二维图像中绘制的曲线只能同时显示两个变量。在这里，两个变量分别是用于生产陶罐的劳动和黏土。我们不妨假设只有这两个变量，或是其他投入品（比如资本）的数量是预先给定的。

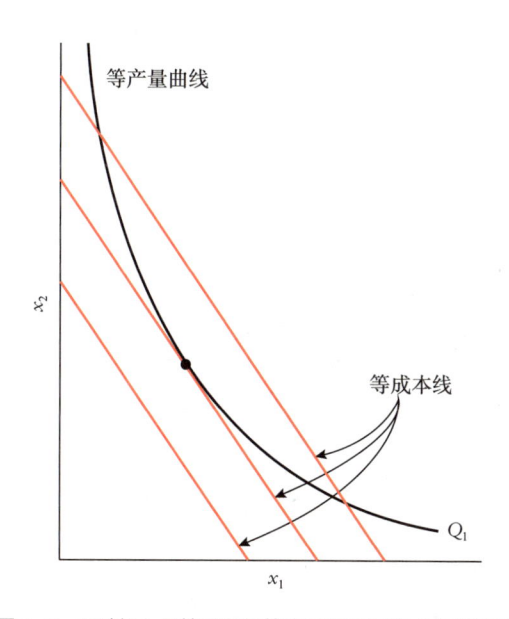

图 9-2 两种投入品情形下的等产量曲线与等成本曲线图

每条等成本曲线表示成本相同的不同投入组合。 等产量曲线，Q_1，表示生产给定产量所需要的不同投入组合。 等产量曲线和等成本曲线的切点代表生产给定产量的最优（即成本最低）投入组合。

在第三章中，个体消费者在预算约束下最大化其效用。在本章，企业在既定生产水平下最小化其"预算"（总支出）。上述两个过程本质上是相同的。在给定货币支出的条件下，个体消费者总是努力使自身所得（效用、幸福感、"目标"）最大化；在给定产出条件下，企业总是尽力使货币成本支出最小化。从企业的角度来讲，图 9-2 无异于第三章的无差异曲线图。

在图 9-2 中，等高线 Q_1 被称为**等产量曲线**（isoquant）。它向我们显示了能实现给定产量（73 个陶罐）的由两种投入品组成的不同投入组合。彩线被称为**等成本线**（isocost line），它表示在给定成本下所能买到的所有投入组合。等成本线是直线，与预算约束线是直线的理由相同；我们假设购买投入品的企业能够以不变价格购买任意数量的投入品，正如第三章中购买消费品的消费者一样。

第三章的图中有一条给定的预算线,我们要找到与之相切的位置最高的无差异曲线。而这里也有一条给定的等产量曲线,我们要寻找与之相切的位置最低的等成本线。这就是为什么第三章的图显示的是一条预算约束线和几条无差异曲线,而这里的图 9-2 显示的则是一条等产量曲线和几条等成本线。在第三章,解决问题的方法是找出与(预算)线相切的(无差异)曲线,最优消费组合在切点处。这里解决问题的方法是找到与(等产量)曲线相切的(等成本)线,最优投入组合即生产图中那个产量的成本最小的投入品组合,也在切点处。

假设企业已经找到生产某一产出的最低成本方案,无论产品是 73 台电视机,100

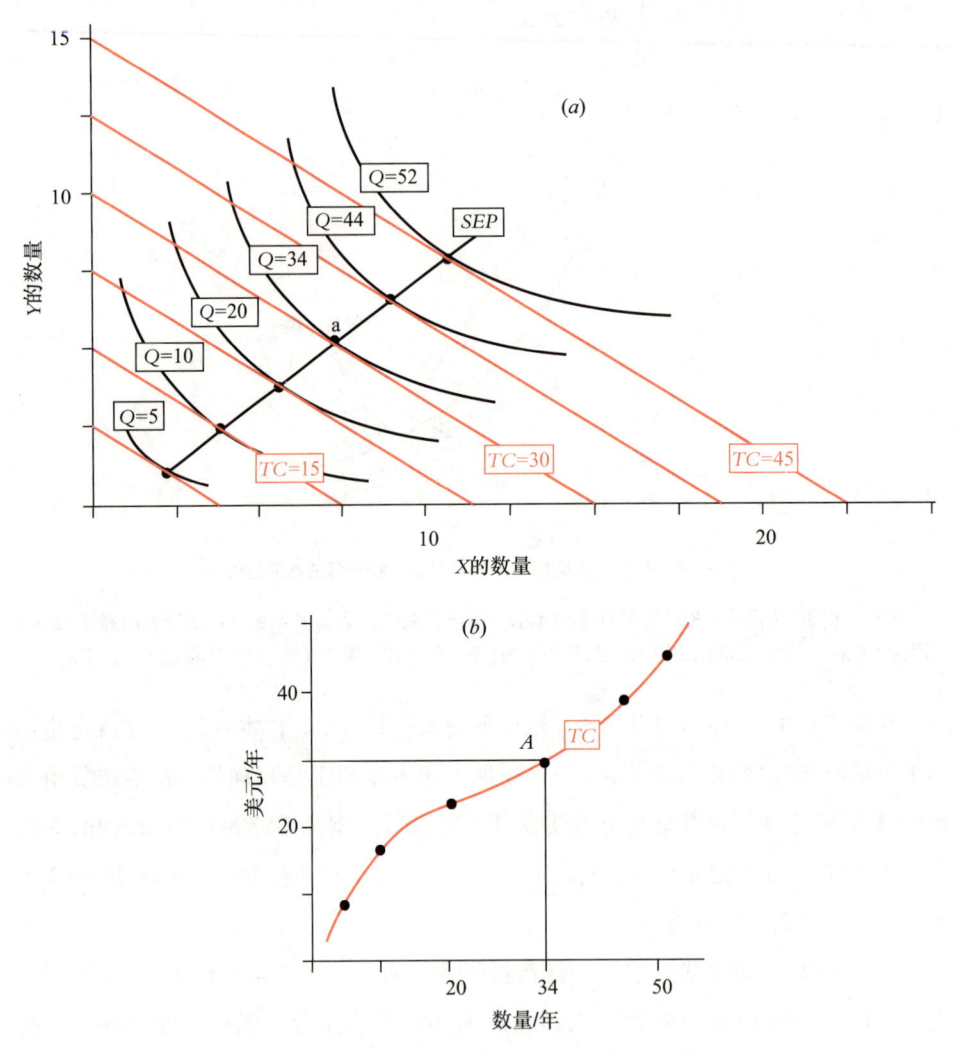

图 9-3 规模扩展路径及两种投入品情形下的总成本曲线

图 9-3a 中的规模扩展路径(SEP)表示在不同产出水平下的成本最低的投入组合;
图 9-3b 显示由此推导出的总成本曲线。

万辆汽车,还是3个陶罐。而对于其他在考虑范围之内的产出水平,我们重复上述计算过程(并得出结果):例如计算产出水平是74台、50台和900台电视机时的最低成本。完成上述计算后,生产函数就会转化为**总成本函数**(total cost function),用以显示任意产出水平所对应的成本。

图9-3a与图9-3b显示了当有两种投入品X、Y,且其价格分别为2和3时,生产函数是如何转化为总成本函数的。图9-3a已标注出所有的等产量曲线与某些等成本线。图中的切点代表不同产出水平下成本最低的投入组合。连接这些点的直线SEP是**规模扩展路径**(scale expansion funciton),表示随着产出的增长,对投入品X和Y的消耗将以何种方式增加。图9-3b展示了由此推导出的总成本曲线。例如,图9-3b上的A点显示,生产34个产品的总成本为30美元。它与图9-3a中的a点对应,其中a点是"生产34单位产品"所对应的等产量曲线与"成本为30单位"所对应的等成本线的切点。

图9-4显示了如果投入品价格发生变化,用于生产给定数量的产品(34个"小部件")的投入品将如何变化。点A代表在P_x为2、P_y为3的条件下,能够以最低成本生产34个"小部件"的投入组合;点B则代表将P_x与P_y的价格互换后生产成本最低的投入组合。正如所料,当投入品价格发生变化时,企业更倾向于增加价格下跌投入品(Y)的使用并减少价格上涨投入品(X)的使用。这种要素替代效应与第三章中的消费替代效应高度相似:第三章我们沿着无差异曲线移动预算线;而这里,我们沿着等产量曲线移动等成本线。

在第三章,我们利用诸如图3-8a和图3-9a的曲线推导出个体对商品的需求曲线。那么在这里,我们是否可以使用与之前相同的方法,推导出企业对投入品的需求曲线?

答案是不可以。图9-4显示企业在不同的投入品价格下生产既定产量会使用的投入品数量。随着投入品价格的变化,生产原有产出的成本也会随之波动,这进而导致企业选择用于生产的投入品数量的变动。想推导出投入品的需求曲线,就必须考虑到这种效应。

那么,我们应该如何做呢?前面我们已经说明了给定投入品价格企业是如何推导出总成本曲线的;接下来,我们将进一步说明,企业如何根据总成本曲线与市场价格,做出生产多少的决策。为了推导企业对某种投入品(如钢材)的需求曲线,我们需要在保持其他投入品价格不变的前提下,对不同钢材价格重复进行上述分析。我们将计算,在每一个钢材价格下,企业实现利润最大化的产出(如汽车)数量,以及在该产出数量下,企业实现成本最小化的钢材投入数量。

第九章 企业

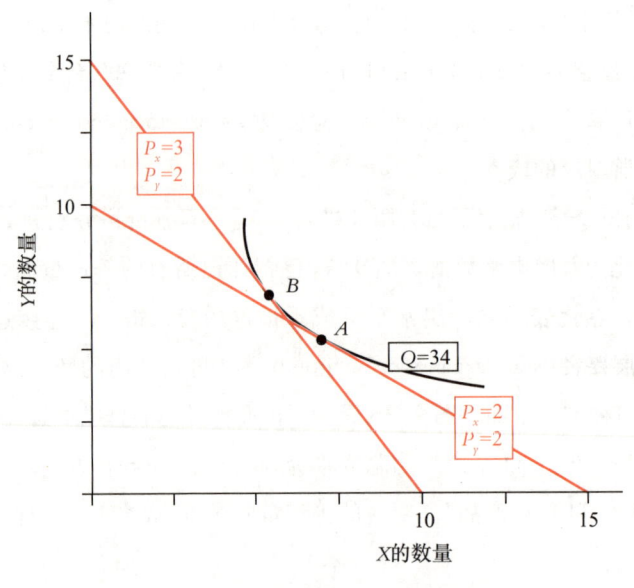

图 9-4　投入品价格发生变化时的影响

当 X 的价格上升，Y 的价格下降时，生产 34 个"小部件"的最优投入组合从 A 变成了 B。企业选择用变得更便宜的投入品替代变得更贵的投入品。

等边际法则。 如果我们用**边际产出**（marginal product）替代边际价值，我们就可以把消费范畴内推导出"等边际法则"应用于生产范畴。不过在此之前，我们得先定义边际产出。一种投入品的边际产出是指在其他投入保持不变的情况下，产量随该投入品数量增加的速率。我们可以理解为"新增 1 单位投入所带来的产出增加"。例如，在其他投入保持不变的条件下，如果某规模为 1000 人的工厂增雇一名工人后，每年产量增加了 2 辆车，那么劳动的边际产出就是 2 辆车每工年。

问题是，既然钢材消耗并未增加，那么这多出来的两辆车又是从哪里来的呢？答案是：在投入变化很小的情况下，各要素之间是可以相互替代的——上述情况就是劳动替代原材料。新增的劳动力可以通过改进品控，进而减少报废汽车的数量；或者新增的劳动力让整个生产过程的劳动更密集，从而稍微减少对钢材的消耗。表 9-1 所示的制陶情形与此同理。例如，从投入组合 A 到组合 E，黏土与资本的使用量保持不变；若劳动量提高到原来的 4 倍，产量就会从 1 增加到 2。可能是这样提高产量的：采用 A 时，许多陶罐会在烧制时破裂；而采用 E 的话，工人在每个陶罐上花费的时间是原来的 4 倍，因此他们的陶罐完存率提高了 1 倍；从 A 到 E，劳动投入增加 3 工时，产出增加 1 陶罐，劳动边际产出为 1/3 罐每工时。

如果投入的变化很大，上述结论就很难成立了。因为无论使用多少劳动，我们也很难想象，在根本没有原材料的情况下，工人该如何生产陶罐或汽车。这是**收益递减**

规律(law of diminishing returns)的一个例子,该规律在生产范畴中的作用与"边际效用递减规律"在消费范畴中的作用相同。在保持其余的生产要素不变的情况下,增加对某个生产要素的使用,该要素的边际产出会下降。新增工时越多,每次新增所带来的产出增加就越少,正如无论我们使用多少肥料,都不能在一个花盆里种出全世界人民的口粮。同样,如果我们一直增加对某一消费品的消费并保持其余消费品恒定不变,最终的结果是,新增的单位消费品的效用越来越少。我不会用我的生命去换取任意数量的甜筒。

消费的等边际法则告诉我们:在最优消费品组合中,在每一种商品上多花一元给消费者所带来的价值都是一样的。生产的等边际法则告诉我们:对于给定产量,如果企业追求成本最小化,那么价值一元的任意投入品所带来的产出增加也应是相同的。用代数语言表达就是,MP_x 代表投入品 x 的边际产出,MP_y 投入品 y 的边际产出,则有:

$$MP_x/P_x = MP_y/P_y$$

类似的证明过程如下:如果企业已经在以尽可能低的成本进行生产,那就没有办法在保持产量不变的情况下减少成本。假设有两种投入品,他们每元的边际产出不同——每增加价值 1 元的投入品 A 会增加 4 个单位的产出,而增加价值 1 元的投入品 B 只会增加 3 个单位的产出。为了在产量不变的基础上压缩成本,企业对 A 的投入会增加 0.75 元,对 B 的投入会减少 1 元。由于对 A 的投入增加,其产出也将上升(4 单位/元价值)×(3/4 元价值)= 3 个单位;由于对 B 的投入减少,其产出也将随之减少 3 个单位。因此,最终结果是:产量不变,支出减少 0.25 元——如果企业已经在以最低成本生产,这种情况就是不可能的。

或许有读者会认为用"元价值"作为单位来衡量投入品的数量,有些困惑,那我们不妨用实物单位来衡量。投入品 A 的成本是 1 元/磅,其边际产出是 4 单位每磅;投入品 B 的成本是 2 元/磅,边际产出是 6 单位每磅。多用 3/4 磅的 A,少用 1/2 磅的 B,产出保持不变,支出减少 0.25 元。

正如第四章所证,上述结论只有在变化量无限趋近于零的情况下才成立,这时无论投入品变化量是正是负,其边际产出都是一样的。投入品变化幅度越大,结论就越不准确。但为了证明企业没有以最低成本生产,我们所需要做的就是证明:在保持产量不变的同时,存在一些能使成本降低的变化——即使是非常小的变化。

前面我们已经表明,如果对所有投入品而言,价值一元的投入品的边际产出并不相同,或者说,如果不同投入品的边际产出与其价格的比例不相等,那么我们就有可能在保持产出不变的情况下,改变投入品组合以降低成本。由此可知,对于成本最低组合(也就是企业为使其利润最大化而选择的投入组合),不同投入品的边际产出与其价格是等比例的;这就是生产的等边际法则。

如果重新审视图 9-2,我们会发现,完全可以借助那张图推导出同样的结论。等成本线的斜率是两种投入品价格的比率;等产量曲线上任意一点的斜率是两种投入品的边际产出之比,即**生产的边际替代率**。它表明生产函数中各投入品相互替代的比率(某种投入品必须增加多少,才足以抵消由于另一投入品减少而造成的产出减少)——正如消费的边际替代率代表各种消费品在效用函数中相互替代的比率一样。在切点处,两条线的斜率相等:$P_x/P_y=MP_x/MP_y$,在均衡状态下,若投入品 A 减少一个单位需要增加两个单位的投入品 B 来弥补,那么投入品 A 的单位成本就必须正好是投入品 B 的两倍。

收入来自占有生产要素,比如属于个人的劳动力、储蓄、土地等;而收入的多少则取决于要素拥有者能以什么样的价格出售或出租这些要素。生产的等边际法则为我们揭示了生产要素价格与其边际产出的关系,这对我们理解第十四章的收入分配问题是很重要的。

几何分析 II:边际收益产品与投入需求曲线。 正如第四章有关消费的论述一样,我们可以对上述论点作进一步延伸。某种投入品(比如钢材)的边际产出,是以产出单位(产品单位)衡量的:比如 0.5 辆车/吨钢。而**边际收益产品**(marginal revenue product,简称 MRP)等于其**边际产出**(marginal physical product,有时被称为边际物质产品)乘以企业每额外生产一单位产品所获得的额外收入——产品的销售价格。如果一辆汽车的售价为 10000 元,每增加一吨钢材,汽车的产量就会增加 0.5 辆,那么钢材的边际收益产品就是 5000 元/吨。

假设钢材的价格是 4000 元/吨。如果企业在保持其余投入不变的情况下,增加 2 吨钢材,那么其生产成本将会增加 8000 元,汽车产量将增加 1 辆,进而收入将增加 10000 元,利润也将增加 2000 元。只要钢材的成本低于其边际收益产品,企业就可以通过增加钢材使用量来提高利润。因此,企业会继续增加钢材使用量,直至钢材的边际收益产品与其价格相等:$MRP=P$。

我们对上述论证过程是很熟悉,它和第四章中对 $P=MV$ 的证明是一样的,但两者有一个本质区别。消费品虽然是用货币买的,却是用来产生效用的。为了实现从边际效用到边际价值的转换,我们需要知道消费者将货币转化为效用的比率,而这一比率取决于特定消费者的偏好与机会。投入品是用货币买的,却是用来生产物品的,并进一步出售以换取货币。我们无法预测消费者能从既定数量的苹果中获得价值多少元的效用,但完全可以预测某家企业使用既定数量的钢材将会生产价值多少元的汽车。企业(能够)将汽车转化为成货币的比率即为汽车的价格。

上述例子表明个体分析与企业分析之间更普遍的差异。虽然我们假设个体有相对简单的目标,但我们并不知道这些目标究竟是什么;而企业的目标是已知的——至少在经济学理论中是已知的,而且该理论在解释真实世界方面似乎相当出色。企业的目标就是利润最大化。通过这一假设,再加上体现在生产函数中的企业的机会、投入品的价格以及产品的销售价格,我们就能够推算出企业下一步的行动。

利用第四章中 $P=MV$ 的关系式,我们从个体的边际价值曲线中推导出个体的需求曲线。现在,我们似乎也可以用完全相同的方式,利用关系式 $P=MRP$ 推导出企业的投入需求曲线。我们简单地绘制出 MRP_s 曲线,它刻画了钢材的边际收益产品与其投入量的函数关系。无论价格如何变动,企业购买的钢材数量都为 $P_s=MRP_s$。因此,如图 9-5a 与 9-5b 所示,企业的钢材需求曲线 D_s 与 MRP_s 曲线重合。

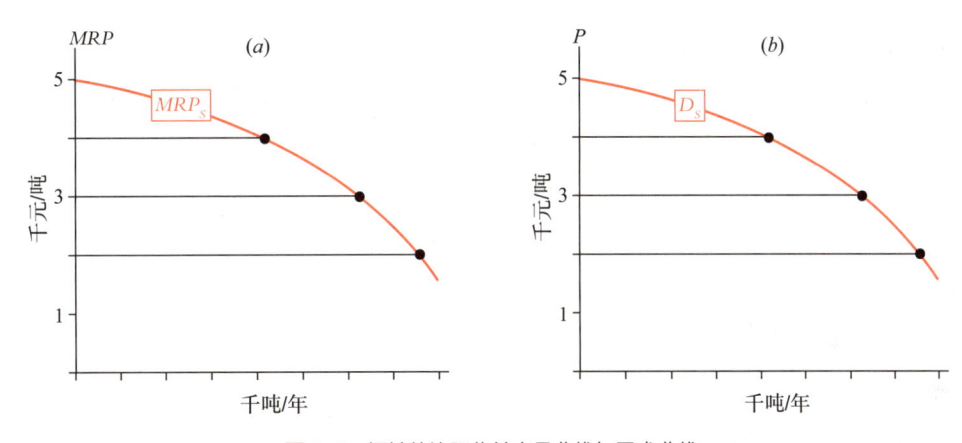

图 9-5 钢铁的边际收益产品曲线与需求曲线

这就产生了一个问题。某种投入品的边际产出取决于其他投入品的数量。为了在图 9-5a 中绘制出 MRP_s 曲线,我们必须首先搞清楚:对于任意数量的钢材,企业所选择使用的其他投入品(如橡胶、劳动力、资本等)的数量。

为了回答这个问题,我们需要再次使用等边际法则。我们知道,在均衡状态下,企业所使用的每种价值一美元的投入品的边际产出一定是相同的。因此,对于任意给定数量的钢材,我们使用生产函数计算出其他投入品的数量,从而使所有投入品的边际产出与其价格之比相同。以上述计算结果为条件,我们进一步算出钢材的边际收益产品,并将其描绘在图中。

我们为什么不采用第四章计算消费品需求曲线的方法?理论上是可以的。当两种商品(比如面包与黄油,或汽油与汽车)的消费密切相关时,其中任何一种商品的需求曲线都会受到这种相关性的影响。要计算面包的边际价值,我们必须考虑到这样一个事实:增加对面包的消费,也会增加对黄油的消费——否则(假设你只喜欢吃黄油面包),面包对你的边际价值会随着黄油的耗尽而迅速下降。

但消费的这种相互依赖性是特殊情况而非普遍存在,因此,在第四章我们完全可以忽略它们;事实上我们也是这样做的,因为我们在那一章假设的是一个高度简化的经济体。但在生产领域,投入品的相互依赖性要重要得多——如果企业不能雇佣更多的劳动力来生产汽车,钢材的边际产出也会迅速下降。

提示。 不要将本章中的例子解读为真实世界中某些企业的做法,比如通用汽车公司,它根本不可能为了找出成本最低的生产方法,而列一个表涵盖所有能想到的产量的所有可能的生产方式,以及搞一个房间摆满24小时不停运转的计算机。通用汽车对研究每年生产7辆还是70亿辆汽车的成本压根不感兴趣,更不用说专门去研究用泡泡糖、莴苣或雇佣精神病学家制造汽车的可能性了。

正如对消费者行为的分析一样,我们假设企业最终会做出正确决策,即以尽可能低的成本生产商品以实现利润最大化。为了弄清楚这个"决策"究竟为何物,我们通过想象如果某个企业拥有完全信息以及对这些信息的无限处理能力,它会怎么来做出决策。在现实中,用以支撑这一决策的信息与信息处理能力是有限的,做出决策的过程涉及大量的试错——但我们可以这么认为,企业一定会尽可能地试图逼近上述理想状态。如果没有达到这种最优决策,而其他公司在实践中实现了成本最小化,那么其他汽车公司就能够以更低的成本生产汽车,最终,通用汽车公司只能要么模仿竞争对手的方法,要么关门大吉。

产出市场:成本曲线

图 9-1 表示表 9-1 中的陶罐的总成本函数。总成本函数比生产函数简单得多,因为它只有一个变量;我们完全可以把它看成只有一种投入品(即货币)的生产汽车(或其他产品)的生产函数。这唯一的投入品被用于雇佣劳动力,购买机器,收购钢材、玻璃与其他投入品,然后将其用于汽车生产。为了更好地理解企业行为,本章剩余大部分内容将采用成本函数而非完整的生产函数。

图 9-6 显示了一家生产"小部件"的假设企业的总成本与其产量之间的函数关系。**固定成本**(fixed cost,简称 FC)是总成本曲线与纵轴相交处的高度——当产量从右边趋于零时的总成本。TC_2 表示企业在产量为零时,总成本也为零;TC_1 表示无论生产什么,企业都要承担固定成本 FC_1。一个有关固定成本的例子就是新电脑的设计成本,无论企业是打算生产 100 万台还是只生产一台这样的电脑,都必须为其支付同样高额的设计费。

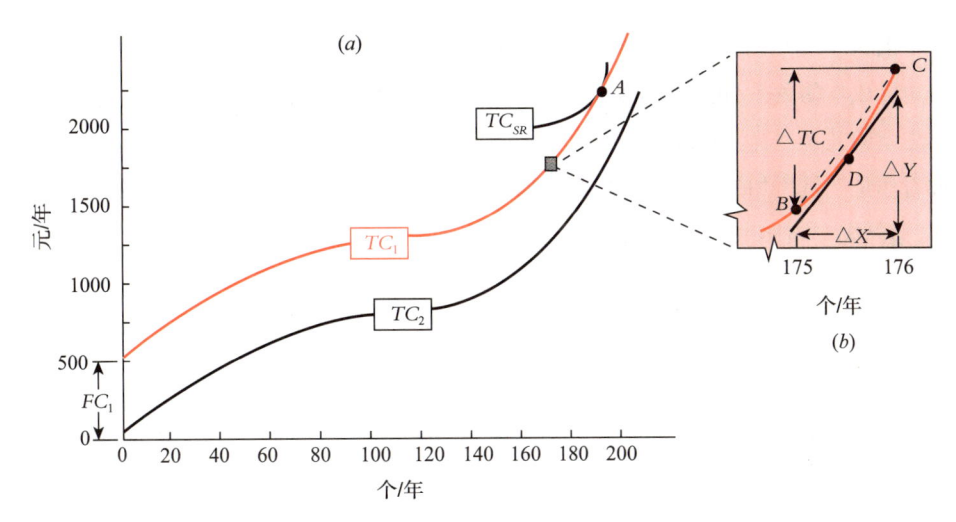

图 9-6　有固定成本与无固定成本的总成本曲线

6b 是对 6a 中方框内的部分进行了放大，以展示边际成本的准确定义（总成本曲线的斜率）与近似的定义（产量增加 1 单位所增加的成本）之间的关系。

总成本曲线没有考虑时间对成本的影响。实际上，生产成本取决于生产率（即汽车年产量）和产量（即汽车产量）；同样是生产 100 万辆汽车，10 年完成与 1 年完成，其成本可谓天壤之别。不同产出水平的生产成本也取决于企业适应变化需要花费的时间。如果通用汽车公司之前一直保持每年 500 万辆的产量，突然决定要将产量减少到 200 万辆，那么它就不得不面对巨额的成本，比如空置造价不菲的厂房，签订了长期合同、不管有无工作都得按时付薪的高管，等等。而如果通用汽车公司决定在未来十年内，将其年产量逐步减少到 200 万辆，它可以逐步缩小其经营规模，使之更适合新的生产率。

相反，如果通用汽车公司希望在几个月内将产量翻一番的话，它会马上发现这一目标是很难实现且代价高昂的：工厂将通宵运转，需要为工人支付加班费，短时间内从供应商手中购买大量原料需要支付溢价。但如果将增产的目标在更长的时期内逐步完成，成本就会少很多。总之，我们可以预见，相比长期变化，短期变化的总成本曲线随产量增加而上升时会更陡，而随产量减少而下降时会更平，如图 9-6a 中的 TC_{SR} 所示，其中 A 点代表企业现有生产方案。

从上文可知，长期成本曲线和短期成本曲线之间的区别不容忽视，但在这里，我们暂时不考虑这一因素的影响。目前，我们假设的是一个完全静态且可被预测的世界，在这个世界，明天永远和今天一样；生产决策是一劳永逸的，永远不会改变。在本章，成本曲线一旦确定，生产计划就永不更改。但在第十二章和第十三章，我们将最终放弃这个假设，那时候，我们就有必要考虑长期与短期的区别。在此之前，先暂时忽略时间的影响。

图 9-7 所示的是与图 9-6a 中 TC_1 对应的**边际成本**(marginal cost) 曲线。总成本与边际成本的关系，正如同总效用与边际效用、总价值与边际价值、总产出与边际产出之间的关系一样。边际成本是总成本随产量变化的速率；尽管不太严谨，但它可以被看作是产量增加一单位时总成本的增加量。正如边际价值是总价值曲线的斜率一样，边际成本同样也是总成本曲线的斜率。

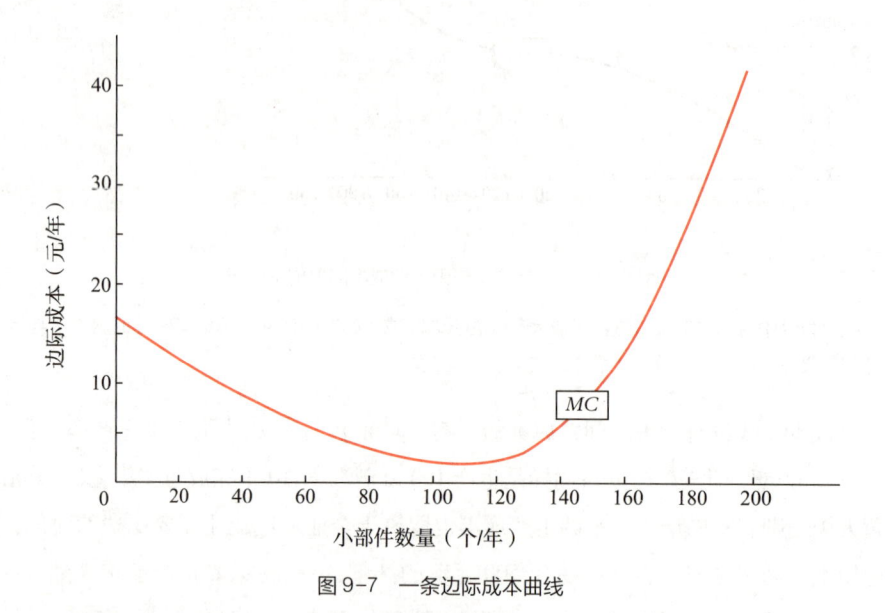

图 9-7 一条边际成本曲线

MC 是图 9-6 中的 TC_1 所对应的边际成本曲线。

如果用具体数字表示，产出水平为 1000 辆时的边际成本是生产 1001 辆汽车的成本和生产 1000 辆汽车的成本之间的差额。如边际价值一样，我们不用将边际成本与某种可识别的单位(如某种特定的汽车)联系起来。所有从装配流水线上生产出来的汽车都是完全等同的；汽车的边际成本就是增加一辆在流水线上生产的汽车的成本。

图 9-6b 是图 9-6a 的部分展开图，表示 MC 的精确定义(即 TC 的斜率)与近似定义(即数量每增加一单位所带来的成本增量)之间的关系。点 D 处 TC_1 的斜率为 $\Delta Y/\Delta X$；而数量每增加一单位对应的成本增量，即虚线 BC 的斜率，为 $\Delta TC/\Delta X$。ΔX 是一单位。实线和虚线近似于完全平行，所以说它们的斜率近似于完全相等。

我们已经对总成本(TC)和边际成本(MC)下了定义，但还有第三种成本曲线，**平均成本**(average cost, AC)，它对我们以后的学习颇有助益。生产任意数量产品的平均成本等于总成本除以产量；如果生产 500 个小部件需要 10000 元，平均成本就是 20 元/个。图 9-8 将图 9-6a 和 9-7 中的曲线放在了一张图中，并添加了 AC，以便读者能更清晰地看到三者之间的关系。

你可能会注意到，对于图 9-8 中的 AC，当数量为零时，平均成本趋向于无穷大。

为什么会这样？当数量为零时，总成本并不为零；作为我们研究样本的企业存在某些固定成本。平均成本是总成本除以数量；当数量变为零时，总成本接近 FC，因此 TC/q 即为 $FC/0$，趋向于无穷大。图 9-9 向我们展示了图 9-6 中 TC_2 所代表的公司的 TC、MC 和 AC；没有固定成本时，AC 不会随着数量减少而趋于无穷大。

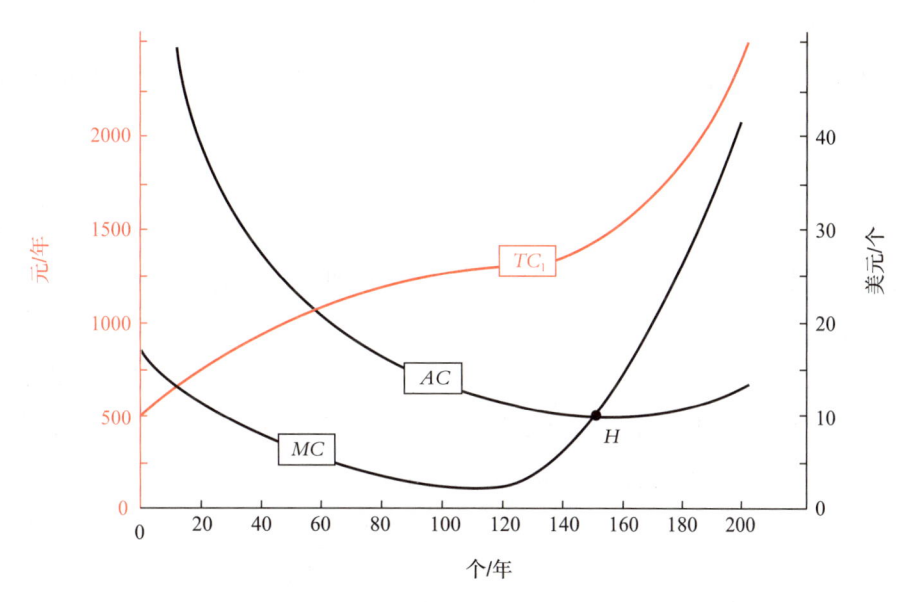

图 9-8　企业的总成本、边际成本与平均成本

因为企业有正的固定成本，平均成本在产量等于 0 的时候趋向于正无穷。边际成本曲线和平均成本曲线在点 H 相交，在这一点上平均成本最低。

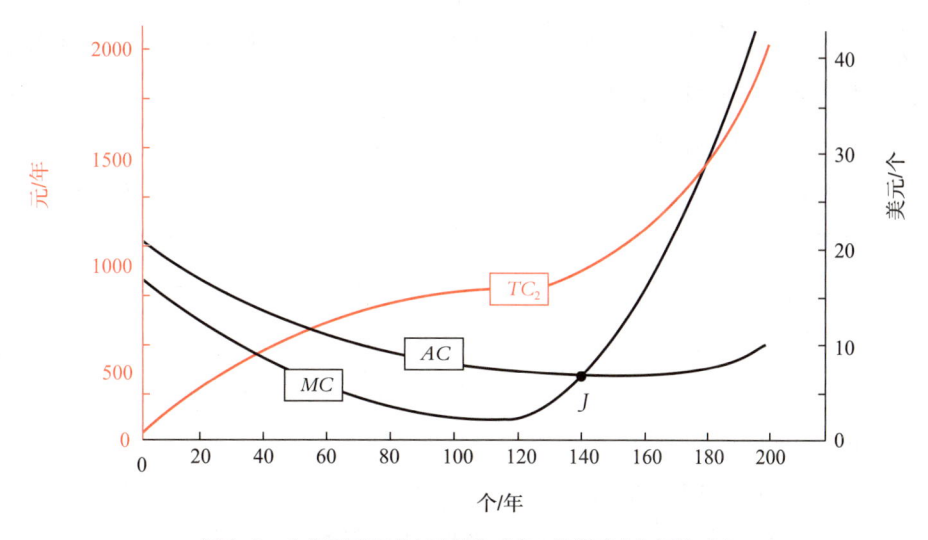

图 9-9　企业无固定成本时的总成本、边际成本与平均成本

你可能还注意到，在图 9-8 和 9-9 中，AC 和 MC 之间还有一种很有用的关系：当边际成本低于平均成本时，平均成本就会下降；当边际成本等于平均成本时，如图 9-8 的 H 点和图 9-9 的 J 点所示，平均成本既不会上升也不会下降，而是水平的。

第九章　企业

为什么会这样？在图 9-8 中，当产出为 150 个小部件时，总成本为 1500 元，边际成本为 10 元/个。平均成本为 1500 元/150 个 = 10 元/个。如果将产量增加到 151，总成本会增加 10 元——这正是"MC = 10 元"的含义。但若平均成本为 10 元，那么只需使数量新增 1 单位产量的成本为 10 元，就可使平均成本保持不变；这是因为新增 1 单位产品的成本刚好等于之前的平均成本，加进来之后，再进行平均，结果不变。如果新增 1 单位产量并不改变平均成本，则平均成本与产量无关，其切线是水平的，如 H 点和 J 点所示。

让我们思考图中的另一个点：产出为 100 个小部件时，总成本为 1250 元，边际成本为 3 元/个。平均成本为 1250 元/100 个 = 12.50 元/个。如果将产量增加到 101，总成本会相应增加 3 元——这是"MC = 3 元"的含义。但如果在平均成本为 12.50 元的条件下，将数量增加 1 个，成本增加 3 元，那么平均成本肯定会下降。也就是说，如果新增的一单位产出的成本低于原有产出的平均成本，那么将其计入求平均，平均成本会下降。与此同理的例子生活中比比皆是，比如在计算篮球队的平均身高时，把篮球教练的身高也算进去，平均身高就会随之发生变化。

如果 MC 低于 AC，那么产出每增加一单位，平均值就会相应下降。若产量的增加拉低了平均成本，则平均成本曲线向下倾斜。所以，当边际成本低于平均成本，平均成本曲线会下降。同理，若边际成本高于平均成本，那增加产量意味着增加在原有平均水平增加更贵的单位产出，抬高了平均成本。所以，如果边际成本高于平均成本，平均成本曲线就会上升（即随着产出的增加而增加）。

平均成本在低于边际成本时呈上升趋势，高于边际成本时呈下降趋势，等于边际成本时保持不变。理解了上述模式，自然就能读懂图 9-8 和图 9-9。当然，我们也不难注意到：当平均成本达到最小值时，曲线与边际成本曲线相交。

为何如此呢？平均成本达到最小值之前一直在下降；在达到之后，又转为上升。处于下降阶段时，边际成本须低于平均成本；处于上升阶段时，边际成本须高于平均成本。因此，边际成本曲线须从下方与平均成本曲线在其最小值处相交。类似的结论是：边际成本曲线必须自上方与平均成本曲线在其最大值处相交。不难证出，这是边际成本曲线与平均成本曲线相交的仅有的两种情况；两条曲线的交点必然是在平均成本的极值处。

在记住上述关系的过程中，学生时常会感到力不从心；毕竟，这其中包含了三条不同的曲线（TC, MC, AC）与两种不同的特性（上方与下方，上升与下降）。更为有效的记忆方法是：一遍遍地回顾其论证直至能够自行推导，然后在必要时将其付诸实践。这些曲线存在诸多可能的关系，但真正的关系却只有其中相当简单的几种。虽然这听起来像是只有教授或教材编写者才会感兴趣的话题,但对我们而言却是出人意料的实用。在第十六章,"边际成本曲线与平均成本曲线于后者的最小值处相交"的结论就为我们证明了所有经济学问题中最令人惊讶也是最举足轻重的结果。若想了解更多,就敬请期待吧。

第二节　从成本曲线到供给曲线

截至目前,我们已根据企业的生产函数与投入品价格推导出了企业的成本曲线。下一步,我们将利用成本曲线来推导供给曲线,即企业能够售出其产品的价格与其选择的产量之间的关系。在分析过程的最后一步,我们会将各企业的供给曲线加总为整个行业的供给曲线;而这种加总会使分析更为复杂一些。

企业的供给曲线

在第四章中,基于消费者的边际价值曲线,我们推导出消费者的需求曲线;现在,我们将使用近乎完全相同的论证过程,从边际成本曲线出发,推导出企业的供给曲线。图 9-10a 所示曲线与图 9-8 相同,唯一的变化是增加了企业出售产品的价格 P。我们假设,企业与第五章中的个体生产者一样,只负责生产行业总产量中的极小一部分,因此其产出决策对 P 的影响可以忽略不计。假设企业能够以市场价售出任意数量的产品,但若售价高于市场价,则一件都卖不出去。出于同样的原因,我们假设企

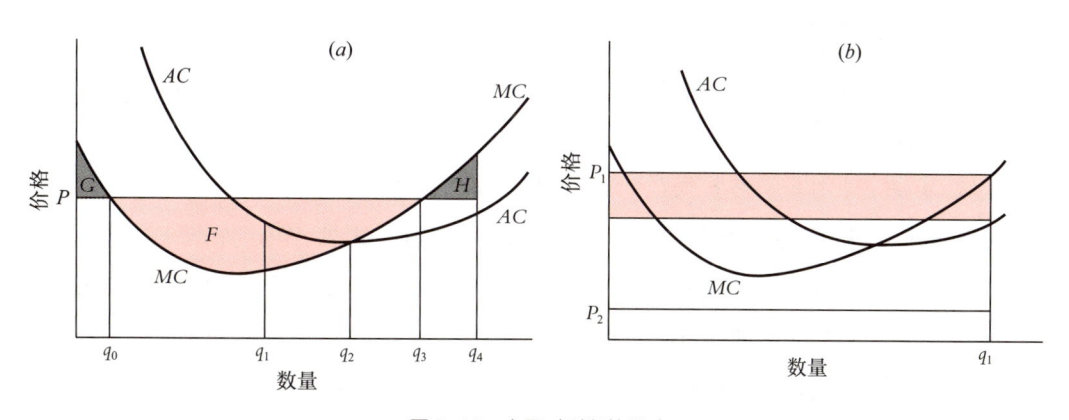

图 9-10　产量对利润的影响

如果企业生产 q_3 产量的产品,此时 $MC=P$,利润实现最大化。产量提高到 q_4 时,利润减少 H;产量减少到 q_0 时,利润减少 F。图 9-10b 展示了另一种计算利润的方法,即产量×(价格−平均成本)。

业购买投入品的数量对投入品的价格也没有显著影响。每种投入品都有其特定的市场价格,企业能够以市场价购买任意数量的投入品,但若想以低于市场价购买,则一件也买不到。上述这些假设——企业无法左右其产品的售价与所需投入的购买价——就是经济学家所谓"完全竞争"的核心特征。下一章,我们会讨论放弃这些假设的情况。

企业将产量定为 q_1,此时 MC 低于价格。若将产量从 q_1 增加到 q_1+1,则销量会增加 1,收入也会增加 P,而成本将增加 MC。由于 P 大于 MC,收入的增长大于成本,所以**利润**(即收入减成本)将增加。显然,将产量定为 q_1 并不是个明智的选择。同样的结论也适用于 q_2。换句话说,只要边际成本小于价格($MC<P$),上述结论就总是成立。所以,如图 9-10a 中 q_3 所示,企业应将产量扩大到 $MC=P$ 的水平。

如果某企业总是将产量维持在 $MC=P$ 的水平,那么其供给曲线——产量与价格之间的函数关系——就会与其 MC 曲线重合;这就正如在特定情况下,消费者的需求曲线会与 MV 曲线重合。这几乎正确,但仍有例外。一般情况下,MC 先降(企业规模扩大带来规模效应——更大的规模意味着更高效的生产活动)后升(当规模效应被充分利用之后,进一步扩大生产规模会导致领导层与生产一线之间愈加冗余的管理体系,致使生产效率降低)。也有一些情况,其价格会使企业不选择将产量做到 $MC=P$ 的水平,而是完全不生产,从而将 $MC>P$ 时产出单位量所带来的额外花费降至最小。这种情况一般会在产量已然达到所谓"最佳水平"($MC=P$)但利润仍为负值时发生。若 MV 并非如图 4-4 所示的那样稳定下降,而是先上升后下降的话,你可以在这样的需求曲线找到类似的效应。在这种情况下,相较于将消费量维持在 $MV=P$ 的水平,消费者完全有可能选择什么都不买,从而避免支付边际价值低于其售价的那部分商品。

企业的利润是其所得(**总收入**——产量乘以售价)与所费(总成本)之间的差额。如果没有固定成本,则图 9-10a 中与产量 q_3 对应的总利润即为彩色区域 F 减去阴影区域 G。在产出水平从零扩大至 q_0 的过程中,每个新增单位产出的成本都高于其销售价格,进而为其带来数值为 $P-MC$ 的(负)利润;将所有这些小矩形加在一起,便可得到区域 G。若企业将生产数量定为 q_0,其利润将为 $-G$。随着产量的继续扩大,超过了 q_0,新增单位的售价超过其生产成本;与之前一样,每个新增单位都带来了 $P-MC$ 的利润,但此处,这个利润数值一定是正的,因为在 q_0 和 q_3 之间,边际成本低于 P。在从 q_0 到 q_3 的过程中,产出增长所带来的利润等于所有这些小矩形的总和,即区域 F。因此,生产 q_3 的总利润为 $F-G$。

看到这里,我们就很容易理解为何使 $P=MC$ 的产量会使利润最大化。若产量低于此水平,就无异于白白放弃生产那些售价高于生产成本的产品单位;若产量高于此水平(即将产量扩大至 q_4),那么新增单位产出的成本就会高于售价,利润也会相应下降。大家应该对以上论点颇为熟悉,因为这与第四章对消费者剩余的推导过程大体相同。

我们已经计算出没有固定成本时的利润。固定成本是无论生产任意数量都必须支付的代价,它与产量多少无关。总成本等于固定成本加上**可变成本**(variable cost):$TC=FC+VC$。由于固定成本不取决于产量,因而它对边际成本曲线没有影响——边际成本曲线所表示的是新增单位产量的成本。但它的确影响了平均成本曲线,因为平均成本等于总成本(包括固定成本)除以产量。由于利润等于总收入减去总成本,故而固定成本也与利润有关。因此,如果我们需要把固定成本的影响包含在内,图9-10a 中的利润就是 $F-G-FC$。

我之前提到过,如果企业的确生产了,那么它就会调整产量直至满足 $MC=P$,从而实现利润最大化。你可能会发现,在图9-10a 中,能够使 $MC=P$ 的产量水平不止一个(q_0 和 q_3)。在这种情况下,企业如何决定选择哪种生产方案?答案是显而易见的。如果在此两点之间,边际成本曲线低于价格线,那么本区域所对应的产量将会使利润增加——如图9-10a 中区域 F 所示;因此,企业应选择 q_3 而非 q_0。如果在边际成本等于价格的两点之间,边际成本曲线高于价格线,那么本区域所对应的产量将会使利润下降,产量越少越好。如你所见,这意味着企业应选择"边际成本曲线自下方与价格线相交"的那点作为最佳产量,正如图9-10a 中 q_3 所示。

图9-10b 向我们展示了另一种计算利润的方法——一种即使固定成本未知也能得出结果的计算方法。根据定义,平均成本等于总成本除以产量,因此总成本即为平均成本乘以产量;总收入等于价格乘以产量。故利润——总收入减去总成本——即为产量乘价格(P_1)与平均成本之差,如图9-10b 彩色区域所示。上述关系式是合理的:价格即为生产者的单位产出所得,平均成本即为单位产出所费,因此,价格减去平均成本等于单位利润;单位利润乘以产量,就得到总利润。

所以,当价格低于平均成本时,利润为负。在这种情况下,企业可以通过完全停产、出售设备(以消除固定成本)、申请破产等方式来降低损失。若公司所能生产的所有产出的利润都为负——换言之,若整条平均成本曲线都在价格线之上(如图9-10b 中价格 P_2 对应的情形所示)——那么停产停业就是最佳选择,或者在一开始就选择不进入市场。上述情况是否存在,取决于企业的成本曲线和市场价格。

我们现在已经了解了在任一价格下企业会生产的产量,也推导出了企业的供给曲线。如果价格低于平均成本的最小值,企业就会停产;如果价格高于平均成本的最小值,则在一定的产量范围内,企业有可能获得正利润,企业将通过调整产量直至满足边际成本等于价格来实现利润最大化。因此,企业供给曲线即为其边际成本曲线上升段中高于其与平均成本曲线交点的那部分。图 9-11a 表明在一连串不同的价格 P_1、P_2、P_3、P_4 下企业所选择生产的数量;图 9-11b 是最终的供给曲线。

在图 9-11b 以及第五章与本章后半部分中的类似图示里,企业供给曲线的水平部分都显示为虚线,这表明在该区域内实际上并不存在供给曲线;如果价格等于平均成本的最小值,企业要么停产,要么只生产平均成本最低的产量——这两种情况利润都为零。企业不会在此二者之间选择某个数量进行生产,因为这将会产生负利润。

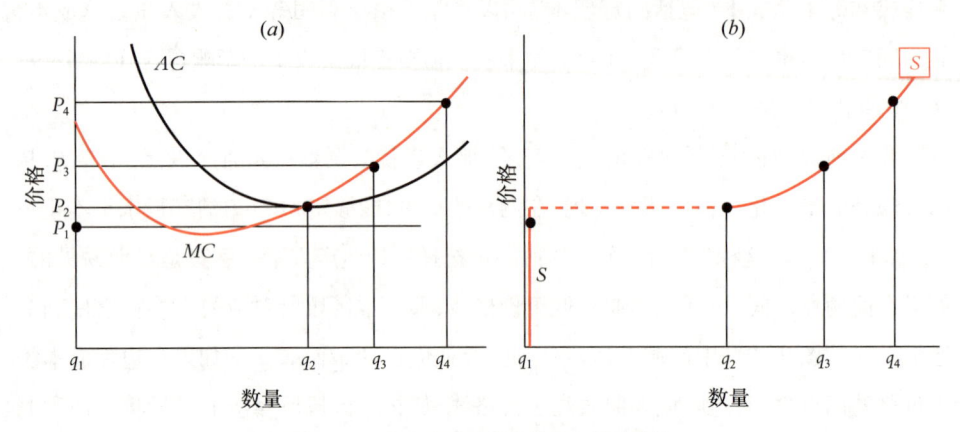

图 9-11 从边际成本曲线推导出供给曲线

图 9-11a 显示了在每个价格下利润最大化的产量,图 9-11b 显示了由此推出的供给曲线 S。

上述对企业边际成本曲线与供给曲线之间关系的分析,与第四章有关个体需求曲线与其边际价值曲线重合的分析大体相同。唯一的重要区别是,我们假设边际价值总是随着数量的增加而下降,而假设边际成本先下降后上升,这意味着在生产过程中,企业为了最终达到每新增 1 单位产出都会使利润上升的产出水平,将可能不得不经历一个每新增一单位产出都会使利润下滑的时期,如图 9-10a 中 0 到 q_0 之间,此时边际成本大于 P。

在这一部分,我们推导出一个至关重要的关系,从而将企业的成本曲线、供给曲线与利润大小联系起来。我们将在本章及之后反复使用上述结论;如果你对这些结论还不甚熟悉,请在继续阅读之前反复温习上述推导过程。

你可能还会发现,在第五章对个体生产者的分析同样可以作为特例(只用一种投入的一人企业)适用于本章。第五章中的个体生产者也存在一条供给曲线与之对应,这条曲线等于边际成本曲线——他的边际成本就是他本人的时间。至于企业供给曲线的水平部分,前文已经解释过:当售价低于某一水平时,所得利润为负,停产才能将损失降到最小。同理,对于个体供给曲线的水平部分,我们可以这样解释:存在某一价格水平,当售价低于这一水平时,生产者最好改为生产其他东西来降低损失。

上述两种解释似乎不同,但事实并非如此。花时间挖沟的成本之一是挖沟者失去了在同一时间做饭的机会。成本究竟有多高？这取决于"做饭"这一行为所能产生的价值。如果挖沟的每小时回报低于做饭,当我们考虑到不做饭的机会成本时,挖沟行为就产生了负利润。在第五章,我们会很自然地将工作的成本视为劳动的负价值——如肌肉酸痛、苦熬无趣等。当然,这仅仅只是更广义层面上的"成本"的实例之一。修剪草坪的成本是为了做这件事你必须放弃的东西,无论是躺在床上看科幻小说所获得的乐趣,还是帮别人洗碗所挣得的收入。

存在进入壁垒的行业供给曲线

我们现在知道如何从成本曲线中推导出企业供给曲线。下一步是把供给曲线的适用范围从某个企业扩展到包含很多企业的某个行业。这会涉及很多复杂的问题。我会从最简单的情况入手,由简入繁,逐步深入。

先分析一个由 10 家完全相同的企业组成的行业。假设该行业的企业数量受法律限制,任何人开办新的企业的行为都是违法的。从图 9-12 中我们可以看到单个企业的供给曲线 S_f、整个行业的供给曲线 S_i 以及市场需求曲线。其中,S_i 为 S_f 在水平方向乘 10 倍的结果,这个 10 所代表的是该行业的企业数量。在价格 P 下,如果单个企业的产量为 q_f,那么 10 家企业的产量即为 10 倍的 q_f。正如第五章加总得到的供给曲线一样,我们只需将 10 条完全相同的供给曲线沿横轴水平相加。和第七章一样,此时的市场价格为供给曲线和需求曲线的交点,即图 9-12 中的 E 点。

这里有几点值得注意。首先,尽管从企业层面来看,价格与产出没有关联,但从整个行业的角度出发,情况并非如此。任何一个企业的产量都极为有限,对价格的影响不大,故而每家公司都将价格视为既定并据此调整产量。然而,整个行业的总产量确实可以影响价格。若所有企业同时提高产出,价格就会下降；若所有企业共同减产,价格就会上涨。在第十一章,我们将会分析企业联合起来限制产量、哄抬价格对市场的影响。在本章,我们假设行业内的企业数量足够多,以至于每家企业只关心自己的产出,并将其他企业的行为视为既定。

如果企业的数量只有 10 家,那么这个假设就略有问题了。在上述案例中,我们将企业的数量假设为 10 家,因为如果这个数字过于庞大,那么这小小的一张图(如图 9-12 所示)就很难容纳行业内所有企业以及整个行业的供给曲线了。正常情况下,这一分析过程应适用于企业数量更为庞大(成千上百个企业)的行业。这就是为什么

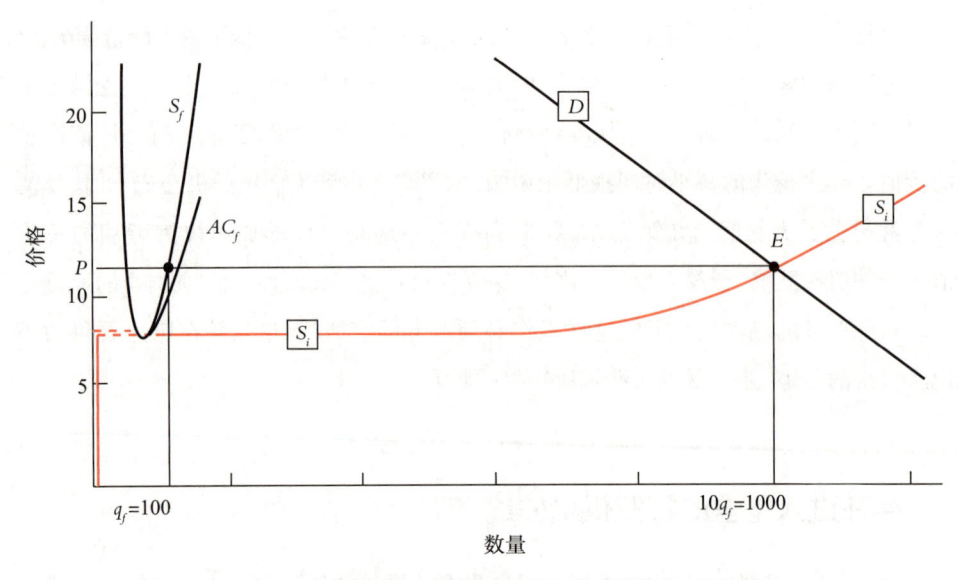

图 9-12　从企业的供给曲线推导存在进入壁垒的行业的供给曲线

该行业存在 10 个完全相同的企业，它的供给曲线 S_i 是十条企业供给曲线（S_f）的水平加总。该图假设该行业投入品的使用数量对其价格并没有任何影响。

在绘制行业供给曲线时，我忽略了产量很少的这种复杂情况——产量可以 1 家 2 家地生产但不能由 1.5 家生产的情况。

在推导企业供给曲线时，我们假设企业出售产品的价格与购买相应投入品的价格都不受企业本身决策的影响。虽然从行业内某个企业的角度来看，这一假设是合理的，但如果从整个行业的角度看，这一假设的合理性就会大打折扣。如果一个农民决定将小麦的种植量翻一番，他不必担心这一决策对化肥价格或农场工人工资的影响。但若每个农民都决定将小麦种植量翻一番，化肥价格和农场工人工资就都可能上涨。

没有一家企业能独立影响其投入品的价格，但由全体企业组成的行业却能够影响，这听起来似乎前后矛盾，其实并没有。从单个企业的角度看，在一个包含许多家企业的行业中，该企业的需求对投入品价格的影响完全可以忽略不计，因此，在它对产量做出决策时，该企业完全可以忽略这种影响。但对于整个行业而言，情况就有所不同。一个企业每一次增加投入品的购买量都会导致投入品价格的小幅上涨，且行业内其余企业都要以这一上涨的价格来支付，这就是所谓的**货币外部性**（pecuniary externality，所谓外部性，就是指某企业或个体强加于另一企业或个体的成本或利润，第十八章会探讨这一问题）。一家企业投入品购买量的增长引发的投入品价格上涨对该企业的影响可以忽略不计，但所有企业的投入品购买量的增长（所带来的外部性）导致所有企业面临的价格的增长是不能被忽略的。

在图 9-12 中,我们未曾将任何此类影响考虑在内。该图是基于下列隐含假设得出的:行业内的投入品成本不受其行业购买量的影响;换句话说,投入品的供给曲线是水平的。这一假设对于某些行业的某些投入品颇为合理,比如尽管钢铁用于制造手表,手表产量的增长却不太可能对钢材的价格产生太大影响;然而,并非所有产业都是如此。

(a)

(b)

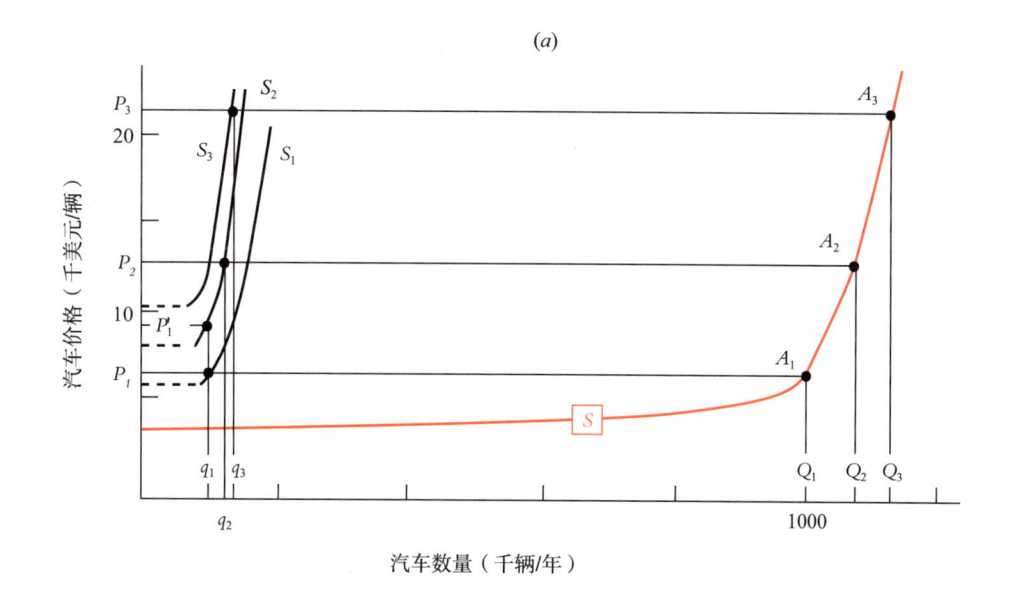

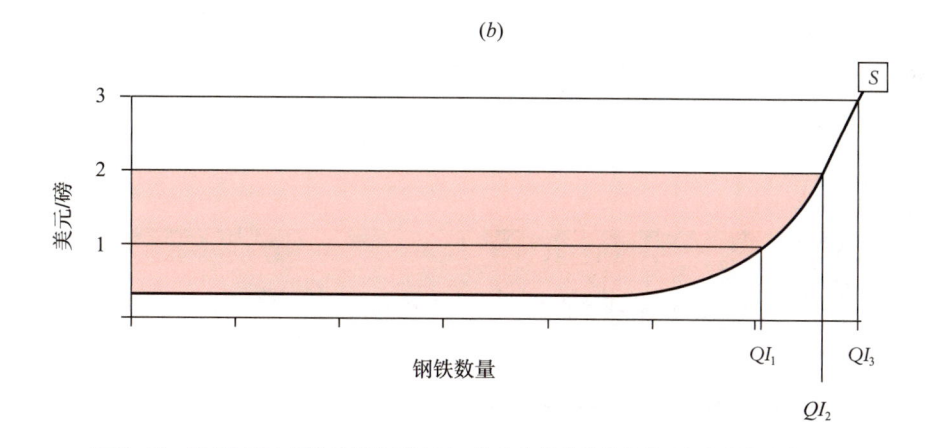

图 9-13　考虑对投入品的价格的影响后,从企业的供给曲线推导行业的供给曲线

正如在图 9-12 中那样,有 10 个完全相同的企业,且没有新的企业能够进入行业。S_1、S_2、S_3 分别对应 1、2、3 美元/磅的价格下的企业供给曲线。当总的行业产出从 Q_1 增长到 Q_2 再到 Q_3 时,铁价提高(如图 9-13b 所示),企业的供给曲线因而从 S_1 移动到 S_2 再到 S_3。

图 9-13a 和图 9-13b 所示的是在必要时处理此类复杂情形的方法。图 9-13a 所

示的是一家企业的供给曲线,其中一种投入品(铁矿石)随着行业对其使用量的增加变得愈加昂贵。S_1、S_2 和 S_3 是同一家企业的三条不同的供给曲线,对应铁的三种不同价格——1 美元/磅、2 美元/磅和 3 美元/磅。图 9-13b 所示是铁的供给曲线。在图 9-13b 中,QI_1 为铁价为 1 美元/磅时的铁产量;QI_2(2 美元/磅)和 QI_3(3 美元/磅)同理。在图 9-13a 中,Q_1 表示与行业内投入品购买量 QI_1 相对应的产量;Q_2(对应 QI_2)和 Q_3(对应 QI_3)同理。

该行业的供给曲线 S 经过三个点,分别标记为 A_1、A_2 和 A_3。A_1 表示行业供给数量为 Q_1 时的价格(P_1)。它是企业供给曲线 S_1 上数量为 $q_1 = Q_1/10$ 时的价格。类似的,A_2 是与数量 Q_2 对应的价格 P_2,其中 P_2 是企业供给曲线 S_2 上数量为 $q_2 = Q_2/10$ 时的价格;A_3 与 Q_3、P_3 和 S_3 的关系与之相同。

无论是 A_1、A_2 还是 A_3,它们都代表了该行业内可能的价格与产量组合。在每种情况所对应的产量水平下,该行业使用一定数量的投入品(QI_1、QI_2、QI_3),产生对应的投入品价格(1 美元/磅、2 美元/磅、3 美元/磅),进而形成单个企业的供给曲线(S_1、S_2、S_3);该行业(10 家企业)的总产量即为上述供给曲线所对应企业产量的 10 倍。

在比较图 9-12 与图 9-13a 时,有两点值得特别关注:其一,图 9-13a 中的 S_2,即当铁价为 2 美元/磅时,企业供给曲线与图 9-12 中的 S_f 相同;其二,图 9-13a 中的 S 相较图 9-12 中的 S_i,上升过程会更陡。为解释清楚,我们在图 9-14 中同时绘制了 S 和 S_i。

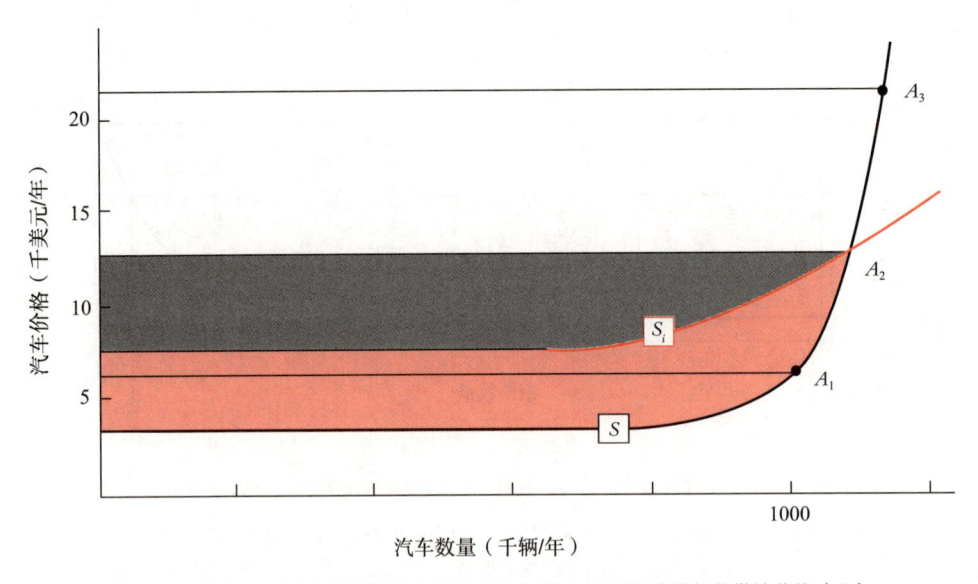

图 9-14 受投入品价格影响的行业供给曲线(S)与不受影响的行业供给曲线(S_i)

由 S_i 算出的生产者剩余等于图 9-13a 中 10 家企业的生产者剩余之和。 这小于由 S 算出的生产者剩余;二者之差代表转移到图 9-13b 中的钢铁行业的生产者剩余。

要弄清楚图 9-14 中 S 的上升阶段比 S_i 更陡的原因,我们得回顾图 9-13a。当企业产量从 $q_2=Q_2/10$ 下降至 $q_1=Q_1/10$ 时,价格一定会先下降至 P'_1(即 S_2 上与数量 q_1 对应的价格),然后进一步下跌 P'_1-P_1 个单位,完成从 S_2 到 S_1 的转变。在较低的企业产量(q_1)下,该行业使用较少的铁,因此铁价仅为 1 美元/磅,企业供给曲线也处于较低位置——S_1 而非 S_2。同理,当企业产量从 q_2 上升至 q_3 时,其价格的涨幅必定足够大,大到既能使 S_2 上的数值增大,还能从 S_2 涨到 S_3。因此,在 S 上,当产量增加至 Q_2 以上时,价格的上升速度大于 S_i,当产量减少至 Q_2 以下时,价格的下降速度同样大于 S_i,因此,S 比 S_i 更为陡峭。

为何 S_1、S_2 和 S_3 的位置如图 9-13a 所示那样排列呢?因为 S_3 对应的投入品成本大于 S_2,S_2 又大于 S_1。投入品成本越高,产品的边际成本就越高,因而供给曲线的位置也就越高。

通过引入行业内投入品消耗量的增加导致投入品购买单价提高的这种可能性,我们已经把问题复杂化了。如果我们想省略大量的分析工作,可以假设不存在这样的问题,正如之前假设"单个企业的产量变化不会影响其产品的买卖价格"一样。我之所以不再假设不存在这样的问题,原因在于,图 9-13a 的复杂性为我们带来了两个重要的结果。其中一个我们会放在下一节探讨;另一个在此处讨论。

在第五章我们看到,从表示多个生产者的总供给的供给曲线中算出的生产者剩余,等于从每个生产者的供给曲线中算出的生产者剩余之总和。图 9-12 正是如此。所谓行业供给曲线,简言之,就是单个企业供给曲线在水平方向上乘以 10。因此,在任意价格条件下,行业的总生产者剩余(即利润)等于单个企业生产者剩余的 10 倍。然而,这一结论并不适用于图 9-13a。

让我们假设汽车的价格是 P_2。整个汽车制造产业的总产量为 Q_2(图 9-13a 中的点 A_2)。该行业以 2 美元/磅的价格消耗 QI_2 数量的铁。在这一价格条件下,单个企业的供给曲线为 S_2,这与图 9-12 中的 S_f 相同,因此有相同的生产者剩余。但正如图 9-14 所示,图 9-13a 中的行业供给曲线 S 却与图 9-12 中的 S_i 有所不同。S 与 S_i 在点 A_2 处相交,交点处对应的价格为 P_2,数量为 Q_2。由于 S 比 S_i 更为陡峭,在 P_2 价格下,S 所对应的生产者剩余(即为图 9-14 中的彩色加阴影区域)大于相同价格条件下 S_i 所对应的生产者剩余(即为彩色区域)。若 S_i 的生产者剩余是 S_f 的 10 倍,则 S 的生产者剩余则必须为 S_2 的 10 倍以上。然而,供给曲线 S_2 是一个企业在 A_2(铁价=2 美元/磅)价格下所面临的供给曲线。这样的企业有 10 家。这么看来,该行业的总生产者剩余竟会大于各个企业的生产者剩余之总和!我们到底忽略了什么?

答案就藏在图 9-13b 中。图 9-13a 中所示的企业并非唯一从产出中获益的生产商,铁的生产商也从中获益了。在图 9-13a 中,产量越高,铁的使用数量及售价都会提高（图9-13b所示）。如果我们使用实际生产函数按原比例精确绘制出这张图，就会发现，在图9-13b中，代表着铁价为2美元/磅时铁生产商将会获得的生产者剩余的彩色区域，恰好弥补了图9-13a中由S算出的总生产者剩余与由S_2算出的各公司生产者剩余之间的差异。

上述结论只是我的断言，我并未证明过，也不会在本书中证明它。图9-12到图9-14以及最后几段的探讨过程让这个结论看起来非常合理，因为在这些材料中，差异的确存在，且都由同一事实所致，即铁的供给曲线是向上倾斜的，这也是图9-13b中生产者剩余存在的原因。但一个合理的论点并不是一个证明。

自由进入与行业供给曲线

至此，我们深入分析了企业数量固定的行业；要想得到这种行业的供给曲线，只需将每个企业的供给曲线水平相加，而若行业产出的变化影响到投入品的价格，则须适当考虑企业供给曲线会以何种方式发生变化。现在，让我们抛弃"行业内的企业数量固定"的假设，来研究自由进入的一般竞争性行业；在这样的行业，只要想，任何人都可以开公司。

现在，当产品价格上涨时，由此带来的产量增加不一定全部来自行业现存的企业，有一部分可能来自新企业，他们为了从高价中获利而进入该行业。因此，告诉我们产出如何随价格变化的行业供给曲线并非是简单地将企业供给曲线与企业数量相乘。这与我们在第五章中碰到的情况是一致的：当一种商品的价格不断上涨时，就会有愈来愈多的人发觉生产这种商品比生产其他商品更有利可图，故而价格上涨增加的产出不仅来自此前已在生产这种商品的生产者，还来自新进入行业的生产者。从本章观点出发，我们可以把第五章的新生产者视为新进入该行业的"一人企业"。

如上节所述，推导行业供给曲线的最简单方法，是假设现有企业都具有完全相同的生产函数，且存在生产函数与现有企业完全相同的无数潜在企业。正如上一节开头的做法，我们先忽略行业的整体行为对其投入品价格可能产生的影响，再开始分析。

在这种情况下，行业供给曲线非常简单。如果现存企业获得正利润——总收入大于总成本，便会有新的企业不断加入。随着新企业的进入，供给扩大，从而压低了价格，直至利润不再为正；另一方面，如果现有企业利润为负，就不断会有企业面临破产，从而减少行业供给量，提高了价格，直到利润不再为负。均衡点就在利润为0处。

可能的均衡价格只有一个——使收支恰好相抵的价格。如果收入正好等于成本，那么平均成本也必须跟价格相等。从对企业供给曲线的分析中我们知道，企业会生产能让边际成本与价格相等的产出。因此,当价格、边际成本和平均成本都相等时,整个行业就会达到均衡状态。

我们从本章前文已经知道,若边际成本等于平均成本,则平均成本达到最小值(暂且忽略最大值这种可能性)。因此,整个行业的均衡使每家企业都以最低的平均成本生产产品,并以与成本相抵的价格销售这些产品。如图9-15a所示,这意味着该行业的供给曲线是一条水平线,其价格等于平均成本的最小值。如果需求的上涨只刺激企业数量和产出量的增加,而不影响价格,我们把这样的行业称作**成本不变行业**(constant-cost industry),即新增单位产出的成本与产量无关的产业。

对于以下说法,你可能感到困惑:一旦现有企业开始盈利,新的企业就会进入;但企业所求的不仅仅是一点利润,而是得足以补偿开一家新企业的时间和麻烦。但是,这里所定义的"利润",并非只是会计账面上的一个数字,而是更为复杂的经济学概念,即收入减去成本,其中"成本"就已经包含了上面提到的"时间和麻烦"。因此,如果企业利润为正,那么就意味着它们已然偿还了设立企业的种种"成本"。

"利润"一词的模糊性还会带来另一种误解,这种误解很容易用股东所有的公司来解释。从会计角度看,这类公司的利润等于支付过劳动力工资、原材料和借款利息后所得的剩余利润,应该属于股东们的投资所得。然而,出于经济分析的需要,股东提供的资本也必须被视为一种投入,其**机会成本**(opportunity cost)——股东将这笔资金投至别处所能获得的利润,也是生产成本之一。只有会计意义上的公司利润足以支付股东投入资本的机会成本时,企业才算获得了**经济利润**(economic profit),也就是说,企业给予他们的投资回报大于正常市场对这笔资本投入的回报。这样的企业比其他可选投资更具吸引力。因此,如果某个行业的企业经济利润为正,那么新企业

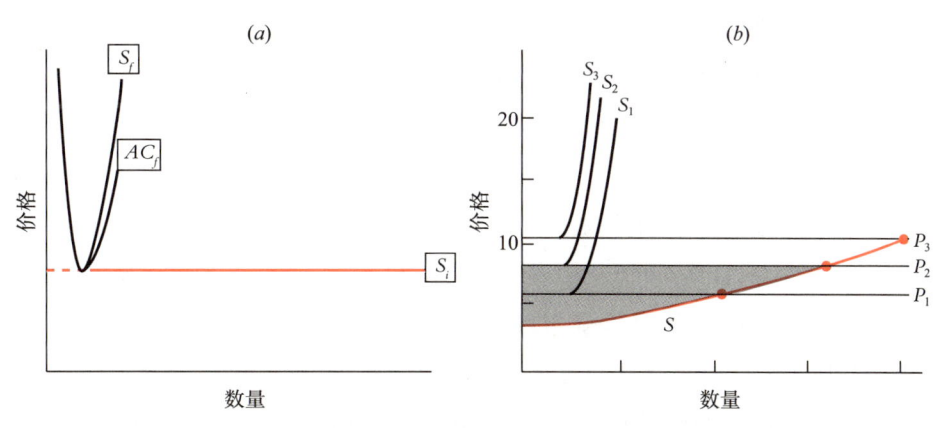

图9-15 在一个可自由进入的行业,从企业的供给曲线推导行业的供给曲线

图9-15a 表示行业投入品完全有弹性的情况;图9-15b 则表示行业投入品并非完全有弹性的情况。

就会蜂拥而至,直至将价格压低到令经济利润再次为零。

向上倾斜的供给曲线的两条路径

第五章和第七章的供给曲线是向上倾斜的:价格越高,产量就越高。而本章的分析似乎表明,水平的供给曲线是有可能的,如图9-15a所示,在同一价格下,产量可以任意变化。我们是不是遗漏了什么?

在探讨自由进入的行业供给曲线时,我们忽略了产业规模增长对其投入品价格的影响。现在,是时候将这一因素考虑在内了。如果汽车产量增加,对钢材、汽车工人和底特律房地产的需求也会增加。随着上述投入品需求的增加,其价格也随之上涨,进而抬升平均成本;结果是,供给曲线上移,如图9-15b所示。这一现象与前一小节图9-13a对应,只不过在这里,我们探讨的是**成本递增行业**(increasing-cost industry),而非成本不变行业。

上述两种情况——自由进入的竞争性产业和有进入壁垒的竞争性行业的区别是什么呢?通过比较图9-13a和图9-15b,我们可以看出,二者的一个区别就在企业供给曲线与行业供给曲线的关系之中。在图9-15b中,单个企业总是处于其供给曲线的底部——价格等于平均成本,没有经济利润。价格上涨导致的产量增加并非通过上移企业的供给曲线得以实现,而是由吸引新企业进入市场来完成。

另一个区别也可以由图9-15a看出。在之前一小节分析企业数量固定的行业时,我们发现在考虑整个行业对投入品价格的影响之前,供给曲线就已经向上倾斜了。在这一节,情况并非如此。在那一小节,向上倾斜的行业投入品供给曲线的影响是,产出品供给曲线在上升阶段会比之前更陡;而在本小节,它则会使该行业产出品的供给曲线从水平延伸变为向右上方倾斜。

同样值得注意的是,在对这两个部分进行比较时,前文对生产者剩余的探讨也能派上用场。在某个自由进入的竞争性行业中,利润在竞争中降至零,因此企业并未从中获得生产者剩余。然而,若行业供给曲线向上倾斜,那么对整个行业而言,生产者剩余必然存在——如图9-15b中阴影区域所示,相应价格为P_2。对这一现象的解释是:全部的生产者剩余都经由企业"传递"给其投入品的供应商。若供应商本身即为竞争性企业且被允许自由进入该行业,那么它也会将其生产者剩余传递给其供应商,以此类推,直至传递到终端供应者(比如出租劳动力的工人、出租土地的土地所有者,等等)为止。在第十四章,这一点变得尤为重要;到时我们将会详细讨论收入是如何由生产要素(最终投入)的所有权决定的。

至此，在进入自由的竞争性行业的语境下，我们把向上倾斜的供给曲线解释为行业投入品供给曲线向上倾斜的结果。还有一种能够推出正斜率供给曲线的方法：假设（现有的）某些企业拥有比其他企业更好的生产手段，也就是他们的生产函数更好。价格上涨后进入市场的新企业越来越差，他们的平均成本的最小值愈来愈高。在任意生产水平下，产品价格都须与目前生产成本最高的企业——**边际企业**（marginal firm）的成本相抵，否则这个企业的生产活动将无法正常进行。而产品的价格也不能超过下一个成本更高的企业（即没有生产的生产效率最高的企业）的边际成本，否则这个企业也会进入市场。在价格能使边际企业收支相抵的情况下，成本低于边际企业的企业将会获得净利润——这与前文分析的零利润企业是不一样的。图 9-16 向我们展示了如何利用曲线表示这种情况。如彩色区域所示，在价格 P，企业 1 的成本曲线最低，利润为正；企业 2 恰好收支相抵，而企业 3 则并未进入市场。

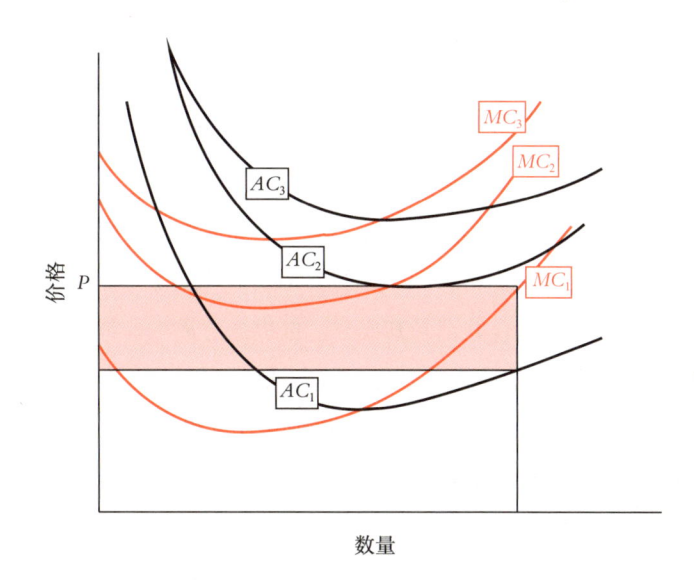

图 9-16 一个由成本曲线不同的企业构成的行业

企业 1 的平均成本为 AC_1，边际成本为 MC_1，它获得正利润。 企业 2 是边际企业，利润为 0。 企业 3 不存在；它是一家潜在的企业，只有当价格更高时才会存在。

这两种获得正斜率供给曲线的方法在本质上是相同的。投入成本之所以最终会随投入品需求的增加而上升，其原因是，同一投入品的供给量并非无限增长。愿意以时薪 8 美元生产小部件的熟练工人总共只有那么多。为了得到更多，企业必须支付更多，才能吸引现有工人们延长工作时间和吸引更多工人进入此行业。同样的思路也适用于土地、原材料和资本品。所有企业的成本曲线并非完全相同的原因是，某些企业拥有其他企业所缺乏的投入品，比如一位经验丰富的经理、一台特别好用的机器、一个得天独厚的地理位置。正是由于此类特定投入品的供给有限,新增的产出将不得不使用效能较差的机器、经验较不丰富的管理人员、较差的地理位置;或者选择支付更多的费用,以便将高质量的投入品从目前正在使用的地方吸引过来。

只要稀缺投入品为企业所实际拥有,如企业所有者的才能或属于公司的不动产,那么区分拥有更好的生产函数和拥有稀缺资产,就没有那么重要了。如果企业获得前者,就可以通过运营获得正利润,并将其传递给其所有者;如果拥有后者,即使企业利润为零,但其所有者却能够通过出租稀缺资源获取利润。当这些稀缺资产属于企业所用土地的所有者或者雇员中的某一位时,会有一个更重要的区别;当有关的合约需要再次谈判时,企业可能会发觉利润为正只是一个短期现象。

总结

本章的大部分篇幅一直在试图推导由许多企业组成的行业供给曲线;推导过程既琐碎又复杂,你可能都已经搞不清楚是怎么推导出来的了。所以我们有必要在这里简单重述一下。

我们从生产函数——对任一投入品组合所能生产的产出数量的描述——开始。对于任意一组给定的投入品价格,计算其总成本曲线,其方法是:找出每一产出水平所需的成本最低的投入品组合并记录其成本。再根据总成本曲线——总生产成本与产量之间的函数,计算平均成本曲线和边际成本曲线。经过上述步骤,就可以算出企业供给曲线了,每个企业通过生产能满足边际成本等于价格的产量水平实现利润最大化。如果在那个产量下产品价格仍然低于企业的平均成本,那么这样的企业就会停产或者退出行业。

一旦得到企业供给曲线,就可以找出该行业的供给曲线了。如果该行业是封闭的,即不允许新企业进入行业,那么行业供给曲线仅为构成该行业的全体企业的供给曲线的水平加总;由于行业产量对其投入品价格的影响,可能会出现某些复杂情形。如果该行业是进入自由的,即新企业可以自由进出行业,那么在均衡状态下,行业的总利润必定为零,因为正利润吸引企业进入该产业,从而压低市场价格,而负利润驱逐企业离开该行业,从而抬升市场价格。在最简单的情况下——有无限的相同企业,且其投入品拥有水平(即完全有弹性)的供给曲线——行业供给曲线会保持水平,其对应价格为企业平均成本的最小值。在更为复杂的情况下,供给曲线呈上升趋势,价格仍然等于平均成本最小值——或者,如果企业不同质,则价格会介于正从事生产的企业中成本最高的那个企业的最低平均成本,与不从事生产活动的企业中生产成本最低的那个企业的最低平均成本之间。

行业均衡与仁慈的独裁

刚刚描述的行业均衡是自由进入情况下的竞争均衡,它具有一些十分有趣的特征。假设你被任命为这个行业的独裁者,并被告知以尽可能低的成本生产同一种产品。不出所料,你将会按照以下解决方案来安排生产活动:每家企业都以最低平均成本进行生产。

从你的角度来看,在控制整个行业的情况下,有两种提高产出的边际成本,分别对应提高产出的两种边际。一种是企业数量边际,增加企业数量能够提高产量。新增一家企业所增加的产量单位的成本等于该企业的平均成本,进而也是该行业在此边际上提高产量而增加的边际成本。另一种增加产量的方法是让每家企业都多生产1个单位的产品;这些新增单位的成本即为每家企业的边际成本。这两个边际上的边际成本相等且必须相等,因为产品是以最低总成本来生产的。这个结论的证明与消费的等边际法则极其相似:在消费者效用达到最大值时,花费在每种消费品的单位货币所带来的效用必然相等。这是等边际法则的又一次应用。本质上,证明过程与之前是相同的,留待你自己去练习。

竞争均衡的另一个有趣特征是价格与边际成本相等;这意味着决定消费者是否再多消费一单位的商品的价格等于生产这一商品的成本。只有当商品对消费者的价值达到或超出其售价时,消费者才会选择购买它——在这种情况下,它在某种意义上是"值得生产的"。这一点将在第十五章和第十六章以更精确详尽的方式讨论。

生产与剥削

有一种观点认为,没有什么东西是被生产出来的。物理定律告诉我们,物质和能量的总和既不能增加也不能减少。我们所谓的生产不过是把物质和能量从一种(对我们)不怎么有用的形式重组为更为有用的形式。

还有一种说法,认为只有生产车间才有生产效益;中间商(如零售商和批发商)不过是"搬运工",同时消耗部分他人所生产之物。但是,其他人又何尝不是"搬运工"呢?大家只不过是在重组物质和能量,使之更有用罢了。生产商将铁矿石和其他投入品"重组"成为汽车;零售商将生产线上的汽车"重组"成与客户匹配的汽车。二者都提高了他们所重组之物的价值,并从中获得收益。

常常听说经济中的某些参与者剥削他人——最常听见的是雇主对工人的剥削。这就给我们提出了一个问题:剥削某人是什么意思。在有关讨论中,常用且同时使用的"剥削"定义有两个:第一个定义是如果我从你的存在中获益,我就是在剥削你。从这个意义上讲,我希望剥削我的妻子,而她也希望剥削我;而且至今我们都得手了。如果我们将上述定义视为"剥削"的内涵,那么,"剥削"正是人类成为群居动物,不像猫那样成为独居动物的原因。

第二个定义是如果我因我们的关系而获益,而你因而受损,那就是我在剥削你。如果你我之间存在剥削关系,那么,我们要么得宣称世界是一个"零和博弈",其中一个人获取利益的唯一方式是牺牲另一个人的利益;要么论证说如果我从我们的关系中受益,而你也值得拥有这种收益,那么,我拒绝把收益给你就是在伤害你。前面那种宣称显然是不可信的,而后者的论证出现了吊诡的不对等性:如果我把所有收益都给你,那么你就从我们的关系中获益,并应该把这种收益再次返还给我。综上所述,我们最好不要在经济学研究中使用"剥削"一词,而是将其视为一种政治术语。

选读部分

企业之谜

我们的分析已经阐明,个体是如何通过价格体系协调彼此的行动。这产生了"为什么还要使用其他方法"这个问题。企业为什么存在?为什么我们没有发现一个所有生产者都是个体、通过合约互相买卖产品和服务的经济体呢?为什么反而看到的是购买人们时间并告诉他们应该做什么的企业呢?

最简单的答案是,签订合同很可能代价高昂。在第六章,我向各位描述了双边垄断(一个买方一个卖方)是如何导致成本高昂的讨价还价的:双方都试图在对买家和卖家的价值差中为自己争取尽可能多的份额。虽说在某种意义上,双边垄断是罕见的,但在另一种意义上也可以说是无处不在的。

举个例子,作为一名教授,我正在谋求新职。假设有 20 所大学和加州大学洛杉矶分校(UCLA)一样适合我;同时,有 200 名经济学家和我一样适合在 UCLA 任职。我接受了 UCLA 的聘请,搬到南加州,购买一栋房子,花上一两年时间学习如何与同事们相处协作,并慢慢摸索出如何为 UCLA 本科生授课(将课堂内容通过磁带塞进他们的索尼随身听)。刚入职时,年薪 3 万美元;两年后,我工作效率符合预期,对 UCLA 的满意度也符合预期,但有一个问题出现了。

我所在学系的主任一旦意识到 3 万美元的年薪足以让我拖家带口前来任职,那么即使他将我的年薪降至 2.5 万美元,我也很可能会选择继续留在这里任教——毕竟,如果我选择离开,当年搬家的费用也收不回来了。因此,他把我叫到他的办公室,准备和我讨论一下学系预算紧张的问题。

得知有这么一个机会与主任交谈,我也很开心,因为我也打着自己的小算盘。在头两年里,由于需要适应新工作,我的工作效率较以往有所下降。在这种情况下,若他们仍愿意给我开 3 万美元的年薪,那可能是因为,虽然我在头两年的实际价值只有 2.5 万美元/年,但是他们预期我可以在今后的任教过程中创造出超过 3 万美元的年价值,从而弥补最初的损失。现在,我终于得到机会与领导面谈,我将会解释说,考虑到这份工作的难度,我认为我有资格获得大幅加薪。反正头两年学校在我身上亏的钱也无法追回了。

这种聘任情形,起初是竞争性的,但一旦交易双方都为适应对方付出了代价,情况就会演变为双边垄断,潜在的讨价还价成本就会出现。最明显的解决办法是签订长期合约:当我刚来到加州大学洛杉矶分校时,就有一份协议,明确规定我未来几年的薪资水平。

但这一解决方案本身就是成本高昂的——如果环境发生变化,合同需要重新商定,那它还限制了双方。而要区分重新商定是由环境变化驱动的,还是由于双方要利用因适应对方而形成的双边垄断而故意安排的,是很不容易的。我们是可以尽力根据相关情形(例如生活费、大学预算、可供选择的工作机会)来调整薪水,但要想面面俱到、毫无遗漏,那是不大可能的,不管合同的字号多小。

而企业就是一种特殊的长期合约,在这一合约的约束下,工人同意每天按规定的时间(在一定时段内)做要求他们做的事,以换取固定的报酬。对企业而言,最为核心的问题可以用一句拉丁习语来概括,即"qui custodes ipsos custodiet",中文翻译为"守卫者由谁守卫"。由于工人的工资恒定,以最省力的方式赚到这份工资便成为他们的目标;而这很可能与企业利润最大化的宗旨相悖。因此,企业有必要聘请监督人员来监督工人,确保他们做好本职工作。那么问题又来了:谁来监督这些监督者?这些监督者的监督者又将由谁来监督?

上述问题的一个答案是:让最高管理者成为**剩余索取者**(residual claimant)。所谓剩余索取者,就是以企业净收益为个人所得的个体。由他监管他的下级主管,下级主管又监管着他们的下级,以此类推。剩余索取者不必因公私利益冲突而受到监督,因为他的利益与企业的利益是一致的。

本文所描述的企业是由企业所有者管理的,这是我们的经济体中较为常见的一种安排。在最难也最需要被其他人监督的人是最高管理者的情形中,这种安排是合理的。最高管理者由于其剩余索取者的身份而具有自律性。虽然这一安排比较常见,但却不具有普遍性;并不是所有的企业都是由所有者来管理。在某些情况下,最难监督也最有必要监督的劳动者并非是最高管理者,而是熟练的技术工人,比如某个发明家(如勃朗宁、鲁格、瑞·杜比),因为这些情况下的企业,其生存靠的就是他们的发明,因此要全力支持,让他们的天赋尽情发挥。在这样的企业中,发明家理所当然地成为剩余索取者——企业的所有者,但最高管理者却是公司的雇员;这也是企业的一种组织形式。还有一些企业,可能是由一群易于互相监督的技术工人所组成的,这就是所谓的工人合作社,虽然不一定要包括所有的工人。合作社的一个例子就是合伙制律师事务所。

对于如何组织企业的另一个常见的解决方案是成立股份公司。这种类型的企业既非管理者所有,也非工人拥有,而是由提供大量资本的股东所有,并由这些股东选出的经理进行管理。将这一解决方案考虑在内,一些有趣的问题就摆在了我们面前。下面我们就偏个题,来看看亚当·斯密是如何看待这些问题的。

▶ 荷马有时也要打瞌睡:亚当·斯密论公司

十八世纪,亚当·斯密出版了有史以来最具影响力的经济学著作。在这一著作中,他将公司(corporation)视为一种无可救药、近乎无能的组织形式:由于所有权高度分散,企业归所有人所有就相当于无人所有;管理者可以拿着股东的钱为所欲为。斯密预测,只有获得政府支持,企业才能成功,除了那些需要大量资金而对技能要求不高的领域,如银行业和保险业。

但斯密的预测是错误的。即使没有政府的特别支持(有限责任这个特权除外)——甚至政府还要对公司加征特别税,公司还是在与业主制企业、合伙企业的多领域竞争中获得了胜利。斯密的错误在于未能预测到收购(take-over bid)所带来的良性影响。

假设你知道一家公司经营不善,那你就尽可能多地购买这家公司的股票,多到足以让你接管这家公司。然后你任命一位善于经营的经理。如此,你的收入就会猛增,你的股票市值猛涨。然后你将股票抛售一空,再去寻找下一家经营不善的公司。很显然,对于这种行为,证券监管部门并不鼓励,公司现任管理者也会谴责。然而,这种行为(以及它所带来的能够帮助管理者保持忠诚的危机感)很可能是公司这种组织形式在现代世界取得成功的原因。

这就产生了一个有趣的想法。公司无法正常运行的逻辑也适用于民主政府。在总统选举中,个体选民对选举结果的决定权重只有几百万分之一,那么他为何要在投票前花费宝贵的时间和精力来研究候选人与选举事宜呢?所有人的事务就是无人负责的事务。结果,大多数选民甚至都不知道许多声称代表他们的政客的名字。

然而,对公司问题的解决方案(即收购)并不能解决民主政府的问题。为什么呢?上述两种情况的区别在于,公民在美国中所占的"股份"并非可转让的财产——这也许可以解释,为什么随机观测的结果是,民主政府的运行比大多数公司都糟糕。

公民所拥有的美国股份是不可转让的财产。就想象一下它是可以转让的。每个公民拥有一个公民身份,包括一人一票的选举权。公民可以离开这个国家,并将其公民身份卖给想住在这里的人。如果国家经营不善,有人可以买下大量的公民身份,进而选举一个称职的政府,并以更高价格转售公民身份发财。操作时无需对国家进行"清空处理",操作者可以在购买和卖出的时间差里把所拥有的公民身份进行出租。

利用微积分从生产函数中推出成本曲线

在本章的开头,我描述了制陶企业的生产函数,并展示了如何通过这个生产函数来寻找总成本曲线。那里描述的步骤存在一个问题:表 9-1 仅仅展示了几种可能的投入品组合。在那个表格中寻找给定产出水平下成本最低的可选组合仅仅能保证它是表格中最好的投入品组合;很可能存在其他成本更低的不在表格中的组合。另一个问题是,表格只展示了几种可能的产出水平情况。

如果我们使用微积分而非试错的方法来推导,就可以避免上述两个问题。表 9-1 下给出的生产函数告诉我们对于任意投入品组合,我们能够产出多少产品:

$$Q = L^{1/2} \times \left(\frac{K}{100}\right)^{1/4} \times R^{1/4} \quad (\text{方程 1})$$

在这里,Q 代表产出水平(陶罐数量);L 是劳动的投入量;K 是资本的投入量;R 是原材料(陶土)的投入量。既然根据表 9-1,劳动的价格是 10 美元/小时,资本的价格是 0.05/年(即 5% 的年利率),陶土的价格为 4 美元/磅,那么任意劳动力、资本和原材料的投入组合的成本(C)可以被表示为:

$$C = 10L + 0.05K + 4R \quad (\text{方程 2})$$

我们需要解决的问题是对于任意 Q,找到对应的 L, K, R 的值使得 C 最小。

我们的第一步是用方程 1 消去其中的一个变量,重新排列方程,可得:

$$R = 100 Q^4 / L^2 K \quad (\text{方程 3})$$

代入方程 2,可得:

$$C = 10L + 0.05K + 400 Q^4 / L^2 K \quad (\text{方程 4})$$

在保持 Q 不变的情况下,改变 L 和 K 使方程 4 的结果最小,从而得到两个一阶微分方程:

$$0 = \partial C / \partial L = 10 - 800 \, Q^4 / L^3 K$$

以及

$$0 = \partial C / \partial K = 0.05 - 400 \, Q^4 / L^2 K^2$$

解上述方程,可得:

$$L^3 K = 400 \, Q^4 / 5 = 80 Q^4 \quad (\text{方程 5})$$

$$L^2 K^2 = 40000 \, Q^4 / 5 = 8000 Q^4 \quad (\text{方程 6})$$

对方程 6 等式两侧同时取平方根,我们得到:

$$LK = 200 Q^2 / 5^{1/2}$$

用方程 5 除以方程 7,我们得到:
$$L^2 = 2Q^2/5^{1/2}$$

由此可以求出 L:
$$L = 2^{1/2} \times Q/5^{1/4} = 0.946Q$$

把 L 的取值代入方程 7,求出 K:
$$K = 20Q \times 2^{1/2}/5^{3/4} = 94.6Q$$

然后再把 L 和 K 的值代入方程 3,求出 R:
$$R = Q(5^{3/4}/2^{3/2}) = 1.182Q$$

如今,我们把 L,K,R 都表示为了 Q 的函数。对于任意一个 Q,这些函数告诉我们最低成本的组合中每种投入品各使用了多少。数学纯粹主义者或许想再检查一下方程的二阶条件以确保上述过程实现的是成本最小化而非成本最大化。把 L,K,R 代入方程 2,可以求出总成本曲线——以最便宜的方式生产任意数量产品的成本。

$$TC(Q) = 10(0.946Q) + 0.05(94.6Q) + 4(1.182Q)$$
$$= Q(9.46 + 4.73 + 4.73) = 18.92Q$$

表 9-1 中的投入组合 O,P,Q,R 分别表示当 $Q=1,2,3,4$ 的情况下的最低成本组合;图 9-1 则展示了总成本曲线。

▶ 生产函数与规模报酬

在分析生产陶罐的例子中,我们的生产函数是:
$$Q(L,K,R) = L^{1/2} \times (K/100)^{1/4} \times R^{1/4}$$

这个方程是经济学理论中常用的生产函数例子,这种生产函数称作**柯布-道格拉斯生产函数**(Cobb-Douglas production function,以经济学家保罗·道格拉斯和数学家查尔斯·柯布的名字命名)。这并非是因为这个生产函数能够比其他生产函数更好地刻画企业的生产状况,而是因为它有一些便于计算的数学性质,对于投入品 X,Y,Z 等,一个普遍形式的柯布-道格拉斯函数是:

$$Q(X,Y,Z,\cdots) = AX^a Y^b Z^c \cdots \tag{方程 8}$$

考虑一个满足这种形式,且指数之和等于 1 的函数;为了简单起见,我们假设只有三种投入品,即:

$$a+b+c = 1 \tag{方程 9}$$

我们可以得到:
$$Q(kX,kY,kZ) = A(kX)^a(kY)^b(kZ)^c = Ak^{a+b+c}X^a Y^b Z^c = kQ(X,Y,Z)$$

如果用文字解释,这个式子告诉我们,当指数之和等于 1 时,我们同时把每种投入品的投入量乘以一个相同的常数,那么其产出也会乘以这个相同的常数。如果我们使用的劳动力、钢铁和橡胶是原投入量的两倍,那么我们就能够生产两倍于原产量的汽车。一个更进一步的结论是,如果目标产量增加,各种投入品的使用量应该等比例增加,你可以通过对方程 8、9 中更一般的情形再进行一遍我们对陶罐生产函数的分析(方程 1)以得到这个结论。如果某个劳动、钢铁和橡胶数量组合是生产 100 辆汽车成本最低的方式,那么生产 1000 辆汽车成本最低的方式就是把上述每种投入品的使用量乘以 10。

这种生产函数展示的是**规模报酬不变**(constant returns to scale)的情形。其对应的总成本曲线是一条穿过原点的直线;其平均成本和边际成本曲线是水平的,且两条线完全重合。无论生产多少单位产品,平均成本都是相同的。

如果某个柯布-道格拉斯生产函数的指数之和小于 1,那么当每种投入量翻倍的时候,产量会小于原来的两倍(即**规模报酬递减**,decreasing returns to scale);如果指数之和大于 1,投入量翻倍产量会大于原来的两倍(即**规模报酬递增**,increasing returns to scale)。在所有上述情形中,正如和规模报酬不变的情形一样,当产出的规模增加时,最优的投入品组合中不同投入品的比例保持不变。如果 10 单位 X,20 单位 Y 和 15 单位 Z 组成了生产 100 个小部件的成本最低的投入品组合,那么 20 单位 X,40 单位 Y 和 30 单位 Z 也是对应某个产量的成本最低的投入品组合。这个新的投入品组合是恰好生产 200 个"小部件"(规模报酬不变),还是少于 200 个(规模报酬递减),还是多于 200 个(规模报酬递增),取决于生产函数中的指数之和。

这也就是说,对于柯布-道格拉斯函数,当其规模报酬递减时(产出增加的比例小于投入品增加的比例),这意味着**净规模不经济**(net diseconomies of scale 当使用成本最低的投入组合时,生产给定产量的产品的成本随着产出的增加而增加);当规模报酬递增时,这意味着**净规模经济**(net economies of scale)。但如果是其他形式的生产函数,这种关系可能就不满足了。可以想象这样一个例子:当所有投入品的数量翻倍时,产出可能达不到原来的两倍;但当用于投入品的支出翻倍时(并改变投入品的比例)可能会使得产出超过原来的两倍。例如,生产成本中有一项是产品设计费;我们没有必要为实现产出翻倍而让设计师的数量翻倍。

·习题·

1. 我期末批卷的生产函数是:

$$F=L^{1/2}O^{1/2}$$

其中 F 是期末批卷的数量,L 是我的劳动,O 是为了补救我眼睛的损伤必须花在验光师那里的时间。我批卷的劳动价值是 15 元/小时,而验光师收费 45 元/小时。

    a. 画出 $F=10$、$F=40$ 的等产量曲线。

    b. 画出 600 元和 1200 元的等成本线。

    c. 画出我从 $F=10$ 到 $F=100$ 的总成本曲线。你可以使用试错法(可以借助电子表格)、等产量曲线法或微积分法,但你应该在总成本曲线上至少找到三个点。

2. 图 9-17 显示了生产带配图的手稿的等产量曲线,投入是羊皮纸(价格 $P=20$)和劳动(价格 $W=1$)。

    a. 生产 10 份手稿的最低成本是多少?

    b. 随着手稿的产量从 5 份变为 32 份,用表格或图展示投入的羊皮纸数量和劳动时长如何变化。

    c. 若手稿可以 40 元/份的价格出售,该作坊会生产大约多少份?雇佣多少劳动力?采购多少羊皮纸?

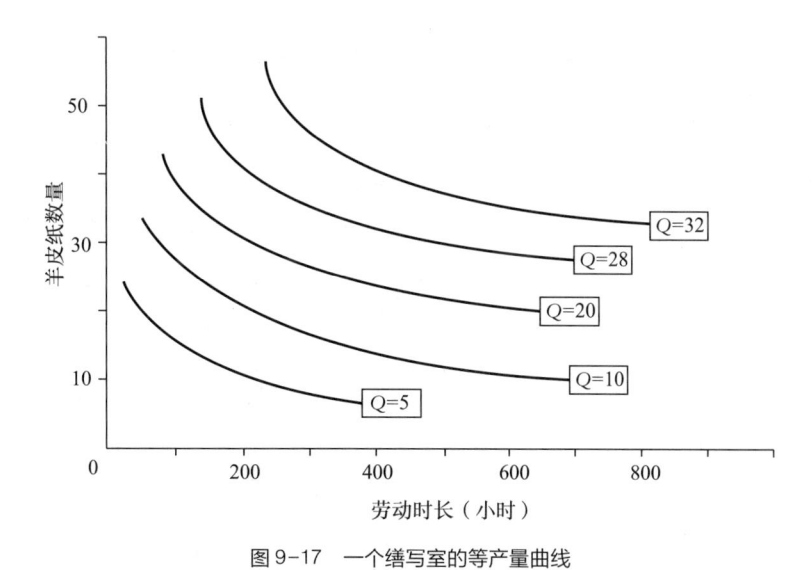

图 9-17 一个缮写室的等产量曲线

3. 图 9-18 是一家公司的平均成本和边际成本曲线,在价格为 6 元/个的情况下,公司大约会生产多少个零部件?

4. 如果像这家公司的其他公司都可以自由进入该市场,该零部件的最终价格会是多少?

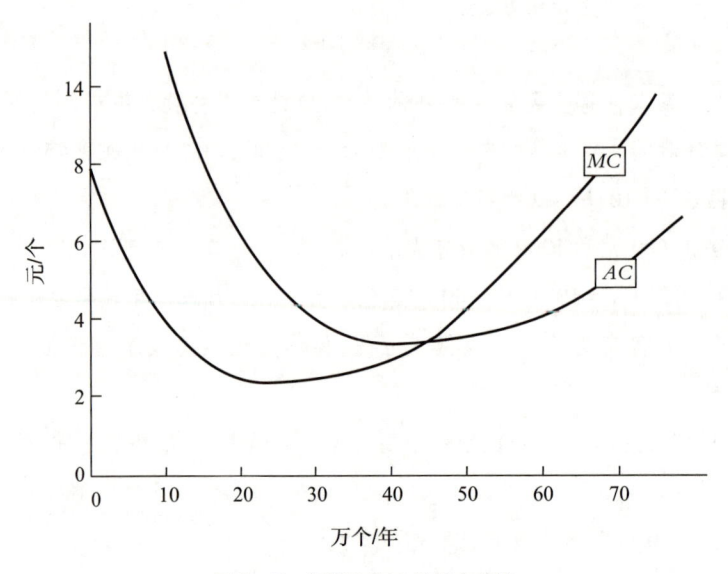

图 9-18 问题 3 和 4 的成本曲线

5. 图 9-19a 是一条总成本曲线(生产零部件的总成本是零部件数量的函数),图 9-19b 中的哪条曲线是相应的边际成本曲线?哪条是相应的平均成本曲线?(图中的纵轴故意没有命名,回答问题不需要该信息。)

6. 图 9-20 显示了几对边际成本和平均成本曲线。哪些配对是可能的?请解释。

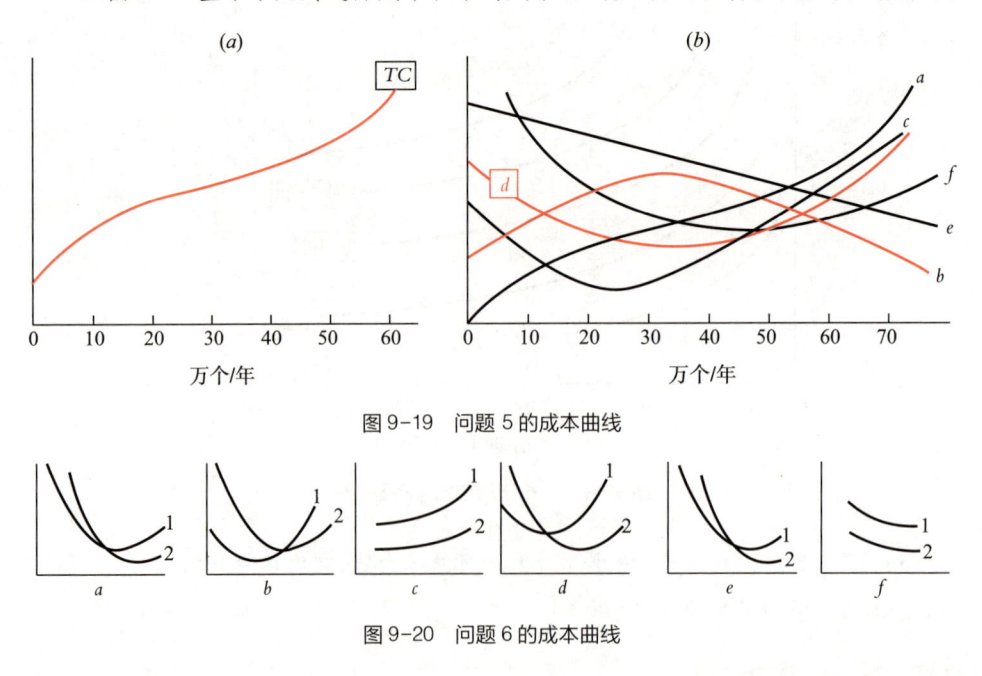

图 9-19 问题 5 的成本曲线

图 9-20 问题 6 的成本曲线

7. 边际成本和平均成本之间的关系如何表明平均成本是处于最大值还是最小值？

8. 请证明公司总是倾向于选择边际成本从下方与 P 相交的点，而不是从上方与 P 相交的点。对于边际成本与平均成本的最大值而不是最小值相交的情况，这意味着什么？

9. 图 9-21 显示了三种潜在企业的供给曲线。假设每种类型都有 10 家企业且不允许其他企业进入市场，该行业的所有投入都有水平供给曲线，销量不影响价格，画出行业供给曲线。

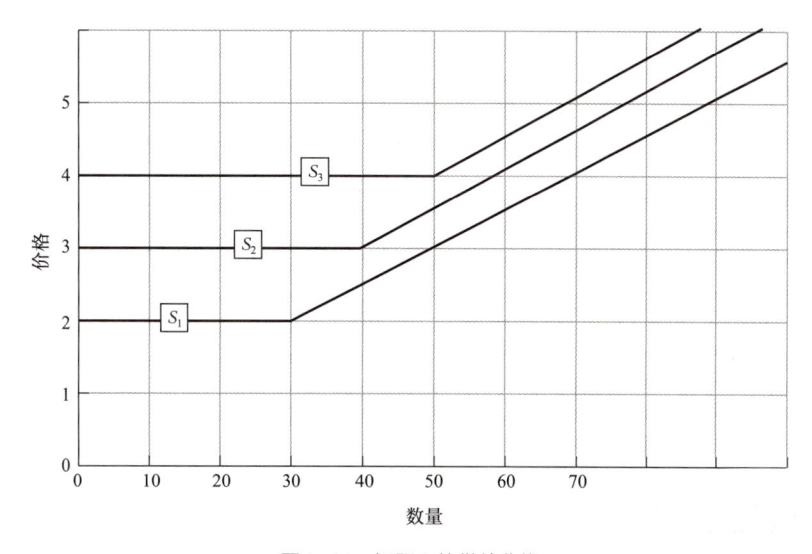

图 9-21　问题 9 的供给曲线

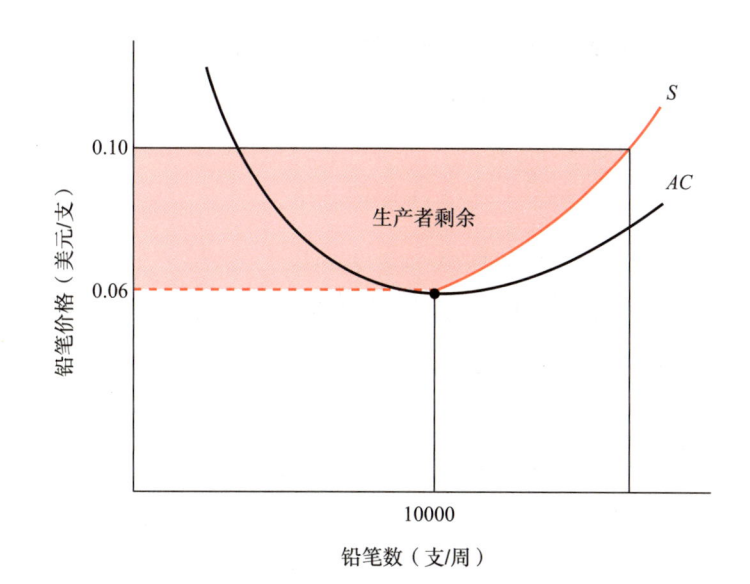

图 9-22　问题 11 的供给曲线和生产者剩余

10. 本章对生产的分析与第三、四章对消费的分析有什么本质区别?

11. 图 9-22 显示了一家铅笔公司的供给曲线和该公司在铅笔价格是 0.10 美元/支时的生产者剩余。与前面一些图一样,供给曲线不连续。在任何价格下,企业都不会选择每周生产大于 0 少于 10000 支的铅笔。对于任何价格,供给曲线显示公司在该价格下选择生产的数量,所以在 0 和 10000 之间的数量范围内,供给曲线不存在。

生产者剩余是供给曲线上方和价格下方的区域。在这种情况下,每周 0 到 10000 支铅笔之间,不存在供给曲线的上方。尽管如此,在这里和此前,代表生产者剩余的区域被画得就像供给曲线在不连续处有水平部分一样,换句话说,就好像图中的虚线确实是供给曲线的一部分。

证明在这种情况下这是计算生产者剩余的正确方法(这个问题很难)。(提示 1:在证明中你可以同时使用公司的边际成本和平均成本曲线;提示 2:在价格为 0.06 美元/支的情况下,生产者剩余是多少? 为什么?)

12. 租用我们三楼的朋友是热心的园艺家,而我们不是。结果是,我们得到了免费的园艺,而他们得以免费使用院子搞园艺。谁在剥削谁,在什么意义上?用什么词来描述这种情况更好?

13. 猫剥削了谁或剥削了什么?在哪种意义上或哪几种意义上?

以下是选读部分的问题:

14. 生产函数与表 9-1 相同,劳动力价格是 5 元/小时,资本价格是 0.04 元/年,黏土的价格是 6 元/磅,画出总成本曲线。

15. 价格同问题 14,生产函数为:
$$Q = L^{1/3} K^{1/3} R^{1/3}$$
求 L、K、R 和 TC 与 Q 的函数关系,$1 \leq Q \leq 64$。

16. 你的生产函数同问题 15,你决定生产 100 个陶罐,你已经买了 8 磅黏土,所以唯一的问题是要使用多少劳动力和资本。工资是 10 美元/小时,利率为 10%。

a. 用微积分法找出 L 和 K 的最佳值。

b. 用类似于图 9-2 的等产量-等成本图解决同样的问题。

·延伸阅读·

对于选读部分出现的一些问题,有两个有趣的首次讨论:Ronald Coase,"The Nature of the Firm," *Economica*, Vol. 4 (November, 1937), pp. 386,405; Armen Alchian and Harold Demsetz, "Production, Information Costs, and Economic Organization," *American Economic Review*, Vol. 62 (December, 1972), pp. 777-795.

第十章　少量企业问题：垄断的全部

迄今为止，除了第六章的部分内容外，我们的研究一直基于以下假设：在交易过程中，交易双方都包含许多个体或企业。在决定销售量或购买量时，我们完全可以忽略该决定本身对市场价格的影响，因为单个企业或个体的购买量或销售量对市场价格的影响微不足道。虽然整个行业所面临的需求曲线是向下倾斜的（销售量越多，价格越低），但单个企业所面临的需求曲线却基本上是水平的；同样，即使市场供给曲线呈上升趋势，单个消费者所面临的供给曲线也主要是水平的。

让我们举个例子，以便更清晰地说明这一点。如果某个行业有100家完全相同的企业，那么任何一家企业的产量翻倍只会导致（该行业）供给总量增加1%，由此导致的市场价格下降的幅度，甚至比需求量增加1%所带来的影响还要小。因为随着价格下降，不仅市场对产品的需求量会增加，（其他99家企业的）供给量也会减少。从企业的角度来看，需求曲线几乎可以称得上是完全弹性的；也就是说，该企业所生产的某种产品的产量变化几乎不会对其售价产生影响。

在这种情况下，企业有时会被描述为**价格接受者**（price taker），即企业将市场价格视为既定的，并假设它能够以该价格出售任意数量的产品。第九章中所描述的企业就可以被称为价格接受者。在那一章中，我所画的那条与价格齐平的水平线可能会被认为是一条（完全具有弹性的）需求曲线——但这条需求曲线并非行业整体所面对的，而是单个企业所面对的。

并非所有行业都能拥有数百家企业。本章和下一章，将会讨论行业内企业数量较少的情况；我们会从有关垄断（monopoly）的简单案例讲起——单个企业是某种商品或服务的唯一销售者。在本章的第一节，我们会研究以相同价格销售全部产出的垄断形式——**单一价格垄断**（single-price monopoly）；第二节，我们将探讨**歧视性垄断**（discriminating monopoly），即以不同的价格出售不同数量单位的产出；第三节，我们将会讨论导致垄断的可能原因；第四节，我们会将讨论范围扩大至行业内有少量企业的情况。第十一章将继续对策略行为与博弈论展开讨论，并将这一章所学到的知识用来分析有关**寡头垄断**（oligopoly）的难题，即拥有几个销售者的市场。

第一节　单一价格垄断

我们从单一价格垄断开始，即垄断者必须以相同价格销售全部产出。至于它为什么必须这么做，我们会在后面讨论企业以不同价格向不同顾客销售所面临的问题时进行说明。图 10-1a 所示即为小部件生产企业的经营状况。D 代表小部件的总需求曲线；由于只有一家企业生产小部件，因此，这条需求曲线同时也是该企业所面临的需求曲线。MC 是其边际成本曲线。正如第九章中所说，该企业的产量为满足 $MC = P$ 时的产量。具体到这个例子，其数值为每月 20 个；价格为 10 美元/个。

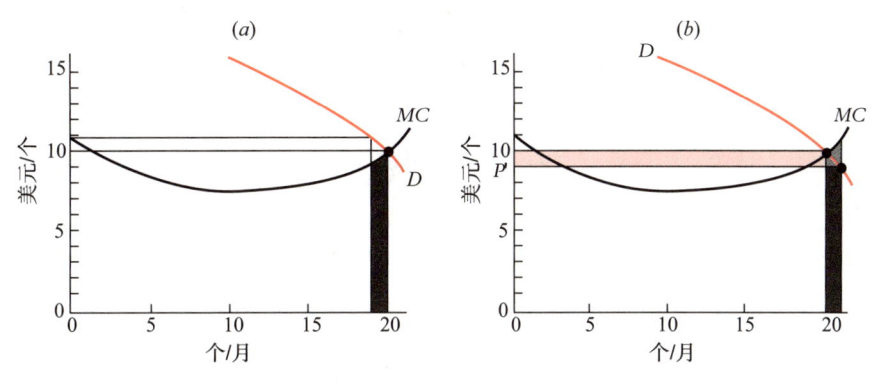

图 10-1　数量变化对价格搜索者的收益和利润的影响

图 10-1a 显示了数量从 20 减少到 19 时的影响；图 10-1b 显示了数量从 20 增加到 21 时的影响。在图 10-1b 上，收益减少即彩色区域；利润的减少是该区域加上浅灰色区域。

假设该企业将月产量从 20 件减至 19 件。其生产成本每月下降约 9.50 美元（即阴影区域所示）。价格相应上涨至每件 11 美元。产量下调之前，该企业的月收益为 200 美元，而现在却变成了每月 209 美元。成本下降，收益增加，所以利润也一定增加了！

这是怎么一回事呢？我们不是在上一章已经证明了利润在产量满足 $P = MC$ 时达到最大吗？如果你是这么认为的，那你可能搞错了一点。我们已经证明，如果该企业是价格接受者——一家足以忽略产量变化对其价格影响的企业，那么其利润在该产量下就达到了最大值。如果你回看第九章的相关部分，你会发现，我们总是将这类企业的价格视为既定的。

然而，图 10-1a 所示的企业并非价格接受者，而是**价格搜索者**（price searcher）。相较于将价格视为既定的价格接受者，在对生产量与销售量做出决策时，价格搜索者必须同时将该决策对价格与数量的影响一并考虑在内——生产得越多,价格就越低。

当价格接受者将其产量增加 1 单位时,其所得利润为正还是为负,取决于新增单位量产品的收益是否大于其生产成本。该新增单位量产品的收益即为其售价 P,生产该单位量产品的成本为 MC。因此,若 $P>MC$,其利润为正;若 $P<MC$,其利润为负。如第九章所述,只要 P 依旧大于 MC,其利润就会随新增单位量的产出而增加,因此企业会继续扩大产量直至 $P=MC$ 的水平。

而对于价格搜索型企业来说,情况则更为复杂。对这样的企业而言,提高产量的影响之一就是市场价格下降。根据假设,由于所有小部件都以相同的价格出售,这意味着企业不仅可以从新增的额外产出中获得一部分利润,还可以从企业正在销售的企业的利润因卖出额外单位产出而增加 P',因支付该单位生产成本而下降 MC,并随着价格下降而下降了初始销售数量与价格变化量的乘积,$Q(P-P')$。图 10-1b 中表示了当产量从每月 20 个增加至 21 个时,上述三种变量的变化:收益的增加——P'(乘以额外产量 1)为深色阴影区域部分;收益减少量 $20(P-P')$ 如彩色阴影区域所示;成本的增加量为整个阴影区域,即浅色阴影区域加上深色阴影区域。利润的减少量为彩色阴影区域和浅色阴影区域的总和。

对此,同学们时常会感到困惑:为什么企业非得降低"已有"产品量的价格,难道只是为了将"新增"一单位产品卖出去?他们的理解误区在于,将所谓的"已有"与"新增"视为市场中实际事件发生的顺序。在他们的想象中,企业先卖出 20 台,然后再卖出 1 台。但请注意,我们所描述的是一家在考虑未来十年内是将月销售量定为 20 台还是 21 台的企业,它正试图确定哪种方案的利润更高。如果该企业选择每月出售 21 台,它必须以消费者愿意购买的价格出售——这就意味着相比于只出售 20 台,售出 21 台的价格会更低。所谓的"已有"和"新增",仅仅是在描述企业考虑备选方案的顺序,并非实际事件发生的顺序。

边际收益

为了更准确地了解利润最大化的产量对于单一价格垄断而言究竟意味着什么,我们引入了一个新概念——**边际收益**(marginal revenue)。边际收益是指"每新增一单位数量所带来的收益增量"。这种定义方式与边际成本的定义如出一辙。熟悉微积分的同学可能更倾向于将边际收益视为总收益对产量的导数,而将边际成本视为总成本对产量的导数,它们都是对同一事物的微积分。

如果产量新增 1 个单位,收益变化的原因有两个。新增 1 单位的销售量既带来了大小为 P' 的收益增量,同时也带来了大小为 Q(P-P') 的收益减量。这里的 P 和 Q 分别代表涨价前的价格与数量,P' 为涨价后的价格。与总价格相比,单位增量引发的价格变动很小。但在计算利润变化时,总价格仅乘以 1 个单位,而价格变化量则会乘以 Q 个单位。图 10-2a 表示产量从 20 增加至 21 时的两个变量,并向我们展示了在产出范围之内边际收益与数量之间的函数关系。灰色垂直矩形代表销售新增单位量的收益;彩色水平矩形代表以较低价格销售其他单位量所造成的损失。请注意,边际收益总是低于价格,二者之间的差额等于由于价格下降而不能如往常售出已有单位量产出品所带来的收益损失。

如果想要用代数式而不是具体数字来表达这一规律,我们需要注意:由新增 1 单位数量而引起的价格变化即为 $\Delta P/\Delta Q$——需求曲线的斜率。因此,我们有:

$$MR = P + Q(\Delta P/\Delta Q)$$

在图 10-2a 中,需求曲线是一条直线。之所以如此绘制,是为了说明寻找边际收益曲线的一种极其简单的方法。对企业来说,如果所面对的需求曲线是直线,那么其边际收益曲线同样也是直线。如图所示,该直线从需求曲线的垂直截距(需求量为零时的价格)延伸至需求曲线水平截距的一半(需求量为零时价格的一半)。但这一事实对经济学没有实质意义,因为在真实世界中,需求曲线为直线的情况基本不会存在。当然,这对解决经济学问题而言,倒不失为一种简便的方法。熟悉微积分的学生应该可以轻而易举地证明该结果;而对于那些不熟悉微积分的同学而言,这几乎算得上本书中唯一一个明明不知就里却仍感觉有用的知识点;课程结束,忘记这个知识点也没关系。

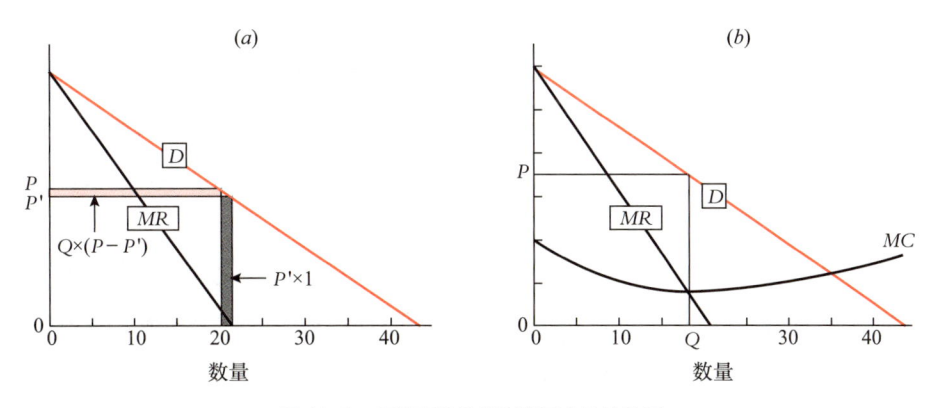

图 10-2 用边际收益找利润最大化的数量

MR 是需求曲线 D 所对应的边际收益。 图 10-2a 说明了 MR 可以如何计算。 图 10-2b 表示利润最大化的数量(Q),即 MR=MC 处。 P 是该数量出售的价格。

既然我们已经得到了边际收益曲线，最大化垄断者利润就很简单了。如果边际收益高于边际成本，垄断者就应该增加产出——即使考虑到价格下跌的影响，新增收益也会大于新增成本；如果边际收益低于边际成本，垄断者就应该减少产量；当边际收益等于边际成本时，垄断者就找到了最佳生产方案（即利润最大化方案）。该方案如图 10-2b 所示。

请注意，在上述方案中，我们求解的对象是数量，进而才利用需求曲线找到该数量所对应的销售价格。在尝试解决这类问题时，同学们经常犯的一个错误是，将图中的 MR 与 P 搞混。他们能够在 MR 和 MC 的交点处找到正确数量，但紧接着就假设交点的高度即为价格。然而，事实并非如此，他们所找到的是边际收益。价格是该数量下需求曲线的高度。边际收益、边际成本和价格都使用相同的单位（即货币量除以数量——例如，美元/磅或便士/克），它们都是数量的函数，因此它们可能对应同一张图中的不同曲线，但这并不意味着它们是一码事。

价格搜索者与价格接受者

价格搜索者的利润最大化规则——"生产使边际收益等于边际成本的数量"——也同样适用于价格接受者。对于价格接受者而言，数量变化对价格的影响为零（这就是他被称为"价格接受者"的原因），因此，其边际收益与价格相等。对价格接受者而言，每新增一单位产量都会通过销售出去的价格而提高他的收益。对于价格接受者来说，MR 和 P 没有区别，故而 MR = MC 和 P = MC 对他来讲也不存在什么不同。遵循价格等于边际收益的价格接受者是边际收益等于边际成本的价格搜索者的一个特例。

在第九章分析价格接受型企业时，我们的主要目标之一是找出供给曲线——首先找出一家企业的供给曲线，然后找出由许多企业组成的行业的供给曲线。但在这里，我们却做不到这一点。我们无法找到价格搜索者的供给曲线，因为价格搜索者根本没有供给曲线。

供给曲线表示的是一家企业或一个行业的产量与售出价格之间的函数。但对于价格搜索者而言，其产量不仅取决于现有产量下的价格，还取决于其他产量下的价格。同时，其产量不仅取决于价格（即需求曲线上某一点的高度），还取决于整个需求曲线的形状。

要理解这一点，请对比图 10-3a 和图 10-3b，它们表示两种不同的需求曲线和它们所对应的边际收益曲线。这两张图还表示相同的边际成本曲线。在这两种情况下,企业选择收取的市场价格是相同的(都是 P),但数量却不同。这表明,即便我们已经知道了该企业的成本曲线和价格,也无法预测其数量。因此,对于价格搜索者而言,所谓供给曲线(即供给量与价格之间的函数)并不存在。

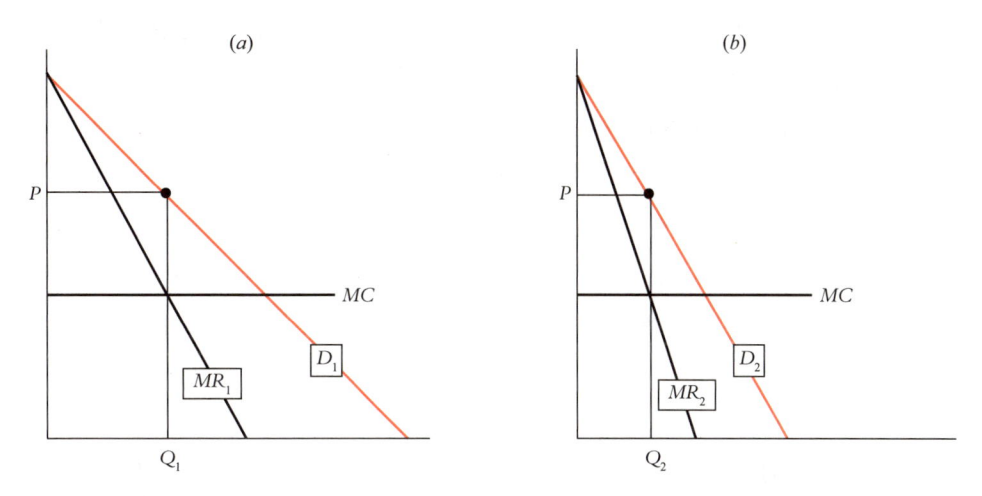

图 10-3 两条不同的需求曲线,它们对应的价格相同但数量不同

在第九章中,要想从企业的成本曲线推导出供给曲线,满足"产量使 $MC = P$"的准则仅仅是第一步。第二步是观察,如果该产量下的利润为负值,则可以通过关闭企业并歇业停产来增加利润。这意味着一条额外的准则:如果在该数量下价格至少与平均成本一样高。这就是为什么供给曲线只在其与平均成本的交点及其上方与边际成本曲线重合。

第二条准则也适用于垄断:如果垄断企业销售产品的价格低于其平均成本,那么歇业就是最好的选择。虽然价格搜索者的边际收益与价格接受者不同,但二者的平均收益——价格,都是一样的。如果你以 0.50 美元/个的价格销售 1000 个苹果,那么你将获得 500 美元的总收益与 0.50 美元/个的平均收益(总收益除以数量)——无论你的生产数量是否影响价格。因此,上述准则的另一种表述方式为:如果平均收益低于平均成本,则企业会歇业。

推导价格接受者的供给曲线的第三步把我们从企业带向整个行业。只要利润为正,其他企业进入该行业就会有利可图。由于为其他企业的进入,企业就会下调价格、降低利润。结果是,在均衡状态下,利润(收益减去所有成本)为零。

而在垄断的情况下,企业就代表了整个行业。由于本章后续会讨论的某些原因,其他企业不可能进入该行业。有关"零利润"的论点似乎不再灵验,我们需要讨论的是**垄断利润**(monopoly profit)的可能性——对于这一点,我们会在分析完垄断为什么存在后再做讨论。

弹性或平坦程度？

在前几章中，尤其是在本章和第九章中，我发现用平坦程度来描述供给曲线、需求曲线、成本曲线等各种曲线，是很实用的。但从表达其潜在含义的角度来看，这并非完全适宜；图中的某条曲线有多平坦，部分取决于你如何描绘垂直轴与水平轴的比例。图 10-4a 和图 10-4b 代表同一需求曲线（对水的需求）；区别在于，图 10-4a 的水平轴单位为"加仑/天"，而图 10-4b 的则为"加仑/周"。为了检验两个图是否完全相同，我们注意到，在 0.10 美元/加仑的价格下，需求量为 10 加仑/天（如图 10-4a 所示）与 70 加仑/周（如图 10-4b 所示），这实际上是相同的。然而，图 10-4b 中的需求曲线比图 10-4a 中的要平坦得多。通过改变水平轴的比例，我们将曲线在水平方向上拉伸，使其看起来更平坦。

解决此问题的方法是用"弹性"代替"平坦度"。在第七章中，我简要解释了什么叫"弹性"，但这一概念仅以定性的方式被使用；非常平坦的需求和供给曲线被描述为"非常有弹性"，而非常陡峭的曲线则被描述为"非常缺乏弹性"。在讨论垄断行为时，我们需要更精确地理解何为"弹性"——作为一个定量概念而不仅仅是定性概念。

我们将需求（或供给）曲线在某数量 Q 下的弹性（记住，曲线的平坦程度可能取决于数量所处的位置）定义为当价格变化足够小的时候，数量的百分比变化与价格的百分比变化之比。对于熟悉微积分的同学来说，该定义可以用 $\partial Q/\partial P \times P/Q$ 来表示，而其他人可能会将它理解为价格变化 1% 时所引起的数量百分比变化，或者是 P/Q 除以该曲线的斜率。一些经济学家在需求弹性的定义中包含了负号，以便使供给弹性和需求弹性恒为正数（当价格上涨时，需求量减少，因此数量的百分比变化为负数）；我将沿袭这一惯例。

高度具有弹性的曲线是指当价格变化很小时，数量变化很大的曲线。如果价格从 1.00 美元上涨至 1.01 美元就能导致需求量从 100 件减少至 50 件，那该需求曲线就是高度具有弹性的；如果价格翻一番，需求量只减少了 1%，那么该曲线就是高度缺乏弹性的。记住这一点的方法之一是，思考价格变化时需求量（或供给量）的"拉伸"幅度——如果曲线高度具有弹性，拉伸幅度就会很大。**单位弹性**（unit elastic）曲线是指 1% 的价格变化引起 1% 的数量变化——此时弹性等于 1。如果弹性大于 1，则称之为**弹性**（elastic）曲线；如果弹性小于 1，则称之为**非弹性**（inelastic）曲线。曲线的弹性通常随其长度而发生变化，因此供给曲线可能在某个数量范围内具有弹性，而在另一个数量范围内缺乏弹性，并在两个范围之间具有单位弹性。

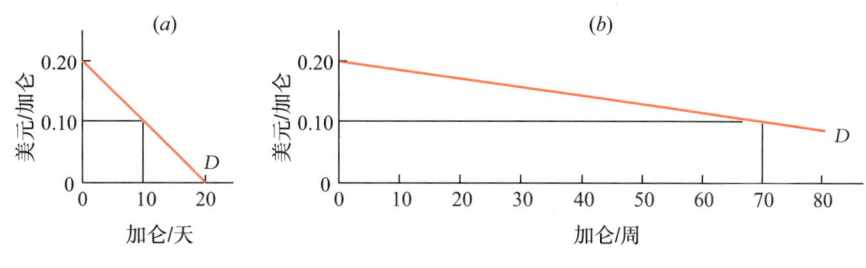

图 10-4　两种视角下的同一需求曲线

在图 10-4a 中，数量以加仑/天来衡量，而在图 10-4b 中，数量以加仑/周来衡量。 这条需求曲线在图 10-4b 中看起来比在图 10-4a 中更平坦。

曲线所表示的平坦程度取决于曲线的描绘方式——将 x 轴从"加仑/天"更改为"加仑/周"会使曲线变得相当平坦。但弹性却并非如此。如果将数量的计量单位改为原来的 7 倍，就如同从"加仑/天"改为"加仑/周"那样，那么其对应的数量与数量的变化量都会受到影响，但它们的比率（即数量的百分比变化）永远保持不变。如果价格下跌 1% 导致耗水量增加 10%，那么无论是以"加仑/天"还是以"加仑/周"计算，耗水量增加的百分比都不会发生变化。对于弹性，我会在本章的选读部分中进一步讨论；在此处，我将展示如何计算各种曲线的弹性。

弹性的应用

弹性的概念有助于分析单一价格垄断行为。如果需求曲线上某个点的弹性为 1.0，这意味着价格上涨 1% 会导致数量减少 1%。由于收益等于价格乘以数量，这就意味着当需求曲线具有单位弹性时，价格或数量的微小变化不会对收益产生影响。价格上涨对收益的影响恰好被数量下降的影响抵消了，因此边际收益为零。类似的论证表明，当弹性大于 1.0（即处于需求曲线的弹性区域）时，边际收益为正；当弹性小于 1.0 时，则为负。通常来说，如果把需求的价格弹性称为 $e_p \equiv -(\Delta Q/Q)/(\Delta P/P)$，我们就有：

$$MR = P + Q(\Delta P/\Delta Q) = P + P(\Delta P/P)/(\Delta Q/Q) = P(1+(\Delta P/P)/(\Delta Q/Q)) = P(1-1/e_p)$$

在本章末尾，上述结果对需求曲线弹性与垄断行为之间关系的影响将以问题的形式留给读者作为课后练习。

第二节 歧视定价法

迄今为止,我们假设垄断者以相同的价格出售所有产品。为了搞清楚垄断者在真实世界中不愿这么做的原因,我们先从简单案例入手,考虑一个拥有 1000 个完全相同的顾客的垄断商。我们可以用单个个体的需求曲线来代表总需求曲线,记住,对于总需求曲线而言,所有数量都要扩大 1000 倍。图 10-5 向我们展示了这种需求曲线。按照第一节的做法,该企业每周向顾客出售 6 块曲奇饼干,价格为 0.70 元/块。在这个数量水平下,边际收益等于边际成本;为简单起见,我们将边际成本设为既定常数。

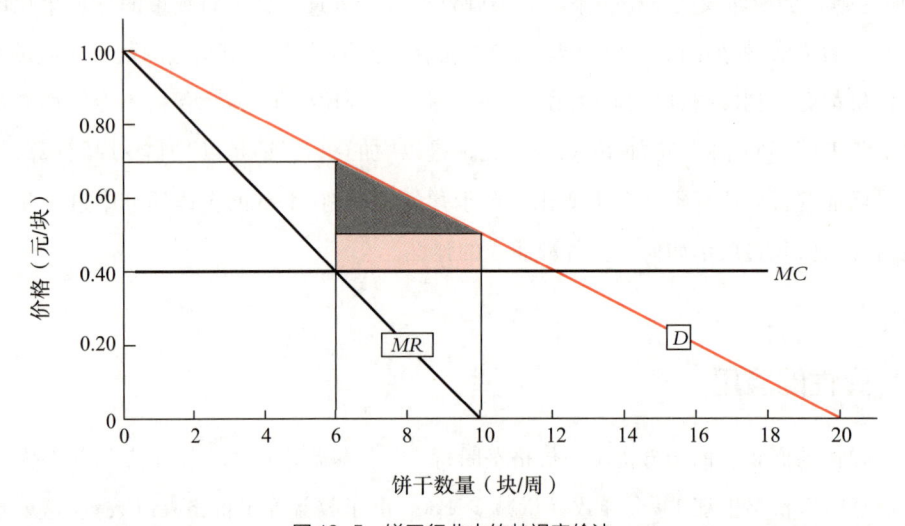

图 10-5 饼干行业中的歧视定价法

利润最大化的单一价格为 0.7 元/饼干。该公司的做法是,对于前 6 块饼干,向每个顾客收取该价格,但以 0.5 元/饼干的价格售出额外的饼干,从而增加其利润,增加量为彩色区域。

观察图 10-5,我们以及这家饼干企业的总裁会知道如下信息:每增加一块饼干的制作成本为 0.10 美元。一旦饼干的周生产量超过 12 块,则新增饼干对每个顾客的价值就会超过 0.10 美元(记住,某个体的需求曲线同时也是其边际价值曲线)。看起来,失去这些新增销售量及其所带来的利润是一件很令人遗憾的事。

只要企业必须以相同的价格出售所有饼干,这一难题就始终无法解决;为了向顾客出售尽可能多的饼干,企业必须降低价格,而这将会带来利润的减少。这时,饼干企业的总裁有了主意。

为了给顾客提供特别优惠,也为了庆祝发明饼干三百周年,我们正在降价。每位顾客每周购买的前 6 块饼干仍保持原价 0.70 元,但在此基础上购买的饼干仅需 0.50 元/块。

结果如图 10-5 所示。每位顾客购买 10 块饼干:前 6 块按每块 0.70 元,剩下 4 块仅按每块 0.50 元。由于饼干增量(即阴影区域)带来了新增消费者剩余,顾客的境况得到改进;而这家饼干企业的盈利状况也因饼干增量所带来的利润(即彩色区域)得到提高。由于新增 4 块饼干的制作成本为每块 0.40 元,售价为 0.50 元,因此利润增加了 0.40 元/顾客/周(4 块饼干×0.10 元/块)。如果有 1000 名顾客,年利润将增加 20800 元。总裁有理由为自己的创意感到骄傲。

然而,更大的惊喜还在后头。图 10-6a 表示次年发布的更为详细的价格图像。每位顾客每周前 6 块饼干的售价仍然是 0.70 元/块,但在此数量之上的饼干价格是浮动的——第 7 块 0.65 元,第 8 块 0.60 元,第 9 块 0.55 元,第 10 块 0.50 元,第 11 块 0.45 元,第 12 块 0.40 元。(与原有的单一价格方案相比)增加的利润由图中的彩色区域表示;如你所见,利润增加了。

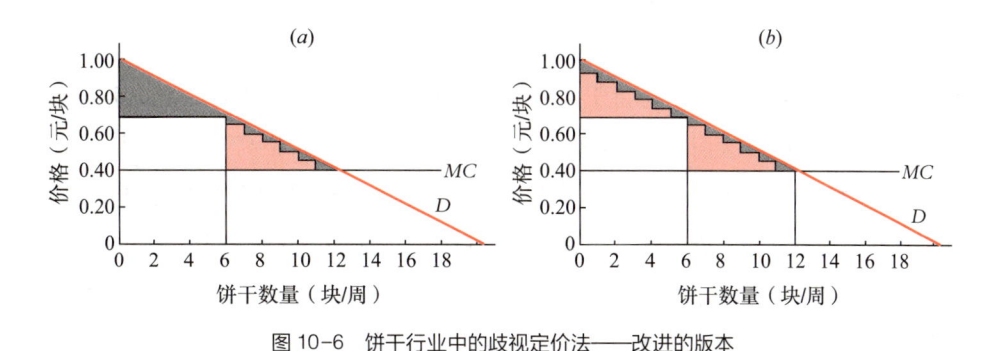

图 10-6 饼干行业中的歧视定价法——改进的版本

在图 10-6a 中,从 0.70 元/块的价格开始,饼干的售卖呈阶梯状。 在图 10-6b 中,初始价格为 0.95元/饼干,每多一块价格就少 0.05 元

此时,饼干企业总裁的女儿(她去年刚刚修了这门课,最近刚刚加入该企业)加入了讨论。她问道,"为什么我们的顾客能从我们的业务中得到这么多? 是我们完成了所有的工作,但最终反倒是他们可以将一份很大的剩余收益囊中,即图 10-6a 中的灰色区域。我不介意失去图中这六个小三角形——毕竟,他们有权得到一些面包屑——但对于大三角形,我们肯定还可以再做些什么。"图 10-6b 显示了她为第二年提出的定价方案。

图 10-6b 所代表的定价方式与**完全歧视定价法**(perfect discriminatory pricing)十

分接近,这是一种将所有消费者剩余转移给生产者的价格表。而该定价方式的缺陷——上一段所提到的"面包屑"——在于在描述不连续变量(3块或4块饼干,而不是3.141532块)时,用了某些更适用于连续变量(譬如水或酒)的概念。通过对价格表进行无限细分,我们有可能实现对剩余的完全转移——换句话来说,将所有"面包屑"全部收入企业的囊中。

两部定价法

要想实现上述目标,还有一个更简单的方法。次年,该企业宣布了一项全新的、更简单的定价政策。饼干将不再向公众出售——而只向饼干俱乐部的成员出售。会员可以按0.40元/块的价格购买任意数量的饼干,会费为3.60元/周。巧合的是,会员费的价格恰好等于单个消费者以0.40元/块的价格购买任意数量饼干所能获得的全部消费者剩余。这种将价格分为两部定价的方法(会员费加上饼干单价)首先(通过引导消费者购买于他而言至少与生产成本相等的饼干)使消费者剩余和生产者剩余之和最大化,然后将全部消费者剩余转移给生产者。

在继续讨论更复杂的案例之前,让我们更仔细地审视一下目前的结果。企业通过将价格定为与边际成本相等并收取与消费者总剩余相等的额外会费来实现利润最大化。以 MC 的价格水平销售饼干的效果是使消费者剩余与生产者剩余之和最大。图10-7a至图10-7c表明,消费者剩余和生产者剩余之和在价格高于 MC(图10-7a)或低于 MC(图10-7c)时,要小于价格等于 MC(图10-7b)时。请注意,图10-7c中的彩色矩形代表以低于成本的价格进行销售所带来的损失,其面积大于因价格降低而导致的阴影三角形增加的面积(会员费)。将价格降低到边际成本以下的总效果即为在企业利润中扣除该差异,即阴影叠加彩色的小三角形面积。

由此得出的结论十分简单。入会费的作用是将消费者剩余转移给生产者,从而使生产者能够获得两种剩余之总和——他通过将价格定为与边际成本相等的水平将二者之和最大化。这一结论听起来似曾相识,没错,这与第四章末尾有关"电影院为什么应该以成本价出售爆米花"所得到的结论是一样的。想要获得有关该主题的更多信息,就请继续往下读吧。这也是电话服务、电力供应与其他各类商品和服务的销售者经常采用的定价模式。

迄今为止,我们假设所有顾客都是完全相同的;在这种情况下,尽管存在一些困难,但卖家仍有机会实现近乎完美的差别定价——这一点我们会在之后讨论。现在,我将假设有两种不同类型且拥有不同需求曲线的顾客,从而使整个问题复杂化。A

类顾客的需求曲线 D_A 如图 10-8 所示,它与图 10-5 至图 10-7 所示的需求曲线相同;B 类顾客的需求曲线如 D_B 所示。每个类型都有 500 名顾客。

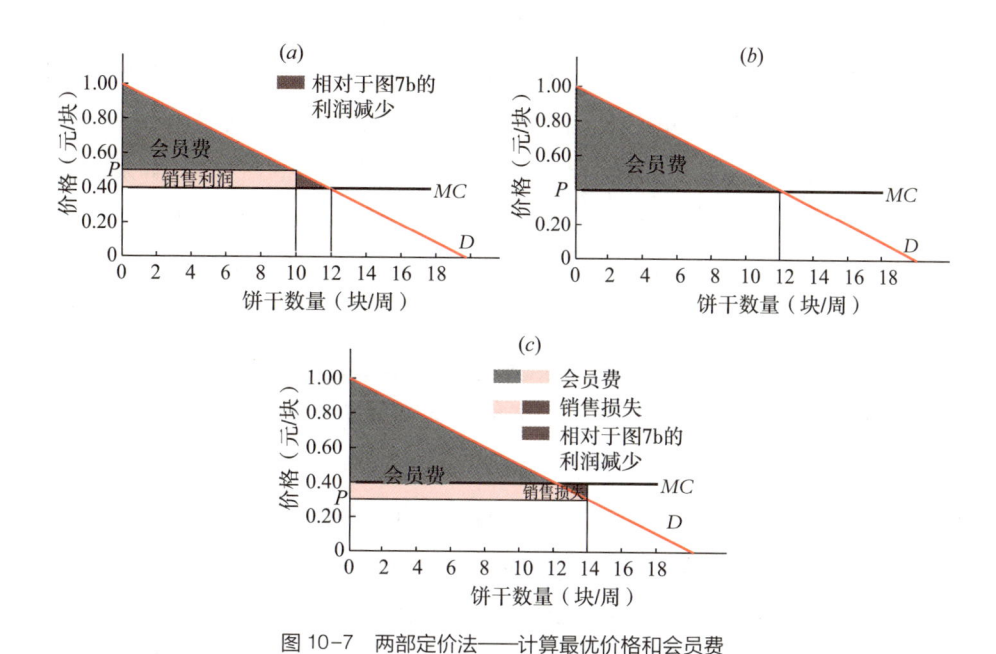

图 10-7 两部定价法——计算最优价格和会员费

图 10-7b 表示使该企业利润最大化的模式。每块饼干的价格等于边际成本,会员费等于该价格下的消费者剩余。图 10-7a 和图 10-7c 表示,更高或更低的价格导致更少的利润。

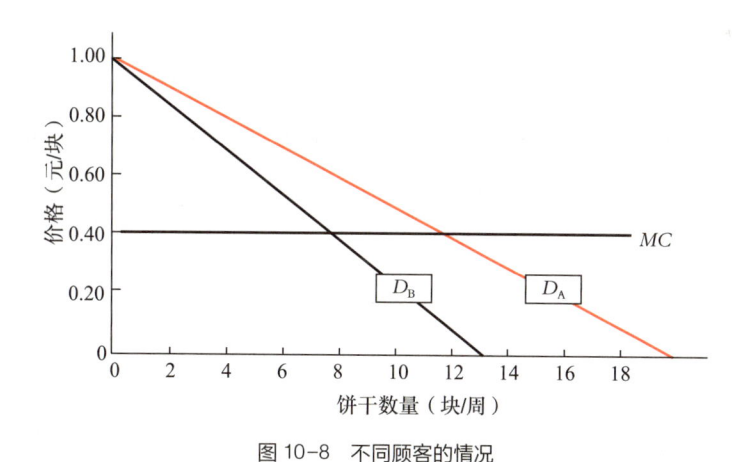

图 10-8 不同顾客的情况

D_A 是 A 类顾客的需求曲线,D_B 是 B 类顾客的需求曲线。

饼干企业总裁和他的女儿遇到了点麻烦。若他们坚持之前的两部定价法(即 0.40 元/块饼干加上 3.60 元/周),A 类顾客将继续成为会员并购买饼干,但 B 类顾客(注意,价格为 0.40 元/块的饼干时,其消费者剩余仅为 2.40 元/周)会发现饼干俱乐部的会费高于其所带来的价值，并以此为由拒绝加入。而从另一方面来讲，若会费降低到2.40元/周（即B类顾客的消费者剩余），饼干企业每周将损失1.20元，而该损失恰好等于该企业原本可以从A类顾客那里以更高的价格获得的额外收益。

只要每块饼干的价格恰好等于边际成本，那么所有饼干的销售额就恰好能与生产成本相抵，所以无论企业决定将会费设定到何种水平，其利润都将等于在饼干俱乐部中收取会费的收益。在更高的价格下，即500个A类顾客每人3.60元；如果以较低的价格计算，即1000个顾客（A类和B类）每人2.40元。由此可知，在收取更低的价格时，利润得到了最大化——然而遗憾的是，消费者剩余不可避免地落到了A类顾客手中。

饼干企业总裁可以通过两种方法来改善这一结果。一种方法是通过某种方式将顾客进行归类，进而向A类顾客收取高价会费（或者更确切地说，将会费提高至3.60元），并为B类顾客提供"特惠会费"。另一种则是提高每块饼干的价格。

对于提价的原因，他可能会这样口头解释："在任一价格下，A类顾客的饼干消费量都会更多。因此，提价是一种向他们索要比B类顾客更多费用的间接方式。由于图10-7a至10-7c所揭示的原因，总剩余减少了；但由于总剩余不会全归企业，因此总剩余的减少不再是我反对提价的结论性论据。企业在总剩余中所占份额的增加可能会超过总剩余的减少。"

借助图表，我们可以更精确地阐释上述论点。如图10-9a和10-9b所示，饼干单价的增加与会费的减少会带来更高的利润。之前我们的解决方案（2.40元的会员费）能够带来2400元/周的利润。而在新方案中，饼干的单价为0.5元/块，会费为1.667元/人。会费收益总计1667元；每位A类顾客的饼干销售利润（销售量乘以0.1元/饼干）为1元/周，每位B类顾客的销售利润为0.667元/周。总利润为2500元/周——比之前的方法多出100元。

这个例子表明：至少在一个例子中——我刚刚所描述的那个——垄断企业能以高于边际成本的价格出售其产品来增加利润，即使该企业采用两部定价。然而，只有个案并不足以证明一般规律。百余年前，对现代经济学进行综合的阿尔弗雷德·马歇尔（Alfred Marshall），在《经济学原理》（*Principles Of Economics*）附录中提醒过读者从具体例子推导出一般原理的危险性：在选择特定案例时，研究者可能在不知不觉中假设掉了一般问题中的某个要素。因此，马歇尔认为，最终结论不应该建立在案例的基础上，而应建立在已证明定理的基础上。

至此，我们终于找到了可能解开爆米花之谜的方案。我只卖了八个章节的关子。在之前的讨论中，我假设剧院的顾客是完全相同的；若此假设成立，那么其对应结论也成立——影院应以边际成本出售爆米花,并从门票中获利。但是,如果顾客不是完全相同的,而且,愿意为门票支付高价的顾客也是那些购买大量爆米花的顾客,那么,便宜门票与昂贵爆米花的组合可能就是一种间接手段,既向那些愿意为高额门票付钱的顾客收取高额门票,又不会赶走那些不愿意付钱的顾客。

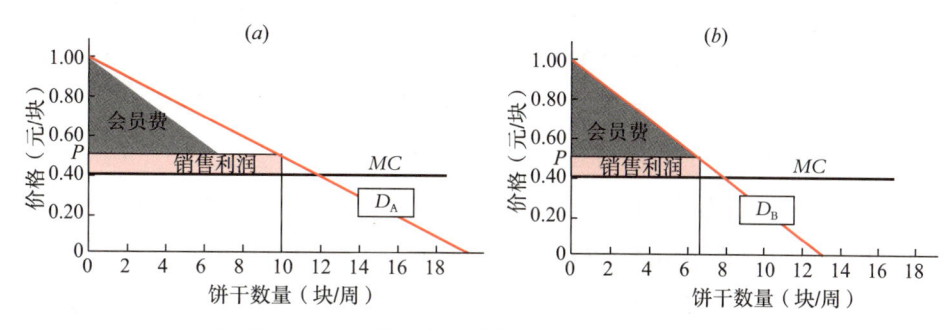

图 10-9 把高于边际成本的价格作为歧视定价的一种方法

该企业把高于 MC 的价格作为一种向 A 类顾客(图 10-9a)比向 B 类顾客(图 10-9b)间接收费更多的方式。随之而来的利润比当 P=MC 时的利润更高。

市场分割与歧视定价

在上述讨论过程中,歧视定价(也叫差别定价)的目的都出奇地一致:对同一消费者的不同消费单位进行差别收费,利用以下事实从中获益——对该消费者而言,前几个消费单位的边际价值较高,且在必要时,消费者会为其支付更高的价格。企业的做法是通过对不同的单位收取不同价格,或通过两部定价法:一个价格是获得购买的资格,另一个是每单位的售价。在上节最后,我们讨论了垄断者对消费者分类的情况。能够区别对待消费者的垄断者,要么是确切知道哪些消费者拥有怎样的需求曲线以及相应的价格,要么是用了高于边际成本的价格作为区分高需求和低需求顾客的间接方案。

对于饼干企业或任何向不同顾客群体销售产品的垄断者来说,另一种方案是:找到能够区分愿意与不愿意高价购买的顾客的间接方法。歧视定价已被广泛使用——以至于我们中的某些人已经养成了这样的习惯:每当在市场中留意到某种看似毫无意义的行为模式时,就试图用"歧视定价"加以解释。

对此,一个熟悉的例子是,影院对儿童的收费低于成人。一个孩子占用的空间和一个成年人一样大——都是一个座位——且可能会给影院与其他顾客带来更为高昂的成本——比如噪音和混乱。那么,为什么影院对儿童如此优待呢?一个显而易见的答案是,(在一般情况下)儿童的经济状况较成年人而言处于相对劣势;在成年人看来比较合理的可能会令不少孩子望而却步,也会吓退拖家带口前来观影的家长们。

另一个相似的案例是航空公司过去曾经专门为年轻人提供的机票。这是一种低价的候补票,只提供给年龄在某一水平之下的顾客。我们不难理解航空公司降低票价的动机:通过增发候补票来填补空位,进而从中获益;但这一行为并不能解释航空公司对年龄的限制。一个显而易见的答案是,如果让每位乘客都能买到这样的机票,很可能会带来大量顾客的"降级消费"——购买廉价的候补票而非价格较高的普通机票。据此推测,航空公司可能是认为:向年轻人提供这种服务将会引导他们放弃公交、自驾或便车等出行方式,转而选择廉价的候补机票。

相同的分析过程不仅能够解释针对年轻人的低票价,也能够解释针对老年人的特别折扣:他们通常都比较穷。这还能解释同一产品的"高质量"版本与"低质量"版本之间的巨大价格差异,比如精装书和平装书、头等舱和经济舱等。这种差异可能仅仅反映了生产成本的差异,也可能是一种从那些愿意(如有必要)支付高价并且可能更喜欢某产品的奢华版本的顾客那里获取尽可能多的消费者剩余的手段。

歧视定价的另一案例是每月之书俱乐部。出版商提供给该俱乐部的特惠价格能够吸引那些认为原价过于昂贵的顾客前来买书;由于大多数愿意以正常价格购书的人都不是该俱乐部的成员,因此出版商仅仅是从自己那里偷了几笔生意。同理,杂货店分发的折扣券与集点券也能够说明该原理。更看重自己的时间的顾客不会在这些东西上面花费心思,也不介意多花一点钱。

如果企业实施这种歧视定价法,那么它将面临两个实际问题。首先,如何区分顾客的购买意愿。在我给出的案例中,企业使用间接方式来达成这一目标,比如根据年龄、品味、会费缴纳情况等。而验光师则使用了一种更为体面的解决方案。当顾客询问一副新眼镜的价格时,验光师先会回答:"四十美元。"如果顾客没有被价格吓倒,他会补一句:"这是镜片的价格。"若顾客仍不退缩,他会继续补充道:"每片。"作为一名公众演讲者,在推销我的服务时,我也使用了类似的技巧。

第二个问题是如何防止转售。如果经济状况较差的顾客将低价购入的产品转售给经济状况较好的顾客,那么对生产者而言,向这些顾客低价出售产品是全然没有好处的。这就是为什么歧视定价法经常用于需要在特定营业场所内部进行消费的商品或服务,比如交通、电影、演讲等。如果通用汽车向富人高价出售汽车,向穷人低价出售汽车,那么洛克菲勒完全可以指派他的司机给他买辆车。然而,让司机代替洛克菲勒去旅行或看电影,是没有什么意义的。

哪怕我们如前文中讨论的那样将所有顾客视为完全相同的个体,如何防止转售的问题依然存在,比如,该如何区分顾客愿意为第一块饼干支付的价格和他愿意为第十块饼干支付的价格。如果某个饼干俱乐部的会员每周购买 48 块曲奇,自己吃 12 块,而把剩下的 36 块卖给没有支付会费的朋友,那么这就意味着该定价机制出现了问题。这就是为什么相较于饼干销售业务,两部或多部定价法在电力供应或健康疗养领域更加实用的原因。

一家企业能否成功将歧视定价法付诸实践还取决于它是否是一位价格搜索者——换句话说,它是否拥有某种程度上被称为"垄断"的权力。在一个各企业产的产品高度相似的市场中,要想实施歧视定价是非常不切实际的;如果某家企业试图以特别高的价格向经济状况较好的顾客或购买意愿格外强烈的顾客销售该产品,那么另一家企业就会有所察觉,它就会以更低价格吸引这些顾客做出符合其自身利益的决定。各大航空公司都不希望自己的顾客购买更廉价的机票——但达美航空并不反对顾客放弃泛美航空的头等舱机票转而在自家购买经济舱机票。

我所描述的所有案例都涉及某种垄断要素。青年特惠机票出现的前提是民用航空局(Civil Aeronautics Board,简称 CAB)对航空公司票价的管控。作为监管机构,CAB 提供了政府对私人卡特尔的强制实施,使得机票价格保持高位并设法阻止新企业进场。此后,随着航空公司管理条例的逐步完善,该机构逐渐消失在历史长河。版权法(以及出版经济学)赋予出版商垄断权,但不是针对所有图书或某类图书的垄断权,而是针对某本书的垄断权。结果是,出版商都成了价格搜索者;他们中的每个人都知道,如有必要,某些顾客愿意支付高价,而另一些顾客只有在价格较低的情况下才会购买。至少在那些影院数量寥寥的地区,电影院是具有垄断性质的:顾客无法轻易在几家放映同一部电影的影院中挑挑拣拣。

这就引出了下一部分的主题:垄断为什么会存在?

第三节 垄断存在的原因

垄断为什么存在?在什么情况下,一个行业内只有一家企业?如果收益大于成本,为什么其他企业不选择生产相同的产品?

其中一个答案可能是,如果他们这样做,垄断者就会报警。垄断最初的含义就是政府授予的独家销售权。通常,垄断要么是作为政府筹集资金的方式由政府销售产品,要么是被授予给政府所喜欢的人,如国王的情妇或其亲属等。此类垄断直至今天仍普遍存在。一个显而易见的例子就是一些国家的邮局——一个不仅受政府保护(私人快递法将邮政行业的竞争行为规定为非法)且由政府运营的垄断企业。

第二种可能性则是**自然垄断**(natural monopoly)。当企业成本曲线的形状满足：相较于其他规模较小的企业，一家规模足够庞大的企业能以更低的成本生产该行业的总产量时，这种情况就会自然发生。图 10-10a 显示了此类成本曲线。一家企业以价格 P 生产数量 q_1，其利润为正(价格高于平均成本)，但相同价格下的另一家企业将生产量减半(q_2)，则不会获得正利润。如果我们成立一家产量足够大的企业并以价格 P 出售产品，那么小型企业便会失去进入本市场的兴趣。

另一个与自然垄断非常相似的案例是自然卡特尔。**卡特尔**(cartel)是指一群企业联合行动，就好像它们是一个垄断企业。卡特尔最有可能产生于**规模经济效应**(economies of scale，大企业独立生产比小企业协同生产的成本更低)不足以让一家巨型企业比几家大企业生产成本更低的行业；这样的行业很可能由几家大企业共同组成。图 10-10b 表示了可能产生卡特尔的成本曲线类型；我们不应只注意成本曲线的形状，而更应关注这些曲线与市场需求曲线的关系：当与价格相等的平均成本所对应的生产数量能够占到所对应需求量的大部分时，那么这个平均成本就是最小平均成本。这一事实保证了任何产量少于行业总产量约三分之一的小型企业都将因其生产成本高于大型企业而在竞争中处于劣势。

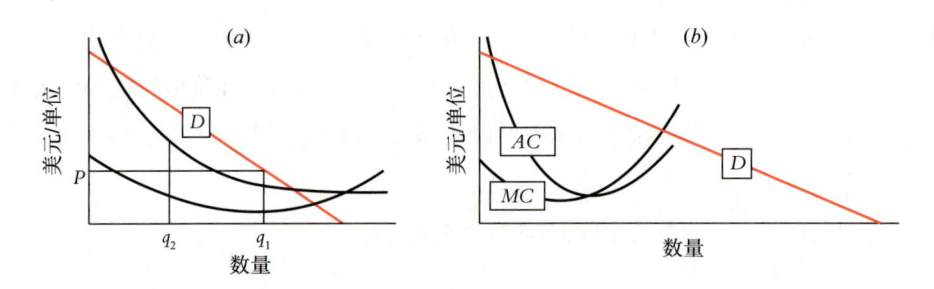

图 10-10 　一家自然垄断企业(a)或自然卡特尔企业(b)的成本曲线

图 10-10a 表示了一家生产全部需求量的大企业的成本曲线，这家大企业相比于其他企业更具有成本优势。 图 10-10b 表示了一家规模足够大、能够生产整个行业大部分产出的企业，其成本比小型企业更低。

只要卡特尔中的企业协同合作，卡特尔就会如自然垄断一样发挥其作用。维持这种合作的一些困难之处将会在第十一章中讨论。对于这些困难，一个常见的解决方案是将卡特尔交由政府强制执行，如放松管制之前的美国航空业或十九世纪末至今的美国铁路业。

在多数人的印象中，能够造成自然垄断的企业必然规模庞大，比如贝尔电话公司和通用汽车公司等。人们普遍认为，通过对大规模生产技术的利用，这些企业的生产成本比任何较小型的企业都要低；因此，经常会有人认为，自由竞争必然走向垄断。

正如乔治·奥威尔(George Orwell)所说,"竞争的棘手之处在于必定会有人赢得这场竞争。"

然而,至少在目前,该描述与真实世界并不吻合。规模生产固然有其优势,但在大多数行业,要想利用这些优势,企业无需包揽全世界的生产。例如,钢铁工业一般在规模十分庞大的工厂中运行,但该行业中规模最大的企业(美国钢铁公司)并非只是一家大型钢厂,而是由100多家大型钢厂组成。一家规模为行业总产量1%的企业足以运营一家钢厂,并发挥与其规模相匹配的经济优势。与美国钢铁公司相比,这样一家企业的总裁可以不用通过冗杂的管理体系而较为直接地对基层工人进行管理,这可能就是美国钢铁公司在最近几十年中没有在该行业取得更好成绩的原因。

直到最近,贝尔电话公司还依然拥有政府强制实施的垄断权——如果另一家企业试图在贝尔电话公司所服务地区提供本地电话服务,或者贝尔电话公司试图在通用电话公司辖区展开业务竞争,那么这些行为都将被判定为非法。即使在美国,通用汽车公司也并非垄断企业;而就算这点在美国市场中极其有限的垄断能力,还大部分是得益于关税对外国汽车生产商竞争力的限制作用。

作为公众演说家,我本人就是比通用汽车公司更典型的例子。我相信,我所生产的产品与其他任何人生产的产品都大不相同;如果你想听到有关某类主题的某种讲话,你必须从我这里购买这种服务。这就让我成为一个价格搜索者。有些团体愿意为我的服务支付高昂的价格,有些团体愿意支付的价格则会低一些,而有些团体只愿意报销往来交通费和晚餐。如果我想以固定价格出售我的讲话,我只有两条路可走:要么将一些顾客赶出市场(尽管我可能喜欢与他们交谈,因此愿意无偿这么做——在某些产出水平上,我的边际成本是负的),要么对某些甘愿支付高价的顾客群体收取低价。事实上,我本人就做了大量的歧视定价,为尤其值得关照的群体(即经济状况没那么充裕的群体)提供免费或低收费的演讲。作为作家,我也会采用类似的定价法则:我有一个收费很高的供稿渠道,但我最近为一本新杂志写了一篇让我感兴趣的专栏文章,但没有收取任何稿酬。

相较于贝尔电话公司或通用汽车公司,我对某些讲稿和文章的垄断是一种更为常见的自然垄断。这并非是因为生产规模太大,而是因为产品的专业性。类似垄断的案例可能是小镇上唯一的杂货店或你最喜欢的恐怖小说作家。这种垄断类型不仅常见,而且对那些想从事商业活动的人具有重要价值。且不说你不大可能成为通用汽车公司或美国钢铁公司的负责人,如果你真的有能力做到了那个位置,你很可能会发现,这些公司的垄断能力其实是极其有限的。比起巨头总裁,你更可能会成为在某地理区域专销某产品的经销商;而这就会使你成为价格搜索者,你将会面临向下倾斜的需求曲线。在这种情况下,与你在生意场上打交道的某些企业也将处于与你相同的境地。如果是这样,本章的分析将帮助你理解他们为什么以这种方式销售产品。

人为垄断

还有一种垄断值得讨论——**人为垄断**（artificial monopoly）。作为生产规模较大的企业,人为垄断企业在生产效率方面并不比小型企业有优势,但它仍然能够设法将其所有竞争对手赶出市场并成为该行业唯一的生产商。一个典型的案例就是标准石油信托基金——不是十九世纪末二十世纪初真实存在的标准石油信托基金,而是在许多高中历史书中出现的标准石油信托基金。在选读部分,我将对该案例以及"在没有自然垄断或政府特许垄断权的情况下维持垄断地位"这个一般性问题展开详细讨论。我所得出的结论是,人为垄断在很大程度上是虚构出来的;它仅存在于历史书籍和反垄断法中,却在现实世界鲜少出现或根本不存在——出现这一情况的原因,可能是因为用来维持垄断地位的大部分策略都形同虚设。

垄断利润

前文提到过由多家企业组成的行业与仅有一家企业的行业之间的一个重要区别。对于前者,价格达到均衡状态会导致经济利润为零,因为只有正利润才能吸引新企业,而它们的产出压低了价格。然而,垄断行业却并非如此。如果是政府特许的垄断,那么会有相关法律禁止新企业进入市场;如果是自然垄断,那么市场上有且仅有一家企业的生存空间。

这将带来垄断利润。如果政府仅仅是将垄断权出售给出价最高的经营主体,那么其价格应该等于赢家预期获得的全部垄断利润;如果他出价少一些,别人的出价就会高出他。在这种情况下,垄断企业不存在任何净利润,因为其成本包括成为垄断企业所须支付的垄断权费用,而这就会导致原本的垄断利润全部归出售垄断权的政府所有。如果政府不出售垄断权,而是直接将其授予某企业,那么该企业就将获得这些垄断利润——除非,所谓"授予"的代价是除金钱以外的其他形式,例如,旧时国王情妇的枕边风,或如今对现任总统连任基金的谨慎捐款。

就自然垄断而言,情况则更为复杂。由于垄断并非由政府特许,自然不存在所谓政府对垄断者的指定权。一旦某家企业获得了垄断地位,它就可以获得可观的垄断利润而不招致竞争对手进入市场。如果竞争者想要进入市场,他就不得不复制初始进入者的生产设备,从而使该行业的产能翻倍,并将产品以现有垄断企业的价格出售,由此引发的价格战可能会是两败俱伤。这样的结果可能会打消其他企业进入该市场的念头。

这就提出了一个问题:第一家企业最初是如何获得垄断地位的?在第十六章中,我们会讨论该问题。讨论将表明:至少在某些特定情况下,由于垄断利润在其自身获取过程中会随着竞争活动的展开而逐渐消失,零利润条件的确有可能在自然垄断中出现。

第四节　价格搜索的其他形式

迄今为止,我们只考虑了"价格搜索者"中的一种类型——垄断者,即产品或服务的唯一销售者。下一步,我们将考虑它的镜像,之后,我们将继续简要讨论一些更为困难的情况。

买方垄断

在本章开头,我放弃了这样一个假设:个体能够在不影响价格的情况下随意买卖。迄今为止,我们已经详细讨论了何为"垄断"——某个体或企业是某种商品或服务的唯一销售者。相应地,某种商品或服务的唯一买家(可以是个体,也是可以企业)被称为**买方垄断**(monopsony)。一个例子可能是小镇上的某个大雇主(对小镇劳动力的买方垄断);也可能是诸如戴比尔斯钻石卡特尔这样的企业集团(对钻石原石的买方垄断)。

我们知道,要想保持垄断地位,垄断企业就必须将单位销售增量所带来的收益增量考虑在内。这一点对于买方垄断来说同样重要:他们必须得搞清楚多买一单位产品到底会增加多少支出。出于增加销量的目的,垄断企业在销售过程中不得不压低价格,这就导致了其边际收益低于其产品售价。同样的,由于增加购买量会抬升价格,买方垄断的**边际支出**(marginal expenditure)总是高于购买价格——这一规律不仅适用于购买额外的小部件,也同样适用于所购买的其他小部件。

正如第九章所讨论的,在竞争性市场中购买投入品的企业会将购买数量设定在能够使价格等于边际收益产品(MRP)的水平。在任何其他数量水平上,它都可以通过增加购买量(若 $MRP>P$)或减少购买量(若 $MRP<P$)来增加利润。同理,买方垄断

也会将购买数量设定在能够使边际支出等于边际收益产品的水平。由于买方垄断的边际支出要高于价格,因此,买方垄断的投入品使用量通常比价格接受者更少。

买方垄断的行为与垄断企业具有极大的相似性。垄断企业将销售量设定在能够使边际成本等于边际收益的水平,因此其实际售出量会低于在竞争性市场中所出售的数量水平。买方垄断将购买量设定在能够使边际支出等于边际收益产品的水平,因此其实际购买量会低于在竞争性市场中购买的数量水平。如果我们将垄断企业视为竞争者,那么他的边际收益将等于其销售商品的价格,而这就将问题转化成了第九章中的 $P=MC$;如果我们将买方垄断视为竞争者,那么其边际支出将等于其购买投入品的价格,而这就将问题转化成了第九章中的 $P=MRP$。

图 10-11 向我们展示了这一结果。S 是某种商品的供给曲线,该商品的唯一购买者是某位垄断买方。ME 是该垄断买家的边际支出曲线,代表当购入产品增加一个单位时其支出的增量。该垄断买家将购买量设定为能够使 $ME=MRP$ 成立的 Q_m。如果其购买行为满足竞争性市场的行为规律,那么它应该将购买量设定为 Q_c,即 MRP 与 S 的交点,代表 MRP 与价格相等。

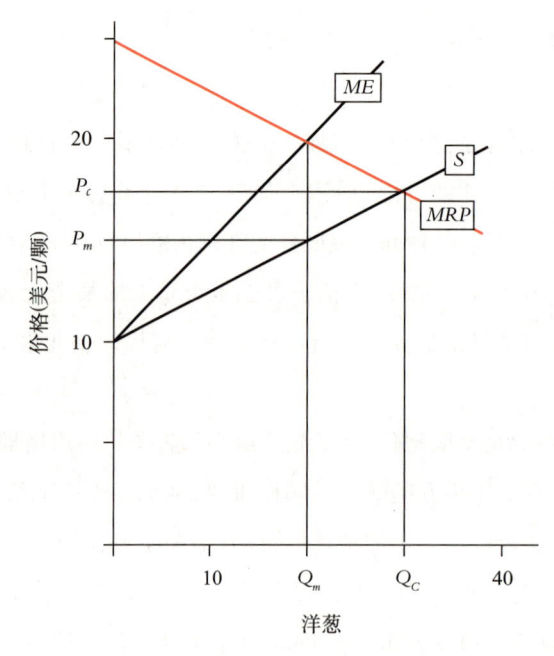

图 10-11 用边际支出来计算买方垄断者所购买的投入品数量

该买方垄断者用洋葱作为一种投入品,所购买数量(Q_m)满足洋葱的边际支出等于洋葱的边际收益产品。洋葱的价格是 P_m,即洋葱生产者所供给数量对应的价格(由供给曲线 S 表示)。一家竞争性企业在价格 P_c 下会购买 Q_c。

难题

一个市场可以有任意数量的买家与任意数量的卖家。我们的分析大都集中在多个买家对应多个卖家的情况,而在这一章节,我们分析了一个卖家对应许多买家——卖方垄断,以及一个买家对应许多卖家——买方垄断的情况。但这些都还只是简单情况,利用经济学知识,我们已经能够找出相对简单而直接的解决方案。还有一些更为棘手的问题:寡头垄断(oligopoly,几个卖家对应许多买家),寡头买方垄断(oligopsony,几个买家对应许多卖家),双边垄断(bilateral monopoly,一个买家对应一个卖家),双边寡头垄断(bilateral oligopoly,几个卖家对应几个买家),以及一个卖家对应几个买家和一个买家对应几个卖家的情况(我还没找到合适的术语来描述这两种情况)。

上述所有困难案例的共同点是策略性行为。在前文的所有分析中,除了第六章中有关双边垄断的讨论外,个体或企业对其自身行为具有绝对决策权,同时将他人行视作既定事实。在由价格接受者组成的市场中,这是没有问题的,因为单个生产主体的产量在总产量中只占微不足道的一部分,因此,如果有顾客说出"我想要你手里的东西,但对价格并不满意,因此我会一直拒绝购买,直到迫使你压低价格为止"这样的话,那这也只会损害顾客自己的利益。如果他胆敢这样做,企业不妨将产品卖给其他顾客。上述情形也同样适用于本章讨论的一个卖方对应多个买方的垄断类型。当然,也有例外,比如尽管我作为卖方在推销我的演讲的过程中,同样面对着多个买方,但这种行为则更像是一种"双边垄断"。

然而,在所有困难案例的分析中,讨价还价、策略行为等一系列活动是绝对不容忽视的。若存在多个卖方和多个买方,那么,一个卖家想知道的有关买家行为的一切,都可以在需求曲线中有所总结。然而,这个卖家并不能用供给曲线来描述其他卖家的行为,因为他们没有供给曲线。每个人都有动机试图说服其他人降低产量,以便高价大量出售自己生产的产品;每个人也都有动机威胁其他生产者:如果你们扩大产量,我也将扩大自己的产量。在双边垄断的情况下,卖方有动机通过威胁买方——自己将在低价时停止出售产品,即使低价出售的利润比停售的利润要高——来说服买方为其支付高价。出于类似的理由,只要在买卖双方中,有一方的企业数量不是很多,另一方不管是一个还是很多企业,讨价还价、威胁等行为都会发挥重要作用。

正如我们将在下一章中看到的,分析策略性谈判是一个颇为棘手的问题。它是 n 人博弈这个更一般问题的子集。冯·诺依曼(Von Neumann)和摩根斯坦(Morgenstern)所著的《博弈论与经济行为》(*The Theory of Games and Economics*),尝试解决此类一般性问题。这是一本伟大的著作,但并不是成功的尝试。此后,经济学家们花了大量精力试图理解这种情况,但收效甚微。

除了策略性行为,本章还忽略了另外两个与垄断相关的问题——垄断是一件坏事吗?如果是,我们应该怎么做?在第十六章,我们会探讨垄断为什么以及在何种情况下会产生不良后果,以及如何利用政府管制来改善这一结果。

第五节 应用

迪士尼乐园

将本章中的一些观点应用于迪士尼乐园的定价问题是很有趣的。多年来,迪士尼一直在使用组合定价的模式,即入园费与每个游乐项目单独收费的不同组合。但我上次去那里时,单项费(per-ride charges)为0——我所持的入场券中已经包含了无限次的项目体验。几年前,当我在加州大学尔湾分校担任客座教授时,我从住房办公室提供的款待大礼包中得到了一张无限项目门票的购买卡。我相信这类卡当时没有向公众出售,尽管它们一定是被广泛应用的。

迪士尼应该如何决定入园费与项目费的不同组合方式呢?首先,让我们假设所有顾客(及所有游乐设施)都是完全相同的。图10-12表示一位顾客对游乐设施的需求,横轴是他购买游乐项目,而纵轴则是单个项目的价格。

假设迪士尼乐园将单个项目价格定为1美元。顾客将会选择5个项目并支付给园方5美元;如果价格降到0.40美元,顾客将会选择8个项目并支付3.20美元;如果价格上涨到1.60美元,他会选择2个并支付3.20美元;如果价格是2美元,他一个项目都不会选择。那么,迪士尼应该将单项费定为多少?

这个定价问题似乎与本章第一节所分析的价格搜索者对价格与数量的选择问题是相同的。如果这两个选择问题的确是相同的,那我们就很容易知道解决方案:将单个项目的价格设定为能够使边际收益与边际成本相等的水平。如果运营游乐设施的边际成本为零(无论是否有人乘坐,运营一次游乐设施的成本都相同),则迪士尼应选择能够使边际收益为零且总收益达到最大值的价格——在本例中为每个项目1美元。

但这种解决方案是错误的。迪士尼乐园不必非要按项目来收费,它可以也的确收取一个入园费。单个项目的费用越高,人们愿意支付的入园费就越低。迪士尼想要最大化的净利润等于入园门票的收益加上单个项目的收益再减去各项成本;因此,只考虑如何将项目收益最大化是根本无法达成将净利润最大化这一目标的。

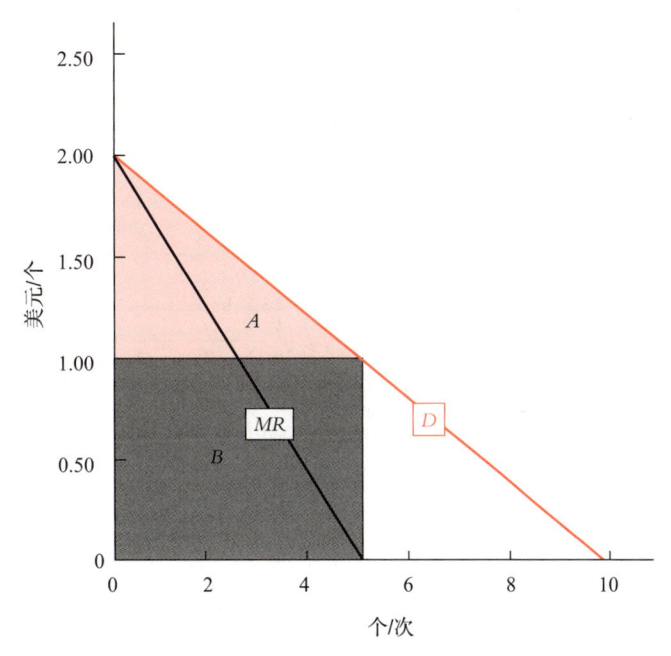

图 10-12 迪士尼乐园游乐项目的需求——单一价格垄断的利润最大化价格

如果一个游乐项目的价格是 1 美元，并且该价格使游乐项目的收益最大化，那么消费者剩余（可以作为入园费来收取的数额）就是区域 A。

为了弄清楚迪士尼乐园的定价组合策略，我们需要确切地知道顾客支付的入园费是如何受单项费的影响的。幸运的是，我们成功做到了这一点。在图 10-12 中，区域 A 是消费者以每次乘坐 1 美元的价格自由购买任意数量的乘坐体验所获得的消费者剩余。因为对入园顾客的消费者剩余的定义是以该价格购买游乐项目对该顾客的价值，因此，这个消费者剩余也是他为购买进入迪士尼乐园的权利所能支付的最高金额。区域 A 代表在单项费为 1 美元每个时，迪士尼乐园所能收取的最高入场费用；如果收取比这更高的费用，顾客将不再光临。

图中的区域 B 则代表该顾客乘坐的游乐项目数乘以项目价格所得出的结果。因此，区域 B 是迪士尼得到的（来自该顾客的）乘坐项目的总收益。区域 A 加上区域 B 则代表迪士尼从该顾客的入园费与单项费中获得的总收益。如图 10-13 所示，我们不难看出，如果游乐项目的价格为零，则区域总面积达到最大；也就是游乐项目是免费的，所有利润都从入园费中赚取。

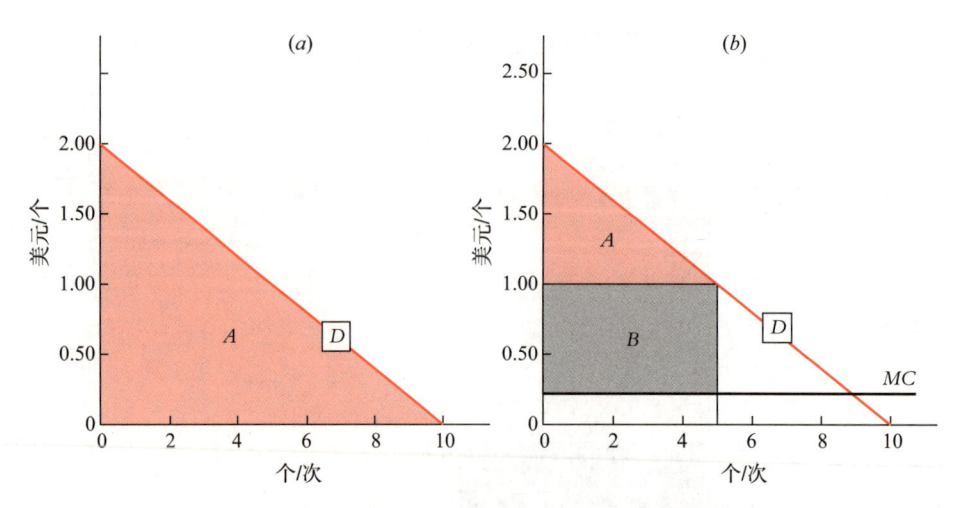

图 10-13　二部定价法下每个游乐项目的利润最大化价格

在价格为零时，入园费（A）和从游乐项目中获取的收益（图 10-13a 中 $B=0$）得到最大化。如果 $MC=0$，如图 10-13a 所示，这是使利润最大化的安排；如果 $MC=0.20$，则利润最大化价格是 0.20 美元/个项目，如图 10-13b 所示。

前面有一个假设是游乐设施上多增加一个或更多的顾客是没有成本的。现在让我们假设上述假设并不成立：假设有一个人坐在游乐设施上要比空载多花 0.20 美元的电费。图 10-13b 所示的就是这种情况，在这里我们将每个项目的费用定为 1 美元。区域 A 依然代表消费者剩余和最高入园费，但这里的区域 B 则代表项目收益减去运营游乐设施的成本。乘车顾客每增加一位，园方可额外获得 1 美元的收益与 0.20 美元的成本，净收益为 0.80 美元。通过将价格设置为每个项目 0.20 美元（即与边际成本相等的水平），区域 A 与区域 B 的总面积得到了最大化。这样的证明在本书已经出现过两次：一是第四章中的爆米花定价问题，一次是上文中的饼干定价问题。

如果想搞明白真实世界中的迪士尼乐园究竟应该如何定价，我们至少需要增加两个十分重要的复杂因素。其一是顾客的异质性；就入园费而言，对某个顾客可能是微不足道的，而对另一个顾客可能就高到只能望而却步。一般来说，那些愿意支付高价入园费的顾客也同样是在入园后的游乐项目中格外积极的顾客；因此，如果园方对单个项目收取高价，就可以间接地从这些顾客身上捞到更多油水（总收益等于入园费加上单项费）。这使得最佳票价的选择问题变得异常复杂。

第二个重要的复杂因素是，部分游乐设施可能会超载。在这种情况下，人次的增加就一定会带来成本的增加——即使满载游客并不比空车运行耗费电力。若每个项目都满员，那么，某位顾客参与项目的代价是另一位顾客不能玩。该顾客参与项目的决定会延长等待队列，从而给排队的其他顾客增加成本，并由此"说服"一部分还在队列外观望的顾客放弃加入。

然而,这一成本似乎是顾客所必须承受的,而非迪士尼;既然如此,迪士尼园方为什么要对顾客排队的时间如此关注呢?答案是,乘坐游乐设施前的顾客必须在队列内等候的时间,是影响他们对参观迪士尼乐园这件事的重视程度的因素之一,也将因此影响他们所愿支付的入场门票金额。每增加一个项目,就直接给其他顾客额外增加了成本,也间接地给迪士尼乐园增加了成本;在设定该种游乐设施的单项费时,迪士尼园方就应该将这一成本考虑在内。我们可以证明(假设所有顾客都是完全相同的),最优定价就是能使排队等候的人为零的价格。在完成对第十七章的学习后,你可能就会对此豁然开朗。

爆米花定价问题

在第四章末尾有关爆米花的讨论中,我指出,如果顾客是同质的,那么影院就应该按成本价出售爆米花。经过仔细观察,我们得出的一种解释是,爆米花(以及糖果和苏打水)的高价反映了其成本之高昂。由于影院每两小时只售卖食物20分钟左右,其运营成本可能比其他地方的卖家要高得多。

在本章有关歧视定价(差别定价)的讨论中,基于真实世界中顾客异质性的事实,我提出了另一种解释。如果爆米花价格高昂,那些只愿意花5美元购买电影票的穷学生,要么干脆什么都不买,要么自己偷偷摸摸带进去;而对于那些家境富裕的学生,或是想给新约会对象留下深刻印象的学生而言,他们甘愿接受高价并会大量购买。便宜的门票与昂贵的爆米花相结合,既不至于吓退生活拮据的学生,又能够尽可能地使家境富裕的学生多掏腰包。

那么,我们怎么辨别哪种解释是正确的呢?只有当卖方具有相当程度的垄断地位时,差别定价才会成为可能;在一个竞争激烈的行业中,如果卖方试图向更加富有的顾客收取更高的价格,其他卖方就会以低价抢走这些顾客。在一个小镇上,可能只有一家电影院;即使存在多家影院,也大多不会在同一特定时间放映同样的片子。因此,每家影院都对特定电影具有垄断权,因此可以通过其他价格不变而对食品收取高于成本的价格来差别定价。然而,在大城市里,顾客可以在许多家影院中任意挑选,并且多家影院的排片情况可能存在重合。如果有关歧视定价法的解释是正确的,那么我们就可以预计,小城镇的爆米花或糖果在影院与在其他地方的售价之差,会比大都市的售价之差要大。另一方面,如果该价差反映的是成本的不同,那我们预计会得到一个相反的结果:考虑到就劳动力和租金问题,对有效经营时间只占每天时间的10%的影院食品专卖区来说,在城市里的经营成本通常都要比小城镇更加高昂。

选读部分

弹性的计算

图 10-14a 显示价格弹性是如何沿着直线需求曲线随数量而变化的。该图存在两个纵轴;左边的纵轴表示价格,右边的纵轴表示弹性;直线斜率在任何地方都是相同的(图中需求曲线斜率恒为-1/2),因此 $dQ/dP = 1/(dP/dQ) = 1/(-1/2) = -2$。弹性等于 $-(P/Q)dQ/dP$;P/Q 沿着直线而发生变化。在需求曲线 D 的左侧末端,P/Q 等于正无穷,其中 $P=10$,$Q=0$;在 D 的右侧末端,P/Q 等于零,其中 $Q=20$,$P=0$。沿着该需求曲线,弹性变化如图 10-14a 所示。点 A、B 和 C 的坐标已在图中标示出来,你可以自己检查一下该曲线是否能够正确显示这些点的弹性。

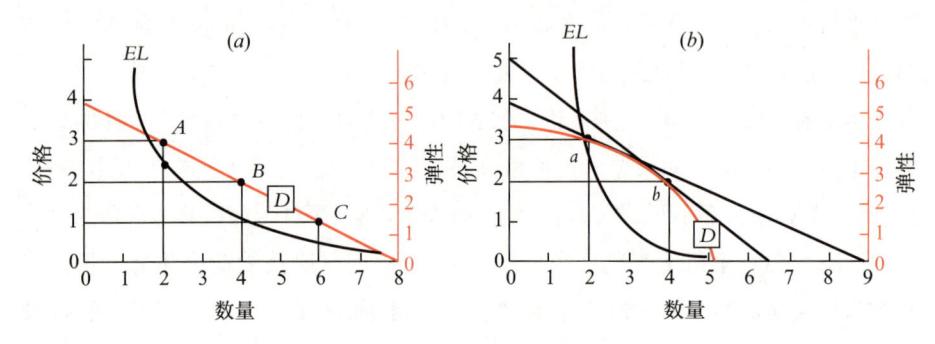

图 10-14 计算需求曲线的弹性

图 10-14b 所示的信息与上图相同,只不过图中的需求曲线不再是直线。dP/dQ(斜率)和 P/Q 会沿着曲线而变化。a 和 b 两点的坐标也被标示出来。不管在何种情况下,曲线斜率(dP/dQ)的计算方式都是相同的:画出与曲线在该点处相切的直线,并计算其斜率。表 10-1 说明了图 10-14a 和 10-14b 的计算结果。ΔP 和 ΔQ 是切线的垂直截距和水平截距,它们的比值即为斜率,其数值等于 dP/dQ。

表 10-1

点	Q	P	ΔQ	ΔP	ΔQ/ΔP	-(P/Q)ΔQ/ΔP
A	2	3	8	−4	−2	3
B	4	2	8	−4	−2	1
C	6	1	8	−4	−2	0.33
a	2	3	9	−4	−2.25	3.38
b	4	2	6.5	−5	−1.3	0.65

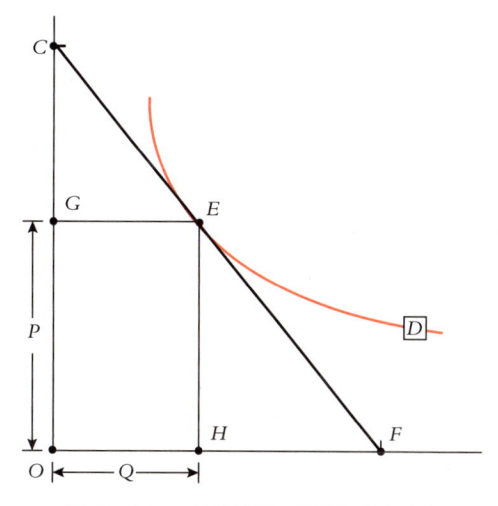

图 10-15 一种计算弹性的更简单的方式

该曲线在点 E 处的弹性为 EF/CE。

图 10-15 表示一种更简单的价格弹性计算方法。三角形 GEC 和 HFE、OFC 是相似的。从它们的相似性,可得:

$$EF/EH = CF/CO$$

所以

$$EF = EH(CF/CO) \quad (\text{等式 1})$$

从 GEC 和 OFC 的相似性,可得:

$$CE/GE = CF/OF$$

所以

$$CE = GE(CF/OF) \quad (\text{等式 2})$$

式(1)除以式(2),可得:

$$EF/CE = (EH/GE)(OF/CO) \quad (\text{等式 3})$$

但是,如图所示,$EH = P$,$GE = Q$,CO/OF 是直线 CF 的斜率的负值。CF 的斜率等于需求曲线在点 E 的斜率,也就是 dP/dQ。所以,OF/CO 是 $-dP/dQ$,等式 3 就转

第十章　少量企业问题:垄断的全部　　263

变为：

$$EF/CE = (P/Q)(-dP/dQ) = 需求曲线 D 在 E 点的弹性$$

因此，我们可以通过简单地画出切线，并取 EF（切点到与数量轴交点的距离）和 CE（切点到与价格轴交点的距离）之间的比值来计算需求曲线的弹性。这为我们提供了一种比表 10-1 更简单的计算需求曲线弹性的方法。

人为垄断

规模经济是指大公司比小公司的生产成本更低，而规模不经济则恰恰相反。规模经济的一个重要来源是大规模生产，一家每年生产一百万个零件的公司可以建立流水线，购买专门的零件制造机器等。另一个来源可能是行政管理方面的规模经济，一家大公司可以利用专业化的优势，让一名主管负责广告，另一名主管负责人事。规模经济通常只有在达到一定的最大化规模时才发挥重要作用，这就是为什么像通用汽车或美国钢铁公司这样的大公司不是一家巨型工厂的原因，因为如果这样的工厂能够以比几家大工厂低得多的成本进行生产，那么就会只有一家巨型工厂。

如前所述，规模不经济的一个重要来源是大型企业的协调问题。企业的基本组织问题是员工利益与所有者利益之间的冲突。所有者希望利润最大化。员工虽然不排斥利润，但他们宁愿多休闲、少工作或以其他方式为自己谋福利，即使结果是所有者的利润减少。这个问题可以通过主管"解决掉"，他们监督员工，给努力工作的员工加薪，解雇不努力工作的员工。主管本身也是员工，他们必须接受更高级别的主管的监督。由于这种监督既不是无成本的，也不是完全有效的，因此每增加一层监督就会增加成本，降低绩效。层级越多，员工就越会发现自己追求的不是公司的利益，而是他们认为上面的人认为上面的人认为是公司利益的东西。从这个角度来看，理想的安排是单人公司，如果公司的唯一雇员选择偷懒，那么作为公司所有者的他就要付出利润减少的代价。

当我为这本书选择出版商时，有两家公司向我发出了邀请，其中一家比另一家大得多，也更有声望。我最终选择了规模较小、声望较低的那家公司。这在很大程度上是因为，在打交道的过程中，我感觉自己是在与人交谈，而不是在听一本《如何与有抱负的作者打交道》的手册。造成这种差异的原因之一，很可能是小公司与我打交道的人比大公司打交道的人更接近组织的最高层。

如果只存在规模不经济，我们就会看到一个由单人公司组成的经济，通过相互之间的商品和服务贸易进行合作。由一个人、一个家庭或少数人组成的公司很常见（作家、医生、小杂货店店主），但规模大得多的公司也很常见。看来，规模不经济往往被规模经济所平衡。

在一个行业中，规模经济和规模不经济在相当大的生产范围内相互平衡，使企业的成本函数如图 10-16 所示。企业规模范围广泛，而平均成本基本保持不变，其中包括一家大到能够以等于平均成本的价格生产所有需求产出的企业。人们普遍认为，这种情况很常见，而且很可能导致人为垄断，约翰·洛克菲勒领导下的标准石油信托公司就是一个典型的例子。

论证如下：我洛克菲勒，以某种方式控制了 90% 的石油工业。我的公司，标准石油公司，拥有巨额的收益，积累了巨额财富。它的资源远远超过任何一家小型石油公司的资源，甚至超过所有石油公司资源的总和。只要有其他公司存在并与我竞争，我就只能获得正常的资本和劳动回报——经济利润等于零。任何试图抬高价格的行为都会导致我的竞争对手提高产量，也会吸引更多的公司进入该行业。

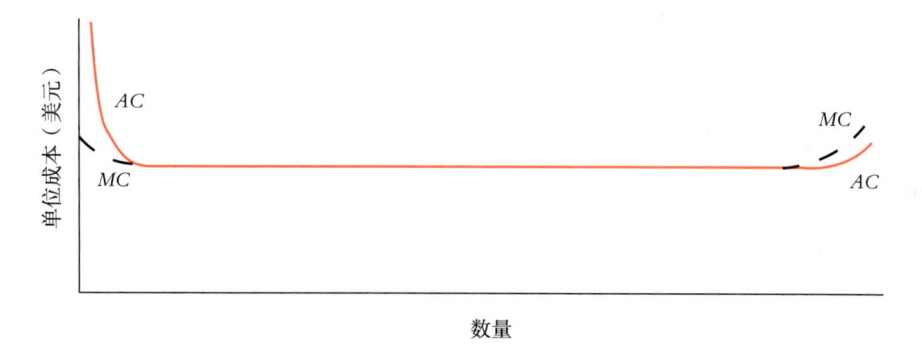

图 10-16

某行业的成本曲线，该行业大公司和小公司的平均成本大致相同。

因此，我决定把价格降到平均成本以下，以此赶走竞争对手。我和我的竞争对手都会亏损；因为我有更多钱亏损，所以他们先倒闭。现在，我把价格提高到垄断水平，就像自然垄断一样（边际成本等于边际收益）。如果有新公司想利用高价进入市场，我就会指出我以前的竞争对手的下场。并威胁说，如果有必要，我将故技重施。

这个论点是不慎使用语言分析的一个例子。"我和我的竞争对手都在亏损……"听起来好像我们亏损的金额相同。其实不然。如果我销售了 90% 的石油，某个竞争对手销售了 1% 的石油，而我们的销售价格和平均成本相同，那么他每损失 1 美元，我就损失 90 美元。

我的处境比这更糟。通过降价,我造成了需求量的增加,如果我想压低价格,就必须相应地增加产量和损失。因此,我的竞争对手每损失 1 美元,我实际上就必须损失(比如说)95 美元。更糟糕的是,我的竞争对手并没有试图压低价格,他可能会通过减少产量来减少自己的损失,增加我的损失,迫使我以低于生产成本的价格出售更多的石油,从而损失更多的钱。他甚至可以暂时关闭,直至我厌倦了一掷千金的行为并允许价格回升。即使他有一些不永久停止就无法逃避的成本,他也可以通过暂时关闭老炼油厂、让一些工厂运转半数时间、不替补变动或退休的员工来减少总损失。如果是这样,我每损失 95 美元或 100 美元,他就只损失(比如说)0.5 美元。

但是,虽然我的公司比他的大,我比他富有,但我并不是无限大、无限富有;我是他的 90 倍大,大约是他的 90 倍富有。而我亏损的速度超过他的 90 倍,如果我继续以低于成本的价格出售产品,试图把他赶出去,那么首先破产的将是我,而不是他。尽管人们普遍认为,洛克菲勒通过低于成本的价格出售石油来维持自己的地位,从而将竞争对手赶出行业(掠夺性定价),但对记载进行仔细研究后发现,并没有确凿证据证明他曾这样做过。

有一个案例,标准石油公司的一位主管威胁说,如果一家较小的公司 Cornplanter 石油公司,不停扩张并杀入标准石油公司的业务,他就会降价。以下是 Cornplanter 的经理给出的证词答复:

> 我说:"莫菲特先生,我很高兴你这么说,因为如果由你来决定,你能做的事只是降价竞销。而如果你降价竞销,我就让出方圆 200 英里,让你们自个儿去卖个痛快。"我说:"我不想要比这更大的市场;如果你要的话,就卖吧。"我向他道别后离开了。
>
> ——引自 John S. McGee, "Predatory Price Cutting: The Standard Oil (NJ) Case,"*Journal of Law and Economics*, Vol. 2 (October, 1958), p.137.

除了掠夺性定价外,人们还为试图获得并维持人为垄断地位的公司提出了多种其他策略。其中一种是公司并购所有竞争对手,有人认为,洛克菲勒就是用这种方法而不是掠夺性定价来维持其地位的。问题在于,如果每次有人新建炼油厂,洛克菲勒都要将其买下,那么新建炼油厂就会成为一项非常有利可图的生意,洛克菲勒最终会拥有更多的炼油厂,多到超过了用武之地。

很难证明这些策略都不会奏效。举例来说,如果洛克菲勒能够让潜在的竞争对手相信，他愿意损失几乎无限的金钱来阻止他们，那么就有可能无人识破他的虚张声势——在这种情况下，他将不付出什么代价。我们只能说，这种博弈的优势似乎在于小公司，而不是大公司，而且大部分经济和历史证据都表明，人为垄断大多或完全是神话。

这种神话的后果之一可能是鼓励了垄断。以低于成本的价格销售，是将竞争对手赶出企业的拙劣手段，但对于一家新公司来说，可能是说服顾客试用其产品的好办法。根据现行的反垄断法，这样做的企业有可能被竞争对手指控为不正当竞争，并被迫提高价格。让新公司或进入新市场的老公司处境艰难的法律会减少竞争并鼓励垄断，即使它们被称为反垄断法。

·习题·

1. 经济学是一个竞争激烈的行业,我成为一名经济学家或多教一门课的决定不会对经济学家的工资有太大影响。然而,经济学家所做的一切并非如此。例如,这本书可能会增加(或减少!)你成为一名经济学家的兴趣,而你成为经济学家的决定可能会影响其他经济学家——包括我——得到的薪水。这种可能性会如何影响我关于如何写这本书的决定?如果本书使经济学看起来是一个有吸引的、有趣的职业,那么你猜我预计能卖出多少本书?

2. 图 10-17 是两条需求曲线,画出相应的边际收入曲线。

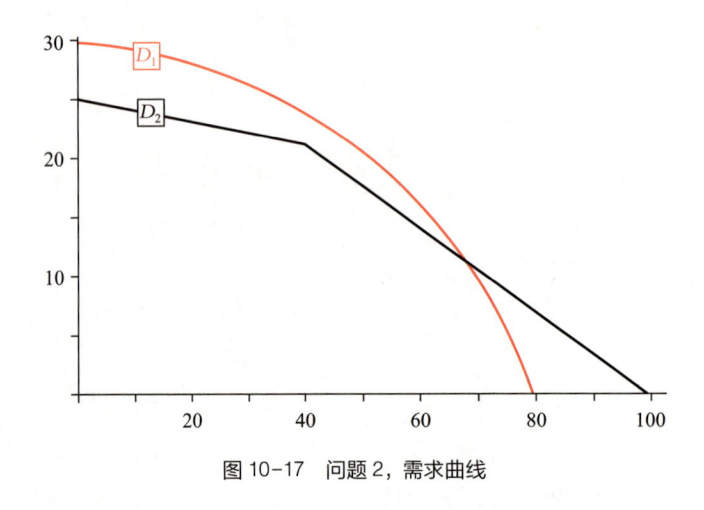

图 10-17 问题 2,需求曲线

3. 我们可以画出两条不同的需求曲线 D_1 和 D_2,使得单一价格垄断企业无论面对 D_1 还是 D_2 都会收取相同的价格,但产量不同;我们还可以画出两条不同的需求曲线 D_3 和 D_4,使得产量相同但价格不同。假设生产者有图 10-3a 的边际成本曲线,请画出需求曲线 D_1-D_4。

4. 假设一个单一价格垄断企业没有生产成本,你能说说在利润最大化数量下的需求弹性吗?你能举出生产成本为零的单一价格垄断者的例子吗?边际成本为零呢?如果可以,请举出。

5. 假设一家垄断企业的边际成本 $MC>0$,你能说说在利润最大化的产量上的需求弹性如何?请证明你的结果。

6. 假设技术或投入价格的某些变化改变了垄断企业的固定成本,而边际成本曲线不变,这对产量和价格有什么影响?请解释。

7. 橡树公司因对橡子收取垄断价格被指控违反了反垄断法,公司律师辩称:"虽然我们确实生产了世界上大部分的橡子,但独立研究表明,橡子的需求曲线具有弹性。如果我们试图通过利用我们的地位抬高价格,我们只会失去销售额,损害自己。"

司法部负责反垄断的律师回答道:"我同意在橡子的现有价格下,需求曲线是有弹性的,但这不是证明你无罪反而是你有罪。"请解释。哪位律师正确?请记住,证据并不等同于证明,问题只在于,观察到的需求弹性是支持公司有罪的证据,还是无罪的证据。

8. 当我请房地产经纪人为我找房子时,她的第一个问题是:"你想花多少钱?"这似乎是一个相当奇怪的问题,因为在房子或其他东西上,我想花多少钱,都取决于我可以用这些钱买到什么。即使我可以买一套20万美元的房子(如果你们有足够多的人买了本书的话,就是30万美元),如果10万美元可以满足我大部分预期,我可能宁愿花10万。你认为房地产经纪人为什么这样提问?(提示:房产经纪人是按佣金支付的,在大多数城市,他们得到的是他们所售出房屋价值的固定百分比。)

9. 我应该如何答复问题8中的房地产经纪人?我应该告诉她我最多愿意花多少钱买房吗?

10. 图10-18a、10-18b和10-18c显示了三家单一价格垄断企业的需求曲线、边际成本曲线和平均成本曲线。每家公司应该生产多少?定价多少才能使其利润最大化?

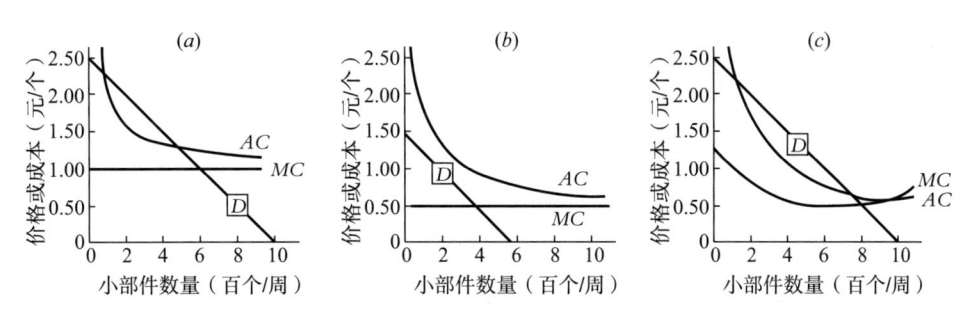

图10-18 问题10和11,需求和成本曲线

11. 假设问题10中的企业们可以进行歧视定价,它们在什么情况下可以通过使用两部定价完美地做到这一点?假设他们可以这样做,每家公司的两种价格应该是多少,每单位收费多少,准入费是多少?假设每个公司有100个客户。

12. 图10-19a和10-19b显示了两个垄断企业的需求曲线、边际成本曲线和平均成本曲线。情形一,有10个需求曲线为D_A的顾客和10个需求曲线为D_B的顾客;情形二,有10个A型客户和5个B型客户。请注意,平均成本是总产量的函数,而每条需求曲线都将价格与单个客户的购买量联系起来。

a. 在每种情况下,假设公司是单一价格垄断企业,请画出总需求曲线,并找出利润最大化的价格。

b. 在每种情况下,假设每单位费用必须等于边际成本,请找出最佳的两部分价格(每单位的收费加上购买任何单位的准入费)。

c. 在每种情况下,找出两部分的价格,使其产生的利润高于你在 b 得到的。

d. 你对 c 的回答是否揭示了任何一般原则?如果是,请尽可能地证明它。(本题很难)

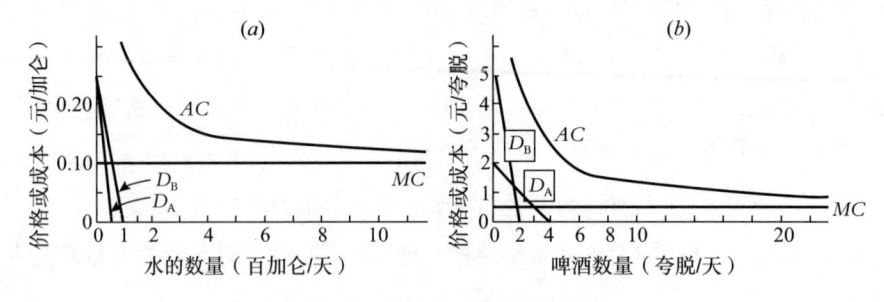

图 10-19 问题 12,需求和成本曲线

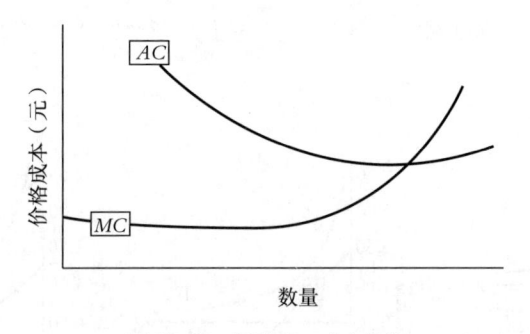

图 10-20 问题 13,成本曲线

13. 图 10-20 是某行业某公司的成本曲线。该公司是不是自然垄断,你能看出来吗?如果不能,你还需要什么补充信息?

14. 图 10-21a 是 18 号拖拉机轮胎的供给曲线,拖拉机公司超牛公司是这种轮胎的唯一买家,MRP 是这种卖给超牛公司的轮胎的边际收益产品。

a. 画出购买轮胎的边际支出曲线。

b. 超牛公司应该采购多少轮胎?

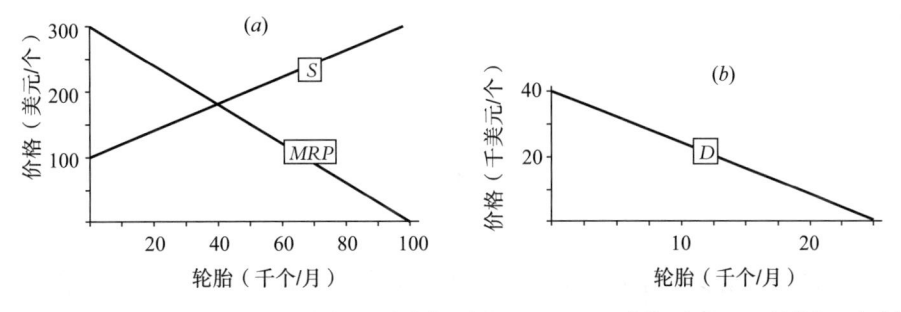

图 10-21 问题 14 和 15,拖拉机轮胎的供给曲线;仅问题 14,MRP 曲线;问题 16,拖拉机需求曲线

15. 18 号轮胎的供给曲线同前一个问题。超牛公司以 20000 美元/辆的价格在竞争市场上销售拖拉机;投入比例固定,每辆拖拉机需要 4 个轮胎,再加上公司在竞争市场上以 19000 美元的价格购买的一组其他投入。

a. 画出超牛公司的 MRP 曲线(提示:它不等同于图 10-21a 的 MRP)。

b. 超牛公司应该购买多少个轮胎?

16. 除了超牛公司是唯一的拖拉机销售商外,其余同上一题。拖拉机的需求曲线如图 10-21b 所示。

a. 画出超牛公司的 MRP 曲线。

b. 超牛公司应该购买多少个轮胎?

17. 请简要说明,你将如何分析一个既是卖方垄断者又是买方垄断者公司的买卖决策?

以下是选读部分的问题:

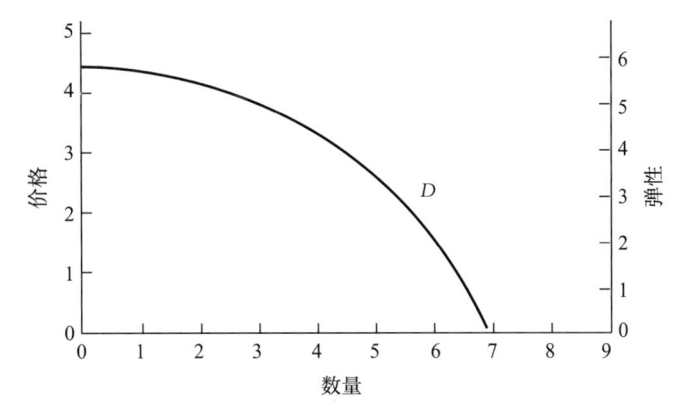

图 10-22 问题 18,需求曲线

18. 图 10-22 是一条需求曲线,按照绘制图 10-14a 和 10-14b 的方法画出弹性

图。你可以用你喜欢的任何一种方法来计算它。

·延伸阅读·

对垄断和价格歧视的详细和原始分析感兴趣的学生,可能想看看 A. C. 庇古(A. C. Pigou)的《福利经济学》(*The Economics of Welfare*)对于该主题的经典讨论,尤其是第14—17 章。一个更加晚近的作品则是乔治·斯蒂格勒(George Stigler)的《产业组织》(*The Organization of Industry*)。

我并不是第一个把经济理论应用于迪士尼乐园的经济学家。你或许想阅读这篇更早的文章:Walter Oi, "A Disneyland Dilemma: Two-Part Tariffs for a Mickey Mouse Monopoly," *Quarterly Journal of Economics*, Vol. 85 (February, 1971), pp. 77-96。

第十一章　棘手的问题：博弈论、策略行为与寡头垄断

> 这个世界上有两种人:约翰·冯·诺伊曼和其他人。
>
> ——尤金·维格纳(Eugene Wigner)，诺贝尔奖物理学奖得主

经济体是一个相互依存的体系。在分析经济问题的过程中,我们有意地将这种相互依存性隐于幕后。个体——无论是消费者还是生产者——都只是市场的一小部分,因此可以视他人行为为既定的;他不必担心自己的行为会如何影响他人的行为。于他而言,其余世界就是由一系列价格构成的,个体能以这些价格卖掉他所生产的、买到他所要的。

第十章所分析的垄断者已大到足以影响整个市场,而他要和众多个体消费者打交道,每个消费者都明白其行为不足以影响垄断者的行为。因此,每个消费者对垄断者的反应都是被动的,只能以垄断者决定收取的价格购买使自身福利最大化的数量。对垄断者而言,消费者根本就不是独立的个体,而只是一条需求曲线。

因此,我们的分析回避了人际互动与诸多市场的一个重要特征——人类的一整套策略性行为,如议价、威胁、虚张声势等。这就是为什么价格理论中大部分内容,对许多学生来说,似乎只是无血无肉的抽象概念的一个原因。我们习惯于把人类社会看作意志的冲突,无论是在会议室、战场,还是在我们最喜欢的肥皂剧中。而经济学把人类社会刻画为一群孤立的个体,或至多看成是小型生产者团队,冷静地在一个本质上非人类的环境中最大化其所得;他们不是一群任性的人类,而只是一个机会的集合。

经济学这么做是有原因的。对策略行为的分析是一个非常困难的问题。约翰·冯·诺伊曼,可以称为20世纪最有智慧的人之一,在分析策略行为的不断挫败中,终于创造出一个全新的数学分支。其后继者的研究虽然也很有独创性,数学应用也很精妙,却并未让我们提高有关人们在这种情况下会做什么,或应该做些什么的洞见。从一方面看,价格理论的惊人之处在于它给我们呈现了一个关于周围世界的不真实画面;而从另一方面看,它最令人印象深刻的成就之一就是解释了真实市场所发生的

相当一部分事情,并十分巧妙地规避了任何涉及策略行为的情况。而当价格理论未能做到这一点时,如对寡头垄断或双边垄断的分析,它就会迅速从前后一致的理论退化为一套有根据的推测。

冯·诺伊曼所创造的,以及本章试图阐释的,就是博弈论。在第一节,我会用没那么学术化的语言来描述一些博弈,旨在让你感受策略行为中的问题。第二节包含更为正式的分析,探讨在不同意义上"求解"一个博弈,并将这些解概念应用到许多有趣的博弈中。第三节和第四节说明人们是如何将博弈论的思想应用于特定经济问题中的,不过成果有限。

第一节 策略行为

"剪刀石头布"是一种在孩子中很流行的简单博弈①。数到三时,两名玩家同时伸出三种手势中的一种:握紧拳头代表"石头",伸出两根手指代表"剪刀",张开手掌代表"布"。获胜者由一个简单的规则决定:剪刀剪布,布包石头,石头破剪刀。

如图 11-1 所示,这个博弈可以用一个 3×3 的 **收益矩阵**(payoff matrix)来表示。行表示玩家 1 的策略,列表示玩家 2 的策略。矩阵中的每个单元格都是一行和一列的交集,表示玩家选择这两种策略后的结果;单元格中的第一个数字是玩家 1 的收益,第二个数字是玩家 2 的收益。尽管我们都知道,博弈论足以分析金钱性收益以外的其他博弈类型,但我们不妨在此假设所有收益都代表一定量的钱,而玩家的目的只是试图最大化其预期收益,即赢得的平均金额。

玩家 2

		剪刀	布	石头
玩家 1	剪刀	0, 0	+1, -1	-1, +1
	布	-1, +1	0, 0	+1, -1
	石头	+1, -1	-1, +1	0, 0

图 11-1 "剪刀石头布"的收益矩阵

---

① Game,也可译作"游戏",尤其是指"剪刀石头布"这种简单游戏时。但考虑到本章均用博弈论的分析框架解释问题,因此本章把"game"均译作"博弈"。——译者

左上角的单元格显示两位玩家都选择剪刀的结果：没有赢家，所以每个玩家的收益都是零；下一个单元格显示玩家1选择布而玩家2选择剪刀的结果：剪刀剪布，所以玩家2赢，玩家1输，这代表玩家2的收益增加1，玩家1的收益损失1。

我从这个博弈讲起，有两个原因。首先，由于每个玩家都要同时行动，这很容易用图11-1这样的矩阵来表示，即一个玩家的选择由行表示，而另一个玩家的选择由列表示，结果由它们的交集决定。之后我们会看到，这种方式可以展示任何双人博弈，即使是像国际象棋这样的复杂博弈。

第二个原因是，虽然这个博弈十分简单，但它的解是什么，甚至"解"是何意，都很难搞清楚。在你的布被你朋友的剪刀剪掉后，你很可能会说"要是出石头就好了"，但这并不能为你下一步的行动提供指导。就算是一些相当复杂的博弈，都存在一个制胜策略（winning strategy），帮助其中一位玩家获得胜利。但对于"剪刀石头布"而言，这样的策略并不存在。你的选择对错，只与另一玩家的选择有关。

尽管很难说什么是正确的策略，但人们可以很有信心地说，一个总是选择石头的玩家是错误的，因为他很快就会发现他的石头总是会被别人的布包住。成功策略的特点之一就是不可预测性，这一洞见表明有意采取随机策略的可能。

假设在确保另一玩家没有偷窥的情况下，我通过掷骰子来选择策略：如果是1或2，就出剪刀；如果是3或4，就出布；如果是5或6，就出石头。无论另一玩家采取什么策略（除非他会透视或读心术），平均而言，我将会赢三分之一，输三分之一，剩下三分之一与对方打成平局。

那么，有没有一种策略能保证我一直都会做得更好呢？有，但不要碰到一个聪明的对手。这个博弈是对称的；如果我有随机策略，那么对方也会有。如果双方都照着策略行动，最终都会不输也不赢。

"剪刀石头布"的一个重要特征是，它是一个**零和博弈**（zero-sum game）；一旦一个玩家赢了，那另一个就输了。尽管可能会有某种策略能确定对方做什么，但这和我们要分析的策略行为关联不大。当对手不同意出剪刀时，出石头的威胁就显得毫无意义；对方会拒绝，而是出布，包住你出的石头。

双边垄断、核末日与酒吧斗殴

接下来考虑一个之前讨论过的博弈——双边垄断。规则很简单：只要我们能就利益分割的方案达成一致，你我之间就可以瓜分1美元；如果我们无法就利益分割的方案达成一致，那么谁也得不到一分钱。

这个博弈被称为双边垄断，因为其对应的是只有一个买家和一个卖家的市场。我有世界上唯一的苹果，而你是世界上唯一一对苹果不过敏的人。这个苹果对我一文不值，而对你值1美元。如果我以1美元的价格卖给你，那么我的收入就会增加1美元；而对你而言，你的花费与苹果带给你的效益抵消了，等于说你没有得到任何好处。如果我免费把苹果送给你，我得不到任何好处，而你却得到1美元的收益。任何在1到0之间的价格都代表着我们之间的货币收益分配。如果我们不能就价格达成一致，我将保留苹果，交易的潜在收益就会消失。

双边垄断很好地概括了共同利益与利益冲突、合作与竞争之间的结合，这正是很多人类互动关系的典型特征。博弈参与者在达成协议方面有共同利益，但在制定协议条款上存在冲突：美国和苏联在维护和平方面有共同利益，但就和平条款对本国的有利程度却存在很大冲突；丈夫和妻子对维护一段幸福和谐的婚姻有共同利益，但在如何将其有限的资源花在各自重视的事情上却存在无数冲突；卡特尔成员们在降低产量和提高价格方面有着共同利益，但在哪个公司能获得多少垄断利润上却存在冲突。

双边垄断并不是零和博弈。如果我们达成协议，我们的收益总和为1美元；如果我们不能达成协议，收益总和则为零。这使得它与"剪刀石头布"有着根本区别，因为在这个博弈里，威胁、交易、谈判、虚张声势是被允许的。

如果我决意要得到90美分的收益，那我就会告知你，我将拒绝接受任何于我更加不利的条件；你可以在10美分和什么都没有的区间内进行选择。如果你相信我，就会做出让步；如果你认为我是在虚张声势，坚持说你只给我40美分，若我相信你，就可以选择得到40美分；反之，则什么也得不到。为了争取对自己更有利的结果，每个参与者都试图用使双方境况更糟的结果来威胁对方。

赢得这种博弈的方法之一是做出可信承诺，以使对方认为自己绝不让步。一个策略直觉很好的孩子可能会宣称："我保证绝不会让你获得超出20美分，心划十字，以死起誓。"如果另一参与者认为其誓言是有约束力的——第一个参与者不会让步，因为违背誓言的代价太大了——那么这个策略就是有效的。结果，第二个参与者带着20美分回家，并决定下次该轮到他第一个发毒誓了。

恪守承诺的策略并不仅限于儿童，其最具戏剧性的体现是"末日机器"，这最早是由赫尔曼·卡恩（Hermann Kahn）想象出来的，后来在电影《奇爱博士》（Doctor Strangelove）中以影视化呈现。

假设美国决定一次性彻底结束对苏联侵略的所有担忧，因此制造了100枚钴弹，将它们埋在落基山脉,并安装了一个奇特的盖革计数器①。如果爆炸,钴弹会产生足够的尘降物来灭绝地球上的所有人类。盖革计数器是触发器,如果它感知到来自苏联袭击的辐射,就会引爆炸弹。

美国现在可以拆除所有其他防御核攻击的措施,因为有了终极威慑力。在一个被卡恩称为"匆匆末日机器"的改进版本中,触发装置能够探测范围更大的行动,一经测出便做出反应。例如,当苏联入侵西柏林、西德或任何其他地方时,它就可以炸毁全世界——从而为我们节省常规防御和核防御的成本。

世界末日机器虽然是个优雅的想法,但也存在一些问题。在《奇爱博士》中,该机器由俄国人制造。他们决定在总理生日当天宣布这一发明。不幸的是,总理生日还未到来,一名疯狂的美国空军军官就对苏联发动了核打击。

"末日机器"并非完全虚构。考虑一下,如果美国发现苏联已经开始进行全面核打击。假设美国没有防御能力,只能报复。以报复来威胁对方可能会阻止这场打击,但如果不幸依然发生,这种报复将不会起任何保护作用。它反而会导致放射性沉降物增加、气候效应等后果,从而杀死一些美国人和数百万俄罗斯人,以及大量不幸在打击范围内的中立者。

在这种情况下,报复是非理性的。尽管如此,它可能仍会发生。控制相关按钮的人——轰炸机飞行员、导弹发射井里的空军军官、核潜艇船长——都被训练得服从命令。他们尤其不可能违反命令;而对于刚刚杀死或即将杀死自己大部分朋友和家人的敌人,他们更不可能放过任何报复的机会。

美国目前拥有的报复防御系统是一个"末日机器",只不过触发器是人类,而非盖革计数器。当然,美国的对手也是如此。从目前来看,两个机器都奏效了,因为都没有被触发过。卡恩之所以提出"末日机器"的想法,不是因为他想让美国如法炮制,而是因为美国和苏联都已经有了这种防御体系。

在毒誓与核毁灭这两个案例中,以及程度在两者之间的其他案例,威胁和承诺都发挥了关键作用。甚至在核武器发明之前,战争也往往是一场双输的博弈。一个国家领导人,只要能让敌人相信其开战决心不可动摇——无论是因为他是一个疯子还是狂热分子或是乐观主义者,他就已经在讨价还价中占了上风。对手当然可以相信他是在虚张声势,可万一不是呢?

在上一章关于人为垄断的讨论中,我提到过另一个例子。如果洛克菲勒能以某种方式让潜在进入者相信,只要他们敢建一个炼油厂,他就会不计成本地将他们赶出

---

① 用于测量电离辐射强度的核设备。——译者

该行业，那么他可能会维持垄断。假如有人说他是在虚张声势，然后他真的兑现了承诺，那他可能不得不倾家荡产——还可能没成功——来执行他的威胁。

许多规模较小的博弈，也有着同样的逻辑。以某场酒吧斗殴为例。两个顾客一开始只是在争论棒球队的强弱，最后却演变为一场凶杀：一个顾客倒在血泊中，而另一个则茫然无措地站在那里，手里攥着一把刀。从一个角度上看，这是一个十分明显的非理性和非经济行为的案例：凶手在行动后就后悔了，所以他的行为显然不是为了最大化其自身利益；从另一个角度上看，它是对非理性行动的理性承诺——相当于在小规模范围内触发了"末日机器"。

假设我强壮、凶狠，并且大家都知道我对那些不按我意愿行事的人脾气很差。我受益于这个名声：人们谨小慎微地避免做出冒犯我的事。事实上，殴打他人成本高昂：被打的人可能会反击，而我可能因打人而被捕。但如果我的名声足够差，我可能不用打任何人就能得偿所愿。

为了保持这样的名声，我开始把自己训练成一个脾气暴躁的人。我告诉自己以及他人，我是个真正的大男人，而大男人绝不受人摆布。我逐渐扩展我对"受人摆布"的定义，直到它等同于"不顺我意"。

我们通常称这种性格具有侵略性，但将其看作一种深思熟虑的理性策略也不无道理。一旦策略到位，我就不能自由地在每种情况下选择最佳的应对方式；我在自我形象上投入太多，以至于我无法让步。同样的道理，美国已经建立了一个大规模的报复系统来组织攻击，这就意味着，从发现敌人导弹到发射自己导弹的十分钟里，我们无法自由地改变主意。一旦威慑失败就不退缩，可能是不理性的，但将自己置身于无法退缩的境地一定不是不理性的。

现在来听听那个凶手的自述吧："多数时间里我都为所欲为，因为我的脾气太臭，没人敢惹我，但我偶尔也会为此付出代价。我没有在我的策略中取得垄断，世界上还有其他暴脾气的人。我在一家酒吧里开始闲聊。另一个家伙对我的意见不那么尊重。我开始推他，他也推了我。当斗殴结束时，我们中有一个死了。"

囚徒困境

两名男子因抢劫被捕。如果罪名成立，每人将被判 2 到 5 年的监禁；实际刑期取决于控方的指控。不幸的是，地方检察官发现，他们手中的证据并不足以给二者定罪。

地方检察官将罪犯关在不同牢房中。他先去找乔。他告诉乔，如果乔认罪而迈克拒不坦白,他将对乔从轻发落,撤销对他的盗窃指控,仅以刑期三个月的非法侵入罪指控他。如果迈克也认了罪,检察官虽不能撤销指控,但他会要求法官宽大处理,迈克和乔都只用坐两年牢。

然而,如果乔拒绝认罪,他就不会对乔如此友好了。若迈克认罪,则乔将被定罪,且检察官将请求判给他最高刑期;如果双方都拒不认罪,那么检察官虽不能判他们抢劫罪,但将数罪并举,以非法侵入、拒捕和流浪罪判处两人每人六个月徒刑。

在向乔解释了这一切之后,地方检察官去了迈克的牢房,用同样的说辞高谈阔论了一番。图11-2表示了乔和迈克面临的结果矩阵。乔的思考如下:

> 如果迈克认罪而我不认,我得坐五年牢;如果我也认罪,我只用坐两年。如果迈克要认,我最好也认。
>
> 如果我们谁都不认罪,我会被判六个月。比起迈克没忍住告密的情况,这已经有很大改善了,但我的境况还可以更好;如果迈克保持沉默而我认罪,我只用坐三个月牢。所以如果迈克要保持沉默,我最好还是招了吧。事实上,不管迈克招不招,我最好都招。

		乔	
		认罪	沉默
迈克	认罪	2年,2年	3个月,5年
	沉默	5年,3个月	6个月,6个月

图11-2 囚徒困境的收益矩阵

乔叫来了警卫,让他派人去叫地方检察官。这要一会儿的工夫。迈克也做了同样的思考,得出了同样的结论,并且正在口述他的供词。

这场博弈起码有两个有趣的属性。首先,它引入了一个新的博弈解。两个罪犯都认了罪,因为他们都正确地计算出,无论另一个人怎么做,认罪总比不认好。我们可以在图11-2中看到这一点:对乔来说,无论迈克怎么选择,"认罪"一列所带来的回报总比"沉默"一列更高。对于迈克来讲,情况也是如此。

如果一种策略能够比另一种产生更好的结果,那么无论另一个参与者做什么,第一种策略就都会**优于**(dominate)第二种。如果一种策略优于所有其他策略,那么选择该策略的参与者的境况总是更好;如果双方都选择这种优势策略,我们就得出了博弈的一种解。

第二个有趣的地方是,双方的行为都很理性,结果双方的境况都更糟。如果两人都认罪,都会被判两年;如果都不认,只被判六个月。奇怪的是,理性的定义是做出能达成个体最优目标的选择,结果它却使两人都蒙受损失。

对此的解释是,乔只是在选择自己的策略,而非迈克的。如果乔能在矩阵的右下单元格和左上单元格之间进行选择,他当然会选择前者;迈克也一样。然而,这并不是他们能选的。乔只能选择某一列而非某一行,但左边一列优于右边一列;无论迈克选择哪一行,左边都比右边好。同理,迈克的选择是上行或下行,并且上行优于下行。

我们之前也提到过这一点。在第一章,我指出理性是对个体的假设而非群体,并描述了一些群体中的个体理性行为反而使群体境况变糟的情形。最简单的两人群体也有这种情况。两个囚犯认罪,跟士兵们逃离军队、学生们走捷径穿过新铺草坪,都是一样的道理。

对我们很多人来说,囚徒困境与类似博弈的结果似乎都很违背直觉。士兵并不总是会逃跑,至少部分原因是将军们已经制定出改变士兵所面临的奖惩结构的方法。比如,烧毁身后的桥梁,或者开枪打死逃兵。同样,罪犯也付出了很大的努力来提高同伙告密的成本,降低因拒不认罪而锒铛入狱的成本。

但这些都无法否认囚徒困境逻辑的正确性,它们仅仅意味着真实的囚犯和士兵有时参与了其他博弈。当告密或逃跑的净收益的确具有图 11-2 所示的结构时,博弈的逻辑就会令人信服。囚犯认罪,士兵逃跑。

重复的囚徒困境

对囚徒困境分析的一个直接反应是:其结果是正确的,但这仅仅是因为该博弈只进行了一次。在真实世界中,许多博弈是重复进行的。迈克和乔最终会出狱,重操旧业,并再次被抓。双方都知道,如果自己这次背叛了对方,可以想见的是,对方下次也会背叛自己,所以他们都拒不认罪。

这个论点很有说服力,但我们目前尚不清楚它是否正确。让我们先把乔和迈克搁置一边,转而再找两个人将如图 11-2 所示的博弈重复一百次。为了使他们的行为更合理,我们把图 11-2 的刑期换成正报酬:如果双方合作,他们每人可得 10 美元;如果彼此背叛,两人就什么也得不到;如果一个背叛而另一个合作,背叛者会得到 15 美元,而替罪羊会损失 5 美元。

一个背叛对方的参与者能在短期内多获得 5 美元,但这种收益不一定划得来,因为受害者会在下一个甚至许多个博弈中背叛他。总的来说,每回合都合作似乎是双赢的选择。

这个解的确诱人,但它存在一个问题。让我们再考虑一下博弈的最后回合。两位参与者都知道,无论自己这次做什么,对方都没有机会再报复了。因此,最后一个回合又回到了普通的囚徒困境。背叛优于合作,所以两人都会背叛,每人所得报酬都为零。

每个参与者都可以得出该逻辑,因此他们都知道对方会在第 100 回合时背叛他。一旦明白了这一点,我就不必因为在第 99 回合背叛你而在下一回合中受到惩罚;无论我做什么,在下一回合(即最后一回合)你都一定会背叛我。所以我在第 99 个回合背叛了你——而你经过了同样的计算,也同样背叛了我。

既然我们知道,我们都将在第 99 回合背叛彼此,那么在第 98 回合的背叛就无所谓惩罚了;既然我们知道我们都将在第 98 回合背叛彼此,那么第 97 回合的背叛也无所谓惩罚了……全部博弈的行动链条被解开;如果我们都是理性的,我们就会在第 1 回合以及之后的每一回合背叛对方,最终都一无所得。相反,如果我们没有那么理性从而保持合作,那么每人在博弈结束时都会得到 1000 美元。

如果你觉得这个结果很矛盾,别担心,并不只你一个人这么想。尽管如此,该论点仍然正确。上述分析仅适用于参与者知道博弈持续次数的情形,注意到这一点心情会平复一些;如果博弈次数有限但不确定,合作可能是稳定的。我们将在第二节末尾再次回到这个特别令人恼火的博弈。

多数投票制:三人情形

前文分析的所有博弈只有两名参与者。现在考虑一下简单的三人博弈。有三个人——安妮、比尔和查尔斯——和 100 美元。这笔钱的分配方案由多数投票制(majority vote)决定;获得两票以上的方案胜出。

我们可以把该博弈视为长期讨价还价后的投票表决。在讨价还价的过程中,参与者提出分配方案,并试图说服至少一名其他参与者同意。每个参与者都在努力最大化其回报,即分到的钱。

比尔首先拉拢安妮,提议他俩平分这 100 美元,每人各 50 美元。这对安妮来说是个好主意——直到查尔斯提议给安妮 60 美元,自己只留 40 美元。查尔斯提出这个提议是因为 40 美元总比一分都没有要好。因为 60 美元比 50 美元要多,所以安妮很乐意改变阵营。

讨价还价还没有结束。遭受冷遇的比尔转而向查尔斯抛出橄榄枝,愿意与其平分这笔钱;查尔斯会得到 50 美元,而这比 40 美元要好;比尔会得到 50 美元,这总比一分都没有要强。

潜在的讨价还价无穷无尽。任何人提出的任一分配方案都会被其他某一方案占优(占据优势地位),然后该方案又被其他方案占优,这个过程会永远持续下去。任何一种分给所有人东西的方案都会被两人瓜分、一人落单的方案占优;任何一种有人落单的方案都会被落单者与先前的赢家结盟分走第三人份额的方案占优。

在第二节,我们将会看到博弈理论家是如何试图解决这些问题的。而此刻值得注意的是,这里引入的两个概念将在之后派上用场。一个是分配(division)——我们稍后将称之为**转归**(imputation)——定义为谁最终得到什么。另一个是优势(dominance)的新含义:如果有足够多的人偏爱某种分配而使之得以发生,我们就说它优于(dominates)另一种。

第二节 博弈论

冯·诺伊曼在其与经济学家奥斯卡·摩根斯坦合著的那本书①中提出了博弈论的思想,目的是找到所有博弈的一般解。找到这个一般解,并不意味着就能完美应对任何一个棋局、桥牌局、扑克局或寡头垄断情境。它只是弄清楚你是如何找到玩(play)上述及其他博弈的完美方法的。如果我们知道如何搭建出像清晰数学问题一样的博弈模型,那么每个博弈的解的细节就可以留给别人了。

从这个角度讲,国际象棋是一种颇为琐碎的博弈。其规则规定,没有士兵被移动且四十步以内没有棋子被吃掉,即为平局。这意味着总步数和因此可能出现的棋局数是有限的——非常大但有限。为了完美地下棋,你所要做的就是列出所有可能的博弈情况,记录每种情况下的胜者,然后从最后一步向前反推,假定参与者所走的每一步都是为了获取最终的胜利。

如果你想在棋局中击败你最好的朋友,上述方案就显得不够实用了。可能的博弈(棋局)总数比银河系里的星星还多,你根本都找不到足够用来记录它们的纸。但是,除少数情况外,博弈理论家对这种困难不感兴趣。他们的目标是弄清解决(处理)此类博弈的思路;至于具体方案,他们愿意给你无穷无尽的时间来完善细节。

在分析博弈时,我们将从双人博弈开始。解决问题的第一步是用类似图11-1的简化形式来表示任何双人博弈;第二步是说明双人定和博弈在何种意义上是有解的;

---

① 指《博弈论与经济行为》。——译者

接着,我们将针对参与者大于二人的博弈讨论各种不同解的概念。

双人博弈

我们通常把国际象棋看作一系列独立的决策;我走第一步,你做出反应,而我接着对此做出反应,以此类推。然而,该博弈完全可以由各方的单个行动来概括。这一行动包含描述参与者在任何情况下将采取何种行动的策略选择。因此,一种可能的策略是,我先将国王的士兵向前移动两格,然后如果对手将他国王的士兵向前移动,我的反应是……如果对手移动他皇后的士兵而不管我的行动,我的反应是……对所谓策略的完整描述即是,我将如何应对我可能观察到的对手所采取的任何行动序列(以及在某些博弈中,这还包括任何随机事件序列,如掷骰子或发了什么牌)。

因为一种策略决定了你在每种情况下所要做的一切,所以参与博弈——任何博弈,都只是各方选择一种策略。这些决定实际上是同时进行的;虽然你可以观察到对手的行动,但你无法观察到他是如何在脑海中制定博弈策略的。一旦双方各自确定了策略,那么一切就都确定了。你可以把这场博弈想象成两个参与者各自写下自己的策略,然后坐在机器后面看它执行:白棋走出第一步,黑棋做出预先选择的反应,白棋进而也做出预先选择的反应,以此类推,直到一方被将死或博弈被判为平局。

从这些术语中可以看到,任何双人博弈都可以用类似于图11-1这样的收益矩阵来表示,尽管它可能需要更多的行列数。每一行表示参与者1可以选择的策略,每一列表示参与者2可以选择的策略。处于交叉处的单元格表示这对策略的结果。如果博弈包含随机元素,那么单元格中将包含期望结果——多轮博弈的平均收益。在博弈论中,这种描述博弈的方式被称为**简化形式**(reduced form)。

如果你想在棋类游戏上取胜,这种方法并不是非常有用;浪费时间提前思考如何应对对手的所有可能行为是没有意义的。但如果你想找到某种描述所有博弈的共同方式并以此来确定博弈在何种意义上有解以及如何(在理论上)找到它们,那这的确是一种看待象棋、扑克、掷骰子的有用方式。

双人博弈的解是什么?冯·诺伊曼的回答是:(零和博弈的)解是一对策略和博弈的一个值。策略 S_1 确保参与者1至少能得到价值 V,策略 S_2 保证参与者2最多会损失 V。V 可正可负可为零;其定义并没有假设哪个参与者占上风。

参与者1会选择 S_1,因为该策略确保她至少能获得 V,而如果参与者2正确地博弈(选择 S_1),就能确保参与者1的收益不会比现在更好。参与者2之所以选择 S_2,是因为该策略确保他至少能获得 $-V$ 的收益,且参与者1如果正确博弈(选择 S_1),就能够确保参与者2的收益不会比现在更好。

两个明显的问题出现了。首先,这真的是一种解吗?一个足够聪明的参与者真的会做此选择吗?第二,如果我们接受这种解定义,所有的双人博弈都有解吗?

冯·诺伊曼的解并未涵盖真实博弈中的高手试图做的所有事情。它明显忽略了桥牌玩家所谓的"从婴儿那里偷糖果"的策略,即碰到高手就认输,碰到菜鸟就好好利用他们的失误。但是在构建更优博弈解时,上述遗漏是很难消除的。毕竟,在真实的博弈中,我们可能会遇到许多不同的对手,而他们所犯的错误也不尽相同;你该如何定义一个针对所有玩家的"最佳"策略呢?似乎合理的做法是将博弈解定义为"对抗采取正确策略的对手的正确方式"①。

博弈是否存在解,取决于其简化形式。图11-3表示在该意义上存在一个解的博弈的简化形式。

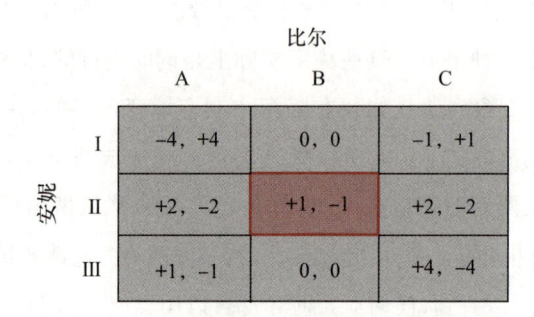

比尔

	A	B	C
I	−4, +4	0, 0	−1, +1
II	+2, −2	+1, −1	+2, −2
III	+1, −1	0, 0	+4, −4

安妮

图 11-3 一个具有冯·诺伊曼解的博弈的收益矩阵

中央单元格即为解,这是安妮选择策略 II 且比尔选择策略 B 的结果。通过排查其余可选方案,你会发现这的确是一个解。给定比尔选择 B,安妮正确地选择 II;其他任何策略都让她赢得 0 而非 1。给定安妮选择 II,比尔正确地选择 B;其他任何策略都让他失去 −2 而非 −1。该博弈的值为 −1。通过选择策略 B,比尔确保他的损失不超过 1;通过选择策略 II,安妮保证她至少会赢得 1。

这种策略有时被称为**极小化极大策略**(minimax strategy),相应的博弈解被称为鞍点(saddle point)。之所以称其为"极小化极大",是因为从比尔的角度来看,他正在极小化自己的极大损失。他所采取的行动基于这样的前提:无论他做什么,安妮都会选择正确的策略来应对他。如果他选择 A,安妮可以选择 II,此时他会损失 2;如果他选择 C,安妮可以选择 III,此时他会损失 4。从安妮的角度看也是如此;策略 II 也是她的极小化极大策略。冯·诺伊曼解有一个很有趣的特点:每个参与者都表现得好像

---

① 原文为:the correct way to play against an opponent who is himself playing correctly.

对手知道自己要做什么。实际上,一个参与者并不知道另一个参与者究竟会选择什么策略,但是就算知道,他也不会做得更好。

不幸的是,我们没有理由期望所有的博弈都有鞍点。一个简单的反例是"剪刀石头布"。回顾图 11-1,你会发现没有单元格具有图 11-3 所示的解的特性。例如,如果参与者 1 选择剪刀,参与者 2 的最佳反应是石头;但如果参与者 2 选择石头,剪刀则成了参与者 1 的最差反应;在这种情况下,他应该选择出布。对于任何单元格而言,情况都是如此。根本没有所谓的鞍点。

尽管如此,该博弈依然有一个冯·诺伊曼解,这一点前面已经提到过。其诀窍是,不仅允许玩家选择**纯策略**(pure strategy),如只选 A、B 或 C 或只选剪刀、石头或布,还允许他们选择**混合策略**(mixed strategy)。混合策略是纯策略的概率组合——例如,10% 的概率选 A,40% 的概率选 B,50% 的概率选 C。如第一节所述,"剪刀石头布"的解是一种混合策略——选择三种策略的概率相等。一个遵循混合策略的参与者的平均损失为零,无论他的对手做何选择。而如果参与者的对手也遵循这种策略,那么无论他做什么,其平均所得也为零。所以,冯·诺伊曼解是让每个参与者都采用这种策略。它是一个解,而且是唯一一个;如果参与者遵循任何一种纯策略(比如石头)的概率大于另外两种,其对手就可以通过一直出布来使他赢的次数大于输的次数。

我们现在已经了解冯·诺伊曼解是什么,以及用纯策略解决不了的博弈该如何用混合策略解决。但冯·诺伊曼的研究不止于此。他证明了任意双人定和博弈都存在一个解,尽管这可能需要混合策略。因此,他完成了对这类博弈的研究目标。他定义了解是什么,证明了解总是存在,并且说明了理论上找到这种解的方法——当然,前提是你得有足够的计算能力和无限的时间。在提高计算能力上,他也尽了自己的一份力;他帮助创立了现代计算机的数学基础——控制论。

图 11-1 和图 11-3 中的两个博弈都为零和。每个单元格中的数字之和为零:一方之所得即为另一方之所失。零和博弈是**定和博弈**(fixed-sum game)的一种特殊情况,两个参与者的总报酬虽然不一定为零,但与他们的行为无关。只要我们依然在定和博弈的范畴里,两个参与者的利益就肯定会发生直接冲突,因为每个人都只能通过减少对方的收益来增加自己的收益。

这种冲突是冯·诺伊曼解的一个重要因素。比尔选择了极小化其极大值的策略,因为他知道安妮在选择策略时,试图最大化自己的收益,而这正是他的损失。冯·诺伊曼解并不适用于诸如双边垄断或囚徒困境等双人变和博弈,也不适用于多人博弈。

多人博弈

对于参与者多于两人的博弈,博弈论的研究结果远不如双人博弈那样清楚。冯·诺伊曼本人提出的一种解的定义并不是很令人满意。在选读部分,我们将讨论这个解,以及另一种从冯·诺伊曼的研究中推导出的解概念。本节讨论另一个解概念,它是对 19 世纪早期一个法国经济学家兼数学家的思想的一种概括。

纳什均衡。 考虑一个 n 人博弈,该博弈重复多次或持续很长时间。作为一名参与者,你正在观察其他参与者的行为,并据此改变你的策略。假设你的行为不会影响他们的行为,而这也许是因为你不知道如何考虑这些影响,也许是因为你认为你的策略对整个博弈的影响太小了。

你不断调整策略,直到进一步的改变不会使你的境况更好。其余参与者也这么做。给定其他参与者的策略,当每个参与者都选择了自己的最优策略时,博弈最终达到均衡。这种多人博弈的解被称为**纳什均衡**(Nash equilibrium),它是约翰·纳什(John Nash)对一百多年前安托万·库尔诺(Antoine Cournot,也译为"古诺")的一个思想的概括。

就举开车博弈这个简单的例子好了。该博弈的策略包括靠左行驶和靠右行驶。全体美国人处于纳什均衡状态:每个人都靠右行驶。该情形是稳定的,甚至不需要交警来强制执行。由于其他人都靠右行驶,如果我靠左行驶将会给我和其他人带来巨大的代价,所以靠右行驶也符合我的利益。同样的逻辑适用于所有人,因此,该情形是稳定的。

在英国,每个人都靠左行驶。这也是一种纳什均衡,原因同上。然而,这很可能是一种不受欢迎的纳什均衡。由于大多数其他国家的人都靠右行驶,汽车必须将驾驶座设置在右边才得以进入英国市场。在英国驾车的外国游客可能会不由自主地开到右车道,只有当他们与英国司机迎面——一辆接一辆——相遇之后,才会发现自己的错误。据我的经验,这种事在转弯的时候尤其容易发生;在这种时候,几乎会有一种不可抗拒的诱惑让你凭本能选择正确的行驶方向。

如果所有英国司机都转而靠右行驶,那他们的境况可能会更好。但任何一个试图带头作出改变的英国司机的境况却会更糟。纳什均衡的稳定性不会被个人行为所破坏,即使它导致了不合意的结果。

但纳什均衡的稳定性可能会因几个人的联合行动而被破坏,这也正是用它来定义多人博弈解的问题之一。全体瑞典人集体转向靠右行驶是一个极端的案例;每个人都迅速改变了自己的策略。在其他一些博弈中,只要每个人都单独行动,某个结果就会保持稳定,但一旦任意两个人决定一起行动,这种稳定性就会被破坏。不妨想想,面对一群逃离死囚牢的罪犯,只要某个狱警的枪里还有一颗子弹,对于任意一名罪犯而言,投降都是最好的选择。尽管在最后一刻得到赦免或成功上诉的概率微乎其微,但这总比被枪杀要好。然而,如果任何两名罪犯一起冲击狱警,他们的境况会更好。

正如开车博弈的案例所示,一般来说,纳什均衡并非唯一,全部靠左行驶与全部靠右行驶都是均衡状态。从另一个更微妙的意义上看,纳什均衡也不一定是唯一的。其定义的一部分是说,在其他参与者的策略给定的前提下,我的策略是最优的,我表现得如同不会对其他参与者的行为产生任何影响。然而,这种定义的意义取决于我们如何定义策略。实际上,我的行为会影响到其他行动者。既然如此,其他参与者如何反应才算是继续遵循之前的策略呢?正如我们将在本章第四节看到的,对上述问题的不同答案对应相同博弈的不同纳什均衡。

这虽然是我们第一次讨论纳什均衡,却不是我们第一次使用纳什均衡的思想。第一章的杂货店和高速公路、第七章的价格由供给和需求交点所决定的市场,都处于纳什均衡状态;在给定其余人行为的条件下,每个人的行为都是正确的。

在每种情况下,问一问均衡状态的稳定程度都是很有趣的。如果我们允许两人、三人或十人一起行动而非假设每人单独行动,结论会有什么不同吗?我们所得到的结果是否仅仅取决于如何定义策略?在本章第三、四节,我们会分别提到如何使用纳什均衡来分析垄断竞争及寡头垄断行为,那时,你可能想要回过头来重新思考这些问题。

有限理性

前面的研究都假定参与者有无限能力来思考如何博弈——甚至在迈出第一步前,我们就已经考虑了每种可能的情况。做出这样的假设,并不是因为它是符合现实的。显然,对于大多数博弈而言,事实并非如此。这样假设的原因是,它使我们能够相对直接地描述一种博弈的完美呈现——无论何种博弈,完美策略总能产生最优结果。

更困难的事情是,我们该如何建立一套理论来衡量真实世界中拥有有限能力的参与者所做决策的不完美程度?这与第一章提出的观点颇为相似,当时,我为理性的假设辩护,理由是,对于某个问题,通常只有一个正确答案,但错误答案却有很多。只要个体有选择正确答案的倾向,那么我们最好忽略其不确定性,并将该倾向视为该个体的确定行为,而非试图去猜测该个体可能会在众多错误决策中选择哪一个。

经济学家和博弈论学者曾多次试图解决这个问题,通过引入参与者有限的记忆能力、智力水平以及时间来解决此类问题。其中最有趣的尝试之一，是将博弈论与另一套理论——计算机理论结合起来，该理论很大程度上也来自冯·诺伊曼聪颖绝伦的大脑。我们尚不能清楚定义一个不完美的人会犯何种错误，但可以清楚定义某台计算机会遵循何种策略。若我们将研究对象由人类转向计算机，就可以赋予有限理性思想以精确的含义。如此，我们或许就可以解决那些由无限理性的简化假设所带来的博弈论谜题。

比如，假设我们现在要进行一场简单博弈——重复的囚徒困境。参与者依然是人类，但他们必须借助具有特定能力的计算机来进行这场博弈。鉴于计算机的内存有限，其所具有的状态（states）也是有限的；你可以认为某种状态代表该计算机对博弈至今发生的所有事情的记忆。计算机的行动基于博弈至今发生的所有事情，故每个状态都对应某一行动——在囚徒困境中，该行动代表合作或背叛。

任意回合后的博弈历史包括该回合前的博弈历史加上该回合中对手的行为，所以计算机在某回合后的状态，是由该回合前的状态以及对手在该回合的行动所共同决定的。每位参与者的任务是对计算机进行编程，包括设置其初始状态、每个状态意味着什么行动、由每个状态以及对手的每个可能动作所产生的新状态是什么。然后，参与者会坐下来观看计算机之间的博弈。

这个方法的一个吸引人之处在于，它赋予了有限理性思想以精确的含义；计算机的智力水平被定义为其可能状态的总数量。在此基础上，我们就可以证明有关特定博弈的解如何取决于参与者智力水平的定理了。

让我们考虑重复100次的囚徒困境博弈。假设博弈过程由计算机进行，每台计算机只有50种可能的状态。我们知道，计算机的状态是指其对博弈历史的全部了解，所以，只有50种状态的计算机自然无法区分对应着"现在是第一步""现在是第二步"……"现在是最后一步"等100种不同情况。用人类的话说，它太蠢了，以至于根本算不到100回合。

对于重复囚徒困境，合作解是不稳定的，因为在最后一回合背叛总是值得的。知道了这一点，在倒数第二回合背叛也是值得的，以此类推，直到第一回合。然而，如果参与者根本预测不到第100回合的情况，也就不能在该回合采取背叛的策略。当理性足够有限时，合作解就不再不稳定了。

实验博弈论

截至目前，我们还停留在纯理论的层面。事实上，博弈也可以由观察参与者的博弈行为及其后果的实验来分析。这类研究由心理学家和经济学家共同完成。

最近出现了一种前所未有的实验技术。几年前，一位名叫罗伯特·阿克塞尔罗德(Robert Axelrod)的政治学家举办了一场囚徒困境锦标赛。他邀请所有对此感兴趣的人提交应对重复囚徒困境的策略；每种策略都采用电脑程序的形式。他把所有的策略安装到电脑上，并令其互相博弈，每两种程序之间的博弈次数都为200轮。比赛结束后，他将每种程序的获胜次数相加，并汇报相应得分。

共有16种程序被提交，其中一些相当复杂。然而，获胜程序的策略却颇为简单。它在第一回合中合作，如果对手在某一回合中背叛，那么在接下来的每一回合，它也会选择背叛；反之则选择合作。阿克塞尔罗德称其为"以牙还牙"(tit-for-tat)，因为它以背叛惩罚背叛。

阿克塞尔罗德随后又收集了一些不同程序，并以不同形式再次展开该锦标赛。"以牙还牙"总是位居前列——获胜的总是"以牙还牙"或与之非常类似的策略。若干"以牙还牙"之间的博弈总会产生合作解，即参与者在每一轮都进行合作，以最大化他们的总收益。而同与之类似的策略博弈时，以牙还牙通常也会产生合作解。阿克塞尔罗德在《合作的进化》(The Evolution of Cooperation)一书中汇报了他的研究成果。

上述结果能否被视为一种严谨的学术成果，依旧是个未知数。不同于数学证明，这些结果并未提供足够的确定性，因为某种策略的效果在一定程度上取决于与之博弈的策略类型；也许某些策略比"以牙还牙"更能一招致胜，只是还无人想出。例如，在第一场"阿克塞尔罗德锦标赛"中，如果某种策略在前199回合中"以牙还牙"而在最后一步采取背叛策略，其效果会比"以牙还牙"更好一点。在随后的比赛中，为了规避这种绝杀策略，阿克塞尔罗德规定回合数是不定的，每一回合都有小概率成为最终回合。

另一方面，在真实世界中，策略必须由真实的人采用与遵循。那些向阿克塞尔罗德提交策略程序的人，至少得和与地方检察官讨价还价的平均刑事被告人一样聪明。"以牙还牙"策略的成功足以令人惊叹、出人意料，它为重复博弈中的策略构想提供了一些新的、有趣的思想。

由于计算机的降价与普及，这种实验可能会更加普遍。如上所述，这种实验的优势在于，它可能会产生连博弈论学者和设置该博弈的人也从未想过的令人惊叹的结果。对于经济学家而言，在真实世界中观察博弈行为也有同样的效果，用实践层面的"是(is)"来检验理论层面的"应当是(ought to be)"。

在结束本节之前，我要补充一个重要的限定条件。博弈论是一个广大而复杂的数学分支，而我并不算博弈论的专家。即使我所知道的足以完整描述博弈论的现状，我也无法把它们整合在一个章节里。因此，我在好几处都通过隐含地假设掉可能的复杂性而简化了该理论。比如（在选读部分），假设在一个多人博弈中，联盟的某个成员可以自由地将他的部分奖金转移给另一个成员。这种假设在三人多数投票的博弈中完全适用；如果是第二十一章所讨论的婚姻市场，它就不那么适用了。

冯·诺伊曼对多人博弈的分析考虑了有和没有补偿性支付的情形，而我的描述不会如此。如果部分读者对更广泛的博弈论研究感兴趣，可以去阅读本章末尾引用的卢斯（Luce）和拉法（Raiffa）的著作；而如果你想见证博弈论的创造者如何描述该理论的创造过程，就应该阅读冯·诺伊曼和摩根斯坦的《博弈论与经济行为》——这是一本引人入胜、饶有趣味的书，但要想理解它可不那么简单。

经济学应用

你现在可能已经意识到，"博弈论"这个术语带有一点欺骗性。尽管其分析以"博弈"展开，但其应用远比它表明的范围广泛得多。第一本对博弈论展开讨论的著作是《博弈论与经济行为》。即便是这本书，也没有完全涵盖冯·诺伊曼对博弈论应用的远大展望。他的目标是理解所有具有博弈结构的行为，包括经济学、政治学、国际关系、人际关系、社会学，等等。仅在经济学方面，博弈论的应用就已数不胜数。限于篇幅，我只举其中的两个：垄断竞争和寡头垄断，两种分析都关注垄断和完全竞争之间的情况，但采用的方法却十分不同。

第三节 垄断竞争

我们在第十章看到，一个处于竞争行业的企业——价格接受者（受价者），其产出的边际成本等于价格。如果该行业放开准入，其他企业就会进入，直至利润降至零。在第十章我们还了解到，单个价格垄断者——价格搜寻者（觅价者），其产出的边际成本等于边际收入，并可能获得垄断利润。

现在考虑一个有趣且重要的情况，即一个由觅价者组成的、放开准入的行业。条件 $P=MC$ 不成立，但零利润条件成立。这种情况被称为**垄断竞争**（monopolistic competition），通常应用于那些生产相近但并非完全替代的产品的不同企业。一个简单例子就是在不同地方生产相同服务。我们先讨论这个特例，然后接着研究如何将其结果一般化。

理发师之街

图 11-4 表示在一条长街的某段,有几家理发店沿街分布。理发店的顾客都住在这条街上;他们均匀分布,每个街区各有 100 名顾客。由于所有的理发师都有同样的技能(不光剪头发,还能聊八卦),决定顾客目的地的唯一考虑因素就是理发的价格与理发店离家的距离。顾客是同质的,都是每月理一次发,都认为多走一个街区往返理发店相当于 1 美元;也就是说,"前往 N 街区以外的理发店并支付 P 美元"与"前往 $N+1$ 街区以外的理发店并支付 $P-1$ 美元"对他们来说没区别。

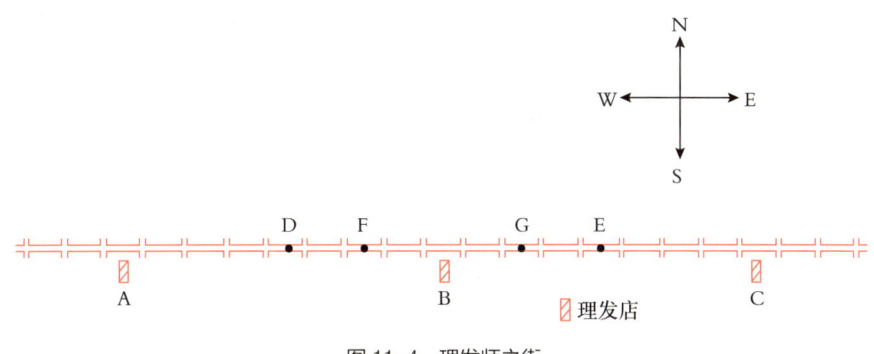

图 11-4 理发师之街

每 8 个街区有 1 家理发店。

我们先从理发店 B 的角度考虑该情形。与其最接近的竞争对手 A 和 C 的理发价格都为 8 美元。A 位于 B 以西八个街区,C 位于 B 以东八个街区。那么,B 究竟该如何定价?

假设 B 的定价也是 8 美元/次。在这种情况下,对顾客而言,理发店之间的唯一区别就是它们离家的远近程度;每个顾客都会选择离家尽可能近的理发店。住在 D 点西边的顾客会去 A,D 点和 E 点之间的顾客会去 B,E 点东边的顾客会去 C。从 D 到 E 共有 8 个街区,每个街区住着 100 位顾客,所以理发店 B 每月有 800 名顾客,售出 800 次理发服务。

假设 B 将价格提高到 12 美元。住在 F 点的顾客离 B 有 2 个街区,离 A 有 6 个街区。由于来回多走一个街区对他而言等同于多 1 美元的价格,这两家理发店对他具有同样的吸引力;他可以走 6 个街区,付 8 美元,也可以走 2 个街区,付 12 美元。而对于 F 和 B 之间的任何顾客而言,B 是更有吸引力的选择;步行时间越短,顾客所能接受的价格就越高。对于 B 和 G 之间的任何顾客,情况也是如此。在 F 和 G 之间有 4 个街区,所以如果提价到 12 美元,B 每月会有 400 位顾客。

类似的计算可应用于 16 美元(没有顾客光临)到 0 之间的任何定价。每当 B 将价格提高 1 美元,就会各有 50 位顾客被吸引到 A,50 位顾客被吸引到 C。图 11-5 说明了 B 的定价与其拥有顾客数量之间的关系,即 B 所提供服务的需求曲线。该图还表示了相应的边际收入曲线和该理发店的边际成本,假定其恒定为 4 美元/次。

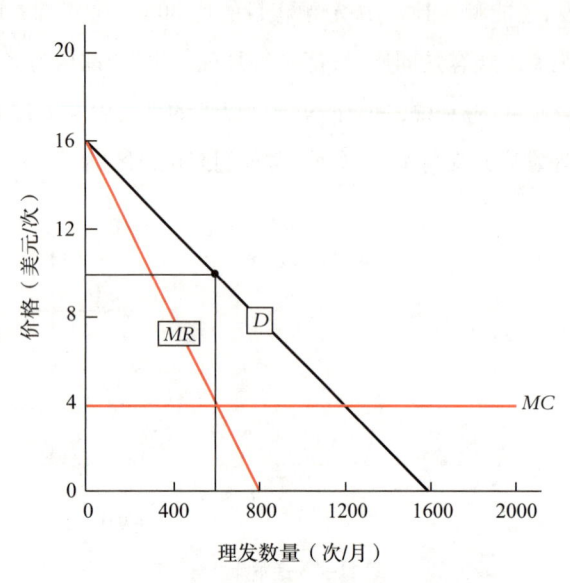

图 11-5 如何计算理发的利润最大化价格

计算某个理发师的利润最大化价格,假定其邻近理发师理一次发收 8 美元。

结合图 11-5 并应用第十章的知识,我们得出结论:理发师 B 的产出数量(即提供理发服务的数量)应该满足边际收入等于边际成本的条件,即他应该每月提供 600 次理发服务,并将价格定为 10 美元/次。

就理发师 B 而言,我们的分析似乎已经结束。我们已经知道,将理发服务的价格设定为 10 美元/次,B 的利润可以得到最大化。唯一的遗留问题是,以该价格获得的收益是否能覆盖其总成本?要回答这个问题,我们必须知道他的平均成本曲线。如果可以覆盖总成本,他应该以 10 美元/次的价格继续营业;反之,他应该关门歇业。

但我们的分析并没有结束。我们只假设 A 和 C 的理发价格为 8 美元/次,但他们同样也希望实现利润最大化。他们也可以计算其边际收入曲线,使其与边际成本曲线相交,并据此选择价格和数量。如果我们假设理发店沿街均匀分布,并且它们一开始都收取相同的价格,那这就意味着 A 和 C 的初始情况与 B 相同,他们的计算也意味着相同的结论。他们也会把价格提高到 10 美元——其他所有理发店也会如此。

我们的分析还得继续。图 11-5 假设 A 和 C 的单次理发价格是 8 美元。当他们提高价格，B 面对的需求曲线会相应变化，所以 10 美元不再是他的利润最大化价格。

这并不是我们第一次遇见类似情况。"理发师之街"乍一看与第七章中的鸡蛋市场很相似。再一次地，我们通过每次改变一件事，来试图找到某个相互依赖的系统的均衡状态，但我们没有成功。这就好比，一旦果冻被钉在墙上的某一处，它就会开始向其他地方渗透。

无论是在本章还是第七章，解决方案都是找出达成最终均衡时所必然出现的情况。该分析过程远比仅仅寻找供给曲线和需求曲线的交点复杂得多，所以我将简要说明找到均衡状态所需要的步骤。

解——言辞概述

每个理发师和潜在理发师都必须做出三个决定：是否成为一名理发师，收费多少，以及把理发店开在哪里。对上述三个问题的回答定义了其所要遵循的策略。我们正在寻找一组一致的策略，即纳什均衡。这意味着给定所有其他理发师的行为，每个理发师都会使其利润最大化。

为了让事情更简单，我们首先寻找一个对称解——它解决的是理发店沿街道均匀分布且收取价格相同的情况。这样做的好处是，一旦我们能为其中某个理发师找到一种均衡策略，它与相邻理发师的策略相同且一致，那么我们就找到了整个街道的解。如果找不到这样的解，我们可能不得不让不同理发师遵循不同的策略。即使我们确实找到了一个对称解，也可能仍存在一个或多个不对称解。正如在考虑车开哪边的案例中看到的，一个博弈可能不止一个纳什均衡。

如果理发店均匀分布并收取相同的价格，我们可以使用两个字母来描述解：d——理发店之间的距离，P——理发店都收取的价格。我们的任务是找到同时满足三个条件的 d 和 P 的值，这三个条件对应以下"构成理发师策略的三个决定"：第一，开设新理发店或关闭旧理发店不会带来任何收益；第二，如果所有理发师都收取价格 P，则不会有理发师从其他价格中获得更多利益；第三，改变理发店的地址不会带来任何收益。如果我们能找到满足上述三个条件的 d 和 P 的值，我们就有了一个纳什均衡。

第一个条件意味着经济利润为零，就像一个开放准入的竞争性行业那样。第二个条件意味着觅价者的利润最大化条件：生产数量使边际成本与边际收入相等。对于第三个条件，我们随后会解释。

解

图 11-6 表示上述纳什均衡解。该解与图 11-5 对应,但存在三个变化。我添加了一条平均成本曲线,以便观察利润的正负。我将 d 设为某个使利润为零的值(即 6 个街区)。我找到了一个价格 $P(=10)$ 满足:如果相邻店铺(即 A 和 C)与该店的距离为 d 且定价为 P,那么该店铺的利润最大化价格也同样为 P。

由于推导过程过于冗长,我直接给出了解的最终表达形式。如果有学生想尝试自己推导,应该先找一个任意的 d 值,然后找到与之对应的价格 $P(d)$,该价格应满足:如果相邻理发店距 B 的距离为 d 且定价为 P,那么 B 的利润最大化价格也为 P。再找到 B 的定价为 $P(d)$ 时所对应的生产数量 $Q(d)$。画出 $P(d)$ 与 $Q(d)$ 的关系图,并画出 AC 与生产数量之间的函数图像。这两条曲线在 $P=AC$ 处相交,利润因此为零;记录该点对应的数量与价格,从而得出均衡解。

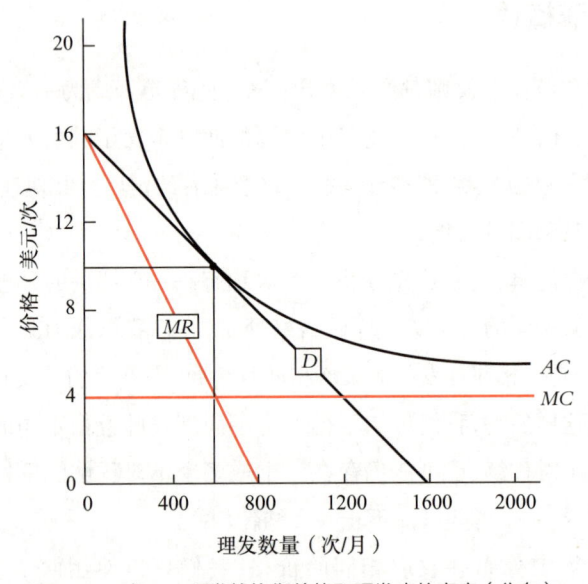

图 11-6 解——理发的均衡价格和理发店的密度(分布)

亚稳定均衡?

这个均衡解还存在一个小缺陷。我们假设理发店沿着街区均匀分布。而在上述问题中,理发师们并没有理由这样做;只消动手试试便会发现,理发店 B 完全可以在不改变需求曲线的前提下沿着街道向左或向右移动。只要其移动范围在 A 与 C 之间,它就可以从其移动方向的店铺那里获得一部分客户,但同时从其移动反方向的店铺那里失去等量的客户。

从 B 的角度来看,这种情况就是我在第七章中描述的亚稳定均衡。B 没有理由移动,也没有理由不移动;他的情况并不会因此发生什么变化。如果他决定移动,A 和 C 就会受到影响;而 A 和 C 的反应将进一步影响街道两端的所有理发店。如果 B 决定呆在既定位置不动——且其他店铺也这么做——那么我们就能够得出一个均衡解;反之,就不确定会发生什么。因此,我们的解对于策略的第一个要素(是否成为一名理发师——零利润条件)和第二个要素(收费多少)是稳定的,而对于第三个条件(具体位置)则只能维持亚稳态。

要想消除上述问题,可以补充一个要素——顾客的理发需求曲线。前面假定理发店的定价会影响顾客对店铺的选择,但并不会影响其理发频率;这其中隐含一个假设,即理发的需求曲线完全没有弹性。如果假设顾客的理发频率会因成本的增加(钱加上距离)而减少,那么理发师就不难发现,只有将店铺设立在相邻店铺的中点,才能保证利润的最大化。如果离开中点,顾客的数量保持不变,但他们必须走的平均距离会增加,所以无论价格处于何种水平,理发店的需求量与所获利润都会下降。

如果一家理发店的需求曲线不仅取决于竞争对手的位置和价格,还取决于顾客必须走的距离,那么我们必须重新画出图 11-5 和图 11-6。这将使问题变得相当复杂,却没有改变其本质逻辑——这就是为什么我一开始并没有这样做的原因。如果你愿意,你完全可以将图 11-6 视为当顾客的需求曲线近乎完全无弹性时的一种近乎精确的解。需求曲线弹性哪怕再小,也会促使理发店均匀分布。如果弹性微乎其微,其对理发店需求曲线(D)的影响也可以近似忽略不计,因此,图中所示的均衡虽不精准,但几乎是正确的。

我们真的只是在谈论理发店吗?

前文只讨论了一个垄断竞争案例,即街道上的理发店。同样的分析也适用于其他物品和服务。这些物品和服务有一个共同点——买卖双方的地理位置是重要的影响因素。物品和服务必须从生产者处运输到消费者处,而像理发或电影这种,则需要消费者去往生产者处。

任何满足上述条件的行业都可被视为垄断竞争案例,只要行业里的企业可以自由进出,且彼此之间的距离足够远,那么每个企业在很大程度上都有一个可俘获的市场,即对于这个市场的客户,这个企业比其他企业更有竞争优势。这可能意味着,相较于地理位置更远的竞争者,该企业将货物送达给这些顾客的成本更低,或像理发师之街那样,顾客前往该企业所需的时间或金钱成本较低。在这种情况下,企业不难觉察自己觅价者的身份——这代表它可以在某个很大的范围内改变价格;提高价格会减少其售出量,但永远不会使其降至零。

此类消费品所对应的企业类型在第十章中已经提及。由于这些企业在阻止转售方面具有优势,因此,他们可能在歧视性定价方面也有优势。我们可以(但不会)研究存在价格歧视的垄断竞争案例,这样一来,我们可以相当准确地描述电影院、乡村地区的律师和医生、私立学校以及其他一些熟悉的企业。

还有另一种形式的垄断竞争,它与地理位置或运输成本无关。考虑一个由许多生产类似产品的企业组成的市场,譬如微型计算机市场。该行业自由进出,且已有企业的数量庞大。然而,行业内企业的产品并不完全相同;对于那些有特定需求、对系统风格有特定偏好、使用特定计算机或计算机语言、或只能在特定计算机上运行现有软件的顾客而言,某些种类的计算机显然更具吸引力。因此,不同微型计算机并非彼此的完美替代品。随着某种计算机价格的上涨,那些最不受该品牌影响的顾客就会流失,从而导致该计算机的需求量下降。但在相当大的价格范围内,该企业至少可以向某些顾客出售一些产品,正如理发店可以在提高价格的同时留住附近的顾客一样。

如果所有计算机制造商看起来都获得正利润,则会有新企业进入;如果现有企业的盈利看起来为负,则会有一些企业退出——就像理发店行业那样。如果某种类型的计算机看起来正创造着巨大的正利润,其他制造商则会引入类似的设计——正如由于某街道的一部分有着异常多的顾客数量,给这部分理发店带来了高利润,因此吸引其他店铺纷纷靠近一样。

回想一下微型计算机行业的发展历史。当苹果公司首次推出 Mac 电脑时,它是唯一以直观、形象、面向用户的操作界面为设计理念的大众市场产品。1985 年初,雅达利公司(Atari)总裁杰克·特拉米尔宣布 Atari 520ST 即将问世;媒体戏称其为 Jackintosh。大约在同一时间,Commodore 公司推出了阿米加(Amiga)。在接下来几年里,越来越多的顾客选择"定居"在"计算机之街"的这个特定区域——也就是说,相较于传统款式,他们对这种款式的计算机更为偏爱。1988 年,IBM 终于决定要"搬迁理发店";出于基本相同的理念,它引入了一系列新款计算机(PS/2)和新款操作系统(OS/2)。

IBM 选择"搬迁"的一个原因可能是它所在的"街道"正变得越来越"拥挤"。在 IBM 推出 PC、XT 和 AT 之后的几年里,许多其他公司也相继推出兼容 IBM 的产品——这些计算机能够运行 IBM 的系统,但通常速度更快、价格更低。当 IBM 最终放弃其个人计算机产品线时,绝大多数兼容 IBM 系统的计算机都是由 IBM 以外的公司生产的。

计算机制造商的情况与理发店的十分相似。二者都可以作为垄断竞争的案例。该分析过程同样适用于其他行业,但需要满足以下条件:该行业内不同企业所生产的产品相似但彼此并非完全替代,这被称为**产品差异化**(product differentiation)。顾客对不同产品风格具有不同偏好;制造商可以自由改变其产品风格来寻找盈利机会;企业可以自由进入或离开该行业。

第四节　寡头垄断

当一个市场上只有少数企业销售时,就存在**寡头垄断**(Oligopoly)。造成寡头垄断的通常原因是,企业的最优规模(即平均成本最小的规模)很大,以至于该行业所能容纳的企业数量极为有限,这对应于图 10-10b 所示的成本曲线。寡头垄断不同于完全竞争,因为每家企业都大到足以对市场价格产生重大影响;它不同于垄断,因为行业内有不止一个企业;它也不同于垄断竞争,因为企业数量足够少,各企业的产品也足够相似。因此,每个企业都必须考虑其他所有企业的行为。寡头垄断行业里的企业数量可能是固定的,也可能会自由变化。

对消费者而言,寡头们并不需要比垄断者更担心其策略行为。问题在于他们的竞争对手的行为。如果所有企业都降低产量,提高价格,它们都会从中获益。但对每家独立企业而言,在高价基础上增加产量显然是更好的选择。

我们可以想出至少三种不同的结果:这些企业可能会聚集在一起,组成一个类似于单一垄断企业的组织——卡特尔,来协调他们的行为;他们可能会独立行事,每家企业都试图最大化自己的利润,同时以某种方式考虑到自己对其他企业行为的影响;第三种结果也许最不合理:这些企业可能决定忽略他们对价格的影响,也许他们认为在理论上,从长期来看,任何高于平均成本的价格都会引入新的竞争者,所以他们表现得像是处于竞争性市场之中。

合作行为:卡特尔

假设所有企业都决定为了互惠互利而合作。它们视其集合体为一整个大企业,并以此来计算成本,生产利润最大化的数量,以及按一些预先安排的规则分配收益。

这样的卡特尔面临三个基本问题:首先,它必须设法防止高价吸引更多企业进入市场;其次,它必须决定垄断利润的分配方式;最后,它必须监督和强制执行利润分配。

阻止进入。卡特尔可能会以威胁的方式阻止进入,即如果有新企业进入,该协议将会破裂,价格将会暴跌,新企业将无法收回其投资。与大多数报复性威胁一样,这样做的问题是,一旦威胁未能阻止新企业进入,它就不再值得实施。

如图 11-7a 所示,卡特尔和新成员面临的情况可以用收益矩阵阐释。所有的收益都是以新企业进入前的情况为基准来衡量的,所以矩阵的右下角单元格对博弈双方而言均为零;该单元格显示了新企业不进入、卡特尔保持其垄断价格的情况。

该卡特尔有10家企业,目前的垄断利润为1100。如果新企业进入该行业并被允许按比例分得其利润(100),那么现有企业的损失也将为100。新企业进入该行业的成本为50,因此该企业获得的净收益为+50(100 垄断利润-50 进入成本),其行为并未触发卡特尔开始价格战(左下角单元格)。

如果新企业进入且卡特尔开启价格战,它就失去垄断利润,而新企业也会损失进入成本(左上角单元格)。如果企业不进入,而卡特尔出于某种原因开始价格战,将价格压低到竞争性水平,那么垄断利润就会消除,卡特尔将会损失1100(右上角单元格)。

该博弈的一个关键特点是,新企业先采取行动;只有在它进入该行业后,卡特尔才有机会做出反应。基于上述特点,新企业明白,如果它进入该行业,那么卡特尔将不得不在"分享部分利润并损失100"和"消除所有利润并损失1100"之间做出选择。显然,卡特尔会选择前者。

(a)

		新企业	
		进入	不进入
卡特尔	价格战	−1100, −50	−1100, 0
	无价格战	−100, 50	0, 0

(b)

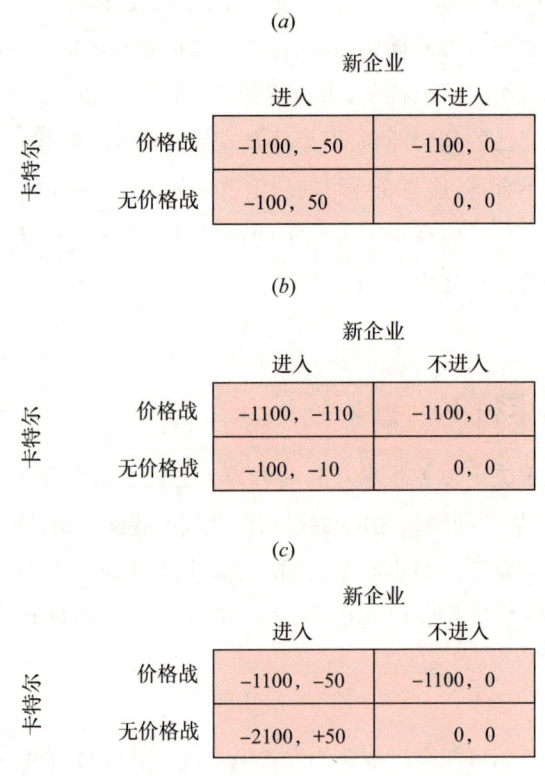

		新企业	
		进入	不进入
卡特尔	价格战	−1100, −110	−1100, 0
	无价格战	−100, −10	0, 0

(c)

		新企业	
		进入	不进入
卡特尔	价格战	−1100, −50	−1100, 0
	无价格战	−2100, +50	0, 0

图11-7 卡特尔及扬言要进入该行业的一个新企业的收益矩阵

图11-7b 显示了卡特尔以某种方式提高进入成本的情形;图11-7c 显示了卡特尔提高让步成本的情形。

那么,该卡特尔将如何改变这种情况?其中一种方法是将进入成本提高到100

以上。其结果将如图11-7b所示。对（潜在的）新企业而言，不进入优于进入。

提高进入成本的最简单有效的方法可能是让政府出手。考虑一下在州际商务委员会(Interstate Commerce Commission, ICC)管理下的卡车运输行业。如果一家新的运输企业想要在现有路线上运营，它必须获得ICC的证书，以证明其服务的确存在需求。自然，现有运输企业会争辩说他们已经提供了足够的服务。其结果将是一场由委员会裁决的昂贵且耗时的争端。

另一种阻止进入的方法是，卡特尔以某种方式做出某种承诺——建立经济层面上等价于"末日机器"的装置。假设卡特尔中的十家企业有权签署具有法律约束力的合同，该合同保证如果第十一家企业进入该行业，它们就会向市场提供低价。签订完合同后，他们就会向潜在新企业指出，进入该行业是没有意义的，因为如果它们这样做，大家就都没有垄断利润了。

虽然这种特殊的解决方案可能会触犯反垄断法，但正如稍后将会看到的，卡特尔有时仍会使用类似的机制来控制其成员。一种更合理的解决方案可能是，卡特尔成员以某种方式来维系自己打击新进入者的名声，从而提高向新进入企业让步的成本。通过这种做法，他们就会改变收益矩阵，提高自己选择左下角单元格的成本，因为让步会破坏他们说到做到的声誉，而声誉是一种有价值的商业资产。图11-7c向我们展示了如果卡特尔成员做出让步，它们将会损失价值2000的声誉。

从收益矩阵看，这些企业的行为似乎只伤害了自己；它们在一个单元格中的收益下降了，但其他单元格中的收益却保持不变。但其结果依旧是使自己获益。新企业观察到，如果进入，卡特尔将会背水一战。因此，它选择不进入。该情形与前述有关承诺的案例十分相似。如前所述，做出承诺的企业需要承担一定的风险：如果对手因为某些原因误判了局势、认为你是在虚张声势从而执意进入，结果发现你承诺的都是实情，那么双方都将蒙受损失。

分配收益。卡特尔面临的第二个问题是如何在其成员之间分配垄断利润。这使卡特尔置身于一场类似于双边垄断的博弈，但参与者更多。如果所有企业都同意某种分配方式，那么大家就可以分享垄断利润；反之，则卡特尔瓦解，产出上升，价格下跌，大部分垄断利润就会消失。

再次地，卡特尔试图以等同于"末日机器"的方式保护自己。它做出承诺：如果任何企业坚持生产超过其配额的数量，卡特尔将会完全瓦解，价格将会降至边际成本水平。威胁的可信程度部分取决于生产过剩所造成的危害程度。如果阿尔及利亚决定将石油产量从欧佩克(OPEC)总产量的1%提高到2%，那么沙特阿拉伯的承诺——

将石油产量相应翻一番以消除所有成员利润,包括它自己的——可能并不具有什么可信度。图 11-8 给出了相应的收益矩阵。与之前一样,所有的收益都以初始情况为基准来衡量。

	阿尔及利亚	
沙特阿拉伯	产量翻番	不翻番
产量翻番	−1300, −50	−1100, 0
不翻番	−100, +50	0, 0

图 11-8　说明沙特阿拉伯和阿尔及利亚增加产出的后果的收益矩阵

卡特尔的一个巨大弱点在于,对企业来说,退出总比加入要好。没有加入卡特尔的企业可以按照自己的意愿自由生产商品,并以卡特尔价格或仅是略低于此的价格出售。而一家企业之所以留在卡特尔并限制其产量,只是因为害怕如果不这样做,卡特尔将会被削弱或瓦解,届时价格将会降低。一家大型企业很可能相信其离开将会引发其余企业的"退出潮",进而导致卡特尔的崩溃,使价格回落至竞争水平。然而,规模较小的企业可能更倾向于认为,自身产量的增加并不足以显著压低价格;所以,面对小型企业的超额生产,解散卡特尔的威胁通常并不会奏效。

因此,为了留住其规模较小的成员,卡特尔必须允许这些企业按照自身意愿安排生产计划,这比让它们离开好不了多少。而维持价格水平所需的减产,以及由此导致的利润减少,则须由大型企业承担。比如,在最近的欧佩克石油卡特尔案例中,减产似乎主要来自沙特阿拉伯和阿联酋。由此带来的一个结果是,最不愿意让欧佩克提高价格的其实是沙特人,因为是他们要为由此产生的需求量减少所造成的销售额减少付出代价。

分配的强制执行。　卡特尔不仅必须就分配方案达成一致,还必须以某种方式监督和强制执行该协议。每个成员都有向其青睐的客户(favored customer)提供更低价格的动机;所谓青睐的客户,主要是指那些能够从其他企业挖来并能信其会对所得交易保密的客户。通过向他们提供低价,企业可秘密使产量超过所得配额,并借此抬升利润。19 世纪铁路企业组建卡特尔的多次尝试都因这种行为而毁于一旦——有时才刚成立几个月就不得不解散。

要想防止此类情况的发生,有多种机制可供选择。一种是让卡特尔的所有成员通过一个共同的营销机构进行销售。另一种则是让这些企业签署具有法律约束力的合同,如果被发现违背卡特尔协议,则将彼此赔偿损失。此类合同在美国既不合法也不可强制执行,但在其他一些国家却并非如此。

另一种更为巧妙的解决方案是,让所有成员企业在销售合同中加入**最惠客户条款**(Most-Favored-Customer clause)。该条款对卖方具有法律约束力,它规定卖方提供给特定买方的价格不得高于其他任何买方。如果某家企业有挖墙脚的行为——以低于条款规定的价格向部分客户售出产品——并最终被发现,那么那些没有得到低价的客户可以对此差价提起诉讼。这使"挖墙脚"的成本大幅提高(除非你确信你不会被抓到),从而有助于维持卡特尔的稳定。

该条款提高了两家公司"挖墙脚"的成本,使优势策略从右下角单元格(双方都"挖墙脚")转移到了左上角(双方都遵守卡特尔协议)。

图 11-9 显示了一个由两家企业组成的卡特尔在其销售合同中加入最惠客户条款前后的收益矩阵。加入条款前(图 11-9a),企业都陷入了囚徒困境;均衡结果是双方都有"挖墙脚"行为。而加入条款后(图 11-9b),由于"挖墙脚"的成本增加,遵守卡特尔规定的价格符合双方的利益。与图 11-7c 所示的情况相同,这些企业降低了替代方案的吸引力和某些单元格的收益,并从中获益。

(a)

		企业 2	
		遵守	欺骗
企业 1	遵守	0, 0	−400, +200
	欺骗	+200, −400	−300, −300

(b)

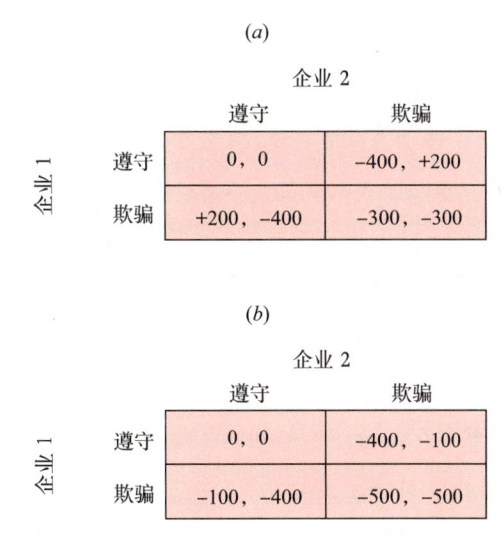

		企业 2	
		遵守	欺骗
企业 1	遵守	0, 0	−400, −100
	欺骗	−100, −400	−500, −500

图 11-9 一个由两家企业组成的卡特尔在加入最惠客户条款前后的收益矩阵

一个卡特尔还可以使用诸多其他合同机制来管控其成员的欺骗行为。"**同价或解除**"**条款**(Meet-or-Release clause)规定:供货方应保证当其竞争对手的价格低于合同供货价时,要么以同样低的价格供应货物,要么购买方可以解除合同,继而在其他竞争者处以低价购买。此类条款能够激励客户检举其他企业的"挖墙脚"行为,以便为自己争取低价。在此类条款的约束下,"挖墙脚"的风险更高、收益更低。

管控欺骗的一种尤为简明的机制是**专利交叉许可**（cross licensing of patents）。假设某种小装置行业中有两家企业，每家企业都拥有涉及特定生产过程的各种专利。只要企业愿意，它们都可以在不侵犯另一家企业专利的情况下生产这种小装置。然而，两家企业也可交叉授予专利许可，这意味着两家企业都愿意从每个小装置中拿出10美元来交换对方的专利使用权。

该协议的效果是，每家企业的边际成本都提高了10美元。在较高的边际成本下，每家企业都认为减少产出符合自己的利益。如果总产出仍然太高，他们就会提高专利许可费，直至产量达到利润最大化的水平，即单一垄断企业的预期产出水平。

该方案的优点在于，只要支付了许可费，任何企业都没有必要再去调查另一企业的行为。在必须支付专利费的情况下，减少产量符合这两家企业各自的利益。假设这些企业产量相同，平均成本并不受许可费的影响，因为每家企业得到的收益与其支付的费用相同。但边际成本会随着许可费的升高而升高，所以决定产出多少的是边际成本。

合并

对于卡特尔而言，至少还存在另一种管控其成员的方式，那就是将自己变成垄断企业。一旦卡特尔中的企业被合并成一家，那么许多问题自然就消失了。然而，合并也存在缺点，因为它可能会增加成本。某个行业之所以最初没能形成单一的自然垄断，而是分化成了若干企业，其原因可能就在于一家企业的有效率规模小于市场的总规模。如果个体企业能以垄断价格进行销售，不必担心卡特尔其他成员的欺诈或一些成员的退出威胁（除非它们获得更大的市场份额），他们是愿意付出这种代价来与之交换的。

当然，合并过程仍然存在讨价还价的问题。每家企业的所有者都希望尽可能多地获得新垄断企业的股份。对每家企业而言，评估自己在垄断企业中的参与份额确非易事。J.P.摩根合并美国钢铁公司过程中的关键一步，就是以4亿美元买下安德鲁·卡内基（Andrew Carnegie）公司。据传，摩根后来提到，如果当时卡内基咬死5亿美元不松口，他也不得不点头。

合并也无法解决新企业的进入问题。事实上，合并反而可能会加剧这一问题。正如沙特在与阿尔及利亚、委内瑞拉的讨价还价过程中处于弱势地位一样，仅一家企业威胁"增加产量、拉低价格"的可信度甚至比不上若干企业一起威胁。且如果更大企业的成本比新进入企业的更高，其弱势地位则会更加显著。当美国钢铁公司于

1901年合并时,其市场份额约为61%。而到1985年,这一数字则下降到16%。

本该有法律管管

我已经讨论了卡特尔管控其成员欺骗行为的种种手段。对其成员来说,此类欺骗行为是一件坏事,但对我们其他人——也就是他们的客户而言,却是一件好事。这就引出一个问题:为什么诸如最惠客户条款和专利交叉许可之类的机制并不违法。

垄断管制的一般性问题将在第十六章详细讨论。目前需要指出的是,上面提到的所有管控欺骗行为的手段还有其他目的。对于买方而言,最惠客户条款或许能确保他们免于成为卖方价格歧视的受害者;而专利交叉许可则允许企业通过利用各自的技术来降低成本。教材可以很容易地假设企业用自己的专利也能生产小装置,但在真实的行业中,法院很难裁决企业是否能如此行事。合并可能是想要以更高生产成本为代价赋予新企业以垄断地位,但它可能也是一种通过联合若干企业的不同优势来降低生产成本的方式。

当然,这并不意味着政府没有试图管制这种行为。大企业之间的合并常常是反垄断诉讼的目标。但正如前一章指出的,这种干预可能弊大于利。虽然政府干预可能使寡头垄断企业难以收取垄断价格,但它也不利于能给现有垄断带来竞争的新企业的形成。

第二个问题是,诸如此类的政府管制往往并非基于消费者立场,而是反过来帮助生产者与消费者抗衡,具体原因会在第十九章讨论。

政府的合法支持

> ……以往如此,将来也会如此——只要油井还没有枯竭,原油的高价就会不断刺激生产。企业库存的原油已经太多了。我们找不到市场……当然,任何没有加入协会的企业都可以尽其所能地生产;至于那些加入协会的企业——他们中的许多有名望、地位很高——面对着想要比他们所承诺的数量再多生产一点的极大诱惑。在那个价格下,要阻止石油被生产出来似乎是非常困难的。
>
> ——约翰·洛克菲勒,讨论一次原油生产卡特尔化的失败尝试,引自麦基《掠夺性削价》一文,收录在施普尔伯所编的《经济学的著名寓言》

洛克菲勒先生太过悲观。有一种方法可以防止过高的油价不断刺激企业从地底下抽出更多原油。此方法即"垄断"这个术语的原始内涵——政府授予专有生产权。

以美国航空业为例。在解除航空管制之前,美国任何航空公司都必须拿到 CAB 的许可才能开设航线。CAB 可以允许航空公司收取高价,同时阻止因新竞争对手进入航空业而导致的价格下降。从 1938 年 CAB 成立,到 20 世纪 70 年代末解除管制,没有出现过一家以洲际航线为主的航空公司。

即使在政府帮助下,航空公司能够阻止新企业进入,那又是什么阻止了已有航空公司之间为吸引顾客而削减票价的行为呢?答案依然是 CAB。根据航空管理条例的规定,航空公司未经许可增加或降低票价是违法的。航空业是由联邦政府创立并强制执行的卡特尔,而这给航空公司的顾客带来了巨大的成本。

为了让私人卡特尔得以运作,企业的数量必须相当少;否则,较小的企业就会相信,它的产量扩大不仅会使其销售量增加,而且对价格的影响也微不足道,况且这的确也是事实。然而,对于一个由政府强制执行的卡特尔来说,情况并非如此。政府可以提供保护,既防止外来者进入该行业,也阻止行业内成员扩大产量,从而为由许多小型"受价"企业所构成的行业提供垄断利润,不过其代价就是牺牲顾客的利益。如果政府阻止进入却不控制产出,这种情况就是我们在第九章讨论过的无法自由进入的竞争性行业。

上述安排通常采取的一种形式是职业执照。政府宣布,为了使公众免受不称职医生(殡仪师、美容师、贵宾犬美容师、鸡蛋分级员、理发师……)的"侵害",只有那些拥有政府颁发执照的人才可以进入其行业。行业内现有从业者通常被认定具备某种专业能力,他们基本上是自动获得执照的。对引入上述安排的政治性支持,通常并非来自那些理应受不称职从业者"侵害"的消费者,而是行业内的从业者。这其实并没有什么奇怪的,因为职业执照的要求给新从业者的进入设立了门槛,从而减少了相关服务的供给量,抬高了行业内现有从业者的服务价格。

时间问题

之前在讨论卡特尔面临的问题时,我都忽略了时间因素。供给曲线在短期内的弹性通常比在长期内要小得多。如果油价大幅上涨,创造高利润的机会所产生的勘探和钻探投资可能还需要好几年才能对石油产量有较大影响。需求也是如此。短期来看,我们可以通过减少旅行、慢点开车或调低温控器的温度来适应更高的油价;中期来看,我们可以拼车出行;长期来看,我们可以购买更小更节能的汽车,住在离工作岗位更近的地方或建造隔热效果更好的房屋。

因此，即使一个卡特尔能够成功地提高未来几年内的价格和利润，由于其消费者与潜在竞争对手的长期策略调整，价格和销售额最终也可能会回落。在欧佩克例子中，该调整过程因两伊战争①的爆发而被推迟：交战双方通过炸毁炼油厂、管道和港口的方式使彼此的石油产量减少。

非合作行为：纳什均衡

我们前面一直在讨论寡头垄断行业的企业之间达成合作协议的结果，尽管我们假设若违反协议符合企业自身利益，企业就会做。另一种替代方案是假定寡头垄断企业之间不打算合作。也许这些企业认为签约划不来，因为太难执行；或认为企业数量太多，不可能达成协议。在这种情况下，每家企业都试图独立实现其利润最大化的目的。如果每家企业的行动都是独立的，其结果就是一个纳什均衡。

纳什均衡的定义中包含以下假设：每个参与者在决定该做什么时，都把其他参与者的行为视为既定的；假定其他参与者的行为不变，调整自身策略以使自身利益最大化。但如果一家企业增加了产量，其他企业就必须评估自己是否跟进。如果他们继续收取相同价格，那么其销售量就会下降；如果他们保持产量不变，为了卖掉该产量就得调低价格。将这些企业视为一个整体，我们不难看出，其需求曲线是向下倾斜的。

这就意味着，在描述博弈时，我们必须对"策略"的定义慎之又慎。正如你将看到的，不同的定义会导致不同的结论。对此我们有两个显而易见的选择：根据产量或者价格来定义策略。第一个选择是：企业决定产量，并由市场决定价格；第二个选择是：企业决定价格，并由市场决定产量。我们将分别假设企业的策略由其产量或收取的价格定义，然后据此尝试找到寡头垄断的纳什均衡。

数量策略

版本1。 根据这种纳什均衡的定义，每家企业都观察其他企业目前的产量，据此计算使自身利润最大化的产量，并假设其他企业的产量不会（因此而）改变。图11-10以某一家企业的视角来审视这种情况。D 是整个行业的需求曲线。$Q_{其他}$ 是该行业中所有其他企业的总产出。无论该企业决定收取什么价格，其待售数量都将等于该价格水平下的总需求减去 $Q_{其他}$。所以 D_f ——将 D 向左平移 $Q_{其他}$ 个单位后

---

① 指1980年至1988年发生于伊朗和伊拉克两国之间的战争。——译者

得到的曲线——就是**剩余需求曲线**（residual demand curve），也是该企业所面临的需求曲线。该企业据此计算其边际收入，使其与边际成本曲线相交，并生产利润最大化的数量 Q^*。

我们的分析尚未完成。如果这种情况是一个纳什均衡，那么不仅这家企业，行业中其他企业都必须在其他公司产量给定的前提下，生产出使其利润最大化的数量。如果所有企业都是同质的，那么它们都将找到相同的利润最大化产量。在图 11-10 中，$Q_{其他}$ 是 Q^* 的 8 倍，所以只要市场上刚好有 9 家企业，那么这种情况就是一种纳什均衡。每家公司的产量都为 Q^*，所以从其中任意一家企业的角度来看，都有 8 家其他公司，其总产量为 $Q_{其他} = 8Q^*$。

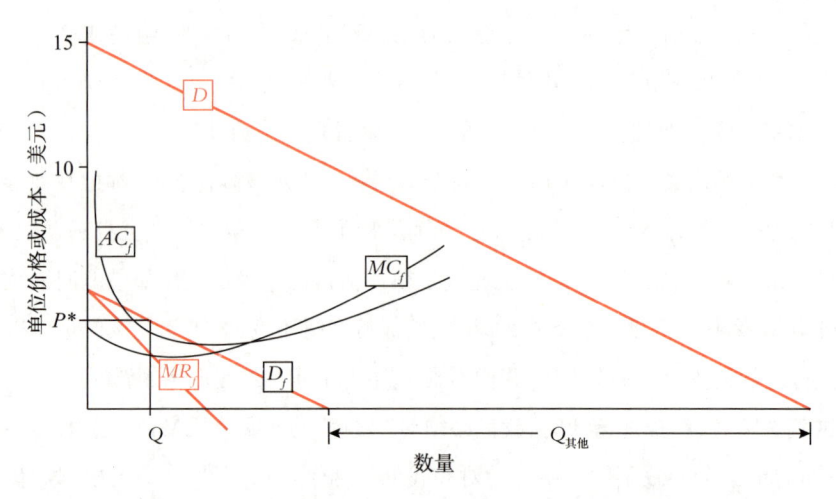

图 11-10　寡头垄断中的一家企业计算其边际收益等于边际成本时的利润最大化产量

边际收益由相应剩余需求曲线 D_f 计算得出。 假定其他企业产量不变。

还没有考虑到的问题是，新企业可能会进入该行业以获得高于市场的利润。如果进入是法律禁止的，那我们可以忽略这个问题。然而，如果任何有此意愿的企业都能够以和行业现有企业一样的成本曲线创办一家新企业，那么离找到均衡就还差一步。具体做法是，当行业内有 9 家企业时，价格高于平均成本，所以利润为正。将这个数字改为 10 并重复上述过程；如果价格仍高于平均成本，试下 11 家的情况；以此类推，直至价格低于平均成本的情况出现。如果满足此情况的数量是 12，那么答案就是 11。第 12 家企业将不会进入该行业，因为它知道如果这样做，它与现有企业都将获得负利润。

我们现在又回到了一个看起来非常像垄断竞争的情况——边际成本等于边际收入且利润（约）等于零。一个不同之处在于，我们假设所有企业都生产相同的产品，所以企业 1 到企业 12 都拥有相同的竞争力。

版本 2——反应曲线。 解决该问题的另一种方法是利用**反应曲线**（reaction curves）——以其他企业的行为表示某家企业行为的函数。行业内的企业数量越多，描绘该函数所需要的维度就越多。由于在平面内仅有两个维度可用，我们将只考虑**双寡头**（duopoly），即一个行业中有两家企业的情况。这是由库尔诺分析的案例，他比纳什早一个多世纪提出了双寡头博弈的基本思想。

图 11-11 从其中一家企业的角度展示了双寡头的具体情况。D 是行业需求曲线，D_1 代表给定企业 2 的产量 $Q_2=40$，企业 1 所面临的剩余需求曲线；要想得到 D_1，只需要把 D 向左平移 Q_2 个单位。根据 D_1 我们不难得出企业 1 的边际收益曲线；将该曲线与该企业的边际成本曲线 MC_1 相交，便可得到企业 1 的产量 Q_1。

通过代入不同的 Q_2 值进行重复计算，我们能够得到 RC_1（如图 11-12 所示），此即企业 1 的反应曲线。该曲线反映了对于企业 2 选择生产的任一数量，企业 1 的产量为多少①。点 A 是由图 11-11 推导出的。同样的分析方法也可得到 RC_2，即企业 2 的反应函数，它反映了对于企业 1 选择生产的任一数量，企业 2 的产量为多少。由于我们假设这两家企业具有相同的成本曲线，因此它们的反应曲线是对称的。纳什均衡为图 11-12 中的 E 点。当且仅当在该点，给定其他企业的产量，每家企业都在生产其最优产量。

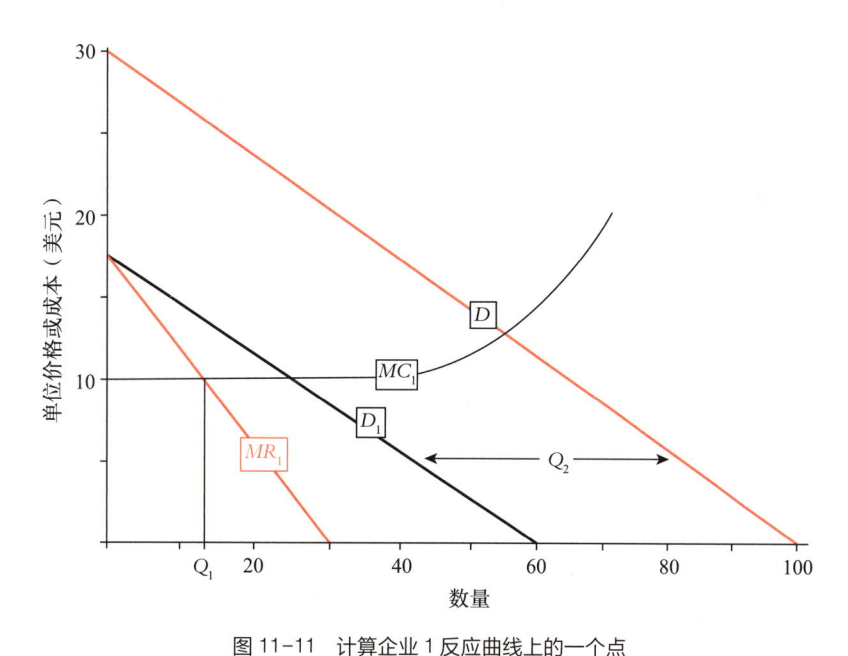

图 11-11 计算企业 1 反应曲线上的一个点

当企业 2 生产 $Q_2=40$ 时，企业 1 通过生产 $Q_1=13$ 来最大化自身利润。

---

① 即这条曲线表示一个自变量为企业 2 的产量，因变量为企业 1 的产量的函数。——编者

假设 A 点为企业的起始点。给定 Q_2 为 40，企业 1 的产量达到最优（13）；但当 Q_1 为 13 时，40 并不是企业 2 的最优产量。所以企业 2 将其产量移动至其反应曲线上的点 B。现在，考虑到企业 1 的行为，企业 2 的产量就达到了最优。但这样一来，企业 1 就不在其反应曲线上了。考虑到企业 2 的行为，13 就不再是企业 1 的最优产量，所以企业 1 向上移动 Q_1 个单位到达点 C。

如你所见，两家企业的位置越来越接近点 E。在第七章我们了解到，向下倾斜的需求曲线穿过向上倾斜的供给曲线所形成的交点代表一个稳定的均衡，所有偏离该点的价格与数量都有回归该点的趋势。我们刚刚证明，图 11-12 的反应曲线也不例外。

与第一种方法相比，使用上述方法找到均衡的不足之处在于，虽然反应曲线在数学层面上对于任何数量的企业都有意义，但如果企业数量超过两个，描绘图像的难度就会很大。其优点在于，该方法可以应用于更广泛的领域。我们已经将其应用于分析由数量定义的策略行为。而用它来分析两家企业该如何选址，两个政党该如何选择政纲或候选人，抑或是两个国家该如何决定制造导弹的数量等问题，也不是什么难事。在上述每种情况下，反应曲线说明了给定另一方的策略，某位玩家作何选择。纳什均衡在两条曲线的交汇处产生，因为只有这些策略才能让双方保持一致——任意一方都在对方的最优状态下达到最优。

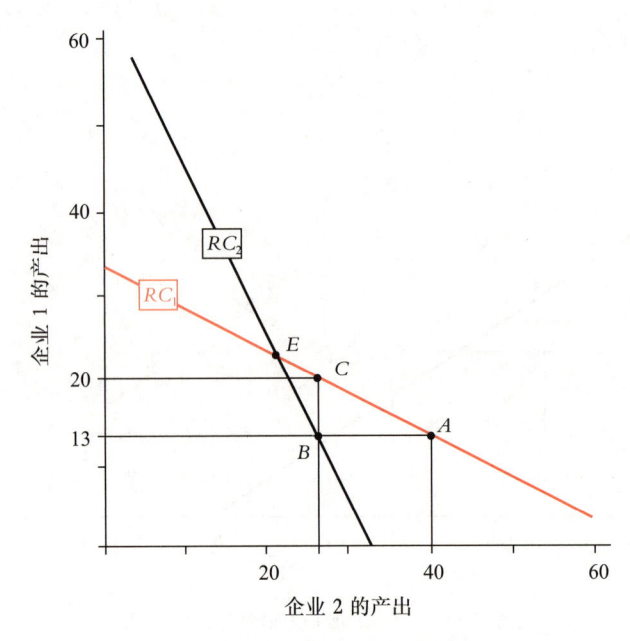

图 11-12 用反应曲线寻找一个纳什均衡

点 E 是均衡点，即两条曲线的交点。 从点 A 出发，为了到达反应曲线上的点 B，企业 2 会减少其产出。 企业 1 进而会增加其产出，移动到点 C。 这一系列的行为使该系统移向点 E，说明该均衡状态是稳定的。

价格策略

现在我们要做出一点小的改变——用价格而非数量来定义策略,并在此基础上重新对寡头垄断进行分析。每家企业都观察其他企业收取的价格,并在其他企业价格不会变化的假设下选择使自身利润最大化的价格。

由于所有企业都生产相同的商品,只有价格最低的企业才会卖得出去。图 11-13 说明了行业内某家企业所面临的情况。P_1 代表其他企业中的最低价格。

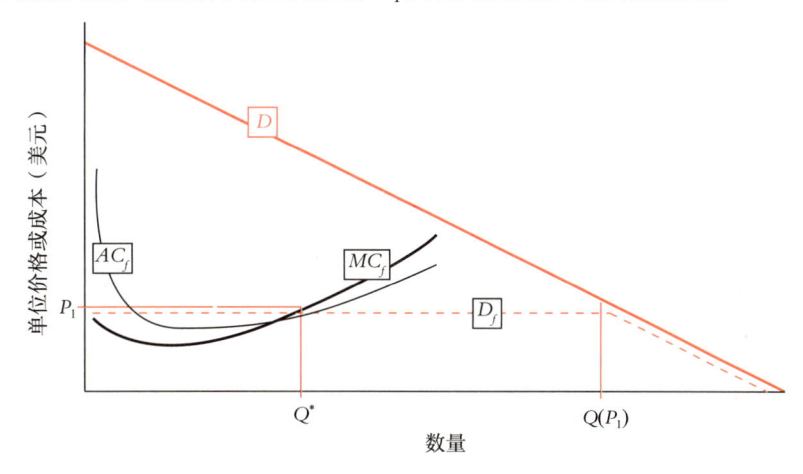

图 11-13 在寡头垄断中,一家企业选择其利润最大化价格

假设其他所有企业保持其价格不变;这种假设下的最低价格为 P_1。该企业通过生产 Q^* 并以略低于 P_1 的价格售出来实现利润最大化。

如 D_f(该企业的需求曲线)所示,在此情况下,企业有三种选择。首先,它可以将价格定得高于 P_1,结果一件商品都卖不出去。它也可以将价格定为 P_1,卖掉某个不确定的数量——可能是 $Q(P_1)/N$,如果有 N 家企业且它们的定价都为 P_1 的话。它还可以将价格定得低于 P_1,比如比 P_1 少一美分,那它就可以一直卖到 $Q(P_1)$。不难看出,最后一种选择会使企业利润最大化,它对应的是需求曲线 D_f 的水平部分,所以其售出量[上限为 $Q(P_1)$,在本图中该数量大于其想要售出的量]并不会对价格造成影响。该企业通过生产 Q^* 并以略低于 P_1 的价格售出来实现利润最大化。

我们继续分析。在纳什均衡中,不单是这一家企业,所有企业都在实现利润最大化。但这种描述显然不适用于此。其他企业同样可以略低于当前的价格出售任意数量商品。对任何企业来说,无论其他企业的价格如何,在此基础上再降一点总是对自己有利的。当每家企业的价格都已刚好下降至边际成本的水平时,这个过程就会停止。如果企业的数量足够大,或者有更多相同的企业可以自由进入该行业,那么这个过程会在价格降至最低平均成本时停止。此时,对每家企业而言,以该价格出售任意数量商品的情况和什么都不出售的情况是无差异的。

贝特朗竞争。我们把那些仿佛置身于竞争性市场,其产量满足价格等于边际成本的寡头垄断企业的行为称为**贝特朗竞争**(Bertrand competition)。如果我们将寡头垄断定义为单个企业的规模大到足以对价格产生重大影响的市场,贝特朗竞争似乎是很奇怪的事情。我们假设企业会最大化其利润,它们通过生产使边际收益等于边际成本的数量来做到这一点。而如果企业的产出影响价格,那么边际收益就将低于价格,并与边际成本在较低的数量处相交,所以企业的产出就低于竞争性产出。

但如果我们把寡头垄断定义为一个只有少数企业的市场,那么贝特朗竞争就更符合实际了。在这样的一些市场中,企业可能只能在短期内对价格产生影响。如果许多其他企业也能够轻易进入该市场——且在价格高到足以盈利的情况下进入,那么情况可能就与竞争性市场无异了。

上述是对贝特朗竞争的另一种可能的解释。如果所有企业都认为其他企业将以维持价格不变和调整产出的方式对其行为作出反应,那么它们最终都会生产满足价格等于边际成本的数量,就像在竞争性市场一样。

手比眼快

我们刚刚完成了用纳什均衡分析寡头垄断的工作。为了描述纳什均衡,我们必须定义策略。我们考虑了两种不同的定义方法,一种是由企业选择出售数量,而另一种是由企业选择出售价格。我们已经证明,对于企业最终会做什么,即生产多少和定价多少,上述两种定义给出了完全不同的预测。

如果愿意,我们可以使用更复杂的策略继续上述过程。也许我们可以找到第三个解决寡头垄断的方案,甚至第四个、第五个。但这样做并没有多大意义。对于这个问题我们已经有了两种答案,这就足够了。

结语

我希望我的描述使你相信博弈论是引人入胜的迷局。但在我看来,明智的人应尽可能避免陷入这种迷局——这其中有太多的路要走,太多问题的答案要么一个也没有,要么数也数不清。作为一种思考策略行为逻辑的方式,博弈论非常有用,但要想在实际层面处理经济学问题,它堪称一种令人绝望的办法,除非其他更简单的方法都不奏效,否则最好不要使用它。

许多数理经济学家都不会同意上述结论。如果这一章的作者是他们中的某一个,他会向你保证,只有博弈论才有可能将数学的严谨性引入经济学,其他一切方法都不过是模棱两可、华而不实的一团乱麻。他也许会承认博弈论还没能产生许多实用的经济学理论,但他会向你保证,假以时日,奇妙的事情就会发生。

他可能是对的。你可能已经猜到,我对冯·诺伊曼的评价很高。当选择要研究的问题时,那些曾令他感到挫败的被我放在了最后。

选读部分

冯·诺依曼解

虽然纳什均衡是本章唯一使用的多人博弈解概念，但其他的各种解也已经被博弈论学者推导出来，并为经济学家所使用。其中最为重要的两个分别是**冯·诺依曼稳定集**（Von Neumann stable set）与**核**（core）。

考虑一个由 n 个玩家参与的定和博弈。假设，经过一些谈判，他们中的 m 个人决定结盟来最大化他们的联合收益，然后用一些预先安排的规则分配各自所得。进一步假设，由于观察到对手联盟的形成，剩余玩家也决定结盟，并就其分配方式达成某种一致。

我们现在已将 n 人博弈简化为双人博弈——更确切地说，是大量不同的双人博弈，每个都由不同的一对结盟来完成。由于定和双人博弈在理论上是一个已解决的问题，我们可以跳过其中的过程直接得出结果——当然，这是在每个联盟都完美博弈的前提下才会发生，正如冯·诺伊曼对双人博弈解的定义那样。

现在考虑一个新的 n 人博弈——联盟形成（coalition for mation）。每个联盟都对应某个值，即他们通过结盟从其他玩家那里赢来的钱。每个玩家的最终所得取决于联盟的组成方式及其所在联盟就联合所得的分配方式。我们前面讨论过，三人多数投票就是联盟博弈的一个简单案例，任何有两个（或三个）成员的联盟的值为 100 美元，因为人数占优的联盟可以分配全部赏金。只有一个成员的"联盟"的值为 0。

冯·诺伊曼将博弈的一个可能结果定义为一个**转归**（imputation）①，其具体定义方式为每位玩家的最终所得的集合。如果对于某一群人而言，在转归 X 下每个人的境况都好于在转归 Y 下的，且这群人如果形成一个联盟，他们能够保证可以获得 X，那么就可以说，转归 X 优于（dominate）转归 Y。换句话说，要想让 X 优于 Y，需要同时满足：

1. 存在某种联盟 C，使得对 C 中的每位玩家而言，X 都优于 Y（即每个人都能得到更多）；

2. C 的值，即如果 C 的成员合作所能得到的联合收益，至少不小于 X 分配给 C 中成员的数额。

---

① 指符合效率和个人理性的分配。——编者

我们现在能够以一种更为正式的方式来阐述之前应用于"三人多数投票"的思想。我们可以用(a,b,c)的形式来表达该博弈的转归,其中的字母a、b、c分别代表安妮(Anne)、比尔(Bill)以及查尔斯(Charles)的分配数额。比如,(50,50,0)代表给安妮50美元,给比尔50美元,而什么都不给查尔斯。

假设我们从转归(50,50,0)开始推导。该转归会被(60,0,40)占优,因为安妮和查尔斯都能在新的分配方式中获得更多收益,且他们手中的两票足以改变局势。而(60,0,40)反过来又会被(0,50,50)占优,以此类推,循环往复。上述过程即为第一部分讨论的议价序列(sequence of bargains)。

冯·诺伊曼试图解决多人博弈问题的方法,是将其解定义为一组而非单个转归的集合,这种集合被称为**稳定集**(stable set)。该集合满足,集合内的所有转归都不会互相占优,但都能占优集合外的任何转归。三人多数投票的一个冯·诺依曼解就是一组转归的集合:

$$(50,50,0),(50,0,50),(0,50,50)$$

不难证明,该集合内的转归都不会互相占优,且其中至少有一种能优于任意一种集合外的分配。

然而,这个定义也存在一些问题。首先,它所提供的解不是某个确定结果,而是某组结果的集合,所以最多只能反映这些结果中的某一个会发生。有时甚至连这种情况都不确定,因为我们没有理由假设一个博弈的解只有一种。三人多数投票实际上有无数个解,而其中的许多解都包含无数种转归!

考虑一下转归集合$(x,100-x,0)$,$0 \leqslant x \leqslant 100$。可能的转归有无数种,每个都由不同的$x$值所定义。例如$(10,90,0)$、$(40,60,0)$和$(4.32,95.68,0)$,分别对应$x=10$、$x=40$和$x=4.32$。不难证明上述集合也是一种解,集合内无限数量的转归都不会互相占优,且都能占优集合外的转归。

用言辞表达就是,上述解相当于安妮和比尔达成共识,同意将查尔斯排除在外,彼此之间以任意方式分配这笔钱。这被称为歧视解。查尔斯是安妮和比尔为了方便自己而被歧视的受害者。诸如此类的歧视解还有很多,每个都包含无限数量的转归。这些歧视解还包括"两人结盟,排挤另一人"的另外两种情况,和"某一玩家分得0至50之间的任意固定值,而其他两个玩家以任意方式分配剩余的钱"的情况。

到现在你可能已经得出结论:冯·诺伊曼对多人博弈解的定义与其说是有用的,不如说是令人困惑的。因为在这种情况下,它可能产生无限多的解决方案,其中许多(实际上是无限多)解都包含无限多的结果。如果你这样认为,那我同意你的观点。

冯·诺伊曼对多人博弈的解决方案是一个勇敢的尝试,但不同于他在双人博弈领域的建树,即便玩家具有无限计算能力且能够完美执行策略,该方案所能提供的博弈结果也十分有限。

在继续讨论其他解概念之前,我们有必要停下来总结一下冯·诺伊曼的成就与未竟之处。在分析双人定和博弈时,他首先说明了所有此类博弈都可简化为一种形式——一个结果矩阵;每个玩家选择一种策略,最终结果由两种策略的交集决定。因此,他找到了这种博弈的解。在他对解的定义范围之内,我们已经知道了求解双人定和博弈的一般方法,尽管我们并没有足够的计算能力去实际求解任何问题,除了非常简单的那种。

在分析多人博弈时,冯·诺伊曼采用了类似的策略。他首先说明了所有这些博弈都可以被简化为同一个,即玩家通过协商组成联盟并分配最终收益,博弈的背景由每个联盟形成之后所能赢得的收益来定义。这就是他所研究得出的一切。对于这类协商博弈,他并未找到一种有助于理解人们在其中如何行动或应该如何行动的解。

核

如果你认为单凭以上结论就能够驳倒我之前说的"约翰·冯·诺伊曼是20世纪最聪明的人之一"的评价,那你不妨可以试着找出一种多人博弈的更优解。很多人真的这么做了。目前最受研究博弈论的经济学家欢迎的解决方案有点不同于以往的一般概念,该方案同样基于冯·诺伊曼的研究成果。它被称为**核**(core),是一个包含不被其他任何转归占优的所有转归的集合。

与冯·诺伊曼解相比,核存在两个优势。首先,由于它包含所有不被占优的转归,因此它是唯一的;对于某个博弈,我们不需要在不同核之间做出选择;其次,由于核所包含的转归是不被占优的,一旦你采用了其中的某种转归,就不太可能改变想法;输家无法提出既能使自己受益又能吸引足够多的赢家转过来组建一个新的获胜联盟的建议。然而,虽然核是唯一的,但它所包含的转归却很可能不唯一,所以它仍不能为我们提供确切的结果。

此外,核也可能什么转归都不包含。三人多数投票就没有任何不被占优的转归。无论所得结果如何,总有一些新的提议,能够使其中两名玩家获益,另一名玩家受损。那些在研究中用到博弈论的经济学家所做的工作之一,就是证明描述某个假想经济体的某种博弈是否存在一个空核,即是否存在任何不被占优的转归。这与该经济体是否存在竞争性均衡有着密切关系。

·习题·

1. 一些游戏,包括剪刀石头布,儿童有时玩的是负赌注,即赢家的奖励是可以打输家的手腕。很难看出得怎么用经济术语理解这种行为,讨论一下你认为这是怎么回事,以及你如何对其进行经济分析。

2. 鸟类争夺的食物是稀缺的。当两只鸟找到同一块食物时,每只鸟都可以选择打架或逃跑。如果只有一只愿意打架,它就可以免费获得食物;如果双方都不愿意打架,每只鸟都有50%的机会因另一只先逃跑而得到食物;如果两只鸟都打架,每只都有50%的机会得到食物,但也可能会受伤。

假设一种鸟有两派,所有其他方面相同,区别只在于它们是否好斗。"鹰派"总是打架,"鸽派"总是逃跑。两者生活在同一环境中,平均而言,哪一派在食物采集上收获更多,其数量就会相对于另一派有所增加。

获得一块食物能获得10卡路里的热量。如果一只鹰派为了争夺一块食物而与另一只鹰派打架,其损失平均相当于−50卡路里,画出相应的报酬矩阵。

    a. 在均衡状态下,鹰派和鸽派的相对数量是多少?

    b. 解释一下原因。

    c. 本题与本章的哪一节有关?请解释。

3. 假设具有侵略性的个性是有好处的,几乎所有时候,其他人都会退让,给你想要的东西。你认为采取这种策略的人数会有什么变化?这对该策略的回报率会有什么影响?请讨论。

4. 图11-14显示了一个牛油果农场的边际成本和平均成本,还显示了对牛油果的需求 D。在回答每个问题时,首先假设策略是确定某个数量,然后再假设是确定某个价格。

    a. 企业可以自由进入牛油果行业。在纳什均衡中,有多少家公司,价格是多少,数量是多少?每个公司的利润是多少?

    b. 有两个牛油果农场,不允许有新进入者。在纳什均衡中,价格是多少,数量是多少,每个公司的利润是多少?

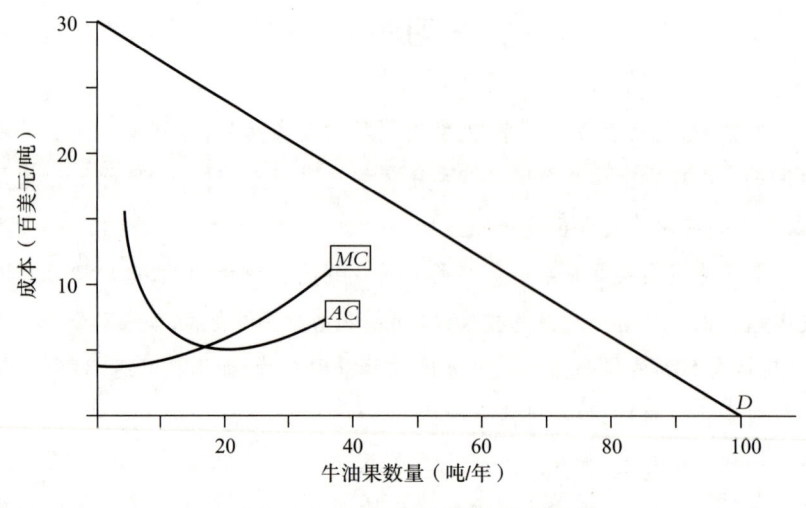

图 11-14 一个牛油果农场的成本曲线

5. 匹配硬币的游戏玩法如下：每位玩家将一枚硬币放在桌子上，正面或反面朝上，手盖住。玩家同时举起手，如果硬币相配（同一面朝上），玩家 A 获胜；如果不相配，玩家 B 获胜。

    a. 图 11-15a 显示了赔率，是否有冯·诺依曼解？解是什么？这个游戏的价值是什么？

    b. 图 11-15b 显示了一组不同的赔率，请回答同样的问题。

    c. 如果玩家都随机选择了正面或反面，那么在这两组赔率下，他们都能实现收支平衡，这是否意味着这两组赔率对双方同样公平？请讨论。

(a)

		玩家 B	
		正面	反面
玩家 A	正面	−1, +1	+1, −1
	反面	+1, −1	−1, +1

(b)

		玩家 B	
		正面	反面
玩家 A	正面	+1, −1	+2, −2
	反面	+2, −2	−3, +3

图 11-15 匹配硬币游戏的赔率矩阵

6. 某行业有两家公司,行业需求(D)和公司成本(MC_f, AC_f)曲线如图 11-10 所示。两家公司决定通过交叉许可来控制产量,它们应该收取多少费用才能使其利润最大化?

  a. 假设它们最终会实现策略设定为数量的纳什均衡;

  b. 假设它们会进行贝特朗竞争。

7. 聚会上的噪音通常非常大,大到你不得不大喊才能让自己的声音被听到。当然,如果每个人都小声点,大家境况会更好。请结合本章内容讨论这种情形的逻辑。

8. 运用垄断竞争的思想讨论经济学教科书市场,特别是本书的市场。

· 延伸阅读 ·

  电影《奇爱博士》的情节显然借鉴了彼得·乔治(Peter George)以笔名彼得·布莱恩特(Peter Bryant)创作的作品《红色警戒》(Red Alert,中译本以"奇爱博士"为名出版)。与电影相比,在许多方面上,这本小说都是更有趣的版本。书中发动空袭的空军军官是一个富有同情心、智慧又心思缜密的人,他认为美国先发制人的袭击是摆脱终将导致投降或共同毁灭的陷阱的唯一方法。他安排了一次只有他能够取消的袭击,然后通知他的上级这一消息,并指出既然他们已经无法阻止这场袭击,他们最好一同加入;随后,他便选择了自尽。但他的计划有一个缺陷,即俄罗斯人已经打造了末日机器,准备和美国同归于尽。

  在本章的几个地方,我把博弈(游戏)玩家的行动描述为:玩家选择一个策略,然后把它交给电脑,看着电脑在玩。至少有一个电脑游戏是这样的机制,这个游戏叫 *RobotWar*(机器人战争);玩家们各自通过编程创造一个虚拟的机器人,然后观看机器人在电脑屏幕上按照他们设计的程序进行对战。这不仅是博弈论抽象化的一个具体例子,也是使用计算机教授编程的绝妙工具;当你的机器人落败时,你会找出失败的原因,并作出相应调整。

  我对于计算机如何能用作有限理性的比喻的描述,是基于我从埃胡德·卡拉伊(Ehud Kalai)那听来的一个有关他自己的研究的谈话;我在下面列举了一些卡拉伊和斯坦福(Stanford)合作的论文,其中就描述了那次谈话的一部分内容。

  对策略行为的讨论,始于约翰·冯·诺依曼和奥斯卡·摩根斯特恩的《博弈论与经济行为》;更加简单的介绍则可以参考:R. Duncan Luce and Howard Raiffa, *Games and Decisions*: *Introduction and Critical Survey* (New York: John Wiley & Sons, 1957)。

最早的有关策略问题的论文集是托马斯·谢林(Thomas Schelling)的《冲突的战略》(The Strategy of Conflict)。

其他一些有趣的作品有：

罗伯特·阿克塞尔罗德,《合作的进化》。爱德华·张伯伦(E. H. Chamberlin),《垄断竞争理论》(The Theory of Monopolistic Competition)。

奥古斯丹·古诺(A. Cournot),《财富理论的数学原理的研究》(Researches into the Mathematical Principles of the Theory of Wealth)。

H. Hotelling, "Stability in Competition," *Economic Journal*, 39（Mar. 1929）:41-57.

Ehud Kalai and William Stanford, "Finite Rationality and Interpersonal Complexity in Repeated Games," *Econometrica* 56(1988), 397-410.

John F. Nash Jr., "Non-cooperative Games," *Annals of Mathematics* 54(1951), 289-95.

琼·罗宾逊(J. Robinson),《不完全竞争经济学》(The Economics of Imperfect Competition)。

P. Sraffa, "The Laws of returns under competitive conditions," *Economic Journal* 36（1926）, 535-50.

第十二章 时间

在前面的章节中,我尽可能地忽略了经济学(以及现实生活中)的两个主要复杂因素:时间和不确定性。虽然在前文的描述中,生产的过程随着时间而推进(例如"每小时生产若干个小部件"的描述方式),但我同样也假设世界是不变的,这就意味着第一个小时与最后一小时没有任何区别。为了将该假设逐步抛弃,我在本章先探讨如何对前面章节的描述做出调整,从而考虑一个不断变化但仍然确定的世界。在这样的世界中,人们从不犯错,因为他们确切知道将来所发生的事。到第十三章,我将进一步放松对世界的假定,使之更加符合真实世界中的不确定性,并描述这种改变对经济学分析的影响。

时间和利率

将时间引入思考的最简单方法是承认描述商品的维度,不仅包括是什么,也包括在何时。任何一个饥饿的孩子会告诉你,今天的苹果和明天的苹果是两种完全不同的商品。所以,对于"今天的苹果"的价格,我们不仅能够用"今天的橘子"来折算,也可以用"明年的苹果"来折算。如果我用 100 个今天的苹果换取 110 个明年的苹果,我将得到 10% 的"苹果利率",因为现在给你商品以换取未来的商品,和现在借给你商品以换取未来这个商品加上利息是一样的。利率(以借期一年的苹果来衡量)是以一年后的苹果计的当前苹果价格(110/100 = 1.10)减去 1,即 1.10−1.00 = 0.10 = 10%。

以一年后的苹果来定价当前苹果,即当前苹果与一年后的苹果之间的交换比率,与用其他物品来定价的逻辑是一样的。如果你想现在少吃些苹果,未来多吃些苹果,那么你就可以出售一些当前苹果来换取更多的未来苹果,而这会提高前者的供给与后者的需求;如果你想先吃后付,你可以卖掉未来苹果以换取当前苹果,从而促进未来苹果的供给与当前苹果的需求。存在某种价格——苹果利率——使(用来交换未来苹果的当前苹果)供给量等于(用来交换未来苹果的当前苹果)需求量。这就是市场利率。

投资苹果

前文的假设是所有借贷都是消费借贷:人们用未来苹果(借)来购买当前苹果,目的在于当前要吃苹果。还有一个购买当前苹果的理由,那就是为了种植。假设你得到10000个苹果,将其中一些苹果的种子分离出来,并以剩下的东西交换工人的劳动力,让他们播种这些种子,给小苹果树浇水,拔草,最终从你的新果园里采摘11000个苹果。如果你能在一年内完成所有这些工作(假设苹果树的生长速度非常迅速),那么你将使用10000个当前苹果作为投入,生产出11000个未来苹果。

如果苹果利率低于10%,上述投资就是有利可图的。你借来10000个苹果,种植它们,偿还本钱并每年付息,最终还有盈余。如此行为增加了当前苹果的需求和未来苹果的供给,进而会影响总需求和总供给,而苹果利率正是由总需求和总供给所决定。通过购买当前的苹果(即现在借苹果)、"投资"苹果并使用未来苹果支付,你提高了以未来苹果计算的当前苹果价格,即苹果利率。

只要苹果利率低于10%,种植苹果就是有利可图的,就会有越来越多的果树被种植。每增加一个新果园,都会提高对当前苹果的需求和未来苹果的供给,进而推动苹果利率(也就是以未来苹果计算的当前苹果价格)的上升。所以,一旦有人能通过种植将10个当前苹果转换成11个未来苹果,那么苹果利率将不会保持在10%以下。

用当前商品生产未来商品的一种方法是种植苹果树;另一种方法则是把当前商品储存在安全的地方待售。对于储存成本不是很大的商品(比如金条——如果没人知道你有金条的话),从一单位当前商品中生产出一单位未来商品是完全可行的,所以此类商品的利率不会低于零。你绝不会用10盎司黄金交换一年后的9盎司,因为你可以储存手中的10盎司黄金然后一年后得到10盎司。然而,对于容易腐烂(如西红柿)或储存成本高昂(比如依然是金条——只不过现在人人都知道你有金条)的商品而言,情况就不是如此了。对于这些商品,负利率是完全有可能出现的。

苹果利率=橙子利率

前面只谈了苹果利率,其实每种商品的利率都有可能不同。这种可能性取决于相对价格(例如以橙子来衡量当前苹果价格)会如何随着时间的推移而变化。如果所有商品的相对价格随着时间的推移还能保持不变,那么购买一单位苹果、饼干、汽车乃至其他任何商品所花费的橙子数量总是与之前一样,因此所有商品的利率都相同。

反之，如果一种商品与另一种商品之间的相对价格随时间推移而发生变化，那么这两种商品的利率就会有所不同。

为了证明上述说法的真实性，我们不妨设想：如果苹果利率是 10%，而一个苹果总能换两个橙子，那么橙子利率是多少？

假如你当前拥有 200 个橙子，想要一年后的橙子。你将 200 个橙子换成 100 个苹果，又将 100 个当前苹果换成 110 个一年后的苹果——也就是以 10% 的苹果利率将它们借出一年。最后，你将 110 个一年后的苹果换成 220 个一年后的橙子。你间接地将 200 个当前橙子换成了 220 个未来橙子。

交易顺序如图 12-1a 所示。实线箭头代表实际发生的交易，虚线箭头代表整体效果。括号中是交易发生的速率。

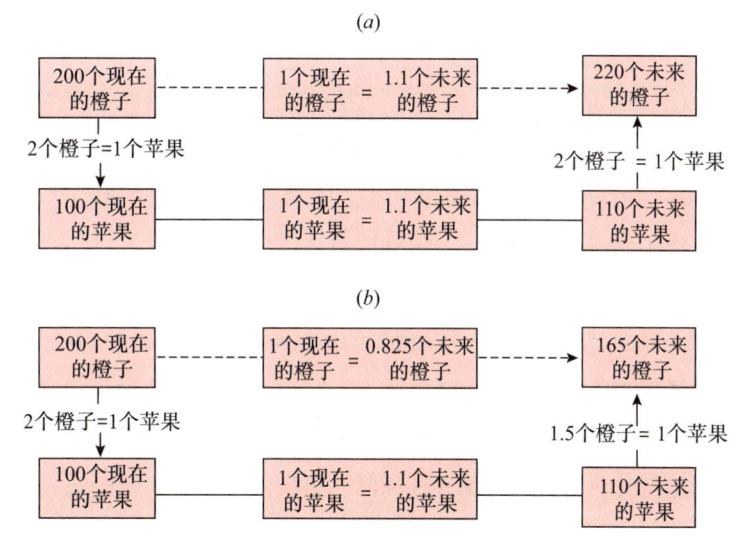

图 12-1　时间套利——将现有橙子转化为未来橙子，用苹果作为中间物
实线箭头表示实际交易，虚线箭头表示净效果。

如果你（和其他任何人）能够以 10% 的利率将当前橙子交换为未来橙子（1 个当前橙子能换 1.1 个未来橙子），那么就没有人愿意以少于 1.1 个未来橙子的数量交换 1 个当前橙子，所以橙子的利率不能小于 10%。反过来，如果你按照图 12-1a 中箭头的反向来运行（也就是先购买 100 个苹果，并将其交换成 200 个橙子，然后在一年后用 220 个橙子交换的 110 个苹果来还本付息），那么你将未来橙子交换为当前橙子的利率也是 10%（1.1 个未来的橙子交换 1 个当前橙子）。如果你（和其他任何人）能够以上述方式将每 1.1 个未来橙子交换成 1 个当前橙子，就没有人愿意为 1 个当前橙子支付多于1.1个未来橙子,故而橙子的利率不能大于10%。

综上所述,橙子利率既不能大于也不能小于10%,它必然等于10%。故而橙子利率等于苹果利率。同样的推理也适用于任何其他商品。如果两种商品的相对价格随着时间推移保持不变,则它们的利率一定相等;如果所有商品的相对价格都随时间推移保持不变,那么所有商品的利率必然全部相等。这就是经济学家所说的**实际利率**(real interest rate),它不同于日常见诸报端的**名义利率**(nominal interest rate)——用今天的美元交换一年后的美元的比率。

苹果利率≠橙子利率

在上一部分,我们已经知道相对价格随时间推移而保持不变的效果。那么,如果事实并非如此呢?假设用橙子衡量的苹果价格正在下降;一个苹果在今天能换来2个橙子,但一年后却只能换来1.5个。在相同的情况下(比如将当前橙子换成当前苹果再换成未来苹果最后换成未来橙子),你会发现,200个当前橙子只能换来165个未来橙子,橙子利率约为-17.5%。该循环如图12-1b所示。和图12-1a一样,你可以从两个方向运行上述交易,但无论哪一个,得到的借贷橙子的利率都为-17.5%左右。

你可能意识到这不是第一次在本书中看到这样的论证。在第四章,我们利用完全相同的程序证明了,如果以某种商品衡量的所有商品的价格已知,就可以推导出以任一其他商品衡量的任何商品的价格。图12-1a和12-1b对这个过程进行了简化描述,即所谓的**套利**(arbitrage)。本章截至目前的全部论述,都是为了扩展论证,使之能适用于同时贴上何时和何物两种标签的商品。

实际利率和名义利率

实际利率,是指把当前商品转换成明年商品的比率,转换的方式既可以直接用商品交换商品,也可以先将商品交换成货币,再将现在的货币换成明年的货币(也就是把货币借出去),最后把明年的货币交换成明年的商品。名义利率,是指用现在的货币交换明年的货币的比率。若实际利率为10%,这就意味着如果你如果节省下10个苹果、橘子或汽车的消费,而是把它们借出去,你明年将得到11个商品的回报;10%的名义利率则代表借出10美元,一年后的回报为11美元。

本章的大部分篇幅,都是假设以货币计算的商品价格不变——通货膨胀率为零,这时,实际利率和名义利率相等。如果通货膨胀率为正,那么名义利率高于实际利率;用现在货币交换的未来货币数量要多于用现在商品交换的未来商品数量,但未来的货币所能购买的商品数量要少于现在的货币。我们消费的是苹果、橘子和汽车等商品,而不是在消费货币——货币只是一般等价物,因此,决定我们是现在消费还是为将来储蓄的因素与实际利率有关,与名义利率无关。

在大多数经济体中,商品之间的相对价格会随着时间推移而变化,因此,苹果利率和汽车利率很可能会有所不同。实际利率是不同商品利率的加权平均值,加权值的计算是基于个体对每种商品的消费数量。这会导致问题更加复杂,因为每种商品的消费量也会随着时间推移而变化。这种复杂讨论,我们会在第二十二章的选读部分进行。

现值

假设你拥有6个橙子、3个苹果和1个冰淇淋甜筒。上述三种商品都有市场,且像我们通常假设的那样,安排商品买卖的成本可以忽略不计。从而,通过出售拥有的商品并购买想要的商品,你可以把由上述商品构成的消费束(消费组合)转化为具有相同总价的其他任何商品所构成的消费束。因此,你对上述两个消费束的偏好无差异,这并不是因为你对二者的消费意愿相同,而是由于你可以借助市场交易将二者相互转化。所以,对你所拥有的消费束进行加总的一个有用方法就是计算它们的价值,这使得(以买卖而非消费为目的)比较完全不同的消费束成为可能。我不喜欢钻石,而喜欢甜筒,但我宁愿拥有1克拉的钻石,也不要甜筒——哪怕甜筒是用芭斯罗缤的奶油和夹心糖做成的。从这个意义上说,价值110美元的任何商品一定优于价值100美元的其他任何商品。

同样的方法也可用于衡量同一消费束在不同时间里的价值。假设我手里有两份雇佣合同:一份愿意连续10年为我提供40000美元的年薪,另一份愿意先提供31000美元的初始年薪并在接下来的9年里每年增加2000美元。每份合同都分别代表一个由10种商品构成的消费束,其中包括"今年的货币收入""明年的货币收入"等。该如何对它们进行比较呢?

我的方法是,用"今年的货币收入"来衡量"明年的货币收入"(或者"后年的货币收入"……)的价格,从而为这束商品找到在单一市场上的价值。假设当前的借贷利率是10%。在这种情况下,我可以(通过借出)使今年的1000美元转换成明年的1100美元,或(通过借入)把明年的1100美元变成今年的1000美元。在第一种情况下,我借出 1000 美元（意味着现在无法使用这些钱），并在一年后得到 1100 美元（1000 美元的本金加 100 美元的利息）；在第二种情况下，我今年借入 1000 美元，等到明年有了 1100 美元，再全部还本付息。

今年的货币收入与明年的货币收入的不同之处，不完全是各自所能购买的商品数量的不同。哪怕价格预期保持不变，我们大多数人也宁愿现在拥有 1 美元而不是未来拥有 1 美元，正如宁愿现在有 1 个苹果而不是未来有 1 相同苹果一样。因此，即使没有通货膨胀，名义利率也通常为正——今年放弃 1 美元，意味着一年之后获得高于 1 美元的回报。

一系列收入的**现值**(present value)是以某一年的货币来衡量的总价值。假设我要算出上例中第一份雇佣合同所对应的收入流在第 1 年的现值。显然，初始的 40000 美元在第 1 年值 40000 美元；第 2 年的 40000 美元可以转换成第 1 年的 (1/1.1)×40000 美元，也就是说，如果我在第 1 年借走这笔钱，就能够在第 2 年用全部收入还本付息；第 3 年的 40000 美元相当于第 1 年的 (1/1.1) × (1/1.1)×40000 美元，以此类推。表 12-1 的第 3 列显示了第一份合同的收入流的现值。通过相加可以得出，该收入流的现值为 270362 美元。也就是说，如果我在第 1 年借走这 270362 美元，就刚好能用这 10 年的收入流来偿还。

表 12-1

单位：美元

1	2	3	4	5	6	7
年份	收入（1）	现值	收入（2）	现值	储蓄	累计
1	40 000	40 000	31 000	31 000	9 000	9 000
2	40 000	36 364	33 000	30 000	7 000	16 900
3	40 000	33 058	35 000	28 926	5 000	23 590
4	40 000	30 053	37 000	27 799	3 000	28 949
5	40 000	27 321	39 000	26 638	1 000	32 844
6	40 000	24 837	41 000	25 458	—	35 128
7	40 000	22 579	43 000	24 272	—	35 641
8	40 000	20 526	45 000	23 092	—	34 205
9	40 000	18 660	47 000	21 926	—	30 626
10	40 000	16 964	49 000	20 781	—	24 688
		270 362		259 892		24 688

我也可以用同样的方式计算第二份雇佣合同的收入流的现值（如表 12-1 第 5 列所示）。事实证明，合同二的现值总和比合同一要小。这意味着通过恰当的借贷行为，合同一的收入可以转换为合同二的收入并有所盈余。所以，合同一的收入流明显优于合同二。这就好比价值 100 美元的消费束总是优于价值 90 美元的消费束，因为卖掉前者总是可以买下后者还有 10 美元的盈余。

该如何将合同一的收入流转换为合同二的收入流呢？答案就在第 6 列和第 7 列中。第 1 年，我会存下（并借出）9000 美元（然后留 31000 美元消费，正如合同二的收入流）；第 2 年存下 7000 美元，第 3 年存下 5000 美元，第 4 年存下 3000 美元，第 5 年存下 1000 美元。到第 5 年，我应该已经累计储蓄了 25000 美元，外加利息。第 6 年，我还可以从储蓄中拿出 1000 美元用来消费，在第 7 年拿出 3000 美元，以此类推，总计 25000 美元。表 12-1 的第 7 列显示了每一年的累计储蓄金额（含利息）。最后，在每一年的消费水平都与合同二的收入水平保持相同的情况下，我最终会获得 24688 美元的盈余。

前面我一直以具体的数值为例对现值概念进行描述。如果将其抽象为代数形式，可以得到以下公式：

$$PV(t) = \sum_{i=0}^{i=n} \frac{y_i}{(1+r)^{i-t}}$$

这里，$PV(t)$ 代表 n 年收入流在时点 t 的现值；y_i 代表第 i 年的收入，r 代表市场利率。Σ 在数学中代表"求和"；一般地，我们有：

$$\sum x_i \equiv x_1 + x_2 + x_3 + \ldots$$

x_i 的值随 i 的变化而变化。如果希望计算初始状态的收入流的现值，我们有 $t=0$，

$$PV(0) = \sum_{i=0}^{i=n} \frac{y_i}{(1+r)^i}$$

利用现值计算，我们可以对任何一种投资项目、雇佣合同或是其他类似经济行为展开评估。这些评估对象可以被描述为收入流，其中正值代表（净）收入，负值代表（净）成本。如果某收入流的现值为正，那么拥有它就是值得的（前提是拥有该收入流并不意味着必须放弃其他某种现值更高的收入流）。反之，如果现值为负，则拥有它就是不值得的。如果你必须在两者之中选择一个，现值较高的收入流更好。

用机会成本思想，上面一整段的描述可以被简化成一句话："选择任何具有正现

值的备选方案。"如果接受一份工作意味着放弃另一份工作,那么选择后者本会得到的全部收益即为选择前者的机会成本;这种机会成本也应包含在现值的计算中。如果结果仍然为正,那么第一份工作的收入流的现值一定高于第二份工作,因此应该选择前者。

还有一个有趣的问题:如果每年付给你 1 美元直到永远,那么其现值该如何计算?答案是用 1 美元除以利率。其原因并不难解释:如果你以 10% 的利率借出 10 美元(10 = 1/0.1),那么你每年都能得到 1 美元。你要做的,就是留下利息,然后不断复投本金(10 美金)。我们随后就会用到这个事实。

变化世界中的经济学

前面 11 章我们分析的都是不变世界中的经济学。在这个不变世界中,每年都与去年完全一样。在这样的背景下,诸如"如果我们销售小部件,是否能盈利?"这样的问题,就可以简化为"我们今年能盈利吗?"因为每年都一样,所以,今年盈利就意味着每年都能盈利。而在现实世界中,事情并没有那么简单。一家企业完全有可能用当前若干年的亏损换取未来若干年的盈利。

通过现值概念,我们可以将变化世界中的复杂选择简化为已经解决的简单问题。对于要不要生产小部件这个问题,企业完全可以通过将其未来收益和损失折算成现值并加总的方式作出理性决策。如果总和为正,则产生净利润,应投入生产;如果总和为负,则产生净损失,应放弃生产。此外,在企业有关生产多少、投入品如何组合等决策时,也可以进行相似的计算。比较所有备选方案的全部收益及损失的现值,然后选择现值最高的那个。

举一个简单的例子:某家企业正在考虑一个持续期永久、年回报恒定的投资项目(如一座工厂、一块土地、一个研究项目等)。如果投资可能产生的年利润的现值大于投资成本,则值得投资;反之,则不值得投资。正如上述,X 美元的永久收入流的现值是 X/r 美元,其中 r 是市场利率。因此,如果 100 万美元投资的年回报超过 $(r) \times 100$ 万美元,该投资项目就值得进行。换言之,如果投资项目的回报高于现行利率的,就能够吸引到投资者。

如果投资的对象最终会耗尽,则现值的计算就会更加复杂。在这种情况下,只有当投资的回报不小于市场利息与自身重置成本之和时,投资才值得进行。相应的现值计算方法是将投资所产生的收入流(机器使用寿命内每一年产生的 X 美元)的现值与初始支出加上任何未来支出(例如维修费用)的现值之和进行比较,如果收入流的现值大于总支出的现值,即净现值为正,则投资值得进行。

使用这些术语重新编写前面 11 章所费篇幅甚巨,故而我只把上述逻辑应用于一个特别有趣的案例。

可耗竭资源

让我们来考虑一种可耗竭的资源,比如石油。地下的石油总量是固定的;全被开采出来就永远没有了。因此,采油厂必须决定如何在不同的时间节点分配产出,才能最大化其收益。结果将会如何呢?

为简单起见,假设开采石油本身并不需要成本:如果你拥有一口储量为 100 万桶石油的油井,你唯一需要考虑的问题就是在何时卖出多少。进一步假设还有许多企业拥有油井,且每家只拥有几口,所以每家企业都是价格接受者。

石油企业采取的不是单一定价,而是一套价格随时间变化的模式——第 1 年年初将价格定为 P_1,第 2 年年初改成 P_2,第 3 年年初改成 P_3,以此类推。因为我们所考虑的是一个变化但没有不确定性的世界,所以可以假设每家企业从一开始就完全了解这套定价模式。假设市场利率为 10%,第 1 年的价格 (P_1) 为 10.00 美元/桶,第 2 年的价格 (P_2) 为 12.00 美元/桶。第 1 年年初出售部分石油的企业获得 10.00 美元/桶的现值(以第 1 年的价格水平折算)。而如果等到一年之后再销售,则可以得到 12/1.1 = 10.91 美元/桶的现值(为了便于比较,依然以第 1 年的价格水平折算)。在这种情况下,所有企业都更愿意在第 2 年出售石油。持有货币 1 年,他们能得到 10% 的利息;而持有石油 1 年,他们能得到 20%。

然而,如果第 1 年没有石油出售,石油的价格将远超 10 美元/桶。事实上,上文所描述的价格结构——第 1 年的 10.00 美元/桶,第 2 年 12.00 美元/桶,以及 10% 的利率——与理性行为并不一致。如果存在这种结构,则人们的行为也会偏离这种结构,使其无法存在。

避免这种不一致性的唯一方法是,将价格逐年变化的幅度调整至与年利率相等:即 P_2 正好是 P_1 的 1.1 倍,所以无论企业在第 1 年还是第 2 年出售石油,其所得现值都相等。如果在第 1 年卖出,可以得到 10 美元/桶;如果在第 2 年卖出,可以得到 11 美元/桶(折合为第 1 年的现值,仍然为 10 美元/桶)。同样的推理适用于此后若干年份。石油价格逐年上涨的幅度必定(must)与年利率保持一致。

如果你对上文这种什么"必定"发生的描述方式感到困惑,觉得太过抽象,那么现在,我们不妨改为描述均衡价格集的实现过程。我们将放弃以下假设:在完全可预测的世界中，所有人在第 1 年的第 1 分钟就知道所有事情，因而均衡立即形成。

想象一下，如果若干企业考虑实施一种不会使价格随利率同步上涨的销售模式。其中一家企业注意到，在第 2 年出售石油比第 1 年获益更多。因此，该企业改变计划，将原定在第 1 年生产的产品改为在第 2 年生产。而这种行为会使第 2 年的石油价格下降，第 1 年的石油价格上升，进而推动价格（变化）模式趋于随利率同步上涨。如果第 2 年价格的现值仍然大于第 1 年，其他企业也会相继改变原有计划。上述过程将会一直持续，直至第 2 年的价格恰好等于第 1 年价格的 (1+r) 倍。同样的推理适用于此后若干年份中任意两年之间的价格变化模式。

推导当前价格

假设石油的需求曲线、当前总储量和利率已知，我们该如何计算石油价格呢？最简单的方法是倒推法。需求曲线与纵轴的交点代表石油能卖出的最高价格——最后一口油井耗竭（dry）当日的石油价格。不妨将该价格称作 P_{Max}，将该日所在年份称作 T_{dry}。而在一年前——$(T_{dry}-1)$ 年，价格必然会降低至原来的 $1/(1+r)$；在 $(T_{dry}-2)$ 年，价格会降低至原来的 $1/(1+r)^2$；以此类推。

那么，如何找到 T_{dry} 呢？通过 $(T_{dry}-1)$ 年的石油价格和需求曲线，我们可以得到当年的石油消费量。同样的方法适用于此前的每一年份。以 T_{dry}（即需求量=0）为起始点进行倒推，并按照上述方法将消费量逐年累加。当消费量累加至与当前总储量

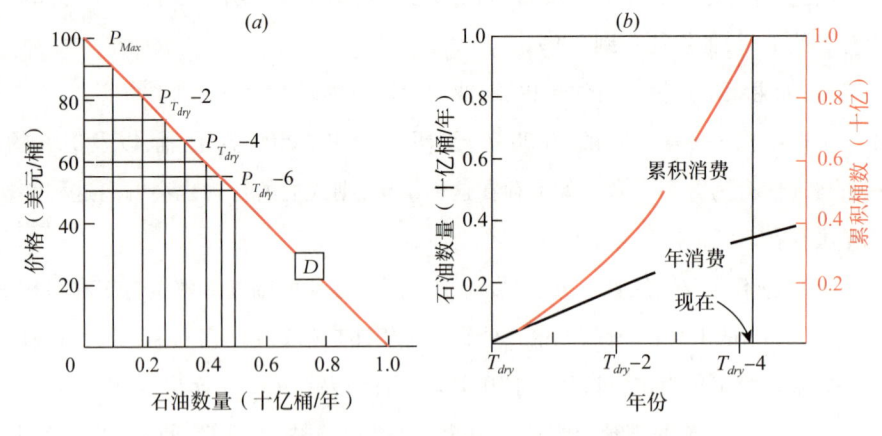

图 12-2 从耗尽资源之日开始倒推计算某种可耗竭资源的价格

T_{dry} 是最后一口油井干涸的年份。 从 T_{dry} 开始倒推，价格以利率的速度下降，如图 12-2a 所示。 图 12-2b 显示了年消费量和累计消费量，当累计消费量达到现有总储量时，我们就算出了当前年份。

相等时,其所对应时点即为当前年份。已知当前年份及当前年份与 T_{dry} 的间隔年数,要想找到 T_{dry} 就轻而易举了。计算如图 12-2 所示,其中图 12-2a 是根据需求曲线算出价格;而在图 12-2b,数量逐年累加。该图假设初始储量为 10 亿桶石油。

你可能已经意识到,对于上述问题,我做了某些简化:隐含地假设所有的事情都在每年的年初发生。所以某年的消费量仅由该年年初对应的价格水平决定。如果放弃上述假设,让价格在一年内持续走高、需求量在一年内持续走低,则能得到更为精确的解决方案。而这就需要用到微积分的知识,或者会使当前的几何计算变得更为复杂,这就是我没有这么做的原因。除此之外,我还假设石油的需求曲线 D 不随时间变化——这就意味着需求量的变化仅由价格因素决定,而与汽车技术革新、人口基数变动、气候变化等一系列其他因素无关。这一假设可以放弃,但代价同样是计算会变得更加复杂。

在解决上述问题的过程中,我假设需求曲线与纵轴相交——这代表存在人们为石油支付的最高价格。还可以选择另一种假设,即当数量趋于零时,价格趋于正无穷。这代表石油购买量随着每加仑价格的升高而不断降低。由于涉及(不断减少的石油购买量的)无穷和,计算过程将会更加复杂,但其逻辑本质上还是一样的。

有趣的是,我们可以改变其中一个变量,看解会如何变化。例如,假设石油生产商已经适应了 5% 这个(现行和预期)利率,但由于某些突发事件,(现行及此后的)利率被抬升至 10%。那么,石油的现行价格、未来价格、现行消费量和未来消费量将会如何变化呢?

答案应该不难得出。按照变化前的旧开采速度,油价以每年 5% 的速度上涨;对石油生产商来讲,持有石油现货的回报等于持有资金的回报。利率变化之后,生产商发现,如果将生产的石油即刻卖出并投资货币,第 2 年就能获得 10% 的收益;而这显然高于等到第 2 年再出售石油所能获得的 5% 的收益。因此,生产商会改变原有计划,将其生产的石油提前出售。在开始的几年,由于石油产量的提高,石油的价格将会下降;而在之后的几年,石油价格则会上升。当均衡重新实现后,现行石油产量将高于原有水平,现行石油价格将低于原有水平,而价格将比之前涨得快——从原来的每年 5% 提高到每年 10%。在适应更高的利率后,石油的使用速度比以前更快,石油耗竭也会提前到来——可用这个高利率从 T_{dry} 开始倒推算出。

有效率的跨时分配

在第九章讨论竞争性行业时,我指出该行业的结构是由某个独裁的管理者所决定,其目的在于命令所有企业以尽可能低的成本生产相同数量的产品。若竞争性行业的产品是某种可耗竭资源,我们依然能得出相似结论。在这里,利率代表当年商品转化为明年商品的比率——正如本章开篇苹果园案例所示。而任何一年的石油价格都等于其边际价值,原因详见第四章。如果明年的石油价格低于今年石油价格的($1+r$)倍(这里不妨令 $P_1 = 10.00$ 美元,$P_2 = 10.50$ 美元),这意味着,今年生产边际数量的生产者会获得 10.00 美元/桶的边际价值,而明年生产边际数量的生产者会获得 10.50 美元/桶的边际价值。显然,选择明年生产一桶石油而不是今年,就意味着我们选择了明年的 10.50 美元而不是今年的 10 美元。然而,如果利率是 10%,那么放弃今年的 10 美元的人就可以将其换成明年的 11 美元,因此为获得明年的 10.50 美元而放弃今年的 10 美元就显得有些不值了。根据上述论点,智慧且仁慈的行业管理者就会分配可耗竭资源,使得其价格随利率同步上涨。只要他不那么做,就会产生某种能带来净收益的跨时分配生产的方式。

上述文字只是论证的简要概括,我们要到第十五章和十六章,才会对经济效率展开细致讨论。如果上述解释难以理解,你可以等看完第十五章和第十六章,再回头阅读上述文字。

石油价格与不安全的产权

在结束对可耗竭资源的论述之前,我还有几点需要强调。首先,目前我的所有分析都基于资源所有者拥有安全的产权的假设,也就是说,油井所有者有足够的信心作出以下预期:即使今年不卖,明年油井的所有权依然掌握在自己的手中。

不妨考虑上述假设不成立的情况。比如,假设油井被征用的概率每年都是 10%。基于上述情况并套用与上一部分相同的分析过程,得出的结果是:石油价格每年将会以 $1.1 \times (1+r)$ 的倍数增长。只有当明年的价格高到既能补偿等到明年再出售所损失的利息,又能补偿若油井明年被收缴所可能带来的损失,油井的拥有者才会将石油留到明年出售。

就目前来看,大多数油井归政府所有,但这些政府大多数都至少面临某种程度的不稳定因素。如果当前沙特的执政者制定的开采计划是基于未来 10 年他们仍然执政的假设,那就不一定是明智的了,把钱存到瑞士银行可能比守着油井更保险。

财产权的影响并不局限于沙特。美国政府可能更稳定,但其经济政策却并非如此;对石油公司征收特别税(如意外财富税)在实际效果上无异于部分变相征用。如果石油公司预期到诸如此类的税收会增加,那么现在开采而不是留待以后,就更加符合他们的利益。或者,这个结论可以更精确地表达为:符合他们利益的做法是,跟没预测到增加这类税收时的产量相比,现在要生产得更多,未来要生产得更少。

上述论点的一个含意是,目前的油价可能太低了!如果大部分石油所有者的产权都处于不安全状态,那么较于拥有安全的产权,他们更倾向于增加现行产量并削减未来产量,从而压低现货价格,抬高期货价格。正如我所主张的,如果确保产权的安全在某种意义上是最优(即第十五章中所谓的"有效率的")的解决方案,那么不安全产权带来的结果就不那么合意了。在这种情况下,前期的价格过低而消费过高;后期的价格过高而消费过低。资源的跨期分配效率是十分低下的;也就是说,现在消费的资源太多,为将来留存的资源太少。

石油是一种可耗竭资源吗?

一些读者可能会有这样的疑问:过去50年或者说100年,石油价格是一直按利率在上涨的吗?答案是否定的。从20世纪三十年代初到七十年代初,石油的**实际价格**(即经通货膨胀调整后的价格)是大幅下跌的。固然,欧佩克的抵制行动曾短暂地将油价恢复到三十年代的水平,可之后发生的事情又使其下跌至抵制前的水平——这个水平远低于如果从1930至今都按照利率上涨所能达到的价格水平。

对于理论和事实间的这种明显差异,我们至少可以提供三种解释:其一,可耗竭资源的经济理论是错误的;其二,该理论在逻辑上是正确的,但其中的一个假设——世界是可预测的——并不适用于现实。比如,如果人们都高估未来的需求或低估未来的供给(或两者都有),那么未来的价格就会始终低于预期,价格也不会随着时间的推移而以利率水平上涨。经济学家普遍对这种解释持怀疑态度,因为它不仅要求人们判断错误,而且还要求人们持续性地判断错误。而我们有理由相信,在高估石油期货价格一二十年之后,人们将会对自己的预期进行优化——尤其是那些油井的拥有者们。

最后一个解释最为有趣:石油并不是一种可耗竭资源!如果你觉得这种想法很奇怪,不妨想想,过去一个世纪几乎都充斥着全球"石油即将耗尽"的传言,但大多数时间里,已探明的石油储量都足以支撑未来10—20年的生产活动。

我对可耗竭资源的分析基于以下假设:开采石油不存在生产成本,因此资源的价格完全取决于有限的产量。现在我们不妨抛弃这一假设。此时,生产成本的存在将会如何影响上述结论呢?

假设我们可以很确定地预测到生产成本,那就可以沿用上文的分析,简单地用

"价格减去生产成本"的结果来代替价格。"价格减去生产成本"是指油井所有者出售石油的所得。如果价格增速大于利率,尽可能保有石油供未来生产,生产者的境况都会变得更好;而如果小于利率,则立即出售所有产品,或至少在生产成本没有大幅提高的时候尽可能快地从地下开采石油,生产者的境况都会变得更好。在均衡状态下,扣除生产成本后的价格必然按利率上涨——前提是所有者拥有的是安全产权。

因此,有一种解释认为,现实中的油价之所以会下降,是因为油价的很大部分是生产成本。石油的生产成本不仅包括采掘成本,还包含探测成本。如果生产成本随着时间的推移而下降,那么即使扣除生产成本后的净价在上升,油价还是可能会下降。

在前面的讨论中,我们考虑的是一种**纯粹的可耗竭资源**,即价格完全由其有限的供给量决定的资源。现在不妨考虑另一种极端情况:某种资源总量有限但生产成本巨大,且在足以弥补生产成本的价格下,其有限的总量跟需求量相比算是非常大了。也就是说,资源总量大到能使在资源远没有耗尽前,科技、法律和政治制度就已经变得认不出来了。

在这种情况下,节省资源以待供给短缺时出售的想法就没有那么吸引人了——在短缺来临之前,我们可能已经不再使用它们,或者所有者的资产可能被剥夺,世界末日可能到来。资源价格随时间发生的变化几乎完全取决于生产成本的变化。严格来讲,这样的资源是可耗竭的,但这一事实对价格并没有太大影响。过去百年的油价走势表明,市场看待石油资源的方式很可能正如上文所述。

如果确实如此,之前讨论的不安全产权问题的含意就与之前所得出的含意截然相反了。如果油价是由探测与生产成本共同决定,那么产权的不安全性反而会抬高油价。当一个人打算投资于矿井的探测与生产时,如果矿井一开工就面临着50%的被征用风险,那么除非回报不小于两倍之成本,否则他不愿意投资。他的回报取决于石油所能卖出的价格,所以在产权不安全的世界里,石油的价格会更高。如果一种资源的价格主要取决于有限的总量而不是生产成本,产权不安全会使其当前价格更低;而如果这种资源的价格主要取决于生产成本,产权不安全则会使其当前价格更高!

价格 = 时空维度下的价值

如果某人能以 0.50 美元/个的价格购买苹果,那么他会把自己的苹果消费量调整到苹果对他的边际效用(即多消费一个苹果获得的效用)等于 0.50 美元对他的边际效用。换言之,就是苹果对他的边际效用等于 0.50 美元。这就是我们在第四章证明过的论点:价格等于边际价值——$P=MV$。

利率也是一种价格。如果苹果的利率是 10%,今年购买 1 个苹果的价格就等于明年的 1.1 个苹果。所以我将同时对今年和明年的苹果消费量进行调整,直到今年消费 1 个苹果增加的效用等于明年额外消费 1.1 个苹果增加的效用。

缺乏耐心与均衡

> "我和莉莉之间最大的不同在于,我会把车停好以保证离开时不再倒车,而莉莉不会这样。"
>
> ——阿奇·古德温(Archie Goodwin)

为什么明年的苹果给我的效用会小于今年的? 主要原因有两个;其一是缺乏耐心(impatience,也译为"不耐")。同等的愉悦(pleasure)分别放在现在与将来,我们中的大多数人都更愿意选择前者。既然如此,当我们比较不同时间的"愉悦"——不同的效用流时,就会像贴现收入那样对效用进行贴现。在做今日的某个选择时,如果 100 单位的当前愉悦与 105 单位的未来愉悦对我来说无差异,那就可以说,我对效用的**内在贴现率**(internal discount rate)是 5%。

我对效用的内在贴现率——我的缺乏耐心——是我的偏好(tastes)的特征之一,它描述了我在现有愉悦与未来愉悦之间的偏好(preferences),正如我的效用函数描述了我在苹果与橙子之间的偏好。市场利率不仅取决于我的偏好,还取决于其他人的偏好及其生产能力,而且没有特别的理由能说明二者应该相等。"缺乏耐心"也许可以解释现在的苹果对我的价值为什么比一年后的苹果对(现在的)我更有价值,但它并没有解释二者之比为何与市场利率相等。

价格与边际价值相等并不是消费者偏好的特征,而是消费者决定消费量时理性行为的结果。这不仅适用于同一时间选择不同商品,同样适用于不同时间选择同一商品。我会用图 12-3 来证明,在一个市场利率为 10% 的世界里,理性行为是如何作用于内在贴现率为零的消费者。

假设拥有图 12-3 中边际效用曲线的消费者每年消费相同数量的苹果,比如 1000 个(不妨认为他特别喜欢吃苹果),且苹果的边际效用为 10 个单位。鉴于消费者每年的苹果消费量都相同,因此,每年多吃一个苹果额外带来的愉悦也相同。因为消费者的内在贴现率为零,即他对当前愉悦和未来愉悦的偏好无差异,所以对他来说,一个苹果是今年消费,还是明年消费,或者是未来的任何一年消费,都是一样的。

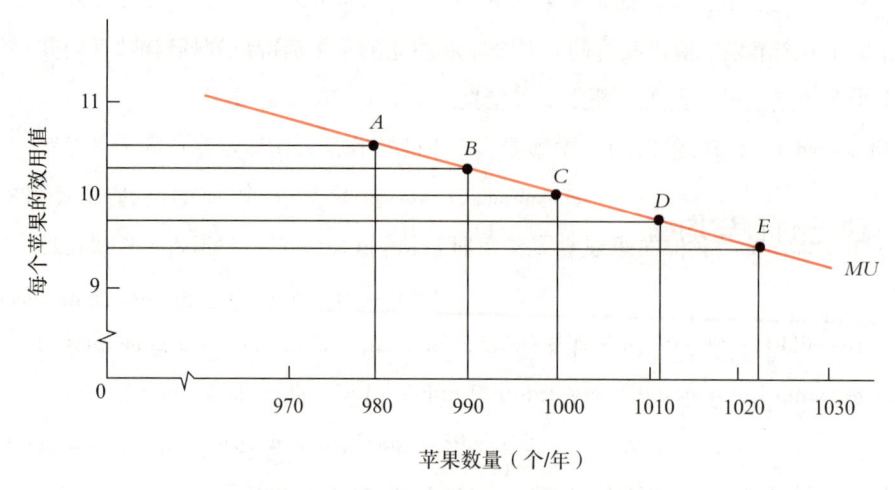

图 12-3 某个消费者对苹果的边际效用

该消费者遵循的跨时消费模式是:一个明年消费的苹果的边际效用,其现值(以效用贴现率折现)等于 $1/(1+r)$ 乘以一个今年消费的苹果的边际效用,其中 r 是苹果的利率。如果这个消费者的效用贴现率等于苹果的利率,那么他每年消费相同数量的苹果(C 点)。

假设苹果的利率是 10%,这意味着他可以用今年的 10 个苹果换取明年的 11 个苹果。今年放弃 10 个苹果的代价是舍弃 100 单位的效用,但这样做的好处是明年可以得到 11 个苹果,对应 110 单位的效用——当然,这两个效用都是近似值,因为在 990 个到 1011 个苹果这个区间范围内,边际效用存在微小的差别。因为当前的效用单位和明年的效用单位对他来说无差异,所以放弃今年的 100 单位以获得明年的 110 单位就是一种净赚了。消费者会调整他的消费计划,不再每年消费 1000 个苹果,而是决定今年消费 990 个苹果(图 12-3 中的 B 点)、明年消费 1011 个苹果(D 点)。

由于第 1 年的消费量较原定计划有所下降,其边际效用将相应升高;同理,第 2 年的边际效用将会降低。从图中不难看出,苹果在第 1 年(990 个每年)的边际效用约为 10.25 单位/个;在第 2 年(1011 个每年)的边际效用约为 9.75 单位/个。即使消费计划做了调整,第 2 年的 11 个苹果,在效用上还是要高于第 1 年的 10 个苹果。事实上,只要苹果在第 1 年的边际效用没有比第 2 年边际效用高出 10%,消费者就可以通过削减第 1 年消费量、增加第 2 年消费量的方式来优化消费方案。反之,若苹果在第 2 年的边际效用比第 1 年高出 10% 以上,上述优化方案将反向进行,即削减第 2 年消费量、增加第 1 年消费量。当苹果在第 1 年和第 2 年的边际效用之比等于价格之比(在本例中为 1.1),消费方案达到最优。这一结论用到了我们的"老朋友"——等边际原理：

$$\frac{MU(\text{第 1 年的苹果})}{MU(\text{第 2 年的苹果})} = \frac{P(\text{第 1 年的苹果})}{P(\text{第 2 年的苹果})}$$

以某种共同的单位(比如第 1 年的美元)衡量的两年苹果价格之比等于用第 2 年苹果衡量的第 1 年苹果的价格。均衡解如图 12-3 所示 A 点(第 1 年的消费量)与 E 点(第 2 年的消费量)；边际效用分别为约 10.5 和 9.5，二者之比约为 1.1。

不难将上述分析推广到两年以上的情况。我们已经证明，第 1 年和第 2 年的边际效用之比必须是 1.1。同样的结论也适用于第 2 年和第 3 年之间、第 3 年和第 4 年之间，以此类推。苹果的消费量逐年增长，且增加的幅度得使其边际效用以每年 10% 的速度下降。

之前我们一直假设消费者的内在贴现率为零——这代表现在与未来同等程度的愉悦对他来说无差异。现在我们不妨将消费者的内部贴现率设置为 5%，他仍然会调整消费方案直至他对今年新增 10 个苹果与明年新增的 11 个苹果的偏好无差异。然而，由于消费者的内在贴现率是 5%，则他会视今年的 10 单位效用等价于明年的 10.5 单位效用，因此，最优消费方案必然满足使明年 11 个苹果的效用比今年 10 个苹果的效用多出 5%。故而消费者今年的消费量为图 12-3 中的点 B，明年的消费量为点 D。

最后，我们考虑下内在贴现率为 10% 的情况，消费者在今年和明年的消费量都将在 C 点：每年消费 1000 个苹果，每个苹果为其带来 10 单位的边际效用。由于他视今年的 10 单位与明年的 11 单位为等价，无论是增加当前消费(即今年多消费 10 个苹果，明年少消费 11 个)还是减少当前消费，都无法使其获益更多。

对开始我们所提出的问题，我们现在已经有了答案。一个未来苹果的边际价值(以当前苹果衡量)等于未来苹果的价格(以当前苹果衡量)，即 $MV=P$。因此，苹果的内在贴现率将等于苹果的利率。同理，美元的内在贴现率也将等于美元的利率。苹果的内在贴现率等于效用的内在贴现率与苹果边际效用随时间下降的速率之和。理性的消费者会不断调整消费计划，直至这个和与苹果利率相等。

超越苹果：储蓄、投资和利率

对于"是什么决定了人们存多少或借多少？"这个有趣的问题，我们也给出了一个分析方法。每个消费者都有自己的收入流、内在贴现率、效用函数以及可以借或贷的利率。消费者的目标是通过适当的借贷来安排一生的消费行为，以达到最大化其效用现值的目的。这个表达更为正式，但其本质与前述的苹果消费分配是相同的，都是通过不断调整消费以获得更多的（以内在贴现率贴现到初始点）效用，使之大于我们为之付出的成本。

考虑一下那些早年收入极高、但晚年收入大幅下降的人，比如职业棒球运动员。如果他赚多少就花多少，那么他在 25 岁的年消费额就能达到 100000 美元，而 50 岁那年却只能消费 20000 美元。100000 美元中最后 1000 美元的效用很可能要远小于把 1000 美元加到他靠累积利息得到的 20000 美元中带来的效用。因此，他会在年轻时削减开支，把部分收入用于投资，获得收益供晚年使用——那时这笔钱对他更有用。

对于收入模式恰好相反的人，上述论点依然适用。比如，某医科学生在 25 岁之前的收入水平很低，但有理由相信他会在 50 岁时获得高收入。在这种情况下，消费方案的调整将会反向进行，即通过借贷将部分晚年消费移至早年。

如果将上一部分的成果用在美元而不是苹果上，我们就可以用它更加精确地描述个体行为。如往常一样，我们假设个体是理性的且世界是可预测的，这时每个消费者都会借贷到使其对美元的内在贴现率等于市场利率（能让他借到或贷出美元的利率）的程度。

这意味着，个体收入的边际效用（以效用的内在贴现率贴现回当前时点）会按利率逐年下降。当前花费 1 美元的贴现效用等于将其留到明年所带来的利息加上本金 1 美元的贴现效用，而增加的美元利息恰好弥补了边际贴现效用的下降。如果情况并非如此，那他可以通过增加或减少储蓄金额来改善境况。在这里，等边际原理被跨时间应用，而非跨空间。

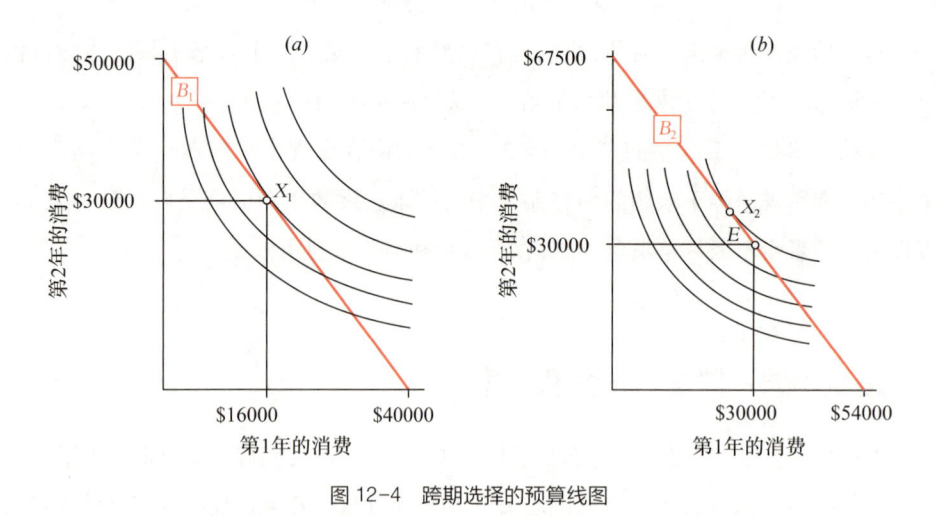

图 12-4　跨期选择的预算线图

图 12-4a 的 B_1 表示的是一个第 1 年有 4 万美元或第 2 年有 5 万美元的消费者。 图 12-4b 的 B_2 表示的是一个每年都拥有 3 万美元的消费者。 两个图的利率都是 25%。

图 12-4 表示如何使用预算线和无差异曲线来分析跨时消费分配。不妨设想某人拥有 40000 美元,正要决定如何在今年和明年之间分配消费。如果选择现在花掉所有钱,他今年将拥有高达 40000 美元的消费,但明年将不会有任何消费。或者,他可以选择今年不消费,再把这 40000 美元以 25% 的利率全部借出去,这样明年就有 50000 美元可供消费。图 12-4a 中的预算线 B_1 显示了所有可选方案。通过今年消费 16000 美元并借出 24000 美元,他的效用得到最大化(对应图中 X_1 点);明年,他将获得 24000 美元的本金加上 6000 美元的利息,总计 30000 美元可供消费。在 25% 的利率水平下,他的借款需求是 -24000 美元。负值表明他是贷款者——他是供给者,所以其借款"需求"为负。

同样的,如果一个人今年没有收入,但明年将收入 50000 美元,其消费行为也可用上图表示。通过借出其未来收入(利率为 25%),他可以选择在第 1 年消费 40000 美元而在第 2 年完全不消费(因为其收入恰好用于偿还债务)。或者,他也可以选择今年完全不消费而明年消费 50000 美元,B_1 显示了该消费者的所有可选方案,其中也包括最优方案。不难看出,这些方案与上一个消费者的方案完全相同。从中不难找出其最优方案:在第 1 年借入 16000 美元并全部用于消费,在第 2 年连本带息偿还 20000 美元,并留下 30000 美元以供消费。因此,该消费者在 25% 的利率水平下的借款需求为 +16000 美元。

为什么同一张图能同时表示两种情况呢?因为消费者在任意一种情况下所拥有的财富都相同,都是第 1 年 40000 美元的现值。如上文所述,若消费者能够在同一利率水平下自由借贷,那么所有现值相等的收入流都相等。

图 12-4b 表示消费者年收入为 30000 美元时的情况。若该消费者将当期收入全部用于当前消费,则他的情况对应于 E 点——该点代表其**初始禀赋**(initial endowment)。如果他放弃这种即挣即花的消费习惯,从第 1 年的 30000 美元收入中留下 6000 美元做储蓄,其效用就能得到最大化。他的消费(由 X_2 点表示)在第 1 年是 24000 美元,在第 2 年是 37500 美元。因此,他在 25% 的利率水平下的借款需求为 -6000 美元。

只要愿意,我们完全可以利用这样的图推导出某一个体对借款(服务)的需求曲线,就像第三章从无差异曲线中推导出需求曲线那样。首先,我们绘制出两条无差异曲线,分别代表该个体对某两种商品的偏好,这两种商品分别是第 1 年的消费和第 2 年的消费。对于某个给定禀赋(即收入流),我们绘制出一系列对应不同利率的预算线。对每一条预算线,我们找到其最优点,并计算出该个体为达到这个最优而从初始禀赋中支取的借贷金额。最终,我们会得到一条曲线,表示借款金额与利率的函数关系。由于曲线是在二维坐标里,所以只能涉及行为中的两个要素。在数学层面上,我们不难将其推广至多个要素,但这种关系显然无法用平面图来表示。

上述所有情况下,最优解都出现在预算线与无差异曲线的切点处,与第三章的无差异曲线图类似。预算线的斜率代表第 2 年的消费可交换成第 1 年的消费的比率($1+r$),无差异曲线的斜率代表该个体刚好愿意将第 2 年的消费交换成第 1 年的消费的比率($1+d$),其中 d 代表美元的内在贴现率。在切点处,上述两斜率相等,因此美元的内在贴现率等于市场利率。至此,我们用第三章在不同物品间推导出等边际原理的方式,将等边际原理推广到了时间层面。

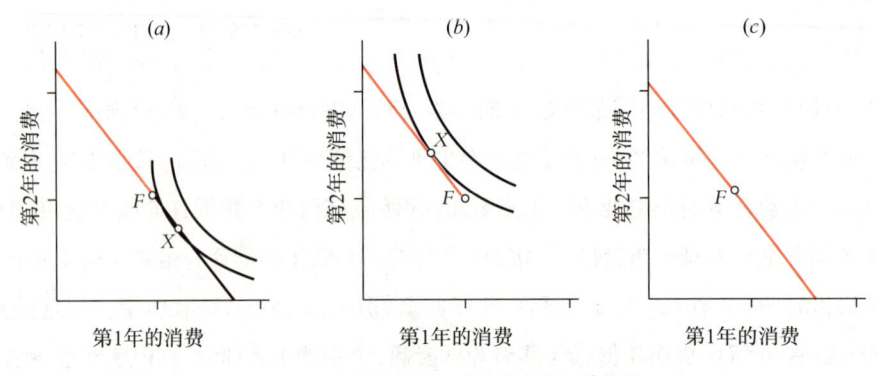

图 12-5 借款能力有限的消费者的预算线图

图 12-5a 和 12-5b 表示的都是一个借不到钱的消费者的处境;但在图 12-5b 中,借不到钱并不影响他的消费选择。图 12-5c 表示的是一个有借钱能力的消费者,但利率高于他贷出的利率。

图 12-5a 表示的是一个多少有些不同的情况。拥有禀赋 F 的消费者只能(以 25% 的利率)贷出而不能借入,这或许是因为没人相信他会还款。只要能借他就会借,这种情况对应图中的 X 点,但既然他并不具有这种能力,那么他最好就待在 F 点,每年只能花费当年的收入。图 12-5b 也表示了类似的情况,但有一点不同,即借款能力的剥夺并不会对消费者产生任何影响;也就是说,即使他具备借款的能力他也不会借。图 12-5c 表示的是一个更为现实的情况,即同样拥有禀赋 F 的个体既可借入又可贷出,但二者的利率不同,他能以 10% 的利率放贷,但必须以 25% 的利率偿还其借款。

我们一直在分析单个消费者的借贷决策,而如果将所有消费者的行为加总起来,我们就会得到消费者对借贷的供求总额。利率越高,消费者就越倾向于延迟消费。因为利率越高,放弃现有一美元在未来的回报就越高。因此,更高的利率会降低消费者对借款的**净需求**(net demand,即需求减去供给)。

决定借款净需求曲线形状(即贷款人得到的利率与消费者选择贷出或借入的总额之间的关系)的是什么因素呢?其中一个因素是终身收入的模式和支出机会的模

式。如果诸如医师那样需要长期培训的职业岗位增加，借款需求也会相应增加。在图 12-4a 中，我们可以看到这种影响：当同一个体的收入从第 1 年转移至第 2 年时，其身份也相应地从净贷款者转换为净借款者。如果医疗技术的进步（能够显著提升预期寿命，进而）赋予老年群体以更多新潮且花费不菲的消费方式，那么老年群体收入的效用函数就会上升。在这种情况下，人们选择在年轻时削减开支，将收入节省到老年以便支付医疗费用。由于省下来的钱必须借出去才能获得利息，因此，借款供给就会相应增加。

第二个因素则在于内在贴现率。如果文化氛围的某些改变使人们对自己（或子女）的将来更为关切，那么他们将会增加储蓄并减少借款；而如果每个人都接受了"今朝有酒今朝醉"的观念，那么储蓄将会降低而借款会上升。

如果人们的借贷行为都是这样的，那么总借款和总储蓄必须相等：你能借到一块钱是因为有人存了一块钱并借给你，所以借款的净需求（在均衡利率条件下）必须为零。在这种情况下，净需求一览表①最终会像市场利率一样变化。如果借款需求上升而供给下降，利率就会上升，直至需求量和供给量再次相等。

然而，人们的借贷行为并非总是一样。除了个体为调整其跨期消费模式而借贷外，某些企业还会为了投资而借贷，就相当于之前例子中所说的买苹果是为了种植苹果树。有关（是否进行）某一投资的决策是基于现值的计算。市场利率越高，未来回报的现值就越低。因此，如果利率很高，企业只会投资于相对于初始投资有极高回报的项目；利率越低，产生正净现值的项目数量就越多。在这种情况下，企业的借款需求曲线向右下方倾斜——借款需求量随利率下降而上升。

既然我们可以使用无差异曲线来分析个人消费的跨期选择，我们也同样可以使用等产量曲线和等成本曲线来分析企业的相应决策。第九章中，在生产数量给定的情况下，企业选择了成本最低的投入组合；而此处，企业也同样选择了成本最低、包含第 1 年投入品（以第 2 年收入为抵押借款购买）与第 2 年投入品的投入组合，来生产第 2 年的产出。利率不同，等成本曲线的斜率以及成本最低的投入组合也会不同，进而导致企业借款金额不同。

资本市场的参与者并非只有个体和企业，政府也借款，向公民和外国人借，以便用未来的税收为当下的支出提供资金。资本可能会流入（或流出）该国，比如，某些外国人可能会发觉在美国获得的回报比本国更好，因此他们选择借钱给美国的消费者、企业或政府。因此，市场利率的供求曲线是由国内外的个体、企业和政府所共同决定的。

---

① 在经济学中，需求一览表是一个显示不同价格水平下的商品或服务需求量的表格。它可以绘制为一条连续的需求曲线，其中 Y 轴代表价格，X 轴代表数量。——译者

选读部分

缺乏耐心与国际收支平衡

在第六章的选读部分，我提到贸易逆差相当于资本净流入，并认为衡量目前赤字是好事还是坏事的决定性因素在于这种资本净流入发生的原因。现在，我们可以更清楚地阐述这一观点。

资本之所以流入美国，是因为外国投资者在美国的回报高于本国，这反映出美国相对高的实际利率。如果资本流入的原因是某些论断所说的，美国人越来越缺乏耐心，从而越来越不愿意放弃当前效用以换取未来效用，那么资本净流入所揭示的变化最终会使美国人变得更穷——美国人我们正在消耗自己的未来收入，但账单总有一天要到期。而如果资本净流入的原因是美国企业拥有较多良好的投资机会，并因此乐意为日本投资者提供高于日本国内利率的利率，那么尽管账单还会到期，但上述投资机会的回报能帮还。

美国相对高的实际利率可能反映了某种发生在海外而非美国的变化：或许是日本储户更有耐心了或更富有了，或日本公司拥有的良好投资机会较以前减少了，又或者是日本政府已不再向其公民借款了。上述变化中的任何一种都将降低日本的实际利率，从而使美国成为一个更有吸引力的投资地。其结果将是资本流入，从而出现贸易赤字。

·习题·

1. 我举的一个储存成本低廉的例子是金条——但前提是没有人知道你有。为什么人们知道你有金条的话,金条的储存成本会很高?

2. 你对问题1的回答表明什么可能是影响利率的因素之一?

3. 苹果的利率是0,桃子的利率是10%。目前1个桃子的价格是1个苹果,明年桃子的价格会是多少?后年呢?

4. 根据表12-1最后一行的数字,第一笔收入价值270362美元,第二笔收入价值259892美元,它们之间的差额,也就是你在获得第一笔收入的同时支付第二笔收入的话,是24688美元。这些数字似乎并不相合。出问题了吗?说明这些数字实际上是一致的。

5. 你可以在两份工作中选择,其中一份每年支付给你20000美元,为期4年,每年年底支付;另一份每年支付19000美元,为期4年,首年一开始的时候有3000美元的"应聘奖金"。市场利率为10%,你应该接受哪份工作?

6. 几年前,一家著名的消费者杂志刊登了一篇关于如何选择抵押贷款的文章,根据你在抵押贷款期间必须支付的总金额——越少越好,比较了给定金额的不同借贷方式(有或没有首付,短期或长期等)。

　　a. 你认为他们得出了什么样的结论?根据他们的标准,最好的抵押贷款是什么?

　　b. 你同意他们的标准吗?你能举出两种金额相同的抵押贷款,其中一个要你支付更多的钱却显然更好?能则描述。

7. 你可以用100万美元建造一个工厂,每年生产10万个零部件,每个零部件的成本为1美元(不含工厂成本)。市场利率是10%。

　　a. 工厂将永远存在,你预计零部件的价格不变。零部件价格最低为多少时,工厂值得建造?

　　b. 这家工厂只能维持三年,零部件价格最低为多少时,工厂值得建造?

8. 政府通过拍卖1000美元的债券来借钱,没有利息,两年后偿付,市场利率是10%。

　　a. 债券将卖出多少钱?

　　b. 尽管债券不"付息"(当债券到期时,购买者会收到1000美元,在此之前什么都没有),但购买者最终还是会收到他们的投资利息,请解释。

　　c. 债券的购买者在他们的投资上实际得到的利率是多少?请解释。

d. 如果债券一经售出,市场利率就出乎意料地跌至5%,会发生什么?
(提示:无论是最初还是在利率变化后,债券的销售价格都必须使购买者对购买债券和按市场利率投资之间感到无差异。如果债券售价高于这个价格,就不会有人购买;如果售价低于这个价格,就不会有人进行其他投资。)

9. 一家银行向你提供如下交易:在他们那里存款1000美元,他们会给你一副双筒望远镜,5年后你可以拿回你的1000美元——但没有利息。假设市场利率为5%,那么你实际为这副望远镜支付了多少钱?

10. 一家银行向你提供如下交易:在他们那里存入10000美元,他们会给你价值2000美元的储蓄债券,4年后他们把钱还给你——但没有利息。你得到的实际利率是多少?

11. 下面是一份2月印制的小麦期货价格表(单位:美元),小麦期货价格是指你当前为换取在未来某个日期交付的一蒲式耳小麦支付的价格。

三月	五月	七月	九月	十一月	一月
2.4	2.7	1.2	1.5	1.8	2.1

a. 何时收割新小麦?请解释。

b. 储藏一蒲式耳小麦一个月大约需要多少钱?请解释。

如果你想,你可以假设这两个小题的利率为零。(注意:这个问题本章中没有提到过,需要你进行一些原创思考,然而,正确的分析过程类似本章其他问题的分析。)

12. 我可以以10%的利率借入任意多的钱,以8%的利率借出任意多的钱,你能说出在我借入那一年内的资金内部折现率是多少吗?当我借出的那一年呢?

13. 我的偏好,我的机会,还是两者共同决定了内部贴现率对我的效用?请解释。

14. 我正努力决定是否要拔掉我的智齿。我估计,成本是就时间、痛苦和金钱而言的10000单位效用,好处是可以每天减少约1单位效用的牙齿小问题。我预计,我、我的牙齿和我的牙齿问题都将永远存在。

a. 我决定不拔智齿,你能说说我的内部贴现率是多少?

b. 我决定拔掉智齿呢?

15. 以下各项对利率有什么影响?

a. 一种新的宗教传播开来,它宣扬节俭的美德,皈依者为其老年生活而存钱。

b. 一种新的宗教传播开来,宣扬世界末日即将来临。

16. 图12-4a显示了一条对应两种可能情况的预算线——一种情况是第1年收

入为 40000 美元,第 2 年没有收入;另一种情况是第 1 年没有收入,第 2 年有 50000 美元。

    a. 重新绘制(或复印)该图,以显示对应于两种情况的禀赋 E_1 和 E_2。

    b. 对于每种情况,计算在一定利率范围内的需求曲线。

    c. 给出另一个初始禀赋,使其在 25% 的利率下也对应同一条预算线。

·延伸阅读·

    本章对可耗竭资源的分析并不是最近对这一问题关切的产物,这种关注概括在"增长的极限"(limits to growth)、"地球号宇宙飞船"(spaceship earth)等习语和图书标题之中。这种分析是哈罗德·霍特林在九十年前做的,见 Harold Hotelling, "The economics of exhaustible resources," *JPE* 39, 137-75。

第十三章 机会

> 返途之际,我看见,在太阳底下,跑得快的人没有赢得比赛,生得壮的人也没有击败对手,智慧的人饥肠辘辘,善解人意的人一贫如洗,有一技之长的人并没有得到偏袒。然而,时间和机会都曾降临在他们身上过。
> ——《传道书 9.11》

在前一章的分析中,我引入"时间",但没考虑"不确定性"。也就是说,在经济体中,一切事物的发生都是按部就班的。然而,真实世界并非如此简单。不确定性的后果之一是出现错误的可能性;另一个则是如何处理出现的错误。

第一节 沉没成本

假设你看到一则关于衬衫的促销广告。广告中的店铺距离你 20 英里。你本就有意购买几件新衬衫,况且广告中的价格比你所在地的服装店要低很多;你认为节省下来的钱足以弥补驱车 20 公里所带来的额外费用。当你驱车抵达时,你发现,打折促销的衬衫中没有你穿的尺码;而符合你尺码的衬衫只比你所在地方的商店的便宜一点点。此时的你该怎么办呢?

你应该买下衬衫。开车去这家商店的成本是**沉没成本**(sunk cost)——一旦发生,就无法收回。如果你在离家前就知道了价格,你自然会得出"此次旅行不划算"的结论。但既然你已经开车到达了这家店铺,不管你是否购买衬衫,你都必须为这 20 英里的车程支付相应费用。沉没成本就是沉没成本。

关于沉没成本,人们可能会犯两个截然相反的错误。第一种是忽略沉没成本的"沉没性",拒绝购买衬衫,认为衬衫的价格没有低到让这趟"木已成舟"的出行变得合理。第二种错误则是,即使发觉这家商店的衬衫比当地的还要贵,你也会毫不犹豫地买下,认为出门最好要买点东西,但在这种情况下,你买了东西比什么都不买更亏。

这就是所谓的"赔了夫人又折兵"。

小时候和妹妹吵架时,我会把自己锁在房间里,这时我的父亲总会站在门外对我说:"犯错误而不认错,这是错上加错。"当我年长一点时,他把这句话改成了"沉没成本就是沉没成本"。

在讨论企业成本曲线时,我们应该对固定成本和沉没成本做出区分;虽然在大多数情况下,相同的成本既是固定成本也是沉没成本,但事情总有例外。**固定成本**是指生产任意数量的商品都必须支付的成本。在总成本函数中,固定成本是指产量趋近于零时的总成本。我们能想到的固定成本不是沉没成本的情况,要么是必要的设备可以按其购买价转售,要么是设备是租用的,且租赁行为可以在企业随时决定停产时终止。

沉没成本的重要意义在于,即使一家企业的收益无法覆盖其总成本,企业仍会继续生产,只要沉没成本可以覆盖非沉没成本(又称为**可收回成本**,recoverable cost)。因为非沉没成本等于企业通过停产所能收回的全部成本。归根结底,所有成本都是机会成本,即做一件事的成本就是不能再做其他事。一旦工厂建成,那么继续运营工厂的成本就不包含建造工厂的花费了,因为无论做什么,都无法收回建造成本了。但继续运营的成本的确包括不把工厂转售出去的成本,该成本相较于建造成本多少会有些浮动,其浮动的幅度取决于工厂建好后此类的工厂的价值是上升还是下降。

第九章推导进出自由的竞争性行业的供给曲线时,我们发现,企业总是以平均成本的最小值进行生产,而平均成本总是大于边际成本。之所以如此,是因为在边际成本等于价格(价格接受者的利润最大化条件)的数量上,若价格高于平均成本,经济利润将为正,从而会吸引其他企业进入。此过程将一直重复,直至价格被压低到与 MC 和 AC 相等;在图形上,这一点就表现为 AC 曲线与 MC 曲线相交于 AC 曲线的最低点。

至于相关的平均成本是否包括沉没成本,这取决于我们是从上方还是从下方接近均衡点,以及我们所考虑的时间维度。如果价格在开始时高于均衡价格,只要价格高于平均成本(包括沉没成本),就会有企业进入该行业——成本在产生之前不会沉没,且刚刚进入行业的企业可以选择不产生这样的成本。当价格与平均成本相等时,均衡就会实现。

如果我们从下方接近均衡,且行业内的企业数量过多(可能是因为最近需求下降,价格甚至不足以支付可收回成本的平均值),就会有企业离开市场。这一趋势将一直持续,直到价格达到平均可收回成本的水平为止。

如果包括沉没成本(比如厂房)在内的所购资产随着时间的推移而出现损耗,那么工厂的数量将会逐渐减少,价格也会逐渐上升。在价格达到平均总成本之前,不会有人愿意建造新的工厂。最终,价格将等于平均总成本——正如我们从上方达到均衡时的结果那样,但该过程可能需要耗费更多时间。毕竟,一家工厂出现耗损直至废弃所花费的时间通常要比其建造过程漫长得多。

在接下来的两小节中,我将详细阐释这种情况的内在逻辑,并尝试说明这种情况与几章前曾简要讨论过的另一种情况的逻辑关系。

无论价格上升还是下降,成本都等于价格

在分析第九章中的行业供给曲线时,我假设有无限数量的潜在企业,所有这些企业都具有相同的成本曲线;如果行业内现有企业盈利,新企业就会出现,直到竞争使企业利润降至零为止。

这一假设的不合理性之一在于,企业并不都是完全相同的。某些电力企业拥有一些特殊的不动产——比如尼亚加拉大瀑布——其竞争对手无法获得;有些企业拥有卓尔不群的管理天才,或是招揽了诸如布朗宁(Browning)或克洛斯(Kloss)这样的创新奇才为其效命。出于上述原因,这些幸运的企业的确能以比其他企业更低的成本从事生产,因此,也就能以较低的价格获得利润,而这样的低价会让那些不幸运的企业在进入市场之后无利可图。

在那些不幸运的企业只能勉强覆盖其成本时,那些幸运的企业看起来还是能够获得正利润,但这只是一种错觉。在计算成本时,我们应将特殊资产(地理位置、管理人员、发明家,等等)的成本包含在内,这些资产为该企业带来了竞争优势。这些资产的价值就是企业出售它们所能获得的收益,或者就人力资产而言,其价值即企业的竞争对手愿意花钱挖走该人力资产的成本。企业运营的(机会)成本之一就是不出售自己的企业,而一个发明家经营自己的企业的成本之一是不为别人工作。如果拥有这些特殊资产会给企业带来额外的净收入,比如每年10万美元(永久或近乎永久),那么这些资产的市场价值即该收入流的现值;该现值的利息为10万美元/年。由于放弃此利息是该企业得以继续经营的成本之一,因此在计算其经济利润时,企业应将其从收益中扣除。

比如,假设该企业因拥有特殊资产而每年多赚10万美元,且年利率为10%。10万美元/年的永久收入流的现值为100万美元,100万美元的年利息为10万美元。如果该企业打算在今年将该资产投入使用,那么它就放弃了出售该资产并将从获得的资金中收取利息的机会。因此,我们应将10万美元/年看作额外成本的一部分——

被放弃的利息。这样一算,就会使该企业的利润减少到零,从而与普通企业的利润保持一致。从某种意义上说,这是一个循环论证;但从另一种意义上说,并非如此。

同样的论证适用于收益不能覆盖其沉没成本的企业(无法覆盖其可收回成本的企业就会倒闭)。假设一家小部件工厂的建造成本为100万美元,且该工厂一经建成便可永久使用;我们进一步假设利率为10%,因此该工厂每年必须至少产生10万美元的净收益才能收支相抵。工厂建成时,小部件的价格为1.10美元/个。该工厂每年可以生产10万件小部件,每件成本为0.10美元(不含建造工厂的成本),因此它的年收入为10万美元——刚好证明了建造工厂的合理性。进一步假设工厂只能用于生产小部件,那么它的残余价值(scrap value)为零。

假设毛缘小部件(fimbriated gidget)的发明大大减少了市场对传统小部件的需求。小部件的单价从1.10美元降至0.20美元。以0.20美元的价格,该企业从其100万美元的投资中每年仅净赚1万美元。所有其他(相同)企业也是如此。这些企业能否做到收支相抵呢?

从行业整体的角度来看,这类工厂的建造成本的确可以说是一种沉没成本,但当我们把视角缩小到企业之间,就会发现,任何一家企业都可以通过将自身转售给其他企业来收回这一成本。那么,转售的价格应当定为多少呢?由于目前这家工厂每年能够产生1万美元的利润,按照目前的利率,将10万美元放入银行也能获得同样的收益,因此,我们可以得出,该工厂的售价应为10万美元。故而不转售工厂的机会成本也为10万美元,并且不转售工厂的年成本为1万美元,放弃了相应利息。进而,我们可以得出,1万美元即为企业不考虑工厂建造成本时的利润,因此扣除工厂建造成本之后的利润(即经济利润)为零。

这又是一个循环但非空洞的论证,因为它从众多纷繁复杂的事实中拨开迷雾,向我们揭示了一个夕阳行业中影响一家工厂价格的决定性因素。在刚才描述的案例中,在小部件价格开始下跌的当天,该企业就损失了 90 万美元,因为这一损失等于工厂价值的下降幅度。此后,该企业只能勉强维持收支相抵。

本例中所使用的假设虽然有助于说明该特定论点,但与理性行为并不完全一致。在价格下跌前的市场均衡状态下,经济利润为零。在第一到十二章中所假设的确定性世界中,该假设是合适的,但它并不适用于本章所讨论的不确定世界。如果价格有下降的可能,那么,企业只有当投资所带来的平均回报使投资足够合理时,才会允许沉没成本的产生。价格必须足够高,以保证获得的利润能平衡价格下跌之后的亏损。零利润的条件依然适用,但只在平均意义上——如果企业幸运,就赚钱;如果企业不够幸运,就赔钱。平均而言,盈亏相抵。在下一章,我们会花大篇幅详细探讨这一点。

航运产业中的沉没成本

要想进一步理解沉没成本,我们不妨换一个案例来研究,考虑一下航运产业。不妨假设一艘船的建造成本为 1000 万美元。简单起见,我们假设航运的运营成本与利率都为零。每艘船只的使用寿命为 20 年,每年可从港口 A 运载 1 万吨货物至港口 B。再次,为简单起见,假设所有船只从 B 回到 A 时是空载的。单艘船只的建造时长为 1 年。航运货物的需求曲线如图 13-1a 所示。

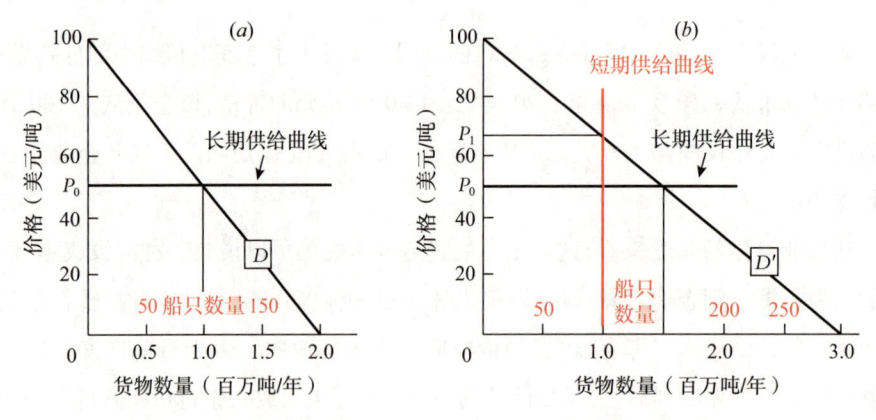

图 13-1 航运的供给和需求曲线,表示了未预料到的需求增加的影响

图 13-1a 表示了需求增加前的情形而图 13-1b 表示了增加后的情形。 水平轴表示了每年携带货物的数量以及对应的船只数量。 短期供给曲线是垂直的,位于当前的船只数量处(以及它们所运载的货物)。 长期供给曲线是水平的,位于生产航运的成本处(即建造一艘船的年成本除以它所运载的数量[以吨计])。

让我们从一般的竞争性均衡——价格等于平均成本开始。如图 13-1a 所示:船只总量为 100 艘,航运货品的成本为 50 美元/吨。每艘船每年能够创造 500 万美元的收益;也就是说,在这艘船报废时,它所创造的收益恰好与其建造成本相抵。每年会有 5 艘新船被建造,用以补上 5 艘报废船只的空缺。如果航运价格上涨,就会有更多船只被建造出来,因为此时投资 1000 万美元所带来的回报要大于 1000 万美元;如果航运价格下跌,那么不会再有新的船只被建造出来。

在图 13-1b 中,由 D 到 D' 的变化表示航运需求突然增加所带来的影响。短期内,航运服务的供给量是完全无弹性的,因为建造一艘新船足足要花费 1 年之久。需求增加后,价格激增至 P_1,也就是新需求曲线与短期供给曲线的交点处。

船只建造厂立刻开始建造新船只。年末,新船只建好,价格又回到过去的水平。图 13-2 以时间和价格为轴表示了上述一系列事件的发生次序。

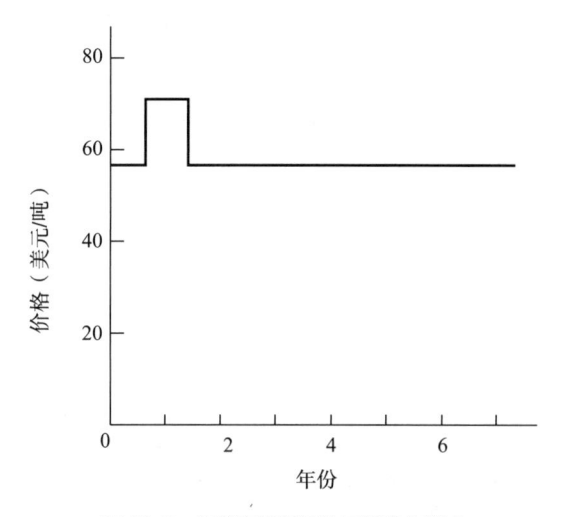

图 13-2 运费率随时间的可能变化模式

如图 13-1b 所示,$T=0$ 时有意料之外的需求增加,价格上升至长期均衡价格以上,而当新船只建好时,价格又回落至其均衡水平。

再来看图 13-1b,我们注意到,图中存在两条供给曲线:垂直的短期供给曲线和水平的长期供给曲线。少于一年,船是造不好的,所以在短期内高价无法增加航运服务的供给。由于我们假设船只的运营费用为零,无论航运服务的价格再低,船主也会选择开船拉货,所以在短期内,低价也无法压低航运服务的供给。总之,在短期内,供给量是不受价格变化的影响的。

长期中的情形会截然不同。在任何价格条件下,只要船只所带来的收益足以与其建造成本相抵,那么建造船只就是有利可图的;因此,在长期,只要航运服务的价格高于 $P_0 = 50$ 美元/吨,该行业生产的船只数量就会无限多。船只数量的增加与上文所述的短期情况不同,因而短期供给曲线在此处停止延伸。在低于 P_0 的任意价格下,船只的建造成本高于船只本身的价值,因此供给量将会随着现有船只的报废而下降。所以,长期供给曲线是一条水平线。需要注意的是,在长期中,价格上升的部分所需的造船时间要比价格下降的部分短得多。

假设需求不是如图 13-1b 所示的增加,而是如图 13-3a 所示的减少(从 D 到 D'')。价格因此下降。由于不存在任何运营成本,只要航运服务的价格大于零,现有船只就不会停止拉货。此时的价格就是原有(短期)垂直供给曲线与新需求曲线的交点(即 A 点)。

在这种情况下,建造船只已然无利可图,因为在新的价格条件下,收益已经不能支付建造成本,因此,不会再有新的船只。在接下来的 5 年内,将会有 25 艘船报废,从而使长期供给量(和短期供给曲线)降低到使得价格回到 50 美元/吨的水平(即点 B)。

图 13-3b 表示了价格与船只数量如何随时间而变化。

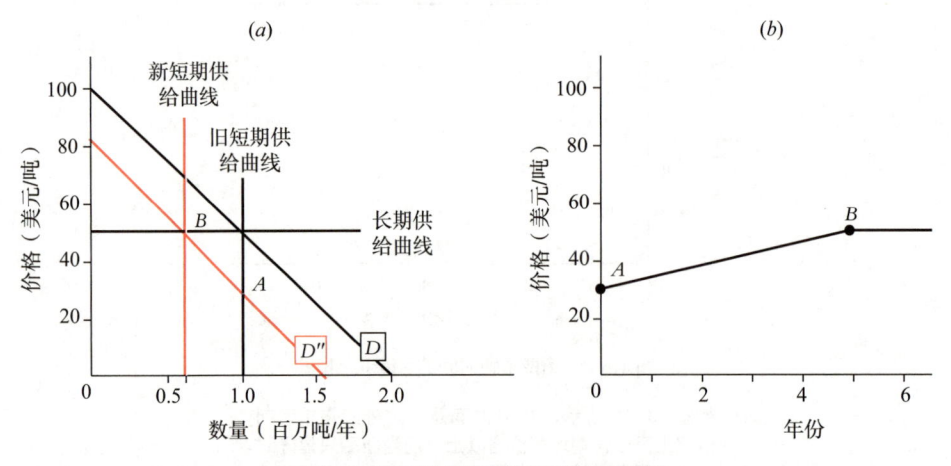

图 13-3 航运需求的意外减少带来的影响

图 13-3a 表示了当需求曲线移动后的情形;图 13-3b 表示了随时间变化的相应价格模式。

上述故事有一个问题。初始均衡状态假设,在船只使用年限期间航运服务价格保持不变——这就是为什么当且仅当在当前价格计算下的回报乘以船舶使用寿命至少等于生产成本时,船只建造生产线才会开动。在下面的讨论中,我们就将假设,需求曲线和价格可能会发生不可预测的变化。

如果船主预计未来的需求会发生随机变化,并且需求上升的可能性至少和下降的可能性一样大。那么,促使他们愿意投入生产的价格将高于 50 美元/吨。为什么呢？因为相较于船只的磨损，船只的建造是很快的，所以，需求增加所带来的收益只会短期存在；而船只磨损是缓慢发生的，所以，需求减少所带来的损失会持续很长时间。我们不妨将图 13-2 中的短期高价与图 13-3b 中的长期低价进行比较。如果当前价格（图 13-4 中的点 P_e）足够高以致任何微小的价格提升都会带来新船只的建成，那么需求上升就会使价格高于 P_e，但这种状态仅能维持一年。然而，需求下降则会使价格低于 P_e 的状态持续二十年。如果 P_e 恰好等于能够收回船只建造成本的 50 美元/吨，那么平均价格必然低于这一水平，因此平均而言，船只无法收回其全部成本。所以，P_e 必须高于 50 美元/吨。

这与我在描述小部件行业沉没成本的影响时所提出的观点是一样。为了使船主的行为符合理性，我们必须假设只有当价格高到一定程度以致需求不变时的利润足以与需求下降后的损失相抵时，船主们才会开始造船。该行业内价格随时间变化的模式如图 13-4 所示。

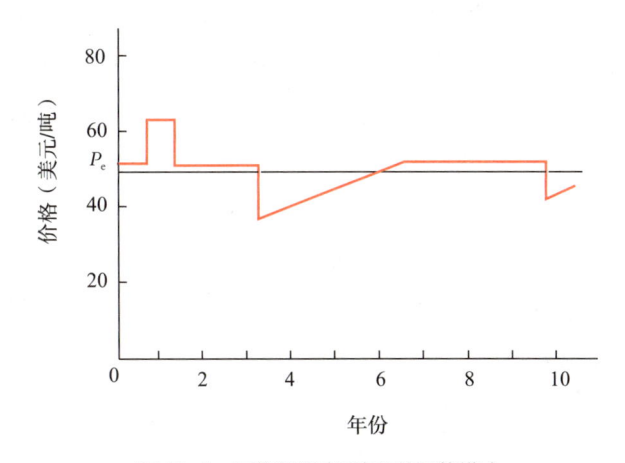

图 13-4 运费率随时间变化的可能模式

不像图 13-2，该图假设生产者预期到需求中不可预测的移动。
货运的平均回报必须足够覆盖相应的成本。

如何在说真话的同时撒谎—— 一个真实的故事

多年前的一个夏天，我在华盛顿碰到了一个有意思的经济分析，与上述原理有关。与我合作的一个议员提出了一项议案，旨在废除大部分的农业专项计划，包括对谷物饲料的价格支持计划。很快，农业部发布了一项关于废除这些专项计划所造成影响的研究。如果我没记错的话，他们最终得出的结论是：废除这些专项计划会使各农场的收入下降共计约 50 亿美元，而政府因此省下的财政支出只有约 30 亿美元，因此，该行动将会带来约 20 亿美元的净亏损。

然而,上述盈亏计算忽略了可能对消费者产生的影响——尽管食物价格下降是农业收入减少的原因。根据农业部的数据,拟议的废除将为消费者节省约 70 亿美元(如果我没记错的话),进而产生 50 亿美元的净收益。然而,反对该废除议案的农业部并没有在分析报告中提到这个影响因素。

报告的另一部分断言,废除谷物饲料的价格支持,将会压低以谷物为食的禽畜价格。报告还称,禽畜价格下跌将首先打击到家禽生产商,继而是猪肉和羊肉生产商,最后是牛肉生产商。据我所知,上述这些结论都是对的。由此获得的结论似乎是:取消价格支持,将对家禽生产者造成重创,对羊肉和猪肉生产者的影响相对较小,对牛肉生产者的影响最小。然而,这个推论与事实大相径庭。

只要稍加思考,就不难搞清真相。取消对谷物饲料的价格支持会降低家禽、猪肉、羊肉和牛肉的生产成本,因为谷物饲料很可能是生产这些食品的最大投入项。家禽的繁殖速度极快,因此家禽生产者将会在短时间内获得高于正常水平的利润(因为生产成本下降,而家禽价格没有下降)。而一旦家禽数量增加,其价格就会相应下降;最终,生产商的回报会恢复到正常水平。而猪和羊的繁殖速度不如家禽那样迅速,因此其生产者能够在更长的时间内获得高于正常水平的回报。以此类推,牛肉生产者获得超额回报的时间更长。这与航运需求增加时船主收益的变化情况是很相似的,只是前者的诱因是生产成本的下降,而后者则是航运需求的增加。农业部在报告中似乎是说牛肉生产者受到的伤害最小,而家禽生产者受到的伤害最大。然而,他们的分析实际上是指,如果取消对谷物饲料的价格支持,牛肉生产者获得的收益最大,而家禽生产者获得的利益最小。

第二节 长期成本与短期成本

迄今为止,我们一直在探讨沉没成本对利润最大化企业的行为影响,并借此分析不确定性对价格的影响。更技术性的描述是,我们在用马歇尔**准租**(quasi-rents)的术语来分析不确定性的影响——之所以称之为"马歇尔",是因为这种分析进路,以及很多现代经济学理论,都是由经济学家阿尔弗雷德·马歇尔创造的,而之所以用"准租",是因为沉没成本的回报在很多方面与土地租金很相似。二者都可以被视为需求曲线与完全无弹性的供给曲线相交的结果,尽管沉没成本对应的供给曲线仅能在短期内维持无弹性的状态。

对于此类问题,更为传统的分析方法是借助短期与长期成本曲线以及由此推导出的短期与长期供给曲线。我们在第九章时就从成本曲线中推导出了供给曲线,而当时我并没有使用这种方法,现在我也没有使用。为什么呢?

我在第九章解释了忽略长期成本和短期成本之间区别的原因,因为在我们当时所分析的不变世界中,没有长期与短期之分。而我之所以没有以那样的方式来引入本章的思想是因为,针对相同的问题,我目前的方式更普适、更有力。它更普适是在于,它允许我们考虑不同的使用寿命与建造时长的生产性资产——如船舶和工厂,而不仅仅是像"短期的"和"长期的"这样的极端(和模糊的)分类。它更有力是在于,它不仅给出了长期和短期供给曲线,还说明了在短期向长期过渡期间,生产性资产的价格和用生产性资产所生产的商品的价格如何变化。

证明所有这些最简便的方法——并且能让你对后续假设你对这些方法已熟悉的章节中有所准备——就是把短期/长期分析作为我们一直遵循的研究方法的一个特例。如此一来,我们就能考察隐藏在简化假设背后的种种复杂情形。

工厂规模和短期供给曲线

让我们先从一个行业开始。鉴于在本章前半部分中,小部件的出场频率过于频繁,现在我们不妨假设所考察的是板条行业。板条是由板条工厂负责生产的。板条企业数量众多,因此每家企业都是价格接受者。准备进入该行业的企业,或是已经进入该行业但目前正在更换废旧工厂的企业,都必须慎重考虑所建工厂的规模。小型工厂的建造成本较低,但运营成本较高,尤其是你想大规模生产的话。大型工厂的建设成本较高,但大规模生产的效率也更高。假设一家企业在某个时期只能经营一家工厂。

图 13-5 至 13-7 表示的是三家不同工厂的成本曲线。第一个工厂耗资 100 万美元修建,第二个工厂耗资 300 万美元,第三个工厂耗资 500 万美元。工厂没有残余价值,因此这些投资全部都是沉没成本。每家工厂可持续 10 年。假设利率为零,则每家工厂的年成本是其建造成本的 1/10。把利率修改为真实世界中的实际水平并不难,只是这样只会使分析过程更为复杂,却没有什么重要意义。

该工厂的建造成本为 500 万美元。由于它能维持 10 年,每年的固定成本为 50 万美元。阴影区域表示在价格为 10 美元/板条时的利润。

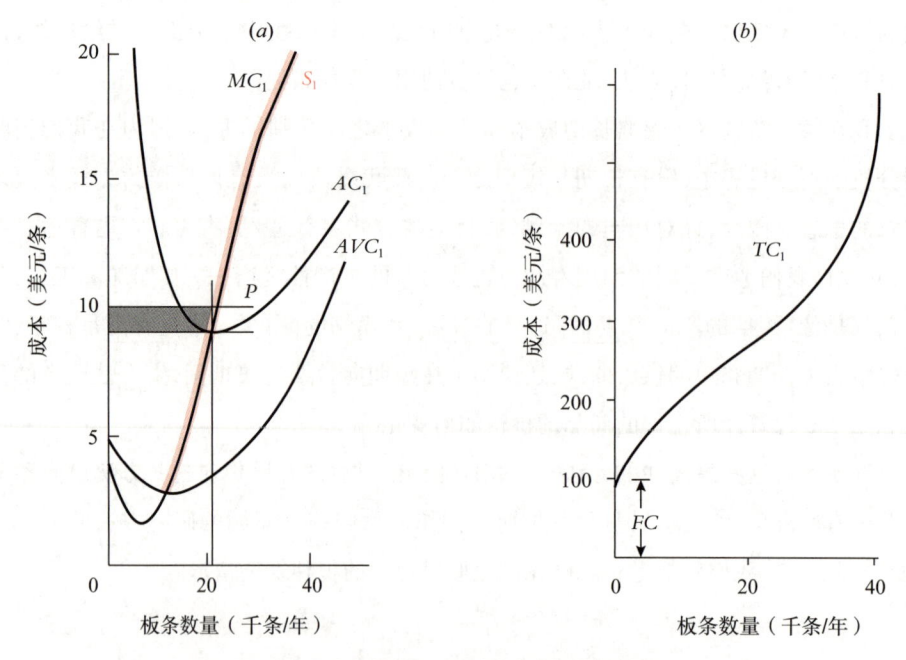

图 13-5 小型板条工厂的成本曲线和供给曲线。

该工厂的建造成本为 100 万美元。由于它能维持 10 年，每年的固定成本为 10 万美元。阴影区域表示在价格为 10 美元/条时的利润。

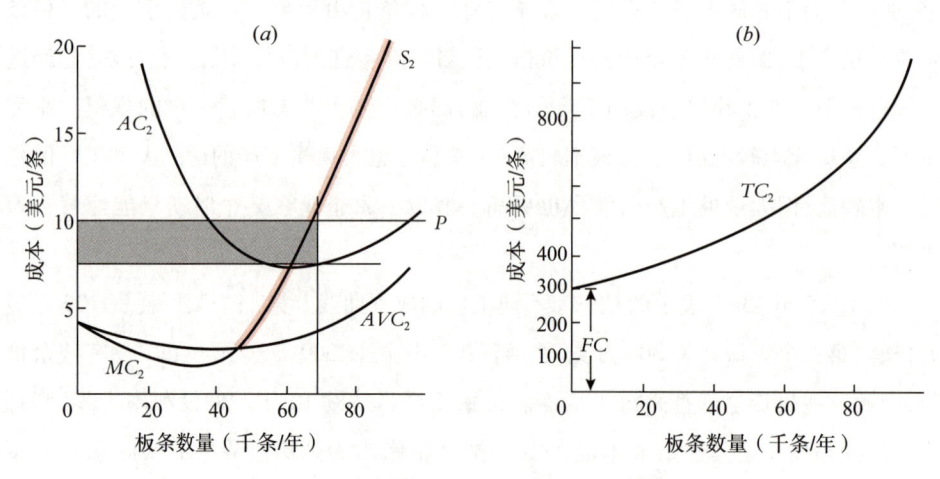

图 13-6 中型板条工厂的成本曲线和供给曲线。

该工厂的建造成本为 300 万美元。由于它能维持 10 年，每年的固定成本为 30 万美元。阴影区域表示在价格为 10 美元/条时的利润。

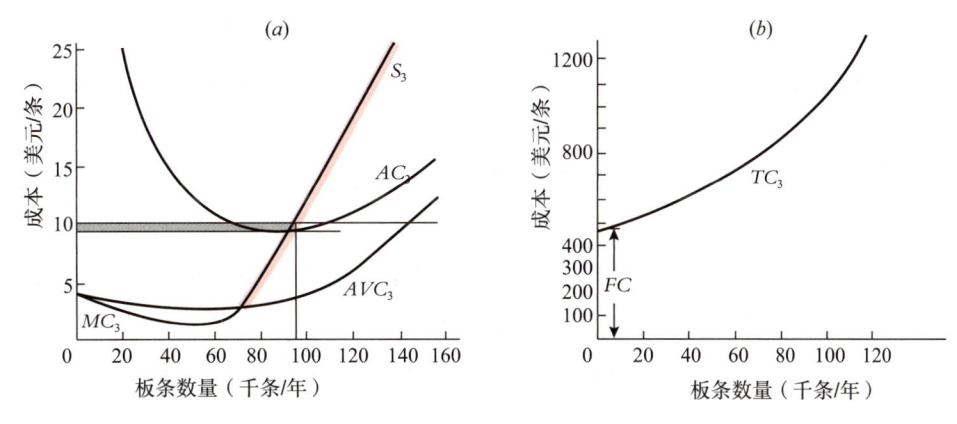

图 13-7 大型板条工厂的成本曲线和供给曲线。

总成本是固定成本与**可变成本**(variable cost)之和。这些图的绘制都是基于以下假设——生产板条的唯一固定成本是建造工厂的成本；其他所有成本都是可变的。由于这意味着固定成本和沉没成本是相同的，所以可变成本（总成本减去固定成本）和可收回成本（总成本减去沉没成本）也是相同的。这些图还表示了平均可变成本(AVC)，而它们也本可能会被标记为"平均可收回成本"(average recoverable cost, ARC)。

每组图形都包含四条成本曲线——总成本曲线(TC)、边际成本曲线(MC)、平均成本曲线(AC)与平均可变成本曲线(AVC)。总成本包含工厂的年化成本；由于我们假设工厂的建造成本是唯一的固定成本，产品数量为零时的总成本便是工厂的年化成本。具体来讲，该成本在图 13-5b 中为 10 万美元/年。由于平均成本的定义是总成本除以产品数量，因此它也包含工厂建造成本。而另一方面，平均可变成本并不包括工厂建造成本，因为后者是固定的。

就边际成本而言，我们是否让其包含工厂建造成本并不重要。边际成本是总成本的斜率，在函数中增加一个常数项只会使其曲线平移，而不会影响其斜率。

假设该板条企业建造的工厂如图 13-5 所示。板条的市场价格为 P，企业需要对年生产量做出决策。正如第九章中所述，企业通过将产量设定为能够使 $MC=P$ 的水平来实现利润最大化，前提是该产量不会使企业陷入亏损。

在第九章，我们可以通过比较价格和平均成本来判断企业是否盈利：如果平均成本大于价格，则利润为负，企业应停产。这一次，我们有两种平均成本——AC 和 AVC。我们应该选择哪种呢？

答案是 AVC。工厂落成已是既定事实，企业现在要决定是否将其关停。如果企业关停工厂，就将无法收回建造工厂的花费，因为这是一种沉没成本。关停工厂所节

第十三章 机会

省的是可变成本。如果关停工厂所节省的成本大于不再出售任何板条所造成的损失,则企业应关停工厂;否则,工厂就应该继续运行。因此,只要价格高于平均可变成本,企业就会继续经营工厂,并将产量定为能够使生产边际成本等于价格的水平。如果价格低于平均成本,那么运营工厂将无法收回其建造成本,工厂压根就不该建造,现在无论怎么做都为时已晚:沉没成本就是已经"沉没"的成本。

图 13-5、13-6 和 13-7 中标注为 S_1、S_2、S_3 的曲线就是前两段所隐含的供给曲线。每条供给曲线 S 都是从边际成本曲线与平均可变成本曲线的交点出发,沿边际成本曲线向右延伸。在任何低于上述交点所对应的价格下,供给量都为零。

长期供给曲线

这些是**短期供给曲线**(short-run supply curve)。它们正确地描述了一个已经拥有正常运转的工厂的企业行为。但从长期来看,工厂会折旧,直至最终被替换。而筹备建厂的企业与已拥有工厂的企业的处境是不同的,表现在两个方面:第一,建厂成本还没有变成沉没成本,也就是说,该企业完全可以选择不建工厂、不投产。只有在预期价格高于(包含平均建造工厂成本在内的)平均成本的情况下,该企业才会实施建设。第二,计划建厂的企业可以选择自己认为合适的工厂规模。这个选择取决于价格。因此,描绘长期供给曲线时,我们必须考虑到板条价格与板条生产工厂规模之间的关系。

如何描绘一家企业的长期供给曲线呢?对于一家计划建厂的企业,我们不妨假设板条的市场价格至少在接下来的 10 年(也就是工厂的生命周期)内都不会发生变化。那么,该企业的长期供给曲线就变成了企业选择生产的数量与价格之间的关系。

我们分成两步来描绘长期供给曲线。首先,计算企业建成不同规模的工厂所计划生产的板条数量。进而,将由此产生的不同利润进行比较,得出最优方案。只要知道工厂的规模与预期的产量,我们就能据此得出此价格水平所对应的供给量。在所有其他价格水平下,重复上述计算过程,我们就得到了该企业的长期供给曲线。

图 13-5、13-6 和 13-7 向我们展示了当价格为 10 美元/板条时的计算结果。正如我们已经知道的,一个价格接受型的企业,会通过将生产数量设定在 $MC=P$ 的水平来使其利润最大化。因此,无论该企业选择建设何种规模的工厂,它所计划生产的产量水平都会满足边际成本等于价格的条件。

如果该企业这样做,其利润会是多少呢?单位产品的利润将等于价格减去平均成本。在决定建造何种规模的工厂时,企业会考虑到建造工厂的成本。因此,上述所说的平均值所指是平均成本,而不是平均可变成本。总利润等于单位产品的利润乘以产量,即每张图中的矩形阴影区域。图 13-6 中的矩形阴影区域面积最大,该企业建造了一个 300 万美元的工厂,并将产量定为使价格等于边际成本的水平。

图 13-8 表示对应不同价格水平重复上述计算所得出的结果。如图所示,花费较低的工厂在低产出水平下的平均成本较低,而在高产出水平下的平均成本较高。其结果是,随着价格和数量的增加,工厂的最优规模也会相应提高。因此,要想得到该企业的长期供给曲线(图 13-8b),我们就需截取图 13-5 至 13-7 中的短期供给曲线的某些部分并将其组合在一起。这样做的话,我们就将自身限制在每条短期供给曲线中高于相应平均成本(AC 而非 AVC)的部分,因为只有这部分才是这种规模的工厂的长期供给曲线。最终,我们可以推导出可以自由改变工厂规模和其他投入品的企业的长期供给曲线。

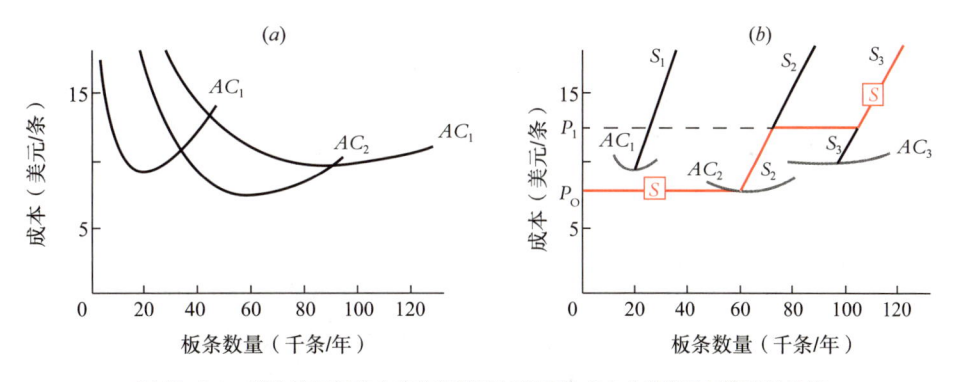

图 13-8 一家生产板条的企业的短期和长期平均成本曲线以及长期供给曲线

AC 和 S 的绘制基于的假设是只存在三种可能的工厂规模,分别对应图 13-5,13-6 和 13-7。对于任意价格,该企业修建该价格下所能产出最大利润的工厂。

在图 13-8b 中,我们可以看到,最小规模的工厂与企业的供给曲线无关,因为无论板条价格如何变化,都无法使该企业收回建造该工厂的成本。如果市场价格低于 P_0,那么无论是三种工厂规模中的哪一种,都无法收回其建造成本,所以企业只能停工停产。在图 13-8b 中,对于 P_0 和 P_1 之间的价格,该企业通过花费 300 万美元建厂并生产使边际成本(图 13-6a 中的 MC_2)与价格相等的数量来实现利润最大化。对高于 P_1 的价格,企业更好的做法是花费 500 万美元建造一座规模更大的工厂,并按照图 13-7a 的 MC_3 曲线从事生产活动。因此,S 就是企业的长期供给曲线。

推导企业长期供给曲线的另一种方法,是将工厂本身视为生产函数的另一种投入品。沿用第九章的方法,我们计算出每个产出水平下最低成本的投入品组合。其结果会告诉你:对任一数量的产出,生产成本是多少以及该使用何种投入品(包含哪种工厂规模)。然后,你就可以计算出平均成本(图 13-8a 中的相同曲线)、边际成本和供给曲线。由于我们现在考虑的是长期供给曲线,就先暂时回到第一到十一章的那个不变的世界。

图 13-9a 表示,如果不将工厂规模限制在上述 3 种,而是可以从一个连续的范围中选择,那么企业的长期平均成本曲线会如何。图中的实线 LAC 是相应的长期平均成本曲线;灰色线表示几种不同工厂规模(包括图 13-5 至 13-7 中的)所对应的平均成本曲线。由于对于任意数量,企业都会选择以尽可能低的成本生产该数量的工厂规模,因此工厂的平均成本曲线绝不会低于企业的平均成本曲线。该企业的长期平均成本曲线上的每一点也都在某种工厂规模(企业在预期生产该产量时所选择的生产规模)的平均成本曲线上。结果如图 13-9a 所示:不同工厂规模的平均成本曲线位于企业的长期平均成本曲线之上,且与之相切。

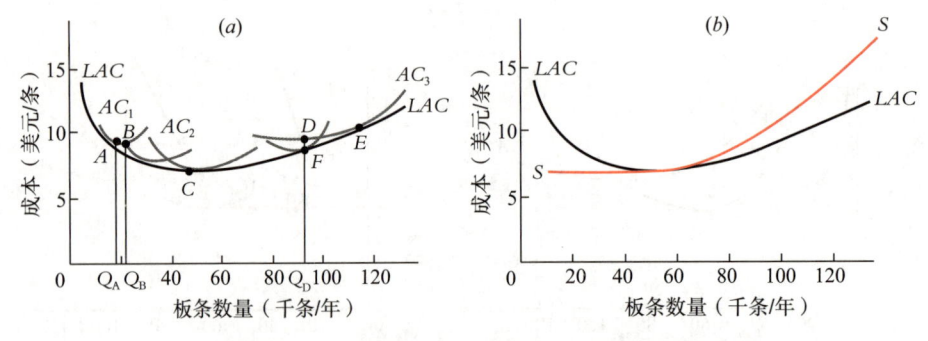

图 13-9 一家生产板条的企业的长期平均成本曲线和供给曲线

LAC 和 S 的绘制是基于存在一个连续范围的可能工厂规模的假设。对于任何想要的产出水平,该企业会选择能以最低成本生产的产出数量。对于任意价格,该企业修建该价格下所能产出最大利润的工厂。

有些读者可能会在像 13-9a 这样的图中发现一个令人困惑的特征,那就是:一般而言,工厂平均成本曲线与企业长期平均成本曲线并不会在该工厂规模所对应平均成本的最小值处相交。例如,AC_1 与 LAC 的交点并非 AC_1 最小值的点 B,而是点 A;除 AC_2 之外,其他所有平均成本曲线都是这样。从数学意义上讲,原因很简单。AC_1 在点 A 处与 LAC 相切;在切点处,两条曲线具有相同的斜率。只有当 LAC 处于其最小值时(例如与 AC_2 的切点 C),其斜率才为零。由于 LAC 的斜率在与 AC_1 的切点处并不为零,因此 AC_1 的斜率也不为零;因此,此处并不是 AC_1 的最小值。上述证明过程同样适用于图中除点 C 以外的所有切点。

正如我之前所评论的,看得懂并不代表对最终结论的理解。对某些读者而言,上一段文字就是一个例子。还有一种论证方式就是指出,将产量定为 Q_A 的企业是可以通过将产量扩大到 Q_B 来降低其平均成本的,然后,它还会想继续扩大产量;如果它想

生产 Q_B，它就可以用一个更大规模的工厂并以更低的成本生产。点 B 代表的是企业在价值100万的工厂中生产该产量的最小平均成本，并不是该企业产量为 Q_B 时的最小平均成本，因此，也不是该企业在任意工厂规模下生产该产量所对应的平均成本的最小值。类似的，D 是 AC_3 的最小值点，但在其下方还有另一条（未标记的）平均成本曲线，提供了一种以更低成本生产 Q_D 数量的方式——于点 F 处。

图 13-9a 表示了某家企业的短期与长期平均成本曲线，该企业可供选择的工厂规模为一个连续范围；图 13-9b 表示的是该企业的长期平均成本曲线和长期供给曲线。每当价格上升一点时，最优工厂规模的数值也会随之改变。其结果是如图 13-9b 所示的平滑供给曲线。

在第九章，在找到某家企业的供给曲线后，我们还会继续寻找由很多这样的企业构成的整体行业的供给曲线。现在我们也要这么做。短期内，工厂数量是固定的，因为没有足够的时间建造更多的工厂，也没有足够的时间让现有工厂折旧报废。因此，该行业的短期供给曲线就是所有现有工厂的短期供给曲线在水平方向上的加总，这与第九章所讨论的存在进入壁垒的竞争性行业的情形相似。

从长期看，工厂数量会发生变化：企业可能会建造新工厂，或是现有工厂已报废但还没有被取代。除非存在准入壁垒（比如，禁止建造新工厂的法律），不然我们就处在第九章所讨论的第二种情况——自由进入的竞争性行业。如果该行业的投入品供给是完全具有弹性的，其价格不受该行业产出的影响（成本不变的行业），则该行业的长期供给曲线就如图 13-10 所示——位于价格＝边际成本＝最低平均成本处的水平直线。如果某些投入品的价格随着行业购买量的增加而上涨（成本递增的行业），则行业供给曲线就会向上倾斜，如 S'。

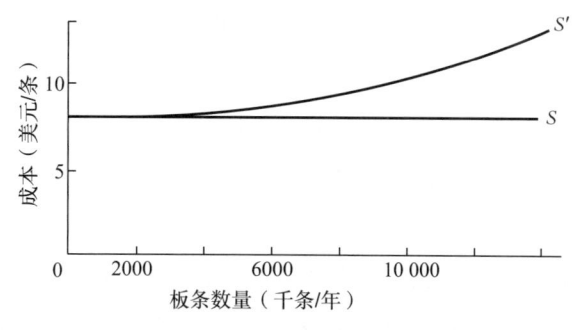

图 13-10 板条行业的两条可能的长期供给曲线

供给曲线 S 是一条满足价格等于最小平均成本的水平线，其绘制的前提是投入品的供给是完全具有弹性的。S' 绘制的前提是随着数量的增加，投入品的价格上涨。

第十三章 机会

第一节与第二节：两种方法的比较

短期供给曲线说明了企业如何在不值得改变工厂规模的短期时间内应对价格的变化；长期供给曲线则说明了企业会如何应对价格的永久性变化。我们现在已经回答了这两个问题。除此之外，我们还学到了什么以前不知道的呢？

我们所学到的最重要的一课，就是如何计算企业的短期行为。在本章中，前面的所有例子都假设企业的生产模式是简单的一刀切——全有或全无（all or none）。比如，对于小部件工厂，企业只能选择要么满负荷生产，要么关门停业；航运服务只要还有一丝利润可赚，船主的每艘货船都必须装满才能启程。实际上，我们是在假设所有成本曲线都符合诸如图 13-11a 和 13-11b 的模式——边际成本在达到最大生产水平之前保持不变，而在之后会趋于无穷。此外我们还假设，只有一类工厂和一种船。

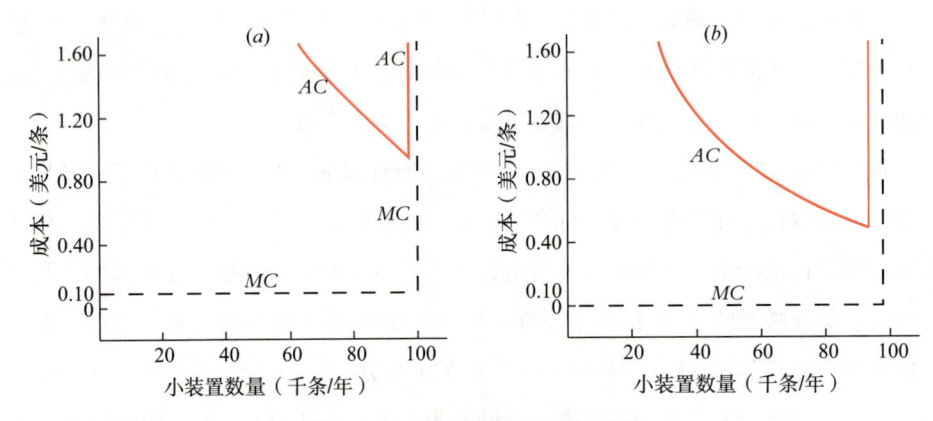

图 13-11 小部件和航运的成本曲线

上图表示第一节所讨论的小部件行业和航运行业的成本曲线。

在分析板条制造工厂时，我们使用了更贴近现实的成本曲线。在分析过程中，我们看到，即使在短期，供给量可以如何随着价格而不断变化。在之前的分析中，我们也可以这样做，但我没有。因为全有或全无的生产模式是一种简化假设，用来帮我们避免某些时候不必要的复杂情形。对短期和长期供给曲线的讨论是放弃该简化假设的合适切入点。

短期-长期分析方法有什么不足呢？其中一点就是这种方法很容易使学生混淆沉没成本与固定成本。在前面的案例中，这两者通常是相同的，但事实并非完全如此。

正如前文所述，在板条制造行业，平均可变成本曲线也可被标记为平均可收回成本曲线，因为二者在此处完全相同。根据惯例，我给该曲线的标注是 AVC，这也是大多数其他教科书的做法。然而,将其标注为 ARC 似乎更合理——因为成本是可收回的,而非可变的,这对该曲线与短期供给曲线的关系至关重要。如果在我们考察的某个情况下,可变成本与可收回成本不相等,那我们就可以忽略 AVC 曲线而只描绘出 ARC 曲线。

短期-长期分析方法的缺点之一,是使学生更容易混淆固定成本和沉没成本。它的局限之一是它只区分了两类成本——短期和长期。本章前部分提出的分析沉没成本的更通用的方法,可以用来分析更广泛的情形,包括那些有多个具有不同寿命的长期生产性资产的情形。

短期-长期分析方法的第二个局限性是它没有提及短期和长期之间的价格变化——价格如何随着没有预料到的需求变化而调整。如果我们知道不同规模的工厂的数量,短期供给曲线就可以让我们算出价格与数量;而不管我们是否知道工厂的数量,长期供给曲线都可以告诉我们在长期稳定的条件下,价格和数量最终必然是多少。然而,这种方法并没有解释如何计算价格和数量从一个值移动到另一个值的路径,就像我们在分析小部件行业和航运服务业时所做的那样。

上文所述并不意味着短期-长期分析方法是错误的。无论是在实际运用经济学还是在教授它时,我们都必须权衡不同程度的简化的利弊。本节所描述的短期-长期分析法有利也有弊。由于简化程度较高,这种方法更容易被学生理解和接受。但比起本章前半部分所使用的方法,短期-长期方法带给我们的启发更小。

从某种意义上来说,这种区分完全是出于教学的考虑。一旦理解了其中一种分析方法,就能发展出另一种。只要稍微动点脑筋,我们就能从短期与长期成本曲线开始,发现如何分析更复杂的情况或如何找到价格和数量随时间变化的路径。从沉没成本开始,你可以把短期和长期成本曲线当作特殊情况来分析——不光是在图 13-1 至 13-4 所描述的航运行业中,还包括更为复杂的情形。通过以这两种不同的方法来传授这部分教学内容,我希望你能找到对自己来说更得心应手的方法。这就是一种收益。当然,这样做的成本就是更多的页数和时间——我的写作时间和你的阅读时间。教科书的生产与其他任何事物的生产或者其他任何需要选择的行动一样,都涉及成本与收益的权衡。

第三节　投机

不管是阅读报纸还是历史书,都很容易看到对邪恶投机者的记述。有时,投机者似乎要为世界上的所有问题负责——饥荒、货币危机与高物价。

投机如何运作

投机者的理念是贱买贵卖。假如你认为今年的收成会很差。如果你的判断正确,粮食价格在未来会上涨,那么,你就要趁着粮食价格还未上涨时购入粮食。结果,今年的收成确实不好,粮食价格上涨,你卖出低价时购入的粮食,大赚了一笔。

为什么这种特殊的盈利方式会给人们留下很坏的印象呢?原因如下:其一,在这种情况下,投机者至少是从别人的厄运中获利的;用吉卜林的话说,投机者是在挣那些"肚子干瘪、极度匮乏之人"的钱。当然,这话也适用于描述农场主,虽然他们通常被认为是好人。其二,投机者囤积粮食往往会推高粮食价格,这使得他们似乎该对粮食短缺负责。

为了挣钱,投机者必须一手买、一手卖。如果他在粮食充裕的时候购入,的确会推高粮价。然而,如果他在粮食短缺时售出,即使他的这种行为只是为了自己挣钱,那也会在粮食最被需要的时候增加了粮食的供给、降低了粮食的价格。

换言之,投机者的动机虽然自私,但其行为的实际效果与仁慈的君主无异。当他预见到小麦会出现短缺,就会诱导消费者减少当前的小麦消费量。(在消费者预见到小麦收成惨淡之前),投机者会大量购入小麦,推高价格,从而减少消费者对小麦的当前消费。较高的价格也会引导消费者减少对食物的消费(比如,尽早屠宰肉用禽畜,从而节省饲料花费并增加人类消费),从国外进口小麦食品,生产其他种类的食品(如鱼类、干果),等等。诸如此类的行为都是在为预期的粮食短缺做好准备。然后,投机者在饥荒最严重的时候将囤积的小麦以某一价格卖出去。他的行为非但没有导致饥荒,反而防止了饥荒。

更一般地说,成功的投机行为(在许多方面,不仅仅是食品)往往会平抑价格波动。投机者在现时价格低于长期价格时买入,在现时价格高于长期价格时卖出;在现时价格偏高时,将价格压低到均衡水平,在现时价格偏低时,将价格抬升至均衡水平。他们所做的,正是政府的价格稳定计划声称要做的事情——减少价格的短期波动。而在这个投机过程中,投机者常常会干扰到这些稳定计划的运行——这些计划大部分是由生产国实施的,旨在尽可能好地稳定价格。

谁受益

> 我们为什么要欢迎您呢,风暴乌鸦大师?拉斯佩尔我给你起名叫坏消息;他们说,坏消息是不会受到欢迎的。
>
> ——格里玛(Grima)致甘道夫(Gandalf)
> 摘自托尔金(J.R.R.Tolkien)《双塔》(*The Two Towers*)

至少在某种程度上,对投机者与投机行为的厌恶,反映出人们对坏消息传递者所持有的根深蒂固的敌意。因为预见到未来的歉收而提高当前价格的投机者,向消费者传达了未来歉收的事实,并强迫他们在决策时考虑到这一事实。当然,人们难以理解投机运作的原理也是导致这种厌恶的原因之一。不管是出于什么原因,思想是致命的,而投机者造成短缺的思想一定是有史以来最致命的错误之一。如果投机行为不为人们所接纳,那么投机者必将举步维艰;因为投机者的盈利要仰仗他的粮食库存没有被暴徒洗劫或被政府没收。在贫穷国家,几乎在其历史上的每一处,代替粮食投机行为的另一个选择就是周期性饥荒。

人们怀疑投机者引起价格波动的一个原因可以用拉丁文中的一个短语"cui bono"来概括,这个短语的大致翻译是"谁受益"。如果有报纸披露某位州长候选人去年接受了从州合同中赚取1000万美元的一家公司的大量竞选资助,那么,一个合理的猜测就是,该消息应该是该竞选者的对手散布出去的。如果第三世界中的某处发生了政变,政变的胜利者上台之后就立即与美国结盟,那么,我们不必查看新统治者的银行记录,就可以怀疑这场政权更替的资助者是华盛顿。

虽然"谁受益"是理解很多事情的有用法则,但对于理解价格运动,它不仅毫无用处,而且还颇具欺骗性。从某商品的价格上涨中受益的人固然是其生产者,但通过生产活动,他们只会压低价格而非使价格上涨;从某商品的价格下跌中受益的人固然是其购买者与消费者,但购买行为本身只会抬高价格,而非促使价格下降。小部件制造商可能晚上跪着祈祷小部件价格上涨,而他白天上班所做的事情就只会让小部件价格下跌。因此,认为价格变化是其获益者一手促成的这种信念,通常情况下都是错误的,有时甚至是危险的。

投机者的获利是通过正确预测价格变化,尤其是那些难以预测的变化。如果根据"谁受益"原则,我们可以很自然地得出结论:是投机者引发了价格波动。

这个结论的麻烦在于,投机者为了牟利,必须低价买入、高价卖出。而购买会拉高原本较低的价格,售出则会压低原本较高的价格。也就是说,成功的投机者是在削弱价格波动,就像成功的小部件制造商会降低其生产的小部件的价格那样。当然,从逻辑上讲,加剧价格波动的投机者是可能存在的,只是他们账本上的赤字也会比较醒目。

当然,确实有投机者想引发价格波动,但前提是他自己不会受损;更准确地说,他是想要商品在他卖出之前价格上涨,在他购入之前价格下跌。然而,仅凭投机者自己的市场活动,他显然无法做到这一点,但他可以在其他投机者之间散布误导性的谣言。毫无疑问,某些投机者就是这样做的。他们的这种行为如同为自己所生产的产品打广告的生产商:试图说服人们购买他想售出的东西。然而,投机者面对的听众比广告商的更持怀疑态度,因为很显然,如果他真的预测到某种商品价格会上涨,那么他理应保持缄默并自己购入。因此,个人炮制虚假信息的情况,虽然毫无疑问会发生,但通常不太可能奏效。

我曾经听过一位经济学家的演讲,他将稳定价格与牟利性投机的关系反向来用了。通常的观点是,投机者因其牟利的意图而为市场提供了稳定价格的有效公共服务。而这个反着用的观点,涉及的不是个体投机者,而是中央银行。中央银行声称,其买卖货币的行为是为了稳定汇率(汇率是指一种货币以另一种货币衡量的价格)。然而,该说法遭到了经济学家和投机者们的普遍质疑,他们认为,央行试图保持的不是汇率的稳定,而是使其高于或低于其市场出清的水平。

如果牟利性投机在稳定汇率,那么人们就会预期成功的货币稳定是有利可图的。如果银行在美元较便宜时买入,在美元较昂贵时卖出,那么他们应该能稳定美元价值并从中获利。这种论述的一个含意是,央行是多余的——如果稳定货币能带来利润,投机者将乐于自愿担任这一职责。该观点还意味着,我们可以通过观察央行的投机行为是否盈利来判断央行的行为是否成功。这位经济学家仔细研究了这个问题,得出结论:央行一般都是赔钱的。

选读部分

不确定世界中的选择

在第一到十一章中,我们看到在一个确定不变的世界中,市场如何运行以决定价格和数量。在第十二章,我们学习了如何应对一个变化但确定的世界。在这个世界中,任何决定牵涉的是可预测的成本流和收益流——今年这么多,明年这么多,后年这么多。我们只需将每个货币流转换为现值,并将成本和收益的现值进行比较,就如同我们之前比较成本和收益的年流量那样。

接下来,我们要分析的是不确定世界中的个体选择。同样,我们的目标是问题转化为我们解决过的更简单的问题。为了描述一个不确定的世界,我们假设每个人对所有可能结果的预测存在一个**概率分布**(probability distribution)。换句话说,个体并不知道将来会发生什么,但他知道(或自认为知道)可能会发生什么以及发生的可能性有多大。他的问题就是,给定他所知道的,如何尽可能成功地实现其目标。

▶ 理性的赌徒

比如,考虑一下掷硬币出现正反面的概率。假设这枚硬币是公平的:一半时间朝上,一半时间朝下。赌徒的问题在于,他应该怎样下注?

答案似乎显而易见——如果 1 美元赌注的回报大于 1 美元,那就下注;如果 1 美元赌注的回报小于 1 美元,那就拒绝下注。如果有人提出这样的条件:硬币正面朝上,他付给你 2 美元;硬币反面朝上,你付给他 1 美元。那么,接受赌约平均而言会使你获益,你应该接受。如果他下的注仅有 0.5 美元,却要你下注 1 美元,那么平均而言,接受赌约会让你亏钱,你应该拒绝。

在这些例子中,你要在某个确定的结果(拒绝下注并得到最初的本金)和某个不确定的结果(接受下注并最终得到比本金更高或更低的回报)之间做出选择。更一般的说法是,在各种替代性方案中,我们应选择**预期回报**(expected return)最高的方案。这里的预期回报是指,不同可能结果的回报以其发生概率加权后的总和。

预期回报最大化。 在某些情况下,这的确是正确答案;但并非所有情况都是如此。如果你多次在胜负率都为50%的赌局中下注,那么几乎可以肯定的是,你大约有一半时间都在获胜。从长期来看,使你平均而言获益的赌局几乎确定能为你带来净收益。比如,如果你将一枚普通硬币掷 1000 次,那么,正面朝上的次数超过 600 次或少于 400 次的可能性都是很小的。如果每次正面朝上能使你获得 2 美元,每次反面朝上会使你输掉 1 美元,那么几乎可以肯定的是,在 1000 次抛掷后,你至少会领先(你的对手)400 美元。

期望多次在硬币的某一面下注的赌徒例子,可以用来推广描述所有赌博游戏。这类赌徒的规则是,"最大化其预期回报"。由于我们将预期回报定义为每个结果的回报乘以该结果发生的概率,因此我们有:

$$<R> \equiv \sum p_i R_i \qquad (等式1)$$

这里 p_i 是结果 i 发生的概率,R_i 是结果 i 的回报,$<R>$ 是预期回报。

当你抛掷硬币时,它要么正面朝上,要么反面朝上;更一般地讲,任何赌博的结果都会是所有替代结果中的某一种,因此我们有:

$$\sum p_i = 1 \qquad (等式2)$$

在前文所描述的赌博中,赌徒会因反面朝上而输掉 1 美元,因正面朝上赢得 1 美元,那么就有:

$$p_1 = 0.5; R_1 = +\$2(正面)$$
$$p_2 = 0.5; R_2 = -\$1(反面)$$
$$<R> = (p_1 \times R_1) + (p_2 \times R_2) = [0.5 \times (+\$2)] + [0.5 \times (-\$1)] = +\$0.50$$

这里的 p_1 和 p_2,分别表示正面朝上和反面朝上的概率,并都为 50%;你的预期回报是 0.50 美元。如果你多次进行该游戏,那么你在每次游戏中所赚得回报的平均值即为 0.50 美元。只要赌博的预期回报是正的,赌博就是有利可图的——只要你重复的次数足够多。这同样适用于任何其他预期回报为正的赌博。预期回报为零的赌博——平均而言,参不参与这个赌博,你的经济境况都是一样的——被称为**公平赌博**(fair gamble)。

我们现在已经知道,一个会多次重复相同赌博的赌徒该如何行事。面对不同赌博时,他应该选择预期回报最高的那个。在他一旦接受或拒绝下注以致他的替代选择之一肯定不会改变的特殊情况下,他应该接受任何一个优于公平赌博的赌注。

期望效用最大化。 然而,假设你只能参与一次游戏,且赌注不是 1 美元而是 5 万美元。如果输了,你就一贫如洗——因为你现在只有 5 万美元;如果赢了,你将获得 10 万美元。在这种情况下,你很可能就会认为,财富从 5 万降到 0 对你造成的伤害要大于财富从 5 万涨到 15 万给你带来的裨益。不难想象,损失 5 万将会使你饿死街头,而赢得 10 万美元只会使你的经济状况略有改善。

这就是我们之前所说的边际效用递减。从 0 到 5 万美元增加过程中的每一单位美元的价值都要高于 5 万美元之上所增加的每一美元。这与第四章讨论的结果是一致的:货币被用于购买商品,当拥有的商品越多,新增单位商品对你的价值就越小。

当你在选择职业、创业、购房,或拿着你的终生积蓄在商品市场上碰运气时,你都赌了一大笔,并且这种赌注你不会重复多次并有信心能得到平均回报。在这种情况下,我们该如何分析理性行为呢?

冯·诺伊曼——博弈论的发明者——给这个问题提供了答案。他证明,通过将赌博的数学理论(即概率论)中的预期收益思想与经济学中的效用观念相结合,就可以描述不确定情形下的个体行为,无论这种不确定情形是否能够重复多次。

该理论的基本思想是,不像之前那样最大化以货币衡量的预期回报,个体最大化以效用值衡量的预期回报,即期望效用。每个结果 i 都有与之对应的效用 U_i。我们这样定义期望效用:

$$<U> \equiv \sum p_i U_i \qquad (\text{等式 3})$$

影响你的效用的因素有很多,而你所拥有的货币量只是其中之一。如果我们所考虑的替代选择的区别只在于你最终得到多少钱,那么,上式就可以写成:

$$U_i = U(R_i)$$

换句话说,你从结果 i 得到的效用只取决于该结果带给你多少钱。如图 13-12 所示,如果效用随着收入的增加而线性增加,就有:

$$U(R) = A + (B \times R);$$
$$<U> = \sum p_i U_i = \sum p_i (A + BR_i) = A \sum p_i + B \sum p_i R_i = A + B<R>$$

$$(\text{等式 4})$$

比较等式 4 左右两端,我们可以发现,能使 $<R>$ 最大化的任何决策都同样能够使 $<U>$ 最大化。在效用函数为线性的情况下,个体试图最大化其期望效用的行为,就像赌徒试图最大化其预期回报。

方法论上的题外话。 从赌博游戏到效用曲线,我们已经在某种程度上改变了看待预期回报的方式。在赌博情境下,回报的定义为与你的初始情况有关——如果你赌赢了,回报就为正;如果你赌输了,回报就为负。就赌博而言,这不失为一种便利的定义方式,因为赌徒完全可以选择拒绝下注,从而以零回报结束赌局。然而,在一个不确定的世界中,个体并不总是有这种替代选择。在某些情况下,或者更准确地说,几乎在所有情况下,个体所面临的所有选择都具有不确定性。在那种情境下,将零回报定义为身无分文,并以此为基础衡量其他结果,是更方便的。接着,我们可以像图13-12那样,把任何结果的效用表示为与该结果对应的收入效用。如果你在入局时,持有1万美元本金,并将其全部押注于胜负率相等的掷硬币游戏上——正面朝上为赢,反面向上为输;那么对你而言,结果为"正面向上"的效用为2万美元,结果为"反面向上"的效用则为0美元。

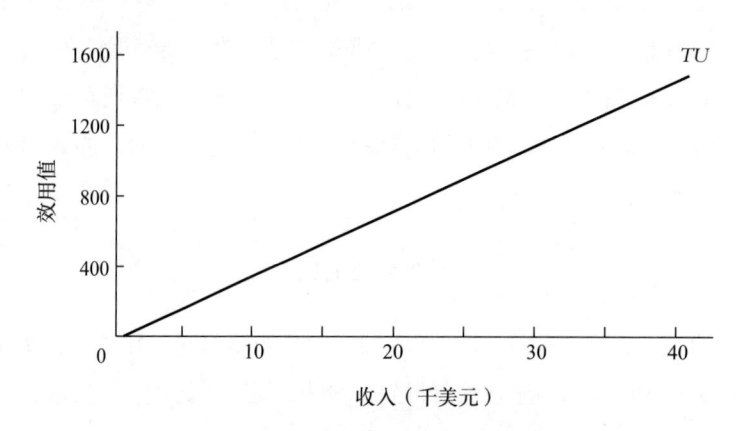

图 13-12 风险中性个体的收入总效用

图 13-12 中的第二个难点在于,水平轴所表示事物的模糊性,也就是说,效用是什么的函数?是"收入"(美元/年)还是"钱"(美元)?严格来讲,效用是一种流量(效用值/年),它取决于消费流(苹果数/年)。我们通过消费 100 个苹果(或其他我们用收入购买的东西)而获得的效用,部分取决于我们消费它们的时段。

如果我想精确的话,我可以用流量来做所有分析,并通过比较这些流量的现值(以美元或效用值来衡量)来比较不同的选择。这会使我们的讨论更复杂,且不会增加多少有价值的内容。对于图 13-12 及其他类似的图,以如下方式来理解会更加简单:某人以一笔固定资金入局,并且其寿命只有一年;或者是某人持有能产生固定债息的债券组合,并在考虑会影响他债券组合规模的赌博。这两种情况的逻辑是相同的。在第一种情况下，曲线所描述的是一年的花费所对应的效用流。而在第二种情况下，曲线所描述的是每年相同金额的花费所对应的效用流的现值。这两种方法都能在暂时忽略变化世界的其他复杂性的前提下，对不确定性的影响展开分析。为了使讨论更简洁，我将采用第一种方式进行分析。这样，我就可以用"美元"和"效用值"而不是"美元/年"和"效用/年"。你所拥有的货币量仍可以时常被描述为你的收入——一年的 x 美元/年的收入就等于 x 美元。

▶ 风险偏好与效用函数

图 13-12 将效用表示为收入的线性函数；图 13-13a 则表示了更合理的一种关系。这次，收入的边际效用递减。总效用随收入的增加而增加，但其增速随着收入的增加而趋于缓慢。

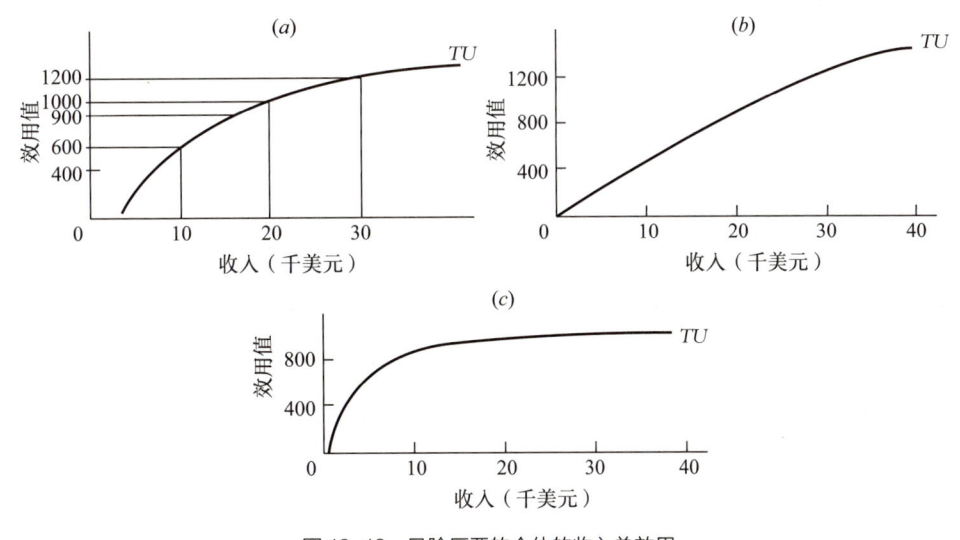

图 13-13 风险厌恶的个体的收入总效用

图 13-13b 对应的个体只是稍微有点厌恶风险。他会拒绝公平赌博，但接受比公平赌博稍微好点的赌博。 图 13-13c 对应的个体非常厌恶风险，只接受当比公平赌博好得多的赌博。

假设你现在有 2 万美元，并有机会将其中的一半押进胜负率相同的"掷硬币"赌局。如果赌赢，你最终有 3 万美元；如果赌输，你最终剩下 1 万美元。

在决定是否下注时，你是在两个不同的赌局中进行选择。如果你选择不下注，那你就是参与了一个简单赌局——确定最终能得到 2 万美元；如果你选择下注，那你就是参与了一个更复杂的赌局——有 50% 最终获得 1 万美元，50% 最终获得 3 万美元。

第一个赌局可以描述如下：

$$p_1 = 1; R_1 = 20000; U_1 = U(R_1) = U(\$20000) = 1000 \text{ 效用值}$$

（来自图 13-13a）

$$<U> = p_1 \times U_1 = 1000 \text{ 效用值}$$

第二个赌局可以描述如下：

$$p_1 = 0.5; R_1 = 10000; U_1 = U(R_1) = U(\$10000) = 600 \text{ 效用值}$$

（来自图 13-13a）

$$p_2 = 0.5; R_2 = 30000; U_2 = U(R_2) = U(\$30000) = 1200 \text{ 效用值}$$

（来自图 13-13a）

$$<U> = (p_1 \times U_1) + (p_2 \times U_2) = (0.5 \times 600 \text{ 效用值}) + (0.5 \times 1200 \text{ 效用值}) = 900 \text{ 效用值}$$

该经济主体会选择期望效用较高的备选方案；因此，他会拒绝下注。从钱的角度看，这两种选择具有相等的吸引力，因为它们具有相同的预期回报。从这个意义上讲，这是一个公平赌博。但在效用层面上，第一个选择要优于第二个。这不难理解，当效用函数的形状如图 13-13a 所示时，相较于预期回报为 1 美元的赌注，该主体会更偏爱稳拿 1 美元的确定性。

这种行为被称为**风险厌恶**（risk averse）。如图 13-13b 所示，效用函数几乎是直线，这种效用函数所代表的经济主体只有轻微的风险厌恶。这样的经济主体会拒绝公平赌局，但可能接受预期回报略优于公平状态的赌局，比如用 1000 美元押注 1100 美元的抛硬币赌局。而对于风险厌恶极强的经济主体而言（如图 13-13c 所示），他可能会接受的赌局只能是有极高预期回报的赌局，比如用 1000 美元押注 10000 美元的抛硬币赌局。

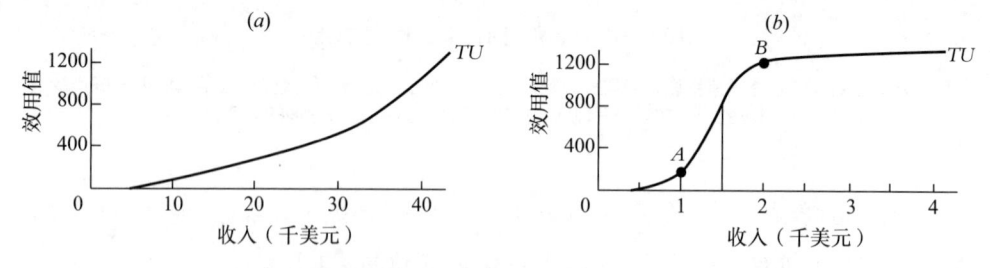

图 13-14　风险偏好者的收入总效用，以及在某些收入区间风险偏好而在其他收入区间风险厌恶的个体收入总效用

图 13-14b 表示的是需要 1500 美元来存活的个体的收入总效用。在该点之下，收入边际效用（总效用的斜率）随着收入增加而增加；在该点之上，收入边际效用随收入增加而减少。

图 13-14a 所示的是**风险偏好者**(risk preferrer)的效用函数,它所呈现的是递增的边际效用。风险偏好者会愿意参与预期回报略低于公平赌局的赌局,但如果预期回报很低,他同样也会拒绝入局。如果某个经济主体既不是风险偏好者也不是风险厌恶者,那么他就是**风险中性**(risk neutral),如图 13-12 所示。

让我们考虑一个经济主体,他需要一定数量的钱来购买足以存活下来的食物。如果他的收入低于那个既定数量,则收入的增长会延续他的生命,对他而言就有一些价值,但他最后仍会饿死。如果收入的增长足以让他生存,则对他而言就有很大的价值。如果收入的增长远超这个既定数量,则新增收入就会被用来购买一些相对不重要的东西。因此,收入的边际效用就会下降。我们可以用图 13-14b 来表示这个经济主体的相应效用函数:随着收入的增加,边际效用先上升后下降。

如果初始收入位于 A 点,这样的个体就会成为一个风险偏好者。如果他的初始收入位于 B 点,他就会成为一个风险厌恶者。在前一种情况下,如果必要,他完全有可能将 1000 美元押注到一场胜负率相同的赌局中,以期获得仅为 500 美元的回报。对他来说,如果输了,不过是饿死得更快一点;但如果赢了,他就有活下去的希望。

在探讨此类问题时,重点在于认识到行为人表现出风险偏好或风险厌恶的程度取决于三个不同的因素:他的效用函数的形状、他的初始收入,以及他所考虑的赌注规模。我们可以预测,对于小额赌注,所有人都可能持风险中立的态度;在收入 19999 美元和收入 20001 美元之间,1 美元的边际效用不会有多大变化,而这正是有 20000 美元的行为人面对 1 美元赌注时要考虑的因素。

简单的案例。 赌博的预期回报取决于比率和收益;赌博的期望效用还取决于赌徒的偏好——正如其效用函数所描述的那样。因此,追求预期回报最大化的人的行为,比追求期望效用最大化的人的行为更容易预测。这就引出一个有趣的问题:在何种情况下,这两种最大化行为是等价的? 行为人在什么时候会通过最大化其预期回报来最大化其期望效用?

在本节的开始,我们已经看到了一个答案。一个行为人在同一赌局中多次下注会使结果趋于平均。从长期来看,结果几乎是肯定的:其最终收入将无限接近于每次赌博的预期价值乘以赌博次数。由于其最终所得几乎是确定的,为了使其期望效用最大化,行为人所要做的就是使其最终收入尽可能的大,他的做法就是选择预期回报最高的赌局。

在其他三种重要情况下,期望效用的最大化等价于预期回报的最大化。第一种情况是,行为人是风险中性的,如图 13-12 所示。第二种情况是,行为人的预期收益与预期损失,相较于他的收入而言规模较小。如果只考虑收入的微小变化,就可以把收入的边际效用视为常数。如果收入的边际效用恒定,则效用变化就单纯与收入变化成比例了。因此,任何使预期回报最大化的选择也会使期望效用最大化。

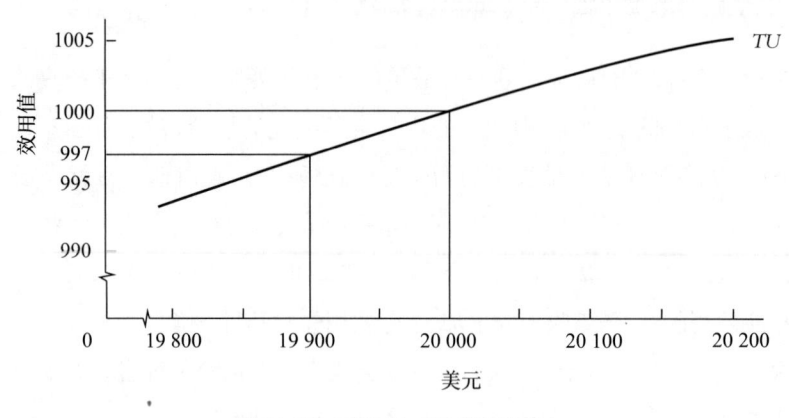

图 13-15　对图 13-13a 的部分放大

虽然图 13-13a 中的总效用曲线是弯曲的,与风险厌恶相对应,但其任意一小部分看起来都几乎是直线,这与收入的边际效用在收入的小范围变化内几乎不变相对应。个体对于小赌博几乎都是风险中性的。

我们可以从几何图形上得到相同的结果。图 13-15 是图 13-13a 的局部放大图。如果是考虑很小的收入变动范围——比如从 19900 美元变化到 20000 美元,则效用函数几乎是直线。如前所述,对于线性效用函数,期望效用最大化等价于预期回报最大化。因此,如果面对的只是收入的小规模变化,行为人就会表现出风险中性。

接下来,考虑一家试图使其股票市值最大化的企业。在一个不确定的世界中,管理层的每个决策,实际上是在决定未来利润的概率分布。当未来临近时,就会有一个可能的结果变成现实,股票价格就会反映出利润的实际情况。因此,选择未来利润的概率分布时,管理层也在选择股票未来价格的概率分布。

股票当前的市场价值是如何与其未来价值的概率分布相关联的呢？这是一个复杂的问题,占据了金融市场理论的大量篇幅。如果你是经济学专业的学生,很可能会在以后的学习中再次遇到这个问题。一个简短但并不完全正确的答案是,股票的当前价格等于其未来价格的预期价值,即所有可能的未来价格以其各自概率加权所计算出的平均值。理由是,股票购买者与前面所探讨的赌徒的处境本质是一样:他可以通过分别购入多家企业的少量股票来分摊其风险。如果他这么做,则他的实际回报将非常接近于预期回报。如果某一股票的价格明显低于其未来价格的预期价值,投资者们就会都想买入;如果某一股票的价格高于其未来价格的预期价值,他们则会急于卖出。这样所形成的市场压力会促使股票的当前价格趋向其未来价格的预期价值。

如前文所述,如果管理层希望最大化股票的当前价格,就必须要设法最大化其未来价格的预期价值。于是,管理层会像我们前面所分析的赌徒那样行事——最大化其预期回报。

上述结论,只有在企业试图最大化其股票价值的时才会成立。收购要约(takeover bids)的威胁会使企业有这么做的倾向,但这个倾向有多强烈、威胁对管理层的制约有多大,则尚不清楚。就此而言,如果管理者追求的是个人目标而不是股东的利益,上述结论就不再成立。如果企业承担风险并最终破产,则总经理(当前和未来)的收入都会大幅度下降。基于此,总经理很可能不愿意做出某个决策能在50%的可能性下使企业的市值翻倍的决策,因为该决策还有50%的可能性会使企业破产。

保险。 风险厌恶者的存在为保险业的存在提供了一个解释。假设你的效用函数如图13-13a所示,你的收入是20000美元,但发生意外的可能性很小,为0.01。意外一旦发生,你的收入就会跌至10000美元。保险公司愿意为此提供保险,售价100美元。不管意外是否发生,你都得给他们100美元。如果意外发生,他们会返还给你10000美元。这样,你就相当于面临两个赌局:购买保险还是不购买保险。如果你购买保险,那么,无论意外是否发生,结果都是一样的——原有的20000美元减去保费100美元(假设意外发生只影响你的收入)。因此,对于第一个赌局,你的情况如下:

$$p_1 = 1; R_1 = \$19900; <U> = p_1 \times U(R_1) = 997 \text{ 效用值}$$

如果你不购买保险,你的情况如下:

$$p_1 = 0.99; R_1 = \$20000; U(R_1) = 1000 \text{ 效用值};$$
$$p_2 = 0.01; R_2 = \$10000; U(R_2) = 600 \text{ 效用值};$$
$$<U> = [p_1 \times U(R_1)] + [p_2 \times U(R_2)] = 990 \text{ 效用值} + 6 \text{ 效用值} = 996 \text{ 效用值}$$

对你而言,购买保险要优于不购买保险,因此,你选择了购买保险。

在这个例子中,购买保险的预期回报(以美元衡量)与不购买保险时的相同。购买保险是一个公平赌局:你花100美元来交换以百分之一的概率得到10000美元的机会。该保险公司对数以万计此类赌局下注,因此,平均而言,它最终将获得几乎完全符合预期的回报。如果保险是一场公平赌局,那么流入的购买保险的钱正好与流出的支付索赔的钱持平。保险公司既不赚也不赔,客户在金钱层面上收支平衡,而在效用上有所收益。

在真实世界中,除了支付索赔,保险公司还需承担其他费用,比如办公室租金、销售人员佣金以及管理人员、索赔调查员、理赔员和律师的工资,等等。因此,对保险公司而言,为了支付所有的费用,从它的立场看,它所提供的赌局要在某种程度上优于公平赌局。如此一来,从保险公司客户的立场看,这种赌局在某种程度上劣于公平赌局。

即使如此,保险客户仍然会认为购买保险是符合自身利益的。如果他们足够厌恶风险,降低其预期回报的保险合约仍有可能提高其期望效用。比如,在上述案例中,即使该保险公司收取 130 美元的保费,购买保险仍是值得的。然而,如果保费继续上升至 140 美元,投保就不值得了。你应该可以通过"保险在 100 美元时值得购买"的演算过程来检验这些结果。

我在前面曾指出,对于只涉及收入微小变化的风险,每个人几乎都会保持风险中性。结合本部分所学知识,这句话的意思就是:人们只会为高额损失投保。从客户的角度来看,购买保险的预期回报小于公平赌局,因为保险公司必须从中赚取足够多的钱来支付其运营费用。而对于规模较小的损失,损失前后收入的边际效用之差并不足以将预期回报的损失转化为期望效用的收益。

彩票-保险之谜。 买彩票是买保险的对立面。当你购买保险时,你接受了一场不公平的赌局——平均而言让你的钱比你不买时更少的赌局。购买彩票也相当于一场不公平的赌局——平均而言,彩票的中奖金额要少于购买它所花的钱。然而,人们参与彩票赌局,就是为了提高自己所面对的不确定性。如果你是一个风险厌恶者,那么,于你而言,购买保险有可能是明智的,但购买彩票就不一定是明智的。而如果你是一个风险偏好者,情形则正好相反。

这就引出一个困扰经济学家二百多年的难题——彩票-保险之谜。在真实世界中,同一个人有时会既购买保险也会购买彩票。有些人即使知道购买保险获赔的概率和购买彩票中奖的概率不大,但依然会购买。这种现象符合理性行为的假设吗?

至少有两种可能的方法能说明该现象与理性行为是一致的。第一种方法如图 13-16 所示。图中的效用函数显示,该个体在某一收入范围内是风险厌恶型的,而在另一收入范围内是风险偏好型的。而如果他恰好处于两个收入范围的交界处 A 点,那么他完全有可能同时对购买保险与购买彩票产生兴趣。作为一个风险厌恶者,购买保险可以帮助他规避风险,使其收入不至于跌落至 A 点以下;而作为一个风险偏好者,购买彩票使他有机会(如果中奖的话)获得高于 A 点的收入。

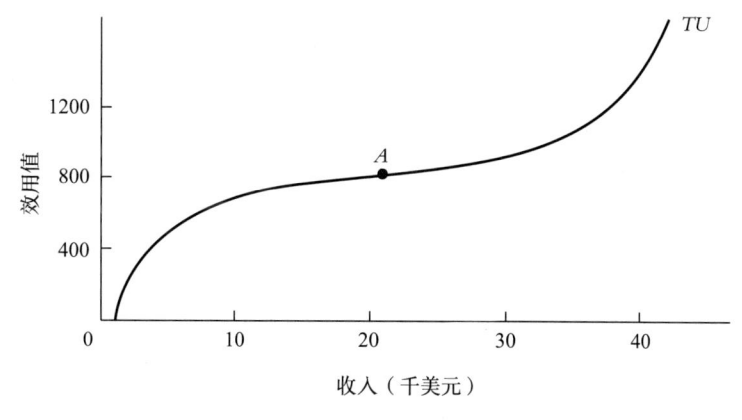

图 13-16 彩票-保险之谜的解答之一

该总效用函数表明，在点 A 左侧，收入边际效用递减（风险厌恶），而在点 A 右侧，收入边际效用递增（风险偏好）。点 A 处的某个体可能会通过即买保险又买彩票的方式来增加他的期望效用。

　　这种解决方案在逻辑上是可行的,但听起来似乎不太可信。人们为什么会有图 13-16 中那样奇怪的效用函数:增加 1 美元的价值随着收入的增长先上升后下降? 退一步讲,如果真的有这种形状的效用曲线,那么,我们又凭什么断定有人就一定能恰好处于两种状态的交界之处呢?

　　对这一悖论的另一种解释是,在可观察的真实世界中,我们分析所用到的某个条件并不成立。迄今为止,我们一直假设:各个结果之间的唯一重要差别在于钱。每种结果的效用仅取决于该结果为你所带来的金钱数量。然而,在真实世界中,我们并不能确定上述假设是否完全适用于那些购买彩票的人。

　　考虑一下你所面临的彩票。比如,《读者文摘》出版社或某家票据交易所举办的邮寄抽奖活动。购买该种"彩票"的价格仅为一张邮票的价钱,而回报则是获得崭新凯迪拉克、去加勒比海度假或是终生年入 20000 美元的机会(尽管概率非常小)。根据我的粗略计算,奖品的价值乘以获得该奖品的概率要低于贴邮票的成本,也就是说,预期回报为负。

　　那么,为什么还会有这么多人对此趋之若鹜呢? 我认为最合理的解释是,他们从这张邮票中得到的,并不仅是与一百万参与者竞争一辆价值 40000 美元豪车的渺茫机会。从寄出信封到宣布获奖者的这段时间里,他们还得到了能做得到豪车或假期或高收入的白日梦的确定性。相比于将奖品实实在在地握在手中,他们也许更满足于知道有一个机会在等着他们,尽管希望渺茫。从这个意义上讲,彩票不仅仅是在售卖一个赌局,还是在贩卖梦想——以极低的价格。

　　这个解释有一个劣势,那就是将这类"彩票"排除在经济学所能解释的范畴之外。

经济学对理性的赌博行为了解颇多,但对贩卖梦想的市场所知甚少。自然,这种解释方法也存在其优势:它不仅可以解释彩票的存在,而且可以诠释彩票的某些特征。如果彩票的存在是为了给人们提供一个赚钱的机会,为什么其奖品往往采取非金钱的形式?为什么不直接给获奖者40000美元,让他自己决定是否用这些钱购买一辆凯迪拉克?从获奖者的角度来看,这样做不仅可以使奖项更具吸引力,还可以帮赞助商节省拍摄奖品的成本。

但如果战利品有一个具体的形象,很多人就会更容易做关于获胜的白日梦。因此,彩票赞助商(有时)会用奖金购买奖品发放给获胜者,并尽可能扩展奖品的种类,以满足参与者的不同幻想。"免费"的彩票尤其如此。这种"彩票"的价格仅为一张邮票的价钱,而赞助商支付奖品的金额并非从彩票售额中抽取,而是源自广告商的银行账户。从彩票售额中抽取奖金的"彩票",则更倾向于为获胜者提供现金——具体原因我也不甚清楚。

在第一章,我对"经济学"的定义包含了一个假设,即经济主体有着合理而简单的目标。读者需要自己决定对白日梦的偏好是否与这种假设相符。如果不符,那么我们最终可能会发现它们不是经济学问题,也就是说,我们没有能力用经济学来给出问题的答案。

▶ 冯·诺依曼效用

在本小节开头我说过,关于效用理论与不确定条件下的选择的相互结合,冯·诺伊曼做出了权威性的贡献。我在前面已经充分阐述了二者的结合,但对于冯·诺依曼与另一个经济学家奥斯卡·摩根斯坦到底对此做出了什么贡献,我还没有详细说明。你可能已经得出结论:所谓的伟大思想只不过是断言"人们最大化期望效用"并不断重复——并祈祷没人追问"为什么?"

事实上,冯·诺依曼和摩根斯坦所做的学术研究要比这个断言更困难也更微妙。他们证明,如果假设不确定条件下的个体选择满足一些简单的一致性条件,那么,人们就总有可能按照这样的方式对不同结果分配相应的效用,即人们实际做出的决定就是当他们最大化期望效用时所做的决定。

冯·诺依曼和摩根斯坦首先分析的是在众多"彩票"中进行选择的个体。所谓"彩票",就是不同结果的集合,其中的每一种结果都对应一个概率。某个结果必然会发生,因此,所有结果发生的概率之和就为1。就像在考虑序数效用函数时假设个体可以在任意两个效用组合中选择那样,在此处,他们假设,对于任意给定的两种彩票 L

和 M，个体要么偏好二者中的某一个，要么对二者的偏好无差异。在此基础上，他们进一步假设，偏好具有可传递性，即如果相较于 M 你更偏好 L，相较于 N 你更偏好 M，那么相较于 N，你必然更偏好 L。

另一个假设是，如果彩票的回报仍为彩票本身，即在某个概率下所发生的某个结果仍然是一个概率，人们就会将概率以数学形式进行叠加运算。如果某人得到一张抽奖券，拿着这张抽奖券，他有 50% 的概率能够抽中彩票；而拿着抽中的彩票，他又有 50% 的概率能抽中最终大奖。在这种情况下，该个体会认为这种**复合彩票**（compound lottery）相当于一张中奖概率为 25%（50%×50% = 25%）的彩票。

剩下的两个假设与偏好的连续性有关。一个假设是，如果在结果 A 和 B 之间，我更偏好结果 A，那么，相较于结果 B，我也更偏好这样的彩票——有一定概率获得结果 A，并且如果不能得到结果 A，还有结果 B 保底。最后一个假设是，如果相较于 B 我更偏好 A，相较于 B 我更偏好 C，那么就存在某种 A 与 C 的概率组合——一种只包含这两种结果的彩票——在我看来是与 B 等价的。换句话说，我从确定得到 A 移动到确定得到 C 的连续过程中，必定会经过既可能得到 A 也可能得到 C 的混合区域，我的效用从 $U(A)$ 连续变化到 $U(C)$。因为假设 $U(A)>U(B)>U(C)$，当我的效用从 $U(A)$ 连续地变化到 $U(C)$ 时，它必然在某个中间点与 $U(B)$ 相等。

上述假设似乎是不确定条件下"理性"和"连续性"行为的合理表述的一部分。如果某人的行为满足上述假设，就有可能定义一个**冯·诺伊曼效用函数**（Von Neumann utility function）——一个对于每个结果的效用——从而使他实际所做出的选择就是当他试图最大化其期望效用时所做出的选择。这正是冯·诺依曼和摩根斯坦所证明的。

在第三章的选读部分，我指出，当时所定义的效用包含相当多的任意性元素；效用函数是用来描述行为的，但实际上，相同的行为可以用很多不同的效用函数描述。通过观察个体的选择，我们可以推断他们喜欢 A 超过 B，但无法衡量出对 A 的偏好会比对 B 的偏好多多少。严格来讲，在这种情况下，我多次提及的边际效用递减原则也是没有意义的：如果无法衡量偏好一个选择超过另一个选择的程度，那么，我们就不能判断个体收入从每年 9000 美元增加到 10000 美元所得到的额外效用，是否比收入从 10000 美元增加到 11000 美元时得到的更多或更少。因此，只有递减的边际替代率可以描述递减的边际效用。这个概念与边际效用密切相关，但并不等价。

一旦我们接受了冯·诺依曼-摩根斯坦对不确定情形下效用的定义，上述问题就不存在了。"我喜欢 C 甚过 B 的程度，是我喜欢 B 甚过 A 的两倍"（陈述1），就等价于"对于确定得到 B，和有 2/3 的可能性得到 A 与 1/3 的可能性得到 C 的组合，我是无差异的"(陈述 2)。

为了搞清楚上述两个陈述是否等价,我们将计算一下陈述 2 所描述的两个备选方案的期望效用,并证明这两个备选方案在陈述 1 的条件下是等价,过程如下:

让彩票 1 包含确定得到 B,彩票 2 包含有 2/3 的可能性得到 A 且有 1/3 的可能性得到 B。对于彩票 1,我们有:

$$p_1 = 1; U_1 = U(B); <U> = U(B)$$

对于彩票 2,我们有:

$$p_1 = 2/3; U_1 = U(A)$$
$$p_2 = 1/3; U_2 = U(C)$$
$$<U> = p_1 U_1 + p_2 U_2 = 2/3 U(A) + 1/3 U(C)$$

陈述 1 告诉我们的是:

$$U(C) - U(B) = 2 \times (U(B) - U(A))$$

整理得:

$$U(C) + \{2 \times U(A)\} = 3 \times U(B)$$
$$2/3 U(A) + 1/3 U(C) = U(B) \qquad (\text{等式 5})$$

等式 5 的左侧是彩票 2 的期望效用,右侧是彩票 1 的期望效用,因此两个备选方案的期望效用相同;该个体对二者的偏好是无差异的。

我们现在已经说明,从陈述 1 能够推导出陈述 2。采用相同的方法,我们同样能够从陈述 2 推导出陈述 1。这就意味着这两种陈述是等价的。

因此,用效用函数来描述如何选择具有不同可能性的备选方案,可以大大减少函数本身的任意性。之前关于效用的讨论,只能对效用或偏好进行简单的大小比较,如"A 的效用比 B 的效用大""相较于 B 更偏好 A"等。现在,我们就可以进行定量比较,如"从 A 到 B 所增加的效用是从 C 到 D 的 2 倍","偏好 A 相较于 B 的程度是偏好 C 相较于 D 的程度的 2 倍"等。如果我们可以对效用差异进行定量比较,那就同样可以对边际效用的差异进行定量比较,这使得边际效用递减原理具有了实际意义。在前几页中,我们已经见识过这种实际意义了。"我收入的边际效用在下降"就等价于"我有风险厌恶倾向"。同样,"我的冰淇淋筒的边际效用在下降"就等价于"如果预期回报是从冰淇淋筒而非钱中获得,那么我就是风险厌恶型的。若在某场赌局中,新得到一个冰淇凌筒与输掉原有冰淇凌筒的概率各为 50%,那么我就不会入局。"

尽管我们已经消除了效用函数中的很多任意性,但并非全部。我们没有规定 1 单位效用值到底有多大,所以,效用规模的变化仍然是有可能的。比如,我坚持说,我偏好 A 比偏好 B 多 10 个效用值,偏好 B 比偏好 C 多 5 个效用值,偏好 C 比偏好 D 多 2 个效用值;而你偏要说,正确的数值应该是 20、10 和 4。通过观察我的行为是不可能证明我俩孰对孰错的。我们对于偏好的排序和相对强度(intensity)都不存在任何异议。我们全部的分歧就在于衡量效用的单位。

同样,我们没有规定效用函数的零值在哪儿。如果我声称结果 A、B、C 对我的效用分别是 0、10、30,而你非要说正确的数值应该是 -10、0 和 20,那么,我们还是无法消除分歧。你我认同偏好的排序和差值,我们的分歧仅仅在于哪个不同的备选方案是零效用点。因此,对于效用函数而言,所有效用同加(更改函数零点)或同乘(更改单位量大小)某一非零数值并不会改变该效用函数的意义。相应的数值可能不同,但描述的行为是完全相同的。这就意味着,对于你们中那些碰巧是数学家的人而言,效用函数对于线性变换具有任意性。

我个人倾向于将零效用点定义为"不存在"或"死亡",毕竟,在我看来,一个人在得到这样的结果时,既不会快乐也不会痛苦。我的一位朋友也是同事曾对我说过,她不确定出生的效用现值是正还是负——这意味着她不确定生命是否值得活下去。因此,我得出结论,她的生活要比我要艰难许多。

▶ 信息购买

假设你决定买一辆车,要在两个备选方案中进行选择:本田雅阁和日产天籁。根据以前的经验,你预期自己会更喜欢其中某一款车,但不幸的是,你不知道自己到底更喜欢哪一款。如果非要你精确地陈述自己的想法,你会说,如果自己购买了更好的车,那么,自己的消费者剩余会提高 500 美元,而本田雅阁比日产天籁更好的概率恰好是 0.5。

有两种策略可供考虑。一是随机选择一款车并付款买下。二是分别租一辆雅阁和一辆天籁,用它们跑跑长途,比较二者的驾驶体验后再做决定。你确信,在把每款车开出相当长的一段距离后,你肯定会知道你更喜欢哪一款。由于租车的费用比驾驶私家车出行的费用要高,第二种策略会额外花费你 200 美元。你应该采取这种策略吗?

答案取决于你的效用函数。假设你需要在两张彩票中做出选择。第一张彩票是免费的,奖金为 500 美元,但有 0.5 的概率一无所获。第二张彩票的购买费用为 200 美元,但奖金恒定为 300 美元,你也会因此得到额外的消费者剩余。如果你是风险中性者或风险厌恶者,相较于只有 0.5 的概率获得 500 美元,你会更偏好 300 美元所带来的"稳稳的幸福"。因此,在正式购买之前,你会选择先租车来试开。如果你是一个狂热的风险偏好者,你更喜欢去赌,那么,你就不会去租车试,而是直接购买。

这个简单问题阐述了有关信息购买的大概思想。通过支付一些**搜索成本**(search cost),你就可以减少不确定性,平均而言改善你的决策结果。为了确定搜索成本是否值得支付,你比较没有搜索时的期望效用和搜索之后的期望效用。记住,要把搜索成本囊括在你的计算中。

在这种特殊情况下,你只有两个选择,搜索或不搜索。搜索让你得到完整的信息,从而使自己更好地确定偏好。在更一般的情况下,你可能还要决定搜索多少:搜索的越多,你所获得的信息就越优质。关于搜索量的正确决策规则是,当增加更多搜索所产生的期望效用的边际增加值正好等于增加这点搜索所花费的成本时,那么此时的搜索量就是最优的。

这种搜索行为的一个例子是颇受关注的职业搜寻问题。有许多自认为处于失业状态的人几乎能立即找到工作——如果他们愿意端盘子、洗碟子,或是开出租的话。他们要找的不是一份工作,而是一份好工作。通常情况下,找工作的时间越久,所能找到的工作机会就越优质。他们的理性策略是,只要他们还认为进一步搜索带来的收益大于其成本,他们就会继续搜索。这样的**搜寻性失业**(search unemployment)在失业统计中所占比重很大,对此,我们会在第二十二章中再进行讨论。

这就意味着,失业救济金的增加反而会使失业率上升。其原因并不是因为失业者都是偏好领取失业救济胜于在岗工作的懒人,而是他们都是理性的搜索者。失业救济金的水平越高,失业找工作的成本就越低;搜索的成本越低,人们越愿意花费更多去搜寻。

与获取和使用信息相关的议题,给我们提供了经济学中最有趣但也最困难的问题。它们最早出现在第一章。在第一章,我简要提及了把信息成本纳入理性定义所遇到的问题,这个问题会在第十八章被再次讨论。

▶ 我们现在学到了哪一步?

在本书的前十一章,我们运用经济学理解了一个既定不变的世界中的市场运作。

很多人可能会认为这个学习过程是在浪费时间,因为我们所生活的世界是不确定的、不断变化的。

但如果我们回过头看看第十二章和第十三章,你可能就会明白为什么我要以这种方式组织本书的内容。在第十二章,我们学会了如何借助在不变世界中发展出的工具来分析一个变化但确定的世界中的选择问题——使用现值而非年流量对成本和收益进行评估。而在本章,我们学会了如何通过相同的分析工具来分析不确定世界中的选择。在这里,我们不是对确定结果的效用进行比较,而是通过比较不同可能性结果的期望效用来评估成本和收益。为了分析在一个变化的、不确定的世界中的选择问题,我们结合第十二、十三章所学,找到了一个很简单的方法:根据期望效用的现值对不同选择进行评估。

我们所做的,首先是解决简单世界中的经济学问题,然后表明,我们是出于经济学分析的目的,把更复杂更真实的世界简化成了一个简单世界。在分析中引入"时间"和"变化"的概念,的确会带来一些新的问题,比如与沉没成本相关的问题。然而,在学习处理第一到十一章中的简单世界时,我们已经掌握了经济学的大部分基本思想。在第十二、十三章中,我们已经朝着把经济学思想应用于我们所生活的世界的方向上,前进了一大步。

▶ 一些哲学上的题外话

效用的概念起源于19世纪对哲学和经济学同时产生兴趣的思想家们。它的提出是为了回答"在社会中,什么应该被最大化?"功利主义者宣称,理想的社会应该最大化其成员的总效用。

在过去的岁月里,功利主义者的立场遭到了猛烈抨击,因而在哲学界声名狼藉。其中一个主要批评是说,虽然我们在原则上可以确定你偏好 A 较 B 的程度大于你偏好 C 较 D 的程度,但似乎没有办法确定我偏好 A 较 B 的程度是否大于你偏好 C 较 D 的程度。换言之,我们没有办法做出**人与人之间的效用比较**(interpersonal comparisons of utility)。对于一个使我受益(给我 A 而非 B)而使你受损(给你 D 而非 C)的变化,我们同样无法确定这个变化对总效用的影响是正向还是负向的。

对于这个批评,功利主义者们可能会这样回应:假设我们用冯·诺依曼和摩根斯坦的观点来定义"效用",并使用该定义对某些问题进行评估,比如"美国应该取消所有关税吗?"结果是,功利主义的原则——总效用最大化——实际上等价于另一个在直觉上更具说服力的原则:如果你知道自己将成为受影响的人之一,但不知道该选哪一种,那就选择你更喜欢的那一种。

为什么这两个原则是等价的呢？如果我不知道自己会成为谁,那么我大概会有相同的概率 p 成为每一个人。如果有 N 个人参与游戏,那么 $p = 1/N$。如果我们把第 i 个人的效用写成 U_i,那么包含 p(成为每个人的概率)的彩票就有期望效用：

$$<U> = \sum p_i U_i = \sum p U_i = p \sum U_i$$

然而,$\sum U_i$ 代表社会总效用,所以,使总效用最大化的备选方案同样能够使 $<U>$ 最大化。

· 习题 ·

1. 新客机开发者在决定是否设计和建造飞机时,应该如何考虑飞机的设计成本? 如何确定向航空公司收取的价格? 如果他们发现无法拿到一个能够平衡设计费用的价格时,他们是否应该暂停生产?

2. 读完本章后,你正在考虑放弃这门课程,在决定是否放弃时,你应该考虑哪些成本? 在决定学习这门课程时,哪些成本原应考虑进来被你忽略了?

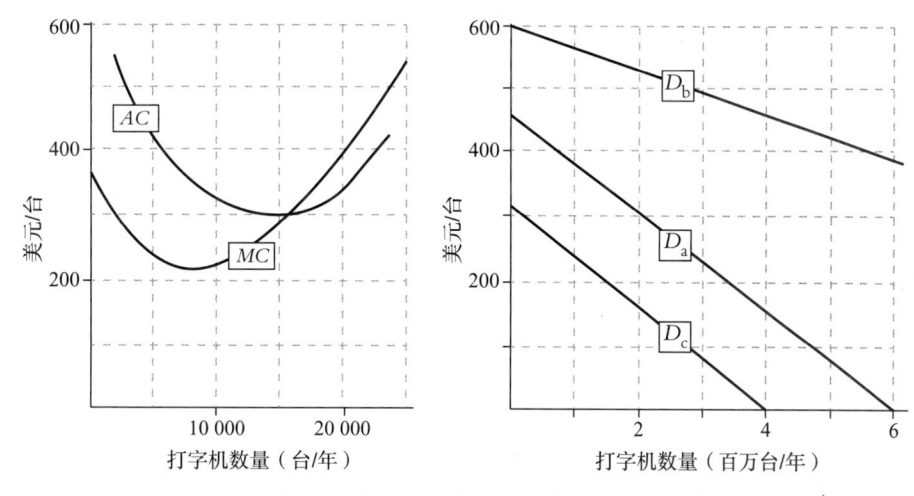

图 13-17 打字机工厂的成本曲线和打字机的需求曲线

3. 图 13-17a 是一家打字机工厂生产打字机的成本曲线。投入是完全弹性供应的,所有的企业都是相同的,不限制任何新企业开办,每个企业可以开办一家工厂。

a. 画出一家企业的供给曲线,标记为 S_f;画出行业的供给曲线,标记为 S_i。D_a 是打字机的需求曲线,每个人都预计它永远保持不变。有多少台打字机以什么价格出售? 有多少家公司?

b. 需求曲线向上移动到 D_b。建造一个新的打字机工厂需要一年时间,请画出短期供给曲线 S_{SR},显示价格是数量的函数,因时间太短,无法建造更多的工厂。在此一个月后,有多少台打字机以什么价格售出?

c. 图 13-17a 中的 AC 包括建造一个打字机工厂的成本,为 300 万美元。工厂存续 10 年后没有残余价值,利率为 0。在企业调整到 D_b 之后,文字处理器发明了,对打字机的需求曲线突降到 D_c,大家都预计它能永远如此。在此之后,打字机的价格是多少?

d. 需求曲线保持在 D_c 处。50 年后,打字机的价格是多少? 每年的产量是多少？

4. 长期总成本包括短期和长期费用，所以对于任何数量的产品，长期总成本必然大于短期总成本，对还是错？请讨论。

以下是选读部分的问题：

5. 你有 30000 美元，你的效用函数如图 13-12 所示。你的房子被雷电击中的概率为 1%，因此产生的修理费为 10000 美元。如有必要，你最多愿意为保护你的房子安装避雷针而支付多少？

6. 据图 13-13a 所示的效用函数，回答问题 5。

7. 图 13-18 与图 13-13a 相同，只是在效用函数上增加了一条连接 A 和 E 点的线。我断言：AE 的中点 C 点纵轴代表效用，横轴代表分别有 50% 的概率得到 A（10000 美元）或 E（30000 美元）的预期收益，C 点位于效用函数的下方，这表明你更喜欢确定的 20000 美元的预期收入，而不是风险收益；同样的，我断言 B 点表示有 75% 的机会收益为 A，25% 的机会收益为 E；而 D 点表示有 25% 的机会收益为 A，有 75% 的机会收益为 E。

证明这些断言是正确的——每个点的纵轴值等于相应风险的预期效用，横轴值等于预期收益。

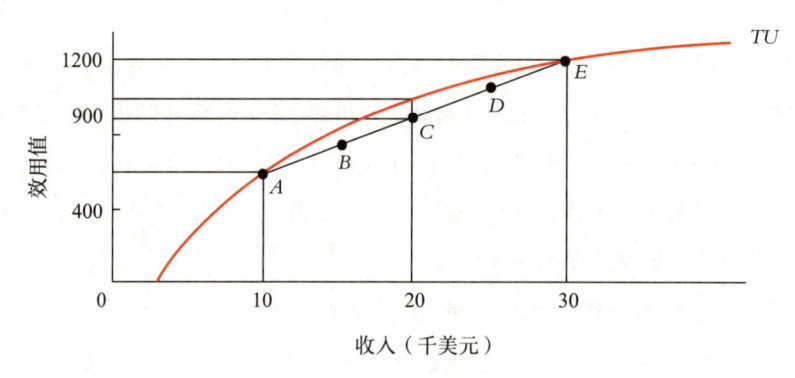

图 13-18 问题 8，一个风险规避者的收入总效用

8. 在文中，我断言收入的边际效用递减等同于风险厌恶，而收入的边际效用递增等同于风险偏好。虽然我举了一些例子，但我并没有证明这一论断在一般情况下成立。请通过问题 10 的答案来证明这一点。

9. 在讨论风险规避时，我只考虑了以金钱衡量的替代物。假设你以苹果进行赌博，是否有可能有人用美元时是风险偏好者，而苹果时是风险厌恶者？或反过来？这是否取决于有无一个可以买卖苹果的市场？

10. 在《星际迷航》的某一集中，史波克乘坐的轨道登陆艇正在耗尽燃料，很快就会坠毁。柯克船长和企业号正准备离开这个星球，但不知何故弄丢了一艘登陆艇和一名科学官员。史波克发射了他的火箭，烧光了所有燃料，希望企业号能注意到火光并来救他。后来柯克嘲笑极讲逻辑的史波克不理性，用自己最后几个小时的燃料换取了百分之一的机会。柯克对吗？史波克的行为是不理性的吗？

·延伸阅读·

对冯·诺伊曼效用最早的讨论出自冯·诺伊曼与奥斯卡·摩根斯坦的《博弈论与经济行为》第一章。

对彩票-保险悖论的一个经典讨论，见 Milton Friedman and Leonard J. Savage, "The Utility Analysis of Choices Involving Risk," *Journal of Political Economy*, Vol. 56, No. 4 (August, 1948), pp. 279–304。

对于有关好的社会应该把什么作为最大化目标（如果有的话）的哲学问题的讨论，你或许想阅读两本重要著作：罗伯特·诺齐克的《无政府、国家与乌托邦》(*Anarchy, State and Utopia*) 和约翰·罗尔斯的《正义论》(*A Theory of Justice*)。你或许也会对我的一篇文章感兴趣，它讨论的是当有一个变量是人口数量的时候，什么是社会的最大化目标这个问题；在那种情形下，最大化总效用和最大化平均效用会导致不同的结果。这篇文章是"What Does Optimum Population Mean," *Research in Population Economics*, Vol. III (1981), Eds. Simon and Lindert。

第十四章　收入分配与生产要素

第一节　收入分配

经济学家常常被问及三个问题是：什么是收入分配？什么决定了收入分配？收入分配是否公平？在本章的第一节，我将简要说明第一个问题，并对第二个问题加以详细阐释。至于我的阐释是否与第三个问题有关，这就见仁见智了。

收入分配的衡量

图 14-1a 中的曲线 G 是某些理想社会的累积收入分布图。在图中，横轴将该社会的总人口分为若干部分，并按照其收入水平对其排序；纵轴则将国民收入从低到高划分等级，并将各个等级与横轴中的若干部分对应。例如，图中的点 A 表示，位于社会底层 25% 的人口获得了约 15% 的国民收入；点 B 表示，底层 85% 的人口获得了约 80% 的国民收入。

图 14-1b 中与之类似的曲线 H 则表示每个人都有相同收入的社会。该曲线是一条直线。因为每位社会成员的收入都相同，故而位于底层 10% 的人口拥有 10% 的收入，底层 50% 的人口拥有 50% 的收入……以此类推。图 14-1a 中的曲线 G 则代表不均衡分配；该曲线必须位于曲线 H 下方，因为在不均衡分配中，底层 n% 所分配到的收入必然小于社会总收入的 n%。因此，图 14-1a 中区域 M 的面积必须小于图 14-1b 中区域 N 的面积；二者的面积差用阴影区域 L 来表示。为了使整个分析过程更加清晰，我还在图 14-1a 中绘制出了 H。

图 14-1a 中，阴影区域 L 的面积的两倍，称为基尼系数（Gini coefficient），是对图 14-1a 中收入分配不平等程度的简单测量。因为整个图像为 1x1 的正方形，其面积为 1（等于图 14-1b 中三角形 N 面积的 2 倍）。所以，基尼系数也可以被定义为"区域 L 与区域 N 的面积比"，或"区域 L 与区域（$L+M$）的面积比"。该比率越趋近于零，收入

分配就越接近均衡状态。有关美国目前的基尼系数以及其随时间的变化存在不同的估计值。

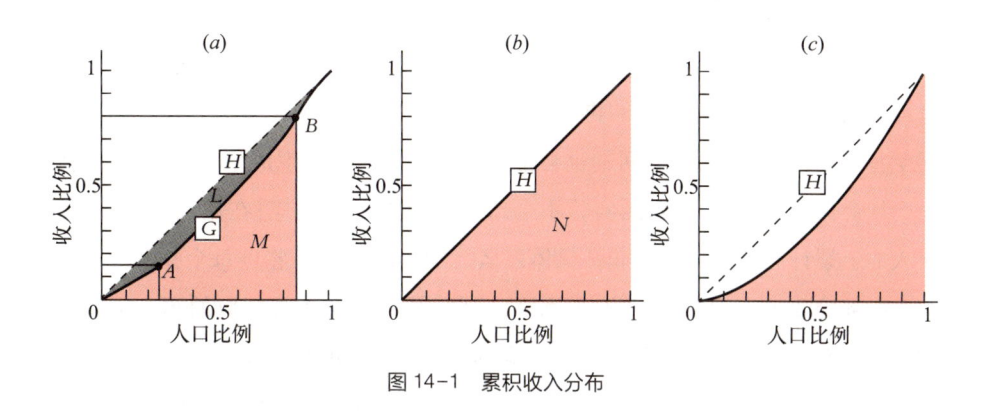

图 14-1　累积收入分布

然而问题在于,这种衡量方法只能衡量当前收入,却不能衡量终身收入。为了说明"当前收入"与"终身收入"的差别为什么会造成问题,我们不妨假设,在某个社会中,每位社会成员都遵循着相同的职业模式。从 18 岁到 22 岁,每位社会成员都是学生,在各种兼职工作中挣得 5000 美元的年薪;从 23 岁到 30 岁,每位社会成员都有一份年薪 20000 美元的工作;从 31 岁到 50 岁,每人每年挣 30000 美元;从 51 岁到 65 岁,每人每年挣 40000 美元;然后,靠着每人每年 15000 美元的养老金安度晚年,活到 77 岁。图 14-1c 表示某一特定时刻的收入分配情况。根据该图计算出的基尼系数约为 0.23。

这是一个完全平等的社会,因为每位社会成员都具有完全相同的收入模式;然而从图像上看,基尼系数并不为零;如果所有收入都完全相等,基尼系数是应该为零的。之所以会出现这样的矛盾,是因为在某一特定时刻,各个社会成员所从事的职业并不相同:当有些人还是学生时,有些人就已经在公司工作、或退休在家颐养天年了。因此,若我们将时间尺度缩短至某一特定时刻,那么收入分配似乎是相当不均衡的。不管是图 14-1c 所示的累计收入分配图,还是从该图中计算出的基尼系数,都能够代表具有相同且唯一的职业模式的社会在某一特定时刻,1/12 的社会成员年入 5000 美元,2/10 的社会成员年入 15000 美元,以此类推。因此,即使对基尼系数的使用颇为常见且该系数也的确能够告诉我们某一特定时刻的收入分配的均衡程度,但它也的确存在局限性:它无法告诉我们,所谓的"不均衡"究竟是由不同社会成员在相同职业模式中的不同发展阶段所导致的,还是因为某些社会成员的财富或才能的确优于其他成员。

然而,这种实际上会夸大不均衡程度的方法却广泛应用于大多数对收入分配均衡程度的估算当中。我曾读到过一篇研究，其中提到，以基尼系数估算出的收入分配的不均衡程度，大约是实际水平的两倍。如果该结论可信，且如果在计算时以终身收入而非当前即时收入为基准，那么美国的实际收入分配不均衡程度将会是传统测算出的一半。

在讨论诸如社会保险这样的再分配项目是将从富人再分配至穷人还是从穷人再分配至富人的问题时，相似的问题也会出现。为了解问题产生的原因，我们首先假设有一个社会保障计划，该计划的实施不会产生任何再分配效应；在该计划中，回报等于投入加上累计利息——这并非社保体系运行的实际方式。鉴于每个社会成员在工作时上缴部分收入，在退休后领取福利金，因此，某一社会成员领取的福利金必然来自收入水平高于他的另一社会成员所上缴的收入，但这并不意味收入是从富人流向穷人，而只是从有较高收入时的你流向收入较低时的你。当我们横向观察参与社保的人口时，社会保障似乎是富人对穷人的再分配——支付的人比接受的人更富有，但即使在这种情况下，也根本不存在再分配效应。

然而，真实世界中的再分配效应就不是很明确了。在真实世界中，用于再分配的收入很可能是从低收入者向高收入者流动。高收入者通常比低收入者更晚进入职场，故而其开始缴纳社保费用的时间也会相应延后，从而使得他向社保体系缴纳的总费用较低；高收入者通常更为长寿，这使他能够获得更多的总福利金。至于上述影响是否会被该体系提供给低收入者的某些比较优势所抵消，我们尚不清楚。但有一点很确定，那就是：如果我们将某一特定年份中领取社保的社会成员的收入水平与其他社会成员进行比较，其结果总是会告诉我们：社保资金是从高收入者流向低收入者。然而，这一结论对我们研究真实世界中社保体系的实际影响几乎没有任何意义。

当我们试图衡量收入分配状况随时间而变化的情况时，第三个问题就出现了。要想衡量收入分配随时间而变化的情况，我们需要收集有关收入的统计数据。一个显而易见的数据来源是美国国税局（Internal Revenue Service，IRS）。然而，国税局的统计数据只能告诉我们某公民"缴了多少税"，而并非我们所需要的"挣了多少钱"。在过去的90年里，所得税税率大幅上升；所得税税率越高，高收入群体隐瞒其真实收入的动机就越强烈——至少国税局是这么认为的。因此，高收入群体在国税局统计数据中的表现肯定要比一个世纪前要"低调"得多。

总而言之，对于以下三个问题，我们应该始终保持质疑的态度：什么是收入分配？收入分配如何随时间而变化？政府专项计划如何对收入分配产生影响。

决定收入分配的是什么？

是什么决定了劳动者的薪酬水平？其中一个答案是"劳动者之于雇主的最大价值"；另一个答案则是"使劳动者维持其工作意愿的最小回报"。上述两个答案都是正确的——某商品的价格既等于其对消费者的价值，又等于其生产成本。

按每个人的产出分配。 假如一家长裤生产企业的总裁要对雇员的规模做出决策。在其他生产因素都保持不变的前提下，要想解决以上问题，他需要搞清楚的问题是新增单位雇员所带来的边际产量；假设答案是每天 5 条。如第九章所述，这里的"每天 5 条裤子"即为工人的边际物质产品。

假设一条裤子的售价为 10 美元。那么工人的边际收益产品即为 50 美元/天。这就意味着：如果雇主再多雇佣一名工人，日产量会增加 5 条；若企业以 10 美元/条的价格售出这些裤子，其日收入就会相应增加 50 美元。由于边际产量的定义是假设其他投入保持不变，因此成本的提高就来自雇主不得不为新雇佣的工人所支付的额外费用。对企业来说，只要雇佣一名新工人的成本低于 50 美元/天，雇佣就是有利可图的。根据报酬递减定律，新雇佣的工人越多，其边际产量就越低；当边际收益产品等于新雇佣工人的薪资水平时，企业就不会再继续扩大工人规模。所以，工人的工资水平就等于他所生产的——在保持其他投入不变的前提下，新雇佣一名工人所带来的额外生产价值。如果我们进一步将工资水平的社会差异考虑在内，那么我们就可以得出：某投入品的需求曲线恰好等于该投入品的边际收益产品曲线，正如第九章所述。

根据从边际价值曲线推导出需求曲线、从边际成本曲线推导出供给曲线的逻辑，我们也能从某投入品的需求曲线推导出该投入品的边际收益产品曲线。正如第九章所指出的，这种推导方法不仅适用于工人，也适用所有生产投入品。只要生产者能够以某种价格购买任意数量的投入品——换句话说，只要他在市场中拥有价格接受者的身份，那么，当投入品的边际收益产品变化至与其价格相等时，他就会停止继续购入。因此，所有生产投入品的所有者所获得的价格——劳动力工资、土地租金、资本利息都等于这些投入品的边际收益产品。由于收入最终来自出售投入品，因此，这似乎就是收入分配的一种解释。

按每个人的成本分配。 每个要素都能获得其边际收益产品，这是对收入分配的一种如实表述（前提是我们只考虑价格接受者——价格搜寻者还有其他复杂性），但并不是对收入分配的一种解释。要理解这一点，就要注意到每个要素都得到其边际生产成本。一个可以决定工作时长的人会一直工作，直到他的工资等于他闲暇的边际价值——对他来说多工作一个小时的成本。因此,他的工资等于他的工作成本。正如我们在第五章中看到的,工人的劳动供给曲线等于他的劳动边际贬值(闲暇价值)曲线。同样,个人会一直储蓄(创造资本),直到放弃更多当前消费以换取未来消费的成本正好平衡他们这样做所获得的收益——利率。因此,资本利息等于生产资本的边际成本。

一种解释就够了? 我们似乎对收入分配有了两种解释,有些人可能会认为一种解释就够了,但这两种解释本身都不完备。劳动力得到其边际产品,但劳动力的边际产品部分取决于有多少劳动(以及资本、土地……)投入使用。收益递减规律告诉我们,在其他投入不变的情况下,当我们增加一种投入时,该投入的边际产出最终会开始下降。劳动力的边际生产成本,部分取决于劳动力的售出量;把边际效用递减的规律应用于闲暇,意味着多工作一小时的成本部分取决于你工作了多少小时。

实际上,我们所得到的对投入品市场均衡的描述,与前几章考虑最终产品市场时得到的描述相同。对收入分配的完整解释是,投入品的价格等于其边际生产成本和边际收益产品,销售和使用的投入品数量就是让边际生产成本和边际收益产品相等的数量。(边际)成本等于价格等于(边际)价值。

这一结论有助于了解各种变化对收入分配的影响。假设数千名新木工从墨西哥移民来,木工的数量突然增加。在变化前后,木工都能获得他们的边际收入产品。在变化前后,他们获得的工资都等于他们放弃的最后一小时闲暇的边际价值。

但移民后的工资低于迁移前的工资。由于木工的供应量比以前高,均衡工资就会降低。在较低的工资水平下,更多的木工受雇,他们的边际产品因此降低。工资降低后,现有木工的工作时长减少(假设他们的劳动力供给曲线呈正态分布),工作时间减少后,他们的闲暇时间增加,边际闲暇时间的价值降低。那些有特别好的替代职业的木工发现,如果工资较低,他们干点别的会更好。工人多工作一小时的边际成本下降,原因要么是边际小时数是由现在工作时长减少了的老木工贡献的,要么那位边际木工现在是新移民中的一员。

变化情况如图 14-2 所示。D 是美国木工服务的需求曲线。$S_{美国}$ 是新移民到来之前美国木工服务的供给曲线;它与 D 的交点给出了移民到来之前美国木工服务的均衡价格($P_{原来}$)和数量($Q_{美国}^{原来}$)。$S_{移民}$ 是新移民的供给曲线。$S_{总和}$ 是总供给曲线,即 $S_{美国}$ 和 $S_{移民}$ 的水平和。它与 D 的交点给出了移民后木工的均衡价格($P_{新}$)和数量($Q_{总和}$)。

从图中我们可以看出,木工的工资(木工活儿的价格)下降了。一些老木工离开了木工行业,还有一些($Q_{美国}$)留了下来。在第五章中,我们看到劳动力的供给曲线等于劳动力边际成本曲线的水平和。因此,变动前的边际木工对其时间的估价为 $P_{原来}$,

变动后的边际木工对其时间的估价为 $P_{新}<P_{原来}$。在图中所示的情况下，$Q_{美国}>0$；一些美国木工仍在这个行业，因此边际木工包括移民和即使工资较低也愿意做一些木工活的美国木工。

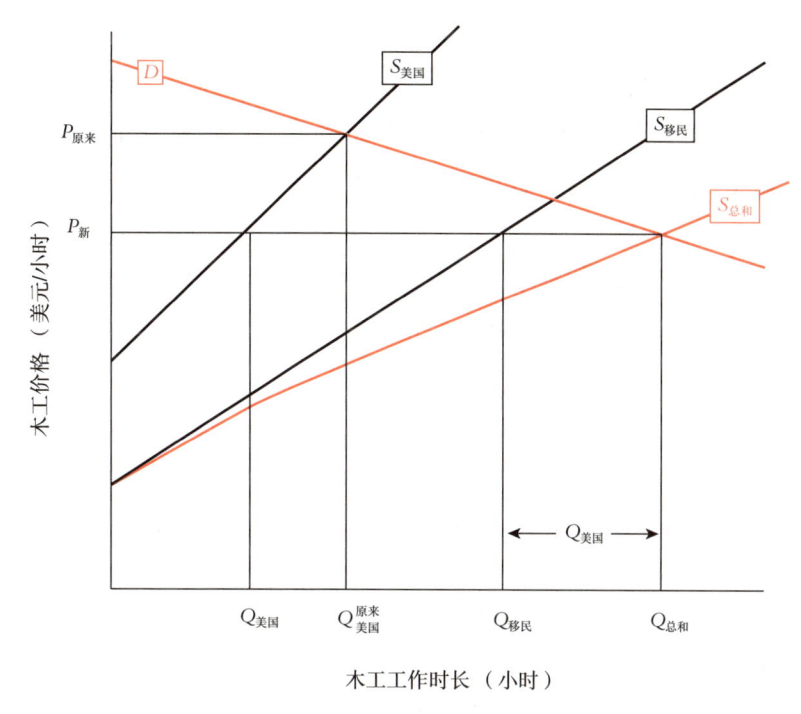

图 14-2 墨西哥木工移民对美国木工价格和数量的影响

$S_{总和}$ 是美国木工服务加移民服务的供给曲线。移民使均衡价格降至 $P_{新}$，均衡数量增至 $Q_{总和}$，其中美国木工的木工服务供应量下降到 $Q_{美国}$。

短期内，增加的木工结合相同数量的其他投入——木材、锤子、锯子——结果是每个新增木工的产量比以前少得多。随着时间的推移，其他投入也会随之调整。但在新的均衡状态下，木工比以前便宜了，因此相对于其他投入，使用更多的木工是值得的。长期来看，工资的下降幅度小于短期，但水平仍低于移民前。

移民并不是唯一影响工资率的因素。其他生产要素的增加往往会增加劳动的边际产量，从而增加工资；减少会产生相反的效果。技术的变化也会改变劳动力或其他投入的边际产量。如果有人发明了一种比人类能更好教给儿童基本技能的计算机程序（也许是将阅读、写作和算术课转化为令人兴奋的视频游戏），那么大量的人力劳动将被资本取代。对劳动力的需求减少了，对资本的需求增加了，因此当均衡重新建立时，工资将比变化前略低，而资本回报率（即利率）会略高。

这公平吗?

一旦我们知道了某人拥有的投入要素以及每种投入的收益,我们也就知道了收入的分配情况。如果我拥有 100 英亩土地,土地租金为 50 美元/英亩,那么我每年从土地中获得 5000 美元的收入。如果我每年还以每小时 20 美元的价格出售自己 2000 个小时的劳动,那么我每年从劳动中获得 40000 美元的收入。如果这些是我拥有的全部生产投入,那么我的总收入就是每年 45000 美元。我们可以用同样的方法计算出其他人的收入,从而得出整个社会的收入分配情况。

一个经常被问及的问题是:"这种分配公平吗?"市场制度的支持者有时会辩护说,每个人都能得到他所生产的东西,这似乎是公平的。劳动者的工资等于他的劳动所产生的额外市场价值,资本家获得的利息等于他储蓄和投资的资本所产生的额外价值,等等。如果投入要素的所有权的最初分配是公平的,如果"你生产什么就有权得到什么"的原则是合法的,那么最终的收入分配似乎就是合理的。

即使你像许多人一样,认为某些投入要素归属给了错的人——例如,美国的许多土地是从印第安人那里不公正窃取来的,应该归还——该论点似乎仍然证明了现有收入分配很大一部分是合理的。在美国当前的现代经济体中,大部分收入都流向人力投入——劳动力及体现在所习得技能中的人力资本——并且大部分人会同意,工人合法地拥有自身。

人们试图为目前的收入分配辩护的另一种方式是诉诸市场平等的后半部分——价格等于生产成本。如果"按每个人为了生产所牺牲的来分配"的原则对你有吸引力,你就可以说,资本家理应得到他的利息,因为这代表了他推迟消费的代价,即放弃现在的消费以换取以后更多的消费,而工人理应得到他的工资,因为这正好补偿了他为了工作而不得不放弃的闲暇。

如果你对这两个论点都完全满意,那么你可能还没有完全理解它们。与价格相等的产品和成本是边际产品和边际成本。工人的工资只是补偿他工作的最后一个小时,但他工作的所有小时都得到同样的工资。资本家收取的利息等于他的资本增加所带来的额外生产价值,但资本的边际收益产品在一定程度上取决于使用了多少劳动力、土地和其他投入。纯粹的资本本身并不能生产多少产品。

我们面临的问题是,当商品不是由任何单个人生产,而是许多投入品共同努力的结果时,该如何界定商品的公平分配。虽然按边际产品付费是一种可能的分配规则,而且这种规则描述了市场经济中实际发生的大部分情况,但它是否是一种公平的规则,甚至在这种情况下公平的含义是什么,我们却远不清楚。幸运的是,确定什么是公平的,是(少数?)不属于经济学范畴的问题之一。

什么伤害了谁的利益?

到目前为止,我们已经利用对收入分配的分析来试着确定收入分配是否公平。同样的分析也可以帮助我们回答一个很多人都非常感兴趣的问题:我怎样才能知道某些经济变化是对我有利还是有害的?答案很简单,我所拥有的某种投入要素的供应量增加,会使其价格(和边际收益产品)下降,所以我的收入就会减少。同样的道理也适用于我拥有的投入要素的近似替代品的供应增加。如果我碰巧拥有一口油井,我就会把别人发现新的天然气田或热核聚变发电方法视为坏消息。

与我拥有的投入要素一起使用的投入要素的供应量增加(**生产中的互补品**)会产生相反的效果。随着我在生产中使用的投入要素相对数量的减少,其边际产品就会相应增加(收益递减原理的反向应用)。如果我拥有一口油井,我就会支持修建新的高速公路。

经济变化既会影响我买什么,也会影响我卖什么。我购买的商品供应增加,或者用于生产我购买的商品的投入要素的供应增加,会降低这些商品的价格,从而使我受益。出于同样的原因,商品供应量的减少往往会使我的境况变糟。

这可能有助于回答一个实际问题,即在某些情况下我应该支持或反对什么事情,但在很多情况下也不适用。很显然,如果我是一名(自私的)医生,我就应该支持限制医生数量执照的法律,而如果我是一名(自私的)病人,我就应该反对这些法律。至于我应该如何看待政府赤字、限制移民、控制土地使用的法规,或其他众多并不直接影响我所拥有的投入要素的供应的事物对我福利的影响,就不那么清楚了。

下一步行动

你现在可能已经意识到,经济学需要在不切实际的简化和难以解决的复杂化之间不断取得平衡。第八章是后者的典型例子。即使是试图构建一个对简单经济体的完整描述也会涉及一系列方程组,其解法远远超出了任何现有计算机的能力。

在第二节中,我将反其道而行之,说明即使是相对复杂的经济,比如我们所处的经济,在某些情况下也可以被视为只需要三种生产投入。通过这种方法,我们就有可能说明,一个人如何受到他既不购买也不出售的商品的供应、需求和价格的变化的影响。

第二节　生产要素

考虑一下苹果。在大多数情况下，我们谈论的是"苹果的供应量""苹果的价格"等。但严格来说，一个金冠苹果、一个红玉苹果和一个青苹果是三种不同的东西。更严格地说，两个红玉苹果也是不同的东西：其中一个更漂亮一点、更甜一点，或其他。即使我们认为两个苹果完全相同，它们所处位置也是不同的，而这正是重要特征之一。石油公司斥巨资将两英里以下的原油转化为地面油罐中（完全相同）的原油。

为了某些目的，进行非常细微的区分是很方便的，但对另一些目的来说则不然；细分的代价之一是使分析变得更加复杂。将金冠苹果和红玉苹果视为两种不同而又恰好是近似替代品的东西更精确，但将它们视为同一种商品则更简单。

将商品视为近似替代品与将它们视为同一种商品的效果几乎相同。如果它们是同一种商品，其中一种商品价格的上涨意味着另一种商品价格的同等上涨，因为它们必须以相等的价格出售。如果它们是替代品，其中一种商品价格的上涨会导致对另一种商品的需求增加，从而使其价格上涨。如果二者的替代程度足够接近——一单位的一种商品可以替代一单位的另一种——那么这种商品价格的上涨就会导致另一种商品价格几乎等量的上涨。说两样东西都是同一种物品，就等于说它们是完全替代品，就像一张纸是另一张纸的完全替代品，尽管两张纸实际上并不完全相同——它们在显微镜下看起来会略有不同。

如果把每个苹果都看作不同的物品，就会把一幅简单的图景复杂化。而我将把许多不同的东西看作一种物品，从而使一幅复杂的图景变得简单。原理就是这样。

如何简化问题

假设 A 类土地特别适合种植小麦，C 类土地适合种植大豆，而 B 类土地则都适合种植。为简单起见，让 A 类或 B 类土地同等适合种植小麦，B 类或 C 类土地同等适合种植大豆。再假设供需条件满足，所有 A 类土地都用于种植小麦，所有 C 类土地都用于种植大豆，而 B 类土地两种各种一些。

在这种情况下，三类土地的价格一定相同。一英亩 A 类土地的价格是在该土地上生产小麦的净收入（收入减去生产成本）的现值；一英亩用于生产小麦的 B 类土地价格也是如此。由于 A 类和 B 类土地在生产小麦方面具有同等优势，因此两者的价格必须相同。一英亩 C 类土地的价格是其生产大豆的净收入的现值，用于生产大豆的一英亩 B 类土地的价格也是如此。

而所有 B 类土地，无论其用途如何，价格都必须相同。如果不是这样，例如，如果用于生产大豆的土地比用于生产小麦的相同土地更值钱,那么土地用途就会从小麦生产转向大豆生产,从而导致大豆价格下跌,小麦价格上涨。这一过程会一直持续下去,直到两种用途的土地价值相同,或者所有 B 类土地都用于生产大豆。

假设一场洪水冲走了 100 英亩的 A 类土地。最初的影响是提高了小麦及种植小麦的土地的市场价格。现在,一些 B 类土地从大豆转向了(更有利可图的)小麦种植。小麦供应量增加,使小麦价格部分回落到洪水前的水平。因为一些原本生产大豆的土地现在生产小麦,大豆供应量减少,大豆的价格上涨。当平衡重新建立后,三种土地的价格再次相同。若非如此,就会有更多的 B 类土地从一种作物转向另一种,直到价格相同为止。小麦、大豆和土地价格所受的最终影响与洪水冲走 100 英亩 C 类土地或 B 类土地的情况相同。

图 14-3a、14-3b 和 14-3c 以图表形式论证了这一点,说明了用于种植小麦和大豆的土地的市场。$D_{小麦}$ 和 $D_{豆}$ 不是指小麦和大豆的需求曲线,而是用于种植小麦和大豆的土地的需求曲线。用于小麦的土地数量($Q_{麦}$)从左轴开始测量,用于大豆的土地数量($Q_{豆}$)从右轴开始测量。小麦用地包括所有 A 类土地(Q_A)和部分 B 类土地;大豆用地包括其余 B 类土地和所有 C 类土地(Q_C)。B 类土地在小麦和大豆之间的分配方式使其在两种用途下的价格相同。

图 14-3a 显示的是初始情况,两种用途的土地价格均为 P_0。图 14-3b 表示洪水冲走 100 英亩 A 类土地后的情况,A 类土地的总量减少到 $Q_A' = Q_A - 100$。图 14-3c 显示的是洪水冲走 B 类土地后的情况,A 类土地的数量恢复到 Q_A,但 B 类土地的数量现在是 $Q_B' = Q_B - 100$。你应该可以确信,在图 14-3b 和图 14-3c 中,土地的价格 P_1 是且必须是相等的(并且大于原始价格 P_0),而且土地的两种用途的价格也是相等的。

图 14-3d 显示了小麦用地和大豆用地的价格不再相同的情况。需求曲线发生了移动。不再有任何方法可以将对 B 类土地的使用划分为两种用途,从而使两种用途的价格相等。即使全部用于种植小麦,小麦用地的价格($P_{麦}$)仍高于大豆用地的价格($P_{豆}$)。没有更多的土地从大豆转向小麦,因为唯一仍用于种植大豆的土地是 C 类土地,而 C 类土地不适宜种植小麦。

只要我们考虑的(土地、小麦和大豆的)供求变化使部分 B 类土地种植大豆,部分 B 类土地种植小麦,如图 14-3a、b、c,而不是 d,那么情况就好像是所有土地是一样的!我们不能直接用 C 类土地代替 A 类土地,反之亦然,但我们可以间接地用一些 B 类土地代替 A 类土地(将种大豆改为小麦),然后用 C 类土地代替 B 类土地。三种土地的价格相同,我们只需知道土地的总供应量。在分析该经济体时,我们可以将三种不同的投入(A、B 和 C 类土地)合而为一。

这有点过于简化了土地的实际情况。土地(和农作物)的种类繁多,有些土地非常适合种一种农作物,而非常不适合种其他许多农作物;而有些土地则可以种好几种农作物中的任何一种。然而,定性结果仍然成立。出于许多目的,我们可以把土地看作是具有单一价格和数量的单一商品,这并不是因为所有的土地都是一样的,甚至也不是因为任何一块土地都能很好地替代其他任何一块土地(事实并非如此),而是因为总有一些土地处于被用于一种用途或另一种用途之间的边际地带。

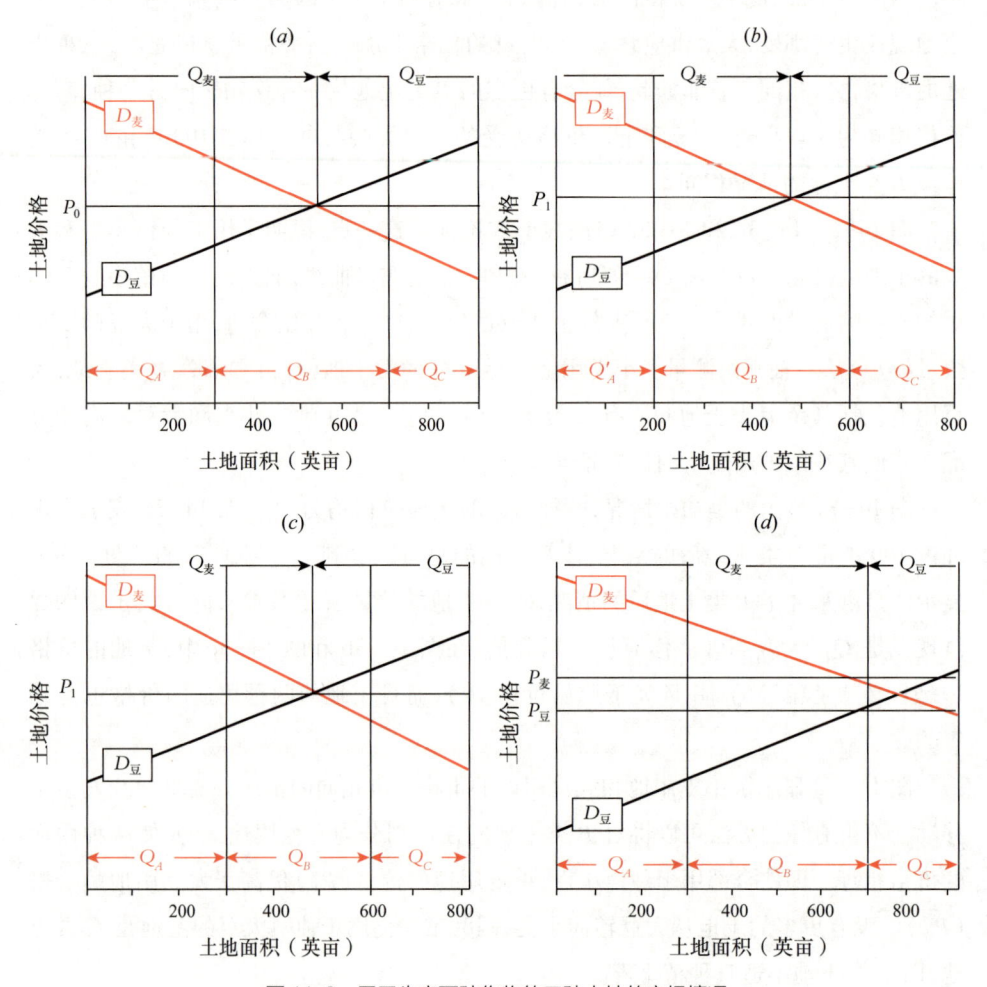

图 14-3 用于生产两种作物的三种土地的市场情况

14-3a 显示了初始情况。A 类土地适合种植小麦,C 类土地适合种植大豆,B 类土地两种作物都适合。只要只考虑两种作物都使用一部分 B 类土地的情况,两种用途的土地价格就是相同的,并且只由土地总量决定(14-3a,b,c)。

当适合种植一种作物(比如玉米)的土地供应减少时,该作物的价格就会上涨。在以前的玉米价格下,用于种植其他作物的土地能带来稍高的收入,而现在生产玉米能带来更多的收入,因此这些土地不再种植其他作物,转而种植玉米。这样一来,供应量的减少(和价格的上涨)就会传导到这些边际土地上,而这些土地以前生产的正是玉米。任何一种土地供应的减少最终都会提高所有土地的价格,正如对任何一种土地需求的增加一样。

土地并不是唯一可以这样处理的商品。传统的**生产要素**(factors of production)有三种——土地、劳动力和资本。实际上,每种要素都是一组物品,它们之间的相互替代性很强,在许多情况下都可以被视为单一物品。在每种情况下,最重要的不是每个单位都可以直接替代其他单位,而是总有一些边际单位可以从一种用途转移到另一种用途,从而将影响该组商品中一种商品的变化传递给所有其他商品。

大多数生产投入都可以归类为土地、劳动力或资本,尽管并不总是以非经济学家所期望的那种方式——例如,外科医生在很大程度上就是资本!因此,即使是一个非常复杂的经济体,我们也可以通过这种方法认为它只有三种生产投入。在分析短期变化时,这种方法并不十分有用——对经济学家需求的增加不太可能对挖渠工的工资或债券利息产生直接影响,尽管经济学家是劳动力和资本的混合体,挖渠工的工资是劳动力价格的衡量标准,而债券利息是资本价格的衡量标准。

从长期看,一种形式的劳动或资本更容易转化为另一种形式的劳动或资本。如果对经济学家的需求增加,那么就会有更多的人成为经济学家,而不是挖渠工、政治学家或秘书。培养更多的经济学家需要经济学学生本人、他们的父母、借钱给他们接受教育的投资者或政府现在花钱,将来获得回报。因此,现在用于其他方面(如建造工厂、开展研究,或培训其他专业人员)以换取未来回报的资金就会减少。劳动力和资本正在转向生产经济学,而不再生产沟渠、汽车和其他许多东西。

如前所述,短期经济不如长期经济灵活。在短期内,能搞经济学的只有经济学家,生产更多经济学知识的唯一途径是让一些正在生产经济学知识的经济学家生产更多的经济学知识,或者让那些正在做其他事情(比如写教科书,或者在法国里维埃拉闲逛)的经济学家生产更多的经济学知识。从长远来看,生产要素可以用来培养更多的经济学家,从而生产更多的经济学知识——其他任何事情也是如此。因此,生产要素对于理解长期发生的事情比理解短期发生的事情更有用。

在接下来的几小节中,我将讨论这三个传统的生产要素——劳动力、土地和资本,让大家了解它们是什么,以及它们之间有什么不同。

劳动力

工人本身结合了两种不同的生产要素——**原始劳动力**(raw labor)和**人力资本**

(human capital)。要培养一名钢铁工人,既需要人,也需要培训。后者与其他任何投资一样,都是以现在的投入换取未来的回报,因此可以被归类为资本的一种形式。因此,工人的工资可以分为原始劳动力的回报和劳动者人力资本的回报。

人并不都是一样的。即使没有经过培训,一个6英尺的男人每天挖的沟也可能比一个5英尺的女人挖的多。在某种程度上,我们可以认为不同人有不同数量的原始劳动力。如果能挖两倍多的沟的人也能打两倍多页数的字,治疗两倍多的病人,情况就简单了,你可以说一个人有两个劳动单位,另一个人有一个劳动单位。在现实世界中,情况则更为复杂。

将一种类型的劳动力(秘书)转变为另一种类型的劳动力(挖渠工人)的一种方法是,让那些身高6英尺的男性或异常强壮的女性秘书转行——或者,如果我们考虑长期变化,让更多体力成为挖渠工的人成为挖渠工人,而让不那么有体力的人成为秘书,这个方法不会带来很多挖渠工。一个更间接的方法是将秘书转变为卡车司机,将(其他)卡车司机转变为挖渠工。尽管卡车司机在人们心中经常是男性形象的,但这项工作并不需要很多体力,女性也可以并且经常从事这项工作。

假设你是一名潜在的秘书(目前在做其他工作),你的工作效率与边际秘书(卡车司机工资稍有提高或秘书工资稍有降低就会成为卡车司机的人)一样高。假设如果挖渠工的工资稍有提高,边际卡车司机就会成为一名挖渠工,他每天的挖沟数是普通挖渠工的两倍。两名挖渠工退休,挖渠工的工资略有上涨。边际卡车司机变成了挖渠工,边际秘书变成了卡车司机,而你变成了秘书。你取代了两名挖渠工。你具有的劳动力是普通挖渠工的两倍——即使你不能举起铁锹。

在短期内,劳动力的总供给是固定的,忽略工人之间的差异,它等于人口数乘以每天24小时。但从长期来看,人口是可以变化的。现代经济学的鼻祖——十八世纪末的亚当·斯密、十九世纪初的托马斯·马尔萨斯和大卫·李嘉图——将这一事实作为他们分析的核心部分。他们认为,劳动报酬越高,人们就越愿意生儿育女,人口增长率也就越高。

如果每个人都很穷,那么生孩子的代价就是放弃成为潜在父母后非常看重的东西,比如自己的食物或衣服。因此,大多数人都会晚婚,而且一旦结婚,就会尽量避免生孩子。结果就是出生率低,相对于其他两个生产要素,劳动力数量下降,工资增加。

另一方面,如果工资高,人们就会更愿意生孩子。结果是人口增加,工资下降。因此,古典经济学家认为,存在着一种**均衡工资**(equilibrium wage)——人口刚好维持自身的工资。高于该工资水平时,人口增加,现有工资水平下降;低于该工资水平时,人口减少,工资水平上升。

实现平衡可能需要一段时间。在一个资本存量不断增长的经济体中,随着人口和资本的共同增长,工资水平可以长期保持在均衡水平之上。但是,土地供应有限,再加上收益递减规律,最终会使经济增长停滞,工资回到长期均衡水平。这就是所谓的**工资铁律**(iron law of wages)。李嘉图由此得出的一个结论是,如果穷人有费钱的品味,将是一件好事。这样一来,他们需要更高的生活水平,才愿意承担生儿育女的费用,因此均衡工资会更高。

现代经济学倾向于放弃这种讨论,而只考虑给定人口数量的经济。其中一个原因可能是,从李嘉图时代到我们这个时代,工资一直在大幅上涨,而且相当持续,这表明不存在长期均衡工资。最近,随着对人口过剩和资源有限的担忧日益增加,人们对将人口变化作为分析变量之一的经济理论的兴趣又开始重燃。

土地

在讨论生产要素时,我先说明了如何将不同类型的土地视为同种商品,为简单起见,我假设 1 英亩的每种土地都是等价的。我也可以很容易地假设,1 英亩 A 类土地与 2 英亩 B 类土地在种植小麦上的收益相同,1 英亩 B 类土地与 2 英亩 C 类土地在种植大豆上的收益相同。在这种情况下,1 英亩 A 类土地的价格就是 1 英亩 B 类土地价格的 2 倍,1 英亩 C 类土地价格的 4 倍。这样,我们就可以认为 A 类土地每英亩含有 4 个土地单位,B 类土地每英亩含有 2 个土地单位,C 类土地每英亩含有 1 个土地单位。这样,我们在分析土地时就会觉得它们都是一样的——土地总量等于 C 类土地的数量加上 B 类土地数量的 2 倍再加上 A 类土地数量的 4 倍。这与前面讨论的劳动力情况很相似,A、B 和 C 类土地分别对应前面例子中的秘书、卡车司机和挖渠工人。

地球的表面积是一定数量的平方英里,这个数值在过去的数十万年里没有发生过重大变化,除非大面积重新设计这个地球,否则在未来的几十万年里它也不会有重大变化。因此,如果我们只考虑**原生土地**(raw land),并且将提升土地生产力的投资(施肥、排水、开垦)归类为资本,那么与我们所讨论的大多数其他事物的供给不同,土地的供给几乎完全没有弹性。

如果土地的供给完全没有弹性,那么土地的供给曲线就是垂直的,这意味着土地税无论是由土地所有者还是土地租用者支付,都完全由土地所有者承担,而不会转嫁给土地租用者。这也意味着土地税不会产生额外负担——正如你在回答第七章的问题 8 和 9 时所说明的那样(我希望如此)。这两个结果都显示在图 14-4 中,其中税由消费者支付。我这样画是因为,生产者支付的税会使垂直供给曲线垂直移动,而这很

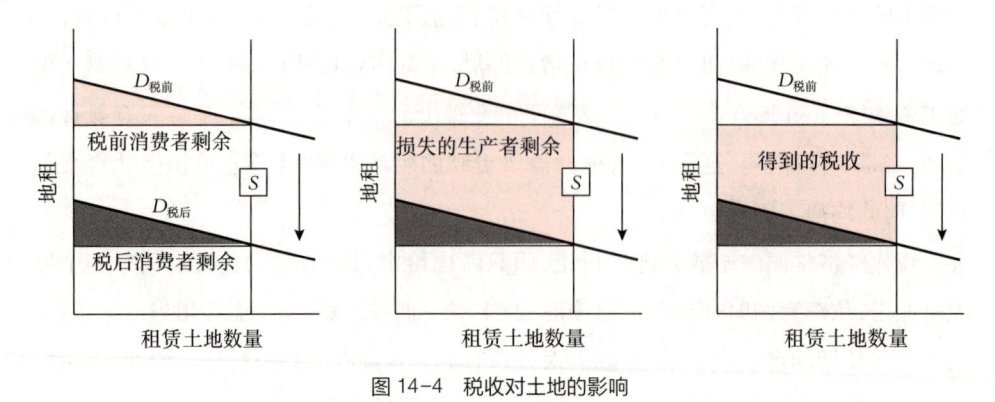

难显示出来，移动后的曲线与未移动的曲线完全相同。

图 14-4　税收对土地的影响

由于供给曲线完全缺乏弹性，供给量和消费者剩余不受税收影响。损失的生产者剩余等于征收的税。

这一事实有时被用来论证土地是最理想的征税对象——不产生多余的负担，所有的税收都由土地所有者承担。该提议的一个难点在于，要对某一事物征税，就必须对其进行测量。原生土地的供应可能完全没有弹性，但我们实际使用的土地——用于居住、种植粮食、修建道路的土地——却并非如此。它是原生土地和其他资源（用于开垦土地的劳动力、用于改良土地的资本等）的结合。一个测量使用中的土地和原生土地之间差异的尺度是，地球上只有约十分之一的土地面积用于耕种，而用于建造房屋、道路等的土地面积则更少。

如果对土地的市场价值征税，就会阻碍人们通过使用资本和劳动力改良土地来提升未开发土地的价值。改良后土地的供给曲线绝非完全没有弹性，因此，为了征收所谓的单一税（对未改良土地的价值征税，以替代所有其他税种），首先必须找到某种方法来估算土地在未改良情况下的价值，而这是很难的。

租金和准租金

由于土地是供给完全无弹性物品的标准例子，而使用土地的费用被称为**租金**（rent），因此租金一词在经济学中有两种不同的用法。一种是指支付使用某物的费用，有别于支付所有权的费用（价格）。在这个意义上，人们从通用汽车公司购买汽车，但从安飞士（Avis）公司租用汽车。另一种是指为使用固定供应（即完全无弹性）的物品而支付的费用，即泛指调用物品时超过其存在本身所需的额外费用。

在第二种意义上，租金可以适用于土地以外的许多事物。稀缺的人类天赋，如发明天才的能力,或是良好的协调能力与修长双腿的结合——可以被视为固定供应且没有近似替代品的宝贵资源。托马斯·爱迪生或篮球球星威尔特·张伯伦的工资可以被视为一种租金来分析。从这个意义上说,租金是一种价格,用来在消费者之间分配对某物的使用,但并不告诉生产者要生产多少,因为这种商品并不是被生产出来的。与此相反的情况是支付给具有水平供给曲线的物品的款项,这时,支付额仅仅等于生产成本。

正如人们可以主张对土地的地租征税,理由是土地的供应完全没有弹性,征税不会造成多余的负担,人们也可以主张对稀缺人才征收租金税。在这里,当你试图确定税目时,问题又出现了。目前还不清楚税务局如何判断哪些运动员和发明家即使在报酬不超过正常的市场工资时还会继续施展他们的才能,哪些人又会决定做其他事情。

供给曲线的形状取决于生产者有多少时间来调整其产出。在短期内,几乎所有的东西都是固定供应的。在更长期,许多东西的供应是固定的,而在非常长的时期内,几乎没有东西的供应是固定的。有人甚至会说,如果某些才能可以带来高收入,那么这些才能的拥有者就会变得富有,生出很多孩子,从而增加这些人才的供应量。或者说,如果土地租金足够高,就会鼓励人们探索和开发其他星球,从而增加土地的数量。因此,从长远来看,为解释土地租金而做的经济分析可能不适用于任何事物,甚至是土地。但它可以用来解释许多价格在足够短的时间内的行为。对活鱼来说,这可能是1天,而对房屋来说,这可能是30年。

在前一章中,我讨论了建造成本为沉没成本的商品,如船舶或工厂。只要船东获得的运价介于使他们的船只物有所值,而又没有高到值得建造更多船只之间,那么船只的供应就完全没有弹性。船舶的数量不会随着运价的变化而变化,尽管它会随着船舶的损耗而逐渐减少。对于值得建造更多船只的其他价格水平来说,也是如此——如果我们把自己限制在建造船只的短期时间的话。因此,只要我们做足够短期的分析,就可以把船只的收益看作一种租金——准租金。这正是我们在第十三章中所做的。

资本

第三个生产要素是资本。劳动力和土地(更一般地说,未经生产的自然资源)的含义似乎相当明显,但资本的含义却不尽然。生产资本是否意味着储蓄?建造工厂?投资你的储蓄?什么是资本——它是什么样子的?

一个(好的)答案是,使用资本意味着在当下使用投入(物)来生产之后的产出。所需的"美元年"(投入的美元数乘以产出出现之前的年数——这种说法略显简单,因为它忽略了复利的影响,但对我们的目的来说已经足够了)越多,资本的使用量就越大。资本之所以昂贵,是因为人们通常更喜欢现在消费而不是未来消费,而且必须付出代价放弃前者以换取后者。**资本物**(captial goods)是用现在的投入生产的实物(工厂、机器、苹果树),用于在未来产生产出。

第十二章描述了资本市场的基本逻辑,我们在那章讨论了个人决定借贷或储蓄多少,以及公司决定哪些项目值得投资。市场利率越高,消费者就越愿意放弃现在的消费以换取未来的消费,因为利率越高,就意味着用更多的未来商品换取一定数量的现在商品,所以我们预期消费者的资本净供给会随着利率的上升而增加——供给曲线向上倾斜。市场利率越高,未来收入流的现值就越低,因此投资项目的现值就越难证明其初始成本的合理性。因此,利率越高,意味着值得投资的项目越少,企业借贷的资金也就越少——需求曲线向下倾斜。在某个利率水平上,两条曲线交叉,消费者希望借出的资金量等于企业希望借入的资金量,该利率水平即市场利率。

与土地或劳动力的类似简化相比,将资本描述为单一商品既更不合理,又更合理。说它更不合理,是因为资本物一旦建成,就不会有太大的灵活性。汽车厂不可能生产钢铁,碾磨机也不可能种植谷物。就劳动力和土地而言,我们认为,一种投入可以通过中间物的链条替代另一种——前者是从秘书到挖渠工,后者是从小麦到大豆。要找到一条链条将钢铁厂和排水渠连接起来,或将一项发明(以研究产生有价值的知识为形式的资本)和拖拉机连接起来,则会更加困难。

但如果我们在投资之前就考虑资本的话,把所有资本视为一种商品,比把所有劳动力或所有土地视为一种商品更合理。钢铁厂不可能改建成排水渠,但投资者可以决定是用自己的储蓄支付给工人来建造钢铁厂还是排水渠。因此,所有投资的预期收益,即利率,必须是相同的。如果投资者预期投资一美元建钢铁厂比投资一美元挖排水渠赚得更多,那么资本就会转向钢铁,钢铁供应的增加会使钢铁价格和钢铁厂的投资回报率下降。同样,运河建设资本供应的减少也会提高运河投资的回报率。投资者会持续将资本从一种用途转移到另一种用途,直到两者的回报率相同。

钢厂供应量的减少,比如说,战争或地震摧毁了100家钢厂,这将推高钢材的价格,提高钢厂的投资回报率,吸引原本流向别处的资本进入钢铁行业,从而推高总体利率。因此,从长远来看,存在单一的资本数量和单一的资本使用价格——利率。所有资本在投资之前都是一样的。

投资后,资本有多种形式。其中最重要的一种是人力资本,非经济学家很少将其视为资本。一名医学生投入9万美元和6年时间成为一名外科医生,他现在承担成本,以换取未来的收益,就像他投入时间和金钱建造工厂一样。如果外科医生的薪水不足以使投资给自己至少与投资给其他事物一样有吸引力,那么他就会投资于实物资本。因此,外科医生的工资应该部分被视为劳动报酬,部分被视为某些稀缺才能的租金,部分被视为其人力资本的利息。

人力资本与其他形式的资本有一个重要的区别。如果你有一个建立一个有利可图的工厂的想法,但你自己没有足够的钱来支付它,你可以通过让其他投资者成为工厂的部分所有者,或者以工厂本身作为抵押进行借贷,来筹集更多的资金。你对自己的人力资本进行投资的能力要有限得多。你不能将自己作为股份出售,因为这违反了禁止奴隶制的法律。出于同样的原因,你也不能把自己作为抵押品。你可以借钱来支付培训费用,但在钱花完之后,如果你愿意,你可以宣布破产。你的债权人无法收回你用他们的钱所购买的培训。

在市场经济中,对实物资本的投资,如果预期收益高于正常的市场收益,就会一直进行下去。对人力资本的投资则不然。只有在有关人员(或其父母,或其他重视其未来福利或信任其偿还贷款的人)能够提供必要资本的情况下,才会有人力资本的投资。在这方面,人力资本市场是不完善的。

第十二章讨论了不完善产生的根源:产权缺乏保障。在第十二章中,由于存在征用的可能性,石油所有者的产权没有保障;其后果之一是阻碍了对寻找石油和钻探油井的投资。在这里,贷款人的产权由于破产的可能性而缺乏保障;其结果是阻碍了对(他人的)人力资本的投资。这种不完善的存在,一方面为政府提供(或担保)教育贷款提供了论据,另一方面,也为放宽对(自我选择的)奴役的禁制提供了论据——放宽到限制那些通过借贷接受教育的人宣布破产的能力的程度。

要素的异同

我们现在已经了解了所有三个生产要素——劳动力、土地和资本。它们有何相似之处?又有什么不同?

这些要素的一个不同点在于各自的财产化程度。土地和实物资本完全是财产,可以买卖、转让、出借。劳动力和人力资本是(使用程度)非常有限的那类财产,至少在我们的社会是这样。它们可以出租,但合同几乎总是可以按照所有者的意愿取消——工人总是可以辞职。劳动力和人力资本都不能出售,也不能用作抵押品,因为贷方无法收回资金。

第二点不同在于供应。土地的供应是绝对固定的。如果我们把个人对自身劳动力(即闲暇)的需求纳入需求的一部分,而不是作为影响供给的因素,那么劳动力的供给也是固定的。随着时间的推移,劳动力的数量会因人口的变化而变化,但由于新劳动力的生产者(父母)并不拥有这些劳动力,也不能将其出售,因此,即使从长期来看,也不清楚劳动力价格的上涨是否会增加其供给。资本数量的变化是储蓄的结果,个人消费少于其收入,剩余部分即可用于投资。利率越高,用今年的储蓄换取明年的储蓄就越多,因此我们预计新资本的供给会随利率的上升而增加——尽管对于资本来说,就像对于劳动力那样,向后弯曲的供给曲线在逻辑上并非不可能。

至此,我们完成了对三大生产要素的勾勒。最后,值得注意的是,生产过程中的某些投入并不适合我们的分类。未生产的原材料(例如铁矿石)和人的特殊能力就是两个例子。从固定供应的意义上讲,两者的表现都类似于土地。但二者都不是土地,因为它们都不能替代被称为土地的相关物品集合中所包含的东西。

第三节 应用

在本章的第一节,我说明了如何确定收入分配,并讨论了如何通过某一变化对我在分配中所占份额的影响来确定它是否符合我的利益。结论是,任何提高我出售的生产资料的价格或降低我购买的商品的价格的变化,都会使我受益;任何降低我出售的生产资料的价格或提高我购买的商品的价格的变化,都会使我受损。

正如我当时指出的那样,问题在于,许多我可能想知道其影响的那些潜在变化无法以这种方式被评估。它们对我所拥有和销售的投入品或我所消费的物品没有直接影响,而且其众多间接影响的净后果也很难判断。生产要素的引入就是为了解决这个问题。当所有投入被简化为三个要素时,就有可能判断某些变化会如何影响这三个要素中的每一个,以及要素价格的变化会如何影响我的福利。

这就是我们在第三节要讨论的问题。我们将考虑三个不同的公共政策问题——移民限制、穷国的投资限制以及政府的土地使用控制。针对每种情形,我们主要关心的问题不是政策的好坏,而是谁得谁失。针对每种情形,我们都将通过考察政策对生产要素的影响来回答这个问题。

移民

我们可以将本章的第一节和第二节结合起来,来分析一些有趣的问题。让我们先从移民增加对美国现有居民福利的影响入手。在 1920 年代以前,美国除了对东方人有一些移民限制外,总体上奉行开放的移民政策。结果是涌入了大量移民,在高峰时每年有超过 100 万人。假设我们又回到了开放移民的政策,那么谁会受益,谁会受损?

平均而言,移民拥有的人力和物质资本少于美国现有居民,移民的技能较差,也比较贫穷。因此,移民增加的结果之一就是美国劳动力与资本的比率增加。移民带来了劳动力和一些资本,但没有带来土地,因此另一个结果是降低了土地与劳动力的比率,以及土地与资本的比率。因此,移民增加会降低劳动力的价格,抬高土地的价格;对资本价格的影响则是模糊的,因为相对于劳动力,资本变得更稀缺,而相对于土地,资本不如土地稀缺。我的猜测是,由于在不受限的移民政策下,涌入的新增移民只会带来很少的资本(而在现行法律下,富有的移民才可以涌入),因此资本的回报率将会增加。

最终的结果很可能是伤害那些最缺乏技能的美国工人。这很可能使许多甚至大多数其他工人受益,因为他们出售的不是纯粹的劳动力,而是包含大量人力资本的混合物。土地净买方会因土地价格的上涨而受损,而净卖方则会受益。如果资本回报率(利率)提高,净贷款人将受益,净借款人将受损。

我们能谈谈这对目前生活在美国的人的总体影响吗?可以,但要做到这一点,我们必须引入前一章的论点。一种看待移民限制的方式是将其视为贸易壁垒,通过阻止墨西哥工人前往需要劳动力的地方,从而阻止美国消费者购买墨西哥工人的劳动力。第六章的比较优势论点在此同样适用,后面第十九章将再次讨论这一点。既然贸易有净收益,那么取消移民限制就会给现在的美国人带来净收益,尽管有些人的境况会更糟,就像取消关税会带来净收益一样,而美国汽车工人和通用汽车股东可能会受损。除了这些净收益之外,新移民还将获得巨大的收益,而这正是他们移民美国的原因。

图 14-5 显示了前面讨论过的墨西哥木工移民的净影响,与图 14-2 相对应,它显示了消费者剩余和生产者剩余。请注意,该图的深彩色区域表示美国已有木工的生产者剩余损失量,而深彩色和浅彩色区域则表示美国消费者的消费者剩余增加量,因此前者小于后者。这意味着,总的来说,总剩余增加了,即使忽略代表新移民收益的浅灰色区域。

如果要更精确地讨论我们所说的净收益是什么意思,则要到下一章。如果要更严谨地解释为什么开放移民会产生净收益,那就超出本教材的范围了。不过,在我们结束对移民问题的讨论之前,还有两点值得一提。

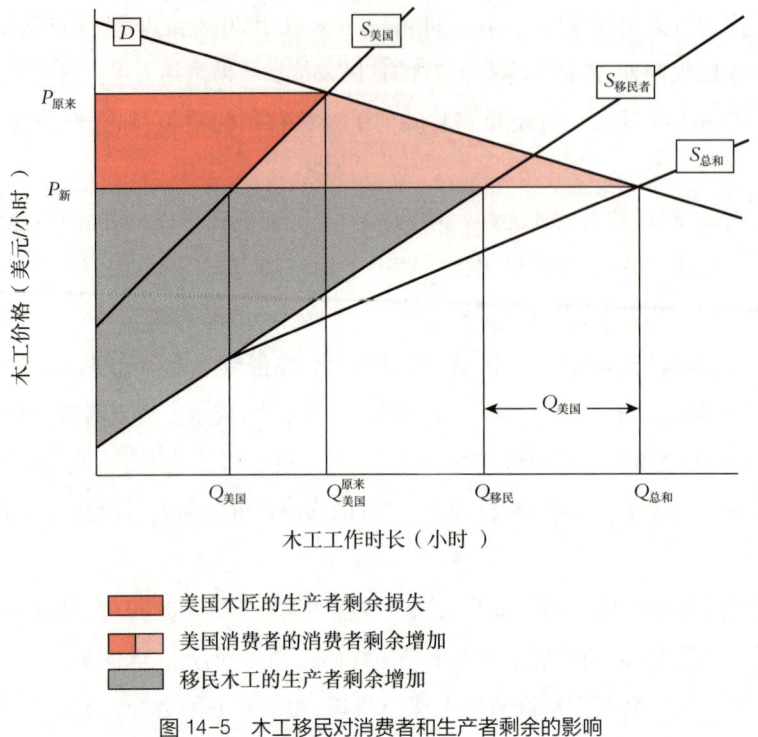

图 14-5　木工移民对消费者和生产者剩余的影响

消费者剩余的增加超过了美国现有木工生产者剩余的损失。进一步的好处是,移民获得了生产者剩余。

到目前为止,在我对移民问题的讨论中,我假定了一个私有财产社会,在这个社会中,获得收入的唯一途径就是出售劳动力或其他投入品。事实上,至少还有以下两种途径获得收入:从政府那里获得(以福利、失业金等形式)和秘密侵犯财产权(偷窃和抢劫)。只要新移民以这些方式养活自己,他们就会给现有居民带来成本,而不会带来相应的收益。在这种情况下,新移民提供净收益的说法就不再成立。

目前还不清楚该论点与美国放弃开放移民政策之间有什么联系(如果有的话)。人们很容易认为移民限制是福利制度的后果之一。只要贫困移民必须自力更生,他们就会受到欢迎;一旦他们得到了靠已有居民的纳税来生活的权利,他们就不再受欢迎了。这个论点巧妙地将 20 世纪上半叶的两大主要变化串连了起来,并且是以一种非常符合我自己的意识形态偏见的方式。

不幸的是,美国移民限制是在 1920 年代初实施的,而政府规模和责任的大幅增加则发生在约十年后的新政时期。我们最多可以推测,二者都是因对国家角色的看法发生变化所致的。

无论美国福利国家的兴起与无限制移民政策的终结之间是否有任何历史联系，目前对移民的反对意见似乎很明显。人们通常是担心移民一到美国就会享受福利，但这种担心是否有道理就不那么清楚了。大量证据似乎表明，新移民更有可能开始努力工作，在收入阶层上更上一层楼，因为他们有机会赚取他们眼中那高得惊人的工资。

我对自由移民的最后一点评论涉及其分配效应。反对移民的人认为，移民伤害了穷人，却帮助了富人，因为明显的输家是缺乏技术的美国工人。如果我们只讨论目前生活在这里的人，他们可能是对的。但是，移民的最大受益者将是移民，他们中的大多数比美国穷人要穷得多。从国家的角度来看，自由移民可能会伤害穷人；从国际的角度来看，自由移民则会帮助穷人。按照世界标准，美国的穷人即使算不上富裕，至少也是小康水平。

经济学帝国主义

经济学帝国主义（Economic imperialism）一词至少有两种含义。它被一些经济学家用来指用经济学的方法解释传统上被认为是非经济的问题。我们经济学家是帝国主义者，试图征服目前由政治学家、社会学家、心理学家等占据的知识领地。有些经济学家则用它来描述以及抨击外国对发展中国家（即贫穷国家）的投资。这个词的含意是，这种投资只是军事帝国主义的一种更微妙的等价物，是富强国家的资本家控制和剥削穷弱国家居民的一种方式。

大多数使用这个词的人似乎都没有注意到，这种"经济学帝国主义"有一个有趣的特点。发展中国家通常劳动力丰富而资本贫乏；相对而言，发达国家资本丰富而劳动力匮乏。结果之一是，发展中国家的劳动回报率低，资本回报率高——工资低，利润高。这就是发展中国家吸引外国投资者的原因。

外国投资的出现会增加本国的资本量，从而导致工资上涨、利润下降，这种效应与自由移民的效应完全类似。如果人们从劳动力丰富的国家移居到劳动力匮乏的国家，他们会使移入国的工资下降，租金和利润上升，而对移出国的影响则恰恰相反。如果资本从资本富足的国家流向资本贫乏的国家，则会使流入国的利润下降，工资上涨，而在流出国则产生相反的效应。

攻击"经济学帝国主义"的人普遍认为自己是穷人和受压迫者的捍卫者。他们成功阻止了贫穷国家的外国投资流入，却让这些国家的资本家受益——保住了利润，并使这些国家的工人受损——拉低了工资。我们很想知道,在反对外国在这些国家投资的喧嚣声中,有多少是由于不理解这一点,又有多少是受了解这一点的当地资本家资助的。

在上述几段中,我使用了传统意义上的利润,即资本回报,这也是此类讨论中通常使用的方式。更好的说法应该是利息。这样可以避免混淆资本回报率意义上的利润和经济利润意义上的利润,后者指用收入减去所有成本,包括资本成本。

土地使用限制

在美国和其他类似的社会中,对所有者如何使用其土地往往有广泛的限制。其中许多限制可以从外部性的角度辩护,这将在第十八章讨论。无论这些限制是否合理,分析它们的分配效应都是很有意义的。

假设英国政府要求(确也如此)在大城市的周围建立"绿化带"——围绕市中心周围以阻止人口密集的区域。这样做的结果是减少了这些城市的住宅用地总量,因此房租增加。一项被辩护为保护城市美观、抵制贪婪开发商的法律,其效果之一是提高了城市房东的收入,而牺牲了租户的利益。分析实施和维护绿化带立法的支持来源,以了解有多少来自立法声称要保护其居住环境的居民,又有多少来自立法增加了其收入的房东,是很有趣的。

第四节 工资差异

到目前为止,我们一直在使用本章第一、二节的观点来决定谁因各种政策而受损或受益。同样的想法也可以用来回答另一个问题:是什么决定了不同职业的工资差异?

我们从第二节的观察开始,即在均衡状态下,各种劳动在某种意义上是相同的,正如各种资本和土地也是相同的。如果是这样的话,那么我们就会认为所有的工作都会得到相同的报酬。显然,事实并非如此,为什么呢?

非均衡

第一个答案是,我们可能并非处于长期均衡的状态。均衡的产生和维持是这样的:当一种职业比另一种职业更有吸引力时,人们倾向于离开吸引力较低的职业而进入吸引力较高的职业,而新进入市场的工人也倾向于进入吸引力较高的职业。当工人们进入有吸引力的职业时,他们就会拉低其工资;当工人们离开缺乏吸引力的职业时,这些职业的工资就会上升。只有当所有职业都具有同等吸引力时,该过程才会停止。

这需要时间。一个人如果花了相当多的时间和金钱来培训自己从事一种职业,那么只有在新职业的回报不仅更大而且大到足以证明这种转换的代价是值得的情况下,他才会转向另一种职业。这对新进入市场的工人来说问题不大,因为他们还没有做出投资,但可能需要很长时间,有限的新工人流入量才会对该职业的总人数产生很大影响。因此,如果对某类劳动力的需求意外减少,导致该领域的工资水平低于长期均衡水平,那么工资水平可能要在数年后才能回升。同样,对某类劳动力的需求意外增加,也会使工资在一段时间内保持在正常水平之上,特别是如果该职业需要长期培训的话。这种情况的逻辑与第十三章基本相同,只是我们把它应用于人而不是船只。

能力差异

第二个答案是,不同的工资水平可能反映了不同的能力。例如,如果平均而言,核物理学家比杂货店店员更聪明,那么他们的工资也会更高。在这种情况下,可能某个核物理学家的收入并不比他当店员时的收入高,但如果这个人是一个平均水平的物理学家,拿着平均水平的物理学家工资,那么他就会是一个高于平均水平的店员,拿着高于平均水平的店员工资。这就是我前面所说的一个人比另一个人"包含更多劳动力"的情况。一位聪明工人一小时的时间可能相当于一位普通工人两小时的时间。

如果这就是故事的全部,那么就没有明显的理由说明为什么核物理学家比店员更聪明——聪明的人在这两种职业中都会得到同样的回报。当然,事实上,智力和其他能力在某些领域比在其他领域更有用。如果你是篮球运动员,身高 7 英尺(约 2.1 米)就非常有用。如果你是一名大学教授,这仅仅意味着你会经常撞到头。

如果某种能力的供应量足够多,那么这种专门能力的差异可能并不十分重要。如果 10% 的人口都是身高 7 英尺、身体协调性好的人,那么篮球运动员也不会获得超乎寻常的高薪——因为有太多的高个子文员、高个子教授和高个子挖渠工愿意从事该职业。如果只有当所有具备推销才能的人,加上部分不具备推销才能的人都成为推销员时,均衡才能实现,那么,推销员的回报率就必须高到足以使其成为一个具有合理吸引力的职业,即使对那些没有特殊推销才能的人来说也是如此;而对那些特别有推销才能的人来说,它则是一个非常有吸引力的职业。另一方面,如果在均衡状态下,所有的推销员都有才能,而只有具备合适才能的人才是推销员,那么有才能的推销员的努力只能得到正常的回报。

这种情况的逻辑与我们之前讨论的小麦和大豆的种植情况相同。图 14-6a 和图 14-6b 以图表的形式呈现了该论点。在图 14-6a 中,高个子的人数($Q_{高个子}$)足以将篮球运动员的工资拉低到其他工作的工资水平,因此,所有工作都能获得相同的工资(W)。在图 14-6b 中,篮球变得更受欢迎,对篮球运动员的需求($D_{篮球选手}$)增加到即使所有高个子都打篮球,他们的工资(W_1)也高于其他工作的工资(W_0)。

我们现在讨论的是我前面所说的稀缺才能的租金问题。举个极端的例子,如果只有身高超过 7 英尺的人才能打篮球,而在与其他职业工资相等的价格下,对篮球运动员的需求又高于身高超过 7 英尺的总人数,那么篮球运动员的工资就永远不可能降到普通工资水平。没有人可以从其他行业转到篮球行业,因为身高超过 7 英尺的人都已经在打篮球了。就像前面讨论土地一样,价格是由需求曲线与完全无弹性的供给曲线的交点决定的。

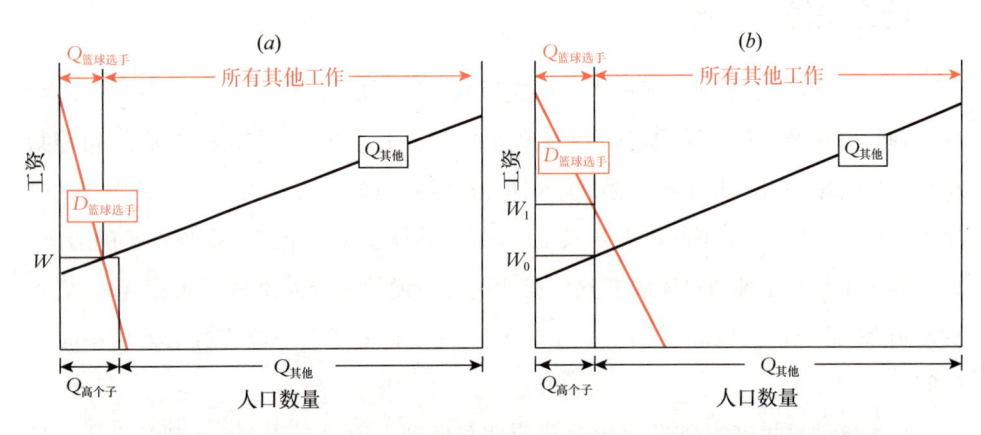

图 14-6 对篮球运动员和所有其他工作的需求,以及高个子和所有其他人群的数量

在图 14-6a 中,有足够多的高个子使篮球运动员的工资与其他工作的工资持平;在图 14-6b 中,没有足够多的高个子使篮球运动员的工资与其他工作的工资持平。各图下方的数量表示高个子($Q_{高个子}$)和普通人($Q_{其他}$)的固有数量。该图中最上方的数量显示了打篮球($Q_{篮球选手}$)和所有其他工作的实际雇用人数。

通常情况并非如此极端。有些人可以打篮球却不打,但他们的平均身高比打篮球的人矮,协调能力比打篮球的人差,或者在其他方面不如打篮球的人。在均衡状态下,工资会使边际篮球运动员,即在选择打篮球和做其他事情之间刚好保持平衡的人,发现这两种选择具有同样的吸引力。如果平均水平的球员比边际水平的球员好得多,他的工资也会更高。同样的论证也适用于个人生产力取决于他是否拥有稀缺特征或能力的任何职业。

净优势相同

我们现在讨论了总体而言不同职业可能不具有同等吸引力的两个原因:非均衡和能力差异。即使这两个因素都不重要,即使所有职业都具有同等吸引力,它们仍有可能以不同的方式具有吸引力。

考虑一组职业。我们假设这些职业都不需要人类具备任何特殊的能力;事实上,为了使情况更加简单,我们假设所有人最开始都具备相同的能力。我们还假设经济处于均衡状态,对不同劳动力的需求没有意料不到的变化,因此每个人得到的工资都与他选择职业时的预期差不多。

即使在这种情况下,我们也可以看到不同职业的人所获得的工资差别很大。在均衡状态下,相等的是每个领域的净优势,而不是工资。举例来说,如果某一职业(如经济学)比其他职业更有趣,那么它的工资也会较低。否则,如果它的工资与那些不那么有趣的领域的工资相同,那么从净值上看,它就会更有吸引力。过着挖渠工、社会学家或律师等乏味生活的人就会涌入这个行业,从而拉低工资。

该论点不仅适用于更有趣的职业,也适用于具有其他非金钱优势的职业。举例来说,如果很多人想成为电影明星或摇滚明星,不是因为这份工作有趣,而是因为他们喜欢被众人崇拜的目光所瞩目,那么这就会导致这些职业的工资下降。对于那些有非金钱劣势的职业而言,同样的论证也适用,只是结论相反。这就是为什么雇人开卡车运炸药比开卡车运泥土需要花费更多的原因。

造成工资不平等的第二个因素是进入不同职业的成本不同,即使净优势相同。成为收银员几乎不需要任何培训,而成为精算师则需要很多年的学习。如果两种职业的工资相同,那么很少有人会成为精算师。在均衡状态下,精算师的工资必须足够高,补偿学习这份工作所投入的时间和费用。由于培训成本发生在职业生涯的初期,而回报发生在后期,因此精算师必须获得足够的额外收入,以支付培训费用和自我投资的利息。否则,他就不如把钱投资在自身以外的其他方面,并去当一名收银员。精算师的工资必须要能支付他们的人力资本,还要能支付他们的原始劳动力。

在解释工资差异时还应考虑另一个因素:不确定性。在某些职业中,工资是可预测的,而在另一些职业中,工资则不可预测。电影明星的收入很高,但我认识的唯一一位女演员却主要靠做临时秘书的工作维持生计。在一个大多数人都是失败者的行业里,至少从财力的角度来看是这样,少数成功者做得很好也就不足为奇了。一个人进入这样一个行业,实际上是买了一张彩票——有1次机会是年薪几十万美金,而有999次机会是靠偶尔的表演工作再加上兼职工作和失业补偿勉强糊口,还有一些机会是介于这两个极端之间。在我的印象中,演员的平均工资相当低,男女演员愿意从事这一职业,要么反映了不切实际的乐观主义,要么反映了做他们真正想做的事情所带来的巨大的非金钱回报,要么则两者兼有。

· 习题 ·

1. 假设你想正确计算基尼系数,再假设你有每个人从出生到死亡的完整收入信息。你究竟会如何解决本章开头讨论的问题——收入随时间变化与收入因人而异之间的混淆(提示:结合第十二章中的一个概念)。

2. 本章讨论了论证市场所产生的收入分配之合理性的方式。你认为什么是公正的分配?什么应该决定谁得到多少?

3. 为什么向后弯曲的供给曲线作为生产要素的劳动力,比作为任意一种其他劳动力(制桌)或这种劳动的产品时更为可信?

4. 我的妻子是一名受雇于一家石油公司的地质学家。我们花在汽油上的费用不到我们共同收入的 1%,而取暖费(煤气)和电费则要多花几个百分点。你认为如果油价上涨,我们的生活会更好还是更差?如果我们用石油取暖,答案会不会很不一样?如果她是一个受雇于大学的地质学家呢?请讨论。

5. 政府认为美国的建筑太多,建议对建造新建筑征收 50% 的税。以下哪个团体会支持这项税收?哪些团体会反对?为什么?

   a. 拥有建筑物的投资者

   b. 建筑承包商

   c. 未开发土地的所有者

   d. 房东

   e. 租户

6. 如果替代职业的工资比你计划从事的职业的预期工资多 10%,你会认真考虑进入哪些替代职业?如果多 50% 呢?假设你已经从事了某一职业,如果在你开始为此进行培训之前,替代行业的工资比以前提高了 10%,你本会认真考虑哪些替代职业?50% 呢?

7. 假设我们说,两种职业存在联系的前提是,每种职业里至少有一个人在工资水平高出 10% 的情况下会进入另一个。那么要把你的职业和挖沟人职业联系起来,需要多少个步骤?运动员职业呢?打手呢?脑外科医生呢?家庭主妇呢?描述每种情况下合理的链条。

   (例如,经济学家-律师-政治家这个链条把我和一个政治家联系起来,有两个环节。一些经济学家很可能会成为律师,特别是如果律师的工资再高一点;一些律师很可能成为政治家,特别是如果政治家的工资再高一点。)

8. 简要解释一下为什么把问题 6 和 7 放在本章中。

9. 近几十年来对人口问题的关注有所加深,这部分是由于人们认为贫穷国家之所以贫穷主要是因为它们的人口过多。查看中国、日本、印度、德国、比利时和墨西哥的人口密度(每平方英里的人口数)和收入数据。看起来贫困主要是人口密度的函数吗?看看其他国家,这些案例的结论是否具有典型性?请讨论。

10. 有些人很想当演员,即使进入这个行业得到的收入仅够勉强维持生计。尽可能准确地讨论:在什么情况下演员能勉强维持生计,什么情况下他们将和其他领域的人工资一样,在什么情况下他们会赚更多。你可能希望通过忽略概率因素来简化问题——假设所有演员赚的钱一样。你可能会发现考虑不同可能的供给和需求曲线对工资的影响是有用的。

11. 我们将拥有稀缺才能的人所获得的额外工资描述为一种租金。什么类似的术语可以用来描述某人从工资暂时高于长期均衡的职业获得的额外工资?请讨论。

·延伸阅读·

对于工资差额经济学的经典讨论于 1776 年发表。这可以在亚当·斯密的《国民财富的性质和原因的研究》(*An Inquiry into the Nature and Causes of the Wealth of Nations*,也译为《国富论》)的第一卷第十章中找到。这本书依然非常值得阅读。

对本章主题之一的更复杂的讨论,可以阅读加里·贝克尔的《人力资本》(*Human Capital: A Theoretical and Empirical Analysis*)。

最著名的支持征收地价税的经济学家亨利·乔治在《进步与贫困》(*Progress and Poverty*)中阐述了他的观点。

第四篇
评判结果

第十五章　经济效率

实证性与规范性

实证性(Positive)表述与"是什么"有关；**规范性**(normative)表述与"应该是什么"有关。经济学是一门实证科学。诸如"最低工资标准增加1美元会导致失业率上升0.5个百分点"的表述符合经济学的专业规范。而若在此基础上继续阐述，"因此我们不应该增加最低工资"，就超过纯经济学的范畴了。换言之，"应该是什么"的表述势必会将关于"是什么"（这属于经济学的范畴）与**价值观**(values)结合起来（而这并不属于经济学的范畴）。

当然，人们学习"是什么"的主要原因之一是为了决定"应该是什么"。和其他人一样，经济学家也有自己的价值评判体系，价值观引导他们决定成为经济学家而非挖沟者或政治学家，也影响他们在该领域选择研究的问题。但是，这些价值观本身及其衍生出的结论并不属于经济学本身。

经济学家经常使用一些看似属于"应该"范畴的术语，比如"有效率(efficient)"。一旦证明某事物会带来更高的效率，其合意性似乎不言自明。然而，这些术语具有明确的实证含义，而且经济学家所指的效率也并非越高越好。

对于经济学家为何会使用这些术语，我是这么理解的。人们不停地向经济学家寻求建议："我们应该征收关税吗？""我们应该扩大货币供应吗？"经济学家会回答："什么是'应该'？我对'应该'一无所知。我只能说，如果征收关税，会发生这样和那样的事情；如果扩大货币供应，会……"提问者继续追问："我们不想知道那么多。我们只想知道，总的来说，结果是好还是坏？"最后，经济学家只能这样回答：

> 作为一名经济学家，判断好坏不在我的专业范畴之内。但是，我可以设立一种被称为'效率'的关于好的标准，其特点如下：首先，该标准与我设想的你心目中的"好"有相当大的相似性；其次，在许多情况下，我能够参考该

标准并通过经济学方法计算出某些具体建议(例如关税)是否具有改进的空间;第三,我想不出还有哪种替代方案能更接近你心目中对"好"的标准。

有人可能会反驳说,在定义"效率"时,经济学家关注的是他们能够解决的问题,而非要回答的问题,就像醉汉总在路灯下寻找钱包,只是因为那里的光线比掉钱包的地方更好。对此,我的回应是,一个可取但不完美的标准总比根本没有好。

以上论述解释了经济学家为何声称自己的领域具有实证性,却经常使用一些似乎带有规范性的术语。这些术语包括"改进(improvement)"、"优于(superior)"和"有效率(efficient)"。值得注意的是,这些术语在经济学中有不同的用法,极易混淆。

改进和有效率

虽然"改进""优于"和"有效率"这三个术语在不同背景下有不同使用方式——本章将讨论五种相关背景——但这三者之间的关系却总是相同的。所谓**改进**,就是发生了更合意的变化,比如在生产了什么、怎么生产以及谁得到了产品等方面。如果从情形 A 到情形 B 的过程是一种改进,那么就称 B **优于** A。如果一种情形无法被改进,则称它(在某些方面)是**有效率**的。换言之,不存在优于它的情况。

我们将从解释有效率地生产一种商品意味着什么开始;接着再把这个概念应用到为单个个体生产的两种商品上,搞清楚在什么意义上,多生产一种商品而少生产另一种商品,可能是一种净改进;最后,也是最难的一步,是把效率概念应用到影响两人或多人的情况中。

生产效率

让我们从生产效率开始讲起。生产的改进有两重内涵:一是在投入不变的前提下,增加某一商品的产量而不减少另一商品的产量(即**产出改进**,output improvement);二是产量不变的前提下,减少某一生产要素的使用而不增加其他生产要素的使用(即**投入改进**,input improvement)。只要投入和产出的都是物品(goods),这种改进显然就是合意的,因为这意味着我们可以在不放弃其他任何事物的情况下得到更多的一种合意之物。如果产出和投入都不存在改进的可能性，那么产出过程就是**有效率生产**（production efficient，有时称为 X 有效，X-efficient）。生产改进和生产效率提供了一种评估不同结果的方法，该方法不需要知道不同商品对消费者的相对价值。只要投入的和产出的都是商品，而某一变化增加了某一商品的量而不减少另一商品的量，那么这种变化就是一种改进。

图 15-1a 展示了使用固定数量的生产要素来生产 X 和 Y 两种物品所对应的生产可能性集；彩色区域中的每个点都代表可能的产出组合。曲线 F 是该集合的边界；对于任何在该集合内不在 F 上的点（例如点 A），都存在边界上的点（点 B）与之对应，并代表一种改进。在此图中，点 B 所包含的 X 和 Y 都大于点 A。边界上的点都是有效产出，从点 B 开始，生产更多 X 的唯一方法是减少 Y 的生产（如点 C 所示），而生产更多 Y 的唯一方法是减少 X 的生产（如点 D 所示）。

这是本书第一次讨论生产效率的这个概念，但却不是我第一次使用它。从第三章开始，我已经画了许多有关可能性集合及其边界的图像。比如，预算线即为某种可能性集合的边界——该集合包含使用既定收入所可能购买的所有商品组合。在对无差异曲线的分析中，我们只考虑预算线上的点，尽管位于预算线下方的点也是可能的——我们总是可以放弃一部分收入。图 15-1b 说明了这一点：阴影区域是**消费可能性集合**（consumption possibility set）；直线 B 是**消费可能性边界**（consumption possibility frontier），即预算线。

但由于偏好的不满足性意味着我们总是想要更多，我们永远也不会选择放弃一部分收入。可能性集合内部的任何点都会被位于边界上的代表着更多数量商品组合的点所占优。比如，图 15-1b 中的点 K 被点 L 占优，图 15-1a 中的点 A 被点 B 占优。因此，最优商品组合一定位于边界上。

相同的推理也可以解释为什么第五章的图 5-9a 和 5-9b 只考虑位于生产可能性集边界上的产出组合（即在给定劳动力数量下，修剪的草坪数量和烹饪的饭菜数量，或挖沟的数量和十四行诗的数量）。如果你准备工作的时间就是那么几个小时，那你最好尽可能多产出，修建草坪或者烹饪饭菜，而不是徒劳地原地打转。

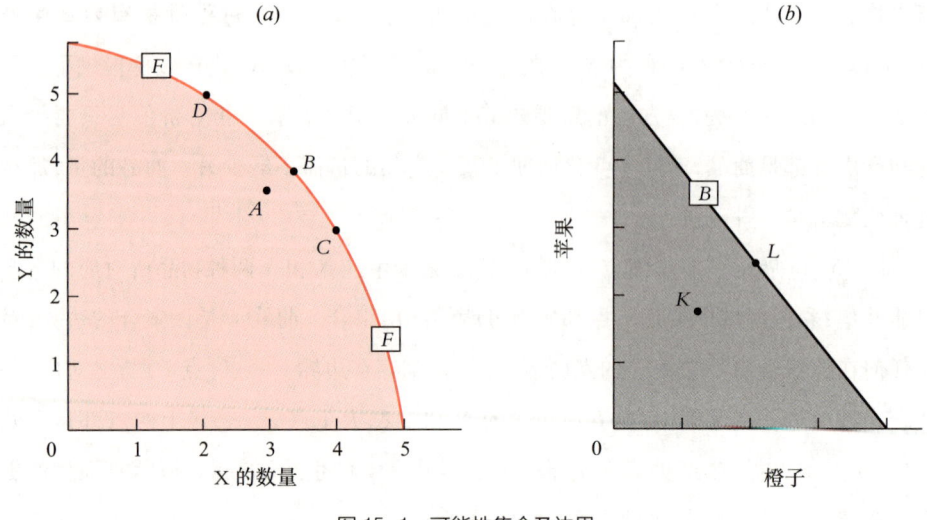

图 15-1　可能性集合及边界

图 15-1a 显示了一个生产可能性集合；F 是它的边界。 图 15-1b 表示了某一消费者可得的替代组合的集合；预算线 B 是它的边界。

效用效率

如果仅仅考虑产出效率，就无法在图 15-1a 中的 B、C 和 D 之间作出选择，因为这些点都是有效率的产出。为了作出选择，我们必须引入"偏好"。在图 15-1a 的基础上，我们增加了一组无差异曲线，进而得到图 15-2a。如果我生产 X 和 Y 的目的是自己消费，那么我就可以借助无差异曲线，对不同的有效率点进行比较。例如，点 D 在无差异曲线上的位置就高于点 C 所在的位置，这就意味着，相较于消费 3 个单位的 Y 和 4 个单位的 X（点 C），我宁愿消费 5 个单位的 Y 和 2 个单位的 X（点 D）。

效用改进（Utility improvement）是指使我的效用增加的变化，即让我向更高的无差异曲线移动。若进一步的改进不存在，则当前情况就是**效用有效率**（utility efficient）的。在 15-2 图中，点 E 为该生产可能性集中唯一的效用有效点。

值得注意的是，一个点是产出有效率的而另一个点不是，并不代表着第一个点在产出或效用上优于第二个。图 15-2 中的点 C 是产出有效率点而点 A 不是，但点 A 所在的无差异曲线要高于点 C。我们之所以说点 A 是无效率的，是因为点 B（包含更多的 X 和 Y）优于点 A。同时，点 B 也位于在比点 A 更高的效用曲线上，之所以必定如此，是因为 X 和 Y 都是好品（goods）。而 C 之所以是有效率的，不是因为它优于 A（C 包含更多的 X 但更少的 Y，因此二者孰优孰劣无法比较），而是因为没有优于 C 的产品组合。由于我们无法比较 C 的产出是否优于 A，所以也没有理由说明 C 的效用一定比 A 高——听起来很奇怪，但事实就是如此。因此，诸如"选择 C 要比 A 更好，因为前者有效率而后者无效率"的说法听起来有理，但其实是错的。

刚读到上一段内容时，你可能会感到困惑，觉得这毫不相关。但它之所以出现在这里，是因为它对理解另一种描述改进与效率的重要方式——帕累托效率的使用和误用是必不可少的，这一点我会在后文详加说明。有关效率的概念，即 A 不是有效率的而 C 是的并不代表 C 是对 A 的改进，在产出效率的语境下比在帕累托效率的语境下更容易理解，所以我建议你尝试使用产出效率。

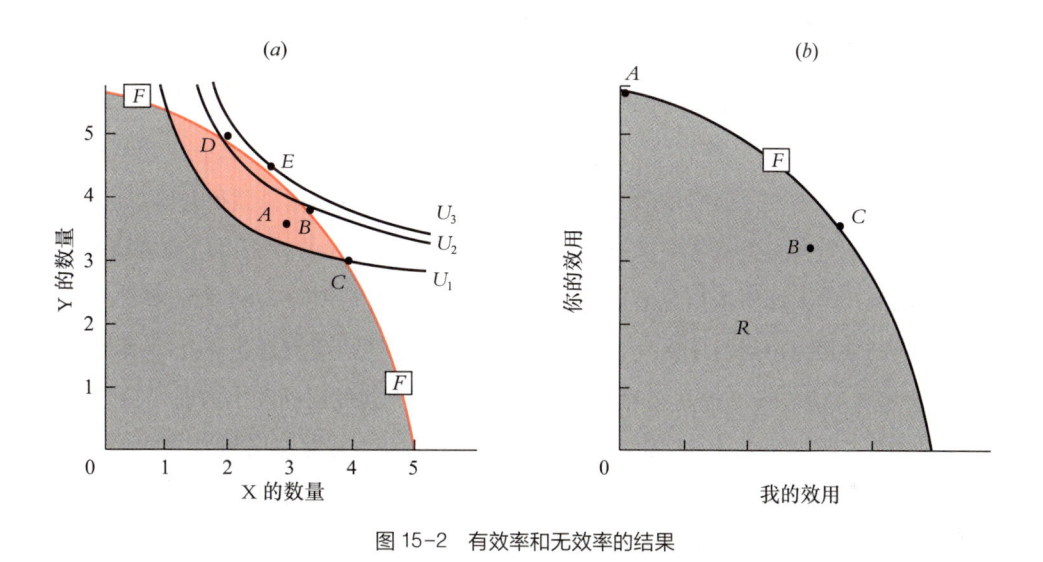

图 15-2 有效率和无效率的结果

在图 15-2a 中，替代选择指由一个人所消费不同的产出组合，而这个人的偏好由无差异曲线表示；在图 15-2b 中，替代选择则指分配给两个人的物品（以及效用）的不同组合。在每种情况下，边界上的点是有效率的，而不在边界上的则不是有效率的，但前者不一定就优于后者。

效用加总：问题所在

截至目前，我们所考虑的变化都只影响一个人，而定义什么经济变化总体而言是净改进所对应的根本问题，在于比较不同人的福利。如果某种变化只是导致我多了两块巧克力脆饼而少了一瓶可乐，那么，这种变化是否为一种改进，取决于我对新老商品组合的偏好比较(即前面提到的"效用改进")。但是,如果这种变化使我多了两块饼干,而你却少了一瓶可乐,又该如何对它定性呢?从我的角度来看,这当然是一种改进,但于你而言却不是。

解决上述问题的常用方法,是以用意大利经济学家维尔弗雷多·帕累托(Vilfredo Pareto)命名的概念"**帕累托改进率**(Pareto improvement)"为基准来定义效率——对某一个体有益而不损害其他个体利益的变化。因此,当且仅当不存在任何帕累托改进时,某一系统才能被定义为**帕累托有效率**(Pareto efficient)。该方法的问题在于没有提供评估非帕累托改进的变化的方法;经济学家们试图逃避这个问题来保留帕累托方法,这导致了严重的问题,我会在后面详细讨论。

前面章节中那么多例子所涉及的消费者和生产者都是同质的,原因之一是我想避免平衡不同人损益所带来的问题。如果每个人都是同质的,那么任何意义上的改进都一定是帕累托改进:换言之,如果某种改进对任何人都有益,那么它一定对所有人都有益。如果本书之前的章节就用了后面的效率方法,分析起来就很方便。

产出效率可与帕累托效率进行类比,后者所说的不同人的效用对应前者所指的不同商品的产出。如果不存在使某个人受益而不损害其他所有人利益的改变,即提高某个人的效用而不降低任何其他人的效用,那么,这种情况就是帕累托有效率的。相似地,如果不存在能够提高某种商品的产出而不减少其他商品产出的改变,那么这种情况就是产出有效率的。图 15-2b 表示了这种相似性:横纵轴分别代表我的效用和你的效用,区域 R 包含所有可能的组合(即**效用可能性集**,utility possibility set)而这个区域的边界曲线 F,包含所有帕累托有效的组合。

在产出有效率的情况下,我们通过一个共同的度量方法——个体消费该产出的效用,来比较边界上各点。这种方法使我们能够对两种不同的产出组合进行比较,其中某个产出组合包含更多的某一物品的产出和更少的另一物品的产出。图 15-2a 与 15-2b 之间的重要差别在于后者缺少无差异曲线。在比较影响到多个人的不同结果时,棘手之处在于没有一种明确比较两种不同结果的方式,比如其中一种结果比另一种更能给我带来更多的效用,却使你的效用减少。

为了解决上述问题,一些经济学家试图构想出个人效用函数在社会层面的等价物,即所谓的**社会福利函数**(social welfare function)。社会福利函数将整个社会的福利作为不同个人效用的函数,就像效用函数将个人福利作为他所消费的不同物品的数量的函数一样。如果我们知道图 15-2b 所示的二人社会的社会福利函数,就可以在图 15-2b 中画出一组社会无差异曲线,就像我们在图 15-2a 中画出的个人无差异曲线一样。

如果假定社会福利函数是存在的,那么,不用实际知道社会偏好是什么,我们也可以试着从社会偏好层面分析不同经济安排的结果。这就类似于,我们在不知道真实世界中的任何特定个体偏好的情况下,依然对涉及个人偏好的情况进行了分析。本章的选读部分讨论了上述方法遇到的一些困难。

帕累托效率与马歇尔效率

现在我们来讨论另一种方法。该方法称,虽然我们无法决定哪种帕累托有效率的结果更可取,但至少我们应该更偏好有效率结果而非无效率结果。这个观点经常被人提出,而且听起来很合理。但它会遇到我们在之前讨论产出效率时所提及的麻烦。虽然帕累托改进明显是件好事,但这并不意味着帕累托有效率一定会优于非帕累托有效率。

不妨考虑一个由两个人(即你和我)与两种商品(巧克力饼干和可乐,数量各为20)组成的世界。这种情形由如图15-2b所示,需要注意的是,横轴和纵轴并不代表可乐和巧克力饼干,而是分别代表我的效用(取决于我拥有多少巧克力饼干和可乐)和你的效用(取决于你拥有多少巧克力饼干和可乐)。在图15-2b中,点A代表一种可能的情况:你拥有所有的饼干和可乐。这种情况是帕累托有效率的;因为在此基础上,唯一可能的变化是把你拥有的商品分给我一些,而这会让你的境况变得更糟,因此并不是帕累托改进。另一种可能的情况如点B所示,代表我们每人各拥有10块饼干和10瓶可乐。这可能是无效率的;因为如果我相对于可乐更喜欢饼干,那么用我的一瓶可乐换你的一块饼干可能会让我们的情况都变得更好(点C就代表这种情况)。第一种情况是(帕累托)有效率的,而第二种情况则不是;但如果你认为前者优于后者,并以此为由试图说服我让你吃独食,那恐怕有点令人难以信服。

问题在于,情况B之所以无效,并不是因为从B到A的改变是帕累托改进(事实也并非如此),而是因为从B到C的改变是帕累托改进(即我拥有9瓶可乐和11块饼干,而你拥有11瓶可乐和9块饼干)。而从B到C的这一改进与A是否优于B并没有必然的联系。

上述分析表明,用帕累托方法来评估不同结果是困难重重的。正因为这些困难足够严重,我反而更喜欢英国经济学家阿尔弗雷德·马歇尔(Alfred Marshall)提出的另一种解决方法。虽然他没有使用"效率"这一术语,但他对"改进"的定义方式是对帕累托方式的一种替代。所以,接下来我将继续使用"效率"这个术语来诠释二者。

在大多数实际应用中,这两种定义方式是等价的,原因我们会在下一节进行解释;但马歇尔的定义使"改进"的含义更加清晰,也更加明确地阐释了在描述经济变化时,为什么多数人常挂在嘴边的诸如"好事"、"合意"等词语只能被视为一种近似表达。我之所以在这里引入帕累托的定义,是因为这是大多数经济学教材所使用的定义方法,你在之后的学习中肯定会遇到。

若要理解马歇尔对"改进"的定义,可以考虑一个影响很多人的变化(废除关税、征收新税、控制租金等),这种变化会使一些人的境况更糟而其余人的更好。原则上,我们可以对所有收益和损失进行定价。我们可以向每位反对者征询意见,询问需要给他们多少钱,才足以抵消上述变化给他们带来的(负面)影响,进而使他们的境况不变。同样的,对于所有受益者,我们也可以这样询问:如果必须为上述收益支付价格,你最多愿意付多少?假设每个人都不说谎,我们就可以将所有损失与收益相加,进而简化为一个共同衡量标准。如果总和为净收益,我们就可以说这种变化是**马歇尔改进**(Marshall improvement)。如果某一情况下没有进一步的(马歇尔)改进,我们就称其为有效率的。

这种定义并不完全符合我们对好的或使人们平均而言更幸福的变化的直觉判断,原因至少有两个。首先,我们接受每个人对事物的价值评价,比如,瘾君子眼中海洛因的价值与糖尿病患者眼中胰岛素的价值具有同等地位。其次,以货币来衡量不同价值,会不可避免地忽略货币对不同个体的效用差异。如果你被告知某项变化给百万富翁带来的收益相当于10美元,而给穷人带来的损失相当于9美元,你可能会认为在某种意义上,10美元对百万富翁的价值要小于9美元对穷人的价值,因此人类幸福的净值会下降而非上升。效率的概念是对我们关于"什么是好的"的直觉的一种切实拟合;即使我们的直觉足够清晰,从而使拟合足够精确,但如果不能判断哪些变化会增加或降低效率,以及如何保持这种变化,那么这种拟合就没有多大用处。

如何找出哪些变化在马歇尔意义上产生净收益呢?答案是,在本书大部分内容中,我们一直在这么做,尽管没有明说。比如,消费者剩余(或生产者剩余)就是消费者(或生产者)在特定经济安排中的收益,这种收益以美元衡量,且其购买或出售行为是基于个人的价值判断而做的。

在前面几章,我证明了总需求曲线下方的面积等于个体需求曲线下方的面积之和。因此,当我们用代表许多消费者总需求的需求曲线下的面积来衡量消费者剩余时,我们是在将以美元衡量的许多不同人的收益相加。在后面的章节,如果我们认为某种经济安排的变化导致消费者剩余与生产者剩余之和增加,就可以将此视为马歇尔改进。

现在，我们面临的核心问题是，如何将不同人的效用加总一起，以确定某个人的效用增加是否抵消了另一个人的效用减少。马歇尔的解决方案是，先假定所有人从单位美元中获取的效用相同，再对效用进行加总。这样做的优势在于，由于我们经常通过观察人们愿意为某物支付多少来了解他们的价值评判体系，因此以货币衡量价值的定义在实际中要比其他定义更容易应用。

马歇尔知道，实际上，并非所有人从单位美元中获取的效用都相同。对此，他的回答是，如果我们只考虑一个富人受益而一个穷人受害的情况，上述反驳观点自然成立。但通常情况下，改变所产生的正面及负面效应会影响大量且多样的群体，如所有鞋类消费者和所有鞋类生产者，所有伦敦居民和所有伯明翰居民，等等。在这种情况下，我们可以认为个体间的效用差异会因样本的丰富性而得以抵消，所以马歇尔意义上的改进可能就是更普遍意义上的改进。

马歇尔对改进的定义还可以应用于另一方面，尽管这可能并不是马歇尔的本意。如果某一情况是无效率的，就意味着在这种情况下存在某种能够产生净美元收益的改变。若果真如此，一个足够聪明的企业家就可以利用这种改变，支付给那些因变化而受损的人来换取他们的合作，并向那些因变化而受益的人收取报酬，从而将两者之间的差额装入自己的口袋。如果你认为，将拐角处的空地改建成麦当劳餐厅会带来净改进，那么这一结论会衍生出另外两个结论：其一，目前的情况是无效率的；其二，你可以通过购买这块地皮、购买麦当劳加盟权并建立一家餐厅来获得收益。

马歇尔、货币和显示性偏好

有关马歇尔改进的思想，有几种常见的误读方式。一个是得出如下结论：既然净收益是以美元表示的，那么经济学实际上只与货币有关。事实上，美元并不是改进的本质，只是衡量改进的单位。如果苹果的价格从10美元/个降至0.10美元/个，且你每周对苹果的消费从0个增加到10个，那么虽然你每周在其他商品上的支出减少了1美元，但是你从这十个苹果中得到的消费者剩余（即这些苹果的成本与它们对你的价值之间的差额），会使你的境况更好。诚然，货币是一个用来衡量价值的方便且常见的单位，但这并不意味着货币本身是唯一或最有价值的。实际上，马歇尔改进的定义甚至不要求货币的存在，所有价值也可以用苹果、水或任何其他可交易商品来表示。只要对于所有消费者来说，苹果的价格都相同，那么以苹果衡量的净改进必然意味着以货币衡量的净改进。比如，如果苹果的货币价格为0.50美元/个，那么以苹果衡量的收益不过就是用美元衡量的相同收益的两倍，就像以英尺衡量的距离是以码衡量的相同距离的三倍一样。

第二个错误在于，太按字面意思理解来询问受影响的每个人得到或损失了多少这件事了。事实上，基于人们的陈述进行判断将违反显示性偏好原则。该原则告诉我们，价值是根据行动而非言语来测量的。我们通常用以下方式分析某一变化是否为马歇尔改进。例如，消费者剩余是根据需求曲线来计算的，而需求曲线所反映的，是任意价格条件下人们真正购买的数量，而非他们声称自己"应该购买"的数量。

如果我们通过询问人们对事物的价值判断来决定经济政策，而且如果人们的回答真的会影响进一步的决策，那么他们就有动机说谎。比如，如果我对某项变化（例如征收关税）的真实估值为100美元，那么我也可以声称这个估值是1000美元。这一说法将增加该变化发生的可能性，而且，无论如何我都不会为此付出什么实际代价。这就是为什么，在定义马歇尔改进时，我会补充一句"假设每个人都没有说谎"。

伪装成帕累托的马歇尔

有关经济效率的传统方法将"（帕累托）有效率"定义为"不存在帕累托改进的情况"。乍一看，上述定义似乎与我所使用的马歇尔定义大相径庭，后者通过比较以美元衡量的损失和收益，将"有效率"定义为无法带来净改进的情况。而帕累托方法将自身限制在这个无可争议的陈述——"一个只带来收益而不带来损失的变化就是改进"，似乎就避免了任何这样的比较。然而，当我们把这样的"效率"定义应用于评判真实世界的替代性方案时，问题就来了。

以关税为例。废除汽车关税会损害美国汽车工人和美国汽车企业股东的利益，也会改善购车者与出口商品生产者的境况。不难证明，在合理的简化假设下，存在第二群人给第一群人的一系列支付，使每个人在废除关税后都受益。第二群人的支出将会小于其从废除关税中获得的收益，而第一群人的收益将会大于其损失。

正如将在第十九章证明的，这等于说，第二群人的美元收益总额大于第一群人的美元损失总额，因此，废除关税在马歇尔意义上是一种改进。如果我获得20美元而你损失10美元，那么我们可以得出两个结论：首先，这个过程存在一个（马歇尔意义上的）净改进；其次，如果我向你支付15美元，那么该支付与上述变化一起产生的净收益将会使双方的境况都得以改善（即每人获得5美元），因而是一种帕累托改进。因此，在马歇尔改进基础上进行适当的转移支付，就会得到帕累托改进；同理，任何可以通过适当的转移支付转化为帕累托改进的变化也一定是马歇尔改进。

然而废除汽车关税本身并不是帕累托改进,因为汽车工人和股东的境况都变得更糟了。那么,帕累托效率该如何用来判断废除关税是否是件"好事"呢? 不妨来玩个"戏法"。

废除关税并让受益者向损失者支付适当的补偿是帕累托改进。鉴于有关税的情况存在帕累托改进(方法如上),因此它不是有效率的。而废除关税的情况不存在帕累托改进(我还没有证明这一点;先假设它是正确的)。因此,废除关税使我们从无效率转向有效率。因此是一种改进。

如果你真的相信了这个戏法,那么我得承认,在之前讨论"为什么从无效率到有效率的变化并不一定是改进"时,我的解释的确不太到位。我先是在产出效率的语境下解释了这个结论,然后又在帕累托效率的语境下重新推导了一次。没有关税(并且没有补偿)的世界是有效率的,而有关税的世界是无效率的,但这并不意味着从后者到前者是一种改进。有关税的情况之所以会受到谴责,不是因为它在帕累托意义上不及废除关税;而是因为它不及另一种情况:废除关税并支付补偿。

此类"戏法"的障眼之处,一半在于混淆了"从帕累托无效率到帕累托有效率"与"实现帕累托改进",另一半在于"可能"这个词上。实际上,通过安排必要的补偿支付来使废除关税成为帕累托改进,近乎是不可能的,或者就是成本高到足以与净收益相抵,因为根本找不到什么简单的方法来确切地统计所有人的损益情况。在这种情况下,帕累托改进实际上是不可能实现的,所以上述初始情况也不能被简单归为"帕累托无效率"。当然,如果你假设补偿支付是无成本的(即除了支付本身以外不存在其他成本),那我们可以用帕累托改进的概念及相关效率定义来判定许多真实世界中的情况是无效率的。然而,如果没有上述假设(通常不会被明确提及),那么帕累托方法的实际用途就是非常有限的。

如果想规避这些障眼法而又保留帕累托方法的基本特征,我们可以将诸如废除汽车关税(无补偿支付)的行为描述成**潜在的帕累托改进**(potential Pareto improvement) 或 **卡尔多改进**(Kaldor improvement)。这意味着,如果该方案与适当的转移支付(**补偿原则**[compensation principle]——如果受益者可以补偿受损者,就是一种改进,即使他们没有补偿)相结合,就有可能成为帕累托改进;这就与上文所说的"马歇尔意义上的改进"是等价的。

我更喜欢用马歇尔方法,因为它让个体间的比较过程得以显化,而不是让它隐于"可以做但实际没有做"的补偿性支付中。让我们回到前面那个例子中,一个使百万富翁受益 10 美元而让乞丐损失 9 美元的改变是潜在的帕累托改进,因为如果百万富翁在此基础上支付给乞丐9.50美元,双方都会获益。但问题在于,如果并不存在这种支付,那么上述改变就不是真正的帕累托改进。归根结底,这种"潜在的帕累托"方法会和马歇尔方法得出相同结论,也具有相同的局限性;前者只是更巧妙地回避了这些局限性。这就是为什么我更喜欢马歇尔的方法。所以从现在开始,每当我把某事物描述为改进或经济改进时,除非特别说明,我都是在马歇尔意义上使用这些术语。

值得注意的是,尽管马歇尔改进通常不是帕累托改进,但采取"只要有可能,就使用马歇尔改进"的总策略,结果可能非常接近于帕累托改进。在某种情况下,马歇尔改进让我受益3美元而让你受损2美元;在另一种情况下,它使你受益6美元而让我受损4美元;在另一种情况下……将所有效应加总;除非某一个体或群体一直处于受损的一方,否则几乎每个人都有可能受益。这种论证可以作为支持上述策略的一个论据,以及解释为什么符合马歇尔有效的经济安排是合意的。

效率和"官僚之神"

在把某种经济安排描述为"有效率的"或"无效率的"时,我们是在将其与可能的(possible)替代方案进行比较。这就引出了一个难题:"可能"的含义是什么?有人会说,只有存在的才是可能的。如果要想得到些别的什么,那么现实的某些部分必须得有别于它的本来面目。

但效率这个概念的目的之一就是帮助我们决定如何行动,如何将现实改变成不同于它现在的样子。所以对效率的任何实际应用都必须关注某些类型的变化。哪种变化是且该隐含于我们使用这个术语的方式中?

有人可能会认为,无论经济运转得多好,它都仍然是无效率的。一种诸如发明廉价热核聚变能源或防衰老的医学治疗手段的变化毫无疑问是一种改进,这种变化当然也是可能的。如果这是本有关医学或核物理的书,这些观察都是有意义的。但由于本书是有关经济学的,我们所关注的变化涉及运用我们现有的知识体系(我们的目标体现在生产函数上,即把投入转化为产出的方式),但改变的是生产什么和由谁消费。

对上述论点的一种形象表达是构想出一位**"官僚之神"**(bureaucrat-god)。这位官僚之神拥有社会中所有人的全部知识与能力;他对所有人的偏好和生产函数了如指掌,并拥有无限权力来支配人们做什么。然而,他并没有点石成金或发明创造的能力。他是仁慈的,他的唯一目标就是最大化马歇尔意义上的社会福利。

如果一项经济安排不能被官僚之神所改进,那它就是有效率的。我们关注某项经济安排是否有效率的理由是:如果它是有效率的,那么就没有试图改进它的必要;而如果它是无效率的,虽然改进方案在实际层面可能仍不存在——因为实际上并不存在任何官僚之神——但试试总比不试强。

至此,你可能会想到,尽管我所定义的效率是一个经济体的运转上限,但在衡量现实社会时,它不是一个很有用的基准。现实社会并不是由全知且仁慈的神在管理,而是由人类。无论他们多么理性,他们的知识和目标主要还是局限于与他们直接相关的人和事。既然如此,我们又该如何将这些肉体凡胎组装成如"官僚之神"管理下那样如有神助的系统呢?在评判人类制度的表现时,使用"效率"这个词,是不是如同评判赛车的表现时,使用它的理论速度上限——光速,那样不合适呢?

令人惊讶的是,答案是否定的。事实上,正如我们将在第十六章看到的,我们所描述的制度,与现实世界我们所处的制度相差不大,有可能产生有效率的结果。这是经济理论最令人惊讶、也最具实用性的启示之一。

提醒

虽然这本教材教授经济学的方式有点非传统,但它所教授的内容与许多其他经济学家的观点和教导并无太大差别。本章却是个例外。尽管在经济学史的其他方面,阿尔弗雷德·马歇尔比维尔弗雷多·帕累托要有名得多,但马歇尔为解决什么是或什么不是改进的问题所提供的方法,在现代经济学中已不多见,几乎所有的基础教材教授的都是帕累托的方法。在多数情况下,马歇尔和帕累托方法对于什么是或不是有效率的有着相同的含意。二者的不同之处只在于其所推断出的相同结论背后的论证理由。

我绝非唯一一个对帕累托方法感到不适的现代经济学家,但可能是第一个将这种不适与马歇尔方法写入教材的人。就此而言,本章所讲的内容到底是引领前沿还是离经叛道,只能是见仁见智了。

选读部分

社会福利与阿罗不可能定理

我在本章的前面曾提到过一种方法来评估影响不同个体的结果,那就是假设存在一个社会福利函数,即一个用于评估结果的步骤,但没有具体讨论这个函数是什么。这有点像我们处理个人偏好的方法,先假设有一个效用函数,让个人对影响到他的备选方案进行排序,即便我们没有办法确切知道这个函数是什么。

对于效用函数,虽然我们不能确知它,但我们可以通过观察个人实际做出的选择来观察它。而我们似乎没有相应的方法来观察社会福利函数,因为社会做出的选择没有什么明显的意义。我们可以尝试用这种方法来描述某种特定的政治体制,用"政治过程的结果"来代替"个人的选择"。但是,尽管这个方法可能在分析这些机构将会做什么上有用,但它没有告诉我们它们应该做什么,除非我们愿意假设这两者没有区别。这就使得社会福利函数在思考这个问题上是抽象的,既无法推导出它应该是什么,也无法观察到它是什么。

即使只抽象地思考这个问题,社会福利函数也有缺点。它不仅不可观察,而且很可能在逻辑上是不一致。为了解释清楚我的意思,我将首先说明我们如何排除社会福利函数的一个特定候选者:多数决原则(majority rule)。然后,我将告诉你们一个类似的、更有力的结果,进一步排除广泛可能的社会福利函数。

社会福利函数是对影响到一人以上的结果进行排序的一种方式,它是针对群体的效用函数,等价于针对个体的效用函数。有两种不同的方式可以构建社会福利函数。一种是将社会偏好建立在个人偏好的基础上,这样社会偏好也许就以某种复杂的方式取决于所有个体的偏好。另一种是依据某些外部标准:根据正确的哲学(correct philosophy)、上帝的心中或类似标准,判断什么是好的。经济学家对上帝的想法或正确的哲学知之甚少,不愿意尝试第二种方法。因此,他们通常假设社会偏好是建立在个人偏好之上的。

从个人偏好的角度来定义社会偏好的一个优点是,个人偏好会在个人行动中体现出来。也许,如果我们能建立起正确的社会制度,社会所有个体成员的选择就会以某种方式综合起来,形成整个社会的社会偏好结果。在某种程度上,这就是民主的理念:让每个人投票选择他喜欢的东西,以期其结果对社会有益。从这个意义上说,多数决原则是一种可能的社会福利函数。对于每一对替代选择,都找出更多人喜欢的那个,并将其标为社会偏好的选择。

几个世纪前,法国数学家孔多塞(Condorcet)就指出了这其中的一个问题。多数投票法并不能得到一套一致的偏好。考虑表 15-1,该表显示了三个人对三种结果的偏好。个人 1 偏好结果 A 胜过结果 B,偏好结果 B 胜过结果 C;个人 2 偏好 B 胜过 C,偏好 C 胜过 A;个人 3 偏好 C 胜过 A,偏好 A 胜过 B。

假设我们考虑一个只由这三个人组成的社会,并试图找出在多数决原则下,哪种结果最受偏好。在 A 与 B 之间投票时,A 以 2 比 1 获胜,因为个人 1 和 3 更好它。在 B 和 C 之间投票时,B 以 2 比 1 获胜,因为个人 1 和 2 偏好它。看起来,我们得出了一个社会偏好排名:A 比 B 更受偏好,B 比 C 更受偏好。

表 15-1

排序	个人		
	1	2	3
第一	A	B	C
第二	B	C	A
第三	C	A	B

如果 A 比 B 更受偏好,B 比 C 更受偏好,那么 A 也一定比 C 更受偏好,但事实并非如此。如果我们在 A 与 C 之间投票,个人 1 投票给 A,但 2 和 3 都投票给 C,所以 C 赢了。我们得出一个社会偏好体系:其中 A 比 B 更受偏好,B 比 C 更受偏好,而 C 比 A 更受偏好!这就是数学家所说的**不可传递的排序**(intransitive ordering);显然,它并没有针对社会偏好的是什么而得出一个一致的定义。

这个**孔多塞投票悖论**(Condorcet Voting Paradox)排除了多数决原则作为一种社会福利定义的可能性。肯尼斯·阿罗(Kenneth Arrow)证明了一个类似的、更具普遍意义的结果,被称为**阿罗不可能定理**(Arrow Impossibility Theorem),几乎排除了其他一切可能。阿罗做出了关于社会福利函数必须是什么样的一些合理假设,然后证明了没有任何从个人偏好得出社会偏好的步骤可以满足所有这些假设。

这些假设是什么呢?一个是非独裁(nondictatorship),社会福利函数不能仅仅是挑一个人并说他所偏好的东西就是社会所偏好的。另一个假设有一个很长的名字——**不相关选择的相互独立性**(independence of irrelevant alternatives)。它是指,如果将社会福利函数应用于具有一组特定个人偏好的个体上,然后得出 A 优于 B 的结论,那么一个不影响任何人在 A 与 B 之间的偏好的偏好变化,那就不能改变 A 与 B

之间的社会偏好。第三个假设是，社会偏好与个人偏好正相关。如果某组个人偏好使得个体对 A 的偏好胜过 B，那么其中某个体从偏好 B 改变到偏好 A，不能使社会偏好朝着相反方向改变。社会不可能因为某个体转为更偏好 A，而转为更偏好 B。最后，社会福利函数必须得出一套一致的偏好：如果 A 优于 B，而 B 优于 C，那么 A 一定优于 C。

阿罗所证明的是，没有任何从个人偏好到群体偏好的规则可以与所有这些假设相一致。

阿罗不可能定理并没有完全证明一个社会福利函数在逻辑上是不可能的。首先，该定理只适用于基于个人偏好的社会偏好。一个社会福利函数如果是"社会偏好意味着上帝想要什么"或"社会偏好是指哲学家可以证明我们都应该想要的东西"，那么这种函数就没有被该定理消除。此外，它适用于基于偏好而不是基于效用的社会福利函数。效用函数的唯一可观察形式是作为偏好，我们可以观察到你更喜欢饼干而不是健怡可乐（因为在有选择的情况下，你会选择饼干），但我们不能观察到你有多偏好它。甚至对于第 13 章选读章节提到的冯·诺伊曼版本的效用函数而言，虽然它可以对我的偏好进行定量描述，但也不能在我的偏好与你的偏好之间进行定量比较。

如果在决定什么是社会偏好时，不仅基于我偏好 A 胜过 B，还基于我对 A 的偏好比 B 多 7 个效用值，对 B 的偏好比 C 多 2 个效用值，而你偏好 B 比 A 多 1 个效用值，偏好 C 比 B 多 3 个效用值，那么阿罗不可能定理就不再成立了。在这种情况下，显然，社会福利函数将是总效用：把每个人对每种结果的效用加起来，并使用总和作为社会福利函数。这种对什么是合意的的定义方式，在哲学上被称为功利主义（utilitarianism），它在经济学和哲学发展中都发挥了重要作用。阿尔弗雷德·马歇尔是一位功利主义者，他提出了使总效用最大化的一个近似规则，即我之前提到的马歇尔效率。

改进概念中的模糊之处

在大多数情况下，马歇尔意义上的改进足以让我们对什么是或不是净改进的模糊想法有了决断。但在有些情况下，它可能得出明显不一致的结果。想象一下一个只有你和我两个人的社会。在这个社会中，有一种物品是非常珍贵的：一种延长寿命的药丸，无论我们谁服用了它，寿命都能延长一倍。这个社会也有其他物品。假设我们想用马歇尔的方法来决定我们中的谁应该吃这种药。

如果我有药丸，你给我多少钱都不会让我愿意放弃它；药丸加上我已经拥有的东西,对我来说比药丸之外的其他所有东西(我的加上你的)更有价值。你愿意为药丸给我的东西,最多也依然少于你所有的东西,因为吃了药后饿死对你没有好处。所以对我来说,药丸的美元价值,也就是让我放弃药丸所需付给我的金额,要大于它对你的美元价值,也就是你为药丸所需支付的金额。那么,根据马歇尔的标准,让我留着药丸就是社会所偏好的结果;更确切地说,把药丸从我这里拿走并不是一种改进。

但假设我们从你有药丸开始。按照完全相同的论证,我们发现让你留着药丸是最好的结果!问题是,由于药丸对我们双方都有巨大的价值,谁拥有它,实际上都比没有它要富有得多。他更富有,不是因为他有更多的钱,而是因为他已经拥有了他想用钱来购买的最重要的东西。由于他更富有,钱对他的效用就更小。所以对他来说,任何东西的货币价值——他愿意为获得其他东西而付出的代价,或者愿意为放弃药丸而付出的代价,都比他一开始不拥有药丸时的价值要高。由于我们是通过一个人愿意付出多少钱而获得某样东西,或者愿意接受多少钱而放弃某样东西来衡量效用的,假设谁一开始就拥有药丸,会得到不同的结果。

马歇尔的改进定义在大多数应用中并不涉及这个问题。例如,如果我们考虑关税的合意性,那么,我们是先假设存在关税并询问废除关税会对人们产生什么影响,还是先假设不存在关税并询问人们会受到什么影响可能并不重要。这并不重要的一个原因是,大多数的收益和损失本身就是货币;无论你多么富有,你的收入增加 1 美元对你来说都是一样的;另一个原因是,即使一些收益和损失是非货币性质的,关税的废除(或制定)对大多数人的收入影响相对较小,因此对一些非货币价值的货币等价物的影响也很小。

这个问题并不限于马歇尔方法。根据严格的帕累托定义(改进意味着帕累托改进:有人受益,没有人受损),大多数备选方案是不可比的;不仅无法决定谁应该得到延年益寿药丸,也无法决定是否应该取消关税。只要废除关税使某个人的境况变差,这就不是帕累托改进。在潜在的帕累托准则下(如果伴随着某种变化,存在一组从受益者到损失者的转移,从而导致帕累托改进,那么这种变化就是一种改进),你会面对在马歇尔标准下所面对的同样的问题。

· 习题 ·

1. 在图 15-3a 中，阴影区域为一个每天工作 8 小时的工人的生产机会集（生产可能性集）。哪些标记点是产出有效率的？哪些标记点的产出优于点 A？

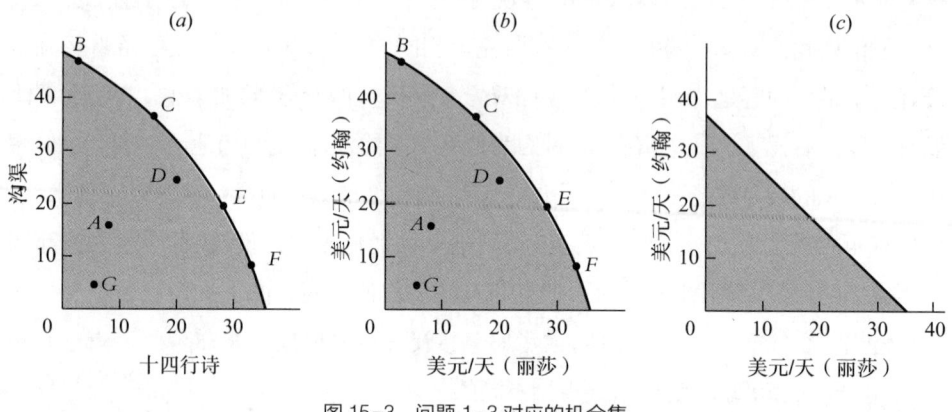

图 15-3　问题 1-3 对应的机会集

2. 在图 15-3b 中，阴影部分是约翰和丽莎两个人之间收入分配结果，没有其他人存在。哪些标记点是帕累托有效率的？哪些是马歇尔有效率的？哪些点相比于点 A 存在帕累托改进？哪些点相比于点 A 有潜在的马歇尔改进？

3. 图 15-3c 与图 15-3b 相似，你认为它们阴影区域的形状有什么不同？（提醒：这个问题需要原创思考）。

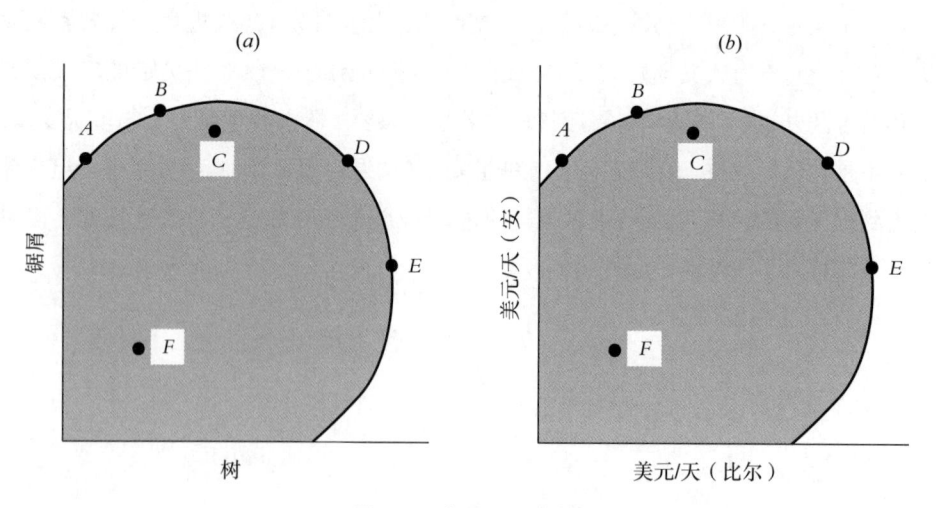

图 15-4　问题 4-6 的图

4. 图 15-4a 中的阴影区域是一个工人每天工作 8 小时伐木及锯木屑的机会集。哪些标记点是产出有效率的？哪些产出优于 A？优于 B？优于 D？点 A 优于哪些标记点？点 D 呢？

5. 图 15-4b 的阴影区域是安和比尔两个人的收入效应的可能结果，没有其他人存在。哪些标记的点是帕累托有效率的？哪些是马歇尔有效率的？哪些在帕累托意义上优于点 A？哪些在马歇尔意义上优于点 A？哪些比点 A 有潜在的帕累托改进？

6. 画出图 15-4b 中帕累托有效率的部分。

7. 在这一章中，我举了一个许多人认为不可取的马歇尔改进的例子：一项改变使富人受益 10 美元、穷人受损 9 美元。至少举出另外两个满足下面条件的马歇尔改进例子：许多人，包括那些不受影响的知情者，也会认为不可取，即马歇尔标准与可取性之间的冲突并不取决于受影响者的收入或财富差异。

8. 对马歇尔改进的一种显而易见的反驳是，我们应该考虑到分配效应：如果一项政策略有马歇尔退步，但对穷人有帮助，那么从功利的角度来看，它可能仍然可取。为了考虑这种效应，我们必须知道它们是什么，而这并不总是容易的。对于以下每项政策，首先描述你认为其分配效应是什么（使收入更平等或更不平等），然后至少给出一个可能产生相反效果的理由。

    a. 农产品价格支持；

    b. 最低工资法；

    c. 由税收支持的州立大学。

9. 政府对洋蓟征收 0.10 美元/磅的税，这些钱被用来在圣诞节给每个人发放 5 美元。假设人并不都是相同的，这条法律是帕累托改进吗？是马歇尔改进吗？废除它是帕累托改进吗？还是马歇尔改进？请解释。

10. 假设人都是相同的，回答问题 9。

11. 政府对洋蓟征收 0.10 美元/磅的税，其供给和需求曲线如图 15-5 所示。这笔钱被用来资助热核动力的研究。在这类研究上花每投入一美元都会产生价值两美元的收益。答案问题 9 那些问题。

12. 除了你可以改变税率水平，其余同问题 11。你将如何找到有马歇尔效率的税率水平？它大约是多少？（提示：这个问题很难。语言解释需要原创思维；数理解答可能需要超过你们部分人拥有的数学知识，或者需要大量的试错。）

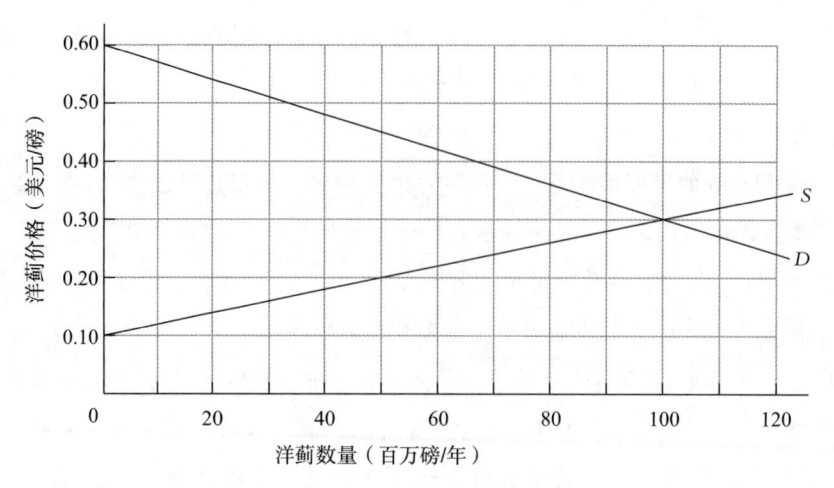

图 15-5　问题 11，洋蓟的供应和需求

· 延伸阅读 ·

我称之为"马歇尔改进"和"马歇尔效率"的思想，更多是来自希克斯-卡尔多标准的一个潜在的帕累托改进思想。如果你想看对这些思想的最早的、有趣且好读的讨论，可以阅读阿尔弗雷德·马歇尔的《经济学原理》(Principles of Economics)。

有关希克斯-卡尔多标准的其他一些重要论文有：Nicholas Kaldor, "A Note on Tariffs and the Terms of Trade," *Economica* (November, 1940)。John R. Hicks, "The Foundations of Welfare Economics," *Economic Journal* (December, 1939); Tibor Scitovsky, "A Note on Welfare Propositions in Economics," *Review of Economic Studies* (November, 1941)。

阿罗不可能定理则在肯尼斯·阿罗的《社会选择与个人价值》(*Social Choice and Individual Value*)中得到证明。

在本章的几个地方，我断言马歇尔学派和潜在帕累托学派（卡尔多和希克斯）对效率的定义最终会得到相同的结论；在其中一种定义下是有效率的情形，在另一种定义下也是有效率的。在本书第一版出版以后，我发现这一结论并不是很准确。对于结果是卡尔多有效率但不是马歇尔有效率的情形，请参阅：David Friedman, "Does Altruism Produce Efficient Outcomes? Marshall vs Kaldor," *Journal of Legal Studies*, Vol. XVII。

第十六章　什么是有效率的?

第十五章解释了马歇尔效率的概念,认为可以将它作为评估不同经济安排的基准。本章就准备这样做,从第九章的竞争性行业开始,继而到第十章的单一价格和歧视性垄断。对每种情况的考察,就是为了证明其结果是否有效率。为了证明某个结果的有效率性,我们必须证明官僚之神不能对该结果做出任何改进;如果某一结果是无效率的,我们将证明如何通过官僚之神对结果做出改进。由此,我们也会了解到无效率产生的原因和改进无效率制度的可能方案——即使在不借助官僚之神的情况下。

竞争性行业

假设某行业由众多相同的价格接受型企业构成。该行业以价格 P 向消费者出售产品,并向生产要素的所有者——工人、地主、资本家购买生产要素。所有涉及的经济主体——企业、消费者、所有者都是价格接受者。

根据定义,有效率结果是指不能被官僚之神改进的结果。因此,我们将会考虑官僚之神如何使市场结果发生变化;若能证明所有可能的变化都不是马歇尔改进,那么初始均衡状态就一定是有效率的。

对官僚之神而言,使市场结果发生变化的方式共有三种:其一,在保持生产方式与产品数量不变的情况下,改变产品的分配,即谁可以得到产品;其二,在保持产量和分配不变的情况下,改变生产方式;其三,在保持生产方式和分配不变的情况下,改变产量。

分配

首先考虑在产量不变的情况下改变分配。初始情况下,商品以价格 P 出售,因此所有对该商品的估值大于或等于 P 的个体都能够获得该商品;而估值小于 P 的个体则不然。图 16-1a 和 16-1b 分别显示了两个消费者甲和乙的边际价值曲线;二者的最终购买量(Q_1, Q_2)都使其边际价值等于 P。边际价值曲线下方的区域代表消费者从消费中获得的总价值;而消费者剩余则是总价值减去支付的部分。要使分配情况发生改变,我们必须减少其中一个消费者的消费量,并增加另一个消费者的消费量。图 16-1a 和 16-1b 就展示了从甲向乙转移 1 单位的消费量所产生的结果。

如果改变分配情况但不改变任何相关支付,甲的境况会更糟,其损失幅度由区域 A_1 表示,而乙的境况会得到改善,其增益幅度由区域 A_2 表示;如图所示,A_1 一定大于 A_2。从数学上证明:由于 Q_1 左侧的 MV_1 在点 P 上方,而 Q_1 右侧的 MV_2 在点 P 下方,故 A_1 的面积一定大于高为 P、宽为 1 的矩形(即 AP),而 A_2 的面积一定小于这一矩形,因此 $A_1>A_2$。在图中,点 P 对应高度单位("美元/单位"),而 A_1 和 A_2 对应面积单位("美元"),所以我们必须将高度 P 转换为面积($P×1$),以便与 A_1 和 A_2 进行比较。无论消费量改变的幅度有多大,曲线 MV 的形状如何变化,上述关系都成立;也就是说,乙的收益一定小于甲的损失。因此,这一过程是一个"马歇尔恶化"。

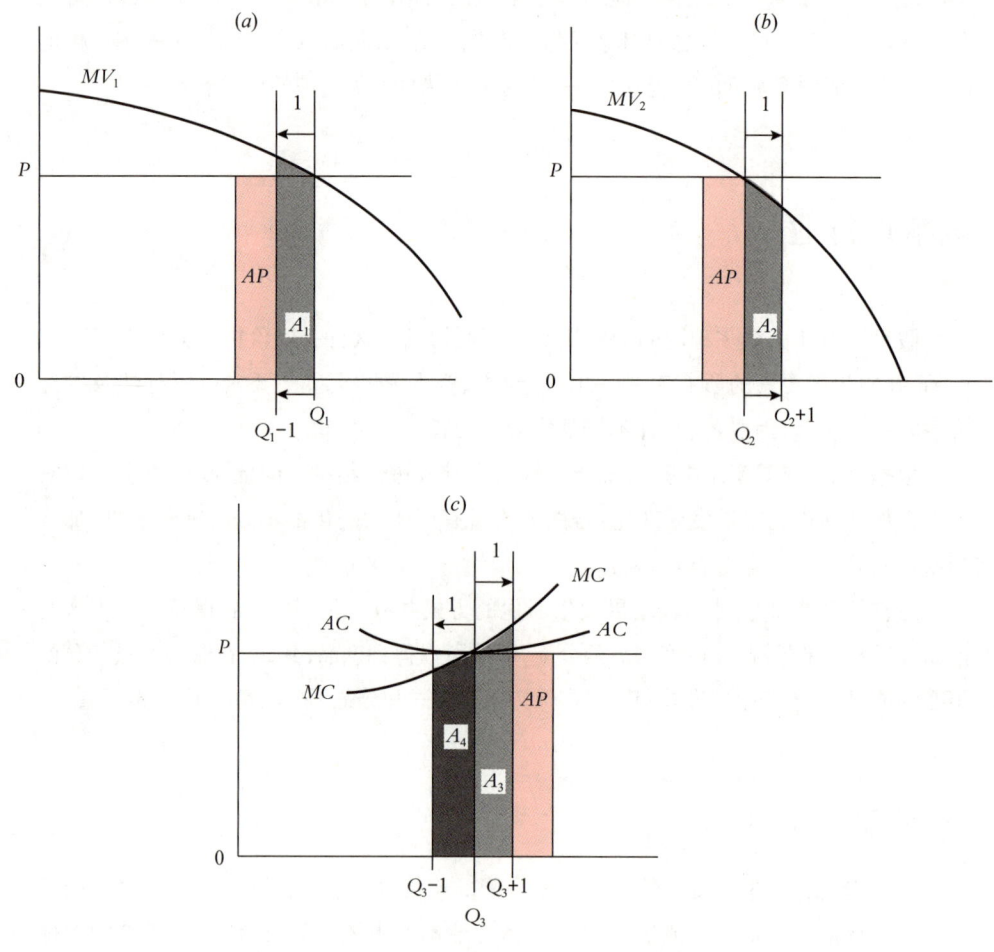

图 16-1 改变一单位产出数量或分配的影响

图 16-1a 和 16-b 表示了从甲(1a)转移一单位产出到乙(1b)的影响。图 16-1c 表示了一个企业多(少)生产一单位产出所增加(减少)的成本。

上述论证过程同样可以用文字来表述。在产品转移之前,所有消费量都满足 $MV=P$。而在消费量自甲向乙转移的过程中,前者损失的价值至少为 P,因为 P 是乙作出购买选择的价格。而后者从转移过程中获得的价值要小于 P,因为价格 P 不足以令其购买该商品。在转移过程中,转出方(甲)所损失的价值要高于转入方(乙)所获得的价值,故而这种变化是一种恶化。

按照通常的做法,我们通过衡量个体为获得某种商品而愿意放弃的货币量来衡量其价值。有人可能会反驳说:将牛排从愿意为其支付 4 美元的富人那里拿走,转移给一个只愿为此付出 3 美元的穷人,这种行为实际上是一种改进,因为穷人眼中的 3 美元比富人眼中的 4 美元更重要。在第十五章我们反驳马歇尔标准时,上述观点已经出现过,其目的在于强调我们应该最大化效用而非最大化价值。然而,效用无法观察,但价值可以。因此,使总价值最大化的制度是可描述的,甚至是可构建的,而使总效用最大化的制度则完全是空中楼阁;前者可以视为是对后者进行拟合的一种可行手段。

至此不难看出,对现有产量进行任何方式的重新分配都不是马歇尔改进。若想使对产品估值最高的潜在消费者最终获得该产品,就必须将其售价定为使供求相等的水平,并以此为基准进行分配。在此基础上,任何意义上的重新分配都意味着消费量的转移,且转出方对转出商品量的估值一定大于转入方对转入商品量的估值。上述结论适用于任何行业,并不仅限于竞争性行业;无论产量多少,"需要多少就卖多少"都是最优的分配方案。

生产方式

接下来的问题是,官僚之神能否通过改变(固定)产量下的生产方式带来改进?然后,我们要考虑的是,他能否通过改变产量促使改进的发生?

有两种方法可以在产量既定的情况下降低行业的生产成本。一种是让某家企业保持产量不变但降低生产成本;另一种是改变各企业之间的产出划分。问题在于,在初始情况下,每家企业的生产方式已经是成本最小化的:任何能提高企业利润的成本削减方法都已经被实施过了。大家可能还记得,在第九章,企业获得总成本曲线的方法,就是为每个产出水平找到成本最低的生产方式。所以,哪怕是官僚之神,也无法在产量既定的情况下进一步降低企业的生产成本。

那么,改变企业数量——关闭某家企业并令其他企业增产,或设立一家新企业并令所有企业减产——能达成这一目的吗?答案是否定的。正如第九章所述,价格接受型行业中的企业会依照其平均成本曲线的最低点(即图 16-1c 中的 Q_3)来安排生产,故其产量都能使成本最小化;因此,企业集体调整产量必然会抬高平均成本而非降低。在这里,和上述改变分配的情况一样,结果并不局限于特定的价格和实际生产的数量。如果需求曲线外移,使价格和需求数量提高,新的数量将再次以成本最低的方式被生产。

综上所述,无论是产出方式的改变,还是分配方式的改变,都不会带来效率的改进。至少在上述两个方面,竞争性行业具有第十五章所讨论的强效率;"官僚之神"所施加的任何变化都不会带来改进。剩下的能获得改进的唯一可能就是改变产量。

产量

但产量的变化同样也不可能带来改进。为了说明这一点,请观察图16-1b 和16-1c,这两张图分别描绘了消费者的边际价值曲线和生产者的边际成本曲线。生产者的产量 Q_3 满足 $P=MC=AC$ 的最小值。若产量增至 Q_3+1,就会产生额外成本(用区域 A_3 表示)。若增加的产量去了乙那里,其消费量将增至 Q_2+1;区域 A_2 代表这一额外消费为其带来的价值。从图中可以看出,A_3 的面积大于 AP,A_2 的面积小于 AP,所以 $A_3>A_2$。由此可见,上述变化是一种恶化;消费者从额外产量中获得的收益小于其生产成本。

如果产量不是增加而是减少,同样的结论仍然适用。如图16-1a 和16-1c 所示,企业通过减少产出而节省的成本由区域 A_4 表示,$A_4<AP$;而对甲而言的消费减少使他付出的代价是区域 A_1,$A_1>AP$,也存在着净损失。

而如果增加产量的方式不是让其中一家企业增产,而是增设一家新企业并维持平均产量不变呢(仍为 Q_3)?此时,额外增加的产出的单位成本仅为 P。但由于消费者对额外增加产量的单位估值小于 P,净结果仍是一种恶化。同样的情况也适用于关停一家企业。

上述论点也可以用图形来表述。在竞争性均衡的状态下,商品价格恰好等于边际成本,即 $P=MC$。但同样在竞争均衡状态下,消费者会购买该商品直至其边际价值等于价格 P,任何降价都使消费者付出每单位 P 以上的代价,而任何提价都使消费者获益更少。因此,无论如何减产,企业节省的成本一定小于消费者新增的成本;无论如何增产,企业新增的成本一定大于消费者节省的成本。在竞争均衡状态下,消费者只会在商品的单位价值刚好达到生产的单位成本时进行购买。如果单位价值在此基础上进一步增加,生产成本就会大于商品对消费者的价值;如果单位价值尚未达到该水平,生产成本则会小于商品对消费者的价值。

目前为止，在"分配"、"生产方式"和"产量"这三个变量中，我们只是分别考虑了其中一个变量的变化。那么，官僚之神是否可以通过同时改变多个变量来创造马歇尔改进呢？答案依然是否定的。我们已经证明，市场分配规则（企业按照消费者愿意以既定价格购买的数量来生产商品，并以相同的价格将其出售）是对产量进行分配的有效方式；而且，一种生产方式在竞争性行业中有效率，那么这种有效率性可以推广到其他任何行业中的任何产量水平。因此，无论产量如何变化，都应该采用竞争性行业中的分配方式和生产方式。那么最后一个变量——产量呢？我们刚刚已经证明，如果产出以竞争性行业所选择的方式进行生产和分配，那么，有效率的数量就是竞争性产业选择生产的数量。

至此，我们已经证明了，如果某个行业由竞争性的价格接受型企业组成，那么，任何对其结果的变化都不能构成马歇尔改进。竞争性市场的结果是有效率的。

补充细节

在证明竞争性市场结果有效率时，我刻意省略了一些细节，以便你能够看清全貌，而不被一些细枝末节所牵绊。现在，我将回过头来，对证明过程中的两处缺口进行填补，并对某个可能令人困惑的点进行解释。

货币成本还是价值成本。 在证明竞争市场结果无法改进时，我表明，对竞争性行业而言，生产方式的任何变化都无法降低生产成本。而这一结论并不能直接说明没有哪种改变可以导致马歇尔改进。毕竟，生产成本的变化仅代表企业向生产要素所有者支付的**美元数量**（货币数量）发生了变化。那么，表明一个变化增加了支付的货币数量（"增加了成本"）和表明它是马歇尔恶化（"价值净损失"）之间有什么联系呢？

这种联系来自第五章。在那一章中我们了解到，生产要素（在当时的情境中为劳动力）的价格等于个体生产它的成本。劳动力的边际负价值（又称闲暇边际价值）等于工资水平。如果生产者通过增加 1 小时的劳动力来改变生产过程，那么他需要为额外增加的劳动力所支付的价格（也就是其货币成本）同样也是工人额外工作 1 小时所付出的成本（也就是其价值成本）。通过支付工人工资，企业将这一成本转移到自己身上。工人在加班的同时会获得报酬，故而其境况并不会有什么变化，然而企业的境况却因支付这笔额外费用而变得更糟。上述分析也同样适用于减少劳动力的情况；企业通过减少劳动力而节省下的货币成本恰好等于工人在额外的闲暇中获取的价值。同样的分析过程也适用于第十四章中描述的其他生产要素。

如果某些生产要素除了可以用于生产,还可以被个体所直接消费呢？比如苹果既能制成苹果酱,也可以买来直接吃。每个消费者消费一定量的苹果,最后一个苹果的边际价值正好等于它的价格,因此,如果企业增产苹果酱,进而导致某消费者对苹果的消费有所下降,那么该消费者从中损失的价值即为企业增加的货币成本。该论述不仅适用于苹果,也适用于劳动力。如果企业向某工人购买了1小时的闲暇,那么该工人能够用于消费的时间也将相应减少1小时;进而,上述行为的成本等于该工人休闲时间的边际价值,在均衡状态下又等于其闲暇的单位价格,即时薪。如果我们将"闲暇"替换为"苹果",将"时薪"替换为"苹果单价",那么上述论证过程亦适用于苹果。

这就意味着,无论生产方式和生产要素的组合方式如何变化,企业的总成本恒等于将生产要素用于生产而非直接付诸消费所产生的负价值之和。因此,若某种变化降低了(货币)成本,那它也一定降低了产品的总价值成本,也就是降低了将生产要素用于生产所带来的负价值;同理,增加货币成本的变化也一定会提高总负价值。由此可见,提高了由企业衡量的总成本而其他方面没有变化的变化也一定是马歇尔恶化。

然而,还有一种未被考虑的可能性:某行业所使用的额外生产要素可能是通过竞价的方式从其他行业中争夺来的。比如,若钢铁行业要增加劳动力的使用,这可能并不意味着工人的闲暇时间会减少,而是意味着部分工人会从汽车生产转向钢铁生产。

汽车行业失去一个工人所带来的成本等于其边际收益产品,即雇佣该工人所带来的产出增量(以美元计算)。如第九章所示,这等于其工资,也就是钢铁行业为了使其留在本行业所须支付的价格。所以企业雇佣投入所花费的货币成本和其他地方的价值成本是一样的。只不过在这种情况下,价值的损失会体现在其他行业的产出损失上,而不是体现在削减工人的闲暇时间。

相同的论点也适用于其他生产要素。当企业将待建工厂的层数从三层改为一层,以期增加土地的使用量时,这种变化实际上并不会给土地本身带来任何成本——与劳动力不同,即使土地被闲置,它也不会主动创造收益。然而,该变化会给原本能够使用这些土地的其他个体带来了成本。这种成本就等于企业必须为土地所支付的租金。类似的分析过程也适用于以其他企业的利益为代价来增加自身资本消费的企业。

现已证明,用企业花费的美元来衡量的生产成本,等于它们使用投入物所损失的价值总额。由于竞争性行业以最低的美元成本进行生产,它也必然以最低的价值成本进行生产。因此,给定其他条件,任何生产方式的变化都一定是马歇尔恶化。

转移货币。 在我证明竞争性均衡有效率的过程中,有一点可能会让你感到困感,那就是论证的多处似乎都忽略了货币报酬。我将"一小时额外劳动的成本"描述为"工人的边际负价值",但接着又说"工人的境况并不会更糟",因为他从被占用的时间里获得了报酬;我分别计算出了消费者甲和乙的成本和收益,这是通过观察他们的 MV 得出的,而不是观察他们的消费者剩余——MV 曲线和价格之间的区域。我把企业生产额外一单位的成本称为 MC,同时忽略了其出售这一单位的商品所获得的收入。

该证明的所有这些特征都具有相同的解释。根据马歇尔的标准,在个体间进行转移的货币是中性的,既不带来改进也不会导致恶化。唯一能产生改进或恶化的方式是改变商品的状况,包括商品的生产方式、产量和获得者。因此,当我们通过计算净收益或损失来判断某种变化是否为马歇尔改进或恶化时,货币的流动可以被忽略。

例如,在讨论将商品重新分配给消费者会产生什么影响时,我假设甲和乙向生产者支付的货币金额保持不变:官僚之神只是从甲那里拿走 1 单位的商品并交给乙。由于没有涉及货币转移,甲和乙分别损失和获得了该商品对他们的价值。

当然,我同样可以假设,官僚之神在从甲那里拿走 1 单位商品并交给乙的同时,从乙那里拿走 P 美元并交给甲;这就相当于命令甲少购买 1 单位商品而乙多购买 1 单位商品,且购买价格都为 P。在这种情况下,甲会失去 1 单位的消费者剩余(图 16-2a 的区域 B_1)而乙会获得 1 单位的(负)消费者剩余(即损失图 16-2b 的区域 B_2)。乙亏损是因为他以高于其价值的价格购买了商品,这使他比不需要购买时境况更糟。正如图中所示,如果以上述方式进行操作,净损失 B_1+B_2 与图 16-1a 和 16-1b 中的 A_1-A_2 相同,都代表没有货币转移的情况下的损失。A_1 等于 $AP+B_1$,A_2 等于 $AP-B_2$;所以被转移的货币(即 AP)被抵消,我们得到 $A_1-A_2=B_1+B_2$。

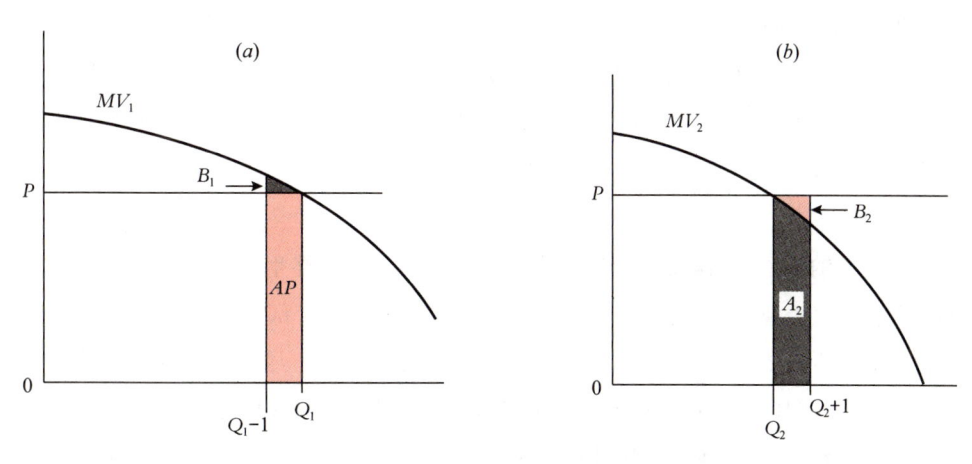

图 16-2 让甲少购买一单位而让乙多购买一单位的影响

AP 是为一单位商品所花费的数额;B_1 是由该变化造成的甲的消费者损失,B_2 是相应的乙的消费者损失。

上述解释也可适用于其他令人困惑的案例。一名工人被命令加班 1 小时,如果没有被支付报酬,则其成本就等于其劳动边际价值;如果被支付了报酬,该成本就会转移至支付报酬的人身上。但无论如何,净成本是不受影响的——只有货币被转移了而已。

因为货币支付不会对什么是(不是)马歇尔改进产生影响,故而可以忽略它——该原则可以解决读者可能会想到的另一个问题。如果某企业决定增加劳动力投入,那么会产生两个效果,一是工人的工时额外增加 1 小时,二是工人的工资略微上涨——这是工人选择增加工作时间的动力。企业本身足以忽略这种轻微的工资上涨,因为价格接受者的行为对其所购买商品价格的影响可以忽略不计。但对于整个行业或经济体而言,这种微小的工资涨幅必须乘以所有工人的总工时,进而可能产生难以忽略的结果。那么,在计算企业增加 1 单位的劳动力投入所产生的成本和收益时,是否应该将上述因素考虑在内呢?

答案是否定的。工资上涨的实质是货币在劳动力买卖双方间的转移。在这个过程中,没有净收益或净损失的产生,更不会对马歇尔改进的判断结果产生影响。诸如此类的"金钱外部性"将在第十八章中讨论。

上述证明的一个问题在于,我必须用文字或图形做微积分论证。严格来讲,绝大多数分析应该细分为无限个无限小的变化:额外工作 1 秒钟而不是 1 小时,额外消费百万分之一个苹果而不是 1 个,或者继续向下细分。鉴于任何大的变化都能细分为无限个无限小的变化,证明每个小变化让事情更糟,必然意味着整体的大变化如此。而若想用这种方式来分析问题,文字论证要比数学论证难得多;但如果不考虑这种无穷小的变化,错误或困惑也会偶尔产生。

当然,对竞争性均衡的有效率性,也可以给出一个符合上述精确度的文字论述,但它的论证过程会复杂得多。在我看来,现有的证明过程对于理解结论的正确性已经足够精确。如果你对微积分比较熟悉,可以尝试将现有的证明过程转换为更加精确的语言并发现其乐趣所在。

竞争性的多层级蛋糕。 在之前所描述的经济体中,最终生产者和最终消费者之间只存在一级企业。然而,现实经济体的情况要复杂许多。部分企业的产出恰恰是其他企业的生产要素——如钢锭、打字机、铁路运输服务等。尽管这让情况变得更复杂,但并未改变其本质逻辑,更不会否定竞争性均衡状态的有效率性。

为了解释这一点,我们先从最底部往上挪一层。不妨考虑一个行业,它从原始所有者(工人、土地所有者、资本所有者)处购买生产要素,并售卖其产品作为另一企业的生产要素。该行业出售其产品的价格等于其生产的边际成本;而我们已经证明,该成本又等于那些放弃将这些生产要素用于生产该产品的所有者的最终成本。因此，若再上一层级的企业想在生产过程中使用该产品，则它必须支付的价格等于生产该产品的负价值；这种情况就相当于企业将该产品视为生产要素之一而非另一企业的产出品。因此，竞争性均衡状态的有效率性可以推广至位于第二层级的行业。我们可以重复上述论证并推广至所有必要层级，从而证明整个"竞争性多层级蛋糕"有效率。

我们还将讨论其他一些简化处理。其中一个截至目前几乎还未被提及的，是关于每家企业只生产一种商品的假设。若放弃该假设，问题将会变得更为复杂，且会引入许多新的问题，包括**联合产品**（joint products，指同时产生的两种或多种商品，如羊毛和羊肉，或从同一种矿石中提炼的两种金属等），商品间的质量差异等。在更高级的教材中，你会碰到这些问题，但有关竞争性均衡有效率的结论不会因此而改变。

那么，如果引入在第十二、十三章中讨论的时间和不确定性的复杂性呢？正如我当时解释的那样，在确定性的世界中，对未来的收入流、成本流和价值流进行现值计算可以衡量时间所产生的影响。在此基础上，不难复制上述证明过程，从而得出结论，在一个不断变化（但完全可预测）的世界中，竞争性均衡依然是有效率的。

在不确定的世界中，效率问题则更为复杂，原因有二：其一，在对不确定世界中的各种结果进行评估时，我们必须以极为谨慎的态度明确我们假定官僚之神知道些什么，即哪种"完美"经济体被用来作为我们的基准。如果官僚之神能预知未来而市场的实际参与者不能，那么，前者当然可以轻易引导后者的行为做出改善。但在定义官僚之神时，我们只是假设他拥有任何市场主体的所有信息，且只是那些信息。这也意味着，在预测未来这件事上，"官僚之神"并不"神"，其预测未来的能力并不优于我们中的任何一个。因此，在一个不确定的世界和一个确定的世界，对竞争性均衡有效率的证明都是成立的。

引入不确定性还带来另一种问题，但这已经超出了本章范畴。目前为止，我们都忽略了**交易成本**（transaction cost），即合同谈判、安排购买以及销售商品等行为的成本；唯一的例外是第六章讨论的双边垄断问题。要想在不确定世界中获得有效的结果，必须假设企业能够买卖一系列非常复杂的商品，也就是说，必须存在针对**条件合同**（conditional contracts）的一套完备市场。一个有关条件合同的例子是，如果粮价超过2美元/蒲式耳且艾奥瓦州的降雨量少于14英寸，我就同意在明年给你1000加仑的水。

在不确定的世界中，这种条件合同是有用的：只有上述两个条件同时满足时，艾奥瓦州的农民才需要这些水。但是，假设所有可能的条件合同都有市场且在这些市场上交易成本都可忽略不计，是不太可能的。上述假设甚至比假设在确定世界中（即我们知道明年会发生什么）所有商品都有市场且交易成本都可忽略不计更加不可信。无论是在此处还是在其他论证过程中，交易成本的引入都可能导致证明竞争性均衡

(或其他安排)有效率的失败。与交易成本相关的低效率问题将在第十八章中讨论。

竞争效率——总结

在第十五章结尾,我抛出过一个问题:将效率作为评价真实世界经济体的标准是否合理。现在,你已经不难看出,这套标准究竟在多大程度上(不)合理。我已经向你说明了"竞争性市场"这套制度如何能够产生有效率的结果,在第十五章所用术语的完整意义上,即该结果无法被官僚之神改进。我还希望让你意识到,尽管上述论证具有合理性,但它也仅仅是对真实世界经济体的一种近似。

在整个论证过程中,我假设所有相关方——企业、生产要素的所有者和消费者都是价格接受者。哪怕存在一个例外,某一论证环节就会失效,我们也就无法证明有效率性了。

或许从我在篇幅上以及对其他章节的频繁引述,你已经猜出我对本章讨论内容的重视,这也恰恰说明了"竞争性市场效率"的重要地位。如果你希望通过经济学来改善人类福祉,这可以说是经济理论中最重要(没有之一)的结论了。虽然我们不能期望任何真实世界中的经济体完全符合上述证明过程的要求,但其中的许多(或者保守点来讲,许多经济体的很多部分)已经足够接近这些要求,以至于我们猜测它们已经足够逼近有效率。而当我们发现证明这一有效率性的某些必要假设并不成立时(如第十章讨论的价格搜索型企业),则更要搞清楚为什么这些不成立的假设会导致结论的失效;毕竟,只有搞清问题所在,才有可能着手对问题作出改善。

垄断

到目前为止,我们一直在分析竞争性行业的产出效率,也就是预设行业中的所有参与者都是价格接受者,现在将考虑垄断性行业的情况。这就好比在第十章中,我们先从单一价格垄断开始,继而讨论更复杂的情况。

在教授(和学习)经济学的过程中,一个难题之一就是很多学生一开始就觉得他们已经懂得很多。经济学的研究对象是我们所生活的世界,很多术语我们可能早已司空见惯,但诸如"有效率"或"竞争性"这样的术语,当用在经济学中,其含义有别于日常语境,是个技术性术语,然而,这一点经常被我们忽略。

对于这个问题,我非常喜欢举这样一个例子:"垄断是低效率的"。当很多学生听到或读到这个句子时,会自然而然地表示:"当然啊,这我已经知道了。垄断者都是又富又懒；由于没有竞争者给他们施压，他们才把企业经营得一团糟。"

然而，我们马上会了解到，诸如"又富又懒"或"一团糟"之类的描述，与经济学意义上的"低效率"没有任何关系。实际上，如果将日常语境中对"有效率"的定义应用于经济学理论中，那么垄断企业应该和竞争性企业一样"有效率"才对。只有在上一章讨论的另一种截然不同的"效率"的意义上，我们有理由认为至少某些类型的垄断是低效率的——而这不是因为垄断者管理得"糟"，而恰恰是因为他管理得"好"。

单一价格垄断

不妨考虑一家公司，其边际成本、边际收入和平均成本如图 16-3 所示，其产品的需求曲线也描绘在图中。企业每年无论生产多少小装置，都要花费 1000 美元，且生产额外小装置的单位成本为 10 美元，所以其固定成本为 1000 美元/年，边际成本为 10 美元/个。由于企业的固定成本为正，且边际成本恒定，因此，企业的产量越大，平均成本就越低；生产的小装置数量就越多，每个小装置的固定成本就越低。其结果为自然垄断，即企业越大，平均成本就越低。正如第十章所述，该企业会将产量定为使边际收益等于边际成本的水平，进而最大化其利润。

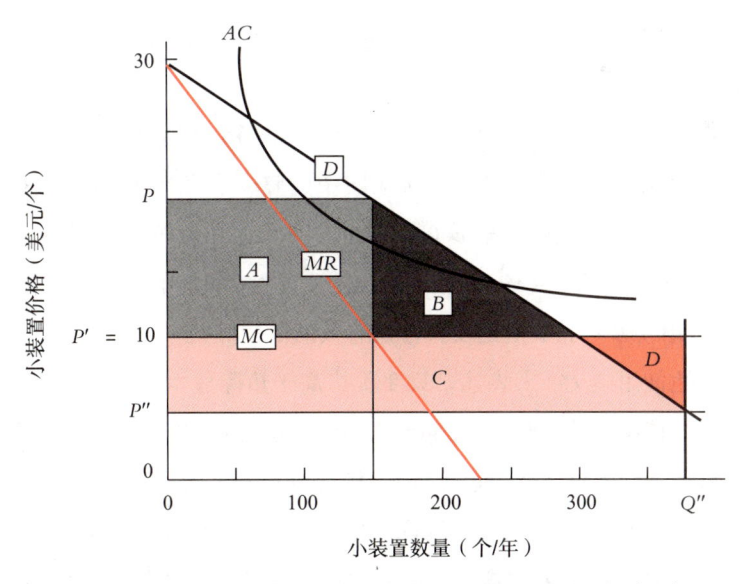

图 16-3 利润最大化价格（P）以及单一价格垄断的效率价格（P'）

将价格从 P 降低到 P' 使垄断企业的利润降低了 A，但使消费者剩余增加了 $A+B$，净收益为 B。进一步将价格降低到 P'' 对垄断企业的成本为 $C+D$，而消费者的收益为 C，因此净损失为 D。

这种行为是有效率的吗？我们对竞争性行业有效率的证明包括三部分：产出的分配方式有效率、产出的生产方式有效率以及产量有效率。就分配方式而言，上述证明过程仍然适用；和竞争性行业一样，单一价格垄断企业以使供求相等的价格出售商品。在现有产量下，任何重新分配都必然意味着将商品从对其估值至少为其价格的人转移到对其估值低于其价格的人那里，因此该过程必然是马歇尔恶化。

生产方式的有效率也能以同样的方式证明。如果企业能在产量不变的前提下压低成本，那它没有理由不这么做，因为成本的降低就意味着收益的提高。同样，企业数量的变化也无法使成本降低。由于该企业为自然垄断，增加企业数量必然会抬高平均成本。综上所述，无论是产出分配还是生产方式，垄断行业都是有效率的。

那么，垄断企业对产量的选择是否有效率呢？该企业在满足 $MC=MR$ 的产量处向购买者收取价格 P，以使其利润最大化。若将价格降至 $P'=MC=10$ 美元/单位，那么之前以价格 P 出售的每年 150 个小装置的利润下降幅度为面积 A，因为现在这些部件的价格是 P'。然而，如果以 P' 的价格出售，每年生产并销售出的小装置数量将额外增加 150 个，总计 300 个。每增加生产一个部件，其成本为 10 美元（MC），售价也为 10 美元，因此企业不赚不亏。

价格的下降会使消费者受益，其受益大小可由面积 $A+B$ 表示，也就是其消费者剩余的增量。面积 A 代表从原定的 150 个部件中省下的钱，面积 B 代表额外增加的 150 个部件所产生的消费者剩余。由于该变化使消费者的受益程度大于给生产者带来的成本，总的来说，是一种净改进。

进一步降价会产生进一步的改进吗？不会。如图 16-3 所示，进一步改变价格至 $P''=5$ 美元/个，会给生产者带来损失，对应图中的整个彩色矩形 $C+D=Q'' \times (P'-P'')$，并使消费者获益，对应阴影矩形 C；该变化总体将会产生净损失，由区域 D 表示。不难得知，在高于或低于 $P'=MC$ 的任何价格上，净收益都低于 P'。只有让垄断者收取的价格等于边际成本时，此时的安排才是有效的。

上述论证也能用纯文字来表述。只要价格高于边际成本，就总会有人认为一件额外小装置的价值高于其生产成本；生产这件额外小装置并将其送给（或卖给）这类人会产生净收益。而若价格低于边际成本，则部分消费者对所购小装置的估值会低于其生产成本；减少小装置的产量并尽量避免向这类人售出也会产生净收益。因此，只有在价格等于边际成本时，结果才是有效率的。这个定义规则与竞争性行业中"效率价格"的定义规则是相同的。

然而，虽然使价格等于边际成本能够最大化净收益，但并没有最大化垄断者的利润；如果图 16-3 中的垄断者以 10 美元/个（MC）的价格出售该商品，则仅能收回可变成本，并将每年损失 1000 美元的固定成本。相较于 $P' = MC$，该生产者更愿意收取价格 P，因为该价格使边际成本等于边际收益。所以，单一价格垄断企业最终会收取一个低效率的高价，这不是因为垄断者不知道如何最大化其利润，恰恰是因为他知道。

另一方面，竞争性企业收取的价格等于边际成本；这种安排已被证明是有效率的。从中我们似乎可以得出结论：将单一垄断企业分解成若干小企业会提高效率。然而，从图 16-3 中的 AC 就不难看出上述结论的错误性；如果将大企业分解成 10 个较小的企业，平均成本将会大幅提高，价格将上升而非下降。不仅如此，这种情况还将带来不稳定性。由于平均成本随着产量的增加而降低，其中某个企业将会扩张，进而驱逐（或收购）其他企业。这将使我们回到起点，即只存在一个垄断企业。

上述论证表明，如果成本曲线与竞争行为一致（如图 16-4a 和 16-4b 所示），竞争性行业的净收益将大于垄断企业。这不是在反对自然垄断，而是反对天然的竞争性行业（如卡车运输业或农业）由政府实施的垄断（或卡特尔）。在图 16-4a 中，一家大企业（产量为 Q_2）和一组小企业（每家产量为 Q_1）的平均成本相同，因此政府实施的垄断所带来的损失由面积 B 表示。面积 B 代表了如果该行业是竞争性的而不是垄断性的，其生产的商品所对应的消费者剩余。在图 16-4b 中，大企业的成本高于小企业，这与我们对天然竞争行业的期望一致，但也产生了额外的损失，由面积 B' 表示，其数值等于五家小企业与一家大企业之间的平均成本之差乘以单一价格垄断的产量。

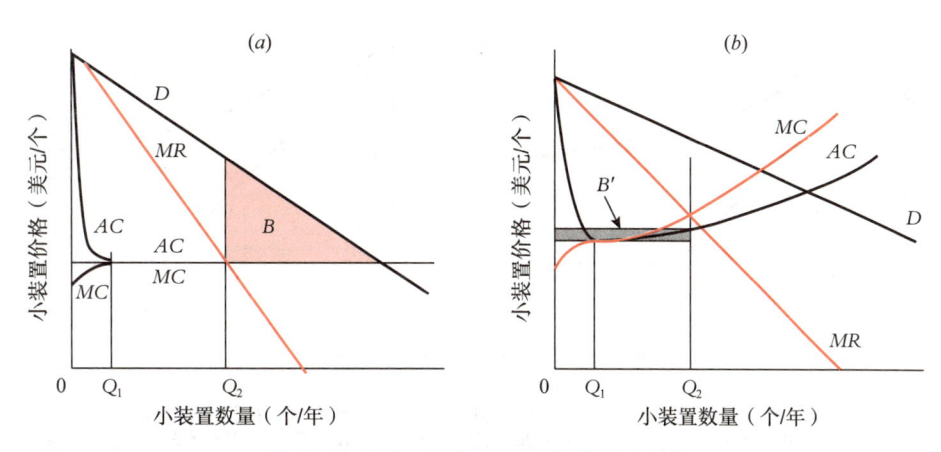

图 16-4 打破一个"非自然"垄断的效率收益

图 16-4a 显示了一家大企业和一家小企业的平均成本相同时的情况；B 是当该行业变得竞争性时所得的收益。图 16-4b 显示了大企业的成本更高时的情况，此时，打破这种垄断也将减少前 Q_2 单位的总生产成本，减少的量为 B'。

相同的分析还可用于证明人为垄断的不可取性，进而为政府的反垄断措施提供支持性论据。在第十章的选读部分，我试图说明，如果某行业中的一个垄断企业与小企业相比并无生产成本的优势,那么在此行业中形成并维持垄断是不太可能成功的。如果该结论正确,则根本没有必要设立反垄断法;反之,垄断的低效率性就可以成为反垄断的论据。

那么图16-3所示的自然垄断的情况会如何呢?政府可以通过制定法律,要求企业按边际成本的价格进行销售,但是企业会以亏本的方式回应,并最终倒闭。一种解决办法是,要么政府管制垄断企业或者将其国有化,从而以边际成本价格进行销售,同时从税收中弥补任何损失,但这也会带来一些其他问题。

管制与第二效率条件。 上一节证明了垄断的一个效率条件:价格等于边际成本;该条件决定了垄断企业应该生产多少,因为价格(和需求曲线)决定生产的数量。还有第二个效率条件,它决定着垄断企业是否应该生产。图16-5a 表示某家企业的成本曲线和需求曲线。该企业的固定成本足够高,以至于其平均成本曲线总是高于需求曲线;也就是说,无论产量多少,其平均生产成本总是高于能够售出全部产品的价格水平。但这样的企业永远不会出现;因为如果它出现了,那么其拥有者一意识到这个问题就会宣布企业破产。

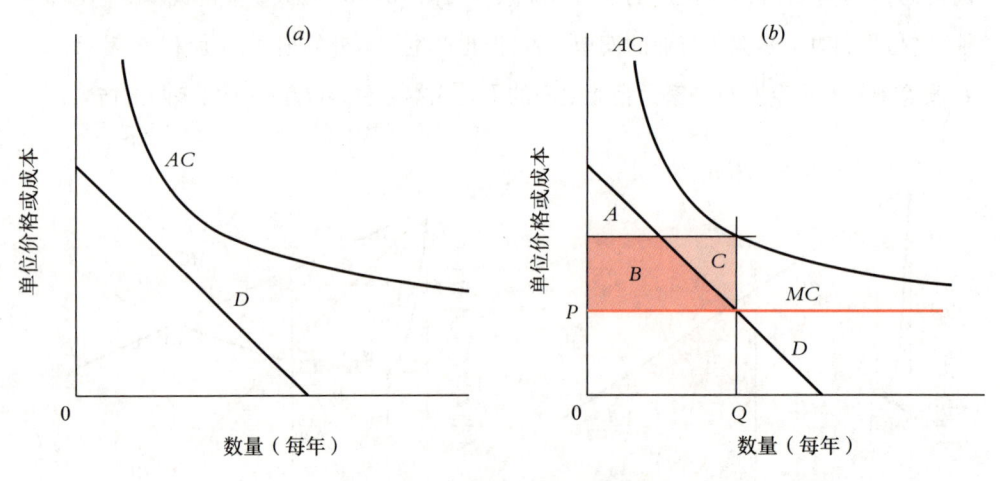

图 16-5 无法覆盖其成本的自然垄断

由于对任何数量的产出而言,AC 高于该数量售出的价格,一家单一价格垄断的企业无法覆盖其成本。如果这种垄断企业以 $P=MC$ 的价格经营,$A+B$ 即为其顾客所获得的收益且 $B+C$ 即为该垄断企业的损失。

这种企业应该存在吗?其净收益会因其存在而提高吗?这得具体问题具体分析。如图16-5b所示,如果企业以价格 $P=MC$(边际成本)生产数量 Q,则其亏损就会等于其固定成本,但消费者会获得消费者剩余:如果消费者剩余大于该企业的固定成本,则存在净收益(尽管企业亏损了);如果消费者剩余小于企业的固定成本,则存在净损失。综上所述,在第一效率条件"价格等于边际成本"的基础上,我们得出第二效率条件:"当且仅当价格等于边际成本,且消费者剩余与企业利润之和为正时,企业才应该生产此时对应的产量。"换言之,如果存在消费者剩余,则应大于企业的亏损。

那么,如何借助像图 16-5b 这样的图来比较企业的亏损和顾客的收益呢?我们知道,如果存在这样的企业,它的产量应该是 Q,而这将会带来一定的消费者剩余,由三角形面积 $A+B$ 表示。平均而言,该企业每生产 Q 个单位,就会获得 $P-AC$ 的利润;由于 P 小于 AC,因此该企业将亏损 $B+C$ 个单位。若 $A+B$ 大于 $B+C$,即 A 大于 C,则会产生净收益;反之,若 C 大于 A,则会产生净损失。

一个私有的、追求利润最大化的垄断企业只有在利润为正(或为零)时才会生产,此时利润与消费者剩余之和必须为正。因此,如果某垄断企业在第二效率条件约束下不应该生产,那么它就不会生产。然而,如果企业的利润为负,但消费者的收益增量大于企业的亏损,则企业也有可能在不该生产时仍然生产。而且,如上所述,这类企业无法满足第一效率条件,因为它设定的是边际收益等于边际成本,而不是价格等于边际成本。

由政府所有或受政府管制的垄断企业能做得更好吗?很难说。因为它会面临两种问题:首先,监管部门履行职责的问题。我们没有理由认为,相较于私营垄断企业的所有者,监管部门的委员或政府垄断企业的管理者会更热衷于将净利益最大化。管制者可能会发现,按照经济学家的建议以外的方式来监管垄断企业对他们自身有利。比如,他们可能会允许垄断企获得巨额利润,以换取对现政府的政治献金,或者为未来的管理者提供高薪职位,或强迫垄断企业以低于边际成本的价格提供服务,以牺牲垄断企业股东的利益为代价为自己赢得消费者(投票者)的支持。管制者或政府垄断型企业(如美国邮政)的官员很可能会努力最大化其自身利益与其所在政治团体利益的某种组合,而不是最大化生产者和消费者的净利益组合。

传统的经济学教科书将政府管制或国有企业视为解决私营垄断低效率问题的方案。但问题在于,该方案将私营垄断企业的所有者与管理者视为经济系统的一部分,为自己的目标而采取行动,却把政府官员看作仁慈无私的官僚之神,超脱于经济系统之外。如此不对等的处理似乎并没有令人信服的理由。在第十九章,我们将会在分析中把政府的影响包括进去,并把相同的假设应用于政治市场的参与者和普通市场的参与者。

假设,政府监管者的确具有最好的意图,其唯一目标就是要求垄断企业按照两个效率条件来运营(即按照边际成本定价)以实现净利益最大化。然而,监管者很快就会发现这是很难做到的。

为了让图 16-5 所示的受管制企业继续运营,必须有某个主体(很可能就是政府)

来弥补企业的亏损,即企业的生产成本与允许出售的价格之差。然而,如果政府仅仅是提供用以弥补产品售价与成本之间差额的补贴,企业管理层就没有动力来节约成本——尤其是那些使管理者的生活更为轻松的成本。如果管理者对企业的边际成本和平均成本作出估计,从而设定某个固定的补贴标准以弥补成本差额,并要求企业以边际成本出售产品,那么企业就有足够强烈的动机误报其成本函数,从而使平均成本看起来尽可能高。这要么会允许企业收取高于其真实边际成本的价格(如果它能让边际成本看起来大于其真实值),要么让企业得到更大的补贴(通过让平均成本和边际成本之间的差值看起来比真实值更大)。要想确保价格与边际成本相等,并尽可能地压低该价格水平所对应产量的总成本,监管者必须做到近乎亲自来管理企业了。

退一万步讲,我们假设监管部门具有最大化净利益的动机,且了解企业的成本曲线。然而,即使在这些相当不可信的假设下,通过政府管制解决垄断低效的传统方案对于自然垄断依然存在问题。

这个问题就在于第二效率条件。用边际成本定价加补贴的组合方式来弥补相应的损失,就可以让垄断企业继续经营,即使其成本大于其产品对消费者的价值。然而,为了使管理部门只补贴那些应该继续经营的垄断企业,监管部门不仅需要了解企业的成本曲线,还需要了解其产品的需求曲线,以便计算出企业以边际成本定价销售时的消费者剩余。如果消费者剩余低于所需补贴,则允许该企业倒闭。然而,监管部门所能直接观察到的仅是需求曲线上的一个点,也就是价格等于边际成本时的需求量。该点仅提供了极少的有关消费者剩余的信息;通过该点,可以画出两条需求曲线(图 16-6 中的 D_1 和 D_2),其中一条在价格等于边际成本时几乎不产生消费者剩余,而另一条在同样的价格下产生极大的消费者剩余。

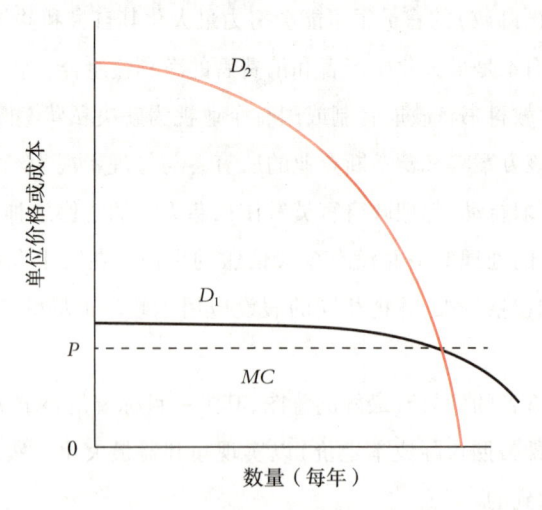

图 16-6 在 $P=MC$ 处所对应需求量相同的两种不同的需求曲线

那么,如果监管部门向垄断企业的潜在消费者询问其在每一价格水平下愿意购买的量,能否依此确定需求曲线呢?如果消费者是理性的,则不能。原因在于,无论消费者声称其愿意购买的价格是高还是低,只要从事生产的主体是垄断企业,消费者所支付的价格均等于边际成本。让垄断企业生产是符合消费者利益的,因为消费者从中获得全部利益,却只用支付一小部分税款用于补贴。因此,消费者完全有动机夸大他们对产品的估值,以诱导监管部门对垄断企业进行补贴。

即使监管部门足够仁慈、消息足够灵通,似乎也很难决定哪些垄断企业应该得到补贴以保持他们的正常运转。类似的,不受管制的单一价格垄断企业有时也会面临这样的问题。我们不妨分别假设,某家不受管制的铁路公司正在决定是否修建新铁路线,而某个监管部门正在决定是否对某条新铁路线的建设进行补贴。监管部门希望最大化总价值,而未受管制的垄断企业希望最大化其利润。为了实现各自目标,他们都必须首先对需求情况作出估计,然后才能决定是否修建该铁路。

这两种情况之间存在一个重要的差别。新铁路线建成后,未受管制的垄断企业会知晓其决策是否正确:要么存在使其获利的价格,要么不存在,该企业会很快知道答案。由于该企业可以辨别结果成功与否,它可以对需求量的估测技术不断改进。举一个简单的例子,如果该企业建造了一条线路并亏损了,它可以立马解雇怂恿其执行该决策的市场研究员。监管部门则没有这种检验正确性的机制。即使铁路线已经建成,监管部门也从来不会了解这条线路是否值得建,因为它能观察到的只是价格等于边际成本时的需求量。

国有化垄断。 有时,人们会认为,政府应该将自然垄断行业国有化并以公共利益为目标进行管理。这解决了受管制垄断所具有的一个问题。监管部门不必再重复管理工作以获取足够信息用以管理,因为监管部门本身就是企业的管理层。但是,这个方案解决不了激励问题:没有显著证据表明,国有化企业的管理者或任命他们的政客与整体社会有着一致的利益。同时,该方案也不满足第二效率条件。

至少在一个重要方面,管制和国有化可能比未受管制的单一定价垄断还要糟。本章前文好像是说一个行业要么是完全竞争,要么是自然垄断,非此即彼。事实上,二者之间存在许多中间选择,且特定行业在该连续谱系上的位置是可变的。在未受管制的状态下,某些变化会使小企业有能力且愿意进入该行业,从而逐渐瓦解自然垄断;如果该行业受到管制或国有化,管理部门或国有行业可能会以法律为强制力来控制或防止新的竞争者进入市场,从而将该行业转化为政府强制实施的垄断。其中一个案例,就是美国州际商业委员会对运输业的管制。在无管制的情况下,卡车运输企业是铁路运输企业的主要竞争者,运输业原本应该成为竞争性行业,因为卡车运输业中的大企业较小企业并无明显的成本优势。而美国州际商业委员会为了保护它最初的管制对象——铁路运输业,从而对卡车运输业进行管制,这在很大程度上导致卡车运输业形成卡特尔。

歧视性垄断:能解决问题吗?

截至目前,我们一直在研究单一价格垄断,现在不妨转向另一个极端,考虑一下完全歧视性垄断的情况。因为完全歧视性垄断能以不同价格向不同消费者出售产品,或以不同价格向同一消费者出售不同数量的产品,所以,只要消费者愿意以高于边际成本的价格购买一单位或更多,那垄断者的生产与销售就是有利可图的。于是,垄断者对同样的人出售同样的数量,就像它按照边际成本定价时所做的那样。

两种垄断的区别在于,同样以边际成本出售商品,在单一价格垄断的情况下转化为消费者剩余的部分,在歧视性垄断这里却变成了垄断者的收益。因此,完全歧视性垄断者的利益是使生产者剩余和消费者剩余的总和最大化,从而同时满足了第一和第二效率条件!为了实现第二效率条件,垄断者需要了解市场需求曲线的形状,而该信息也是完全歧视性垄断得以实现的先决条件。与监管部门不同,垄断者能够通过定价方案来测试其对市场需求曲线形状的估计。比如采用两部分定价法(即商品单价加上入场费),如果对消费者剩余的预估偏高,进而定出过高的入场费,那么就没有消费者愿意购买。

上述结果仅适用于完全歧视垄断。不完全价格歧视下的垄断,不仅无法产生有效率的结果,而且往往比单一价格垄断更加低效率。不同于单一价格垄断,不完全歧视垄断会根据不同消费者的支付能力制定不同的价格,因而在分配方式上也是低效率的。如果两个消费者分别以不同价格购买商品直至其价格等于边际价值为止,那么出高价的消费者对边际单位商品的估值将会更高,因此将商品从低价消费者转移至高价消费者将会产生净利益。该分配方式的低效率性是否会因产量的增加而得以抵消呢?这需要具体问题具体分析。

寻租

上述论证表明,完全歧视垄断(如果可行的话)是解决自然垄断问题的理想方案,因为它最大化了总价值,尽管垄断活动产生的净价值由垄断企业独占而非与所有消费者共享。如果从足够宏大的视角来看待这种情况,对垄断企业股东的利益和消费者的利益予以同等重视,那么,完全歧视垄断的问题似乎就只剩下实际经营层面上的困难。

这个解决方案还有一个更深层次的问题。完全歧视垄断,甚至是普通的单一价格垄断,都能获得超过资本正常回报的利润;这也是企业竞相追求垄断地位的原因。如果将这种竞争行为视为某种一般性的、旨在追求利润最大化的经济活动,那么我们就可以推测,为了获得垄断地位,企业将愿意花费预期利润的全部数值。如果这种开支仅仅是为了寻求自身垄断地位,而不是为任何市场主体提供生产活动,那么,这种行为就是一种纯粹的浪费。如果企业在获得垄断地位的过程中消耗了垄断的全部价值,且该价值存在于整个行业中(正如在完全歧视垄断的情况下,垄断价值等于消费者剩余与生产者剩余之和),那么,私有的完全歧视垄断就不仅不是解决自然垄断问题的最佳方案,而且可以说是最差的方案。该行业对任何主体都不产生任何净价值。

举个例子。假设可以在一个山谷中修建铁路;假设率先完成建设的企业将拥有垄断地位,而且山谷里永远不会有第二条铁路出现;假设利率为零,从而简化讨论,忽略将收支贴现到某一时间的复杂情况;假设1900年之前建成的铁路最终将带来2000万美元的总利润。如果是在1900年建成该铁路,由于山谷中通过铁路奔波忙碌的居民人数不足以支付铁路的运营成本,建造者每年将亏损100万美元,直至1900年;最后,假设上述事实在1870年被广为人知。

A在知道上述事实的情况下,打算在1900年建成铁路;而B通过计划比A早建一年且取代了A,因为这样虽然只能获得1900万美元的收益,但总比让A捷足先登而自己颗粒无收要强;然而B还是被C取代了,因为C计划建成的时间更早……最终,这条铁路在1880年建成,建造者仅获得了资本的正常回报。

为了获得高于市价的回报而进行竞争,最后反倒耗尽了回报——这种行为被称为**寻租**(rent seeking)。这是一个有些复杂的研究课题,寻租的结果也并不总是如上文所讲的那样有悖常理。比如,我们可以增加一个假设:在铁路唯一可能伸入山谷之处有一条要隘。在这种情况下,2000万美元的利润不会因修建时间的提前而减少。要隘的所有者将其所有权拍卖给出价最高者并获得上述利润,而购得要隘者则在1900年建成铁路,进而收回成本,这一系列行为让完全歧视性定价再次成为解决自然垄断的完美方案。

对寻租的分析表明,至少在某些情况下,垄断利润不是从顾客向企业转移,而是一种净损失。垄断利润越高,企业为获得垄断地位而"烧"掉的资源也越多(比如上述案例中的过早修建铁路)。如果确实如此,那么解决垄断问题的最佳方案或许并非采取管制措施,而是征税——不是对产量征税,而是对利润征税。

假设政府对垄断企业的经济利润征收50%的税。由于企业仍能从每美元的利润中获得50美分,它仍然会尽可能地创造利润,以同样的价格生产同样数量的产品。由于税收对企业的行为没有影响,因此没有超额负担产生。如果该企业原本计划将预期垄断利润的全部现值用来获取垄断地位,那么预期利润的减半必然对应寻租行为的支出减半——在上述例子中,就表现为直到1890年铁路才建成。在这种情况下,税收不仅没有带来超额负担,而且根本就不会产生负担!否则,政府筹集的资金将被浪费在超前建设中。

上述提议有一个明显的问题:要想对垄断利润征税,首先得确定哪些利润是垄断性的;然而,垄断利润在真实世界中很难被识别。一家表现出暴利的企业有可能是成功的垄断企业,但也有可能是某家企业在竞争性行业中押注于新产品或更有效的生产方式并获得成功。如果将超出市场利率的利润一律视为垄断并对其征税,则可能对激励创新产生不利影响。

对此,存在一种巧妙的解决方案。假设在1900年,我们得知,自1920年起,美国铝业将成为自然垄断行业。政府将垄断权(也就是1920年后生产铝的权利)拍卖给出价最高的竞标者。有志获取垄断地位的市场主体应该会将最终成交价格抬升至与未来垄断利润的现值相等的水平,因此政府对预期垄断者所估测的垄断利润征收100%的税。

然而,上述方案也有一个问题:它取决于我们是否能够在垄断性确立之前识别出自然垄断。如果判断失误,我们就会把一个潜在竞争行业以垄断拍卖掉,从而产生政府垄断及其相关成本。

即使我们能对自然垄断的特征做出正确识别,也并不意味着最终拿到手的东西就真的是自然垄断。毕竟,上文提到的这些自然垄断的特征为试图伪造垄断的政府提供了一种体面的掩护;这些政府将其他类型的垄断伪装成自然垄断并将其抛售,以此获得财政收入或者向特定企业或行业牟取政治支持。值得记住的是,"垄断"一词正是在这种背景下产生的——用来描述其他竞争性行业,比如盐的销售,在这些行业,一个生产商从政府那里购买了排除所有其他生产商的权利。

问题

在讨论自然垄断存在的问题时,大多数人犯的错误是认为问题出在垄断这种形式上。而实际上,症结在于其生产函数的某种特殊性,即当生产和销售的商品量十分接近于总产量时,平均成本达到最小值。对于这种成本曲线所导致的问题,一种不完美的解决方案,是将其转变为单一价格的、私有的、未受管制的垄断。该方案的不完美性体现在,尽管它在以尽可能低的成本生产给定数量的产出的意义上是有效率的,但在它生产的数量(太少)和它是否生产的决定(有时它应该生产却不生产)上都是低效率的。另一种不完美的方案,是受管制的私有垄断。相较于不受管制的私有垄断,就产量而言,这种方案可能更优;但在成本最小化的生产方式方面,这种方案更差。即使问题消失了,受管制的垄断也很难消失。让政府经营垄断则是另一个选择,同样不完美,同样存在诸多相同的问题。最后,完全歧视性垄断(如果可能的话),可以规避其他方案的局限并巧妙地解决上述问题,但却会引出另一种有可能更棘手的问题,即寻租。

专利与效率

在上文中,我反复强调了单一定价垄断的低效率性。由于这种垄断以高于边际成本的价格出售商品,某些愿意以高于生产成本的价格购买商品的顾客反而无法获得该商品。如果垄断者将价格降低至边际成本(MC)水平并相应增加产量,那么现有顾客将获得部分转移,同时产量的增加也会带来净收益。

由专利或版权产生的垄断也会出现类似问题。专利或版权的所有者会向生产者收取许可费,这会使其售价高于真实的边际成本,因为生产者每生产一单位都要向发明者支付部分费用;而发明者的边际成本为零,因为制造一百万件产品与制造一件产品的成本完全相同。因此,同其他垄断一样,专利的实施也会带来低效率。

为了消除这种低效率,可以采用差别定价的方式。但在这里,我们先假设这种方式是不可行的。如果有人想要对专利制度进行谴责并主张取消许可费,我会提醒他第二效率条件的存在。如果说第一效率条件决定了生产多少商品才是最优的,那么第二效率条件就决定了到底应该不应该生产这种商品。也就是说,如果取消许可费,生产者的边际成本固然会回归到适当的水平,但发明者也失去了发明的动力(除非他们能严守秘方或充分利用先发优势)。这也可以用来解释为什么政府管制垄断企业会出现一些问题:如果垄断企业仅能收回边际成本,它也就失去了继续运营的动力。当然,政府也可以通过向发明者支付固定成本(或对发明者支付工资)来解决上述问题;但这样一来,政府就面临着选择的问题:哪些产品值得生产?或者哪些发明值得发明?

·习题·

1. 在分析竞争、单一价格垄断和效率时,我们注意到一些含有价格、边际价值、边际收入、边际成本和平均成本的等式。哪个或哪些等式:

   a. 可以推出在竞争性市场中,一个公司选择生产能使其利润最大化的数量?

   b. 可以算出单一价格垄断企业选择使其利润最大化的数量?

   c. 可以推出在一个竞争性行业中,如果企业能让经济利润为正,就会进入该行业;如果让经济利润为负,企业就会离开该行业。

   d. 可以算出在竞争性市场上,理性的消费者选择购买的数量?

   e. 对效率来说是必要的?

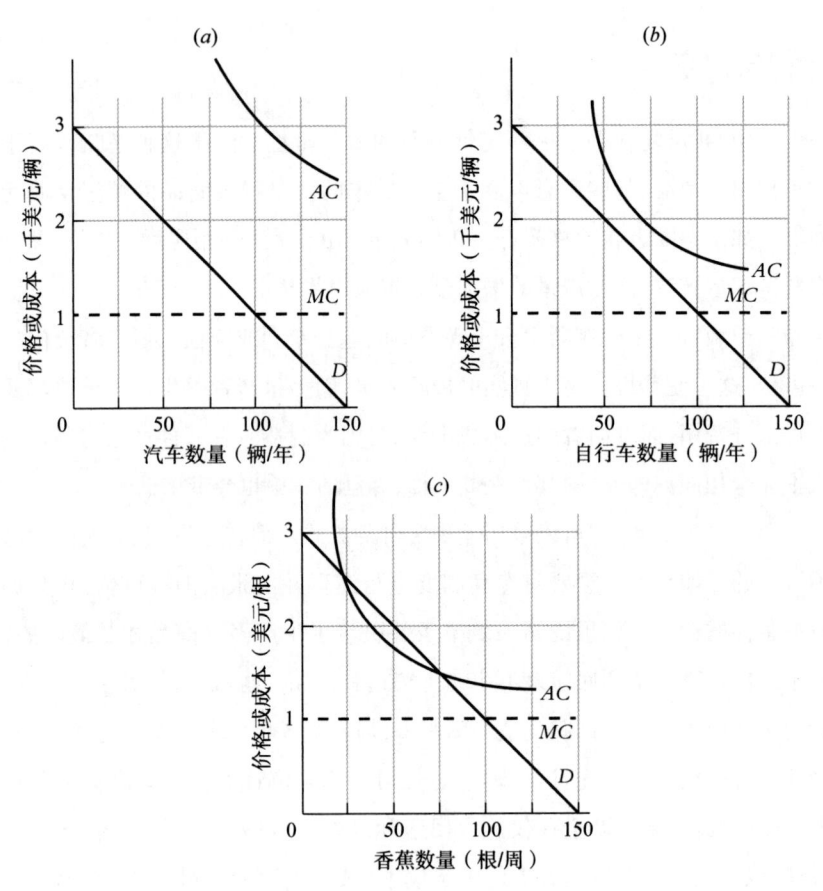

图 16-7 问题 2 和 3,三个垄断企业

2. 图 16-7a 到 16-7c 显示了三个行业的平均成本、边际成本和需求曲线,就每个图回答下列问题。

a. 如果行业是单一价格垄断,企业会选择存在吗?

b. 如果是完全歧视性垄断,企业会选择存在吗?

c. 它应该存在(在马歇尔的意义上)吗?

d. 假设政府拍卖成为该行业单一公司的权利。如果该公司是单一价格的垄断者,它会买下吗?一个完全歧视性垄断者呢?你可以假设利率为10%,并且图示的曲线永远不变。

3. 在图16-7a到16-7c所示的每种情况下,净损失有多大(对消费者、生产者和政府),如果公司私营,追求利润最大化,单一价格垄断(或者,如果它不能平衡其成本,则不存在),而不是遵循本章建议的效率生产规则?

这里的"净损失"是指在生产者和消费者之间以某种方式分配的每年的美元数,可以使他们在私人垄断的情况下过得和他们没有额外的钱但有有效率的垄断一样好。请注意,在我和你之间分配100美元的一种方式是给我200美元,从你那里拿走100美元:200美元+(-100)美元=100美元。

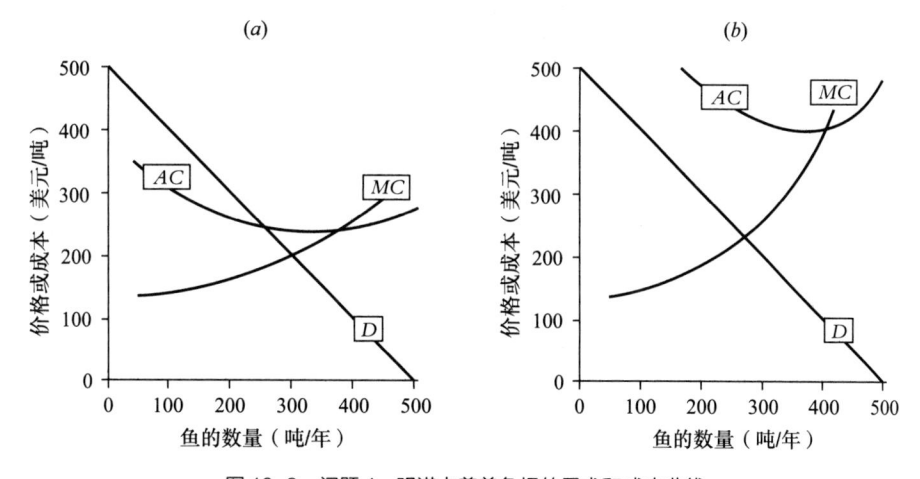

图16-8 问题4,明诺卡普养鱼场的需求和成本曲线

4. 图16-8a和16-8b显示了明诺卡普养鱼场可能面临的两种成本曲线,请分别回答下列问题。

a. 如果该公司是垄断企业,不能进行价格歧视,它的产量是多少?价格是多少?

b. 如果政府让该公司停业,消费者的境况会变差多少?

c. 官僚之神希望鱼场以什么价格和数量来生产?

5. 美国的大部分地区都是通过宅地成为私有财产的。谁先认领土地并耕种了一定年限,谁就拥有土地。随着边疆的西移,任何一块土地,先是不值得耕种(成本高于收益),然后是差不多值得耕种,然后是很值得耕种(收益高于成本)。根据宅地法,在这个过程中,定居者在什么时候会开始耕种土地?你能说这种将土地私有化的方式的效率如何?将其与拍卖土地并利用拍卖费来减税的做法相比较。

6. 你认为这本书是以等于它的边际生产成本的价格卖给你的吗?如果不是,而有法律要求出版商按边际成本出售书籍,你的境况会更好还是更坏?请讨论。

7. 我们还没有讨论垄断竞争或寡头垄断的效率问题。你认为它们是有效率的吗?证明你的答案。

·延伸阅读·

两个关于寻租理论的有趣讨论是:Terry Anderson and P. J. Hill, "Privatizing the Commons:An Improvement?" *Southern Economic Journal*, Vol. 50, No. 2 (October, 1983), pp. 438-450. (April, 1975), pp. 173-179; Gordon Tullock, "The Welfare Costs of Tariffs, Monopolies and Theft," *Western Economic Journal*, Vol. 5 (June, 1967), pp. 224-232。

这是我迄今为止知道的最早的,也许也是最好的,对寻租理论的分析。

第十七章　市场干预

价格管制

目前为止,我们分析了价格可以自由移动到供求均衡点的市场。如果政府规定了法定最高价和(或)法定最低价,情况就变了。如果价格管制发挥约束力——供给/需求的均衡价格高于最高价或低于最低价——我们就要面临一种新情形。

除非有人生产,你才能消费,所以即使有价格管制,消费量也必须等于产量(除了在短期,你可以消费过去积攒下的库存)。如果消费者想要消费的数量大于生产者愿意生产的数量,那么就必须通过某种价格以外的机制来配置有限的供应。

我在第二章简要讨论了汽油价格管制的情形。现在我将用你从那之后学到的一些新东西来重做这个论证。

汽油悖论

图 17-1 显示了汽油的需求和供给曲线,它们的交点在 1 美元/加仑的价格和每年 200 亿加仑的产量处。政府对汽油实行价格管制,最高限价为 0.80 美元/加仑。以这个价格,生产商每年只想开采、提炼和销售 170 亿加仑,但消费者想要购买 260 亿加仑。很快,加油站的汽油快速耗尽,消费者每年的汽油使用量就不能比产量多 90 亿加仑了。这会导致消费汽油的成本上涨,即使汽油价格并未上涨。

为何会这样?一种确保你从有限的供给中获得尽可能多的方法是一大早就起来,在油罐车开走后不久就到达加油站。如果每个人都这样做,结果就是排长队。不得不排队等候提升了消费者的汽油成本,即增加了一种**非金钱成本**(nonpecuniary cost,金钱以外的某种形式的成本——在这个例子里是时间)。

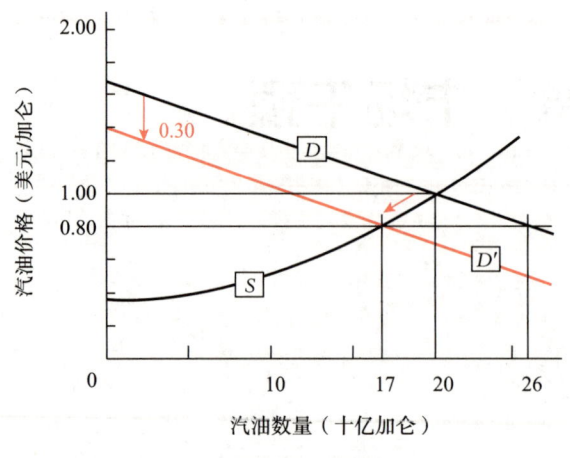

图 17-1 汽油价格管制的影响。

0.80 美元/加仑的价格管制产生了短缺。 排队的人越来越多,直到消费者的成本上升导致需求曲线下移至 D'。消费者在金钱上少付了 0.20 美元/加仑,而在时间上多付了 0.30 美元/加仑。

价格管制导致的成本增加也会以其他形式出现。一个例子就是不确定性——你永远也无法确定一有需要你就能买到汽油。每次长途旅行,你都会冒着被困在某个无名小镇的风险。另一个额外成本是去加油站的次数变多,以确保你的油箱总是满的。还有的可能就是贿赂加油站长。在 1970 年代初价格管制造成汽油短缺的时期,至少有一个这样的例子:一位名人买下了加油站,以确保他和他的朋友们都能得到汽油。

就目前的论证而言,额外成本究竟是何种形式并不重要,虽然像第二章的讨论那样,从排队等候的角度来思考它很方便。为了分析价格管制的影响,我们只需要假设额外成本与汽油量的使用量成正比(用油越多,排队等候加油的次数就越多),并且这对所有消费者都一样。基于这些假设,我们可以用第七章分析税收效应的技巧,来分析价格管制的影响。

如果我必须为每加仑汽油支付 0.80 美元的金钱加上价值 0.30 美元的等待时间和其他不便,我购买的汽油数量将与价格为 1.10 美元/加仑(0.80 美元+0.30 美元)时的相同。额外成本相当于对消费者征收 0.30 美元/加仑的税,这将使需求曲线下移 0.30 美元,如图 17-1 所示。我排队的时间对我而言是一种成本,但这对汽油生产商而言并不是好处,他们仍然只得到 0.80 美元/加仑。这对产量以及消费者和生产者的福利影响,就好像我们只是征收了 0.30 美元/加仑的税。唯一的区别是,没有任何损失会变成政府收入。

30 美分不是随机选的数字。正如你可以从图中看到的,需求曲线发生 0.30 美元的变化,刚好足以使需求量等于价格管制下的供给量。如果排队的成本和给消费者带来的其他不便少于0.30美元,那么需求量仍将大于供给量。消费者彼此争夺有限的供应将会进一步推高成本,在这个简单的例子中,排队的队列会更长。

经过分析,令人吃惊的是,低于市场价格的价格管制不仅伤害了生产者,还提高了消费者的汽油成本——提高了0.10美元/加仑。该结果并不取决于图表中的细节。只要供给曲线向上倾斜,价格加上价格管制下的非金钱成本必然大于没有价格管制的价格,尽管消费者的成本增量取决于供求曲线的相对斜率。在图17-1中,供给曲线的斜率是需求曲线的两倍。由于价格决定产量,因此价格即均衡数量处供给曲线的高度;由于金钱加上非金钱成本决定了消费者想要多少,因此成本即均衡数量处需求曲线的高度。当你在图上向左移动时,供给曲线每下移1.00美元,需求曲线上升0.50美元,因此由于价格管制,消费者总成本的增加是价格减少的一半。

该分析确实基于我的假设,即额外成本与价格或税收一样,是以加仑为单位的成本——消费者的汽油边际成本增量等于平均成本增量。通常当我们讨论消费者的成本时,我们谈论的是价格。一加仑汽油的价格是你多买一加仑汽油的边际成本,也是购买所有汽油的平均成本。但对非金钱成本来说,这并不是如此。

配给

要了解为什么这一点很重要,考虑一种汽油配给制。我们将汽油价格定为0.80美元/加仑,每年每个人都会收到配给票,让他可以购买价格管制前他每年的汽油消耗量的85%,任何试图购买更多的人都要被枪决。购买配给汽油的平均成本现在仅为0.80美元/加仑,但超出配给量后的边际成本非常高——一品脱就会要你的命。人们会消费到边际成本等于边际价值处,而这刚好等于配给券所允许的数量,因为此处的边际成本突然增加。图17-2显示了一个消费者对应的情形。这种分析第一次出现在第四章(消费者会购买到边际成本等于边际价值处),唯一的区别是此处消费者的汽油边际成本不再独立于数量,也不再必然等于价格。

一旦我们允许消费者的边际成本(决定了他的购买量)与平均成本(决定了他要支付的价格)不同,那么我们之前证明的,价格管制必然会损害消费者的利益就不再有效。但这并不意味着价格管制加上配给必然有利于消费者。他以更低的成本获得汽油,但他得到的汽油也更少。如果图17-3中的面积$A+C$(价格管制加上配给后的消费者剩余)大于面积$A+B$(没有价格管制的消费者剩余),那么他的境况会更好;如果$A+C$小于$A+B$,则境况更糟。

在更复杂的现实案例中,我们还应该考虑施行配给制及为应对不断变化的世界

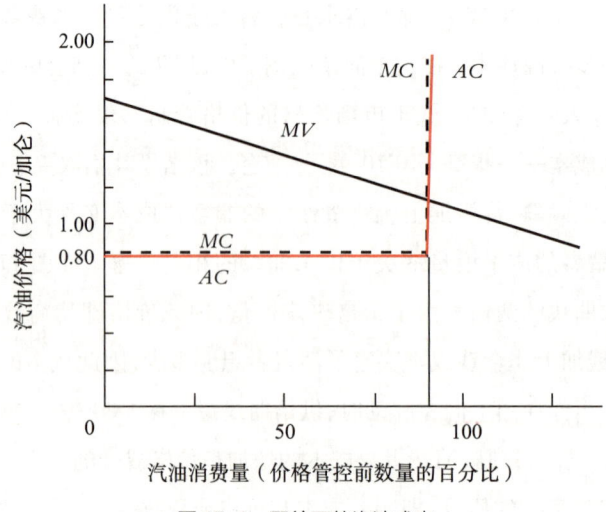

图 17-2　配给下的汽油成本

消费者可以在管制价格下购买价格管制前他的消费量的 85%，超额购买是非法的。

而做出调整的成本。在价格管制和石油短缺的 1970 年代，汽油并不是配给到个人，而是基于过去的消费水平配给到区域。实际上，美国能源部决定多少汽油分到哪里。有人认为石油的短缺，一部分是由此产生的配置不当造成的；上述公式的论证没有恰当考虑到人口流动改变了美国不同地区的相对需求。

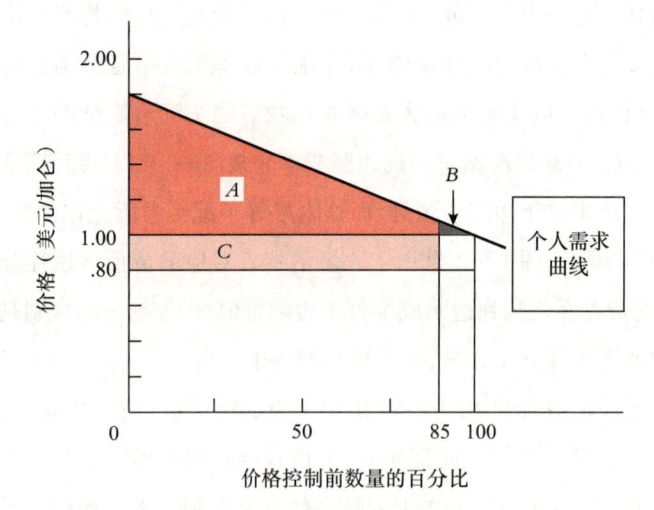

图 17-3　有配给的价格管制给消费者带来的收益和损失。

价格管制之前的消费者剩余为 $A+B$，之后为 $A+C$；如果 $C>B$，消费者在价格管制下的境况更好，如果 $C<B$，则消费者境况更差。

464　　　　　　　　　　　　　　　　　　　　　　　第四篇　评判结果

汽油价格管制——及汽油短缺——现在都只是回忆了,但其他形式的价格管制仍然存在。最常见的一种是租金管制。在讨论配置与分配效应之间的区别时,租金管制是个有趣的实例。

配置与分配

经济学家发现区分两类问题很有用,而这两类问题有着令人混淆的相似名称——"配置"和"分配"。**配置**(Allocation)是将物品给人们(我得到一辆手动挡的汽车,你得到一辆自动挡的汽车,他得到自行车……即谁得到什么),或者是指用某类投入生产某类产出(以这种方式而不是那种方式生产)。**分配**(Distribution)是实际收入的分配,既包括金钱性收益也包括非金钱性收益(即谁得到多少)。非经济学家倾向于将所有问题视为分配问题:如果汽车在市场上出售,富人买得起而穷人买不起;如果我们有私立学校,富人的孩子接受教育而穷人的孩子则没有。而经济学家往往对配置问题更感兴趣:考虑两个收入相同但品味(喜好)不同的人。汽车和教育都被出售,一个人买了一辆汽车,没有买教育;一个人买了教育,没有买汽车。

经济学家倾向于关注配置问题,不是因为分配不重要,而是因为他们对此能说的较少。配置变化通常或至少可以使每个人受益或受损,所以我们可以评估它们,而不用担心如何平衡一个人的受益和另一个人的受损。分配变化恰恰相反。纯粹的再分配(我损失一美元,你获得一美元,没有其他效应)在马歇尔意义上,既不是收益也不是损失。效率不受影响,并且效率是我们判断什么是或什么不是改进的最不差的标准。

举个简单的例子,考虑一下常见的家庭规则:谁弄得一团糟,谁来打扫干净。在任何情形下,它的效应都是分配式的,因为它决定了谁必须做某个不愉快的任务。然而,从长远来看,分配效应会平均化(除非某些家庭成员天生就比其他人更不整洁),而它的主要作用是激励那些制造杂乱的人不要这样做,从而更有效地配置精力来避免杂乱。

租金管制

租金管制是说明资源配置与分配之间存在差别,并且改变其中一个难以不影响另一个的例证。假设圣莫尼卡市政府决定实施租金管制,将每套公寓的最高租金定得低于市场水平。分配效应很容易看出:房东的境况更差,租户的境况更好;而配置效应则更不明显:在租金管制下,公寓的需求量高于供给量(因为在市场租金下它们是相等的)。如果你已经租到了公寓,那么你收获了一笔好买卖;如果你正在租公寓,那么你就有烦恼了。

通常,人们会随着家庭变动而搬家。一对年轻夫妇有了孩子后,会从四居室公寓搬到六居室;一对年长夫妇在孩子们离开家后,会从六居室公寓搬到四居。但假设,在租金管制下,这对年长夫妇以(比如说)每月600美元租到了一套六居室的公寓。租金管制后的四房公寓租金为400美元,以这个价格,这对夫妇很乐意搬家,因为六居室的额外房间对他们来说不再值200美元。但由于租金管制后,租房的需求量大于供给量,因此圣莫尼卡没有四居室公寓正在出租。圣莫尼卡郊外不受管制的四居室公寓租金为600美元。这对夫妇还住在六居室的公寓里,尽管比他们想要的多两个房间。

相同的问题也困扰着那些本来会从城镇某一处的四居室公寓搬到同样大小但不同位置的公寓的人——也许是因为他们换了工作地点。如果租金管制长期有效,人们居住的地方将更多取决于他们过去居住的地方,而更少取决于现在适合他们居住的地方(即更少取决于公寓的大小和位置)。这是一个配置问题:它让一些人的境况变得更糟,却没有让其他人的境况变得更好。

一个简单的解决方案是允许租户转租他们的公寓——无论他们得到的租金是多少。现在任何公寓都有两种租金:管制租金(在我们一直讨论的示例中,六居室公寓的租金为600美元)和新租户支付给原始租户的租金(比如800美元),这也是没有租金管制时的市场租金。此时,年长夫妇留在他们的六居室公寓里的成本不再是600美元,而是800美元。如果他们搬出去,他们不仅可以节省600美元的租金,而且还可以通过继续支付600美元的租金并以800美元的价格转租给其他人而赚取200美元。因此,他们愿意向转租给他们四居室公寓的人支付(比如说)600美元,就像如果没有租金管制的话,他们愿意从800美元的六居室公寓搬到600美元的四居室公寓那样。

租金管制加上不受管制的转租,其结果是允许公寓市场成为自由市场,同时让原租户在租金管制下拥有对公寓的部分所有权。实际上,这套六居室公寓的租户是1/4业主,如果他们选择转租,他们会得到800美元——其中的3/4作为租金给了房东,他们则保留剩余的1/4。这似乎是一种产生分配效应的方式(出于政治或其他原因,这可能是合意的),而没有任何不合意的配置效应。

但这里有几个问题。其一是,房东几乎没有动力去维护他们的公寓。在不受管制的市场中,房东可以从维修或改善公寓中得到回报。当维修或改善对租户的价值高于其成本时,房东可以通过增加租金来收回这笔钱。而在租金管制下,对房东来说,最重要的是让公寓的状况足以达到租金管制所要求的水平。如果像本例中那样,管制租金是市场租金的3/4,房东就可以让公寓的状况劣化到以前市场价值的3/4,而他自己却没有任何损失。租金下跌的成本将全部由原租户承担,如果他们自住,他们要么住在一个劣化的公寓,要么维护它;如果他们把公寓转租给别人,那么公寓的劣化将导致新租户给他们的租金与他们付给房东的租金之间的差额变小。

当租金管制生效一段时间后,公寓开始劣化,以致法律(如果本没有的话)规定房东必须如何维护公寓。在没有租金管制时,房东在自己利益的驱使下维修和改进那些值得去做的地方,而在租金管制下,政府设立并执行统一的标准,迫使房东自发去做一些不再符合他们利益的事情。

新建筑也存在配置问题。租金管制意味着一座新公寓楼的部分价值自动给了第一批租户,他们以管制价格从房东那里租到了公寓,而未来的新租户则以未受管制的价格租到了公寓。这会阻碍新建筑的修建。一种显而易见的解决方案是只管制已修建建筑的租金,而不管制新建筑。

然而,假如对今年现有住房实行租金管制,同时承诺不对新住房实行管制的政策有利可图,那把今年改为五年内也可能是有利可图的:政府可以对这期间修建的新建筑实行租金管制,同时承诺对未来建筑不予管制。除非政治家不仅承诺新住房将不受管制,还能找到一些有说服力的方法让自己在未来遵守承诺(无论他是否仍想这么做),否则建筑商可能不会相信他的承诺——因而不会建设。即使政治家能够约束自己,这可能仅仅意味着,五年后他将被另一位以"管制那些'不公地'未受管制的新建筑"为纲领的政治家击败。想了解现实世界中的相关案例,可查看纽约市的租金管制史[*https://en.wikipedia.org/wiki/Rent_control_in_New_York#History*],首先是国会免除了对新建筑的管制,接下来是州和市,最终又恢复对被豁免的建筑的管制。

价格管制:总结

图 17-4 显示了一种受价格管制的物品的需求和供给曲线,P_c 是管制价格(controlled price)。为了避免在图中移动线条,我们使用了第七章分析税收影响时介绍的一个技巧。供应曲线表示产量是生产者得到的价格的函数,需求曲线表示消费数量是消费者成本(价格加上非金钱成本)的函数。

我们从有价格管制但无配给开始分析。排队的人越来越多(或其他非金钱成本增加），多到使需求量减少到供应量。从图像上看，非金钱成本（nonpecuniary costs）显示为生产者得到的价格与消费者付出的成本之间的差额，即图17-4中的C_{np}。消费者购买该物品的成本是管制价格和非金钱成本的总和，即$C_c = P_c + C_{np}$。产量从市场价格下的Q_o减少到Q_c，即价格为P_c时生产者的供应量和价格为C_c时消费者的需求量。因此，价格管制的净损失是B区域（不再生产的物品所对应的消费者剩余及生产者剩余的损失）加上面积A（每单位的非金钱成本——排队等候的时间等，乘以消费量）加上管理和执行管控的所有成本。

现在，我们引入如图17-2所示的配给机制，每个消费者都会收到与他前一年的消费成正比的固定数量的配给券。为了购买一单位该物品，比如一加仑汽油，他必须支付一张配给券加上该物品的管制价格。

在这种机制下，排队的人消失了，因此非金钱成本A被消除，但配给制所产生的错误配置带来了新成本。例如，如果我刚从郊区搬到城市，我的汽油配给量——我前一年的消费乘以当前产量与去年产量之比，等于我在P_c时的需求量。如果价格再高一点，我就不会使用我的全部配给券；而另一边，你刚刚从城市搬到了郊区，极其需要汽油。由于你的配置——你前一年消费量的固定一部分——远少于你想要的，你会很乐意支付成倍的价格来得到额外的汽油。由于我消费的汽油对你来说价值更高，配置对我们来说是低效率的。这种低效率不仅体现在产量上，还体现在谁能得到产品上。

在一个普通市场中，生产者有动力保证其产品的质量以便能够卖出去。在价格管制下，需求量大于供给量，生产者发现他们可以通过生产低质量的产品来节省资金，并且仍然可以在管制价格下卖出他们想要的数量。价格管制可以防止一些较明显的伎俩，诸如以0.8美元/加仑的价格出售0.75加仑的产品，但很难衡量和管制一些不太明显的部分，例如加油站的服务礼仪质量或休息室的清洁程度。因此，价格管制的另一个成本是，顾客得到的产品质量水平低于其在不受管制的市场上愿意为此支付的，正如租金管制的成本之一是房东不再有动力去维护他们的建筑。

图17-4显示了总需求是价格的函数，为了说明低效率配置对消费者之间的影响，我们需要知道他们各自的需求曲线和配置。我们没有办法从图17-4中看出损失有多大，这取决于配给方案与消费者的实际需求的吻合程度。配给造成的净损失现在变为面积B加上由消费者之间的配置不当和低质量所造成的未知额外损失，再加上运行和执行配给制度的成本。

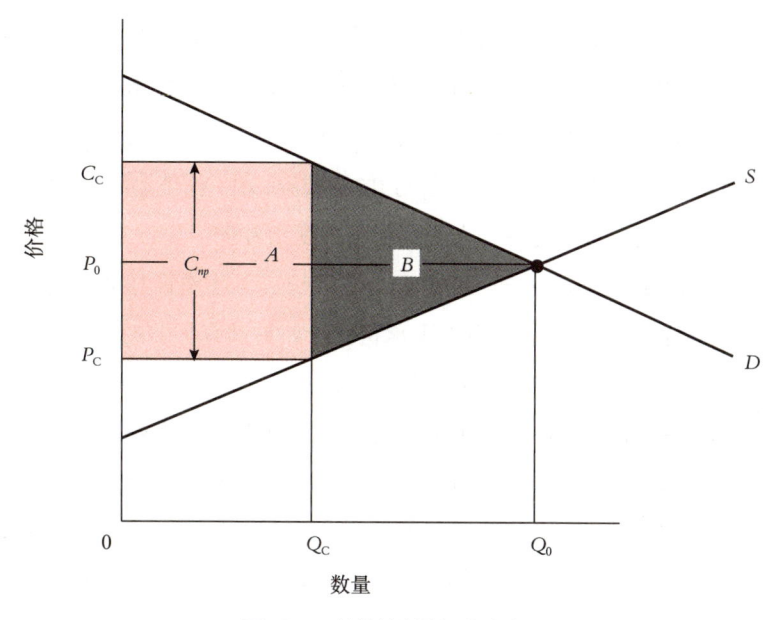

图 17-4 价格管制的相关成本。

B 是由于生产和消费的数量减少而造成的净损失。A 是没有配给时的非金钱成本。如果存在配给且配给券可转让,那么它就是配给券的总市场价值。

一个消除配置不当的简单方法是让配给券可以在市场中买卖。如果你比我更想要汽油,我就把我的一些配给券卖给你。在这种制度下,配给券有一个市场价格,而在这个价格下,任何人都可以买到或卖出他所希望的数量。就像其他商品一样,配给券的价格将是使供应量等于需求量的价格。购买汽油的支出就是汽油的价格加上配给券的价格,这个道理对于那些使用超过其配额而必须购买额外配给券的消费者来说是显而易见的:如果他们想再买一加仑的汽油,他们必须同时购买汽油和配给券。同样,对于只使用一部配置给券并将其余出售的消费者来说,消费一加仑的汽油,他们就放弃了出售一张配给券的机会。因此,他们消费这一加仑汽油的成本,即价格 P_c,加上他们本可以卖出用来换取汽油的配给券所得到的价格。

我们知道,汽油的供应量是 Q_c。而此数量作为需求量时消费者的成本是图 17-4 中的 C_c。由于消费者的成本是汽油的价格加配给券的价格,因此配给券的价格是 C_{np},也就是没有配给时的非金钱成本。配给券的价格与之前排队等候的成本具有完全相同的功能:将消费者的汽油需求量减少到生产者的供应量。现在,面积 A 等于配给券的市场价值,即配给券的数量乘以配给券的单价。净成本是面积 B 加上质量低到无效率的产品的相关成本(指管制价格下出售的汽油),再加上管理和执行配给的所有成本。

除了行政费用和对质量的影响外,该制度恰好相当于对生产者征收 C_{np} 的税,并将税收收入按照消费者前一年的消费比例配置给消费者,与配置配给券的方式相同。在这两种情况下,生产者得到的价格都是 P_c,一种情况是管制价格,另一种情况是减去税额后的市场价格。在这两种情况下,消费者购买一加仑汽油的成本都是 C_c,一种情况是消费者得到市场价值为 C_{np} 美元一张的消费券,另一种是他们得到等值的钱。

为什么配给制度通常不允许个人购买和出售配给券呢?也许是因为这将使价格管制加配给的效应更显而易见——也更难为之辩护。下述论证相对容易进行:出于公正的考虑,国家的困难应该由所有人来承担——如果没有足够的汽油,每个人都应该被允许得到他所需要的汽油量,但不能再多了——汽油公司也不应被允许从短缺中牟利。这是一种对价格管制加简单配给制的(有利)描述。要主张上一段所描述的特殊税收和补贴的制度则更加困难,它等价于由可转让配给券所改进了的配给制度。但很难看出有什么理由反对允许转让配给券,因为这种改变对每个人都有好处:买家以低于对他们的价值的价格获得额外的配给券,卖家以高于对他们的价值的价格卖出配给券。

能否进一步改进配给制以消除损失的(消费者和生产者)剩余 B?也许可以。解决办法是对消费和生产都进行配给。生产者必须以管制价格向有配给券的消费者卖出数量 Q_c,任何额外的产出则以市场价格卖给任何想要的人(不需要配给券)。生产者的生产数量取决于他们的边际收益,现在边际收益等于市场价格,因为那是能卖出额外产出的价格,因此产出扩大到 Q_0,即不受管制时的产出。拥有配给券允许以管制价格而不是市场价格购买汽油,因此,配给券的价格是两种价格的差额,P_0-P_c。这种机制变成了纯粹将生产者剩余转移到消费者手中,与完全歧视定价下消费者剩余转移到生产者手中的情况异曲同工。实际成本由谁承担的细节很复杂,取决于生产配给如何在生产者之间配置,以及如何对待新进入的生产者。

在20世纪70年代的石油价格管制时期,美国政府使用这种生产配给制度控制面向炼油厂的原油销售。旧石油,指的是用传统方法生产的石油,被管制在一个低价位;新石油——来自新油井的石油,或是以昂贵方式从老油井生产的额外石油,或是进口石油——是不受管制的(该体系实际上更加复杂,这只是一个粗略的描述)。所有的炼油厂商都想购买廉价的旧石油而不是昂贵的新石油,政府因而对旧石油进行配给。使用的配给规则是,炼油商得到的旧石油配额与他们炼制出的石油总量成正比。因此,炼油商每使用一桶不受管制的外国石油,就有权购买一定数量的廉价的、价格受控的国内石油。这些配额就像上面讨论的那些可转让的配给券,是具有价值的。政府实际上是在向炼油商补偿进口外国石油的费用,而这些费用来自国内(旧)石油生产商的收入——这是减少美国对外国石油依赖的一种特殊方式。

在第九章中，我们看到，竞争性行业中的企业没有经济利润，如果它们有的话，就会有更多的企业进入这个行业，使价格下降，从而使利润下降。行业的生产者剩余不是归企业所有，而是归投入要素的所有者，如土地或劳动力。如果价格管制将收入从行业生产者手中转移到消费者手中，那么它最终一定不是来自企业，而是来自投入要素的所有者。就石油工业而言，这种区分在某种程度上是人为的，因为作为重要投入的油井通常属于石油公司。石油价格管制所征用的不是石油公司的经济利润，而是石油公司的股东过去在寻找和钻探油井的投资中获得的部分准租金。

到目前为止，我已经考虑了政府决策在价格管制方面的配置效应与分配效应之间的区别，同样的区别也适用于其他问题。就像在价格管制的情况下，非经济学家可能会认为这个问题是纯粹的分配问题，而经济学家则认为主要是配置的问题。

责任规则

一个责任规则例子是谁应该对有缺陷的产品造成的损失负责。考虑两种问责方式："买家自慎"（源自拉丁语 caveat emptor）与"卖家自慎"（源自拉丁语 caveat venditor）。前者意味着卖方或生产者对产品的缺陷不负责任，后者则意味着卖方或生产者要负责。

人们的第一直觉是，如果法律从"买家自慎"变为"卖家自慎"，是有利于消费者而不利于生产者的，因为生产者必须针对有缺陷的产品向消费者作出赔偿，但这一结论隐含了一个前提：法律的改变不会影响商品的销售价格。而这不太现实，新的法律规则提高了生产者的成本（当他销售商品时，如果商品有缺陷，他就有责任赔偿）和商品对消费者的价值。供给曲线和需求曲线都上移，因此价格势必上调。

人们可能会接着猜测，也许法律的转变不会产生任何影响——平均而言，"买家自慎"时消费者承担的瑕疵产品的成本与"卖家自慎"时的价格涨幅一样多。这接近正确，但不完全准确。如果生产者对有缺陷的产品负有责任，那么他就有动力使产品更好。如果消费者要负责，那么他会有动力对产品轻拿轻放，并在使用产品时采取更多预防措施把事故的代价降到最低，比如在使用电动工具时戴安全眼镜。

如果消费者在购买产品之前就知道产品的质量如何，那么对生产者的激励就是不必要的，因为即使生产者没有责任，他仍然会努力避免缺陷，让消费者愿意购买他的产品。就像前面讨论的类似情况一样，生产者会发现在质量上做出任何对消费者的价值超过他的生产成本的改进都是有利的，因为消费者愿意为改进后的产品支付的更高价格可以弥补掉生产者额外的成本。但是，如果消费者评估产品的成本足够高,高到他们会选择在对产品质量部分不知情的情况下购买,那么"卖家自慎"给生产者带来的激励就可能会起到有益的作用。

这似乎意味着,当主要的危险是来自消费者的不当使用,或消费者可以很容易了解到产品质量时,那么规则就应该是"买家自慎";而当消费者不容易判断质量时,避免问题的最好办法就是"卖家自慎",即生产者生产更好的商品。

一个更好的解决方案是通过自由契约将"买家自慎"或"卖家自慎"相结合。假设规则是"买家自慎",并进一步假设消费者更愿意在"卖家自慎"的规则下购买,即使此时的价格能补偿生产者的成本。在这种情况下,生产者会发现,销售有保证的产品比无保证的产品更有利可图。生产者提供保证,是自愿对产品缺陷负责,将销售产品的规则变成了"卖家自慎"。

相反,假设初始规则是"卖家自慎"。如果消费者愿意,他也可以将规则转变为"买家自慎",即他可以签署一份弃权书,同意当产品出现质量问题时不起诉,从而换取较低的价格。在医疗事故中,这种弃权可能会产生很大的影响。鉴于渎职诉讼和渎职保险的费用高昂,医生可能会给签署弃权不起诉或只在严重过失时才起诉的病人一个相当低的报价。不幸的是,根据目前的法律,这样的弃权书是无法执行的,因为病人可以在手术前签署弃权书,之后改变主意,无论如何都要起诉。近几十年来,美国的法律体系普遍偏离了契约自由,而这就是一个例子。一些批评者认为,这种变化是导致责任诉讼的规模和频率增加以及责任保险费用增加的主要原因。

配置、分配,以及市场干预的影响

在讨论汽油价格管制时,我假设低于市场价格所产生的非金钱成本对所有消费者的影响是相似的。而一个更接近现实的描述会考虑到,忙于工作的职场人士和可以在等候时学习的学生,他们排队的成本是不同的。非金钱成本仍须足够高,以驱使需求量下降到供给量,但这样做会给一些顾客施加低成本而给另一些顾客施加高成本。平均效应是汽油消费者受损,因为非金钱成本的增加大于价格的下降,但也可能有许多例外的个案。

同样,在租金管制下,一开始就住在受租金管制的公寓的租户是以牺牲房东的利益为代价而受益的,至少在公寓严重劣化前。受损的是那些后来搬入的,或希望从一个公寓搬到另一个公寓的人。从房东到租户有着明显的资源分配转移和不太明显的资源配置损失——由公寓与人群的不当配置、公寓建设与维护水平低下等所造成。

从一种责任规则到另一种的变化也是如此。某个被可乐瓶爆炸所伤害的消费者,在"卖家自慎"规则下可能会有更好的境遇,但那些没有受伤的消费者必须付出更高的价格,因为这条法律规则提高了生产者的成本和该产品对消费者的价值,从而提高了供给曲线、需求曲线和均衡价格。如同汽油价格管制,平均来说,相对于契约自由时的情境,消费者和生产者在"卖家自慎"或"买家自慎"的法规下境况变糟。

这些例子表明,市场干预的效果几乎与人们最初想象的相反。人们会认为这种影响主要是分配性的,认为价格管制、租金管制或卖家自慎会使买家受益,而使卖家受损。事实上,它主要是配置性的,这些限制的主要影响是降低资源的配置效率,可分配的饼更小了。分配效应确实存在,主要是在消费者内部以及生产者内部,而不是在生产者与消费者之间,但租金管制的例子除外。

为什么租金管制不同于汽油的价格管制,有着显著的分配效应?原因有两个。一是住房供应在短期内非常缺乏弹性,例如当租金下降10%时,房东不会着手拆除公寓。与汽油价格管制对汽油供应的影响相比,租金管制对住房供应的影响很小。

另一个原因是,在实行租金管制时,已租有公寓的租户就像在配给制度下的汽油购买者。他可以在管制价格下消费一定数量的住房,但不能更多(消费他现在租住的公寓)。只有当他想搬到另一个公寓时,将需求量减少到供应量所产生的额外成本才会影响到他。在短期,租金管制伴随着一个内在的配给制,即将每套公寓配置给目前居住在其中的租户;从长期看,租金管制的情况与油价管制的情况相同。但这个短期也足够长,因此许多人在几年内甚至几十年内都受益,这可能解释了为什么它比大多数其他形式的价格管制更受欢迎。

分配与配置:累进所得税

在讨论配给时,我们发现区分与购买数量成正比的成本(比如价格)与不是这样的成本是有用的。在第七章讨论税收时,我假设你为某物支付的税款与你的买卖数额成正比。大多数销售税都是如此,但美国当前的所得税并非如此。

在**分级所得税**(graduated income tax)下,你的收入被分为几个等级,每个等级有不同的税率。在**累进**(progressive)制中,等级越高,税率越高;在**累退**(regressive)制中,等级越高,税率越低。虽然"累进"听起来似乎是好事,而"累退"是坏事,但这些术语只是描述了两种分级税制:一种税率随收入上升(累进),另一种随收入下降(累退)。

目前,美国的分级所得税制度是累进制。为简化讨论,我将考虑一种等级和税率比实际情况更简单的累进制。第一档从0到10000美元/年,第二档从10000美元/年到20000美元/年,第三档为大于20000美元/年的。你在第一档的收入部分不需要纳任何税,在第二档的部分缴纳收入的40%,第三档的缴纳收入的80%。

因此,如果你的收入低于10000上/年,你就不用交税;如果你的收入在10000—20000美元/年,你就要为超过10000美元/年的部分付税40%;如果你的收入为25000美元/年,你缴纳属于第二档那部分收入的40%(0.40×10000＝4000美元/年),加上第三档那部分收入的80%(0.80×5000＝4000美元/年),总税额为8000美元/年。

一个已经被广泛讨论的替代方案是**统一税率**(flat-rate tax)。在其最纯粹的形式中,这意味着每个人都缴纳其收入的一个固定百分比。在考虑从一个税制转向另一个税制的效应时,我们将首先讨论配置效应,然后讨论分配效应。

配置效应

为消除分配效应而只关注配置效应,一种方法是分析人人相同的情况。首先,假设每个人的收入为25000美元/年。在分级税制下,每人每年要缴纳8000美元,占其收入的32%。如果用32%的统一税率来取代分级税,会发生什么？人们的境况会更好还是更差?

如果你的回答是"由于他们支付的税款和以前一样,所以这个变化没有影响",那么你还没有学会像经济学家那样思考。一旦人们适应了新的税制,他们就会比以前纳税更多——他们的境况会更好!

正如第七章分析的,销售税影响产量和消费量,所得税也会影响工作者选择出售的闲暇量。假设工资是10美元/小时,每个人都在80%的纳税档,某人选择出售更多闲暇——工作更多的时间,额外的每小时工作仅获得2美元,剩下的8美元给了美国国税局;一个卖出更少闲暇的人——工作更少的时间,他每少工作一小时,只会损失2美元。我们在第五章中展示了一个理性人选择工作的小时数,会使他的闲暇的边际负价(即劳动的边际负价值,marginal disvalue of labor)等于他工作所得的工资。所以每个人都工作到最后一小时工作的边际负价值等于2美元/小时。

在新的统一税制下,边际(和平均)税率仅为32%,而非80%。个人以10美元/小时的工资额外工作一小时,将获得6.80美元的额外收入。随着税法的改变,每个工作者都会增加他的工作量,直到他的闲暇时间的边际价值从2美元/小时上升至6.80美元/小时。工作者工作的时间更长,收入更多,缴纳更多的税,境况也更好。

他们赚得更多,是因为他们的工作时间更长。他们纳税更多,是因为如果收入保持不变,32%就是与以前的税制产生相同税款的统一税率;收入增加了,因而新收入的32%超过了旧税制下的税款。他们境况更好,不是单纯因为他们有了更多的钱——这必须与他们额外的工作时间相互权衡——而是因为每个人都选出了一定数量的收入加上一定数量的闲暇的组合,相对于之前的组合,他更喜欢该组合。

我如何得知这些?在新税制下,每个人都可以选择跟以前工作一样的时长,并支付相同的税——毕竟,这就是算出统一税率的方式。他没有选择这样做表明他现在有一个他更喜欢的替代方案。换成更正式的说法是,旧的最优组合仍然在他的新机会集中,而该组合不再最优意味着新机会集包含了一个他更喜欢的组合。

如果我们现在降低税率到每个人最终支付的税额等于分级制下的税额(8000美元/年),人们的境况还会更好。这种统一税制带给政府的收入相同,但对每个纳税人来说,现在的结果(比如税率为28%)好过统一税率32%下的结果,而税率32%下的结果又好过于旧税制下的结果。这种变化不仅是马歇尔改进,甚至(在我们的假设"人人相同"之下)也是帕累托改进。

到目前为止,我所做的论述都是文字性的。图17-5将其中一部分转化为几何表示,更具体地说,是用预算线和无差异曲线来表示。假设某人一年工作250天,工资10美元/小时,每天增加1小时的工作使其收入每年增加2500美元,他的可得选择如图17-5所示。B_p是他在初始累进税制下的预算线,如果他每天工作4小时(消费20小时/天的闲暇),那么他不用纳税,所以他可以消费他每年赚到的全部10000美元;在他接着赚到的10000美元中,他支付40%的税。如果他每天工作8小时而不是4小时,他的收入增加到20000美元,但他只可消费16000美元,另外的4000美元用于纳税。他的最优选择在B_p与无差异曲线U_1相切的A点。在此处,他每天工作10小时,缴纳8000美元的税,消费17000美元。

B_f显示了他在32%的统一税率下的境况。如果他根本不工作,他将无法消费,所以B_f和B_p一样,在24小时/天的闲暇处与横轴相交。如果他刚好赚25000美元/年,如同在累进税制下一样,他将缴税8000美元并消费17000美元,所以B_f经过A点。

由于B_f在A点的斜率比B_p在A点的更陡,因此它必须与U_1相交。如图所示,在A点左侧,B_f在U_1上方;在A点右侧,B_f在U_1下方。因此它必须与另一条更高的无差异曲线相切,即与U_2相切于B点。由于U_2高于U_1,纳税人在统一税制下境况更好。由于两种税制在A点产生相同的税收,而B在A的左侧(闲暇更少,工作更多,收入更高),纳税人在统一税制下的B点比在累进制下的A点纳税更多。他的工作时间更长,缴税更多,并且位于更高的无差异曲线上。

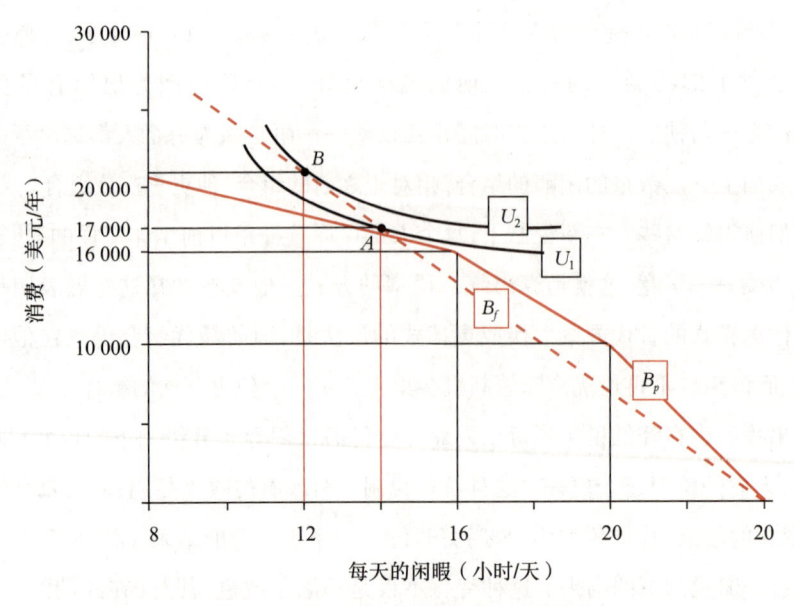

图 17-5　累进和统一所得税制下的预算线

如果纳税人在两种税制下的工作时长相同，32%的统一税率将产生与累进税同样的税收。而事实上，在统一税率下，纳税人的工作时间更长，缴纳的税款更多，境况也更好。

一些复杂情况

在证明如果所有纳税人都相同，则统一税率无疑优于累进税率时，我跳过了一些复杂情况，其中最重要的是税法变化对工资率的影响。除非对劳动力的需求是完全弹性的，否则劳动供给的增加（由于税法变化，每个人都工作了更长时间）将导致工资率下降。对这种变化的影响的全面分析必须考虑到这一点，正如第七章分析税收影响时考虑了随之变化的价格那样。

然而，将这种影响考虑在内并不会改变那个本质的结果，它只会将收益的一部分从生产者剩余（流向劳动力的售出者）转变成消费者剩余（流向劳动力的购买者）。如果人人相同，那么每个人最终都会拥有相同份额的消费者剩余和生产者剩余。这种分析会稍微复杂一些，但其净效应仍然为一种收益。

更复杂的是，出售闲暇并不是获得收入的唯一途径，还存在其他的生产要素，同样的论证也适用于这些要素。所得税降低了土地所有者出租土地的动机，因为如果他自己消费（住在上面），他的所得将是不用征税的，正如劳动者可以通过消费闲暇而不是卖出它来避税。税率越高，效应越大。同理，所得税降低了个人储蓄的动机，因为储蓄的部分利息将流向政府而不是个人。

我们还可以想象许多不同的复杂情形。但据我所知,没有一种会改变最终的结果。这些情形的底层逻辑非常简单,在决定是否赚取额外的一美元收入时,相关的考虑是纳税人将能够保留这部分收入的多少,也就是**边际税率**(marginal tax rate),即每增加一美元收入所要支付的税率,决定了纳税人选择赚多少钱。在累进税制下,边际税率必然高于平均税率,因此也会高于能够从同等收入产生相同税收的统一税率。从效率的角度来看,最佳税率是零,因为个人会出售他的闲暇或其他任何东西,当且仅当闲暇对买家的价值大于对他自己时——这是有效率的结果。统一税制下的边际税率比具有相同平均税率的累进税制下的边际税率更低,因此更接近有效率的安排。由于在更低的边际税率下,个人选择赚取更多收入,因此统一税制下的税率实际上可以低于累进税制的平均水平,并且仍能产生相同的税收,这使统一税制更具吸引力。

这里的原理和第一章英雄问题的解法完全一样。你可能还记得,英雄只有10支箭,被40个坏人追杀。解决方案就是射杀前面的坏人,继续射杀前面的坏人,继续射杀前面的坏人。然后坏人开始竞相看谁跑得最慢。

而我们这里的情形跟分级税一样(以及本章前面讨论的理想配给制),是平均成本与边际成本之间的差异。平均来说,英雄只能杀死他的追杀者的四分之一;但从边际上看,边际处追杀得最快的人,英雄都可以杀死——直到他的箭用完。没有人愿意仅仅为了给幸存者杀死英雄的乐趣而面对注定的死亡。所以一旦弄清楚了自己在做什么,他们都会谢绝跑在前面的荣誉。

如果你还记得的话,在第一章中,这也是雅尔·西格德如何输掉克朗塔夫战役的:他耗尽了那些愿意高举旗帜接受注定死亡的人。类似的,这也是你如何能对消费汽油施以非常大的处罚而实际没有处罚任何人:如果每个人都相信他会因为超出配额而被枪决,那么没有人会超过配额,也没有人会被杀。

分配

只要我们将自己限制在一个由相同个体组成的世界,对累进税制的反对将是压倒性的。支持累进税制的论据是分配性的——这种税制是对高收入者征收更高税率。在讨论效率时,我指出大多数人认为一美元对穷人来说比对富人更有价值。若果真如此,即使由于我刚才讨论的配置问题,穷人每受益1美元富人会(比方说)损失2美元,将更多税收负担转移到富人身上的税制依然可能产生净效益——虽然是在效用上而不是在金额上。

第十七章 市场干预

收入的边际效用递减提供了一种解释一些人可能希望以富人的利益为代价而使穷人受益的理由,即使这样做会有效率成本。还有其他理由。我们在第十四章讨论了但未解决的问题是,市场产生的收入配置是否在某种意义上是公平的。对于那些认为不是的人而言,一个可能的结论是,出于公平而不是效用的目的,税制应该被设计得使收入均等化。

不管是哪种理由,如果一个人希望税后收入配置比税前更均等,累进税是一种显而易见的方式,即使成本高昂。然而,美国目前的税制是否具有这种效果并不完全清楚。在分析两种税制的资源配置效应时,我主张,并在一定程度上证明了,税制的复杂化并未改变本质结果,但分配效应是否如此尚不清楚。

某些收入比其他收入更容易隐藏。如果你是一家大公司的员工并且你的工资就是你的全部收入,你报给国税局的收入多半与你的实际收入非常接近。如果你是个体经营者,你为了避税将消费转化为公差支出,或甚至完全隐瞒收入的可能性则要高得多。如果你的收入是资本利得,这可能难以隐藏,但你可以付出一定的代价,将其转化为以较低税率纳税的长期资本收益。或者你可以将你的资本转换为州和市政证券,其利率低于其他投资但免于纳税。

这些复杂可能以及其他法律和经济问题意味着,实际的税收制度在许多不同的方向重新分配资源。尽管一些趋势意味着富人比穷人纳税更多,从而使收入分配更加均等,但还有另一种趋势是收入相同的人缴纳不同数额的税,从而使税后分配更不均等。确定实际发生的是什么很难。收入和税收统计数据的主要来源是国税局,而人们多半感兴趣的是,未报税的那部分收入。

结论

即使税制在总体上确实使收入分配更加均等,那也不必然意味着穷人的境况会更好。一种更均等的分配意味着穷人分到更大份额的馅饼,但前面讨论过的配置成本意味着馅饼整体上更小了。很难知道实际的净效应是什么。

在关于这个问题和许多其他问题的主流讨论中,一个基本的误区是假设对富人有益的必然对穷人有害,反之亦然。这种思考方式是说明非经济学家往往假设所有问题都是分配性的一个例子。一个简单的反例是,假设有一个处于50%纳税区间的富人,他的年收入为200000美元,而自己以45美分/美元的代价(合法或非法地)隐瞒了收入的大部分。他在理性行事——付出收入45%以避免付出50%是值得的。如果税率下降到40%,他发现不再值得为隐瞒收入而付出代价。富人境况更好了,而税务局也会有更多税收。

该现象的一个经典例子其实不是出自亚瑟·拉弗(Arthur Laffer),虽然他以"拉弗曲线"推广了它,而是出自亚当·斯密。斯密的例子是一种非常高的进口税——关税,它高到所有东西都被走私了。如果关税下降到走私的成本不再值得承担,那么消费者和征税者的境况都会更好。

· 习题 ·

1. 在我对价格管控的最后讨论中,我列出了一系列替代选择,从简单的价格管控开始,到价格管控加配给,再到价格管控加配给加可转让的配给券,最后是所有这些加上额外产出对应的不受管控的价格。我使用的例子涉及石油和汽油。在租金管制的案例中,对应上述每种安排的将是什么?

2. 假设一个城镇实行租金管制,转租非法。一套公寓不时出现空缺,房东决定将房子租给谁。禁止房东接受潜在租户贿赂的法律被严格执行。你认为房东将如何决定租给哪些租客?随着时间的推移,对什么样的人会在该镇租房有什么影响?

3. 本章解释了租金管制比大多数其他形式的价格管控更常见的原因。请举出一些其他商品或服务的例子,出于类似的原因,对其实施价格管控在政治上是有利可图的。举例说明哪些商品或服务的价格管控是可能性极小的。请讨论。

4. Q 条例禁止银行对支票账户支付利息。银行争辩说由于这降低了他们为获得资金所需支付的金额,这也降低了他们可以借出的资金金额,因此降低了抵押贷款的价格。请讨论。

5. 在第十章中,我说迪士尼乐园应该对每项游乐设施收取足够高的价格,以便将每项游乐设施的排队人数减少到 0 左右。解释一下为什么这成立。你要把第十章的分析和本章的分析结合起来。(本题很难。)

6. 我证明了在一个人人相同的世界里,统一税率比累进税率要好。在这样的世界里,统一税制是获得一定税收的最有效率的方式吗?还是有其他更好的选择?请讨论。

7. 我声称,降低边际税率所带来的收入增加是一种净改进。假设我们能以某种方式实施负税率:在边际上,你每赚 1 美元,政府就给你 0.20 美元。假设政府能以某种不产生超额负担的方式获得这些钱,那么由此产生的人们工作时间的增加是一种改进还是一种退步?解释你的答案。

8. 图 17-5 只再现了前面文字论证的一部分,没有体现将税率降低到与累进制相同的税额(4000 美元/年)时的结果。重新画一幅图,显示该税率的预算线和相应的均衡点,以及点 A、点 B 和无差异曲线 U_1、U_2。如果有必要的话,请画出其他的无差异曲线。

第十八章 市场失灵

交易成本：实物交易、婚姻与货币

到目前为止，我通常假设如果存在交易的可能性——如果在某个价格，你愿意买某物，而我愿意卖它——交易就会发生。我忽略了寻找贸易伙伴、协商贸易以及相关的交易成本。

实物交易 vs 货币

最简单的贸易形式是实物交易，我用我有的、你想要的东西换取你有的、我想要的东西。为此，我必须找到一个拥有我想要之物、并想要我拥有之物的交易伙伴，这就是经济学家所说的**需求的双重巧合**（double coincidence of wants）。在一个只有少数商品被交易的简单社会，这可能不难；但在一个像我们这样的复杂社会，会很难。如果我想买一辆车，我首先会在分类广告中找到一个正在出售我想要的汽车的人，然后打电话问他是否愿意用他的车来换取学习经济学的机会。这一交易方式会显著减少潜在交易伙伴的数量。

解决办法是发展货币，即用几乎每人都愿意接受的一些物品来交换。最初，货币通常是某种物品（黄金、布匹、牛——英文单词"pecuniary"［钱财方面的］即源自拉丁语中"牛"的单词），因其本身用途而具有价值；人们即使不打算消费也愿意接受它，因为他们知道以后可以用它来交换其他东西。在货币经济中，我要找一个想要我持有之物的人，把东西卖给他，再用这些钱从别人那里买我想要的东西。

货币的优点显而易见，缺点是吃不得也穿不得（例外：瓦德麦尔呢［wadmal］——一种在中世纪的冰岛被用作货币的羊毛）。如果市场**不景气**（thin）——买卖的人很少——选择持有货币的人可能会发现，当他有需要的时候，他无法轻易地换取到他想要的。

市场不景气给潜在买家或卖家带来两个不同的问题。首先,可能没人想要他今天卖的东西,或者没人卖他想要的东西,仅仅是找到一个交易伙伴就可能昂贵且耗时;其次,即便真找到了一个,也会造成双边垄断——一个买家,一个卖家。鉴于上一章讨论的原因,双边垄断可能会产生大量的交易成本:费时耗力的讨价还价、以及讨价还价的破裂造成的交易失败。

在一个市场不景气、交易商品的数量少到双重巧合问题不太严重的社会,人们可能会发现以实物而不是货币的形式持有财富更方便。这也许是早期中世纪欧洲的情形。虽然硬币一直存在并用于交易,但有几个世纪,以物易物更常见。

一个我们都知道并喜爱的市场

为了理解实物交易的难度,可以参考一个大家都置身其中的大型实物交易市场:婚姻、约会和性市场。这之所以是实物交易市场,是因为如果我与你约会或结婚,你也必然要与我约会或结婚。我必须找到一个我中意的人,而这个人恰好也中意我——这就是需求的双向巧合。

在该市场,我们观察到高昂的搜索成本、长期的搜索时间、大量失意且(或)孤独的男女。换句话说,这是一个交易者很难结缘的市场,而这很大程度上由高昂的"易物"成本所致。

公共品和外部性

在第一章,我指出即使群体中的每个人都表现得理性,其结果却未必是我们想要的。当一个人的行为给其他人施加成本或收益时,这种情况就会发生。那一章给出的例子包括:学生在草坪上割草;战士们在战斗中逃跑,不瞄准就开枪,或者根本不开枪。在这些例子中,个体理性并不意味着群体理性。

本章的余下部分将专门讨论这类情形。我将从一些具体的例子开始,接着解释这类问题通常所属的两个经济学范畴:公共品和外部性。最后,我将讨论信息不完全的特殊问题。

对每个人有利但未必对所有人有利——一些例证

我将举三个例子来说明个体理性与群体福利之间的冲突。

投票与否？ 决定是否在下一次选举中投票时，人们应该同时考虑成本和收益。成本很显然：一定的排队时间、研究议题和候选人的时间。收益则有两种：一种取决于你的投票对选举的影响，另一种则不。后者包括你履行了公民义务，或给特别不喜欢的候选人投反对票。

前一种收益来自你的投票对选举结果的影响。在评估这种收益时，你应该考虑两个问题：对的候选人获胜有多重要，以及你的投票影响选举结果的可能性有多大。在大多数大型选举中，你的投票影响选举结果的概率很低，在总统选举中更是远低于百万分之一。除非让对的人当选对你非常有价值，不惜以投票成本换取那百万分之一的机会，否则影响选举结果并不是投票的好理由——你预计选票会特别接近的情况除外。即使你投了票——无论是出于喜欢投票、好公民都投票、还是因为能参与全国报道的历史性事件，对选举结果微乎其微的影响，也没能给你激励确保自己投给了最佳候选人。

对上述论证的通常反应是："你是在说人们应该自私吗？"或"如果每个人都这样做呢？"对第一种反应的回答是，我假定你是自私的，但这个"自私"并不是任何传统意义上的自私。我假定你关注的是成本和收益，但我把收益定义为实现你恰好具有的目标。显然，不管采用"自私"的哪个狭义，个人的目标都不是自私的。他们重视他人的福利——他们的孩子、朋友，甚至（更弱的程度上）他们都不认识的人。你之所以高度重视选出对的候选人，原因之一是你相信这样做不仅有利于自己，还能惠及其他数以亿计的人。如果你是如此的利他主义，重视他者的福利如同自己的福利，那么选出正确候选人的收益会比你的直接收益大几亿倍。这也许是你即使只有百万分之一的机会影响选举结果，却愿意花一两个小时投票的充分理由。但随机观察表明，很少有人这么利他。

"但如果每个人都这样做呢？"对于这一问题，有两种回答。一种是：如果有足够多的人无法投票，剩下的选民影响选举结果的可能性就很大，因而投票会给他们带来回报。最后均衡状态可能是：一万名最关心选举的公民投了票。

第二种回答是：这一问题隐含地假设了正确的信念必定产生理想的结果，而结果不理想肯定意味着信念是错的。没有证据表明事实必须如此。也许真相就是：明智的人不会投票；如果每个人都按此原则行事，结果就会很糟糕。如果是这样，对我来说,不告诉你明智的人不投票,可能是明智之举,但这并不能让它变得不真实。一个观点可能兼具真实性和破坏性;就像上一句,它就为那些想反对言论自由的人提供了弹药。

每人都正确地预见如何根据自己的利益行事,并照此行动,但每人却都可能因此变得更糟——这一显然的悖论,源于不同的人有不同的目标。假设我们有一百个人,每个人都可以自行选择行动 A 或行动 B。我选 A 获益 10 美元,但其余人总共损失 20 美元;你选 A 获益 10 美元,但让包括我在内的其他人总共损失 20 美元。只要我们单独行动,选 A 就都符合自己的利益,但结果是,我们的境况比我们都选 B 时更糟。问题是,我只能决定我的行动,而对我来说,选 A 比选 B 好。这就是早前讨论士兵为什么逃跑遇到的问题。

这类情况对应的一个简单显著的例子就是第十一章的囚徒困境。两个刑事被告人——乔和迈克,如果都保持沉默,双方处境会更好。但是,如果迈克认罪,检察官就会掌握给乔定罪的证据,并会因乔的沉默而对乔判处严厉的刑罚。因此,如果迈克认罪,乔最好也认罪。如果迈克保持沉默,而乔认罪,检察官会象征性惩处乔作为感谢。因此,如果迈克不认罪,乔最好还是认罪——无论迈克做什么,乔都最好认罪。同样,迈克也是如此。他们都认罪,并都得到了比他们保持沉默时更严厉的刑罚。

认罪协商——真实世界的囚徒困境。 认罪协商(Plea Bargaining)指检察官允许被告以更轻的指控认罪,例如不以一级谋杀罪,而是以二级谋杀罪或过失杀人罪审判被告。这被广泛批评为一项轻易放过罪犯的安排。而事实上,认罪协商的存在很有可能导致罪犯受到更严厉而不是更轻的惩罚。若按一些人建议的那样废除认罪协商,结果很可能是减轻了罪犯所受的平均刑罚。

这怎么可能?罪犯只有在符合自己利益的情况下才会对较轻的指控认罪,这对他来说,比起接受不确定但也许较重的罪名,接受确定但较轻的罪名更可取。的确如此,但是,定罪的概率取决于检方在该案件上花费的资源,包括金钱和时间,而这又取决于有多少其他案件需要审理,以及有多少案件以认罪协商的方式解决。

假设每年有 100 个案件,地区检察官的预算为 100000 美元。他只能在每个案件上花费 1000 美元,结果是 50% 的罪犯被无罪释放。通过认罪协商,检察官将其资源集中在拒绝接受其指控的 10 名罪犯身上。他花费 10000 美元起诉他们每个人,并得到 90% 的定罪率。每个罪犯在决定是否接受检察官的指控时都知道,如果他拒绝,他有 90% 的概率被定罪,因而会接受任何优于冒险拒绝认罪的指控。平均而言,对所有罪犯来说,无论是否接受认罪协商,比起让检察官以较重的罪名起诉他们并定罪于一半人,他们的处境都会变得更糟,也会受到更严厉的惩罚。每个罪犯都会因为接受检察官的提议而受益,但同时他也免于占用检察官的资源,使其可以用来对付下一个罪犯,从而提高平均定罪率,这又使得罪犯们宁愿接受更不利的条件。共同拒绝检察官的提议,所有罪犯都受益,但每人又最好选择接受——这就是现实中的"囚徒困境"。

为什么会堵车? 堵车是一个逻辑相同但大家更为熟悉的例子。距离我上一个住所两个街区远的地方,每周有五天会堵,每天堵两次。发生的时间是上下班高峰期,场景位于洛杉矶威尔希尔大道(Wilshire Boulevard)和韦斯特伍德大道(Westwood Avenue)的交汇处,据说这是世界上最繁忙的十字路口。当威尔希尔大道的绿灯亮起时,十条车道的车流涌向前方,当灯变成黄色时,最后几辆车试图穿过。但由于威尔希尔大道上挤满了汽车,这些车失败了,最终留在十字路口,挡住了现在是绿灯的韦斯特伍德的车辆。渐渐地,十字路口的车都开过去了,让韦斯特伍德的车流涌向前方——就在这时,信号灯变了,又有一批车困在十字路口。

如果两条街的司机要等到远处有足够的空间才进入十字路口,拥堵就不会发生。这样交通会更畅快,司机也都能更快抵达目的地。然而,每个司机的行为都是理性的。我在威尔希尔大道上的激进行驶对我有利,因为我也许会在变灯前通过。最坏也就是,我已经开进十字路口足够远,不会在下一次拥堵中被另一个方向的车辆挡住——但这不利于韦斯特伍德大道的司机。你在韦斯特伍德大道上的激进行驶也对你有利,但不利于威尔希尔的司机,其中也可能包括我。其弊远大于其利,因此,总的来说,我们的处境都会更糟。然而,我自己掌控的决定带给我的都是好处,没有坏处。我正确地选择了最能实现我目标的行动。但如果我们不这样思考,不那么激进地开车,我们的处境都会更好。

在本例和前例中,我所指的理性不代表自私。理性意味着自私这个说法是对经济学的一种嘲讽。司机可能既重视自己的时间,也重视他人的时间(尽管重视程度可能不如前者)。在第二十一章,我们将讨论**利他主义**(altruism)经济学——人类重视他人幸福的行为。如果司机重视其他司机的福利,理性可能会阻止而不是引发拥堵。

对一些读者来说,这一点似乎很矛盾——群体中个体的理性行为有时会导致与其目标相悖的结果(本例中的早点回家,或是其他例子中的获得轻判、在战斗中幸存),而为实现这一目标的个体理性行为又是经过精确估量的。这类情况通常涉及经济学家口中的公共品或外部性——两个我们即将讨论的概念。

公共品

公共品(public good)一词,有许多不同的、密切相关的定义。我更倾向于将其定义为"一种一旦被生产出来,生产者便无法控制谁获得它的物品"。公共品问题的出现,是因为其生产者不能像普通("私人")物品的生产者那样,告诉消费者只有付钱才能得到它。消费者也知道一旦它被生产出来,生产者便失去对消费对象的控制。

一个例子是无线电广播。一经播出,任何拥有收音机并居住在一定区域的人就都能收听到。这个例子说明了公共品的几个要点。首先,一个物品是否为公共品,取决于该物品的属性。不是生产者不应该控制谁得到它,而是他无法控制;或者说,即使能从根本上控制,也要付出高昂的代价(雇佣侦探潜伏在人们房子的周围,一旦发现他们在偷听广播就逮捕他们)。虽然一种物品的公共性可能会受法律制度的影响(未经广播公司许可收听广播是否合法),但这主要是一个自然事实。即使禁止未经授权的收听是合法的,该法律的执行成本也会高得负担不起。

还有一点很重要:公共品并不被定义为政府生产的物品。在美国,无线电广播大部分是私人的,但它们仍然是公共品;而政府生产的许多东西,如邮递服务,却是私人产品。如果你的信上没有邮票,政府可以而且确实会拒绝投递。一个产品是公共品这一事实,给私人生产者带来了一个问题,即生产该商品如何获得报酬。但这个问题不一定无法解决,无线电广播的例子就说明了这一点。

公共品的私人生产。 解决私人生产公共品问题,方法有很多。其中一种是一致同意的合约(unanimous contract)。当公众规模较小时,这种方法效果最好。生产者把所有成员召集在一起,告诉大家他希望每人支付多少,并宣布除非每个人都答应如果其他人都同意一起出钱那他也会出,否则该物品将不会生产。

假设人们相信他。针对这一情况,从单个成员的角度考虑是否应该同意共同出钱——他的思考过程如下:

> 要么就是有人拒绝,这样的话合约失效,我可以拿回我的钱,并且我的同意没有给我带来任何损失;要么就是其他人都同意而我拒绝,这样我就不必为公共品付钱,但同时我也得不到它。所以只要这个东西对我的价值超出我承担的费用,我就应该同意。

同样的思考也适用于每个人,因此,如果公共品对消费者的价值高于它的成本,那么企业家应该将成本分摊到使每个人都认为共同出钱是符合其利益的。

如果受众人数众多，组织一个一致的合约也许很难。一个解决方案是找出**少数特权者**（privileged minority）——一个小到足以让其内部成员形成一致合约的子群体。该群体从公共品中获得的收益足以说服他们承担全部成本。当我修剪门前的草坪时，我成为了单人少数特权者。修剪过的草坪使社区更有魅力，每人都因此受益，而我得到的收益足以让我承担全部成本。

思考一下上述方案如何运作于我们社会中最大的也是最难由私人生产的公共品之一——国防。假设夏威夷的居民认为他们的岛屿明年有 10% 的可能遭受核打击。如果袭击发生，该岛将毁灭。居民有机会在此前逃离，成本将大致按照他们占有土地的价值比例分配。表 18-1 列出了岛上土地所有权的分配方式（完全虚构），以及在必要情况下，为了阻止袭击，每个所有者愿意承担的费用。

表 18-1

单位：美元

土地所有者	土地价值	防御价值
多尔凤梨公司	5 亿	5000 万
希尔顿酒店	4 亿	4000 万
联合果品公司	3 亿	3000 万
麦斯威尔咖啡	2.5 亿	2500 万
霍华德·约翰逊公司	2 亿	1000 万
其他企业或个人	9 亿	9000 万

一位企业家想出了一个保卫夏威夷免受核攻击的系统，费用为 1 亿美元。他去找多尔公司、希尔顿公司、联合果品公司和麦斯威尔公司，告诉他们如果给他 1.1 亿美元，他将保卫这个岛屿。对这些公司来说，防御的价值不止于此，而且只有这几家公司需要表态，所以他们凑齐了这笔钱。

这种情况下，故事有了一个圆满结局。但如果防御的总成本是 1.49 亿美元，（选择防御）仍然值得——前 5 个土地所有者的防御价值就超出了其成本——但资金将很难筹集。如果企业家要求前 5 个土地所有者各自出资与其土地价值成比例的费用（略低于 10%），霍华德·约翰逊公司将拒绝。夏威夷的不幸在于，霍华德·约翰逊公司的经营者是乐观主义者，认为攻击的概率只有 5%，因此只愿意支付其土地价值的 5% 来抵御袭击。

如果表 18-1 中的信息是公共知识，协议仍有可能达成，其中霍华德·约翰逊公司的贡献率为其他四家的一半。问题在于其他出资人可能认为霍华德·约翰逊的乐观是一种讨价还价的策略，目的是让他们支付超过其份额的费用。如果没有一个简单的规则来分摊防卫费用，很可能无法就谁出多少费用达成一致。

要达成协议的人数越多，各方的估值越不明朗，就越难达成协议。如果公共品很便宜——比如国防只花费 4000 万美元——问题就是有解的。企业家要么把霍华德·约翰逊排除在协议之外，要么向每方收取土地价值的 5%，这样仍可以筹集到足够的钱。但如果公共品的成本占收益的比重很高，并且这种收益要分摊给许多人，那么筹集资金就是一个难解甚至无解的问题。

上例中，夏威夷土地所有权的集中大大简化了局面。五大公司是少数特权者，他们获得了总收益的很大比例，因此，企业家可以幸运地从他们那里筹集到他所需要的资金，从而不必在意大量的小型（土地）所有者。"少数特权者"这一叫法，我一直觉得有些奇怪，因为它是指少数成员具有为其他公众成员免费获得的东西付费的"特权"。

一致同意的协议是解决生产公共品问题的办法之一。另一个办法是将公共品临时转化为私人产品。假设该公共品是防洪，建造水坝可以拦截流向下方山谷的洪水，提高那里的农田价值。支付大坝费用的一个方法是，企业家尽可能多地买入山谷中的土地（或买入能以当前价格购买土地的期权），建好大坝，然后再把土地（或期权）卖给农民。由于防洪使土地比他购买时的价值更高，所以无论是土地还是期权，他都应该能得到高于他支付价格的金额。

如果不是亲眼所见，我永远也想不到另一个解决公共品问题的巧妙之举——将两种公共品结合起来，打包推出。第一件公共品的生产成本是正的，对顾客的价值也是正的；第二件公共品的生产成本是负的，对顾客的价值也是负的。组合的生产成本为负，对消费者的价值为正。

这就是电台和电视广播的生产方式，第一件产品是节目，第二件产品是广告。从广播公司的角度来看，广告的生产成本为负，他从赞助商那里得到报酬来播放这些广告。由于通常没法只听节目不听广告，听众必须选择接受或拒绝这个组合交易——节目加广告。如果组合的净值对他来说是正的，他就会接受。如果净成本（运营电台的成本减去赞助商的付款）为负，即如果广告收入超过了运营成本，广播公司就能够且会运营下去。

在早期的个人电脑行业，有一个有趣的公共品问题案例和几个有趣的解决方法。一个 300 美元的电脑程序可以被复制到一张 3 美元的软盘上。程序可以免于被复制的风险,但这对用户来说不方便。用户希望有一个备份,以防他的原件丢失或损坏,并可能希望将他购买的几个程序复制到一张磁盘上。即使程序受到保护,具有一定专业知识的人也经常可以将其破译,找出复制的方法。市场上甚至出现了专门复制受保护程序的程序。有一个例子是,一个能够复制其他受保护的程序的程序对其自身进行了复制保护,但另一家公司推出了一款程序来复制它!

如果不能对程序进行有效的复制保护,把它卖给一个人实际上意味着把它送给所有人。这样一来,程序就成了一种公共品,如何通过生产程序赚到钱就成了一个公共品问题。生产和销售软件的公司想出了一些巧妙的解决方案,其中之一是捆绑销售。你在出售一台电脑的同时,还出售一组为该电脑设计的程序,通过电脑的价格收回这些程序的费用。任何人都可以复制这些程序,但要使用它们,必须购买电脑。另一种捆绑方式是组合销售程序和服务——电话解答如何运行程序。卖家记录谁买了这个程序,并只向注册过的用户提供帮助。第三种捆绑销售的例子是我随本书出售前两版的配套电脑程序。采用本书的教授会得到一份免费的程序副本,且可以将其复制给他的学生。我希望以本书因此增加的销量来回报我编写程序的辛劳。

正如这些例子所示,私人生产公共品的方式有很多。在某些情况下,每一种方式都可能成功地生产出一定数量的公共品。但没有任何一种方式足以达到严格意义上的有效率的产出水平①,好到让官僚之神也无法改善。通常,每生产一单位,公共品的私人生产者只能收回其新增价值的一部分。他会一直生产到额外一单位(额外 1 小时的广播,或使节目更好而额外花费的 1 美元)的收益等于其成本的那个产量。这一产量低于有效率的产出水平,即使得生产者的边际成本等于消费者的边际价值的那个水平。

为了更清楚地理解私人生产的公共品数量缺乏效率,考虑我们举过的一些事例。在夏威夷保卫一例中,只要成本低于 2.45 亿美元,夏威夷就值得防御,因为 2.45 亿美元是保卫对所有居民的总价值。如果防御成本恰好只有 4000 万美元,私人安排是可行的,这也是一个有效率的结果;如果成本是 2.35 亿美元,则不大可能实现私人安排的防御;由于防御成本仍低于价值,一个下令保卫夏威夷的官僚之神可以获得生产的净收益。因此,如果保卫夏威夷的成本是 2.35 亿美元,私人生产会导致缺乏效率的结果。此时夏威夷值得保卫——但实际上却未被保卫。之所以说公共品的私人生产缺乏效率,是因为它有时会导致一个缺乏效率的结果,未能生产出值得生产的物品。

---

① 在本章讨论公共品和外部性的特殊情况时,有效率的产出水平(efficient level)是指满足社会收益等于社会成本这一条件下某物品的产量,因此任何偏离该产量的结果都被视为是缺乏效率的(inefficient)。——译者

我们假设只存在两种可能的防御量:没有或刚好。无论这一假设在夏威夷保卫中是否合理,对无线广播和计算机程序来说,它显然是错误的。在后两个事例中,制造商要决定他将花多少钱,生产何种质量的产品。有效率的结果是,他所做的一切质量改进对消费者的价值高于他的生产成本。但从他的角度来看,只有当产品改进带来的收入至少与成本相抵时,改进才是值得的。由于他只能收回部分产出价值,因此可能有一些改进值得做但于他无益。在这里,产出还是可以被一个官僚之神改善。物品可能会被生产出来,但一般来说产量是不足的:质量、广播时长或其他方面的改进会带来净收益。因此,公共品的私人生产是缺乏效率的(inefficient)——就我既往使用该词的意义而言。

公共品的效率产量。 虽然我们已经谈论了效率产量,但还没有讨论如何在原则上确定它。图18-1显示了当受众很少时,这一问题的答案。D_1、D_2、D_3是三个无线电广播听众的需求曲线。每条曲线都表明,如果广播是一种普通的私人产品,每个听众的收听量为多少,即他每天愿意支付的广播时长(按小时计)是每小时价格的函数。为简单起见,该图假定每天的广播时长是广播公司影响其产品对"顾客"的价值的唯一方式。MC是广播公司的边际成本曲线,表示每天新增一小时广播的成本是多少。

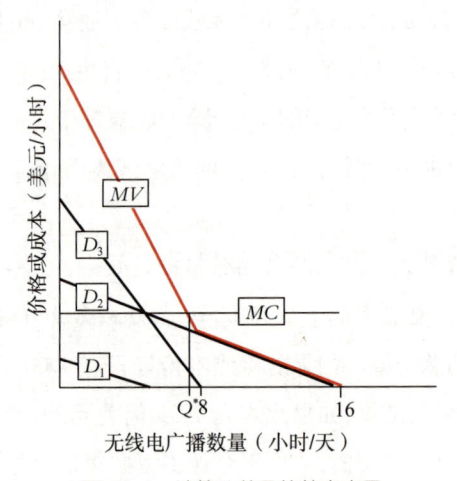

图 18-1 计算公共品的效率产量

MV表示三个顾客的总边际价值——他们需求曲线的垂直总和。 效率产量 Q^* 对应 $MV=MC$ 处的产量。

一如既往,效率解即$MV=MC$时的产出,只要额外一小时广播对听众的价值至少与它的生产成本一样大,广播公司就可以不断增加(广播)小时数。我们从第四章得知,每条需求曲线也是一条边际价值曲线。每额外一小时的广播对所有三个顾客都有利,其边际价值是其对顾客 1、顾客 2 和顾客 3 的边际价值之和。所以每条 MV 曲线都等同于相应的需求曲线,总 MV 曲线是顾客 MV 曲线的垂直总和。结果如图所示,Q^* 是效率产量。

公共品的公共生产。 解决公共品问题的一个明显办法是让政府生产公共品并从税收中支出。这可能是也可能不是对不完美私人生产的改进。问题在于,我们试图让政府为我们利益行事的机制——投票——本身就涉及私人生产公共品的问题。正如本章前文指出的,如果你花时间和精力决定哪位候选人最符合普遍利益,然后据此投票,你的支出所对应的绝大部分利益都归给了其他人。为投出更好的候选人,你就是在生产一种公共品。这是一种很难由私人生产的公共品,因为公众是一个非常大的群体,是所有国民。因此,它的产出是不足的——非常不足。这种公共品的生产不足是指,人们不认为花很多精力来决定谁是最好的候选人符合自身利益,这反过来又意味着民主不能很好地运行,因而我们无法仰仗政府为我们的利益行事。

如果不能仰仗政府为我们的利益行事,我们就不能依靠它来生产效率数量的公共品。就像政府机构对自然垄断的监管一样,控制公共品生产的行政人员可能会发现他们的私人利益,或其所在行政部门的政治利益,并没有引导他们实现经济福利的最大化。

即使政府希望生产效率数量的公共品,它也面临监管者所面临的类似问题,即试图满足第二效率条件。为了决定生产多少,政府必须知道产品对潜在消费者的价值。在一个普通市场中,生产者通过观察特定价格下的产品销量来衡量需求曲线。公共品的生产者却无法这样做,因为他不能控制谁会得到该物品,因此政府必须找到一些间接的方法来估算需求。如果被问及,想要公共品的个体有动机夸大他们想要的程度。因此,民意调查得到的可能是一个非常糟糕的需求估计。

处理公共品问题,正如处理与之密切相关的自然垄断问题一样,我们面临的是在各种不完美解决方案中作出选择,有些是私人生产,有些是政府生产。没有一种方案能够得出有效率的结果。某种东西缺乏效率,是指它可以由一个官僚之神来改进。这并不一定意味着我们也可以改进它,因为现实中并没有什么官僚之神。

你可能已经发现了,这样或那样的公共品问题真的非常普遍——事实上,许多常见问题,无论是公共的还是私人的,都可以视作公共品问题。一个例子是会议效果问题。我们大多数人喜欢被关注:当我们碰巧在会议上有发言机会时,我们不仅会利用这个机会说出我们对当前问题的看法,还要显示我们是何等聪明、机智与智慧。而这给其他人带来了成本(除非我们真的很机智与聪慧),如果房间里有 60 个人,我多讲一分钟,就等于一共浪费了听众 1 小时。在这种情况下,简明扼要就是一种公共品——并且产出不足。

在本节开头,我提到不同的经济学家对公共品的定义略有不同。我所使用的定义强调了**非排他性**(non-excludability):生产者无法控制获得物品的消费者是哪些。通常与公共品相关的另一个特点是,一个人的使用不会减少其他人的可用数量。换句话说,在获得物品的人数边际上,边际生产成本为零,但在他们所获物品的数量边际上,边际生产成本可能还是为正。该定义下的公共品(边际成本为零,但生产者可以控制谁能得到它)仅仅是 $MC=0$ 的自然垄断。由于自然垄断的相关问题已经讨论过了,我更愿意把注意力放在生产者无法控制谁来消费该物品的问题上,在我看来这似乎是公共品的本质特征,是与之相关的特殊问题的症结所在。

外部性

啰嗦的演讲者没有生产足够的简明扼要这种公共品。等价的另一种说法是,他在过度生产他的讲话。这个问题既可以视为由公共品问题导致的生产不足,也可以视为由**外部性**(externality)导致的生产过剩。

外部性是指我的行为带给你的净成本或净收益。除了听我在会议上长篇大论的成本外,其他熟悉的例子还有:污染(负外部性———一种成本)以及理论研究带来的科学进步(正外部性———一种收益)。外部性就在我们身边。当我粉刷我的房子或修剪我的草坪时,我给我的邻居带来了正外部性。当你在餐馆里吸烟或凌晨 1 点在宿舍里大放音乐时,你给他人带来了负外部性。

外部性的问题在于,由于你足够理性,因此在决定是否吸烟或放音乐时你不会考虑到他们,甚至当纳入邻居成本后的总成本大于总收益时,你可能还是会吸烟或放音乐。类似的,我可能会因我的收益低于成本而没有在这周修剪草坪,即使纳入我邻居收益后的总收益大于成本。

从这些例子可以看出,"外部性"和"公共品"是看待相同问题的不同方式。正外部性是一种(正)公共品;负外部性是一种负公共品,即避免了其生产成正公共品。在某些情况下,以某种方式看待问题可能更容易;在另一些情况下则需要换一种方式,但它们本质上都对应同一个问题。

图 18-2 是对由外部性导致的无效率的图形分析。D 是钢铁的需求曲线,S 是竞争性钢铁产业的行业供给曲线。价格为 P_S 时,该行业的产量为 Q_S。

除了该行业的投入成本外,生产钢铁还有另一项成本:污染。每生产一吨钢铁,该行业就会产生 10 美元的负外部性。因此,一吨钢铁的真正边际成本比私人边际成本高出 10 美元,后者是该行业的成本,也是决定行业供给曲线的因素。S' 是该行业将其产生的污染成本纳入计算后的供给曲线形状。有效率的产出水平为 S' 与 D 的交点——Q_S',即边际成本等于边际价值时的产量。从效率的角度来看,这种情况就好像供给曲线是 S',但该行业由于某种原因生产了 Q_S,由此产生的效率损失就是图中的面积 A。整个社会——生产者、消费者和污染的受害者——比企业生产有效率的产出 Q_S' 时的境况更糟。

到目前为止,我们一直假设减少污染的唯一方法是钢铁减产。但可能还存在其他选择:通过使用过滤烟囱或低硫煤,公司可能以不到 1 美元的成本消除 1 美元的污染。

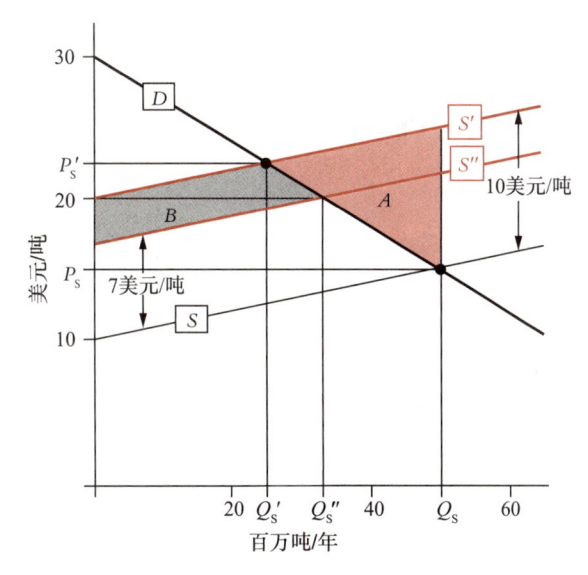

图 18-2 钢铁的供给和需求

(Q_S,P_S)是污染未受控制时的均衡点。 S' 是钢铁公司将其对他人的污染成本(10 美元/吨)纳入成本计算后的供给曲线。 S'' 是企业考虑了污染成本,但以购买有效率的污染控制水平而使成本降低时的供给曲线,如图 18-3 所示。

图 18-3 显示了上述可能。为简单起见,我假设让每吨钢铁的污染减少某一给定量的成本与公司生产的钢铁数量成正比。TC 是进行污染控制的总成本函数,表示为了将每吨钢的污染减少到任一特定水平,必须在每吨钢铁的污染控制上花费多少。MC 是相应的边际成本函数,表示消除价值 1 美元的额外污染需要增加的污染控制成本。

我们已经知道,边际成本等于边际价值时,对应的就是效率产出。消除价值 5 美元的污染对应的价值也为 5 美元,边际价值为 1 美元/美元污染。这家钢铁公司应该不断增加它在污染控制上的支出,直到最后 1 美元正好买到价值 1 美元的污染控制。生产每吨钢铁对应的有效率的污染数量为 Q_p,即 MC 与 MV 的交点。

如果钢铁公司采用了效率水平的污染控制,他们将花费 2.5 美元/吨用于控制污染,同时产生 4.5 美元/吨的污染。生产钢铁的成本,既包括生产者控制污染的成本,也包括他们没有控制的污染带给其他人的成本,这比没有污染控制的企业生产钢铁的成本高 7 美元/吨。相应的供给曲线是图 18-2 中的 S''。钢铁的效率产量是 Q_S''。

比起有污染控制时生产 Q_S'',没有污染控制时生产 Q_S 造成的效率损失是多少?没有污染控制时,生产 Q_S 而不是 Q_S' 造成的损失为面积 A。有污染控制时,生产无污染控制时的 Q_S' 而不是有污染控制时的 Q_S'',会使供应曲线从 S'' 上移到 S',产量从 Q_S'' 左移到 Q_S',所以它的损失是阴影面积 B,即总剩余的变化。从 S' 和 Q_S 变化到 S' 和 Q_S' 可以省去面积 A;从那里再到 S'' 和 Q_S'' 又省去了面积 B;因此,从最初的无效率产出到最终的有效率产出的净节省(net savings)为 $A+B$。这就是未受控制的产出与官僚之神会选择的产出相比之下的效率损失。

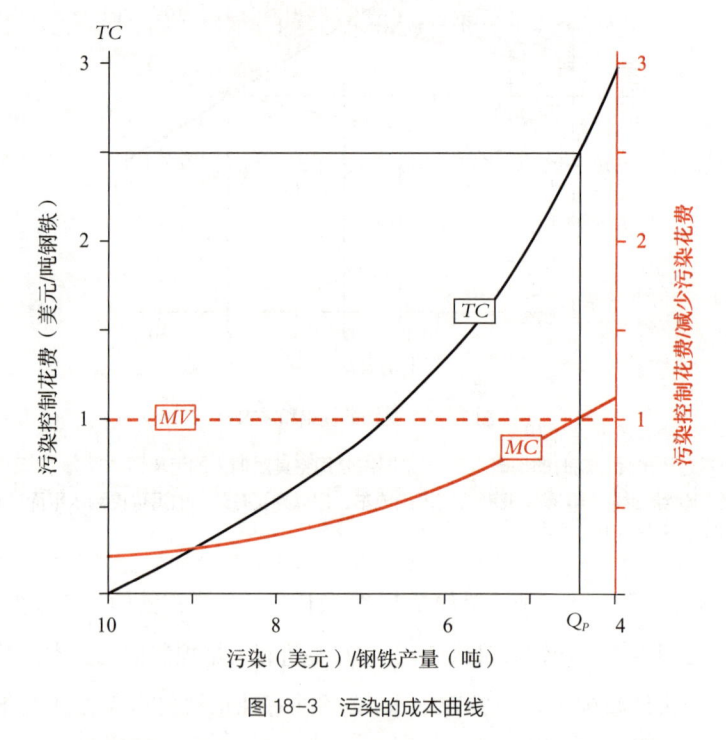

图 18-3 污染的成本曲线

TC 表示减少污染的总成本/(美元/吨钢铁)是所产生污染量的函数,MC 是相应的边际成本,MV 是污染控制的边际价值。

有效率污染水平及如何实现——公共解决方案。 针对外部性,教科书的解决方案是施加成本或转移收益给生产者。如果我的科学研究使他人受益,那就给我补贴;如果我污染了空气,那就按每排放一立方英尺的污染给他人带来的成本向我收取**排污费**(effluent fee)。只要我的行为的净价值大于其造成的损失,我就会继续制造污染,在这种情况下,污染是有效率的。如果每家钢铁公司必须为每美元的污染支付1美元的排污费,那么钢铁的供应曲线将移动到 S''',且产量将为 Q_S'''。该行业将会生产有效数量的钢铁,以及效率水平的污染。

"污染"是一个贬义词。支持污染听起来像是在助恶,从本书或其同类书中摘出的"有效率污染水平"这一短语,将会成为抨击经济学和经济学家无人性的绝佳弹药。

如果你觉得"某种程度的污染是可取的"这种观点令人震惊,考虑一下被普遍视为污染物的二氧化碳。你唯一能够阻止其产生的方式就是停止呼吸。这是一个极端的例子,但却说明了一个要点——真正的问题在于,在任何特定情形下,污染的成本是否大于不污染的成本。

虽然在此意义上存在一个有效率污染水平,但我们尚不清楚如何达到这一水平。使用排污费来控制外部性的问题与政府供给公共品的问题相同;它取决于政府是否认为按公众利益行事符合自身的利益并知晓如何做到。同前例一样,"知晓如何做"在某种程度上包括用某种方法估计某物对人们的价值,而不是在某一价格下供给某物以观察人们是否接受。比起接受产量过剩的负外部性和产量不足的正外部性,或者采用某种不完美的私人方案来处理问题,政府解决方案的结果可能更好,也可能更糟。

私人解决方案。 如何以私人方式控制外部性?一种现实世界的解决方案是业主社区。一个开发商建设了一个房屋开发项目,并在出售房屋时要求买方必须加入社区委员会。社区委员会要么亲自负责草坪、粉刷或者其他影响社区总体外观的事情,要么要求业主这样做。我有一个朋友就住在这样的社区,没有邻居的允许,他就不能改掉自家前门的颜色。

这听起来很像是伪装成私人合约的政府管控,但与政府管控有两个重要区别。制定尽可能好的规则从而以最高的价格出售房屋是符合开发商私人利益的。况且没有人被强行要求从该开发商那里购买房屋并成为社区委员会的一员,如果这个组合的吸引力不及其他选项,顾客也可以且确实会转投他处。

还有一种私人解决方案,它适用于两家公司而不是两个人——**并购**(merger)。如果一家工厂和一个度假村在同一个湖边,工厂的污染正在毁掉度假村的生意,一个解决方案是让两家公司合并。度假村买下工厂,或是工厂买下度假村,合并后的公司将努力使整体收入最大化。如果控制工厂污水所增加的度假村收入超过了对工厂的成本,合并后的公司就能从控制污水中得到回报。外部性不再外部。

一种看待公司的角度正好对应控制此类问题的方式。正如第七章指出的,我们可以想象一个由很多小公司(也许每家只有一个人)组成的经济体,通过市场协调他们的活动。而现实并非如此的一个原因是,当许多公司共同生产某一产品时,每个公司的决定都会波及其他。如果我负责的是其中一个关键环节,由于一个错误导致工期延后了6个月,我将给其他公司带来巨大成本,大到我可能无法补偿。而当我们合并成一个公司时,这种外部性就被内化了。

但这样做的缺点是引入了一种新的外部性。现在我是一个雇员,而不是一个独立的公司,我在工作中睡觉的成本要由其他所有人承担。因此,公司必须对雇员进行监督,而它却不需要对其他公司进行同样的监督。公司有效率的规模由协调许多小公司面对的问题与经营一家大公司面对的问题的平衡所决定。

另一种解决外部性问题的方法是界定并执行受外部性影响的产权。在某种意义上,这是一种政府解决方案,因为产权是由法院和立法机构界定的;在另一种意义上,这是一种私人解决方案,因为一旦产权被界定,就是由市场而不是政府来决定发生什么。一个例子是英国的鳟鱼溪流(British trout streams)。英国的鳟鱼溪流是私有财产。每条溪流都为私人占有,通常是当地的钓鱼俱乐部。一个工业污染者将污水倾倒进这样的溪流中,就如同他将污水倾倒在他人的草坪上,犯了非法侵入(trespass)罪。要是他认为溪流用来倒污水比养鳟鱼更有价值,那他可以将其买下。要是他认为污水不会伤及鳟鱼,而钓鱼俱乐部却不这样想,如果他是对的,他可以买下这条溪流,再将捕鱼权反租给之前的拥有者。

如本例所示,什么是外部性而什么不是,部分取决于产权是如何被界定的。当我生产一辆汽车时,我是在生产对你有价值的东西。这不是外部性,因为我可以掌控你是否得到它,并且如果你不向我付钱的话,我可以拒绝将其转交给你。有些外部性问题是因本该被界定的产权没有被界定而起。如果土地不是财产,我向其施肥或种植庄稼会给之后收割庄稼的人带来正外部性。在这种情况下,庄稼就不会被种植。其他外部性问题之所以产生,是因为缺乏一种界定产权的方式使得这样或那样的外部性不出现。如果我必须征得你的同意才能在你睡觉时使用音响,我就无法再对你施加外部性。但在我想用音响时你却打算睡觉,这也对我施加了外部性。如果外部性只涉及两个人,人们也许可以通过相互协商来达成一个有效率的安排,但洛杉矶的空气污染牵涉了数百万人。就像生产公共品的情况一样,牵涉的人数越多,达成一致同意的合约的难度就越大。

看待这一问题的一种方式是,所有的公共品或外部性问题实际上都是交易成本的问题。如果讨价还价是无成本的,那么造成无效率的问题总能被解决。只要某种变化能产生净收益,那么就有人会提出某种交易,使其收益的分配方式惠及所有人。这个观点被称为**科斯定理**(以经济学家罗纳德·科斯命名)。从这一角度来看,有趣的问题就会是:"阻碍达成有效率的结果的交易成本有哪些?"

共同起因,或者为什么不撤离洛杉矶?

科斯对理解外部性的一半贡献是,如果受影响各方之间的讨价还价没有成本,那么外部性问题就会消失。因此,这一问题可以被视为是交易成本的结果,而不是外部性的结果。他的另一半贡献是发现外部性的传统分析中包含了一个基本错误。

到目前为止,我们一直遵循着前科斯时期的分析,将外部性视为一方施加给另一方的成本,这并不完全正确。正如科斯指出的,典型的外部性是一种由双方行为共同产生的成本。如果没有污染,洛杉矶就不会有污染问题;但是,即使有大量的污染,如果没有人试图在洛杉矶生活和呼吸,也不会存在问题。

如果撤离洛杉矶于你而言并非一个令人满意的雾霾解决办法,可以考虑一些更加合理的例子。军方拥有炸弹发射场,用于测试炸弹、炮弹等弹药。如果你碰巧在里面露营,在你的帐篷旁投下一枚 300 磅的炸弹就会造成严重的外部影响。似乎让露营者搬走,而不是把炸弹移除,是一种更加自然的解决方式。

对于住在大型机场附近的人来说,机场噪声是一个问题。解决此问题的一个方法是对飞机进行改装,使其更加安静,然后在人们睡觉时关闭机场,并指示飞行员在尽可能靠近机场的地方降落。另一个方法是对机场附近的房屋进行隔音改造。还有一个方法是不要让任何人住在机场附近——清空地面,将其用作水库;或是修建嘈杂的工厂,如此,一架波音 747 在其屋顶上方 200 英尺处制造的微小扰动就不会引起太大动静。

我们无法很快判断出哪种方案才能最有效率地处理机场噪声。如果我们试图以一种和排污费(更常见的说法是**庇古税**,以传统外部性分析法的发明者庇古命名)等价的方式来解决这个问题,可能永远也找不到答案。就机场噪声的成本向航空公司收费,会使他们有动力减少噪声,但这可能是错误的解决方案。对房屋进行隔音改造或付钱让住户搬走,成本可能会更低。

问题在于,成本是由双方行为共同造成的。如果什么都不做,成本完全由一方(我们例子中的房主)承担,那么另一方则会没有动力去减少成本,即使他所付出的代价更低。如果向"污染者"征收庇古税,"受害者"可能会发现他的最佳策略就是什么都不做,即使他是能以更低成本解决问题的一方。如果有第三种选择,让受害者起诉污染者,那么受害者就没有动力避免或减少成本——他可以从损坏赔偿中弥补其损失。任何一种选择都可能会也可能不会带来有效率的结果,取决于它是否刚好将外部性施加给能以最低成本将其避免的一方。如果有效率的解决方案需要双方都采取行动——隔音加上一些降噪——那么没有一个方案能带来有效率的结果。

我们能从这种令人沮丧的纠结中吸取什么教训呢?第一个教训是,传统的外部性分析和相应的庇古税解决方案只适用于一种特殊情况:我们已经知道哪一方是成本最低的问题规避方——针对南加州的问题,控制汽车尾气排放比疏散当地人口的成本更低。第二个教训是,如果我们不知道谁能以最低的成本解决问题,最好的解决办法可能是回归科斯的另一个想法:各方之间的协商。若航空公司对噪声污染造成的损害负有责任,他们可能会选择给住在机场附近的人支付用于其房屋隔音改造的费用。他们甚至可以选择买下这些房子,将其拆掉,然后把土地租给那些想要修建高噪声工厂的人。若航空公司对损害不具有赔偿责任,那么当降噪比隔音措施更便宜时,支付降噪费用可能更符合当地房主的利益。所以此类问题的最佳解决方案可能是由法律系统明确规定谁有权做什么,然后允许受影响的各方自行商讨。

在界定初始权利时——例如,在决定航空公司是否有权利制造噪声,还是必须向房主购买该权利时——应该考虑从每个可能的界定到每个可能的解决方案之间的交易成本。如果有1万名房主住在机场附近,筹集资金支付给航空公司让其降低噪声将是受众为1万人的公共品,所以即使值得,它也几乎不会被生产。如果航空公司有权制造噪声且不用赔偿其损害,无论这样做是否有效率,他们会持续制造噪声。如果航空公司被允许制造噪声,但必须向受影响的房主支付赔偿金,那么航空公司可以与每个房主单独协商,买下一些房子或安装隔音设备,再给其余房屋支付赔偿金——如果这样做比改装飞机更划算的话(但改装飞机应该是最终的有效率解决方案)。

假设另一种选择是,每个房主都有免受噪声干扰的绝对权利。在此情况下,给房屋隔音或将其买下,于航空公司没有任何好处,除非将所有1万名住户都包含在内。其结果是一个**拒不合作问题**(holdout problem)。任何一个房主都可以威胁说拒不同意,来让航空公司付给他因给房屋隔音而不是给飞机隔音省下的全部费用。面对1万名房主且每人都必须同意时,这一交易很难达成,即使这是该问题成本最低的解决方案。

在这种特殊情况下,最好的解决办法可能是出台一项法规,允许房主收取赔偿金但不制止噪声。这能让三种方案中最有效率的一种发生,要么没有交易(航空公司减少噪声),要么则相对简单且便宜(航空公司单独与同意的房主进行交易,并给拒不答应的房主支付赔偿)。然而,这一解决方案取决于噪声造成的损失是否可以被法院衡量。很多情形并非如此,因此其他规定更可能产生一个有效率的结果。

自发的外部性:分成租佃制

外部性可以通过合约安排来消除,如两家公司合并,或我答应不做伤害你的事情(以换取一定的报酬)。外部性也可以通过合约产生,我即将讨论的一个例子是保险。通过购买火灾保险,我创造了一种外部性:如果我用火柴时不小心,部分代价将由保险公司承担,而不是我自己。第二个例子是**分成租佃制**(sharecropping)。

分成租佃制是指农民以固定比例的作物而非地租,交付给其耕种土地的地主。这似乎是一种奇怪、低效率的安排。如果我必须将收成的一半交付给地主,那么只有当回报至少是成本的两倍时,我才有可能将自己的劳动力或资本投入到耕作上。根据合同,我已经创造了50%的外部性。分成租佃制是一种常见安排,在不同历史时期以及不同社会中都出现过。如果它缺乏效率,为什么还能存在?

回答此问题的一种方式是考虑其替代选择。有两个明显的选择,地主可以支付固定工资,雇佣农民在其土地上劳作;或者农民可以向地主支付固定地租,保留其所有作物。

将佃农转为雇农并不是一个解决办法;农民可以从前者获取其额外劳动投入的一半回报,而从后者却什么也得不到。从分成租佃制转为租金制(定额租制)可能是一个解决办法,但它也有一些问题。首先,土地每年的产出变化不可预测。如果农民同意支付固定地租,那么他在好年景下会有好收成,但在坏年景下可能会饿死——地租可能都超过了他作物的全部价值。

从这个角度看,分成租佃制和保险一样,是一种分散风险的手段。地主和农民分担风险,而不是由农民承担全部风险。如果随机因素对不同土地的影响不同,拥有几片土地的地主可以预计,其影响之间会相互平衡,如同保险公司的处境一样。雨季来临时,地主从耕种低洼地带的佃农那里得到的收益很少(这些土地会被淹没),但从耕种山顶的佃农那里得到的收益却很多(这些土地通常因太干燥而产出不多)。同保险一样,为了获得风险分散的好处,双方都要为外部性导致的无效率结果付出代价。

一种降低代价的方式是地主对农民进行监督,就像把农民当作雇农那样。如果他认为农民劳作不够辛勤,那么地主今年也无能为力,但他可以明年换一个分成佃农。分成佃农需要的监督比租金佃农多,但比雇农少,因为他们至少可以得到部分产出。

另一种对分成租佃制的存在(至少在某些社会中)的解释是:地主也贡献了投入——经验、管理,也许还有资本。因此,给地主一部分的产出,虽然降低了农民的积极性,但增加了地主的积极性。同其他许多情形一样,这一情形下可能不存在有效率的合约,没有合约能像官僚之神的规定一样好。同选择公司规模、控制共同造成的外部性或为产品责任制定规则一样,选择最佳合约也是在各种用以协调行动相互依存的个体的不完美方案间进行权衡取舍。

金钱外部性

假设我所做某些事情带来了完全相等的正负外部性。我会一如既往地将外部成本和收益视为零——在这种情况下,我是对的。由于总的来说,我的行为所造成的全部成本和收益都由我来承担,我将做出是否行动的有效率决策。

有人会认为,正负外部性恰好抵消是一种不可能的巧合,但有一种重要的情形确实如此,即**金钱外部性**(pecuniary externality)。每当我决定生产或多或少的某种商品、进入或离开某种职业、改变我的消费模式,或以几乎其他任何方式改变我的市场行为时,结果之一是某些供给或需求曲线发生轻微移动,从而影响某些价格。这会影响所有价格发生变化的商品的其他买家和卖家。在一个竞争性市场中,个人行为所导致的价格变化是微小的,但在计算其影响的大小时,我们必须用价格的微小变化乘以价格变化对应的较大商品数量。当我决定成为第一百万零一名内科医生时,我的决定对每个现有医生的工资影响很小,但它必须乘上一百万名医生。这个乘积不一定微不足道。

似乎没有不具备显著外部性的经济行为,但这正是那部分可以被忽略的外部性。当价格下降一便士时,卖方的损失是买方的收益,医生的损失是病人的收益。其结果是一种金钱外部性。我从事某一职业、买卖物品的决定,通过他人买卖物品或服务的价格可能对其造成的影响并非微不足道,但这种影响既不会带来净成本,也不会带来净收益,所以忽略它不会产生无效率的结果。

宗教广播:公共品理论的应用

每当我花很多时间收听各种电台时,我都会对其中有许多宗教电台这件事感到惊讶。人们可能会据此认为美国是一个非常宗教化的国家,但其实在其他地方,宗教都没有像在广播中这么流行。在报摊或书店,我几乎看不到宗教报纸、杂志或书籍——从其总体占比来看,远少于广播。

对这种差异有一个简单的解释。出版商可以控制其出版物的使用权,而广播公司则不能。与出版商不同的是，广播公司生产的是一种公共品，并靠某种解决私人生产公共品问题的方法维持运行。

广告是解决此问题的一种方法，宗教则是另一种。听宗教广播的人想必信仰宗教。对他们中的大多数人来说，这意味着他们相信存在一位神明来奖善惩恶。如果像许多电台传教士声称的那样，给他们的节目捐款是一种善举，那么这个节目就不再是一种纯粹的公共品。传教士可能不知道哪些听众捐助了节目费用、哪些没有，但上帝知道。节目带来的好处之一是增加了获得上天奖赏的机会；如果你捐助，你就更有可能得到这种好处。因此，宗教提供了一种解决公共品问题的方法。

我们的分析不取决于特定宗教是否可信，重要的是听众相信它是真的，并据此行事。其结果是，宗教广播机构比世俗广播机构更有优势。两者都能制作对听众有价值的节目，但宗教广播机构更能让听众付费。宗教出版商就没有相应的优势。因此，宗教在广播中比在印刷品中更常见。

信息问题

早在第一章，我就指出了"理性"定义的一个模糊之处。在某些情境下，理性人是指做出正确决策的人，这里正确决策指倘若一个人知道所有相关事实后会做出的决策；在其他情境下，理性人是指对要了解哪些事实做出正确决策，然后在其所知事实下做出尽可能好的决策的人。我认为，对于那些问题的关键是获取和利用信息的成本的情境，后一定义更为合适。

人们很容易认为信息成本只是生产和消费物品的成本之一，因此可以像任何其他成本一样纳入我们的分析。在某些情况下，这种论点是正确的。但是，信息成本往往伴随着一些会导致市场失灵的问题。

信息作为一种公共品

买东西的成本之一是获取买什么的信息。这可能是公司规模如此之大的原因之一；品牌名称代表着一种信息资本。可能在一个无名生产者那里有着更好的买卖，但确定它是否为更好买卖的成本可能会大于节省下来的成本。（因为）你不仅知道品牌产品在过往一直具有好品质，你也相信生产者有动力维持品质，以免败坏其品牌价值。

为什么我们选择依赖品牌名称,而不是从专门提供商品质量信息的人那里购买此类信息呢?在某种程度上,我们确实在购买信息:阅读《消费者报告》(Consumer Reports)、《汽车与驾驶员》(Car and Driver)或《手枪测试》(Handgun Tests),以及参加经济学课程。然而,我们使用的大部分信息都是自产的,可能比我们消费的大多数其他东西都多。由于我们没有时间成为我们购买一切的专家,我们最终依赖于品牌名称和其他间接(且非常不完美)的方法来评估质量。

为什么我们会自产这么多信息?为什么信息是一种极难生产并在市场上销售的物品?

问题出在很难保护信息生产者的产权上。如果我卖给你一辆车,你想转卖它的话只能放弃自己的使用权。如果我卖给你一个事实,你既可以使用它,也可以把它分享给你所有的朋友和邻居。这让那些生产事实的人很难以其全部价值出售它们。这与我之前讨论的计算机程序问题本质相同,因为计算机程序也可视为一种信息。信息在很大程度上是一种公共品。因为它是一种公共品,所以它的产量不足。

对此,大型品牌零售商如西尔斯(Sears)提供了一种解决方案。西尔斯并不自产商品,但它会选品。对于某些产品,你可能每两年或一年才购买一次,这使你很难判断哪个厂商才是最好的。但由于你更常在西尔斯买东西,你更能判断出:西尔斯或它的某个竞争对手的产品通常是物有所值的。西尔斯公司的生意经是:了解其购买的产品中有哪些品牌是物有所值的,然后再冠以自己的品牌名出售,从而隐含地售卖了信息。通过不告诉你产品的真正制造商,西尔斯避免了你将信息转卖给朋友,使他能在折扣店买到相同品牌。你能告诉朋友的仅仅是在西尔斯购物——这对西尔斯来说是件好事。

信息不对称——柠檬市场

考虑一种信息不仅不完全而且不对称的情形。二手车市场就是其中一例。弄清一辆二手车是否为坏车(lemon)①的最好方法是开它一两年。卖家已经这样做了,但潜在的买家还没有。尽管他们可以花钱让机修工检查汽车,但这可能够,也可能不够。

---

① 在美国俚语中,高品质的旧车俗称"桃子"(peach),低品质的旧车俗称"柠檬"(lemon),故而原文中的"lemon",在假设只存在两种品质的车时,代指坏车。——译者

为简化分析,假设只存在两种车:好车和坏车。同时,存在两种人:卖家和买家。每个卖家都有一辆车,如果能得到合理的价格,他有兴趣卖掉。一半卖家有好车,一半有坏车。同理,如果能以合理的价格买到,每个买家都愿意买一辆车。卖家清楚他们有什么样的车,而买家不知道。

买家和卖家都更喜欢好车而不是坏车。卖家对坏车的估价是 2000 美元,对好车的估价是 4000 美元——只要价格高于此估价,他们就愿意出售。买方对坏车的估价为 2500 美元,对好车的估价为 5000 美元——只要价格低于此估价,他们就愿意购买。如此一来,似乎所有的汽车都该被卖掉——坏车在 2000 至 2500 美元之间,好车在 4000 至 5000 美元之间。

但有一个问题:买家无法(以合理的成本)判断一辆车是否为坏车。卖家知道,但他不会说,因为对每个卖家来说,声称自己的车是好车符合他的利益。每个买家都是在赌——得到一辆好车的某种概率和得到一辆坏车的某种概率。

这样看起来好像概率是五五分(50-50),因为有一半的车是坏的。如果是这样,并且如果买家是风险中性的,他们的出价不会超过这两种车的平均价值,即 3750 美元。在此价格下,坏车会卖出,而好车不会。

买家可以自己想出上一段的逻辑。虽然在售汽车有 50% 的概率是好车,但售出的车肯定是辆坏车,因为好车的车主会拒绝买家愿意出的最高价。考虑到这一事实,买家又会相应降低他们的报价。所有的车对买家的价值都比对卖家的高,但只有坏车被售出。这是一个无效率的结果。更复杂的情况是有各种质量不同的车,如果是这种情况,结果甚至会更糟糕。有时只有最差的那辆车被卖掉。

一种解决方案是,拥有好车的卖家可以提供担保。比方说,如果买家认为汽车是坏车的话,卖家在一年后以成交价减去一年租金的价格买回汽车。这个解决方案的一个问题是,在其他条件不变的情况下,一年后的汽车状况取决于新主人如何对待它。

逆向选择

刚才描述的问题,在保险市场的语境中称为**逆向选择**(adverse selection)。考虑健康或人寿保险。保险公司无法轻易获取客户的信息:他开车有多小心,过去有哪些健康问题,是否打算在不久的将来参加滑翔、跳伞或摩托车比赛。一个潜在客户越可能得到保险赔偿,保险对他来说的价值就越大,而保险公司的成本也就越高。如果客户知道自己风险高而保险公司不知道,那么保险就是一笔好买卖——对客户而言。

低风险者(the good risk,也译为优质风险)会很乐意以能反映他下一年生病或死亡的概率低的价格购买保险,但保险公司不会以该价格向他提供保险,因为保险公司不知道他是低风险的人。其结果是,高风险者(the bad risk,也译为劣质风险)比低风险者更有可能购买保险。了解这一点后,保险公司必须相应调整他们的费率;某人购买保险的举动是他为高风险者的迹象,因此应该对其收取高价。更高的价格使购买保险的低风险者更少,从而导致了更加高昂的价格。均衡的结果很可能是,许多低风险者因为保险的高昂价格而被挤出了市场,尽管在某一价格下,他们愿意购买保险,而且出售保险也可以让保险公司获益。如同汽车一样,我们可以构想出一个只有风险最高者上了保险,其余人被挤出市场的局面。又一次,我们得到了一个无效率的结果。

保险公司试图以各种方式来控制这个问题,包括对新客户进行体检,以及在保险合同中规定拒绝对那些自称没有危险爱好,但又因跳伞时降落伞在两英里高的地方无法打开而死亡的人进行赔偿。

一个不太明显的解决方案是向团体出售保险。如果一家工厂的所有员工都买了同样的保险,那么保险公司就会得到一个高低风险的随机组合。相比于高风险者,低风险者得到了一个更差的交易,但由于他们仍被投保,保险公司可以根据为一般员工投保而不是高风险者投保的平均风险来确定费率。如果为所有人投保是一个有效率的结果,那么团体政策就会产生有效率的保险配置,以及从低风险者(支付了高于其保费的费用)到高风险者的收入再分配(支付了低于其保费的费用)。

支持由政府提供全民健康保险的一个理由是,它是一种极致的群体政策——每个人都在此群体中。因此,它消除了所有人的逆向选择问题(那些健康出问题,想通过移民利用该项目的人除外)。其净效应是否为一种改善,取决于政府在处理其他保险提供问题上的能力和表现。

道德风险

你可能已经想到,还存在另一种与保险相关的潜在的无效率问题。我们所投保的绝大多数事物至少部分在我们的掌控之内——不仅我的健康和我房子被烧毁的可能性是如此,甚至连洪水或龙卷风等"天灾"造成的损失也是如此。我无法控制洪水,但我可以通过决定在哪居住和采取何种预防措施来控制损失。

无论我是否投保,我都会采取这些预防措施,并且我只会采取那些帮我规避的损失大于相应成本的预防措施。一旦我购买了火灾保险,使用火柴时不小心造成的部分代价和安装自动喷水灭火系统带来的部分好处就转移给了保险公司。我承担的不再是全部成本,所以其结果也不再有效率。如果一个自动喷水灭火系统的成本为1000美元,因降低了我被活活烧死的风险,给我带来了800美元的好处;又因降低了保险公司不得不为我更换房屋的概率,给其带来了600美元的收益,那它就值得购买——但不是对我而言。

因此,买了保险的人将会采取低于效率水平的预防措施。这一问题被称为**道德风险**(moral hazard)。它是由外部性导致的无效率结果,一旦我上了保险,别人就会承担我行为的部分成本。

如同试图控制逆向选择一样,保险公司也试图控制道德风险。一种方法是尽可能明确投保人会采取的预防措施——例如将"要求工厂安装和维护喷水灭火系统"作为提供火灾保险的条件。另一种是共同保险(co-insurance)——只对部分价值上保险,以确保客户自身在预防风险中至少占有大量的利害关系。在前例中,如果房子只投保了一半的价值,那么喷水灭火系统对我的价值就会超过其成本,所以我会安装它。在相反的极端情况下,如果保险公司对一座建筑物的估值错误,提供的保险金超出了建筑物价值,那么发生火灾的概率确实会变得非常高。

提醒

在思考市场失灵的问题时,我们往往很容易从公平而不是效率的角度去理解它。因为不公平,外部性被视为是不当的:一个人在受损,另一个人却在获益。公共品也存在问题:一些消费者可以在别人付费的东西上免费搭便车。

但我们可以考虑一百个相同个体污染和呼吸相同空气的情形。从整体上看,不存在不公平性——每个人都因能够污染而获益,也因被污染而受损。然而,由于每个人只承担了自己所造成污染的1%,每个人的污染程度都远超过了效率水平——所有人的境况都会变差。这恰好与第三章讨论的马铃薯补贴效应类似。每个人都从补贴中得到了与缴纳税款相同的回报,但其境况却更糟,不是因为他更穷了,而是因为他买了太多马铃薯。

其他类型的市场失灵也是如此。公共品的最终问题不是某人为他人得到的东西买单,而是无人买单也无人收获,即使某物品的价值超过了它的生产成本。逆向选择的主要成本并不是有人买了坏车,或者为跳伞运动员开了人寿保险单,而是值得卖掉的车却未被卖掉,值得投保的人也未受保。

· 习题 ·

1. 描述两个你自己在过去一年中观察到并以某种方式参与其中的公共品问题,并讨论如何处理这些问题。

2. 在普通市场中,供应和需求由价格来平衡。鉴于我们的习俗禁止,在大多数社会背景下,不能用钱买到约会(或婚姻)的一部分,那么在美国,什么样的"价格"可以平衡这些市场?

如果约会/性/婚姻市场的供需不平衡(供应量不等于需求量,想约会、过性生活或结婚的男人比女人多,或者反过来),什么机制能对不足的供应进行配额(决定哪些男人拥有女人,或反之)?什么价格可以平衡其他国家的类似市场中的供求关系,或已经在之前达到了?

3. 如果一场战争大大降低了男女比例,约会和婚姻的方式会有什么变化?如果大量男性移民到美国,大幅提高了男女比例,会有什么变化?

4. "异性恋男性在传统上对同性恋男性有敌意。如果他们正确地考虑自己的利益,他们的态度会恰恰相反。"请讨论。

5. "公共品问题既是支持政府干预市场的论据,也是反对政府干预市场的论据。"请解释。

6. 学生们经常争论说,应该不再强调成绩或直接废除成绩。而这些学生在本季度的第一节课上就开始询问我的评分政策,并在整个课程中持续不断地对期末考试的内容表现出浓厚的兴趣。他们的行为不一致吗?

7. 根据我的经验,调频(FM)收音机比调幅(AM)收音机的宗教色彩要淡,你不妨自己检查一下这个结论。你能给出任何解释吗?(我不确定我知道这个问题的答案。)

8. 去年,布莱恩和布列恩分别住在不同的公寓里,每人每月消耗400加仑的热水。今年,他们合租了一间更大的公寓。令他们惊讶的是,他们发现自己现在每月消耗1000加仑。请解释。

9. 我的一个学生不能在规定的时间参加期中考试。如果我早一点将试卷给他,他可能会向其他学生透露试题,从而使他们得到不公平的优势。如果我晚一点将试卷给他,其他学生可能会向他透露试题,从而使他得到不公平的优势。鉴于该问题与信息的属性有关,你认为哪种情况更有可能出现?请讨论。这是否取决于学生们是否相信我是按曲线分布打分的?

10. 表18-2显示了对于三个不同公司生产的三种不同商品,作为生产数量的函数的总成本,生产这些商品的总外部成本,以及对消费者的总价值分别为多少。假设制造商可以按商品的价值(均为 10 美元/件)出售商品。他必须支付生产成本,但不需要支付外部成本。不能生产分数单位的商品,即产出可以是 0,1,2,3……但不能是 $2\frac{1}{2}$。

a. 每个公司选择生产多少?

b. 在哪些情况下(如果有的话),产出是有效率的?

c. 在低效率的情况下,如果企业被迫生产有效率的产出水平而不是利润最大化水平,那么净收益会有多大?

表 18-2

单位:美元

生产单位	灯		书		派		价值
	生产成本	外部成本	生产成本	外部成本	生产成本	外部成本	
1	6.00	0.50	9.00	2.00	8.00	1.00	10.00
2	14.00	1.00	18.00	3.00	16.00	2.00	20.00
3	25.00	1.50	27.00	4.00	25.50	3.00	30.00
4	39.00	2.00	39.00	5.00	36.00	4.00	40.00

11. "……为我们的筹款活动捐款的另一个原因是自身的利益。你给我们的钱将提高大学的质量和声誉,提高你学位的价值。如果每个校友捐出 100 美元……"(摘自一封筹款信)。这种说法有什么问题? 为什么它不太可能成功?

12. 在拜访一个想出版这本书的出版商时,我抛出了一个问题:"本书是否应该带彩图?"使用彩图更加吸引人,但制作成本也更高。我被告知,他们更愿意在制作本书的后期阶段决定这些问题。

a. 你认为他们为什么这样做?

b. 你认为我对出版商得出了什么结论? 你认为他们最后是否出版了本书? 请解释。

提示:作者的版税通常是收入的一个固定部分。出版商获得其余部分,并支付制作和销售图书的所有费用。

13. 前几章讨论的许多效率问题都可以用"外部性"来描述。请举出三个例子,并对每个例子进行简要解释。

· 延伸阅读 ·

Carlo M. Cipolla, *Money, Prices, and Civilization in the Mediterranean World* (Staten Island, NY: Gordian Press, 1967). 这本书涵盖了很多关于历史的经济学问题的文章，包括一篇很有趣的讨论中世纪时期物物交换问题的文章。

科斯定理最早出现于 Ronald Coase, "The Problem of Social Cost," *Journal of Law and Economics*, Vol. 3 (1960), pp. 1-44。

我对非对称信息的讨论是基于 G. Akerlof, "The Market for Lemons," *Quarterly Journal of Economics*, Vol. 336 (1970) pp. 488-500。

第五篇

应用——传统与非传统

第十九章　政治市场

本章旨在用前几章形成的某些观点来理解政府机构的行为。它包含三节。第一节分析了关税的效果——尤其针对征收关税到底是马歇尔改进还是马歇尔恶化这一问题。第二节概述了**公共选择理论**（public choice theory，即政府经济学分析）的两种变体，旨在部分解释经济学家认为的有效关税与实际关税之间的不一致性。第三节运用寻租（rent seeking）的概念，在第十六章的另一背景下引入，来分析政府活动的成本。

关税

第五章介绍了比较优势原理，并说明了为什么支持关税的常见论点，如"日本人能比美国人更便宜地生产一切"或"关税保护了美国人的工作"是错误的。证明某些关税论点错误，与证明关税不可取并非一回事。我们已经理解为何贸易互利是可能的，但当时我们缺乏必需的工具来确定这些收益是否已被自由贸易最大化，还是仍能靠适当关税或贸易补贴来增加。现在我们有了这些工具。正如你将看到的，该问题的答案既取决于我们对国际市场的假设，也取决于我们在评估一项安排是否优于另一项时，考虑的是哪一方的利益——是只有美国的利益，还是美国同贸易伙伴的共同利益。

在第一小节，我将证明，当美国作为一个整体是国际市场的价格接受者时，即使我们只考虑美国人的利益，征收关税也是不可取的。换言之，废除关税会给美国人带来净收益。基于一些简化的假设，该结果将以图表和言辞形式各证明一次。下一节，我将介绍几种不适用"关税不可取"这个一般结论的例外情况。每种情况下，例外靠的都是去掉证明中使用的某一假设。在某些例外中，如果我们仅考虑美国人的利益，关税也许是可取的，但如果把对美国以外的人（下简称"外国人"）的影响也包括在内，关税则不可取。在其他例外中，即使把对每个人的影响都考虑进去，征收某种关税也是一种马歇尔改进。

在回答应该征收哪些关税的问题之后，我将在本章第二节讨论我们实际征收的关税以及这么做的理由。

为什么关税不可取

我首先列出证明中要用到的假设。我们假设只有一种进口商品（汽车）和一种出口商品（小麦）。同时，假设美国在国际市场上为价格接受者：美国的小麦生产和汽车消费的变化不足以改变汽车兑换小麦的外国比率。在美国，小麦和汽车行业是价格接受型行业，没有显著的净外部性。运输成本为零。

几何证明。 图 19-1 显示了征收关税前后，美国生产汽车的供给曲线和美国消费汽车的需求曲线。P_A 是征收关税前的市场价格，P'_A 是征收关税后的价格。Q_A 是税前的进口汽车数量，Q'_A 是税后数量。图 19-2 显示了小麦对应的上述曲线、价格和数量。

在图 19-1 中，首先能让你关注到的是，无论在价格 P_A 还是 P'_A 下，供给量都不等于需求量。这是因为使美国供给量等于需求量的价格高于世界市场价格；美国因此进口汽车——需求量等于（美国汽车业的）供给量加上进口量。同样，在图 19-2 中，使美国小麦供给量等于需求量的价格低于小麦的世界市场价格。美国因此出口小麦——美国农民的生产量等于美国消费者的需求量加上出口量。

图 19-2 可能会引起你的下一个疑问：既然是对汽车征收的关税，那它为什么会影响小麦的价格？答案是：小麦是美国人为换取外国人的汽车而给他们的东西。如果由于征收关税，流向外国用来购买外国汽车的美元减少了，那么外国人用来购买美国小麦的美元也会减少。美国小麦的外国需求下降，美国小麦的价格也相继下降。这种效应如图 19-2 所示。

图 19-1 中的彩色区域 U_1 是关税带来的（美国）生产者剩余的增加；U_1 加上阴影面积 $R_1 + S_1 + T_1$ 是美国消费者剩余的减少。阴影区域是关税给美国人造成的汽车剩余净损失。同样，在图 19-2 中，汽车关税造成了小麦价格的下降，而 U_2 则对应小麦价格下降所带来的美国消费者剩余的增加；$U_2 + R_2 + S_2 + T_2$ 是（美国）生产者剩余的损失。阴影面积 $R_2 + S_2 + T_2$ 是由汽车关税间接导致的美国人小麦剩余的净损失。

在计算关税对美国人的净影响时，还需考虑的一项是：征收关税的金额。如果关税为 t 美元/辆，即政府对每年进口的 Q'_A 辆汽车中的每辆收取 t 元，那么其关税收益

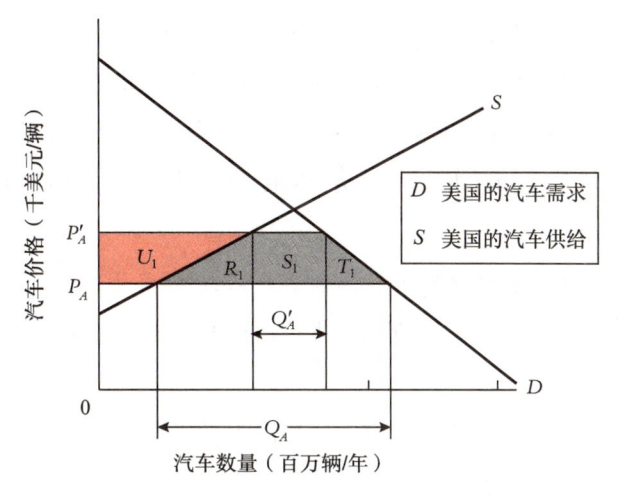

图 19-1 汽车关税对美国汽车市场的影响

D 和 S 是美国国内汽车的需求和供给曲线，Q_A 是征收关税前的汽车进口率（百万辆/年），Q'_A 是征收关税后的进口率。P_A 是征收关税前美国汽车的价格，P'_A 是征收后的价格。

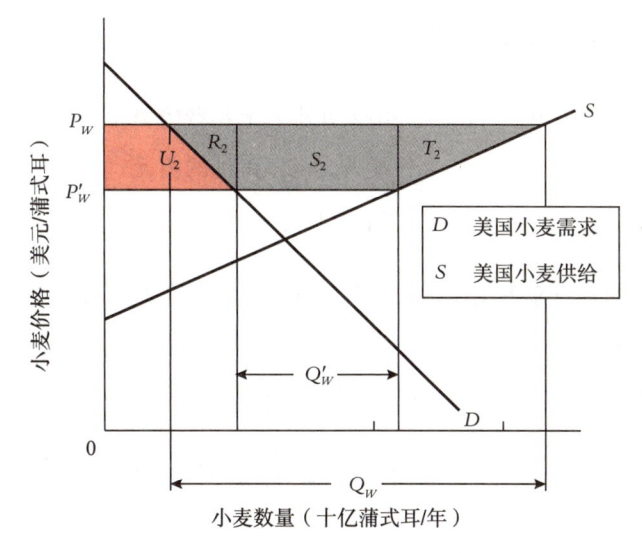

图 19-2 汽车关税对美国小麦市场的影响

D 和 S 是美国国内小麦的需求和供给曲线，Q_W 是征收关税前的小麦出口率，Q'_W 是征收关税后的出口率。P_W 是征收关税前的国内小麦价格，P'_W 是征收后的价格。

为 $t \times Q'_A$。如果该收益大于两个阴影面积的总和，关税就产生了净收益，且为马歇尔改进；反之，则关税是马歇尔恶化，废除关税将是马歇尔改进。我想说明的是，$t \times Q'_A$，即征收关税的收入，等于 $S_1 + S_2$ 区域。由于 $S_1 + S_2$ 只是关税成本的一部分，这意味着总

第十九章 政治市场

成本大于关税收入。因此,关税产生了净损失而非净收益。

我将使用我所述情形中的两个隐含关系。第一个是,由于我们假定美国是国际市场的价格接受者,关税并不影响汽车和小麦在美国以外的相对价格。征税前,价格比率为 P_A/P_W。征税后,小麦的国外价格(以美元计)为 P_W',汽车的国外价格为 $P_A'-t$,所以价格比率为 $(P_A'-t)/P_W'$。

我如何得知汽车的世界价格是 $P_A'-t$ 呢?P_A' 是汽车在美国的价格。为了让外国汽车进入美国,你必须为此支付汽车的世界价格加上关税 t。美国汽车的价格是 P_A',所以世界价格必须是 $P_A'-t$。

由于关税前后,汽车的境外价格比率是相同的,我们可以得出:

$$\frac{P_A}{P_W} = \frac{P_A'-t}{P_W'} \qquad (\text{等式 1})$$

根据假设,汽车是美国唯一的进口商品,而小麦是美国唯一的出口商品。因此,外国人卖汽车给美国人所得到的美元必须等于他们向美国购买小麦所花费的美元。利用征收关税后的价格和数量,我们可以得出:

$$\begin{aligned} P_W' \times Q_W' &= \text{外国人在小麦上花费的美元} \\ &= \text{外国人卖汽车得到的美元} \\ &= (P_A'-t) Q_A' \end{aligned} \qquad (\text{等式 2})$$

(美国人在每辆汽车上花费 P_A',但由于其中 t 是交给政府的关税,所以外国人只得到余下的 $P_A'-t$)。

最后,从图 19-1 和 19-2 中,我们可以得出:

$$S_1+S_2 = (P_A'-P_A) Q_A' + (P_W-P_W') Q_W' \qquad (\text{等式 3})$$

等式 1 和等式 2 意味着:

$$Q_W' = Q_A'(P_A'-t)/P_W' = Q_A'(P_A/P_W)$$

将其代入等式 3,我们得到:

$$\begin{aligned} S_1+S_2 &= Q_A'(P_A'-P_A) + Q_A'(P_A/P_W)(P_W-P_W') \\ &= Q_A'\{P_A'-P_A+(P_A/P_W)(P_W-P_W')\} \\ &= Q_A'\{P_A'-P_A+P_A-P_W'(P_A/P_W)\} \end{aligned}$$

$$= Q'_A \{P'_A - P'_W (P_A/P_W)\}$$

如果用等式 1 将 (P_A/P_W) 替换为 $(P'_A - t)P'_W$,就能得到:

$$S_1 + S_2 = Q'_A \{P'_A - P'_W (P_A/P_W)\} = Q'_A (P'_A - P'_A + t) = Q'_A \times t \quad (\text{等式 4})$$

由于 $S_1 + S_2$ 只是关税给美国消费者和生产者造成的部分净损失,而 $Q'_A \times t$ 是征收关税的全部收入,所以净损失大于收入;征收关税是马歇尔恶化,废除关税是马歇尔改进。这里假定了三角形 R_1、R_2、T_1 和 T_2 不全为零。如果它们都等于零——例如,当所有的供应曲线都完全无弹性时——关税带来的净收益将为零。关税无法让事情变好,且几乎肯定会使其变糟。

文字证明。 现在,我已经证明了我的结果——如果美国是国际市场上的价格接受者,并且美国公司是国内市场上的价格接受者,那么美国关税总体上会对美国人造成伤害(或顶多没有任何好处)。接下来,我将用另一种语言:文字,再次证明这一点。

从美国的角度来看,对外贸易是一种按 P_A/P_W 的价格比率将小麦变成汽车的技术。我们在第十六章证明过,一个没有外部性的竞争性行业是有效率的。因此,竞争性行业将小麦变成汽车的结果是有效率的。而关税改变了这一结果。对将小麦转化为汽车的过程征税,减少了小麦的消费量和汽车的产量。这一变化可以由一个官僚之神来完成。一个官僚之神无法改进一个已经有效率的结果——这正是"有效率"的定义。因此,关税不可能是马歇尔改进。由于它改变了一个本就有效率的情形,因此我们几乎可以肯定,它是一种马歇尔恶化。

资本在起作用。 本章学习至此,希望你能留意到两件事情。第一件事情是,我们的证明本身就是在生产中使用资本的例子。我们已在前 18 章中积累了智慧资本(intellectual capital),学习了一系列复杂的思想,其中许多思想有时看起来完全没用。然而,凭借这一资本,外加几页高中几何代数知识和一段论证,我们证明了经济理论中一个更为重要的实用结果——还证明了两次。

第二件我想让你留意的事是两个证明之间的对比,这也是我们所用的两种证明语言间的典型对照。文字证明的优势在于它帮助我们直观了解为什么关税不可取——前提是我们此前已直观地认识到竞争性行业为什么有效率。贸易只是一种将出口转化为进口的技术;一个竞争性行业使用该技术直至新增一单位进口商品的收益等于与之交换的出口商品的生产成本。关税增加了额外的生产成本;该行业降低了产量,从一些消费者那里剥夺了进口商品,这些进口商品对这些消费者而言的价值超过了其成本,但小于该成本加上关税的数额。关税是对某种生产方式征税,净损失是由此产生的超额负担,就像任何其他税种一样。

该结论是否取决于美国为国际市场的价格接受者这一假设?对于数学证明来说,答案是肯定的,这正是我们得到等式1的方式,该等式在证明中使用了两次。然而,在文字证明中,我并未提及美国作为一个整体是否为价格接受者;我只假设了它的出口和进口行业在国内为价格接受者,因此这些行业是有效率的。这两种假设完全不是一回事。如果美国的农业由一百万个小农场组成,那么每个农民都是价格接受者。但如果美国生产了世界上90%的小麦,那么其作为一个整体就不再是价格接受者——美国出口小麦的数量变化将影响到小麦的世界价格。

事实上,文字证明确实取决于美国整体上是价格接受者,但其原因有些微妙。如果美国不是价格接受者,那么出口的小麦数量和进口的汽车数量会影响到国外的价格比率,这也会影响小麦转化为汽车的比率。从美国的角度看,这是一种外部性;当我购买外国汽车时,我提高了它们的价格,同时也拉低了我用来支付汽车的小麦价格,使得你购买的外国汽车更加昂贵。如果我们把贸易视为一种将小麦转化为汽车的方式,这就好比我增加的小装置产量在某种程度上降低了你的小装置工厂的生产力——这会是一种外部性。我们在第十八章了解到,一个有外部性的竞争性行业通常不会产生有效率的结果。因此,假如美国是觅价者(price searcher,价格搜索者),那么最初的情形(无关税)就不是有效率的,并且关税有改进它的可能。

从世界整体角度看,相关的外部性是一种金钱上的外部性,因此可以被忽略。如果我购买汽车的行为提高了世界价格,这对其他买家是一种损失,但对卖家是一种收益。但如果买家是美国人,卖家是外国人,且我们只考虑美国人的利益,那么就会存在净外部性,因为我们计算了损失而忽略了收益。因此,如果美国是国际市场上的觅价者,并且考虑到所有利益,那么无关税的结果就是有效率的;但如果只考虑美国人的利益,无关税的结果就是无效率的。

例外情形——"好的"关税

在证明关税不可取的过程中,有三个重要的假设:美国是国际市场上的价格接受者,美国的进出口行业是国内市场上的价格接受者,以及他们没有显著的外部性。接下来,我们将讨论去掉其中两个假设后的结果。

美国作为垄断者。 假设美国不是国际市场上的价格接受者,例如,假设美国垄断小麦。个体农民仍然是价格接受者,所以他们生产至 $MC=P$ 处。然而,如果所有农民联合起来,像垄断或卡特尔一样,限制产量并将价格推高至 $MC=MR$ 处,那他们的境况会更好。政府可以通过对小麦征收出口税,即一种逆向关税(backwards tariff),来实现这一结果。出口税提高了国外小麦价格;因而美国人作为一个整体,连同征税的政府,就会像农民们联合起来提高价格一样获得收益。征收进口税,即寻常关税,也能得到同样的结果。进口和出口是同一笔交易(用小麦换取汽车)的两面,所以在哪一处征税并不重要。因此,如果美国是国际市场上的觅价者,关税可能会给美国带来净收益。

同样的观点也适用于美国是汽车消费的觅价者,即买方垄断者时的情形。在此情况下,对汽车征收关税会使汽车在美国的价格上升、消费下降,从而降低了国外汽车的价格。由于美国是净进口国,所以会受益于更低的价格。

在这两种情形下都存在的是,如果没有关税,尽管美国作为一个整体有一定的垄断力,但其个体在国际市场上依然是价格接受者。关税在众多小公司中创造出了一种卖方垄断(或买方垄断)。其结果是以美国贸易伙伴的利益为代价的净收益。如果美国通过征收汽车关税使其国内消费下降,从而降低了国际价格,或者通过征收小麦出口税,抬高了小麦的国际价格,美国就会受益,因为美国是小麦的卖家和汽车的买家。而美国的贸易伙伴会受损,因为他们是小麦的买家和汽车的卖家。正如前面讨论的垄断一样,其结果是净损失,但对垄断者来说是收益。如果我们只考虑美国人的收益和成本,这种关税就是马歇尔改进,但如果考虑到外国人的得失,则它为马歇尔恶化。和其他垄断定价的情况一样,需求和供给曲线可能在长期比在短期更有弹性,因此美国从关税中获得的收益可能只是暂时的。这种关税的另一个问题是,美国可能不是唯一拥有卖方垄断或买方垄断地位的国家。如果美国充分利用自身的垄断力量,施加关税来对付贸易伙伴,他们也可能对美国做同样的事情。

保护幼稚产业。 如果忽略对外国人的影响,旨在为征税国创造垄断利润的关税也许能作为其有效率的一个例证。第二个例子,经常被关税的支持者使用,是保护**幼稚产业**(infant industry)的关税。在某些假设下,即使我们考虑到对外国人的影响,这种关税也可以带来一种改进。

假设美国有生产锡的潜力,但还没有锡工业。如果有公司想在美国开办铸锡厂,将会历经重重困难——美国工人不知道如何开采锡,美国铁路没有运输锡的经验,也没有专门运输锡的货车;同时,美国煤矿也缺乏经验,不知道如何生产能从锡矿精炼出锡的专用煤。在所有这些问题得到解决之前,美国锡都会比进口锡贵。只要锡工业能够建立起来,它就会是有利可图的,但没有谁愿意做第一个吃螃蟹的人。

上述观点的一个问题是,如果锡业想要在长期盈利,那么其内部企业应当愿意接受头几年的亏损,将它视作一种从后续利润得到回报的投资。如果公司不愿意这样做,也许是因为利润的大小,或确定程度,不足以弥补相应的损失。

为了理解此观点,我们必须假设该行业的发展进程是在行业内,而不是在企业内。没有一家企业能单独行动,但如果他们联合行动,工人在开采锡时会变得娴熟,附属产业将会发展起来(逐渐形成)以支持锡的制造,等等。换言之,一个行业中的头几家企业会产生大的正外部性。尽管在生产锡的过程中亏了钱,但他们也培养了雇员和供应商的技能和知识,这将降低未来生产者的成本。

如果事情果真如此,由于最初几家公司在计算其生产价值时没有考虑给他人带来的外部利益,因此除非通过临时性关税的形式,提高进口锡的成本,对其施以补助,否则他们可能永远也不会开始生产。这就是对幼稚产业实施保护性关税的论证。我们去掉了行业内企业没有显著外部性的假设;其结果是:关税也许是可取的,征收关税也可能是一种马歇尔改进。与此前不同的是,在这种情况下,即使我们考虑了每个人的利益,关税也可能是可取的。如果美国能以低于进口价格的水平生产锡,那么美国生产者及其顾客的收益最终可能会超过外国生产者的损失。

"应该"与"将会"。 我已经说明,关税通常是不可取的,但也有例外情况——关税有时是可取的,至少对关税征收国来说是这样。这是美国和其他大多数国家征收关税的原因吗?显然不是。我们在现实世界观察到的关税同那些被认为是经济上可取的关税很少有相似之处。得到保护的并非幼稚产业,而是夕阳产业——例如,美国的汽车、鞋和钢铁生产者。为什么?

要回答这个问题,我们需要了解的不是什么法律应该存在,而是什么法律将会存在。我们需要一个有关政治的经济学理论。处理此类问题的经济学分支被称为公共选择理论(public choice theory),因为它处理的是公共选择,而常规经济学解决的是私人选择。这个名字有些误导性,因为公共选择理论之所以成为经济学的一部分,是因为它把政治机构的行为分解为理性个体选择的结果,每个人都在寻求自己的目标。它是一种政治机构行为理论,认为政治机构的行为由政治市场中的私人选择所产生。

下一节,我将概述公共选择理论的其中一个版本;此后,我们将看到该理论如何被用于解释实际观察到的关税模式。我们感兴趣的一个问题是,政治体系是否会像第十六章的竞争市场一样,产生预期的效率结果。如果是的话,我们可以预测,现实世界中实际所见的关税,将十分接近于上述"好的"关税。

另一方面,如果政治市场——像具有垄断性、外部性或公共品的私人市场一样——产出了无效率的结果,那我们就没有理由期望经济学家观察到的关税与他们建议的关税一致。该问题就变成了预测政治市场的结果,以表明哪些行业会或不会受关税保护。然后,我们可以将理论的预测与实际的观察进行比较,以此检验理论,并且,也许预测正确的话,我们就能理解我们所观察的结果背后的缘由。

公共选择:政治市场的经济分析

公共选择理论仅仅是把经济学应用在了一个具有特殊产权的市场。正如对普通市场的经济学分析那样,我们假定个体理性地追求各自的目标。同那类分析一样,我们可以先做一些简化假设,然后再去掉它们,例如完全信息或零交易成本。然而,公共市场上的产权与私人市场上的有所不同。它们包括个人投票选举代表的权利,代表制定法律的权利,政府官员执行法律的权利,以及法官解读法律的权利,等等。

如果我们将公司视为试图最大化其利润的假想个体,那么常规经济学就会大大简化。通过这种方式,我们可以将通用汽车(GM)从数十万个个体转化为一个整体。这种简化存在一定的代价,因为它忽略了公司内部经理、员工以及股东之间的利益冲突。但至今似乎还没有其他的简化方法同样奏效。因此,经济学家继续分析由追求利润最大化的公司组成的经济体——除非当下的问题取决于公司内部的相互作用,例如公司理论中的问题就是。第九章的选读部分和第十八章的并购讨论提供了有关该理论的简要案例。

区分不同公共选择理论的一种方式,就是在政治市场中什么被视为公司的等价物,以及在相应的假设中,要被最大化的是什么。当前,我将把"当选的政客"看作政治市场上的"企业家",并把讨论局限于立法市场。这只是几种简化政治市场的可能性之一,另外两种将在之后的部分讨论,但它也提供了一种概述公共选择理论的简便方法。

立法市场

个体认为,他们将从各种法律中受益或受损。为支持某些法律、反对其他法律,他们向政客提供"报酬"。"报酬"的形式可以是承诺为其投票,也可以是用现金资助其未来的选举活动,或是对政客收入的(隐形)"贡献"。政客在寻求其长期收入与非金钱收益总和的最大化,这种非金钱收益之一可能是其所在国家的福利。该最大化问题的约束条件是,若政客能持续当选,他所能"售卖"的只有立法(legislation)。

它有效率吗? 为了解我们是否可以预期这个市场的结果是有效率的,让我们考虑一个简单案例。某位立法者提出了一项法案,该法案无效率地将收入从一个利益群体转移到了另一个;它给1000人中的每人施加了10美元的成本(总成本为1万美元),又向其中的10人每人发放了500美元的福利(总福利为5000美元)。关于这项法律,会有怎样的支持与反对呢?

对受损者来说,总成本为1万美元,但由于公共品的问题,他们愿意为资助政客以反对这项法律的最高金额远低于这个数字。某人捐助竞选资金以否决该法案,就等同于在为这个千人群体中的所有人提供公共品。第十八章用于说明公共品产出不足的论点也适用于此。受众规模越大,所能筹集到的用于购买该物品价值的比例就越低。

给受益者提供的福利也是一种公共品,但其受众规模更小,是10个人而不是1000个人。一个更小的受众群体更易于组织,也许是通过条件性合同("当且仅当你这样做时,我才会作出贡献")的方式,来资助一项公共品。尽管小群体的收益小于大群体的成本,但小群体能够提供给政客以支持该法案的金额将超过大群体用以反对它的相应金额。

该效应还被第二种因素——信息成本强化了。关于立法效果的信息,只有付出一定的时间和金钱代价才可以获取。对于某个怀疑该法案可能会对他造成10美元损失的人来说,除非成本非常低,否则这些信息不值得获取,因为其可能的损失小,且他可能采取的任何行动对该法案通过概率的影响也不大。**利益分散**(dispersed interest)的成员理性地做出了比**利益集中**(concentrated interest)的成员获取更少信息的选择。

如果我们暂且搁置这个特例,转而考虑美国总统的选举,相应的论证会变得更加清晰。假设一个候选人以500万票数获胜、另一个候选人以500万票数获胜或两者间的任意票数分配,概率都相同。因此,选举达成平局,即再多一张选票就可以扭转局面的情形,其概率为一千万分之一。所以对于一个知晓谁是正确候选人的个体来说,据此投票而不是随机投票(或根本不投票),他的回报是让正确候选人获胜的概率增加千万分之一。除非选出正确的候选人对该选民来说价值非凡,否则为了使该结果的概率增加一千万分之一,他不值得付出这么多。这是一个**理性无知**(rational ignorance)的例子。如果信息的成本大于其价值,选择无知就是理性的。

现在让我们回到使1000个人每人损失10美元,而使10个人每人获益500美元的拟议法案。我们发现,小群体的利益在政治市场上的权重比大群体的更大。之所以如此,不仅因为小群体更容易克服筹集资金以支持立法的公共品问题;还因为小群体中的个体人均收益大,有更多的激励去承担必要的信息成本,来确定符合他们利益的政治行动是什么。

集中意味着什么? 至今我只讨论了群体的一个特征——它的规模。一个群体筹备公共品资金的难易程度的一系列特征,可以用"集中"(concentrated)和"分散"(dispersed)这两个术语来有效概括,群体人数只是众多特征之一。

例如,考虑对汽车征收的关税。它使数十万人受益——汽车公司的股东、汽车工人、底特律的产权所有人,等等。但通用、福特、克莱斯勒和美国汽车工人联合会(UAW)这些现有组织都在服务于这一大群体中的大部分利益。出于许多目的,我们可以把所有股东和大多数工人看作四个个体,一个小到可以有效组织的群体。汽车关税的受益者是一个比其影响人数构成的群体集中得多的利益群体。这或许解释了这种关税存在的原因,尽管它们给汽车消费者和美国出口商品的生产者这两个分散的利益群体施加的成本大于给汽车生产者的收益。

公共品问题导致普通私人市场无效率的原因在于,对于能使某群体获益的一种公共品,该群体可以筹集到的用来"购买"它的金额,低于此种公共品带给该群体的总价值,因此,某些价值超过生产成本的公共品没有被生产出来。而这又导致了公共市场无效率,因为出于公共品的问题,成本和收益在市场上只得到部分体现。就像通常会发生的那样,如果拟议法案的潜在获益者和受损者以其收益和损失的不同比例筹措资金来支持或反对该法案,那么造成净成本的法律可能会被通过,而带来净收益的法律则可能不被通过。

预测。 基于个体和利益群体为立法争相"出价"的简单模型,我们可以做出哪些预测?一个预测是,立法往往是以利益分散的群体为代价,使利益集中的群体受益。在这里,"集中"和"分散"描述了一系列特征,这些特征决定了利益群体成员从立法获得的收益,有多大一部分可以由该群体筹集到,以支援立法。

第二个预测是,虽然该系统可能时常产生缺乏效率的结果,但是在其他条件相同的情况下,效率较高的结果会比效率较低的更受青睐。例如,考虑以下情形,某位政客需要在几种以某一利益分散的群体为代价,来资助某一利益集中的群体的方案中作出选择。其中一个方案会给受益者带来100万美元,让受害者损失1000万美元;另一个方案会给受益者带来100万美元，让受害者损失500万美元。在第二种方案中，那些反对该法案的人损失得更少，所以政客更倾向于第二种方案。他选择了间接成本①为80%的（金钱）转移（每1美元成本对应0.20美元回报），而不是间接成本为90%的那个。

如果两个方案给受害者造成的损失相同，但一个能给受益者带来100万美元的收益，另一个能带来200万美元的收益，上述论证也同样适用。收益越大，政客能从受益人那里（以某种形式）得到的报酬就越大。

到目前为止，我们有了两种预测。转移从分散的利益群体分配到了集中的利益群体，并且在其他条件相同的情况下，转移总是尽可能地有效率。那么，为什么我们会观察到像关税这样的无效率转移呢？为什么政客们很少选择单纯对拟议的受害者征税，然后将收款转移给拟议的受益人？这样可以使转移成本——征税和支付收益的行政成本以及相关的额外负担降低到不可避免的最低程度。

一个回答是，我们的模型中隐含着第三种预测。如果一种转移使受害者弄清真实情况的信息成本尽可能高，同时使受益者的相应成本尽可能低，那么政客就会倾向于它。如果该（信息）成本对受害者和受益者来说是相同的，那么高信息成本的转移将比低信息成本的更受青睐。

前半句话是显而易见的；后半句话，即对高信息成本的偏好，是由于受益者比受害者更加集中，一个更加集中的利益群体更容易克服与信息成本相关的问题。所以，如果信息成本很高，受益者很可能仍然会支付——并支持立法，而受损者无法支付这些费用，因而无法反对立法。

对高信息成本的偏好有助于解释无效率的转移。给定选择的机会，对旨在以他人为代价而使某些人受益的法案，其倡导者宁愿把它伪装成别的东西。一个对消费者征税并将钱转移给通用汽车、福特、克莱斯勒、UAW的法案，比起与它本质相同的汽车关税，可能会遭受到更多的反对，因为汽车关税可以被（且正被）作为一种保护美国人就业免受日本人影响的措施。

我们现在有了对政治市场结果的三种预测：市场更喜欢集中的利益群体、倾向于更有效率的而非更无效率的转移，以及更偏好伪装成其他东西的转移方式。那么这些如何与我们观察到的情况相吻合呢？

现实世界中的关税。 观察到的一个现象是，关税往往不是用于幼稚产业，而是

---

① Overhead，也可译作"上头成本"，是会计学中的专有名词，原指企业运营中不随产量的变化而改变的成本，通常无法被具体生产单位所量化。——编者

用于夕阳产业。在某种程度上,这是我们对集中与分散利益的讨论所预料到的。美国的钢铁产业是一个强大的利益集中群体;而尚未形成、但可以由适当的关税创造出来的潜在幼稚产业却不是。因此,得到保护的是夕阳产业。

这解释了为什么幼稚产业没有得到关税保护,但没有解释哪些产业得到了保护。如果关税倾向于保护衰退型产业,一个令人满意的理论应该解释其原因。第十三章对于沉没成本的讨论,结合(在其他情况相同时)"政客偏好能提供尽可能高的收益成本比的转移"这个预测,可以解释这一原因。

假设与国内的增长型、竞争性产业相互竞争的进口品被征收了关税。税前(国内)价格等于平均成本,所以经济利润为零。关税减少了进口品的供应,所以国内价格和行业产出会有所上升。但一旦有足够多的新公司进入该行业,重新建立均衡,平均成本会再次等于价格,经济利润也会变回零——该行业不会得到收益,因此也没有理由酬谢征收关税的政客,调整阶段除外。

如果该行业使用的某些投入的供应是固定的,比如特定类型的土地,那么它们的价值将会被抬高;其所有者可能愿意为土地的部分增值买单,以通过并维持关税。但如果这些投入的供给曲线高度有弹性,或它们的所有权由众多个体支配而没有一人认为值得为关税付出,那么回报关税支持者的,就只有过渡性利润了。

接下来考虑对衰退型产业征收关税的情形。在这样的产业中,有一种重要资源的供应是固定的,即收入程度足以维持其运营、但不足以使其扩大的工厂。这种资源的所有权与其产业的集中程度相当。关税通过提高进口竞品的成本,增加了对国内生产物品的需求,从而增加了工厂的现值。在这种情况下,与增长型产业不同,消费者因价格上涨的大部分损失,由生产者以财富增长的形式而获得。

关税的成本仍然大于收益,但成本被分摊给了许多消费者,而收益则集中于少数生产者。由于衰退型产业获得的收益比增长型产业更大,衰退型产业愿意更加努力地争取关税——他们通常更成功也就不足为奇了。其结果是,关税的模式与被证明为有效率的模式几乎完全相反。

相同的分析解释了为什么对农产品征收关税,在作为农产品净进口国的日本和欧洲经济共同体国家,比在作为农产品净出口国的美国更为普遍。在对农产品征收关税时,相关的固定资源是土地;对国内农作物需求的增加提升了它的价格。同衰退型产业的情况一样,生产者获得了消费者损失的很大部分,尽管不是全部。如果这个占比足够大,且生产者足够集中、组织有序,其结果就可能是征收关税。

第十九章 政治市场

其他研究方式

我对公共选择理论的讨论集中在了立法市场上,这似乎一笔带过了高中的公民教育课所教授的社会运行安排——民主选举。我这样做的原因很大程度上隐含于我的讨论中。信息成本使选民很难知道哪些政客按其利益行事,而公共品问题意味着,对选民来说,花费代价购买必要的信息来识别和支持此类政客,几乎是不符合其利益的。

这是公共选择理论的一种研究方式,但不是唯一一种。还有其他的方式,有些选择忽略这些问题,来分析基于多数投票制度(majority voting)下产生的民主政府;在该投票制度中,选民能够正确理解自己的利益和候选人的立场。以下是一个例子。

霍特林与海登。你计划在图 19-3 所示的街区建一个商店。建好商店后,你的竞争对手也会建他的商店。顾客沿街区均匀分布,每个顾客总会去离他更近的商店。你应该把商店建在哪里?

图 19-3a 显示了一个错误答案;你的商店是 A,你的竞争对手的商店是 B。通过把他的商店建在此处,他得到了他右侧的所有顾客。你的正确策略是把商店建在中间,如图 19-3b 所示,迫使他在一侧或另一侧建店。你们各自得到大约一半的市场。

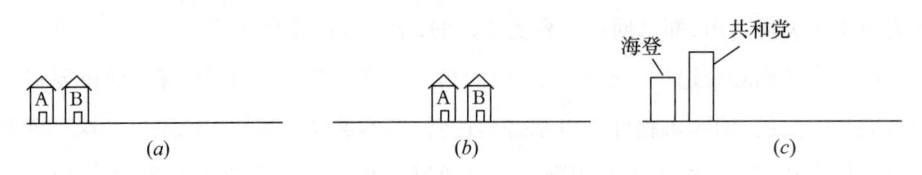

图 19-3 应用于商店和政客的霍特林定理

因为看到汤姆·海登①与其共和党对手的竞选广告,在授课过程中,我想起了这个简单但优雅的论证,它由经济学家哈罗德·霍特林首次提出(他对不可再生资源的分析已在第十二章讨论过)。海登当时正在圣莫尼卡市的一个地区为加州立法机构开展一场非常左翼的竞选活动,这场活动有时被那些对其政见不满的人称为"圣莫尼卡人民共和国"。他的对手为共和党派采取了非常左翼的立场:支持租金管制,反对海底钻探,等等。图 19-3c(仅为 19-3a 的重新标注)给出了一个明确的解释。由于海登在政治光谱(political spectrum)上位于非常左的位置,因此他的对手以几乎同等程度的左来最大化自己的选票——位于他对手右侧的选民别无选择(只能投给他)。

相同的分析可以解释美国政治体系提名两位相似且靠近政治中心的候选人的倾

---

① 汤姆·海登(Tom Hayden),美国社会活动家,1982—1992 年担任加州州众议员,1992—2000 年担任加州州参议员。

向。这与图19-3b的示例非常吻合。总统候选人并不总是中立的,如海登以非中立者的纲领竞选(并获胜),可能是由制度中的其他复杂因素造成的。首先,一个一维的左右派别无法完美地反映(政治)议题。其次,政治支持并不局限于投票;一个靠近政治派别一端的选民可能愿意给他认为只比对手差一点的候选人投票,但却不情愿花费时间或金钱在其竞选活动上。最后,政治党派并不是无限灵活的,至少在短期内是这样。加利福尼亚的共和党可能无法让一个能让选民相信他几乎与汤姆·海登一样左的候选人参与竞选。

霍特林的论证,应用于政治,就是**中间选民模型**(median voter model)。其思想是,一项能将选民立场一维排列的议题,如政府开支的大小,其结果将代表了中间选民的意愿。任何位于中间选民一侧的立场,例如,比中间选民希望的开支略多的提议,都将被由中间选民和每个想要支出更少的人组成的同盟,以略高于50%的票数打败。位于中间选民另一侧的立场也会如此。所以中间选民将会得偿所愿。

这里,该结论再次取决于议题有明确的一维排序,且选民正确地认识到自己的利益并据此投票。在一个更现实的模型中,结果会变得模糊。例如,如果议题是收入再分配,那么具有中间收入的选民可能会被由两个极端组成的联盟打败——富人和穷人会为了他们的共同利益投票支持对中产阶级征税。这个联盟可能反过来又被由中产阶级和穷人(或富人)组成的联盟击败,然后再由下一个联盟击败,如此循环。这就是我们在第十一章分析三人多数投票的博弈时看到的无尽循环。

收入最大化的政府部门。 有关公共选择理论多样性的最后一个例证是威廉·尼斯坎南(William Niskanen)的政府机构理论。在他的分析中,主要的角色是政府部门:美国国防部、新奥尔良市的供水和污水处理部门,或者其他任何具有共同利益的官僚组织。每个部门的目标是预算最大化,从而最大化其成员的权力和收入。

由于各部门无法自己征税,他们必须从具有征税权的立法机构处获得资金。因此,它们向立法机构提供一系列可供选择的"价格与产出"方案,每个方案都包含一个数量确定的"产出"(国防、供水与下水道、学校教育,等等)和一个数额明确的预算。由于在尼斯坎南的模型中各部门知道自己的成本函数,但立法机构不知道,因此各部门可以(且的确)向立法机构谎报其他产出水平下的成本,以获得尽可能多的拨款。为此,它们刻意少报较低预算下的生产数量,以削弱其与高预算方案相比时的吸引力。收入最大化的政府部门的策略与具有完全价格歧视的垄断者的策略相似。二者都试图为顾客提供一个他刚好能勉强接受的方案,从而将随之而来的收益尽可能多地转移给自己。

这个模型也有它自身的问题。首先，尽管官僚能够最大化其预算，但我们不清楚他们是否想要这样做。一个政府部门如果是为了获得最大的预算，就必须向立法机构承诺并生产大量的产出，也许一个稍小的预算和一组少得多的义务对该部门来说更好。如果需要生产的变少了，那么就有更多的钱给官僚支付薪水和其他福利津贴。

寻租与政府成本

在第十六章，我引入了寻租的概念，以解释为什么在某些情况下，完全价格歧视的垄断可能是最糟而不是最好的产业组织方式。实际上，"寻租"一词是在更贴合本章的背景之下被引入经济学的。相关分析如下。

为何给不了好处

政府有一些有价值的好处要发放——进口许可证、执照，或类似的东西。这些东西以纸质的形式授予接受者做某事的许可。每张"纸"价值100万美元，如有必要，一个潜在的接受者会支付到这个数额以获得它。有1000张这样的"纸"待发放。

如果你在免费发放价值为100万美元的东西，那么就不缺索求者，所以我们必须找到某种筛选他们的方法。假设这些许可证应该发放给那些能最好地将其利用在公众利益上的公司；社会是一个民主社会；政府官员会努力把许可证发放给那些受投票公众喜爱的公司。

公司可以而且确实在采取行动影响公众的认知。如果你的公司想获得许可证但又没什么指望，那么花钱提升公司的公众形象就是值得的，比如可以通过广告的方式，告诉公众你的产品对国民福利有多重要，提供了多少就业机会，以及你获得许可证的重要性。

你愿意在这种广告上投入多少钱？如果它能决定你是否得到许可证，那么你的上限即为许可证的价值——100万美元。起初，你也许可以少花点钱就达到目的。但是，当其他公司看到：你的10万美元的广告让你得到了一个许可证，而它们却没有时，它们也会开始自己的广告营销——预算为20万美元。你重新评估处境，增加你的预算。他们亦然。

平均来说，只要低于100万美元的广告支出能得到价值100万美元的政府好处，就总会有新的公司愿意加入这场博弈。如此一来,他们要么提高了必须花费的金额,要么降低了成功的概率。平均而言,当每家公司为获得许可证所花的钱与许可证的价值一样时,均衡就实现了。如果花得多的公司一定能获得许可证,结果将有1000家公司,每家花费100万美元。如果情况更不确定,则可能会有2000家公司,每家花费50万美元,并有50%的成功概率。

从某个角度看,这个结果平平无奇:均衡状态下,边际成本等于边际价值。但从另一个角度看,这的确非常令人惊讶:政府在免费发放价值10亿美元的特定好处,而接受者最终什么都没有得到,因为好处的全部价值都用在了取得它上。

我假设,许可证的潜在接受者以广告提升公众形象的方式,来影响他们获得许可证的可能性。但结果并不取决于这一假设。我们可以设想出其他各种潜在接受者可能影响结果的方式,包括对执政党的政治资助,和对分配许可证官员的贿赂。这种情况的逻辑仍然相同——好处值多少,企业就会花费多少去获得它。

"寻租"一词是由安妮·克鲁格(Anne Krueger)在一篇论文中引入经济学的。她考虑的主要例子是,一些国家将其货币的官方汇率维持在高于市场汇率的水平上,由此产生的外汇短缺就使用进口许可证来配给。如果一个印度人将商品销售出国,赚取了美元,他应该以官方汇率将其上交给政府,这意味着,他用美元换取的卢比数量少于这些美元在市场上换取的。持有政府发放的进口许可证的印度人则可以按官方汇率用卢比换取这些美元,然后再用这些美元在国外购买商品并进口到国内。这种许可证价值不菲。

寻租并不限于有外汇管制的贫穷国家。在分析立法市场时,我集中在该市场的结果,而没有讨论其成本。如果特殊利益群体从政客处获得立法权,这会增加作为一个成功政客的价值,从而反过来增加用于获得并保持政治职务的费用。这给我们带来了一个有趣的难题。

选举成本

人们经常会读到一些文章,痛惜开展竞选活动的花销有多大,尤其是在选举期间。而令我惊讶的是,考虑到相应赌注,为赢得执政权(即获得政治要职)的花销却很少。在总统选举年,两个党派在总统竞选和所有国会竞选上的总支出达到几十亿美元。竞选的"奖品"是对联邦政府数年的掌控。在此期间,政府将花费约8万亿美元,是竞选活动总花费的1000多倍。

对奖品和其花销之间不成比例的一种解释是,即使是一个相对集中的利益群体,也会面临公共品问题。在政治筹资中,如果一个团体只能筹集到所买东西对其成员的价值的10%,那么政治家提供1美元好处的能力只能为他自己换取0.1美元。第二种解释是,即使是相对有效率的转移,也存在无效率的可能;政府为某些利益集团提供的1000万美元,可能只给他们带来了价值100万美元的收益。成本和收益之间的差距,实际上代表了隐藏转移的成本;一个更加直接且不那么低效率的安排对受害者来说也会更显而易见,因此更缺乏政治吸引力。将这两种效应结合起来,就意味着一个掌控1000万美元支出的政客,最终只能得到10万美元的竞选捐款。

最后一种解释是,大部分用于获得政治要职的成本从未出现在竞选活动的开支记录中,甚至不在政治家的私人记录中。它包括对"分赃"的许诺,用不那么带感情色彩的说法就是,为换取来自个人和团体的支持而许下的政治承诺。

· 习题 ·

1. 假设美国垄断了小麦生产,并对小麦征收出口税,利用其垄断地位提高世界价格。税款被用于政府的一般开支。美国的小麦种植者的境况因征税变好还是变坏?你可以假设他们只占人口中很小的一部分,从税款中得到的好处可以忽略不计。

2. 对于本章所分析的小麦-汽车案例,很容易证明关税和出口税的效果是一样的。它们在不同地点对同一交易(用小麦交换汽车)征税。同样的,出口补贴和进口补贴也有相同的效果。然而,关税和出口补贴很常见,出口税和进口补贴却很少见。为什么?

3. 在证明关税的无效率时,我们使用了书中许多地方的观点。请画一张图表展现相关观点和它们之间的联系。每个方框都应标明是出自某一章及该章中的一个观点。虽然我不期望你画出一个完整的图表,但你应该显示主要的观点,我期望你至少画出十个方框,或者更多。

4. 我们已经证明,关税——进口税——通常是马歇尔恶化。这是否意味着进口补贴通常是一种马歇尔改进?请讨论。

5. 人们常说,我们需要汽车关税来保护美国汽车工人的工作。在我们的计算中,因废除关税而导致工人失去工作,这部分失去的价值体现在哪里?请解释。

6. 如此多的人不厌其烦地投票的事实是否证明了本章对投票的分析是错误的?请讨论。

7. 多年来,水管工成功地使城市建筑法规禁止使用会减少对其服务需求的新技术,如塑料管。本章的分析表明,一个拥有大量沉没成本形式的资本的衰落行业,如陈旧的工厂,在获得有利的立法方面会相对成功。你认为水管工的沉没成本是什么形式的?

8. 当对某些进口商品征收关税时,受益方是被进口商品的国内竞品生产者。受害方不仅包括该商品的消费者,还包括与该进口商品交换的出口商品的生产者。我们没有特别的理由期望典型的出口行业会比典型的进口竞争行业的集中度低。尽管如此,出口商和消费者一样,是一个分散的利益群体。请解释。

9. 当国会就汽车关税进行辩论时,主要的反对者往往是外国汽车的分销商和零售商,尽管他们的成本只占消费者成本的一小部分。请解释。

10. 从寻租的角度讨论第七章中的人力车过剩问题。

·延伸阅读·

第一个使用术语"寻租"的文章是 Anne Krueger, "The Political Economy of the Rent-seeking Society," *American Economic Review*, Vol. 64（June, 1974）, pp. 291-303。

这一思想的其他形式更早地出现于：

Gordon Tullock, "The Welfare Costs of Tariffs, Monopolies and Theft," *Western Economic Journal*, Vol. 5（June, 1967）, pp. 224-232.

David Friedman, *The Machinery of Freedom: Guide to a Radical Capitalism*（New York: Harper & Row, 1971; Arlington House 1978; Open Court, 1989, CreateSpace 2014）, Chapter 38.

公共选择理论的其他来源包括：詹姆斯·布坎南与戈登·图洛克的《同意的计算》(*The Calculus of Consent*)；安东尼·唐斯的《民主的经济理论》(*An Economic Theory of Democracy*)；威廉·尼斯坎南（William Niskanen）的《官僚制与代议制政府》(*Bureaucracy and Representative Government*)；曼瑟尔·奥尔森的《集体行动的逻辑》(*The Logic of Collective Action*)。

与本章类似的对立法市场的讨论出现在：Gary Becker, "A Theory of Competition Among Pressure Groups for Political Influence," *Quarterly Journal of Economics*, Vol. 98（1983）, pp. 371-400。

霍特林最早的贡献出自：Harold Hotelling, "Stability in Competition," *Economic Journal*, Vol. 39, No. 1（March, 1929）, pp. 41-57。

第二十章　法律与违法经济学

本章由五节组成。前两节视现有的法律结构为既定的,首先利用经济学来理解犯罪活动,并提出预防犯罪活动的方法,其次再分析犯罪的净成本,并在此过程中说明为什么某些事应该是非法的。

本章的其余部分将现有的法律和其执行体系作为研究对象,而不是研究犯罪的框架;第三节简要分析了对犯罪的处罚应该是什么,我们应该尽多少力去抓捕罪犯,应该对此花费多少钱,以及抓获罪犯的比例应该是多少。第四节讨论了以下两种抓捕和定罪制度的优缺点:公法,如我们目前的刑法;私法,如我们目前的民法。本章的最后一节对事故民法(civil law of accidents)做了详细的经济分析。

第一节　犯罪经济学

我所说的犯罪经济学并不是指犯罪对国民生产总值(GNP)的影响,也不是指贫穷为什么会导致犯罪。经济学在这里的含义与它在第一章的含义相同,也与它贯穿全书的含义相同——它是一种理解人类行为的特殊方式。用经济学的方法来分析犯罪始于这样一个假设:窃贼入室盗窃的原因与我教经济学的原因相同,因为他发现这个职业比其他职业更具吸引力。由此得出的显而易见的结论是,无论是作为立法者还是房主,如果想要减少入室盗窃,可以提高窃贼的职业成本,或者减少相应的收益。

许多年前,我与一位朋友就纽约生活的某个实际要素发生了分歧,我们的争论以小见大地说明了用经济与非经济的方法看待犯罪的区别。当时,我住在曼哈顿一个有点危险的地方,当晚上得外出时,我习惯于携带一根四英尺长的手杖。我的朋友认为,我正在犯一个危险的错误:潜在的劫匪会觉得被挑衅了,从而向我蜂拥而来。我认为恰恰相反,劫匪就像其他追求利润最大化的商人一样,宁愿以尽可能低的成本取得收入。我携带手杖的话,不仅在我选择抵抗时给他们增加了成本,同时也是在宣布我的抵抗意图——他们会理性地选择更容易的目标。

我从未被抢劫过,这在一定程度上证明了我对此事的看法是正确的。更多的证据来自观察那些被抢劫者的身份。如果劫匪想证明他们的男子气概,他们应该选择足球运动员,抢劫小老太太并不是什么光彩之事。另一方面,如果劫匪是理性的商人,寻求以尽可能低的成本获得收益,打劫小老太太就很合理。小老太太以及其他相对无防备的人会被抢劫,而足球运动员则不会。据说有人曾经问过威利·萨顿(Willie Sutton)为什么要抢劫银行,"那是放钱的地方"是他的(理性)回答。

帮助我决定晚上在曼哈顿上西区散步时要带什么的分析,也可以用于枪支管制讨论中提到的一个问题。枪支管制的反对者认为,枪支管制有个问题,它解除了潜在受害者的武器,使他们在犯罪分子面前更难自保;而支持者则回应说,由于犯罪分子比受害者更可能知晓如何使用枪支,因此在任何武装对抗中,胜算都在他们那边。这两种观点可能是对的,但它几乎完全与其论点无关。

假设有 1/10 的小老太太携带枪支,并假设如果遭遇歹徒袭击,她们中的 1/10 会成功杀死歹徒,而不是被歹徒杀死或射中自己的脚。平均而言,歹徒比小老太太更有可能在交战中获胜。但是,平均每一百起抢劫案中,也会有一名劫匪死亡。在这种概率下,打劫是一种没有吸引力的职业,因为没有多少小老太太会在钱包里带足够多的钱,值得歹徒冒 1/100 被杀的可能性去得到它。抢匪和抢劫的数量急剧下降,并不是因为所有的劫匪都被杀了,而是因为他们理性地寻求了更安全的职业。

当我们作为孩子第一次了解到不同种类的动物时,我们可能会想象它们按照严格的等级链条排列,更强壮、更凶猛的动物会捕食它们之下的所有动物,而事实并非如此。毫无疑问,一头狮子可以相当自信地打败一头豹子,狼杀死狐狸亦然。但是,习惯于捕食豹子的狮子不会活太久。尽管任何一只豹子都很可能在打斗中落败,但在这个过程中,狮子也有一定的小概率会被杀,并且有更大的概率会受伤。对狮子来说,一顿晚餐的代价太高了,这就是为什么狮子反而要捕食斑马。同样,潜在的受害者不一定要比罪犯更有杀伤力,只要他的杀伤力足以让罪犯的成本大于收益就够了。

这并没有证明枪支管制是一件坏事,虽然我已经反驳了一个论点,但还有许多其他正反两方的论点。它确实说明了一个重要的一般原则。在分析冲突时,无论是在两种动物、罪犯与受害者、竞争公司或交战国之间,我们本能的倾向是想象一场全力以赴的战斗,重要的只有胜败,但实际很少如此。在劫匪与小老太太的冲突中,劫匪通常会赢。但冲突的代价——1/100 的被杀概率已经高到让劫匪选择避免冲突。同许多情况一样,这里潜在受害者面临的问题并不是如何击败侵犯者,而只是如何让侵犯无利可图。

经济学笑话 2:一位经济学家和一位商人正在树林里散步,这时,他们遇到了一头饥饿的熊。这位经济学家转身就跑。"这正好说明你们这些经济学家的假设是多么可笑，"商人说，"你假设你能跑赢熊。""错！"经济学家回答，"我只是假设我能跑赢你。"

星际航行的经济学

波尔·安德森（Poul Anderson）的一个科幻故事，用虚构的方式很好地说明了这一点。故事的背景设在遥远的未来，星际旅行和贸易已很普遍。有一条潜在的有利可图的贸易路线连接了两组恒星。不幸的是，这条路线经过了一个可恶的星际小帝国——波苏的地盘。波苏的恶习是：扣押过往星船，没收其货物，洗脑其船员，然后将船员纳入严重缺乏训练有素人力的波苏舰队。

波苏是一个可恶的小帝国，如果贸易公司愿意，他们可以聚在一起，建造战舰，击败波苏。但这样做的代价会超过能在贸易航线上获得的所有利润。他们也可以武装自己的贸易飞船，但建造一艘武装飞船并为其配备人马的成本将会抹去该船能产生的利润。他们可以赢，但作为理性的利润最大化者，他们不会这样选择。

其中一家贸易公司的负责人——尼古拉斯·范·赖恩解决了这一问题。他首先说服了他的竞争对手，使其同意将这条路上获得的利润的一部分支付给任何解决能这个问题的人。解决方案是武装 1/4 的飞船，相应的利润减少了，但并没有被消除。战船能比商船携带更多的船员。有 3/4 的概率，波苏袭击了一艘商船，俘获它和船上的 4 名船员；而有四分之一的概率，商船为一艘武装战舰，波苏损失一艘战舰及 20 名船员。在每四次的袭击中，波苏净损失 8 名船员。对波苏来说，劫掠不再有利可图，因此它停下了。

这个问题的逻辑和解决方案，在范·赖恩对其同事的回复中，得到了很好的总结，这名同事建议他们应该战斗，即使其代价超过了贸易对他们的价值。

> 复仇和毁灭是异教徒（un-Christian）的想法。并且，它们的回报也不会很高，因为将任何东西卖给一具尸体都是一件难事。该问题在于，在我们的资源范围内，找到某种方法，从而使波苏对我们的侵袭无利可图。他们不是傻子，所以会停止侵袭，这样我们之后也许就可以做生意了。
> ——"边际利润"，收录于波尔·安德森的《无人之船和其他小说》（*Unman and Other Novellas*）

超级大盗

近来,我在一本书中读到了另一种有关犯罪与犯罪防范经济学的讨论。这本书是以内部视角来创作的——在好几种意义上。它的书名叫《一个超级大盗的秘密》(*Secrets of a Superthief*)。根据作者杰克·麦克莱恩(Jack MacLean)自己及介绍他的记者说,作者是一个极其成功的小偷,专门在高收入地区作案。如他所述,他的行事很有水准:当一所屋子里没有他认为值得偷的东西时,他就会把丢弃的战利品堆在厨房桌子上,然后偷走防盗警报的控制面板。他通常的策略是:在离开时重置防盗报警器,以确保没那么挑剔的小偷闯入,把房子弄得一团糟。

最终,"超级大盗"犯了一个小的职业错误,他发现自己开启了一个(通往牢狱的)意外"假期"——一个来自佛罗里达州的"恩惠"。作为一个精力充沛的家伙,他在铁窗内向同狱的囚犯询问他们的技巧和看法,并写了一本如何不被盗窃的书。超级大盗的一个主要见解与范·赖恩相同——任何冲突的基本目标是:既不要打败你的敌人,也不要让他不可能打败你,而是仅仅让那些不利于你的事情对他来说变得无利可图,这样他就不再会去做。

在向潜在受害者提供建议时,"超级大盗"认为,让窃贼无法进入你家,通常并非一个合适的选择,因为很少有门能抵挡住意志坚定、装备合适的盗贼。坚固的门和锁的作用不是让盗窃变得不可能,而是通过增加窃贼所需的技能和装备,以及行窃被发现的概率,使盗窃的成本更加高昂。

一个成本较低的方法是使用超级大盗所说的心理战术。图 20-1a 显示了我根据他的一个计谋想出来的一个办法,即在后门贴一张便笺。琼斯夫人和隆美尔完全都是虚构的,潜在的窃贼可能会对此怀疑,但他无法确定。当时我住在新奥尔良,在那个地方,灭虫员很常见。我对里屋的提法足够含糊,使小偷无法确定在哪能不吸入杀虫剂。而隆美尔,大概是一只德国牧羊犬或杜宾犬,待在(在超级大盗看来)窃贼认为最值得偷的房间里。在超级大盗所写的便笺中,他提到了在家里游走的宠物响尾蛇。这个故事比我的更好,但也更难被相信。超级盗贼还给出了许多其他简单且成本低廉的心理战术例子,例如在后院周围放一个大的喂狗盘或一根巨型的橡胶骨头。

图 20-1b 显示了我的另一项预防措施——针对的是超级大盗没有提及的一个问题。在我家后院的一个房间里,有一些可能被小偷认为是值得偷的东西,所以我给它配备了呆锁(deadbolt lock)。一个理性的小偷会由此认为我是一个理性的受害者,并推断如果我在那扇门上装了锁,可能是因为门后有值得偷的东西。对此,我的解决方案是图 20-1b 中所示的标语。它旨在为锁提供一种解释——房间里有危险的化学

品,家里有一个好奇的孩子。该方案是我的原创,但我相信超级大盗会认同的。

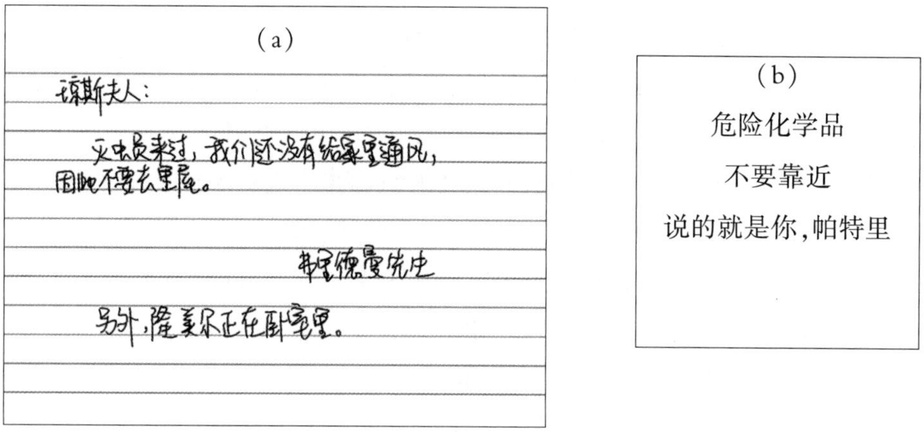

（a）

琼斯夫人：

灭虫员来过,我们还没有给房里通风,
用钥匙开衣柜房。

弗里德曼先生

另外,隆美尔正在卧室里。

（b）

危险化学品

不要靠近

说的就是你,帕特里

图 20-1　低成本防盗术

给一个虚构的清洁女工和我真实儿子的虚构便笺。

黑市

> （在地球上,他们）甚至有像合同这样针对私人事务的法律。真的。如果一个人言而无信,谁会与他签合同呢?他有信誉可言吗?
>
> ——《严厉的月亮》(*The Moon is a Harsh Mistress*)中曼尼(Manny)所言

到目前为止,我们一直在用经济学分析犯罪,以弄清如何在个人层面解决该问题;在此意义上,我们的讨论既是实际的,也是理论的。在结束本节并继续分析法律和执法问题之前,我们首先将使用经济学分析探讨一个同样有趣但不会立马有用的问题——黑市的结构。

我们习惯于认为市场是社会认可的公共机构,如股票市场、小麦市场或者超市。这类市场有一个重要特征:必要之时,其中达成的买卖协议通常可以在法院强制执行。但是市场的概念比这要宽泛得多。华盛顿有政治影响力市场,也有非法毒品和赃物的市场,以及性交易市场——合法(见第二十一章)和非法的都有。公共法院对合同的强制执行力可能对市场的运作有帮助,但它不是必需的。

经济学既适用于非法市场,也适用于合法市场。当生产中的某种投入被淘汰时,其替代品就会变得更有价值。如果合同不能在法院上被强制执行,那么其他能让人们遵守合同的方式就会变得更加重要。因此,我们期望法院服务的替代品能成为非法市场的重要元素。一种替代品是声誉。对诚实政客的传统定义是:一个总是被收买的人。① 另一种更为暴力的法院替代品将在稍后讨论。

非法市场的另一个特征是,处理信息的成本高于合法市场。你想要员工的有关信息,以便决定之后如何跟他们打交道;而对检察官来说,这些信息对决定他未来如何跟你打交道也同样有用。这是我(和其他人)认为"有组织的犯罪"或"黑手党"(Mafia)在很大程度上是想象出来的原因之一,至少不像他们通常被描述的那样。"通用汽车式的犯罪"不合理,因为置身于这种公司,高层必须知道底层的人在做什么,才能判断出他们的付出是否与其收入相抵,而将此类信息通过许多层级传递上去是极其危险的。似乎更有可能的是,大多数罪行是由个人或小公司犯下的,并且有组织的犯罪并不类比于一家巨大的公司,而更像是犯罪市场上的商会或更好的商业机构。

这样的解释有悖于我们经常在报纸看到或在国会听证会上听到的情况,在你以此为由拒绝该解释前,值得思考一下报纸和委员会上的信息可信度如何,以及他们到底是想产出准确的研究还是激动人心的故事。报纸想要多卖几份,而政客想要获得连任——宣布有组织的犯罪并非主要威胁,似乎对实现哪一个目标都不是一个好办法。此类信息要么来自执法官员——证明他们需要更多的金钱和势力来打击有组织的犯罪;要么来自为换取豁免而作证的罪犯——他们有明显的动机说出逮捕者想听到的话。在阅读此类报道时,对比有关黑手党的权力和重要性的描述,与亲历者实际如何经营其犯罪组织的描述,是很有意思的。后者通常将亲历者描绘成独立的企业家,而不是某些超级犯罪组织的雇员。

对犯罪市场的学术研究涉及大多数其他研究领域所没有的一些困难。尽管如此,此类研究偶尔也会进行,并且至少也有一些学术证据似乎支持我的结论。一项关于纽约非法赌博的研究,基于警方的窃听记录,发现赌庄(bookies)为小型的独立运营商,而彩票运营商(numbers operators)的规模更大,但同时也具有竞争性。无论是赌庄还是彩票运营商,似乎都没有能力对其竞争对手使用暴力,甚至都难以执行与能带来客户的分包商的利润分成协议。

一个了解有组织犯罪的更有趣(尽管可能不太可靠)的方式,是阅读那些所谓的"内幕资料"。《一个黑手党首领的自白》(*The Last Testament of Lucky Luciano*)中披露了

---

① 这里借用了美国金融家兼政客西蒙·卡梅伦(Simon Cameron,1799—1889)的一句话:"一个诚实的政客,当他被收买过一次后,就会一直被收买。"(An honest politician is one who, when he is bought, will stay bought.)——编者

一件事:在一场有关谁将成为教父(Capo dei capi)——黑手党领袖的帮派斗争之后,获胜者召集全国各地的帮派领导人,并宣布:

> 现将一切合并为一个单一的组织,并归于一人的统治之下——他的……关键是纪律,马兰扎诺(Maranzano)反复强调,严格的纪律,由马兰扎诺自身作为所有争端的最高仲裁者,因为他在所有事情上都至高无上。该纪律……将被严格执行。

不到五个月后,他死了。

关于有组织犯罪到底是什么,我自己的猜想是,至少在某种程度上,它是法院体系的替代品。它的功能是使武力使用合法化。为了解它如何运作,想象一下,你在从事某个犯罪活动,你的一个同伙把你的那份钱装进了他的口袋。你理所当然的反应是找人杀了他——谋杀是你所处市场中出售的商品之一。这样做的问题是,如果你的同伙被杀,并且你又被人知道对此事负有责任,那么非法市场的其他参与者将不愿与你做生意。

解决办法是向一些在犯罪市场上具有声誉的组织寻求公正。你拿出你的同伙有罪的证据,邀请他作自我辩护,然后要求"法庭"裁定他是有罪的一方。如果确实如此,而他拒绝向你支付适当的赔偿,你就雇人杀了他。由于现在每个人都知道他是有过错的一方,所以唯一害怕与你合作的人将会是那些计划诈骗你的人。

我认为,上述就是黑手党和类似的组织在犯罪市场上的功能之一。这是一个关于有组织犯罪的猜想,不是我可以证明的,但在我看来,这并非是一个不合情理的猜想。

第二节 犯罪的成本

到目前为止,我一直都把法律结构看作既定的,并使用经济学分析了罪犯的行为。下一步是用经济学来分析犯罪所造成的成本。这一部分是为了说明,从经济学的角度来看,为什么某些事情应该是非法的;一部分是为了说明,对犯罪市场的分析可以如何被纳入经济学的一般框架中。在该节以及本章余下各节中,我们将继续假设犯罪市场的参与者——罪犯、受害者和执法者是理性的,他们选择正确的方法来实现各自不同的目标。

抢劫到底有什么不对？

我们想当然地认为，某些活动，如抢劫、盗窃和谋杀，是应该被阻止的坏事。从经济效率的角度看，其原因并不总是明显的。盗窃似乎只是一种转移：我损失了100美元，小偷获得了100美元。从效率的角度来看，这似乎是一种会计对冲——以金钱衡量的成本正好平衡了以金钱衡量的收益。如果是这样的话，盗窃有什么不对呢？

如果这就是所发生的一切，那么从效率角度看，盗窃的确是中性的，它既非一种改进，也非一种恶化。但事实并非如此。盗窃并不是没有成本的，小偷必须花费金钱、时间和精力来购买工具、踩点、破门而入，等等——这要花费多少时间和精力呢？要回答这个问题，我们不必找到任何实际的小偷并对他们进行审问。经济理论会告诉我们成本是多少，至少对边际小偷来说是这样。小偷市场就像其他竞争性市场一样，在均衡状态下，边际成本等于平均成本，也等于价格。边际小偷没有收益来补偿他强加给受害者的成本，分析如下。

假设任何想当小偷的人都能以50美元的净成本偷到100美元，其中，净成本包括操作费用、时间价值和被抓的风险。相应的收入大于成本，所以经济利润为正，他们团伙入行。如果偷窃的报酬比其他职业高，人们就会离开那些职业，去当小偷。

随着越来越多的人成为小偷，盗窃的边际收益也随之下降。许多最有价值和容易被盗的物品都已被盗，每条钻石项链也都对应三个追踪它的珠宝盗贼。一个小偷闯入一栋房子，却发现超级大盗已经偷走了所有更具价值的珠宝，并重置了警报。正如在其他行业那样，产量的增加导致回报率下降，尽管原因不尽相同。盗贼为其劳动所得到的"价格"，即他每花费自己的一小时时间所能偷到的金额，下降了。

能下降到什么程度呢？只要偷窃的收益比其他职业高，人们就会离开这些职业去当小偷。当对边际小偷来说，新职业只比旧职业好无限少时，并且当对于下一个考虑做小偷但最终决定不做的人来说，新职业只比原职业差无限少时，该市场就达到了均衡。在此均衡状态下，边际小偷放弃了一份报酬为6美元/小时的工作，以换取在减去其新职业的花销——如律师费和偶尔的无薪假期后的6.01美元/小时的报酬。

因此，在均衡状态下，盗窃根本不是一种转移。窃取100美元的边际小偷花费了大约100美元的时间和金钱来做这件事。他的成本与回报几乎完全相抵，使得受害者的成本成为一种净损失。因此，这笔交易并不是对冲，而是一种约为100美元的马歇尔恶化。

到目前为止，我只讨论了边际小偷的情况。那么，那些在偷窃方面有特殊天赋或在其他职业上特别糟糕的人又会如何呢？相对于其他职业，做小偷对这种人的吸引力比对刚好勉强决定当小偷的人大。这种人的情况就像第九章讨论的生产函数特别好的公司一样。在边际企业刚好能覆盖其成本的价格下,超边际(inframarginal)企业或小偷有利润。他只以50美元的成本偷取了100美元,利润多了50美元。由于受害者最终损失了100美元,其结果仍然是马歇尔恶化,尽管恶化程度不如边际小偷。

到目前为止,我们有如下发现。如果所有的小偷都是边际小偷,换句话说,如果潜在的小偷在偷窃方面的比较优势没有太大区别,那么盗窃的净成本,即包含盗窃者和受害者的成本和收益,大约等于被盗金额。如果小偷之间的差异很大,那么净成本仍为正,但低于被盗金额。

分析盗窃的成本时,我们可以从两个方向进行。一是使分析更贴近现实,即考虑一些截至目前被忽略的成本——防御盗窃的成本。这既包括私人成本——锁、防盗报警器、保安等,也包括公共成本——警察、法院和监狱。虽然我没有实际做过计算,但我猜测这种成本比超边际小偷的盗窃净收益要大得多,从而使盗窃的总成本比所有被盗物品的总价值更大,而不是更小。

另一个方向是看看对盗窃的分析何以符合经济理论的一般结构。我们首先把对边际和超边际小偷的文字分析转换为很像传统供求图的东西,然后继续说明,盗窃的不可取可以仅被看作是某些我们已知的事物——实际上是已知的两种不同事物——的特例。

图20-2是盗窃的供给和平均收入图,横轴表示每年盗窃的小时数,纵轴表示每小时被盗的美元——小偷获得的"工资"。供给曲线S和其他供给曲线一样,表示在各种工资条件下所提供的劳动数量,即盗窃的小时数如何取决于每小时可偷取到的美元。平均收入曲线AR显示了盗窃的小时收入如何随盗窃小时数的变化而变化。随着小偷增多,每小时的收益下降,所以AR向下倾斜,就像一条需求曲线。

通过将小时数作为我度量数量的尺度,我隐含地假设了小偷之间的差异在于他们花一小时偷窃的成本是多少,而不在于他们在一小时内能偷到多少东西。这种成本的差异反映了盗贼们在休闲偏好、其他的挣钱机会以及他们对自己被抓的概率估计上的差异。如果我愿意,我可以通过将我的单位定义为某种标准小时,以此来描述不同的偷窃能力。一个无能的小偷花费的一小时被算作半个标准小时,而超级大盗花费的一小时被算作十个标准小时。这样做的话会使分析变得复杂一些,而本质却没有改变。这也是我没有这么做的原因。

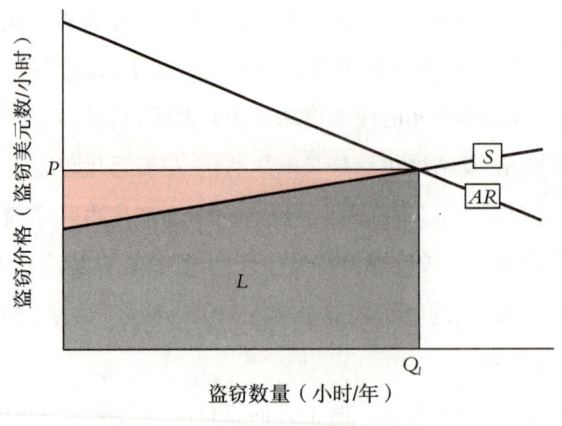

图 20-2 盗窃市场

阴影区域 L 表示盗窃造成的净损失——受害者的损失减去小偷获得的生产者剩余（彩色三角形）。

标有 S 的曲线是一条供给曲线，但 AR 不是一条需求曲线，尽管它在我们的分析中起着大致相同的作用。如果在一小时内，你能烤出 20 块饼干，并以 0.25 美元/块的价格卖给我，这不仅说明了你的机会，也说明了我的偏好。你在 10 小时内可以从我这里偷走 50 美元的事实告诉我们，你有偷窃的机会，但这并不意味着我喜欢被偷，因为该交易不是自愿的。AR 不像实际需求曲线那样，等同于边际价值曲线。S 以上、P 以下的区域是生产者剩余，就像普通的供求关系图一样，但 AR 以下、P 以上的区域不是消费者剩余。

每年被盗的总金额是平均收入——每小时被盗的金额乘以每年盗窃的小时数，即阴影区域 L 加上彩色三角形。小偷将其作为收入，承担等同于阴影区域的成本，并获得由彩色区域所代表的生产者剩余。受害者损失了被盗的金额，却没有得到任何东西。净损失 L，即供给曲线下方的阴影区域，等于受害者的损失减去盗贼的收益。如果 S 几乎是水平的，对应一个高弹性的"小偷供应"，那么净损失几乎是被盗的全部金额——这就是前面所述的所有小偷都是边际小偷的情形。

供给和收入曲线是观察盗窃市场并分析其成本的一种方式。另一种方式是将其视为寻租无效率的案例。小偷和受害者都在争夺同样的物品——所有这些物品最初都属于受害者，小偷的支出要么让他而非其他小偷得到赃物，要么让他得到赃物而非所有者继续拥有。受害者的防范支出也是在寻租，防盗报警器的作用是确保财产仍在原主人手中。

我们一直所做的，都是为了说明产权保障制度的优势。如果产权缺乏保障，一些人就有动机花费资源试图将财产转移给他们，而另一些人则有动机花费资源阻止财产的转移。无论转移是通过私人偷窃还是政府征税进行,其本质都是如此。刚才讨论的私人偷窃的一些无效率的情形,在政府征税中被称为超额负担,第七章有过详细讨论。不赚取应税收入或不购买应税商品是回避税收的(昂贵)方法,就像安装防盗报警器是防范盗窃的一种(昂贵)方式。政治市场上的其他无效率现象被归为游说(lobbying)成本。向承诺为你和你的朋友提供特殊利益的候选人提供竞选捐款,是使财产转移向你的支出,几乎完全类比于窃贼在工具上的支出。

另一种看待盗窃或一般寻租的方式,是将其作为具有外部性的市场之无效率的一个特例。假设汽车公司花 10000 美元生产了一辆汽车,这个过程造成了一些空气污染。其结果是无效率的——不是因为空气污染是罪恶的,而是因为它不像其他成本一样,被包括在了企业是否生产和以什么价格生产的计算之中。如果该行业是竞争性的,每个觉得汽车至少值 10000 美元的人都会拥有一辆。如果空气污染造成了价值 5000 美元的损失,那么真正的生产成本是 15000 美元。任何一个觉得汽车价值超过 10000 美元但低于 15000 美元的人,得到的价值都低于其生产成本。

盗窃是这种情况的一个极端例子:强加在受害者身上的外部成本,是被盗物品的全部价值。小偷会持续偷盗,直到所偷的东西的边际价值等于他偷东西的边际成本。由于他不计对受害者的成本,因此均衡实现于所有相关人员的边际成本远大于边际收益的位置。

现在我们已经用经济学分析了盗窃市场。在这个过程中,我们把防止盗窃的体系——警察和处罚——视为一个既定的、决定小偷盗窃成本的要素之一。下一步是运用我们的分析来说明该体系应该如何运作:什么应当是非法的,处罚的性质和力度应该是什么,以及我们应当愿意花多少钱来抓捕小偷和给他们定罪。所有这些都可以仅被看作经济效率的问题。虽然你可能不相信这就是问题的全部,但你应该会觉得,尝试从这个角度分析它们,是一种有益的练习。

第三节 有效率的犯罪和犯罪的有效率水平

在讨论盗窃市场时,"价值"被我来指被盗物品对被盗者(即受害者)的价值,也指其对罪犯的价值。如果被盗的是货币、黄金、无记名债券(bearer bonds)或其他**流动性**(liquid)商品(能以相近价格轻易买卖的东西),那么"价值"一词就得到了合理的使用,否则情况就不是如此。

我曾在艺术画廊花 20 个小时找到了一幅我特别喜欢的画,然后以 100 美元的价格买下它。更换它需要类似的努力和类似的支出,因此偷窃它的小偷带给我的损失远远超过 100 美元,而小偷自己能用它换到 50 美元就不错了。即使他找到了合适的画廊和一个不认识这幅画但认可其质量的合适买家,小偷也只能得到画廊买画所支付的价格,而不是画廊卖出的价格。

在这种情况下,小偷所偷之物对他的价值远小于对被盗者的价值。这就是为什么在许多社会,包括美国社会,都有完善的程序,让小偷把偷走的东西卖回给它们的主人。绑匪是这种情形的极端例子。他们所偷的是人,对他们来说被绑者唯一的价值是将其卖回给其"所有者"(的代表)而获利。

被盗者与小偷的价值差异,使人想到另一种看待盗窃无效率的角度。如果你的某样东西对我来说比对你更有价值,那么我没有必要偷它,我可以从你那里买。小偷宁愿偷但不愿意买的东西,对其现有主人的价值必定高于对潜在的小偷的。因此,因偷窃产生的额外转移是无效率的转移,是将物品转移给比当前的所有者更不看重其价值的人。这就是为什么我在前面声称,盗窃的有效率水平为零。

也存在例外情形,我们可以称之为"有效率的犯罪"。假设你在森林里迷了路,饥肠辘辘。你遇到了一个无人的、锁着的小屋,你闯了进去,喂饱自己,然后打电话求救。几乎可以肯定的是,对你来说,使用小木屋的价值大于你强加给它主人的成本。你很可能会乐意为他更换食物和锁。你的行为将小屋的临时控制权转移给了一个人,使其对这个人的价值高于对原有主人的价值。你只能通过犯罪,而不是通过购买来做到这一点,因为房主并不在那里向你出售它。

这是有效率犯罪的一个例子,是一种马歇尔净改进。一个不那么怪异的例子是你在赶时间时超速行驶。我们有速度限制,至少部分是因为开得快会增加发生事故的概率。这是一种成本,但不是一个无限的成本,有时快速到达某地非常重要,足以使得以每小时 80 英里的速度行驶是合理的。这种情形的一个解决方法是,让法律规定,超过 70 英里/小时的驾驶是非法的,除非有重要的理由这样做。但是,法院可能很难或者不可能判定你的理由是否真的足够好,好到能证明例外合理。另一个解决方案是,法律规定了足够多的罚金,只有那些真正有充分理由开快车的人,才会认为违法并支付罚款是值得的。这样一来,超速行驶就一直会是一种犯罪,但如果处罚经过正确计算的话,超速就会是一种当且仅当其有效率时才会发生的犯罪。

从这个角度看,超速法就像第十八章讨论的排放费一样,是一种庇古税。如果空气污染者必须支付与其污染造成的损失相当的排放费,那么当且仅当他们生产之物的价值大于包括污染成本在内的总成本时,他们才会选择污染并为之付费。同样,如果开快车会给其他司机带来成本,我们可以使用超速罚单,迫使驾驶者在决定开多快时考虑进这些成本。

到目前为止的分析提出了一条简单的处罚设置规则：罚金应该等于犯罪造成的损失。这样一来，只有有效率的犯罪才会发生，这种犯罪对罪犯的价值大于所造成的损失。

这条规则的一个问题是，罪犯并不总是能被抓住。如果一个罪犯只有 1/10 的机会被抓住并被治罪，那么他在计算自己的犯罪成本时，就会据此对处罚打折扣。粗略地说，处罚应该为犯罪所造成的损失的 10 倍，从而确保只发生有效率的犯罪，即罪犯的收益大于受害者的代价的犯罪。一个更精确的规则必须考虑到罪犯对风险的态度，这一点在第十三章的选读章节讨论过。如果罪犯是厌恶风险的，那么从他的角度来看，比起概率为 1/10 的 100 美元损失，他更愿意接受概率为 100% 的 10 美元损失。

这就带来了一个有趣的问题。执法系统可以在许多不同的概率与处罚组合中选择：概率为 100% 的 1000 美金罚款、概率为 50% 的 2000 美金罚款、概率为 10% 的 10000 美金罚款，或其他一系列的处罚，包括一些采用监禁或处决而非罚金的处罚。执法系统该如何决定使用哪一种呢？

该答案与许多章前一个类似问题的答案相同，这个问题是：如何选择某一产出对应的投入组合。正如第九章提到的，第一步是选定某一水平的产出，并找到成本最低的生产方式。我们当前的情形是，产出是威慑（吓阻），投入是给罪犯施加成本。选择某种处罚——比如说，对任何犯罪的人都处以概率为 100% 的 100 美元罚金，再考虑所有罪犯认为等同于此也因而具有相同威慑效果的（较低）概率与（较高）处罚组合。对于每一种组合，计算出抓到相应比例的罪犯并对其实施该处罚的成本，再找出成本最低的组合。如此，你就知道了如何以最低的成本实施相当于 100 美元罚金的预期处罚。现在选择另一种处罚——比如说，概率为 100% 的 200 美元罚款——然后重复该计算。完成后，你就得到了一条有关威慑力的总成本曲线，并且对于任一力度的威慑（任一威慑水平），你都知道该以哪种概率与处罚组合来生产它。

在我刚才所述的计算中用到了两种成本：执法成本（enforcement costs）与处罚成本（punishment costs）。执法成本的性质相当清楚，指雇佣警察、管理法院等费用。但处罚成本是什么呢？

考虑一下罚金。被定罪的罪犯支付 1000 美元，法院体系收取 1000 美元。这笔钱可以用来支付法院体系的运转费用，也可以给罪行的受害者，或以某种其他方式直接或间接地转移给除了罪犯以外的人。罪犯损失的东西会被其他人得到，所以净成本大约为零。

假设我们不对罪犯罚款，而是处决他。他所付出的代价是他的生命，而对我们其他人来说,没有相应的收益。假设我们不对罪犯进行罚款或处决,而是把他关起来,他所付出的代价是他的自由。我们一无所得——更糟糕的是,我们还必须支付监狱运营成本。处罚的成本——他的成本加上我们的成本——大于处罚力度(amount of the punishment,或译为处罚量)。

收取小额罚款比收取大额罚款更容易,因为罪犯可能更有能力支付它。因此,通常来说,处罚成本随着处罚力度的增加而增加。另一方面,你要抓到的罪犯的比例越大,执法成本也就越高。当我们从高概率的小处罚转变到低概率的大处罚时,我们是在用执法成本的减少来换取处罚成本的增加。在一个极端(抓到全部的罪犯并使他们交出偷来的东西)到另一个极端(只抓到一个罪犯并让他"下油锅")之间,可能存在一个最佳组合。

图 20-3 显示了这种情形的逻辑。我们将处罚概率设定为 0 到 1,同时保持预期处罚水平不变(等于概率乘以处罚:$p \times F$)——因此威慑力也不变;概率(p)越低,处罚(F)越大。横轴表示概率和处罚,纵轴表示成本。曲线 EC 是执法成本。我们想要抓到的罪犯的比例越大,我们必须花在警察和法庭上的钱就越多,所以 EC 随着概率的增加而上升。曲线 PC 是处罚成本,处罚越严厉,实施处罚的成本就越高,所以 PC 随着处罚力度的增加而增加。EC+PC 是抓捕和处罚罪犯的总成本。它的最小值在 p^*,因此 p^* 和相应的处罚 F^* 代表产生给定处罚预期及相应的威慑力的最低成本组合。通过对每一种威慑力的不断计算,我们可以得到一条总成本曲线 $TC(d)$,表明产生任一水平的威慑力 d 的成本。

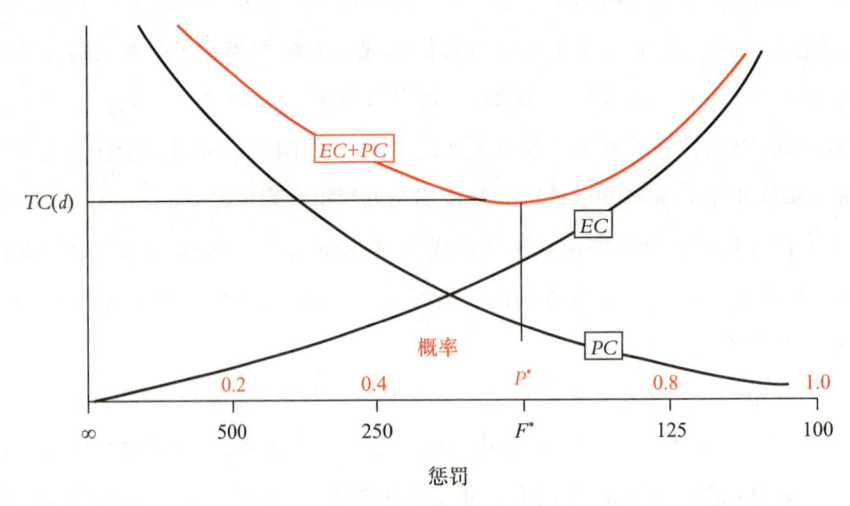

图 20-3 计算产生给定威慑力水平的成本最低的概率和处罚组合

$p \times F = 100$。

我们的分析仍然没有充分考虑到抓捕和惩处罪犯的成本。让我们考虑一种犯罪：每发生一次，它都会造成价值 10 美元的损失。如果没有任何处罚，每年将有 100 起犯罪，因此总损失将是 1000 美元/年。其净成本，在包括了罪犯的收益并假设受害者不会花任何钱来保护自身之后，将介于 0 到 1000 美元之间。

警察部门希望对罪犯实施 10 美元的预期处罚，正如我们之前所建议的。要做到这一点，最省钱的方法就是抓到 1/10 的罪犯，并对他们每人罚款 100 美元。不幸的是，这样做的成本是 2000 美元/年。"有效率"水平的处罚竟然是花费 2000 美元来消除不到 1000 美元的净损失！这是一个错误的答案，在上述情况下，最不坏的解决办法可能是容忍每年发生 100 起犯罪。

正如这一点所表明的，对什么应该是犯罪、应抓住多少比例的罪犯、应该对他们做什么的完整分析，有一定的复杂性。该答案取决于犯罪的供给曲线、犯罪所造成的损失，以及逮捕、定罪和处罚的成本函数。原则上，我们现在知道了如何解决这个问题，正如原则上，我们知道如何计算一个公司应该而且会生产多少产品，或者在一个竞争性的均衡中，价格和数量应该是多少。

如何算出预防犯罪的有效率解决方案？首先写一个成本函数，这个函数必须包括每个受影响的人的成本和收益。接下来，假设罪犯和受害者会对他们控制的变量，即罪行数与私人防卫量，选择合适的值，从而使自身的福利最大化。最后，找到最大化净收益的其余变量的值——被定罪的罪犯的百分比、处罚性质和处罚力度。

第四节　私人执法还是公共执法？

当谈论执法时，我们通常指的是警察的执法。事实上，大部分执法是私人的。如果有人打断了你的手臂，你会打电话给警察，但如果他打破了窗户或违约，你就得找律师。在一种情况下，法律是由政府雇员执行的，他们收集证据，将其提交给法院，收取罚款，管理监狱，或关闭电椅的开关；在另一种情况下，法律是由私人执行的，为了得到报酬或和解分成，私人负责收集证据并将其提交给法院，他和他的雇主，即受害方，收到被定罪者支付的"罚款"。

在美国的体制中，公共执法与私人执法的区分大致对应于刑法与民法的区分。刑法涉及警察、地区检察官和对罪犯的判决；民法涉及私人侦探、私人律师以及被告向原告支付的赔偿金。它们在形式上有很多不同，但实质相似。这两种情况都是指某人做了不该做的事，而且都会有一些不愉快的事落在被定罪的被告人身上，无论我们称其为刑事处罚还是损害赔偿。

这引出了美国法律体系的一些有趣问题。当前对公共执法和私人执法的划分，是否存在某些天然的东西？这两种体制的优缺点是什么？我们能否建立一个完全依靠公共执法的体制，这样的话，一个没有按时交货的商人，就会被逮捕、起诉和监禁？我们能否建立起一个完全依靠私人执法的体制，这样的话，一个杀人犯就会被受害者的继承人起诉和索赔？

目前的体制是否在某种意义上是天然的或有效率的，是从事法律经济分析的经济学家争论的一个话题，我个人的看法是：它不是。已经明确的是，私人执法与公共执法的不同划分是可能的，并且在其他社会和其他时期已经存在。其中有一些完全由私人执法的社会，杀人会导致诉讼而不是拘捕，判决通过暴力威胁来执行，虽然是私人的，但得到了社会的认可。

无论我们是否有私人和公共执法的正确组合，这两种体制各有优缺点是显而易见的。下面这则违背道德的故事说明了公共执法的一个固有缺点：

> 你是一名警察。你已经掌握了我的情况，收集了足够的证据来逮捕我并将我治罪。对我来说，由此带来的处罚相当于 20000 美元的罚款。也许这个处罚就是 20000 美元的罚款，也许是我愿意支付 20000 美元来避免的一段时间的监禁。出于故事考虑，我们假设它是前者。
>
> 逮捕我可以提高你的职业声誉，略微增加你未来晋升的机会。未来增加的收入，对你来说值 5000 美元。从《法网》(Dragnet，一部犯罪嫌疑片)的角度来看，故事的余下部分很明确，你逮捕我，我被定罪。从本书的角度来看，结果也同等明确。你有一些东西——你收集到的对我不利的证据，这对你来说价值 5000 美元，对我来说价值 20000 美元。在 5000 美元和 20000 美元之间，应该存在一个同时有利于我们双方的交易。如我付给你 10000 美元，你烧毁罪证。

对你我而言，这是一个圆满的结果，但这并非一个非常有效率的执法方式。在这方面，公共执法不是一个**激励相容**(incentive compatible)的体制。这个体制要求你做一些事情——逮捕我——以使其发挥作用，并且它会使你有激励做其他事情。当然，这个体制可以且会试图控制这个问题——例如，处罚那些被发现受贿的警察。但是，它必须把有限资源的一部分用于抓捕警察而不是抓捕罪犯，这本身是一种缺陷。

解决此问题的另一个方法是，不付给你工资，而是付给你从你定罪的罪犯那里得到的罚金。在这种制度下,当你烧毁证据时,会损失20000美元,所以20000美元是你能接受的最低贿赂。既然20000美元也是我被定罪的成本,那么我给你这么多钱使自己逃脱就没有多大意义了,除非是为了节省受审的时间和费用。如果我真的贿赂了你,也不会造成什么损失。我仍然支付了20000美元,你仍然收到了这么多。我们只是绕过了中间人。

这听起来可能是一个奇怪且腐败的体制,但这是目前民法的执行方式。执行是由律师作为受害者的代理人来做,罚款则由被告支付给受害者。我们在刑法中所说的贿赂,在民法中被称为庭外和解(out-of-court settlement)。为了使我的方案与普通民法完全一致,唯一需要补充的是使对罪犯的索赔从一开始就成为受害者的财产。在该体制中,警察是一个私人企业家,而不是政府雇员,在追捕罪犯之前,他从受害者那里购买了索赔权。

这种刑法执行体制的要素在19世纪的美国就已经存在,正如在有关狂野西部的电影和书籍中常见的《生死通缉:悬赏200美金》(*Wanted Dead or Alive*: $200 *Reward*)的海报所示,该体制中的警察被称为赏金猎人(bounty hunters)。在中世纪早期的冰岛,则存在一个完全私人的执法系统。不仅视杀戮为民事犯罪,而且连法院的判决,包括追捕拒绝付偿并因此被公布为逃犯的有罪被告的职责,也由原告及其朋友来承担和执行。尽管看起来很古怪,但这个体制似乎运作良好。它所在的社会是原始萨迦(*sagas*)的起源,萨迦是写于13世纪和14世纪(尤指古代挪威或冰岛)的历史小说和历史书,其中许多至今仍然可以买到。

与公共执法相比,私人执法有一些优势,但也有一些问题。其中之一是,许多犯罪分子**无法履行判决**(judgement-proof):他们缺乏必要的资产来偿付任何大额的罚款。公共执法系统可以通过监禁乃至处决来惩罚这些罪犯,但私人执法者如何通过这种方式获利,一下看不出来。一个人不可能从萝卜中榨出血,虽然一磅肉可以为莎士比亚的剧作增添戏剧性,但其市场价值几乎为零。如果一个私人执法者不能通过抓捕罪犯来赚钱,他就没有动力这样做。就像在我们的民事系统中,如果一个人明显无力偿付,无论他多么有罪,我们也没有什么动力起诉他。

在分析私人执法与公共执法之间的选择时,就像前面讨论的最佳处罚问题一样,我们会遇到一些无法在本书得到充分解决的难题。因此,我会将关于我们的执法体制应该更私人还是更不私人的问题遗留在此。本章末尾列出了一些延伸讨论,包括一本书和我的两篇文章。

经济学笑话3:激励不相容

何塞抢劫了一家银行,在得克萨斯巡警的紧追不舍下南逃,越过格兰德河后,他们在一个墨西哥的小镇上追上了他。由于何塞不懂英语,而他们也不会说西班牙语,因此他们找到当地一个居民当翻译,并开始了他们的审问。

"你把钱藏在哪里了?"

"外国佬想知道你把钱藏在了哪里。"

"告诉那些外国佬,我永远不会告诉他们。"

"何塞说他永远不会告诉你们。"

巡警们都扳起击锤,对准何塞。

"告诉他,如果他不告诉我们他把钱藏在哪里,我们就毙了他。"

"外国佬说,如果你不告诉他们,他们就会向你开枪。"

何塞开始害怕得发抖。

"告诉那些外国佬,我把钱藏在了河桥边。"

"何塞说,他不怕死。"

第五节　事故法

对事故的经济分析始于事故不全为意外的观察。我没有选择让我的汽车撞上行人,但我确实选择了驾驶哪种汽车、驾驶的频率和速度,以及检查刹车的频率。这些以及其他决定都会影响我发生事故的概率,从而影响我的驾驶给其他人带来的成本。什么样的法规能让我以最接近有效率的方式做出这些选择呢?

产生有效率行为的最简单的方法是直接监管。让法律规定汽车必须如何制造,人们可以多快的速度行驶多少里程,刹车必须多久检查一次。这个解决方案遇到了我们在垄断、公共品和外部性话题上所讨论过的问题。为了给所有的变量设定效率值,立法机关需要关于个人偏好和能力的详细信息,但它却无法获得;即使立法机关有,用这些信息计算最佳行为也将涉及令人生畏的数学问题;即使立法机关能够计算并执行最佳行为,也没有明显的理由说这样做就符合立法者的利益。

如果我们试图通过对导致事故的行为征收庇古税来控制事故,类似的问题也会出现。我发生事故的概率取决于许多选择,其中只有一些是可以观察到的。如果我多开一英里,就会给潜在的事故受害者带来5美分的预期成本,那么,每英里5美分的税将促使我驾驶符合效率的里程数。但是,什么样的税可以防止我对车上收音机的注意力超过最佳水平而对道路的注意力低于最佳水平呢?

解决该问题的办法是按结果收费:如果我造成了事故,就必须支付相应的成本。这样,外部性就内部化了,我就有动力在所有的边际上采取有效率的事故防范水平。在我们的法律体系中,这种成本主要是通过民事诉讼索赔的方式来施加给肇事者的。

但这又会带来新的问题,驾驶变成了一种带有大量负面奖励的彩票。如果司机厌恶风险,他们就有动机(激励)为自己投保,因而他们采取预防措施的动机就会减少。许多司机就无法履行判决,无法支付重大事故的费用。这可以通过要求司机投保来解决,但同样也会对激励产生负面效应。

还有一个更深层次的问题。正如科斯指出的,庇古的方法有一个根本错误,它把外部成本只看成是一方行动的结果。而我撞倒你的概率既取决于你的决定,也取决于我的决定;取决于你过马路时有多小心,也取决于我开得有多快。理想情况下,我们两人都应该采取所有成本合理的预防措施,但如果司机要对事故的所有费用负责,那么行人就没有动机采取预防措施。

这个问题至少有三种解决办法。一种是过失(责任)规则(rule of negligence)。当且仅当司机有过失时,司机才担责,过失则被定义为未能采取所有成本合理的预防措施。根据此规则,采取有效率的防范水平符合司机的利益;而行人知道,司机不会有过失因而也不需要承担责任,因此他们(指行人)采取有效率的防范水平也符合自身利益。

第二种是严格责任规则(rule of strict liability),并以共同过失(contributory negligence)为辩护理由。行人如果没有采取足够有效率的预防措施,就不能向司机索赔。这条规则再次引导双方选择有效率的防范水平。

这两种情况都存在与直接监管相同的问题。为了适用于过失或共同过失,法院必须能够计算出有效率的预防水平,并观察它是否被采取。当把问题限制在实际发生事故的情况下,它们才算是改进。

即使法院可以判断司机是否在如何驾驶上有过失,也很难判断他是否在开车里程上有过失;并且考虑到由此产生的预期事故成本,他是否值得在里程边际上再驾驶一次。在过失规则下,司机开得太多了,因为在采取有效率的防范水平后,他们就不再对损失负责了。在严格责任规则下,无论是否有共同过失,都会出现有效率的驾驶里程,但会产生大量无效率的步行里程,因为行人的事故费用是由司机偿还的。

这个问题的解决方案将我们带出了民事赔偿的范畴。如果司机支付了赔偿而行人却没有得到——更一般地说,如果事故中的每一方都必须分别支付事故的全部成本,那么每一方都有有效率的动机来避免事故的发生。这种损害赔偿金已被转化为一种罚款。

但这种解决方案也产生了新的问题。如果受害方不会得到任何赔偿,那他就没有动力去起诉,所以事故就永远不会被报告。在将损害赔偿转化为罚款的过程中,我们已经从私法体系转向了公法体系,并且必须提供一些公共机制来报告损害及提起诉讼。然后,我们又碰到了跟之前讨论公共执法转为私人执法时一样的问题。

与更直接的政府监管形式一样,事故法的根本问题在于,我们没有所谓的官僚之神。如果有一个懂得一切且只祈求普遍利益的机构,无论是监管机构还是法院,那么得到有效率的结果就会相当简单。而现在,我们必须在各种令人迷惑的不完美解决方案中做选择——私人的还是公共的、刑事的还是民事的。对法律的经济分析有助于我们理解该问题,但至少到目前为止,它并没有给我们任何明确的答案。

本章中的许多问题我都没有给出最终答案,也有许多问题没有解决。我希望我所做的是让你相信,经济分析可以被用来评估诸如法律应该是什么、违法的处罚应该是什么,以及如何执行这些处罚等基本问题。法律的经济分析是我们有些人喜欢称之为经济学帝国主义的重要组成部分,即用经济学来分析传统上被认为是"非经济"的问题,而我觉得这部分特别有趣。

·习题·

1. 假设范·赖恩将他的才能发挥到防止飞机被劫持,他可能会提出什么建议?

2. 有一种方法可以使偷窃永远不可能发生,比如也许可以在供水时加入一种"内疚药",使任何偷窃者感到无比内疚。在现在的小偷中,所有人、部分人,还是没有人会赞成这样做?请讨论。

3. 在第十八章中,我讨论了与盗版软件的相关问题,即未经授权复制计算机程序。顾名思义,这可以被看作是一种盗窃行为。事实上,我曾经对一位同事的说法感到震惊,他说他装满盗版软件的磁盘使他在道德上等同于一个小偷。假设有某种方法可以防止这种盗版软件的产生,在目前使用盗版软件的人中,没有人、有些人、还是所有人都支持这种改变?讨论一下。

4. 在本章中,我认为基于经济效率的考虑,某些东西应该是非法的。如果这是我们的标准,那么目前哪些事情不应该是非法的?它们应该基于其他考虑被列为非法吗?如果是这样,为什么?请讨论。

5. 在整个章节中,我忽略了这样一种可能性,即有些人可能因为觉得偷窃不道德而放弃偷窃,我们怎么能把这种可能性包括在分析里?这是否会改变任何结果?请讨论。

6. a. 你看到公路上有一个标语,写着"乱扔垃圾罚款500美元"。对乱扔垃圾进行罚款的经济学原理是什么?以及罚款为何如此之高?

   b. 在同一条公路上,超速对应的罚款只有100美元。这是否意味着政府对乱丢垃圾比对超速行驶更关心?请讨论。

   c. 在什么意义上超速的罚款可能过高?请讨论。

7. "我们总是可以通过抓到一半的罪犯并对其进行双倍的惩罚,来降低我们刑事司法系统的成本,该系统还会像以前一样有效地阻止犯罪,而我们就不需要雇佣那么多警察了。"请讨论。

8. 一些法律学者反对对法律进行经济分析,理由是法律应该是公正的,而不是有效率的。这可以被看作是,后果并不重要(*Fiat justitia*, *ruat caelum*——即使天塌下来也要有正义),或者是后果的确重要,但经济效率是判断它们的错误方法。请讨论。

·延伸阅读·

我对私人执法的分析可见:"Efficient Institutions for the Private Enforcement of Law," *Journal of Legal Studies*(June, 1984)。这篇文章也引用了其他人关于这一主题的更早的文章,而这些人并非都同意我的观点。前文引用过的《自由的机制》(*The Machinery of Freedom*)中包含了对完全私有化的法院、警察和法律系统可能会如何运作的非技术性分析。

拙文"Private Creation and Enforcement of Law — A Historical Case," *Journal of Legal Studies*(March, 1979)描述了冰岛体系是如何运作的,正如 Jesse Byock(一位历史学家而非经济学家)在 *Feud in the Icelandic Saga*(Berkeley: University of California Press, 1982)中所描述的。

拙文"*Reflections on Optimal Punishment Or: Should the Rich Pay Higher Fines?*," in Richard Zerbe (ed.), *Research in Law and Economics*, Vol. 3 (1981)包含了对最优惩罚问题的详细分析;"Economic Analysis of Law" in *The New Palgrave: A Dictionary of Economic Theory and Doctrine*, John Eatwell, Murray Milgate and Peter Newman, eds.(Macmillan, 1987)对该主题进行了综述,并列出了相关的参考文献;我最近的一本书《跟我们非常不同的法律体系》(*Legal Systems Very Different from Ours*)比之前的文章更细致地讨论了冰岛的法律系统,纠正了其中的一些错误,还介绍了在执行上部分或完全私有化的各种其他法律制度。

拙作《经济学与法律的对话》(*Law's Order*)致力于对法律的经济分析,并包含本章大多数论点的延伸。

其他有趣的作品包括:Norval Morris and Gordon Hawkins, *The Honest Politician's Guide to Crime Control* (Boston: Little, Brown & Co., 1977);Gordon Tullock, *The Logic of the* Law (New York: Basic Books, 1971);理查德·波斯纳《法律的经济分析(第三版)》的第二十章。波斯纳是法律的经济分析的主要作者之一,也是退休的联邦法官,他认为普通法往往在经济上是有效率的。如果他是正确的,那么效率也许能有效解释什么是法律,无论效率是否能决定法律应该是什么样的。

马丁·戈斯克和理查德·哈默的作品《一个黑手党首领的自白》(*The Last Testament of Lucky Luciano*)声称是基于卢西亚诺向戈斯克提供的信息下完成的,卢西亚诺对戈斯克提出的条件是这些信息只有在他死后十年才能被戈斯克使用。这是主要成员对有组织犯罪活动的有趣且总体上合理的描述。"Fact, fancy, and organized crime" by Peter Reuter and Jonathan B. Rubinstein, *The Public Interest* 53 (Fall 1978) pp. 45-67,提供了支持我对有组织犯罪的观点的证据和论证,包括对本章提到的赌庄和彩票运营商研究的解释。

第二十一章 爱情与婚姻经济学

本章由两节组成。第一节讨论婚姻经济学,首先分析婚姻市场,并探讨什么是婚姻以及它存在的原因。第二节专门讨论**利他主义经济学**,分析重视他人福利者的理性行为。也许有人认为利他主义不在经济学的范畴内,但其实经济学理论能巧妙地将其纳入,并能在利他主义的结果方面得出有趣的成果。

婚姻经济学

我们先把婚姻本身看成既定事实。假设有些人想结婚,并且相较于其他人,更倾向于跟某些潜在伴侣结婚。我们还假设,虽然婚姻伴侣,无论是潜在的还是真实的,可能会重视对方的福利(这一现象将在第二节分析),但他们之间仍存在利益冲突的空间,因此,也存在对婚姻协议条款,无论是隐性的还是显性的,进行讨价还价的空间。

为了增加讨论的趣味性,我将集中讨论一个特定的政策问题。在我们的社会中,只有一夫一妻制婚姻是被允许的——一个丈夫,一个妻子。在其他一些社会中,一夫多妻制婚姻(一个丈夫,两个或多个妻子)和一妻多夫制婚姻(一个妻子,两个或多个丈夫)也都是合法的。一夫多妻制或一妻多夫制的合法化对男性福利的影响是什么?对女性福利的影响呢?对所有相关人员净福利的影响呢?

要回答这个问题,我们需要正式的婚姻市场模型。我将得出两个不同模型的含意。第一个模型设计的婚姻市场与我们熟悉的市场类似,第二个模型所设计的,与我们熟悉的市场有两方面的不同。

两个模型的共同要素是假设女人和男人都属于自己:结婚唯一需要征得同意的人就是结婚伴侣双方。如果我们考虑的是美国或一些类似社会中的婚姻,这是合适的,因为在这样的社会中,成年人属于他们自己。但在许多过去和当前的一些社会中，未婚妇女在某种程度上是家中男户主的财产，她们要结婚，需要征得其同意。经济学分析在那样的社会，同在我们的社会中一样，都是适用的，但其结果必须修改以考虑进这种产权的不同。在我们的社会中属于新娘的收益，在那样的社会中可能归于她的父亲。类似的修改也适用于不太常见的情况，即儿子与女儿都是所属家庭的财产，或者儿子是而女儿不是。

模型1：一个有价格的市场

在许多社会中，婚姻都伴随着金钱的授受——新郎或其家人向新娘家庭支付彩礼，新娘家向这对新人提供嫁妆，等等。虽然这种明确的金钱授受不是美国婚俗的一部分，除非你算上婚礼及婚礼上的礼物支出，但婚姻可被视为是暗含价码的。当两个人结婚时，他们出于对彼此要遵守的条款的大致理解而做此决定，这些条款可能包括每个人对共同资金有多少自由支配权、每个人要履行什么义务，等等。我们可以把对这些条款的理解对应为一种价格，并有着同其他市场中的明码标价相同的作用。

例如，想象一下，一场瘟疫杀死了许多适婚年龄的年轻女性。瘟疫结束后，年轻女性发现结婚很容易，而年轻男性则很难结婚。我们可以预期的结果之一，是婚姻条款的转变。男人们会发现，他们正在为得到妻子暗中较劲，较劲的条款可能包括男性愿意接受能取悦女性的婚姻条款。在一个离婚相对容易的社会，这种情况尤其容易发生，因此任何一方都可以通过威胁解除婚姻、另寻他人，来强制执行婚姻协议的条款。如果在一个女性稀缺的社会，婚前承诺未来将满足妻子一切要求的男人，婚后却表现得并非如此配合，那么其他男人将会乐意取代他的位置。同样，如果一场战争大量减少了适婚年龄的男性人口，我们将会发现婚姻协议的条款向男性的一方倾斜。

在第一个模型中，我们把婚姻市场看作一个带有价格的普通市场。根据定义，该价格对应任意"标准"协议。任何婚姻协议都可以被看作标准协议加上或减去丈夫支付给妻子的一定数量的美元；"加"代表一个对妻子而言，比标准协议更有利的协议，而"减"代表一个对妻子而言更不利的协议，供给和需求表现得就像在任何其他市场上一样。价格越高，妻子的供给量——愿意结婚的女性数量就越多，需求量就越少。正如我们在图 21-1a 和 21-1b 所见的，这个模型是对称的，我们也可以轻易讨论丈夫的需求量和供给量。只要所有婚姻都是一夫一妻的，那么丈夫的供给量就等于妻子的需求量，因为寻求成为丈夫的男人正是寻求得到一个妻子的人，就像在物物交换市场上,有人提出用葡萄酒来换啤酒,既是在供给葡萄酒,也是在寻求啤酒。

遗漏。 在使用该模型分析一夫多妻制和一妻多夫制的后果之前,还应指出几点。到目前为止,我们忽略了潜在的丈夫和妻子的质量差异——有些人比其他人是更理想的婚姻伴侣这一事实。如果愿意,可以通过把质量纳入我们对标准协议的定义,从而将上述事实纳入我们的模型。以 0 的价格与一个异常理想的女人结婚,对应的婚姻协议将会是女方从中获得极为有利的条款,以平衡丈夫从拥有一个特别理想的妻子中得到的好处——也许丈夫将不得不同意洗所有的碗。

从这个角度来看,吸引力就只是一个人初始财富的一个要素。一个外表或性格好的男人或女人比不如自己的人更富有,并对人生中的所欲之物有着更大的话语权,这就像是一个继承了百万美元家产的人,比没有继承的人更富有一样。

我们还没有考虑到婚姻的另一个重要特征:不是每个人都有相同的偏好。我认为万中无一的女人竟然无人追求,结果是我以相当合理的条件娶了她,我甚至不需要同意洗所有的碗。另一方面,我的朋友们所娶的一些女人,根本无法勾起我的兴趣。然而,比起保持单身,或者把我的意中人从我身边夺走,我的朋友们显然更偏爱她们。

婚姻市场的这一特点并不是独有的。在房产市场或就业市场上也会观察到同样的特点——实际上在大多数市场中,商品和购买者都是非常不均一的(inhomogeneous),这使得问题不仅限于对有限数量的(男女的)分配,还包括购买者和购买对象之间的适配。这种情况的影响之一是高交易成本,在第十八章讨论物物交换时提到过。

即使考虑了婚姻市场的这一特点,也可能不会对我们的分析结果造成实质性的改变,但我也无法肯定,因为我没有实际试过。然而,鉴于我们当前的目的,这会使该模型过于复杂。因此,在进入第二个模型之前,我会忽略与潜在伴侣质量变化相关的复杂因素,并在整章中忽略与不同偏好有关的复杂因素。

一夫多妻制或一妻多夫制合法化的后果。 图 21-1a 和 21-1b 显示了两性视角下的同一个婚姻市场。在图 21-1a 中,S_w 是妻子的供给曲线,D_w 是妻子的需求曲线;在图 21-1b 中,S_h 是丈夫的供给曲线,D_h 是丈夫的需求曲线。在图 21-1a 中,P_w 是丈夫支付给妻子的价格(正或负),即妻子的定价。同样,在图 21-1b 中,P_h 是妻子付给丈夫的价格,即丈夫的定价。这两个数字传达了相同的信息,S_w 与 D_h 完全相同,除了对价格的定义不同。对于 P_w = +10000 美元/妻子,供给量 = 5000000 个妻子/年(点 X_a)。对于 P_h = -10000 美元/丈夫,需求量 = 5000000 个丈夫/年(点 X_b)。丈夫付给妻子的 10000 美元的价格等同于妻子付给丈夫的-10000 万美元的价格。这两个定价代表了同一个协议,相当于在标准协议的定价上加上丈夫付给妻子的 10000 美元。在

图 21-1 一夫一妻制的婚姻市场

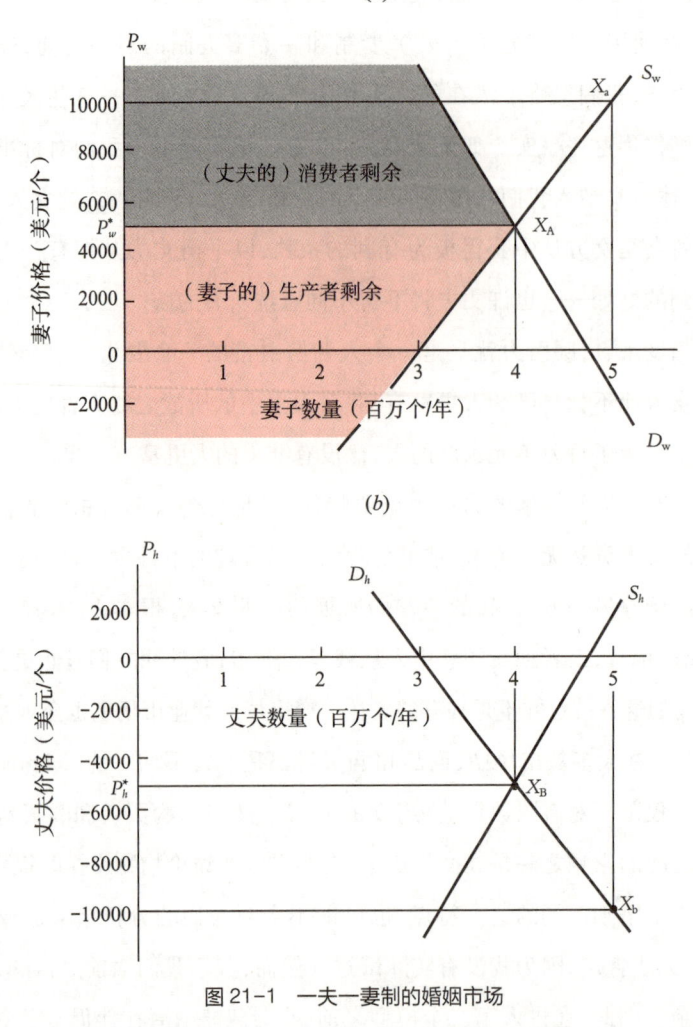

图 21-1a 是从一个潜在丈夫的角度绘制的,他视市场为一个有关妻子的市场。图 21-1b 是从一个潜在妻子的角度绘制的,她视市场为一个有关丈夫的市场。P_w 是妻子的价格,定义为相对于任一的标准协议条款而言的实际婚姻协议的条款。P_h 是丈夫的价格,定义类似于相应的同一标准协议。如果实际协议条款比标准协议条款对妻子更有利,则 P_w 为正(P_h 为负)。

这个定价下,妻子的供给量大于妻子的需求量(或者说,相当于丈夫的需求量大于丈夫的供给量)。

图 21-1a 中,P_w^* 是 P_w 的均衡值,即使妻子的供应量等于需求量的定价。类似的,图 21-1b 中 P_h 的均衡值是 $P_h^* = -P_w^*$。在图中所示的婚姻市场上,新娘的均衡价格是 5000 美元,为了结婚,一个男人必须提供比标准婚姻协议定义的 P_w 多 5000 美元的,有利于妻子的婚姻条款。

图 21-2a 显示了一夫多妻制合法化后的情况,图 21-2b 显示了一妻多夫制合法

化而一夫多妻制仍然非法的情况。需要注意的是,图 21-2a 中的 $P_w^{*\prime}$ 比图 21-1a 中的位置更高,图 21-2b 中的 $P_h^{*\prime}$ 比在图 21-1b 中的位置更高。与其不合法时相比,一夫多妻制合法后,妻子们可以得到更好的条款、更有吸引力的婚姻协议;而丈夫们在一妻多夫制合法后比其不合法时得到的条款也更好。这种结果与人们可能预期的正好相反:一夫多妻制有利于女性,而一妻多夫制有利于男性!

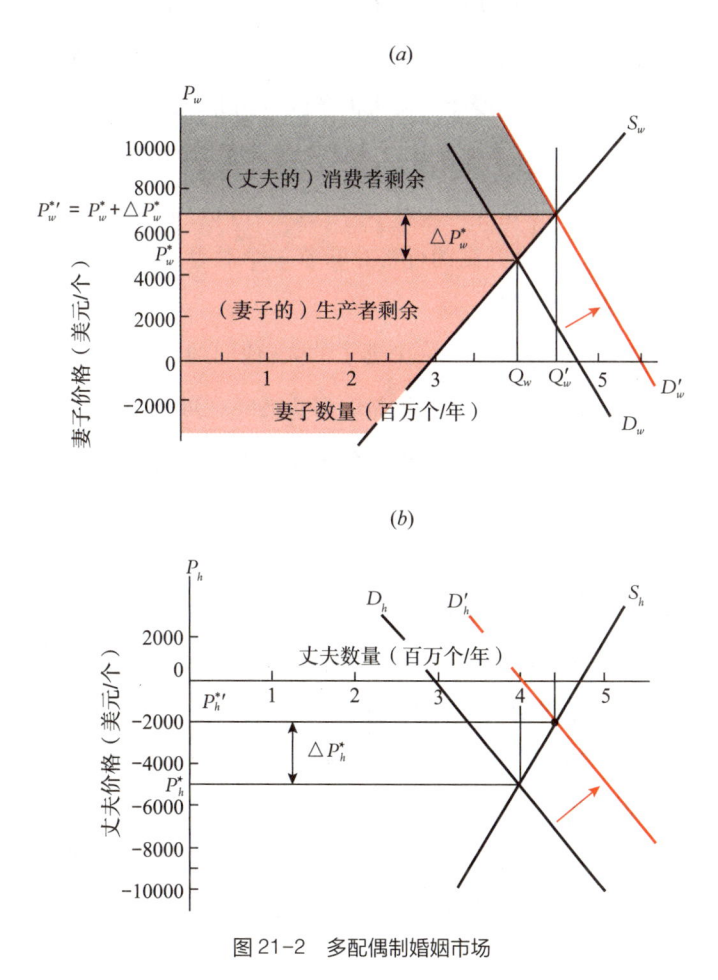

图 21-2 多配偶制婚姻市场

图 21-2a 是一夫多妻制合法化后的妻子市场;图 21-2b 是一妻多夫制合法化后的丈夫市场。

这是为什么?图 21-2a 中妻子的供给曲线与图 21-1a 中的相同。一夫多妻制的合法化并没有增加或减少愿意接受任一婚姻协议的妻子的数量。当然,一个愿意接受一夫一妻制婚姻的女性可能不愿意与另一个妻子分享同一个丈夫,但这点在 P_w 的定义中已经考虑到了。P_w 此前是参照标准协议来定义的,而标准协议的特征之一就是一夫一妻制。一个为一个妻子提供价格 $P_w = 0$ 的重婚丈夫,就必须向这个妻子提供足够有利的条款,以平衡她不得不与另一个妻子分享他的成本,从而使这段婚姻对她来说相当于一个标准协议。相同的逻辑适用于其他所有的 P_w 值;我们把对应任一重婚协议的价格定义为潜在妻子认为等价于早先一夫一妻协议下的价格。

我们现在能够理解为什么图 21-2a 中的均衡价格比图 21-1a 中的高。假设情况并非如此,假设这两个价格相等,图 21-2a 中的供给量将与图 21-1a 中的相同,但需求量会更大。一夫多妻制的合法化不会使此前只想娶一个妻子的人决定在同样价格下他现在一个都不想要,但它会让一些此前只想娶一个的人转而娶两个,即使他们必须提供使潜在妻子愿意每人接受半个丈夫的条款。因此,当一夫多妻制合法时,任何价格下的需求量都会上升,需求曲线从 D_w 移到 D'_w。在旧的均衡价格(P_w^*)下,需求量现在高于供给量。所以价格必定上升,新的均衡价格($P_w^{*'}$)必定高于旧的均衡价格。根据对价格的定义,一个升高的价格意味着一个对妻子更有利的协议,因此,这也就意味着女性的境况会更好。

那男人们呢?那些最终只拥有一个妻子的人,他们的境况会变糟,变遭 $\Delta P_w^* = P_w^{*'} - P_w^*$,即为一个妻子所支付的价格增量。那些最终有两个或多个妻子的人的境况可能会也可能不会变好。有人娶两个妻子的事实表明,在 $P_w^{*'}$ 价格下,他更想要两个妻子而不是一个,但这并没有告诉我们,他是更喜欢 $P_w^{*'}$ 价格下的两个妻子,还是 P_w^* 价格下的一个。

该变化是马歇尔改进还是马歇尔恶化?是马歇尔改进。要看出这一点,想象一下,我们分两步从 21-1a 到图 21-2a,第一步将 ΔP_w^* 从每个丈夫转移给每个妻子,这是一种纯粹的转移,妻子得到的是丈夫的损失。下一步是让丈夫和妻子适应新的价格,妻子的数量从 Q_w 增加到了 Q_w',这是马歇尔改进。那些不改变妻子数量的男人不受影响;而那些因价格更高而把妻子的数量从一个减少到零个的男人,或者那些利用一夫多妻制的合法化把妻子的数量增加到一个以上的男人,以及那些在旧价格下选择不结婚而在新价格下选择结婚的女人,境况则更好。纯转移加上马歇尔改进,是马歇尔改进。

图 21-2b 显示了一妻多夫制合法化的结果。其逻辑与一夫多妻制完全相同,只是男女角色互换了。由于一些女性现在购买两个(或多个)丈夫,她对丈夫的需求曲线就会外移。在丈夫的旧价格下,需求量大于供给量,所以价格上升。只跟一个丈夫结婚的女子必须与多夫的女子竞争来得到他,因此必须提供比以前更好的条款。男人的境况变好,一夫女性的境况变差,而多夫女性的境况可能变好或变差。净效应是马歇尔改进。

对许多读者来说,这个结论可能显得非同寻常——女性境况怎么可能因为一夫多妻制而变好,而男性的境况因为一妻多夫制而变好？这种反应呼应了我在第二章中所说的幼稚价格理论。幼稚价格理论是指价格不会变化的理论。如果引入一夫多妻制,而其他方面没有变化,那么女性的境况可能会变差,除了那些愿意一起忍受一个丈夫的女性。但是随着一夫多妻制的引入,其他东西确实改变了;妻子的需求曲线上移,婚姻协议中隐含的妻子价格也随之上升。那些最终只有一个丈夫的妻子以更有利的条件得到了他,因为他必须出更高的价与一夫多妻的对手竞争。而那些接受一夫多妻制婚姻的女性,是因为她们得到的价格至少足以弥补分享一个丈夫的缺点。

你可能认为结果不可信的另一个原因是,在历史上的许多社会,包括一些一夫多妻制的社会,女性并不属于自己。在这种情况下,她的父亲,或者其他能够掌控她嫁给谁的人,可能最终会得到婚姻协议中所隐含的大部分价格。如果是这样,女性因一夫多妻制的合法化而受益的证明就不再成立。这就是为什么在讨论的开始,我明确地假设了一个男人和女人都属于自己的社会。

如果把妻子与丈夫或丈夫与妻子替换成汽车与买车人,结果看起来就不那么矛盾了。假设有一条法律,禁止任何人拥有超过一辆汽车,废除它会增加对汽车的需求,汽车卖家的境况会更好。没有利用这个新机会的买主——那些只买一辆车的人,境况将变差,因为他们将不得不支付更高的价格。新价格下,那些买超过一辆车的买家,其境况会比只买一辆车时的好(因为要不然他们就只买一辆了),但不一定比在旧价格下买一辆车时的境况更好,(因为)他们已经不再有这个选项。

在这一切中,你可能感到困惑的是时间顺序。我是否在描绘这样的场景:在一夫多妻制合法后,一些男人先与一个妻子离婚,以便与另外两个女人结婚,而一些女人坚持重新谈判她们的婚姻协议？不是。我所做的是比较两种可选的未来,一种有一夫多妻制(或一妻多夫制),另一种没有。在一夫多妻制非法的情况下会娶一个妻子的男人,会在一夫多妻制合法的情况下,要么以不同的条件娶一个妻子,要么娶两个(或多个)妻子,要么被挤出市场,继续当单身汉。

模型 2

到目前为止,我对婚姻市场的建模,旨在使其尽可能像更传统的市场。下一步是切换到一个完全不同的模型——一个你们有些人可能会觉得更现实的模型。

我们首先假设,婚姻伙伴无法彼此出价,无论是隐含的还是明显的。一个原因可能是执行这种协议的困难,特别是在一个很难离婚的社会。在这种情况下,显然策略是:"向她承诺任何事情,除了洗碗"。如果在婚后,所有财产都是共有的,那么付钱给配偶没有意义,用婚后属于某人的东西来贿赂他(她)没有什么意义。

在这样的社会里,婚姻市场没有价格。但没有价格并不能消除稀缺性这个根本问题,它只是意味着必须要找到一些其他手段来分配稀缺的(男女双方的)理想伴侣的供给。

现在把我们早先晾在一边的一个特征放回去——不同的配偶质量。我们假设每个性别的所有潜在配偶都可以被排进一个从最理想的到最不理想的等级中,而且对于谁属于哪个等级,每个人的意见都一致。

我们现在有一个非常简单的配给机制。最受欢迎的女人可以选择她的配偶,因此接受了最受欢迎的男人;而该男人选择他的配偶时,也只对她感兴趣。第二受欢迎的女人很乐意接受最受欢迎的男人,但他已经有伴侣了,所以她就选择了第二受欢迎的男人。这个过程一直持续,直到婚姻市场上成员较少的性别的所有成员都有了对象,剩下另一性别中最不受欢迎的成员保持单身。

假设现在引入一夫多妻制。最有吸引力的女人不再确定她能够嫁给最有吸引力的男人,因为他可能更喜欢两个不那么有吸引力的女人,并且对她们来说,她们可能更想得到一半的他,而不是一个不太有吸引力的男人。如果想结婚的男人比女人少,一些女人可能会选择半个丈夫而不是没有丈夫。

从女性的角度看,这个结果不再像在模型1那样,是一个明确的改进:一些处于等级顶端的女性发现自己的配偶不如以前的那么有吸引力了;它也不是一个明确的恶化:一些之前是单身的女性,现在可能有半个丈夫,而有些女人可能得到半个男人而不是一整个蠢货。

这对男性来说可能是也可能不是一个明确的改进。有些男人受益于得到两个妻子而不是一个。此外,每当一个靠近等级顶端的男人选择两个较低质量的女人而不是一个高质量的女人时,他就会让出该阶梯中的一级台阶,而在他下面的男人就会上升一级,并最终得到比以前更理想的妻子。图21-3显示了这种变化,A、B、C……是男人,按吸引力排列,而1、2、3……是女人。当B选择了7和8,而不是他在一夫一妻制社会中会与之结婚的2时,C到G都因此会娶到更有吸引力的妻子。

这种变化如何损害男人的利益呢？如果一个男人本来要娶某个女人,而等级比他高的某人娶了两个等级都比这个女人高的妻子,那么他的境况就会变差。这消除了比该男人阶级高的一级、比该女人阶级高的两级,让他的相对位置下降了一级;他必须接受比他在一夫一妻制下可以娶到的女人低一级的女人。在图21-3中,这就是H及等级低于H的所有人的情况。

正如模型1,该论证可以重复用于一妻多夫制的情况。其结果基本相同。当一妻

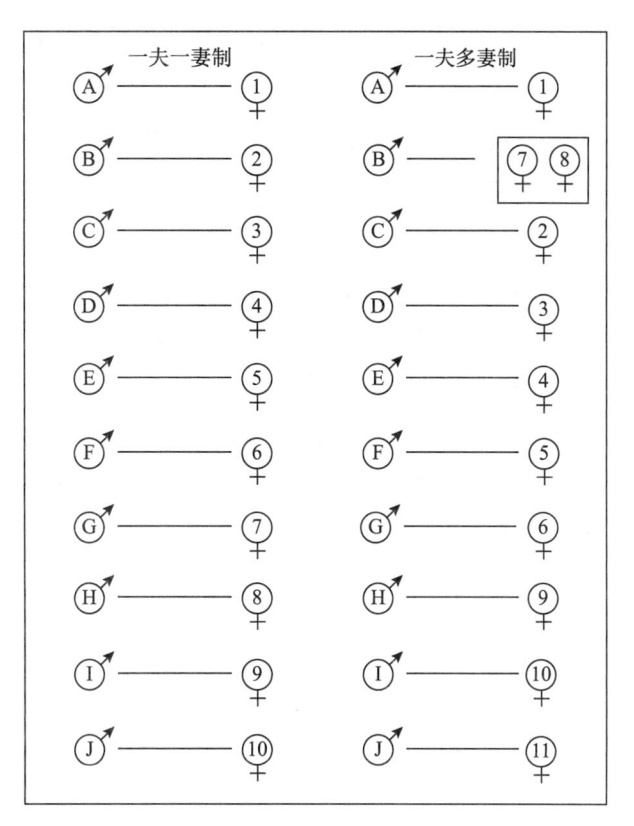

图 21-3 没有价格的婚姻市场的一夫多妻制效应

男人和女人都按照其作为婚姻伴侣的吸引力排列（A、B、C……；1、2、3……），如果一夫多妻制是非法的，则 A 娶 1，B 娶 2，以此类推。如果它是合法的，A 娶 1，B 娶 7 和 8，C 娶 2，D 娶 3，并以此类推。

多夫制合法后，一些处于等级顶端的男人几乎肯定会受损失；一些靠近等级底端的人——尤其是之前找不到妻子的人则会获益。女性可能都会获益，或者是那些处于顶端的女人，可能以牺牲底端女人的利益为代价而获益。

有价格和没有价格的市场—— 一些评论

每当有人建议某些东西应该由市场供给，而不是由政府生产和分配时，就有一种反对的声音认为，这样的建议只对富人有利，因为一旦有某样东西被出售，"富人就会得到一切"。我刚刚描述的婚姻市场——一个没有价格的市场的结果，比普通的有价格的市场的结果更符合这种刻板印象。在一个普通市场上，收入的差异是决定谁得到什么的因素之一，但不是唯一的因素。某人如果特别重视某样东西——汽车、衣服、书，最终可能比收入较高但偏好不同的一个竞争者得到更多。而且其结果并非拥有一切或一无所获，花钱更多的人得到的不是所有东西，而是与他愿意花的钱成正比的量。

在没有价格的一夫一妻制的婚姻市场上，无论一个男人多么想要一个聪明漂亮的妻子，以及他愿意放弃多少其他的东西来得到她，这都不重要，如果等级比他高的人也想要她，他就没有机会了。财富——不是指金钱意义上的，而是指任何伴侣吸引力意义上的——是决定谁能得到什么的唯一因素。对于任何特定的伴侣，竞争都是得到一切或一无所有。如果你的吸引力是你竞争对手的一半，结果不是你得到你想要的 1/3 他得到 2/3，而是他得到全部。

在苏联，一些商品，如肉类和反季节蔬菜，以低价出售，但在普通商店经常买不到。而这正是由于商品不是由市场分配的。同样，在二战期间，当美国对食品实行价格管控和配给时，你吃什么往往不太取决于你愿意付多少钱，而更取决于你认识谁。

金钱、美女和民谣

> 小麦肤色的女孩，她有房子和土地；白肤金发的艾伦德，她什么也没有。
> ——弗朗西斯·詹姆斯·蔡尔德（Francis James Child）收集的《英国和苏格兰流行民谣》（The English and Scottish Popular Ballads）中的第 73 首

本章结尾会简要讨论一下美国文化中反对金钱的偏见，即把金钱交易，特别是在社会背景下的，视为卑鄙或腐蚀人心的。那些不相信存在这种偏见的人，可以重读本章前面部分，或者向朋友解释婚姻就是购买妻子或丈夫，然后观察自己和朋友的反应，会有所启发的。

跟两种婚姻市场模型尤其相关的一个方面——有价格还是没有价格，是民谣中的常见主题。一个年轻男子必须在两个女子中作出选择，一个美丽而另一个富有，他几乎一贯会选富有的那一个。其结果是一个悲剧——至少有两方且往往是三方都以死收场。相应的教训很清楚：娶美丽的女子结婚。

在这样的歌谣中，很显然，为了一个女人的钱而娶她是不对的，但为了她的美貌而娶她却是可以的，原因不太清楚。诚然，人们可以说，小麦肤色的小姐（肤色深，没有白肤金发的艾伦德有吸引力）没有做任何事来匹配她的财富，因此她不配得到托马斯勋爵。但艾伦德小姐也不配拥有她的美貌。她们中的任何一个所做的都是选择了合适的父母，一个为了财富，另一个为了美貌。那么为什么托马斯勋爵为了美貌而拒绝财富就是高尚、有道德,而他为了财富而拒绝美貌就是卑鄙、不道德呢?

一个答案可能是,这个情节取决于我先前假设不存在的一些东西。在民谣的世界里,以及在许多甚而是大多数人类社会中,新娘和新郎并不是婚姻的唯一利益相关方,也不是唯一对其婚姻有一定掌控权的人,双方的父母也牵涉其中。在《托马斯勋爵与美丽的艾伦德》(Lord Thomas and Fair Ellender)和其他情节相同的民谣中,真正的利益冲突发生在新郎与他的家庭之间。如果托马斯勋爵与艾伦德结婚,他将是唯一能从她的美貌中受益的人。而如果他娶了麦色小姐,他的父母可以合理地期许能分得她的一些财富,也许他们正指望着靠这些财富来支撑晚年生活。在该民谣中,正是托马斯勋爵的母亲劝说他与麦色小姐结婚的。

如果这就是事情的真相,那么歌者站在代沟的哪一边,是很明显的,或者更确切地说,他认为他的听众站在哪一边,是很明显的。

婚姻是什么,为什么是婚姻?

> (礼仪小姐)还要求你不要解释婚姻与非婚姻关系的比较质量,这令她生厌,尤其是使用"忠诚"一词,或问有了这张纸有什么不同这种没意义的问题。礼仪小姐有一个保险箱,里面装满了这种据说有作用的纸。
>
> ——朱迪思·马丁(Judith Martin)所著的《礼仪小姐的极度正确行为指南》(Miss Manners' Guide to Excruciatingly Corrector Behavior)

到目前为止,我们一直把婚姻的存在视为理所当然。我们现在将从省察婚姻市场转向省察婚姻制度。我们的前两个问题是:什么是婚姻?它为什么存在?

婚姻如公司。 一种看待婚姻的方式是将其视为某种异乎寻常的一揽子交易,一种双方之间的交换——同意共享收入、住房、性爱,以及一系列生产活动,如做饭、打扫房间、洗碗、抚养孩子。从这个角度看,婚姻的动机,一部分来自生产中规模经济的存在——为两个人做一顿饭比为每人做一顿饭(加起来两顿)更容易;一部分来自劳动分工的优势。婚姻只是一种特殊形式的二人公司。

但公司不是利用劳动分工的唯一形式,还有另一种方式,即市场。我们大多数人利用屠夫、面包师和啤酒师的比较优势,但我们不必与之结婚来得到我们的晚餐。在传统婚姻里,妻子在做饭上可能比丈夫更有比较优势,而丈夫则可能在木工上比妻子更有比较优势。但在外面,肯定有比他们更好的厨师、更好的木匠,为什么这对夫妻要把自己限制在家庭的内部分工?

家庭生产的原因。 我们大多数人是在公开市场上购买我们想要的大部分东西,很少有夫妻自己做。然而,典型的家庭却十分依赖家庭生产来维持相当大范围的家庭消费:大部分餐食、大部分家庭清洁、大量照顾和教育小孩的工作,等等。这些东西为什么不也在市场上购买呢?

一个原因是交易成本的存在。如果你打算建房,聘请木工很值得。但如果你是要修补一些松动的木瓦,找到一个好木匠,与他商议双方满意的条款,并确保他认真完工,就够劳时费力了,也许足够抵消掉这个木匠的比较优势。这个木匠比我更能修补好木瓦,但一旦屋顶漏雨,我才是那个被淋湿的人,因此我有动机做好修补,即使无人监工。并且我没有动机去浪费时间与精力来和我自己讨价还价。

第二个原因可能是专业化——不是在某一产品上,而是在某些顾客上。妻子和我会去的那家餐馆的厨师可能比我们更擅长做饭(如果我们少花点时间做饭,多花点时间挣下馆子的钱的话)。但是在为我们做饭方面,餐馆的厨师要比我们差。毕竟,我们在我们喜欢什么上是专家。对于一些其他形式的家庭生产来说,这种情况甚或更加真实。

我们现在对婚姻的存在至少有了部分的解释。另一个值得研究的因素是:婚姻,在大多数社会中,是一种非常长期的协议。为什么?

婚姻与双边垄断的成本。 答案早在第九章讨论双边垄断作为长期合同的一个成因时就给出了。在我去加州大学洛杉矶分校(UCLA)工作之前,我和经济系所在的市场是一个大型的适度竞争市场。一旦我接受了这份工作,并花了一两年的时间学习如何履职,在某种程度上,我们就都被锁定在了一种双边垄断中。他们和我都承担了大量的成本,包括培训我如何从事这项工作,以及指导该系如何跟我这个教授打交道。

婚姻是双边垄断的一个更极端的版本。个体在一个巨大的竞争市场上选择伴侣,无论他们如何抗议,都不可能再有任何其他市场可选。但一旦他们结婚,他们就会迅速获得在其他背景下被称为**公司特有资本**(firm-specific capital)的东西。如果他们决定终止协议并寻找其他伴侣,会招致巨大的成本,而如果一开始就选对了伴侣,这些成本本可以避免。他们关于如何与对方相处的特有知识会变得毫无价值。至少有一个人,必须离开熟悉也习惯了的家。他们共有的朋友圈可能会一分为二。最糟糕的是,无论新的伴侣有什么优势,都不是他们孩子的亲生父母。

正如第六章所解释的，拥有公司特有资本的一个问题是，它在双方之间创造了很大的议价（讨价还价）范围。由于对方被锁定在这场关系中，并且只有当事情变得非常糟糕时才会选择离开，因此，每一方都可能试图利用这一事实，让一切按照自己的方式来。在婚姻或其他背景下，都没有办法完全消除这些问题。但订立长期合约——明确的或暗含的，是减少这些问题的一种方式。

强制执行的问题。 婚姻协议涉及两个要素，其中一个比另一个更容易执行。同意保持婚姻关系"直到死亡将我们分开"在很大程度上是可以强制执行的。在许多社会中，尽管并非我们当前的社会，脱离一段婚姻并进入到另一段是困难且昂贵的。你将会记得，亨利八世为了解除他与阿拉贡的凯瑟琳（Catherine of Aragon）的长期婚姻协议，不得不改变整个国家的宗教信仰。

但是，防止协议各方完全退出协议并不能解决这个问题，除非协议明确规定了每一方的确切义务，并可以强制执行。不可以离婚的婚姻可能比可以离婚的婚姻产生更大的议价空间，因为一方可以威胁要让另一方的生活变得非常不愉快，以至于离婚是一种改进。这种威胁是否可信，可能取决于它的实施成本。如果双方都知道争论结束后他们仍将与对方结婚，这可能会使他们有动机避免极端的策略。

这表明，理想的解决方案是一份长期协议，完全明确双方的义务。在签订协议前，没有婚姻，没有双边垄断，也没有太大的议价范围。而签订协议后，没有什么值得议价。

在某种程度上，婚姻就是这样一种协议。原则上，丈夫或妻子可以声称对方没有履行他或她的责任——例如，妻子可以起诉丈夫没有供养她。但是，人们几乎不可能写出一份足够详尽的合同来指明所有相关的条款；即使可以，这些条款也几乎不可能被强制执行。这就像价格管控一样，在法律上有义务以特定价格提供特定产品的个体，通常可以通过降低质量来规避该义务。据我所知，从来没有人以配偶做饭或做爱糟糕为由成功起诉过配偶。因此，即使在传统社会的婚姻中，仍保有相当大的议价空间供使用。

爱情和婚姻。 本章走笔至此，我尚未提及爱情，而人们普遍认为爱情与婚姻有一定的联系。我们为什么要与所爱的人结婚，而不是与那些品味与我们一致、技能与我们互补的人结婚，然后进行我们各自的爱情生活？这个问题听起来奇怪，却很合理。

有两个答案。首先，爱情与性有关——这可以用**社会生物学**（sociobiology，将经济学应用于基因而不是人）来解释，而性与生孩子有关。父母更喜欢抚养自己的孩子,而不是别人的孩子,而且大部分育儿工作在抚养者的家里进行是最方便的。所以我们至少可以说,孩子的父母结婚,会方便一些。

第二个答案是,爱情减少(虽然不能消除)了招致高昂议价成本的利益冲突。如果我爱我的妻子,她快乐是我快乐的决定因素之一,因此让她开心符合双方共同的利益。如果她也爱我,让我开心也符合双方利益。除非我们的爱计算得如此精确以致我们的目标都是相同的,否则在任何一个方向都还有冲突的空间。如果我们太爱对方,我以我为代价使她受益的企图,可能与她以她为代价使我受益的企图发生冲突。

对这种情况的逻辑更准确的讨论,需要等到本章的第二节,到时我会详细阐述利他主义对利他主义者(altruist)和受益者(beneficiary)行为的影响。

美国婚姻的衰落。 现在我们至少有了一张婚姻经济学理论的草图,我们不妨用它做点什么。一件显而易见的事情是用来解释过去百年间,婚姻在美国和类似社会的衰落。为什么婚姻变得没那么普遍,为什么婚姻协议的有效期显著变短?

一个简单的答案是,花在家庭生产上的时间急剧减少,伴侣获得的公司特有资本的数量也随之减少,尤其是妻子。之前我说过,为了获得晚餐,没有必要与屠夫、面包师和酿酒师结婚。事实上,几百年前,男人与他的面包师或酿酒师结婚、女人与她的屠夫结婚并不罕见,因为这三种职业在相当程度上都是在家庭内部进行的,特别是在农村地区。多萝西·塞耶斯(Dorothy Sayers)在她的一篇文章里建议,我们应该问问那些抱怨女性偷走男性工作的男人,他们是否希望将过去由家庭主妇从事,而现在已经转移到市场中的所有行业都还给女性,如酿造啤酒、保藏食物和制作衣服。

家庭生产减少的一个因素是:过去几个世纪,专业化程度一直在提高。培根、衣服、果酱和其他许多东西现已批量生产,而不是家庭制作。第二个因素是剩下的东西有很多机械化了。衣服和碗仍然在家里洗,但大部分工作已由那些制造洗衣机、洗碗机的公司完成了。第三个因素是婴儿死亡率的大幅下降。过去,一个女人几乎必须不停地生孩子,以确保有两到三个能活到成年;其结果是,生儿育女几乎是一份全职工作。而在现代社会,想要两个孩子的夫妇就生两个孩子。

这三种变化大大减少了一般家庭主妇的工作量。家庭主妇不再是一个全职的职业,除非在不寻常的情况下——想要很多孩子的家庭、"回归田园"的夫妇等。而一般来说,家庭生产,特别是养育孩子,在很大程度上与婚姻的专有资本有关。如果一对夫妻,没有年幼的子女,每人每天花80%的时间工作,20%的时间照顾家庭,离婚的成本就不会那么大。即使是一个比较传统的家庭,丈夫全职工作,妻子把时间分配在工作、家务和养育一两个孩子之间,离婚的成本也比几代人以前要低得多。

离婚不全是成本,也有收益,否则就不会有人离婚了。如果收益保持不变,而成本降低,那么至少有一方发现收益大于成本的情形将增加。从离婚率来看,确实如此。从这个角度看,离婚率的提升在本质上没有好坏之分,它既不是自由提升的证据,也不是道德水准降低的结果。它只是对一个不断变化的世界的理性适应。

离婚率的增加反映和顺应了个人选择范围的扩大,从这个意义上说,它是一件好事。我们可以选择生活在 18 世纪的家庭中,自己鞣制皮革,酿制啤酒。有些人就是这样做的——每月你可以在《地球母亲报》(*Mother Earth News*)上读到这样的生活。大多数人都没有这样做表明,对大多数人来说,过那种生活而不是我们现在的生活的成本,大于相应的收益。

离婚率的上升和现代婚姻的其他困难只在以下意义上是坏事:反映了我们的制度和期望未能完全适应新环境。两个人可以一起过上幸福且富有成效的生活的条款,并不是简单到每对夫妇都能在几小时内独立创造。劳动分工在建立制度和房屋方面都有其作用。在一个相对静态的社会中,我们可以观察到成功的安排,即在过去有效,并且在未来也可能会有效的模式。在一个快速变化的社会中,我们更难弄清楚哪种协议是我们应该或不应该同意的,哪种婚姻——或其他安排——是我们应该或不应该选择的。因此,可能会出现更多失误。在这里,正如在大多数其他领域一样,经济学理论对于描述均衡,比描述我们从一个均衡转移到另一个均衡的过程,更加有用。

利他主义经济学

对经济学的一种常见批评是,经济学家要么假定自私,要么提倡自私,而现实世界中的人们应该而且确实关心他人。这种批评有一定的道理,但不是很有道理。经济学家假定人们有各自的目标,并为实现它们而行动。但正如我多次指出的,我们没有理由说这些目标必须是自私的,经济学家可以而且确实假定,他人的福利,是一些人重视的东西之一。

几何版本

重视他人福利的人被称为**利他主义者**(altruist)。我们可以用经济学来分析一个利他主义者和他所关心的人的理性行为,并且在这个过程中,得出一些让人意外的结果。

图 21-4a 显示了一个利他主义者 A 的无差异曲线,他关心自己的消费 C_A,由纵轴表示,和受益者 B 的消费 C_B,由横轴表示。C_A 和 C_B 对 A 来说都是好品(goods),所以他的无差异曲线向右下方倾斜。两者都存在边际效用递减,所以曲线凸向原点。在作图时,我假设 C_A 和 C_B 都是正常物品(normal goods);随着收入的增加,两样物品他都买得更多。该假设将保留于整个讨论中。

A 的收入为 I_A,B 的为 I_B。如果 A 不给 B 任何东西,每人都消费自己的收入,使他们处于 X 点($C_A=I_A$, $C_B=I_B$)。如果 A 愿意,他可以把他的部分收入转移给 B,从而减少自己的消费,增加 B 的消费。他这样做会使他沿着线 L 向下移动,L 的斜率是-1。当 A 给 B 一美元时,A 的消费减少一美元,B 的消费增加一美元。A 将继续转移,直到他到达 Y 点,一条无差异曲线与 L 的切点。这是他在 L 上的最优点,正如普通预算线与无差异曲线的切点是第三章中普通消费者的最优点那样,这是他可以得到的最理想的组合。

图 21-4a 显示了利他主义者选择向受益者转移收入的情况。图 21-4b 也类似,只是利他主义者的首选点是 X,也就是他的初始境况。任何转出都会使他移到一个较低的无差异曲线上,利他主义者消费他的全部收入(I_A),而"受益者"则消费他的全部收入(I_B)。A 仍然是一个利他主义者,因为他仍然重视 B 的效用,但考虑到成本,他的重视程度不足以让他花钱来增加 B 的效用。

图 21-4a 和 21-4b 几乎与第三章构建的预算线-无差异曲线图完全相同。A 将 I_A+I_B 的收入用于两种商品,C_A 和 C_B,唯一不同的是,由于利他主义者可以向 B 转钱,但不能强迫 B 向他转钱,因此预算线止于 X 点;他不可能选择比这更高更靠左的组合。利他主义者在决定如何在自己和受益者之间分配总收入 I_A+I_B,约束条件是受益者最终必须至少拥有 I_B。

图 21-5a 显示了该情形下两种可能的变化的影响。预算线 df 是将 I_A 减少 10 美元的结果(情况 1),gf(df 加上虚线 cd)则是将 I_B 减少 10 美元的结果(情况 2)。这两条线是相同的,只是虚线往左上走了一点,在这两种情况下,利他主义者选择的最优点(e)相同。

从图中你应该可以看出,这并非意外。两条线,一条代表利他主义者减少 10 美元的情况,另一条代表受益者减少 10 美元的情况,它们除了虚线部分 cd 以外,其他都一样。因此,除非利他主义者的最优点在 cd 上,两种情况下的最优点一定是一样的。如果最优点在 cd 上,如图 21-5b 所示,那么在情况 1 中,即利他主义者的收入减少时,他新的最优解在 d 处。他不会选择转移任何东西,所以每人最终都消费自己的全部收入。

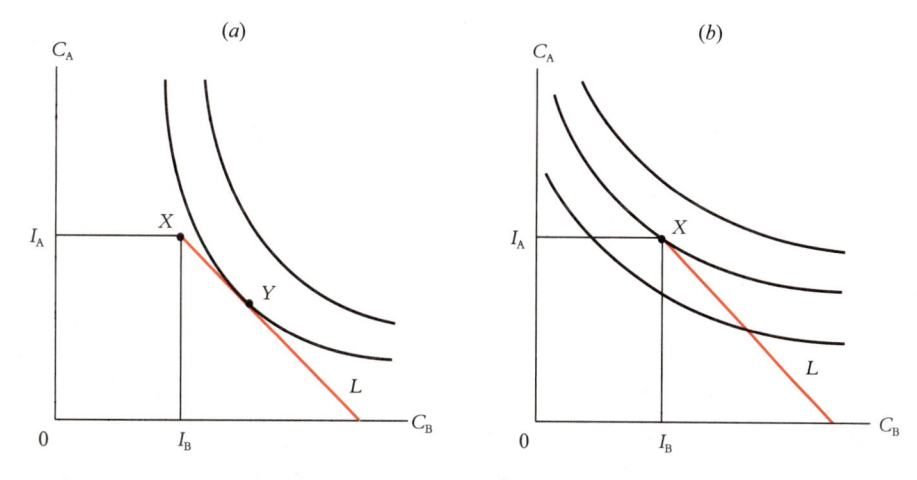

图 21-4　一个利他主义者的预算线-无差异曲线图

利他主义者选择从他的收入（I_A）中拿出多少来给受益者，就是在预算线 L 上选择一个点。如图 21-4a 所示，Y 是内点解；如图 21-4b 所示，X 是角点解。

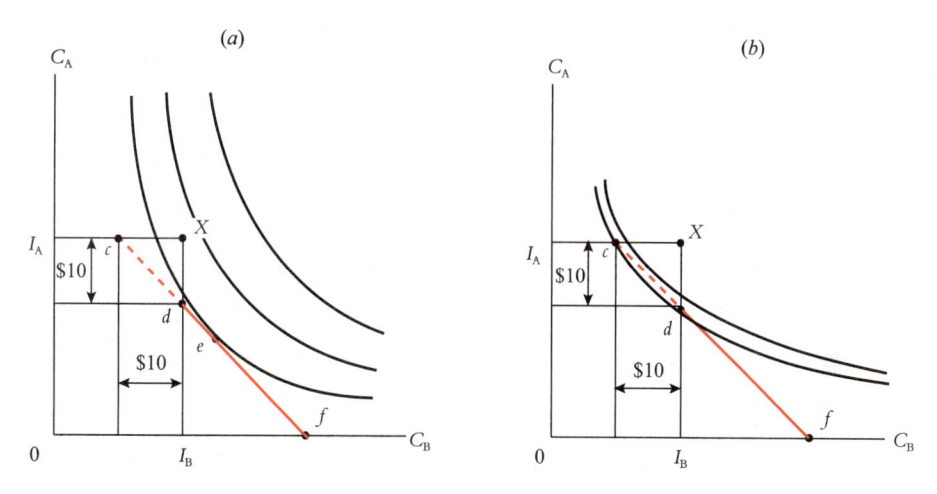

图 21-5　利他主义者和受益者的总收入变化对利他主义者境况的影响

df 是利他主义者收入减少 10 美元后的预算线，cf 是受益者收入减少 10 美元后的预算线。在图 21-5a 中，由于最优解是一个内点解，在两种情况下它都是一样的；在图 21-5b 中，其中一个最优解是一个角点解（没有收入转移），所以它与另一个最优解并非同一点。

文字版本

这种分析可以用图来表示，也可以用言辞来表示。利他主义者在决定将其收入的多少捐赠给受益者时，是决定两人总收入（I_A+I_B）的重新分配，但条件是他只能给，不能拿，所以受益者最后的收入不能少于他的初始收入（I_B）。如果利他主义者或受益者的收入减少 10 美元，这意味着他们之间可以分配的钱现在少了 10 美元。唯一的区别是,如果减少的是利他主义者的收入,那么受益者最后能得到的至少是 I_B;如果减少的是受益者的收入,那么他至少可以得到 (I_B-10) 美元——一个新的、较低的收入。如果利他主义者首选的分配方式是让受益者的消费超过 I_B,如图 21-5a 中的那样,那么这种差异并不重要;即使利他主义者可以创造一种使受益者的消费少于 I_B 的分配方式,他也不会选择这样做。所以情况 1 和情况 2 的结果是一样的,如图 21-5a 所示。

这意味着,如果只考虑利他主义者选择进行一定的收入转移的情况(与图 21-4b 和图 21-5b 中的情况 1 不同;在这两种情况下,他没有选择这样做),利他主义者和受益者的总收入变化对二者的消费就有着相同的影响——无论改变的是利他主义者的收入还是受益者的收入。如果受益者理解了这种分析,就会发现关切维持利他主义者的收入,与关切维持自己的收入一样,是符合自身利益的。基于此,受益者最终表现得如同自己也是一个利他主义者,尽管他实际上对利他主义者的福利并不关心。

由此可见,任何能对自己和利他主义者产生净收益的行为都符合受益者的利益,这与我们在马歇尔效率的背景下讨论的净收益完全相同。一旦我们在计算中纳入该变化对利他主义者所选择的转移金额的影响,任何可以视为马歇尔改进的变化,对受益人来说也是一种改进。一个使利他主义者受益 5 美元而使受益者损失 3 美元的变化,将导致利他主义者向受益者的转移增加 3 至 5 美元;一个使利他主义者损失 5 美元而使受益者得到 3 美元的变化,将导致利他主义者对受益者的转移减少 3 至 5 美元。我已经在简单的二元情况下用图形证明了该结果,其中所有的变化都是以金钱衡量的。在更一般的情况下,如损失可能是骨折的手臂、破损的窗户,甚至一颗破碎的心,其证明也是类似的,只不过更复杂。

你对这个结果的反应可能是:这并不意外。因为如果受益者伤害了利他主义者,利他主义者就会通过减少转移来惩罚他,所以受益者发现不得罪他的赞助人更符合自身利益。但这不是事实。我们的论证并不取决于利他主义者知道受益者对变化负有责任。在由某个第三方或自然造成的变化的情况下,相同的事情也会发生。如果该变化是马歇尔改进,受益者和利他主义者在变化后都会有更好的结果;如果它是马歇尔恶化,二者的境况最终都会变得更糟。

你可以在图 21-5a 中看到这个结果,均衡位置只取决于总收入 (I_A+I_B),而不取决于个人收入。只要利他主义者在变化发生前后均选择向受益者转移一定的收入,其结果都是如此。图 21-4b 和 21-5b 显示了并非如此的情况,图中的两个均衡是角点解,因此转移为零。因为在这种情况下,$C_A=I_A$,$C_B=I_B$,消费取决于 I_A 和 I_B,而不只是它们的总和。

坏孩子定理

考虑利他主义者是父母中的一方,而受益者是两个孩子的情况。其中一个孩子是坏孩子,他喜欢踢他的妹妹。我刚才的分析意味着,如果踢妹妹对这个坏孩子的美元价值,也就是如有必要他为了踢妹妹而放弃消费的美元价值,小于对妹妹来说被踢的美元成本,那么这个坏孩子最好不要踢她。坏孩子的效用增加而被踢的妹妹效用减少,家长据此做出反应,调整了在孩子们身上的支出,坏孩子因此受到的损失将大于他的收益。同样,在这里,该结论不取决于家长观察到了踢人的事,而只取决于家长观察到的两个孩子的快乐程度。

当坏孩子正确地考虑了家长的利他主义的影响后,会发现只有在踢他的妹妹是有效率的情况下,这样做才符合他的利益,这一结果被称为**坏孩子定理**(Rotten Kid Theorem)。在这种情况下,利他主义者无意中发挥了官僚之神的作用,至少就利他主义者和受益者组成的小社会而言是如此。因为利他主义者具有特殊的效用函数(其自变量中包含受益者的效用),所以无论是利他主义者还是受益者,均会发现:使马歇尔效率最大化,并根据对利他主义者和受益者的净影响是否为马歇尔改进来做决定,符合他们的个人利益。

利他主义与进化

除了消遣娱乐,对利他主义的分析还能有什么用处?加里·贝克尔(Gary Becker),一位我一直在阐述其思想的经济学家,就试图用这些观点解决社会生物学的主要难题之一:利他主义的存在。就像进化论所揭示的,如果生命体因其满足自身繁衍利益的能力(粗略地说,就是能以获得尽可能多的后代的方式行动)而在进化过程中被选择,那么那些为了他者利益而牺牲自己利益的生命体就应该被淘汰。然而,利他主义似乎存在于各种物种(包括人类)中。

一种解释是,对亲属的利他主义,最明显的是对你的孩子,从进化论的角度看,并不是真正的利他主义。抚养我的孩子直到他们也有孩子,是为了满足我自己的繁衍利益。这个论点也适用于其他亲属。但这依然难以解释非亲属的利他主义。贝克尔的观点是,利他主义通过上述机制促成合作行为,从而使利他主义者和接受者(recipient)都受益,激励每个接受者采取对整个群体而言有效率的行动。因此,一个包含利他主义者的群体将比不包含利他主义者的群体更成功;该群体将有更多幸存的后代,而其基因,包括利他主义的基因,会变得更加普遍。

尽管相对于其他群体而言,利他主义者在促进自身群体的成功繁衍,但就其群体内部的其他成员而言,他也在牺牲自己的成功繁衍,因为他把资源花在他们而不是自己的身上。如果贝克尔的分析是正确的,随着时间的推移,在含有一个或多个利他主义者的群体中,利他主义的基因应该会越来越少,而这种群体的基因随着时间的推移应该会变得越来越常见。只有当第二个过程至少能平衡第一个过程时,利他主义才能延续。

美丽的艾伦德与坏孩子

在本章第一节,我问为什么人们普遍认为,为了美貌而结婚比为了金钱而结婚更好。我们现在有了一个可能的答案。人们普遍认为,美貌是让男人爱上女人的因素之一,而财富不是。我们对利他主义的分析表明,如果其中一人对另一人而言是利他主义者,那么人们在一起工作就会更容易。因为这样一来,对利他主义者和受益者来说,最大化他们的共同福利均符合他们的利益。托马斯勋爵爱艾伦德,但他不爱麦色小姐,正如他在婚礼后立即告知她的那样。其结果是,麦色小姐刺伤了艾伦德,托马斯勋爵又杀了麦色小姐,然后托马斯勋爵自杀了,从而让这首歌走向结局,想必也给他的父母上了一课。如果我们愿意视坠入爱河为利他主义,也许这首歌的寓意是正确的。如果你娶了美丽的女人,你得到的不仅是美貌,还有优势——成为受你的利他主义所协调的高效率家庭的一分子。

当然,这只在一种方向上起作用,我们没有理由相信艾伦德的美貌会使她更有可能对托马斯勋爵表现得利他主义。但这并不是对这一论点的有力反驳。我们从坏小孩定理中得知,一个家庭中有一个利他主义者就足够了。

一种更有力的反驳是,坠入爱河与利他主义之间的关系有多密切并不明晰。艾伦德对被她所爱的男人抛弃的反应,是穿上她最好的衣服("每当她路过的一个村庄,人们都认为她是某个女王"),然后去破坏她前男友的婚礼。"坠入爱河"似乎描述了一种混杂的情感,其中一些与利他主义相去甚远。与外表的美相关的复杂情感在多大程度上涉及利他主义,以及,一旦涉及,它们是否有可能在婚姻的头六个月后仍存在,是一个悬而未决的问题。

礼物与金钱

为什么人们会以金钱以外的任何形式赠送礼物?如果像通常假设的那样,每个人知道他自己的利益,那么拿钱去买自己想要的东西,而不是得到赠送者决定买给他的东西,对他来说更好。

赠送礼物而不是现金,有两个显而易见的理由。其一是,赠送者可能认为接受者的目标与他自己的不同。我给你奖学金不是因为我喜欢你,而是因为我希望社会上有更多受过教育的人,或者有更多聪明的高中生入读我的母校。

另一个例子是食品券计划(food stamp program)。这个想法不仅仅是为了帮助穷人,还为了让他们购买更多的食物。这导致了另一个问题:我们为什么要关心穷人把钱花在什么地方?如果他们觉得衣服或住所比食物更重要,为什么不让他们做选择?这个问题的一个答案是,该计划在很大程度上是由来自粮食生产州的政客支持的。

给予限定礼物的第二个原因是家长式作风(paternalism)。如果你认为你比受赠者更了解什么对他好,你自然会想掌控他如何花你的钱,一个显而易见的例子是父母与孩子的相处。给予食品券而不是金钱的第二个原因可能是认为一部分穷人应该把钱花在食物上,因为如果可以自由选择的话,他们会把钱花在威士忌上。

即使用于儿童,家长式作风是否算明智之举也并不完全清楚。在我很小的时候,父母带着我和妹妹坐火车从芝加哥到俄勒冈州的波特兰去看望祖父母。这趟旅程得花三天两夜。父亲给了我和妹妹两个选择:要么卧铺,要么坐着但能得到卧铺票的钱。我们选了钱。

这把我们带回到这个问题:为什么在圣诞节、生日等特殊日子,我们要给朋友甚至父母送礼物而不是现金?即使家长式作风对自己的孩子是一种合适的态度,但对自己的父母似乎不合适。一个可能的答案是,在这个小问题上,我们确实认为自己比他们更了解他们的利益——比如说,我们赠送的是一本我们读过的书,并且确信他们会喜欢。但我怀疑这是否为一个充分的解释,因为我们经常送人礼物,却没有特别的缘由认为他们会喜欢。我猜想,正确答案与对金钱的敌意有关,特别是在个人交往中,这在我们社会中似乎很典型。例如,不少男人会认为,带一个女人去一家昂贵的餐厅,希望以此得到某种好处,是一个完全没有问题的想法;但他们却从未想过要直接以金钱的形式达成同样的目的。

许多读者认为这个特殊的例子令人不适,部分原因是,它似乎暗示了约会是一种变相的性交易。关于婚姻偶尔也会有相同的说法。在这两种情况下,论证似乎是合理的,但结论却不是。这带来了各种有趣的问题,首先是,为什么我们对性交易如此反感——为什么在各种社会中,对出售性的看法与对出售其他服务的看法截然不同?为什么我们的谴责并未延伸到性是(至少隐晦地属于)更广泛交易的一部分的情况?有兴趣探讨此问题的学生可能会发现,本章的观点、第十一章对承诺策略的讨论,以及《自私的基因》等书中对进化行为的分析,为从经济学角度解释这种显然不经济的看法,提供了一个起点。

消除疑惑

　　一些更有勇气的读者,可能准备在这时问我:是否期望他们认真对待这一章;我是否真的相信爱情和婚姻可以用经济学的抽象逻辑来分析;我是否真的相信,一个7岁的男孩在决定是否踢他的小妹妹时,会基于没有经济学博士学位的人几乎无法完全理解的经济学理论,进行成本效益的计算?

　　答案是:"是的,但是。"我确实相信这一章的分析是有用的,用以理解真实世界存在的爱情、婚姻和孩子。但我不认为它是够用的,如果我们不足够理解生而为人、去爱、作为孩子、为人父母的感受的话。我也不认为,如果理论与我们在真实世界所观察的发生冲撞时,退缩的必须是真实世界。我不愿意说出"事实糟糕得多"——一位著名德国哲学家在面对与其理论相反的证据时所说的话。

　　经济学是理解真实世界的一种方式。在几乎所有的实际应用中,它都要依靠对世界的近似描述,即保留基本特征,同时剔除一些不重要的因素,因为这些因素的融入会使分析变得过于复杂。正确进行这种近似描述关乎我们的判断。而检查你是否做到这一点的一个方法是,对比理论的预测与你的实际观察之间的吻合程度。它们几乎不可能完美契合,因为你观察到的世界与你所分析的简化情况并不相同。但有一个近似的理论也许总比没有要好。

　　综上所述,对我们中的一些人来说,创立经济理论,尤其是其他人认为在经济学之外的事物的经济理论,是一种有趣的游戏——甚至是一种艺术。只要这就是经济理论的全部,它就可以通过艺术的标准——优雅和一致,得到恰当的检验。只有当我们停止为了有趣而描绘理论,并开始用真实世界来检验它们时,经济学才会既是一门科学,也是一门艺术,其分析也才会变得既有用又有趣。

· 习题 ·

1. 在第一个婚姻模型中，潜在丈夫向妻子出的价格提高，导致妻子的供应量增加，因为婚姻条件的改善使更多女性愿意结婚。假设在我们所考虑的社会中，新娘的价格是支付给新娘的父母而不是新娘本人，请分别讨论在短期和长期，妻子的数量如何变化以及为何取决于价格。

2. 在分析一夫多妻制的影响时，我声称那些最终拥有一个以上妻子的男人可能会因为一夫多妻制的合法而境况更糟。这怎么可能呢？如果他们的境况更糟，为什么他们不只娶一个妻子？

3. 希腊历史学家希罗多德述说，在巴比伦的每个村庄，每年都有一个新娘集市，在这个集市上，适婚年龄的女性会被拍卖，从最可人的女人开始拍卖。当拍卖进行到无人愿意为之付钱迎娶的新娘时，价格就会变成负数——女人嫁给任何愿意以最低价格娶她的人，并从为更受欢迎的新娘筹集的钱中支付。拍卖一直持续到所有适婚女性都被拍卖掉。

讨论这一制度的可行性和影响。一夫多妻制的合法会对此有什么影响？一妻多夫制呢？在这种制度下，潜在的新娘会嫁给谁？

4. 历史上，大多数婚姻都是一夫一妻制，但不少社会一夫多妻也是合法的。一妻多夫制则少见得多，你能说明原因吗？

5. 你能提出解释对金钱有敌意的经济学理由吗，特别是在本章讨论的社会背景下。非经济理由呢？你是否能把你的非经济理由转化为经济语言？

6. 关于送礼，一个有趣且可以由恰当的理论来解释的特点是，人们倾向于赠送令人愉快但这种快乐会转瞬即逝的礼物，如糖果和鲜花等华而不实的东西。你认为其理由是什么？

7. 在讨论婚姻的性质时，我提出了为什么爱情和性通常是婚姻的一部分，还有烹饪、家庭维修、抚养孩子和其他各种家务。19世纪的法国上层社会似乎并非如此，至少在法国小说家的描述中不是如此。人们的印象是，每个富有的丈夫都有一个情妇，每个妻子都有一个情人。

讨论一下为什么在那个社会中，婚姻可能采取这样的形式？你认为收入与婚姻稳定之间有什么关系？这是否符合那个社会和其他社会中实际发生的情况？

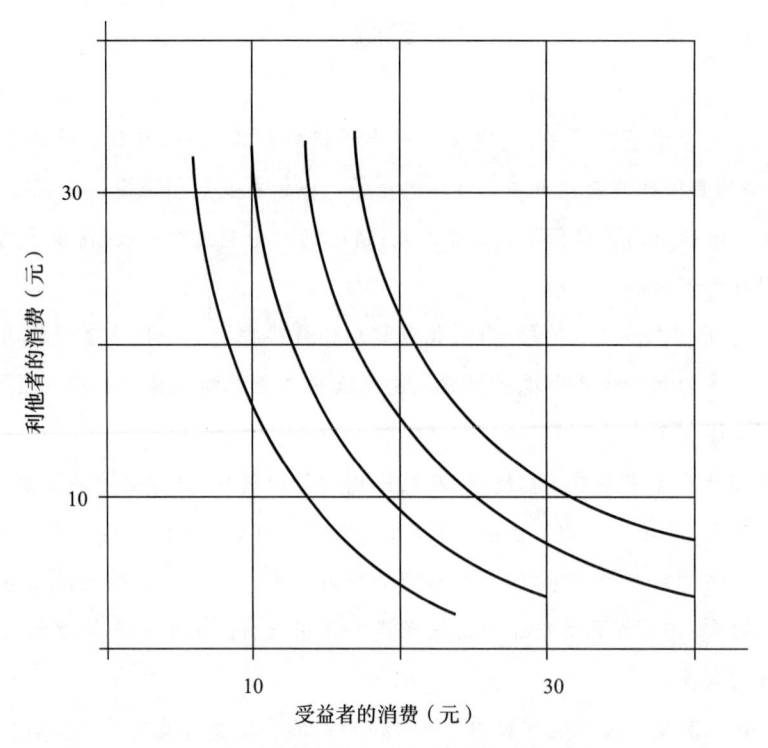

图 21-6　问题 8 和 9，一个利他者的无差异曲线

8. 图 21-6 是一个利他者 A 的无差异曲线，画出他的预算线并针对以下每种情况找出相应的均衡：

   a. 他的收入是 30 元，受益人的收入是 10 元。
   b. 他的收入是 20 元，受益人的收入是 20 元。
   c. 他的收入是 10 元，受益人的收入是 30 元。

9. 假设有 33% 的赠与税，重新回答问题 8，利他者每赠出 3 元，其中 2 元给受益人，1 元给政府。政府把税款花在了其效用对利他者没有价值的人身上。

10. 在对利他主义的整个分析中，我不仅假设受益人的效用对利他者来说是一种物品，而且是一种正常品。假设它是一种劣质品，分析的结论将如何改变？受益人会如何依利而行？

11. 假设一个人的效用对另一个人来说是坏品，我们可以如何描述这种情况？你会得到什么结果？

12. 假设我们承认，我和我妹妹在火车旅行中取钱而舍铺位，是因为我们正确地认识到了自己的利益。结合本书的分析，你能提出哪些理由，来说明为什么让我们做此选择可能也没有得到有效率的结果？

· 延伸阅读 ·

对社会生物学,这项基于动物的行为是为"进化"所设计以实现最大限度地提高个体基因的繁殖成功率的假设,以研究包括人类在内的动物的行为的学科,一个精彩介绍,是理查德·道金斯的《自私的基因》(*The Selfish Gene*)。

对婚姻(及其他)经济学更深入的讨论,我推荐加里·贝克尔的《家庭论》(*A Treatise on the Family*)。

对离婚更容易这个趋势持悲观态度的一篇文章是 Lloyd Cohen,"Marriage, Divorce, and Quasi Rents; or, 'I Gave Him The Best Years of My Life'," *Journal of Legal Studies*, XVI 2 (June, 1987)。

Selfishness, *Altruism*, *and Rationality* by Howard Margolis (Cambridge University Press: 1982). 这本书认为贝克尔的利他主义的模型与观察到的行为并不相符,并提出了另外一种模型。

关于求爱和婚姻(以及其他事情)的一本不那么理论和更加实用的指南是 Judith Martin, *Miss Manners' Guide to Excruciatingly Correct Behavior* (New York: Atheneum Publishers, 1982)。

最后,我推荐 H. L. Mencken, *In Defense of Women* (New York: Octagon Books, 1976),这是一个关于男女差异的诙谐且有洞见的讨论,写于一百多年前,目的是同等程度地激怒牵涉该问题的各方。

我在"Does Altruism Produce Efficient Outcomes? Marshall vs Kaldor" (*Journal of Legal Studies*, 1987 Vol. XVII, January 1988)一文中结合了本章和第十五章的观点。

第二十二章 供暖经济学

在本书的开头,我将经济学定义为基于理性假设理解人类行为的方式——个体有目标,并且倾向于选择正确的方式来实现它们,然后举了几个简单的例子。这时,你可能会纳闷,这是不是只是对常识的直接应用。继而你可能还会想,为什么要给常识加上边际成本曲线、外部性、企业和行业均衡等如此沉重的技术分析负担,有必要吗?

用常识来推断理性行为的可能后果,并不像它看起来那么简单。到目前为止,我们的方法主要用于假想的航运业、A 先生与 B 女士之间的贸易等"教科书问题"。在本章,我将把这些相同的方法应用于你所熟悉的现实世界问题——家庭供暖。在第一节,我将证明供暖行为(房主就房间的暖和程度所做的决定)的两种被普遍观察到的特征——看似不符合常识——但实际上能由经济分析以一种相当简单的方式来解释;在第二节,我将推导出一栋公寓楼的业主用以决定公寓暖和程度的利润最大化原则。

本章不是要教你如何为你的房子供暖,或如何通过供暖来赚钱,而是要说明,利用你现在学到的经济学知识,有可能推导出关于现实世界的惊人的、有趣的和有用的结果。

供暖物理学

在分析家庭供暖经济学之前,有必要先讲几句物理学。如果你家室内温度是 70 华氏度(70°F,约 21°C),而室外温度为 0°F(约 -18°C),则热量会从室内穿墙而过,散发到室外。为了让室温保持在 70°F,供暖系统必须以与热量散失相同的速率向室内供暖,就像为维持一个漏水浴缸的水位,你必须以跟底部漏水一样快的速率从顶部倒水一样。给定室外温度,维持某一室内温度,其成本就是暖气的价格乘以房子热量散失的速率。

热量从室内传递到室外，或者更一般地说，热量从任何物体传递到任何更冷的物体，有三种方式：传导（conduction）、对流（convection）和辐射（radiation）。就我们的目的而言，传导是最重要且最容易分析的，因此在本章我将把它当成唯一的热量散失方式来讨论家庭供暖。那些熟悉传热物理学的学生可能对该结果可以如何被推广至囊括一个或多个其他结果的问题很感兴趣。

传导物理学非常简单，热量通过保温屏障（如墙壁）流失的速率与屏障两侧的温差成正比（图 22-1a 中的 $T_i - T_o$）。其公式是：

$$H = 热流 = C \times (T_i - T_o) \qquad (等式 1)$$

比例常数 C 部分取决于屏障的保温性能。如果墙体保温性良好，则 C 很小，即使存在很大的温差，也只有少量的热量流失。如果墙体保温不佳，则 C 很大。C 还取决于屏障的尺寸——供热量穿透的面积越大，热量流失就越多。因此对于图 22-1b 所示的房子，C 取决于它的保温性能、大小及形状。

房子的供暖成本是暖气的价格乘以用来补偿通过墙壁流失的热量而向房屋提供热量的速度。因此：

$$TC_h = P_h \times H = P_h \times C \times (T_i - T_o) \qquad (等式 2)$$

其中，P_h 是暖气的价格，TC_h 是供暖的总成本。TC_h 是费率，以"美元/天"计，正如 H 是热量流失的速率，以"英热单位/天"计。暖气价格取决于燃料油、煤炭、电力或任何用于加热房子的投入，以及炉子、壁炉或任何将投入转化为热能的东西。

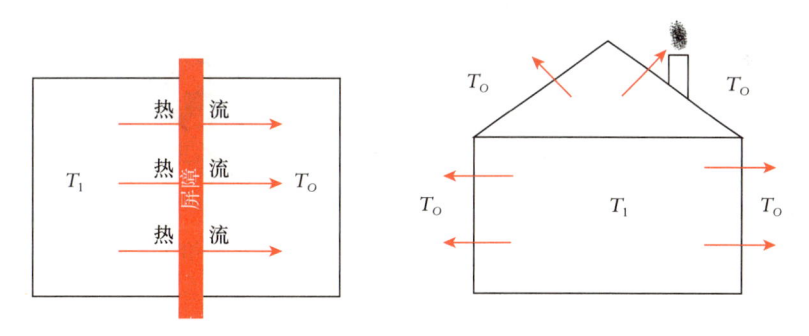

图 22-1 热流

热量从温度为 T_i 的较热物体穿过保温屏障流向温度为 T_o 的较冷物体。流速与 $T_i - T_o$ 成正比，比例常数取决于屏障。

图 22-2 显示了等式 2 对几个不同房子的含意。每套房子的供暖总成本都显示为室内温度（温控器设定）的函数，TC_1、TC_2 和 TC_3 分别对应不同室外温度下的相同房屋——0℉（约 -18℃）对应 TC_1、30℉（约 -1℃）对应 TC_2、60℉（约 16℃）对应 TC_3。TC_4 是保温更好的房子的总成本，TC_5 是保温更差的房子的总成本，两者的室

外温度均为 0℉。由于本章仅考虑暖气系统,不考虑空调系统,该图不显示任何使室内温度低于室外温度的成本。

从等式 2 可以看出,总成本曲线的斜率是 $C\times P_h$,T_i 每上升 1℉,TC_h 上升 $C\times P_h$。TC_1、TC_2 和 TC_3 代表相同的房子,C 和 P_h 的值相同,因此这三条线的斜率相同。TC_4 是给保温(隔热)性能更好的房子供暖的总成本,因此其斜率更小——房子的保温性能越好,每增加一单位室内温度所需的热量就越少。TC_5 是给保温性能更差的房子供暖的总成本,斜率比 TC_1、TC_2 和 TC_3 更陡。

TC_1、TC_2 与 TC_3 之间的区别不是房子,而是所处的环境。TC_1、TC_2 和 TC_3 对应三种不同的室外温度,可以理解为三种不同的气候或相同气候下的三个不同时节。看一下等式 2,你可以发现,当 $T_i = T_o$ 时,TC_h 为零,此时不需要供暖来保持室内温度与室内温度的相等。因此,TC_1 表示室外温度为 0℉ 时房子的总供暖成本,而当室内温度为 0℉ 时,TC_1 为零。TC_4 和 TC_5 代表室外温度与 TC_1 相同的房子,所以当室内温度为 0℉,它们也等于零。这三条线与横轴的交点均为 $T_i = 0℉$。类似的,当 $T_i = 30℉$ 时,TC_2 为零;当 $T_i = 60℉$ 时,TC_3 为零。

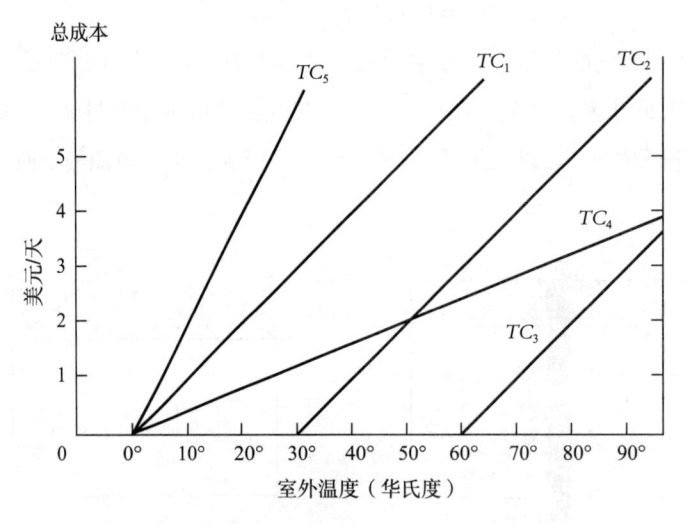

图 22-2　各种房子的供暖总成本与室内温度的函数关系

1、2、3 是不同室外温度下的相同房子;4 是保温性能更好的房子,
5 是保温性能更差的房子,它们的室外温度都与房子 1 的室外温度相同(0℉)。

现在供暖物理学已经讲完了,我们学到了两个基本事实。第一,要使房子温度保持恒定,供热的速度必须与流失的速度一样快。第二,热量流失的速度与室内外温差成正比,比例常数(C)取决于房子的特性,如尺寸和保温性能。这些事实的含意由等式 1、2 与图 22-2 表示。有了这些,再加上一些经济学知识,我们就足以理解为什么人们以各自的方式给房屋供暖。

第一节　温暖气候下的冰冷房屋：理性供暖的悖论

一个在洛杉矶或堪培拉过冬的芝加哥人很可能会觉得当地的房子冷得让人不适，并对当地人吝于为他们的房子适当供暖感到惊讶，即使这样做的花费很低。一个在芝加哥或美国东北过冬的洛杉矶人可能会有相反的反应，他很纳闷，为什么这些生活在极端气候下的居民要花那么多钱过度供暖呢？

这些随机观察所表明的模式——室内外温度之间的反向变化关系，似乎不符合常识和经济理性。芝加哥的住宅供暖比洛杉矶的贵，所以我们会期望人们少用暖气，而不是多用。如果观察到的情况与之相反，芝加哥的房子比洛杉矶的房子更暖和，这似乎是非理性行为的证据。

表象具有欺骗性。观察到的模式不仅与理性一致，而且是理性作用的结果。与真实情况相反的常识或直觉，源于一个常见的经济学错误：对两种不同成本的混淆。无论室内温度如何，芝加哥的总供暖成本比洛杉矶高，但边际供暖成本却比洛杉矶低。

第一步　不同气候条件下的相同房子

为了解情况为何如此，我们首先考虑 12 月时两处相同的房子。一处在洛杉矶，室外温度是 60°F；另一处在芝加哥，室外温度是 0°F。两间房子住着相同的人，他们对室内温度有着相同的偏好。这些偏好可以用边际价值曲线表示，即每增加一单位室内温度对居住者的价值。例如，为了使他的房子处于 61°F 而不是 60°F，居住者愿意付出最大值为 0.15 美元/天，那么在 60°F 和 61°F 之间，室内温度对他的边际价值就是 0.15 美元/华氏度·天。如果温度要从 70°F 增加到 71°F，他只愿意付出 0.05 美元/天，那么在曲线的该部分，室内温度对他的边际价值只有 0.05 美元/华氏度·天（下简称"美元/度·天"）。

图 22-3a 和 22-3b 显示了两个相同个体的边际价值曲线，他们分别在洛杉矶和芝加哥。由于他们是相同的，他们的边际价值曲线相同。在两种情况下，居住者最喜欢的温度，即当温度成本为零时他将选择的温度，是 75.5°F（约 24℃），该温度对应 *MV* 曲线与横轴相交时的温度。低于此温度时，居住者愿意为更多的暖气付费；高于

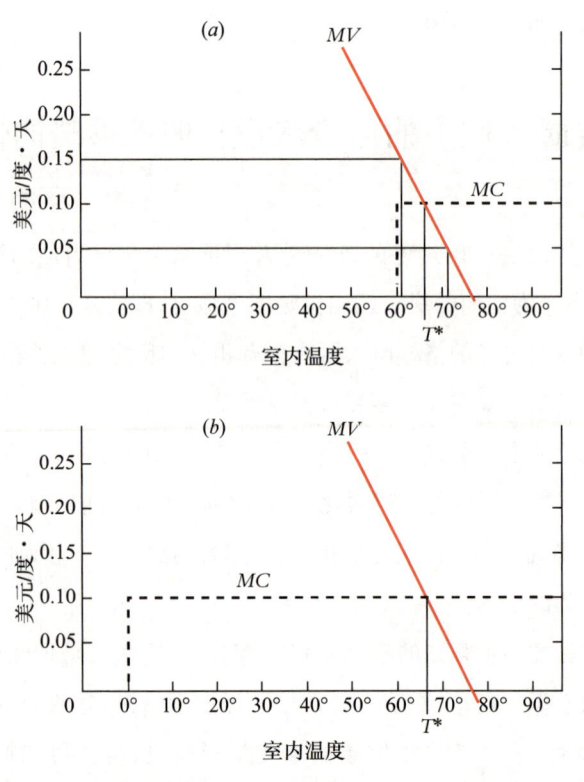

图 22-3 在洛杉矶（a）和芝加哥（b）的两处相同的房子，其室内温度的边际成本与边际价值

在两种情况下，居住者都把温控器设为 T^*，此时边际成本等于边际价值。当室内温度高于室外温度时，两处房子的边际成本相同，所以两座城市的 T^* 也相同。

此温度时，他们只愿意为更低的温度付费。

图 22-3a 和 22-3b 也显示了在洛杉矶和芝加哥的两个居民所面临的边际成本曲线。这两条边际成本曲线并不相同。洛杉矶的室外温度为 60°F 时，芝加哥的室外温度为 0°F。正如前几章所讲的，边际成本是总成本的斜率。两所房子的总成本曲线如图 22-2 所示，TC_1 为在芝加哥的房子（室外温度为 0°F）的供暖成本，TC_3 为一个在洛杉矶的相同房子的供暖成本。TC_1 和 TC_3 是具有相同斜率的不同直线。当室外温度为 0°F 时，将房子供暖至 70°F 的总成本要比室外温度为 60°F 时高得多，但边际成本，即把房子保持在 70°F 而不是 69°F 或 71°F 的成本，并非如此。

总成本不一样，边际成本怎么会一样呢？边际成本只在其值域的上半部分是相同的。芝加哥居民和洛杉矶居民为能有一个 69°F 的房子而不是 68°F 的房子所支付的额外费用是一样的，但洛杉矶的居民不需要为让他的房子处于 60°F 支付任何费用，而芝加哥的居民为超过 0°F 的每一度付费。

面对图 22-3 所示的情况，一个理性的居住者会如何表现？他会把房子供暖到

$MC=MV$ 时所对应的温度（图 22-3a 中的 T^*）。如果房子比这更冷，每调高一度温控器的设定值，对他来说的价值超过其成本：$MV>MC$。如果房子比这更热，每降低 1℉ 为他节省的取暖费比他所放弃的温度价值更高。我们已经见过这一论点。个人对室内温度的需求曲线与室内温度对他的边际价值曲线重合，该原理与第四章讲过的需求曲线与边际价值曲线重合相同。

如果你比较图 22-3a 和 22-3b，你会发现当温度高于 60℉ 时，MC 曲线是一样的。因此，从图中可以看出，两所房子的居住者所选择的最佳温度（T^*）也是一样的。只要我们考虑的是两座城市的室内温度都高于室外温度的情形——换句话说，只要两处的居民都为他们的房子供暖——那么，在洛杉矶和芝加哥，同样的房子将被同样的居民以相同价格的燃料，供暖到相同的温度。供暖的总成本在芝加哥要高得多，但其边际成本并非如此，且边际成本等于边际价值决定了最佳温度。

第二步　设计房子：最佳保温层数

到目前为止，我们一直在考虑位于洛杉矶和芝加哥的相同房子，但这两个城市的房子并不完全相同——只要他们的建造者是理性的。我们此前一直在分析如何设置温控器，而下一步是分析如何建造房子。

设计房子时要做的决定之一是投入多少保温（隔热）材料。保温材料要花钱。如果打算自己住，一个理性的建造者将使房子的保温性能达到多一英寸保温层的额外费用正好等于减少的供暖费用所带来的收益那一点。一个打算卖掉房子的理性建造者也会这样做，未来的供暖费用越低，理性的客户愿意为该房子支付的价格就越高。对于生产者来说，对产品质量的任何改进，只要其成本低于其对顾客的价值，就是符合他利益的。这个观点最先在第七章提出，而上述分析是支持该观点的一个例子。

看一看等式 2，你可以发现，对于任何特定的室内和室外温度，总供暖成本与比例常数 C 成正比。如果你把一系列的成本累加在一起——其中的每一项都与 C 成正比，那么相应的总和也与 C 成正比。因此，对于将来的任何室内外温度模式，所有未来供暖费用总额的现值都与 C 成正比。如果为了简化数学运算，我们忽略贴现，假设利率为零，那么所有未来供暖的总成本就单纯为 T_i-T_o 的平均值乘以 P_h，乘以 C，再乘以房子供暖的总年数。

室外温度越低，供暖成本就越高。供暖的成本越高，保温所带来的节省就越多。因此，T_o 越低，通过增加保温材料来降低 C 的节省就越多。由于洛杉矶与芝加哥的保温成本大致相同，而芝加哥的平均室外温度要低得多，因此理性的建造者在芝加哥使用的保温材料会比在洛杉矶多。图 22-4 是对这种情况的图形分析。曲线 MC（保温的边际成本，而不是此前的温度边际成本）在这两个城市都是一样的；MV，即每增加一英寸保温层所节省的供暖费用，在更冷的城市就更高。T_h^* 是保温层的最佳厚度。这一次，从经济学和常识中得到的结果相同。芝加哥的房子比洛杉矶的房子有更厚的保温层。

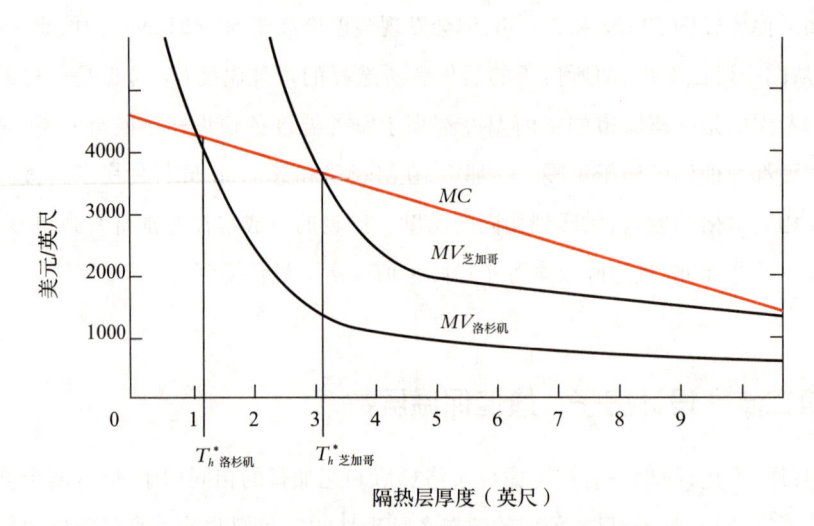

图 22-4　芝加哥和洛杉矶保温材料的边际成本与边际价值

两个城市的边际成本一样，芝加哥的边际价值更高，因为那里的平均气温更低。因此，保温层的最佳厚度 T_h^*，在芝加哥更大。

图 22-5 显示了论证的最后一步。由于芝加哥的房子保暖性能更好，总成本曲线的斜率就更低；(图 22-2 中)代表芝加哥房子的曲线是 TC_4 而不是 TC_1。供暖的边际成本不取决于室外温度，但它的确取决于房子的保温性能；由于芝加哥的房子比洛杉矶的房子保温性能更好，室内温度的边际成本就更少。因此，芝加哥的最佳室内温度更高。观察图 22-5，你可以看到，$MC_{芝加哥}$ 与 MV 相交的温度比 $MC_{洛杉矶}$ 与 MV 相交的温度更高；$T^*_{芝加哥}$ 大于 $T^*_{洛杉矶}$。在冬季，芝加哥的房子比洛杉矶的房子更暖和。

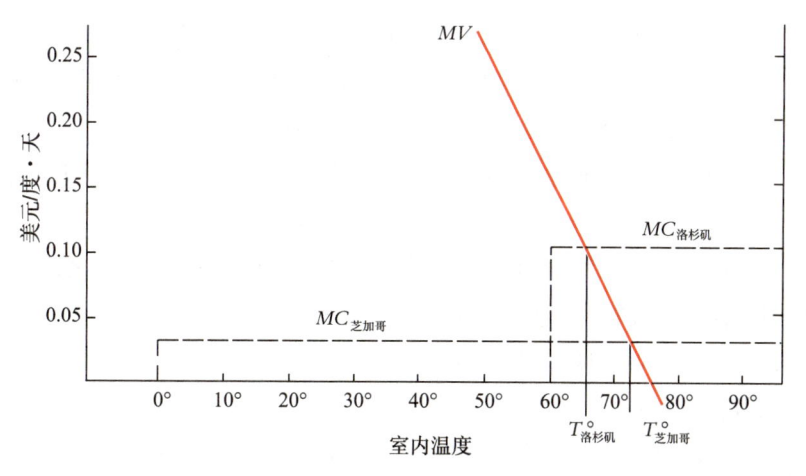

图 22-5　芝加哥与洛杉矶的最佳保温房屋对应的室内温度的边际成本与边际价值

芝加哥的房子保温性能更好，因此 MC 更低，T^* 也比洛杉矶的房子更高。

免费奉送：为什么我们不在整个冬天把温控器调来调去？

同样的分析解释了理性供暖的第二个悖论。正如在芝加哥给房屋供暖比在洛杉矶更昂贵一样，在 12 月的芝加哥给房屋供暖也比在 9 月更昂贵。芝加哥的房子应该比洛杉矶的房子更冷，因为其供暖"更昂贵"。与之相同的直觉也意味着，芝加哥的房子在冬天应该比在秋天更冷。

在这里，经济学又一次给出了与常识不同的答案，并不是因为经济学不理性，而是因为"常识"对该问题的思考不够严谨。图 22-3a 和 22-3b 最初是用来表示同一时节下，不同地点的两座相同的房子，但它们同样可以表示不同时节下，同一地点的一座房子。将芝加哥的某所房子保持在 70 ℉ 而不是 69 ℉ 的成本，即室内温度的边际成本，无论室外温度是 60 ℉ 还是 0 ℉，都是一样的。因此，最佳室内温度也是一样的。理性的决定是在整个供暖季将温控器保持在相同的设定不变——据我的经验，大多数人都是这么做的。

一些复杂情形

到目前为止，我讨论问题都是基于这个假设：洛杉矶和芝加哥居民是相同的。这与我的观察相一致；当我访问洛杉矶时，我拜访的人与我在芝加哥拜访的人，在收入和偏好方面是同一类人。住在洛杉矶时的我，与住在芝加哥时的我也是同一个人。

然而，你可能会争辩到，芝加哥人与洛杉矶人之间存在一个显著且相关的差异：

他们的取暖费不同。两座城市中收入相近的人支付完取暖费后,剩下的钱不一样。这难道不意味着芝加哥人更穷,因此更看重金钱(收入的边际效用更高);并且由于 MV 曲线衡量了温度的金钱价值,他们有着更低的 MV 曲线吗?

不一定。如果具有类似技能和偏好的人在洛杉矶比在芝加哥过得更好,人们就可以预见芝加哥人西迁洛杉矶。当他们这样做时,人口的减少会使芝加哥的房产价值下降,而人口的增加会使洛杉矶的房产价值上升,芝加哥因此成为比之前更具吸引力的居住地,而洛杉矶的吸引力则会降低。在均衡状态下——这里指人口分布的均衡状态,这两个城市必定具有同等的净吸引力。若非如此,搬迁就符合某些人的利益,且意味着我们尚未达到均衡状态。

现在你应该感受到了这种分析的复杂和魅力。当我们只是在图上画两条相交线时,均衡听起来像一个简单的想法。但在许多不同的方面,现实世界中的个人和市场是处于均衡状态的,或者说是趋向均衡状态的;边际成本和边际价值在许多不同的边际上同时均衡。在解决家庭供暖的问题时,我们使用了三个同时存在的均衡,它们产生于针对三个不同选择——温控器设置、保温以及居住地点——的理性行为。

有一则有趣的案例表明,上述从搬迁均衡出发的论证不成立。假设燃料成本出人意料地急剧上升,就像阿拉伯石油抵制事件发生后的那样。其结果是,由于燃料更贵,两个城市供暖总成本的差异比以前更大,洛杉矶相对于芝加哥的优势增加。人们开始西迁。芝加哥(以及波士顿、克利夫兰等)的房产价值下降,报纸开始谈论阳光地带的地产繁荣。

但芝加哥的大部分房产,或至少大部分住宅房地产,都属于居住在芝加哥的人。假设我就是这样一个人,住在我自己在芝加哥的房子里。就我搬迁的动机而言,住房成本的下降对我和租客来说,起到完全相同的作用。如果我搬到洛杉矶,我必须以低价卖掉我现在的房子,然后以高价在洛杉矶买一套房子,这就是我不搬迁的原因,正如必须放弃低房租的芝加哥,而搬到高房租的洛杉矶,是租客不搬迁的原因一样。但就我的福利而言,其影响完全不同。在燃料价格上涨不久后,芝加哥的低房租补偿了租客增加的取暖费用。但是,如果我拥有一座自己的房子,它的市场价值的下降并非对更高的取暖费的补偿。

芝加哥供暖昂贵的事实并没有让芝加哥人变得贫穷,但它出人意料地变得更加昂贵的事实却会。那些无法随人迁出的资产——在我的例子中是房子,但它也包括在当地有声誉的公司、具有从事本地工作所需的专门经验的员工(公司特有的人力资本)等,其价值会下降。这些资产大部分属于芝加哥人,所以平均来说,芝加哥人的境况比以前糟。当人们更穷时,他们会减少大多数东西的购买量,包括暖气。暖气成本的增加促使洛杉矶和芝加哥的温控器被调低,但在芝加哥,更高的供暖边际成本的替代效应为其显著的收入效应所加强。因此,在 1971 至 1972 年的冬天,美国中西部和东北部的室内非常冷。

第二节　如何通过补贴租客来赚钱：外部性应用的练习

你是一名房东。你拥有一栋包含两套公寓的建筑，这两套你都租了出去。你应该如何决定这些公寓的暖和程度呢？

在回答这个问题之前，我们首先应该问一问为什么，除了法律要求之外，你想要给这栋建筑供暖？答案是如果你不这样做，没有人会租你的公寓。这进一步引出一个问题：你为公寓提供的暖和程度到底如何影响你从公寓赚到的钱？

假设其他房东提供的公寓跟你的一样，他们将其供暖到 68°F（20℃），收取 200 美元/月的房租。租房市场是竞争性的，如果你也把你的公寓供暖到 68°F，你可以以 200 美元/月的房租得到所有你喜欢的租客，但租金再高一点，你就没有租客了。

租客看重公寓的许多特点，包括它们的温度。正如第一节所述，租客对室内温度的偏好可以由边际价值曲线表示。对他来说，将温度从 68°F 增加到 73°F（约 23℃）的总价值是该范围内温度的每一微小增量的边际价值总和，如图 22-6 所示的边际价值曲线在 68°F 到 73°F 范围下方的面积 B。这步分析正如此前得出消费者剩余的分析。讨论到这一点，由于房东为供暖付费，对租客来说，68°F 和 73°F 之间消费者剩余的差值就是该曲线对应部分下方的全部面积，而不仅仅是 MV 与 P 之间的面积。

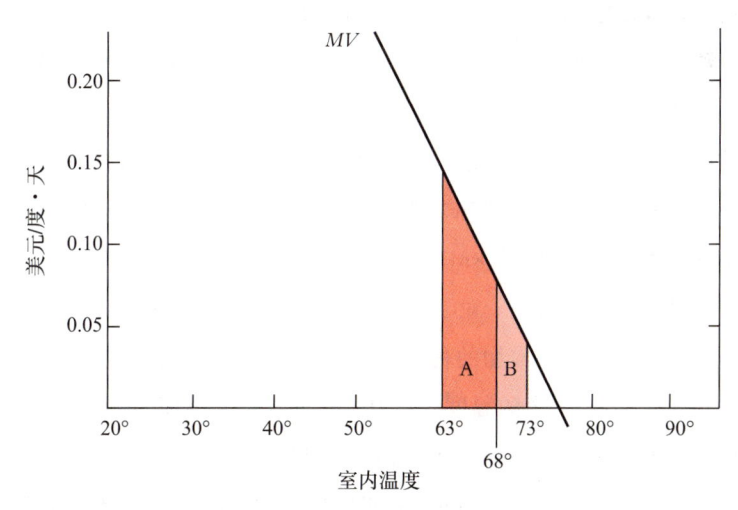

图 22-6　公寓室内温度的变化对租金的影响

MV 表示温度对租客的边际价值，A 是指如果温度在 63°F（约 17℃）而不是 68°F，他愿意支付的最高租金的减少量，B 是指如果温度在 73°F 而不是 68°F 时，他愿意支付的最高租金的增加量。

如果温度从68℉到73℉的变化改变了租客从公寓中获得的总价值,那么这也会改变他愿意支付的最高租金。正如我们第一次在第四章解释消费者剩余和随后在第十章分析两段定价法时看到的那样,一个数量与另一个数量对应的那段边际曲线下方的面积,显示了消费者愿意为这两个数量支付的数额间的差值。因此,如果一个租客愿意为供暖到68℉的公寓支付200美元/月的租金,那么他应该同样愿意为把相同的公寓供暖到73℉支付(200＋B)美元/月,或为供暖到63℉的公寓支付(200－A)美元/月。

找出利润最大化的温度

作为房东的你,现在有一个选择。你可以提供比你的竞争对手更暖和的公寓,收取更高的租金,或者提供更冷的公寓,收取更低的租金。你能加收或少收的租金,即你能够向租客收取的最高租金,将等于图22-6中增加或减少的消费者剩余。你通过提升公寓的温度来最大化你的利润——只要由此带来的消费者剩余的增加,既而租金的增加,至少可以平衡增加的供暖成本。在这里,就像第十章讨论的迪士尼乐园案例一样,最初作为消费者剩余的东西(在乐园里是游乐设施,而在这里是你公寓楼的温度),最终变成了生产者的收入(乐园的门票价格,公寓的租金)。

租客相同,公寓相同。 假设所有租客都是相同的,每人都有图22-6中所示的 MV 曲线。进一步假设室内温度的边际成本为 $P(=C×P_h$,同本章第一节)。我称它为 P,因为它是你为你的租客购买每单位室内温度所支付的价格。

有了这些假设,解决为一栋有两个相同公寓的建筑供暖的问题就很简单了。由于温度每升高1℉,给每个租客带来的收益是 MV,因此,每升高1℉的总收益(你从增加的租金中获得的收益),即为 $2×MV$。建筑物被供暖到 T^* 温度,在此处,$2×MV=P$。现在你应该很熟悉这类分析了。对于任何低于 T^* 的温度,$2×MV>P$,所以提高温度会增加总剩余,从而增加租金,增加的租金程度大于增加的供热成本,此时你仍然可以找到租客。对于任何高于 T^* 的温度,$2×MV<P$,所以降低温度会减少总剩余,从而减少租金,其减少的租金小于减少的供暖成本。如果温度低于 T^*,提高温度是有利的;如果温度高于 T^*,降低温度是有利的。因此,从你的角度来看,最佳温度是 T^*。

公寓相同,租客不同。 为了让这个问题更有趣,我现在放弃一个简化假设,即两个租客对温度有相同的偏好(相同的 MV 曲线)。新情况如图22-7所示;MV_1 代表租客 1 的偏好，MV_2 代表租客 2 的偏好。对你来说，室内温度的边际价值是 $MV_1 + MV_2$，这也是你的公寓对你的租客的价值，因此当你增加租金也不会失去租客时，温度每升高一度，你可以收取的租金就会相应增加。为了找到最佳（即利润最大化）温度，你只需找到 MV_1+MV_2 与 P 的交点，即图 22-7 中的 T^*。

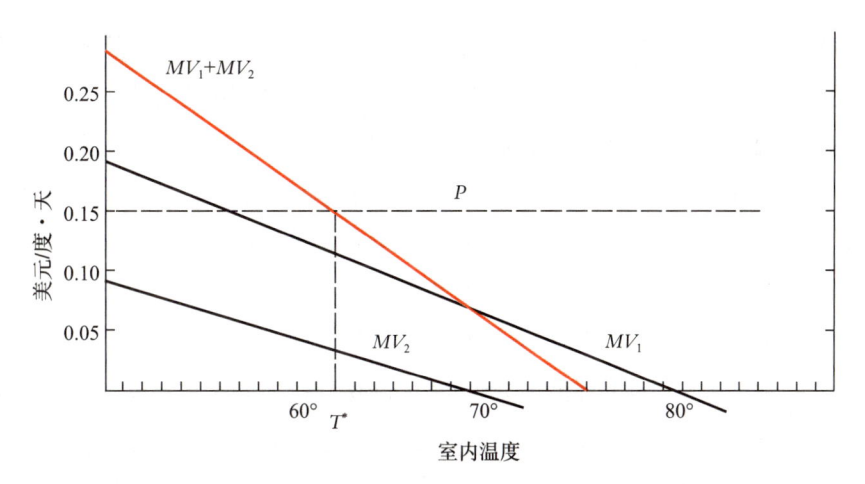

图 22-7　为一栋有两个租客的建筑寻找最佳室内温度

两套公寓一样，而租客不一样。　房东通过将公寓供暖到温度 T^* 来使利润最大化。　此时，室内温度的成本，即价格 P，等于 MV_1+MV_2，即温度对租客的总边际价值。

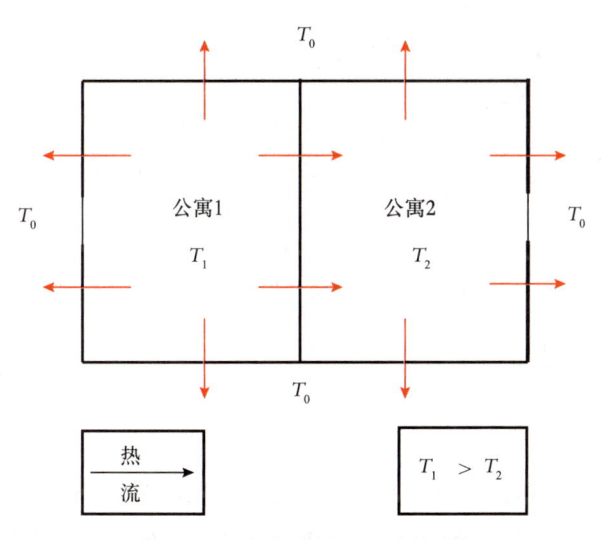

图 22-8　一栋有两套相同公寓的建筑

T_1 是公寓 1 的室内温度，T_2 是公寓 2 的室内温度，T_0 是建筑外的温度。　热量从两个公寓向外散失，同时也从较热的公寓（公寓 1）流向较冷的公寓（公寓 2）。

第二十二章　供暖经济学

如果假设两套公寓的温度必须相同,这是正确的答案。然而,假设你可以分别控制两套公寓的温度。如果两套公寓完全相同,是如图 22-7 所示的建筑,每套公寓的供暖成本仅为 $P/2$ 每度,热量只能通过外墙流失;由于每套公寓的外墙是整栋建筑的一半,因此将公寓 1 保持在T_1温度时所流失到室外的热量,是将整个建筑保持该温度时所流失热量的一半。

我指定热量损失是向室外的。如果T_1高于T_2(如图 22-8 所示),热量也会通过公寓之间的墙壁流动。为了使公寓 1 的温度维持在T_1,你向其供暖的速率必须是使整个建筑的温度维持在T_1时所需供暖速率的一半以上。但是,从公寓 1 流失的额外热量并没有给你带来任何损失,只要在弥补内墙间流动的热量上多花一块钱,给公寓 2 供暖就会少花一块钱。因此,公寓 1(或 2)的室内温度每增加一度,给房东带来的净成本仅仅是流失到室外的热量的成本,即 $P/2$。

公寓 1 的温度每升高一度,房东的成本是 $P/2$;租客获得的收益是MV_1,但又以更高的租金传递给房东。利润在温度为T_1^*时达到最大值,此时$MV_1 = P/2$。同样,对于公寓 2,利润在温度为T_2^*达到最大值,此时$MV_2 = P/2$。解如图 22-9 所示,相对于图 22-7 的结果,多了阴影区域的收益。

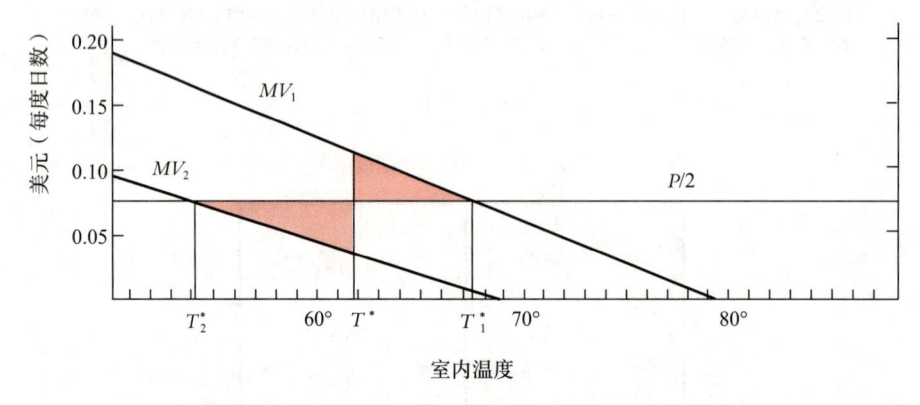

图 22-9　将相同的公寓供暖到不同的温度时所带来的收益

每间公寓都被供暖到室内温度的边际价值等于边际成本($P/2$)时的温度。 阴影区域表示相对于图 21-7 所示的解的收益。

公寓不同,租客不同。 这个问题已经在特别简单的情况下有了解法,即同一栋楼的两套公寓相同的情形,这个解可以很容易地推广至其他情形。对于每间公寓,计算室内温度的边际成本,同时忽略任何流入其他公寓的热量损失。如果对于图 22-10 中所示的单层公寓楼,我们忽略通过屋顶和天花板损失的热量,每间公寓的成本就与它的外墙面积成正比,如表 22-1 所示。请注意,公寓 3 没有外墙,因此供暖的边际成本为零——任何损失的热量都会散入其他公寓中,它应该被供暖到室内温度的边际价值为零时的温度。图 22-11a 说明了应该如何给该建筑供暖:P_1是公寓 1 的室内温度每升高一度所需的价格,P_2是公寓 2 的,P_3是公寓 3 的;T_1是公寓 1 的最佳温度,T_2是公寓 2 的,T_3是公寓 3 的。对于更现实的三维情况,即热量可以从任何方向流失,计算每间公寓的边际供暖成本就更加复杂。但是,一旦计算出边际成本(由物理学家或建筑工程师计算,而非经济学家),就能以同样的方式找到利润最大化的温度。

表 22-1

公寓	外墙(英尺)	内墙(英尺)	室内温度价格(美元/天)
1	40	20	0.08
2	70	51	0.14
3	0	54	0.00

我们还没有彻底解决该问题。到目前为止,我假设你已经完全了解租客愿意支付的租金和他们对温度的偏好,如他们的 MV 曲线所示。这个假设的前半部分在一个竞争性的市场中是现实的。你可以先发布一个高的租金然后逐步将其降低,直到你找到租客,从而确定人们愿意为一套公寓支付的最高价格。但确定你的租客对温度的偏好是一个更难的问题,因此,我将放弃后半部分的假设。从现在开始,我们假设,无论你把公寓供暖到什么程度,你都会收到你的租客愿意支付的最高租金,但是对于他的温度偏好,你一无所知。

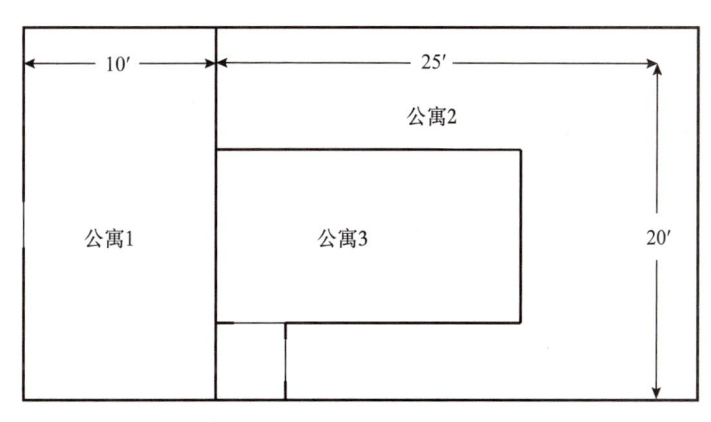

图 22-10 让租客选择利润最大化的温度

即使你不知道租客对温度的偏好,但他自己知道。为了利用这个知识,你可以在每间公寓安装一个温控器,让租客将其设置为他喜欢的任何温度。这会发生什么呢?

两种错误答案。 一种可能性如图 22-11b 所示:租客设定了室内温度,而房东则继续支付供暖费用。公寓 1 的租客将其温控器设置为 T_a,即温度对他的边际价值为零时的点。由于他不为室内温度付费,只要温度有任何价值,他就会消费它。与图 22-11a 所示的最佳方案(T_1)相比,这是低效率的(也是无利可图的),因为租客所消费的某些温度对他的价值低于对房东的生产成本。相对于图 22-11a 所示的解决方案,公寓 1 的利润损失是图 22-11b 中的灰色三角形。它是 T_1 与 T_a 的温差对租客的价值(彩色区域)与其对房东的成本 $P_1 \times (T_a - T_1)$ 之间的差值。

第二种可能性如图 22-11c 所示。租客不仅要设置温控器,也要支付账单。每间公寓都由自带的电加热器供暖,相应费用属于租客电费的一部分。该图显示了公寓 1 的结果。

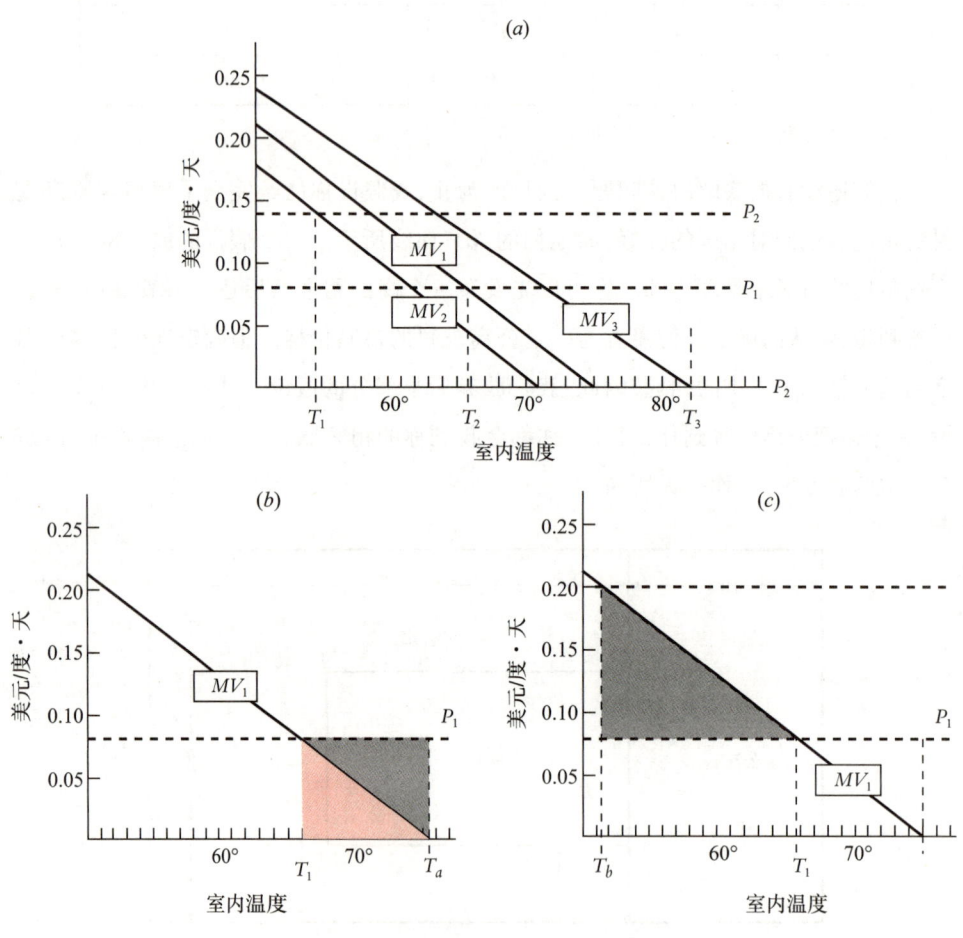

图 22-11　图 22-10 的公寓的其他供暖安排

图 22-11a 展示了假设房东知道租客的 MV 曲线时的最佳方案。 对于公寓 1,如果租客自己设置温控器,而房东支付取暖费,结果如图 22-11b 所示。 如果租客自己设置温控器,并且自己支付取暖费,结果如图 22-11c 所示。 11b 和 11c 的灰色三角形表示的是,相对于 11a 而言,房东的利润损失。

与图 22-11a 所示的解决方案相比,这个结果也是低效率的,而且无利可图。在图 22-11b 中,公寓太热了,因为租客将温控器设定得如同热量是免费的。在图 22-11c 中,公寓太冷了。对租客来说,提高其公寓温度的成本等于维持较高的温度所需的额外热量的成本。当他打开温控器时,其结果是,不仅流失到室外的热量增加了,流失到其他公寓的热量也增加了,由于内墙的保温性能通常不如外墙好,流失到其他公寓的新增热量可能是流失到室外的新增热量的好几倍。在画图 22-11c 时,我假设 C_i(描述一间公寓到其他公寓的热传导的常数),是 C_o(描述损失到室外的热量的相应常数)的 3 倍。

为简化接下来的几段叙述,我将定义 $\widetilde{C}_i \equiv C_i \times$ 内墙面积,$\widetilde{C}_o \equiv C_o \times$ 外墙面积。对于公寓 1,$\widetilde{C}_i = 1.5 \times \widetilde{C}_o$。显然,$\widetilde{C}_i$ 和 $\widetilde{C}_o$ 会因公寓的不同而不同,但只要我们将讨论限制在公寓 1,这就不重要了。

请记住,决定温度选择的因素不是总成本,而是边际成本。如果该公寓的温度是 70℉,相邻公寓的温度是 65℉,而室外温度为 0℉,那么流失到室外的总热量将比流失到相邻公寓的总热量大得多。但如果室内温度提高 1℉,流失到室外的热量就会增加 1℉$\times \widetilde{C}_o$,流失到室内的热量会增加 1℉$\times \widetilde{C}_i$;因此,流失到其他公寓的边际热量是流失到室外的 1.5 倍。将公寓维持在 70℉ 的总成本中大部分是替换流失到室外的热量的成本,但有 60% 的边际成本——将公寓供暖到 71℉ 而不是 70℉ 的成本——是来自流失到其他公寓的新增热量。

即使其他公寓比我们正讨论的公寓更热,而不是更冷,其结论也是如此。热流量与墙壁两边的温差成正比,如等式 1 所示。如果公寓 1 的温度为 70℉,相邻公寓的温度为 75℉,则热量流向公寓 1。如果公寓 1 的温度上升到 71℉,流入公寓 1 的热量就会减少 1℉$\times \widetilde{C}_i$。你从邻近公寓获得的免费热量减少,因此你的供暖费用会增加,正如你流失到邻近公寓的热量同样会增加你的供暖费用一样。无论相邻公寓比公寓 1 更暖和、更冷,还是两种情况都有,公寓 1 的租客每将温控器调高一度,都会花费他 $P_h \times (\widetilde{C}_i + \widetilde{C}_o)$ 的额外电量——这就是他的温度成本。他选择温度 T_b 来实现消费者剩余的最大化,此时 $MV = P_h \times (\widetilde{C}_i + \widetilde{C}_o)$。

在我假设的 C_i 和 C_o 取值下,租客 1 为提高其公寓温度付出的成本大约是房东成本的 2.5 倍。他为提高公寓温度所投入的 5 个英热单位中,3 个穿过内墙并降低了他邻居的取暖费,最终使房东受益。房东的公寓供暖费用越低,就会有更多的租客愿意为其支付租金。从租客的角度看,将公寓 1 的温度提高 1℉ 的边际成本是 $P_h \times (\widetilde{C}_i + \widetilde{C}_o)$;而从房东的角度看,相应的成本只有 $P_h \times \widetilde{C}_o$。

正确的解法。 在不知道租客的温度边际价值曲线 MV 的情况下,房东如何得出图 22-11a 所示的结果?让租客设置温控器,并给他补贴取暖费。在公寓 1 的取暖费中,每 5 美元的花费,房东需支付 3 美元,租客需支付 2 美元。现在,租客的室内温度成本是 $P_h \times (\widetilde{C}_i + \widetilde{C}_o)/2.5 = P_h \times \widetilde{C} = P_1$。将温度设置为 T_1,他会实现消费者剩余的最大化。

在这一点上,你可能对房东和租客之间的协议有些困惑。如果租金是租客消费者剩余的函数,而消费者剩余又取决于他设定的温度,那么他在决定将公寓保持在什么温度时,难道不应该将租金以及他的取暖费考虑在内吗?答案是否定的。租客是以固定租金租用公寓的,如 200 美元/月。给定他已经付了租金租了房,那他会把温控器设置在任何能使他从购买暖气中获得最大收益的温度。如果取暖费由房东支付,该温度则为 T_a;如果由租客支付,则为 T_b;如果按我说的方式分配,则为 T_1。

什么决定了租金?其他相似的潜在租客愿意支付的金额。什么又决定了这一金额?除了其他费用,就是在房东提供的任何条件下他们能从"购买"公寓温度中得到的消费者剩余(如果他们租下公寓的话)。因此,租金包含了租客可以得到的消费者剩余。如果一个租客选择买定的温度少于(或多于)在图 22-11a、22-11b 或 22-11c 条件下的最佳水平,他会发现当他购买了最理想的温度水平时,公寓是值得租的,但现在却不值得了。他要么重新设定他的温控器,要么把公寓让给另一个租客。

是房东决定应该以何种条件出售温度(和出租房屋),从而最大化他的总利润——租金减去他在供暖方面的支出(以及与本讨论无关的其他运营费用)。我之前所说明的是,利润最大化的规则是按成本价出售温度,其逻辑与完全歧视定价的逻辑一样(第十章),当时我以饼干和迪士尼乐园为例做了讨论。这里的特殊之处在于,如果租客自己为室内温度付费,那么他的成本大于房东的成本,所以房东可以按成本价出售温度,来补贴租客的供暖费用。

外部性

截至目前,我已把此问题当成完全歧视定价的练习加以讨论。另一种看待该问题的方式同等奏效,并且得到的结果也相同,即从外部性的角度来思考。

先不考虑房东,我们从租客的角度考虑图 22-11c 的情况(租客自己支付取暖费)。他靠理性地平衡成本和收益来决定他公寓的温度;他将温度提高到额外一度的收益与他付出的成本相当的程度(T_b),但这为什么还不够好呢?

这不够好是因为每当他调高温控器时,他就会给邻居带来正外部性——他的公寓越暖和,就有更多的热量从他的公寓流入到邻居们的公寓(或更少的热量从他们的公寓流出到他的公寓),因此邻居们的取暖费就越低。正如第十八章所解释的,具有正外部性的商品(修剪过的草坪、漂亮的摩天大楼、基础研究)是生产不足的。生产者只生产到他的边际收益等于边际生产成本之处,而不到总边际收益(包括其他人得到的外部收益)等于总边际成本之处。这就是图 22-11a 所示的结果,公寓 1 的温度生产不足,T_b 小于 T_1。

对于具有正外部性的商品生产不足的问题,教科书上的解决方案是对其进行补贴,向生产者支付与外部收益相等的金额。生产者从每单位的生产中获得的收益,等于内部收益加外部收益,所以他的生产达到了总边际收益(外部加内部)等于边际成本的水平。这正是图 22-11b 中的结果,每当公寓 1 的租客将温度升高一度时,就会得到 $P_h \times \widetilde{C}_i$ 的补贴,而 $P_h \times \widetilde{C}_i$ 正好等于公寓 1 的温度升高 1 度时,流向其他公寓热量的价值。

我们通过两种相当不同的路径到达了同一个地方。第一种论证通过一个试图最大化其利润的房东的行为,推导出了最佳规则,第二种通过让具有正外部性的商品达到有效率的生产水平,得出了相同的规则。为什么这两种结果是一样的呢?

答案早在第十五章就已给出。在完全歧视定价的条件下,与商品相关的所有收益最终都落入了卖家的口袋。因此,使净收益最大化的安排(为马歇尔效率),也使卖家的利润最大化,反之亦然。

本章与之前关于歧视定价的讨论有一个重要区别。在之前的所有例子中,歧视定价由一个垄断者操作,而在本例中,房东只在具有为自己公寓楼供暖的垄断权的意义上才是垄断者,除此之外,租赁市场被假定为完全竞争市场。房东口袋里的消费者剩余来自租客租了这间公寓而不是其他公寓。只有当房东相对于其他竞争者有一定的优势时,它才为正——也许是因为他读过本章,而其他竞争者没有读过。

本章关于房东生产有效率水平的热量符合他的利益的证明,是第七章中相关证明的一个特例。房东会发现,有且只有那些对租客而言的价值至少与其所花费的成本相当的改进,才是有利可图的。就像在那种情况下,只有当竞争者没有做出这些改进时,该房东的改进才能获得高于市场的回报。如果每个人都看到并遵循本章的逻辑,竞争性房产业就像其他开放性的竞争性行业一样,能获得的最大利润是零。改进所产生的收益因此会在房地产业投入要素(例如城区土地)的所有者和其消费者之间得到分配。

效率提升：通过正确行事来制造回报

如果我的分析是正确的,遵循我所论述的策略,房东的利润将会增加——额外的租金将超过补贴租客的成本。如果是这样,其他房东就会模仿他。最终的结果将是,在租赁行业里,这种补贴是普遍的做法,至少对于那些可以对每个公寓的供暖都能单独控制和单独收取费用的建筑楼来说是如此。若果真如我所述,结果为马歇尔改进,那么效率的提升从何而来?

它来自两方面。首先,我画的图显而易见地表示了效率的提升。此前的规则是将建筑内所有公寓加热到相同的温度(图 22-7),这样的建筑能消除对温度有低边际价值的住户的公寓供暖过度情况以及对温度有高边际价值的住户的公寓供暖不足情况,从而节约了成本。提高供暖成本不高的公寓的温度也会带来收益,如图 22-10 中的公寓 3,降低供暖成本较高的公寓的温度亦然。在此前"租客控制,房东支付"(图 22-11b)的规则下,建筑供暖过剩的问题会因此消除;而在此前"租客控制,租客支付"(图 22-11c)的规则下,建筑供暖不足的问题也会因此消除。在每种情况下,如果额外温度的价值高于其成本,温度就会被调高;如果低于其成本,温度就会被调低;两种变化都会带来净收益。

还有一种效率提升的情形。考虑图 22-10 中的公寓 3,由于它完全在建筑物的内部,给它供暖不需要任何额外的成本,任何从它流出的热量都会流向另一个公寓(我更改了数值以忽略经由门的热量损失)。在我所描述的体系下,房东将支付公寓 3 的全部供暖费用。

假如他这样做了,那么对于一个想要异常温暖的公寓的租客,它的相对吸引力更大。因此,它可能会被这样的租客租下。另一方面,公寓 2 的外墙面积非常大,因此供暖成本很高,得到的补贴也很低,所以对于那些打算让公寓保持凉爽的租客来说,它的相对吸引力更大。

最终的结果是租客被更有效率地分到了公寓,那些喜欢温暖公寓的租客最终会住进取暖成本低的公寓——当然,它的租金会更高;而那些喜欢凉爽公寓的租客最终会住进那些取暖成本高的公寓。这是我所描述第二种效率改进的安排,但它提供的改进较不明显。

描述、开药方与经济学家的帽子

你可能已经想到,在本章第二节,我不是在描述而是在开药方。据我所知,供暖补贴并不是公寓楼的常规做法,甚至在每个租客都能控制温度并自行付费的建筑中也不是。如此,要么说明我的分析是错误的,要么在这个例子中,市场未能产生有效率且利润最大化的结果。

我在第一章指出,经济学家作出理性这一假设不是因为它真实,而是因为它有用。人在某种程度上是理性的,而且正是他们的理性提供了他们行为中可预测的因素。这意味着非理性并不十分有用,因为它不可预测,但并不是说它不存在。也许供暖补贴的缺失正是房东或租客的非理性造成的。

对于一个经济学家来说,把他的预测与对现实世界的观察之间的偏差解释为非理性的例证,是一种危险的做法。毕竟,这种偏差可能是经济分析出错的证据。如果我们自动将其视作非理性的东西并甩掉,我们就放弃了发现自己错误的最好工具。这之所以是一种特别危险的做法,是因为经济学家和其他人一样,都不愿意相信自己犯了错。

另一方面,如果我们所有人,包括经济学家和经济行为主体,都认为目前所做之事一定是正确的,那么我们就永远不会发现经营我们的企业或生活的更好方法。这表明,每个经济学家都应该戴两顶帽子。作为一个经济学家,他应该假定所有观察到的行为都是理性的,并把他的分析预测与观察之间的任何偏差都视为分析出错的证据。作为经济生活的参与者,一个经济行为主体应该假定由他来弄清楚什么是理性的,并以此决定做什么。而经济理论,主要是弄清理性人该如何行动,是这方面的一种有用工具。如果像第二节那样,他的结论是存在一种比现在更好的经营方式,那么他不应该把这看作是一种异常现象,而是一个盈利的机会。

> 经济学笑话4:一个经济学教授和一个研究生在街上走着。"看,"那个学生说,"人行道上有一张10美元的钞票。"
>
> "胡说八道,"教授回答说,"如果人行道上有一张10美元的钞票,其他人早就把它捡起来了。"(这是一个关于理性假设的应用及其局限的例子。)

几年前,当我还是一家经营健康水疗中心的公司的董事会成员时,这种双重视野的论证在我心中已有了雏形。健康水疗公司(及其非营利的同行,如基督教水疗公司和乡村俱乐部)以会员的形式(不可退款的长期合同)出售其服务是很常见的。联邦贸易委员会正试图迫使该行业向顾客提供短期合同,如果顾客发现他们不喜欢该产品,就可以取消。

当时,联邦贸易委员会制作了一份经济分析报告,看似证明了引入可取消的合同将提高净效率,即马歇尔改进。尽管报告里没有这样说,但它的分析也暗示着,提供这种合同并凭借更理想的产品向顾客收取更高的价格,将增加公司的利润。报告的作者遗漏了这个结论,因为他假设新合同的出售价格与旧合同相同,虽然新合同提供的退出水疗中心并得到退款的选项使其成为更具吸引力的产品。他的错误与第二章所讲的幼稚价格理论的错误相同:当价格应当下降时,却假设价格不变。

我发现自己处在一个奇怪的境地。作为一名经济学家,我的假设是,该行业的公司知道如何使其利润最大化,并且也这样做了;要回答的问题是解释为什么目前长期不可退款的合同策略是正确的。而作为其中一家公司的董事会成员,我的任务是帮助该公司实现利润最大化——这与它已经实现利润最大化的假设很难一致。

作为一名经济学家,我当即写了一篇文章,为该行业的产品销售方式提供了一个合理但不一定正确的理由。作为一名董事会成员,我试图说服管理层尝试采用可退款的合同,但我失败了。

管理层如他们在联邦贸易委员会的对手一样,可能也出于相同的原因,被说服相信现有政策已最大化其利润。几年后,该公司被一个非常成功的健康水疗公司集团部分接管,该集团的创新政策之一就是提供短期合同。

·习题·

1. 在整章中,我都忽略了空调的存在。

    a. 假设使用空调将热量带出房屋的成本与使用供暖系统将热量带入房屋的成本相同,重新绘制图22-2。

    b. 如果我们把空调的影响包括在内,本章第一节的结论——气候较暖地区的房屋在冬季比气候较冷的房屋的温度更低——是否会受到影响?请讨论。

2. 在分析你应该如何为你的公寓楼供暖时,我假设你的竞争对手将类似的公寓供暖到20℃,收取200美元/月的费用。如果我改变其中的一个或两个数字,结果将是改变你应该收取的租金,还是改变你应该供暖的温度?还是两者都改变,或都不改变?请解释。

3. 假设所有租户都有图22-6所示的温度边际价值曲线,你的公寓楼有两套相同的公寓,供暖成本与图22-7相同。在以下每种情况下,你应该收取多少租金,维持多高的温度?

    a. 你的竞争对手对供暖到20℃的类似公寓收取200美元/月。

    b. 你的竞争对手对供暖到17℃的类似公寓收取180美元/月。

    c. 你的竞争对手对供暖到23℃的类似公寓收取200美元/月。

4. 我告诉了你联邦贸易委员会对健康水疗中心的不退款会员合同的分析结论,而没有解释这个结论是如何得出的,你有足够的经济学知识来回答这个问题。说明为什么长期的、不可退款的合同是无效率的。你可以用语言、图表,或二者结合起来进行论证,随你喜欢。(本题很难)

5. 房东应该向2号和3号公寓的租户提供多少比率的补贴?

6. 假设在用电供暖的情况下,每个租户控制并支付自己的供暖费用是可行的;而在燃气供暖的情况下,则不可行。租户的 MV 曲线如图22-11a所示,用电供暖的成本如表22-11所示,燃气供暖要多便宜,房东才会选择燃气供暖和统一的温度,而不是有补贴的用电供暖?将你的答案表示为燃气供暖与用电供暖的每单位热量成本之比。(本题很难)

在本章第一节,我们忽略了不同的房屋可能使用不同的燃料,或者一些房主可能购买比其他房屋更有效率的炉子的情况。如果我们考虑进这些额外的因素,我们的结论是否会改变?请讨论。

7. 人们多久才会在人行道上发现一张10美元的钞票?(提示:答案已给出,第一章的选读部分有类似例子。)

·延伸阅读·

本章第一节的论述首次出现在本书的第 1 版,之后又以更技术性的方式再发表,见:

David Friedman,"Cold Honses in Warm Climates and Vice Versa: A Paradox of Rational Heating," *Journal of Political Economy*, 1987, vol.95.no.5.
[http://www.daviddfriedman.com/Academic/Cold_Houses/Cold_Houses.html]

第二十三章 通货膨胀与失业

对通货膨胀与失业的性质、原因和治理方法进行充分讨论,需要的不是一章,而是一整本书。本章的目的只是展示本书提出的观点如何为此提供基础。第一节首先解释通货膨胀是什么,为什么会发生,以及它的后果是什么。第二节讨论失业的性质和原因。第三节将前几章的思想与前两部分的内容结合,以提出政府经常采取导致通货膨胀的政策的原因。

第一节 通货膨胀

到目前为止,我们讨论的价格是**相对价格**(relative prices):用苹果衡量橙子的价格,用饼干衡量房子的价格。如果讨论的是相对价格,那么价格的普遍上涨是没有意义的。如果以苹果计价的橙子价格上涨,那么以橙子计价的苹果价格一定会下跌,因为它们互为倒数。如果一套房子过去要一百万块饼干,现在要两百万块饼干,以饼干衡量的房价翻了一番,但以房屋衡量的饼干价格下跌了一半,从每块饼干值百万分之一的房子到只值二百万分之一的房子。

抱怨通货膨胀并说"所有价格都在上涨"的人是在谈论**货币价格**(money prices),即以货币计量的商品价格。在通货膨胀期间,以其他商品计价的商品价格可能会上涨、下跌或保持不变,但绝大多数商品的货币价格是在上涨。

如果以货币衡量的一两种商品的价格上涨,原因可能是一些特殊环境影响了这些商品:苹果收成不好,或者大火烧毁了一座城市一半的房子。如果几乎所有商品的货币价格都在上涨,那么原因多半与衡量商品价格的货币有关,而不是商品。对这种情况的是一种描述是,苹果、橙子、房子、饼干,还有许多其他东西的货币价格正在上涨,另一种更简单的描述是说货币本身的价格下跌。如果苹果过去是 0.50 美元,现在是 1 美元,那么一美元的价格已经从 2 个苹果下跌到 1 个苹果。在通货膨胀期间,商品价格上涨——以货币的方式来衡量。货币价格几乎在所有能被其衡量的事物中都下跌。

货币的价格

货币的价格(price of money)和其他一切物价一样,是由供求关系决定的。货币供应量是流通中的货币数量,政府可以通过印更多的钱来增加供应,通过让收回的货币多于花费的货币并销毁其差额来减少供应。

注意,在经济学语言中,货币供应量(supply of money)是流通中的货币数量,不是生产新货币的速度,就像住房供应量是可用住房的数量,而不是建造住房的速度。如果没有印新钱,钱没有磨损,货币供应量是恒定的,而不是零。如果政府每年为流通中的 10 美元印 1 美元,货币供应量就以每年 10% 的速度增长。

那么货币需求量(demand for money)呢?它也是货币数量,不是每年消费的货币数。你花掉一美元可以把钱从你的口袋里拿出来,但它的用途没有结束,其他人得到了它。你的货币需求量不是你花掉的钱,而是你持有的钱。总货币需求量是我们所有人持有的货币总额。

我们为什么要持有货币?如果我刚好安排我的生活收支相抵,我就不需要持有货币。我一卖掉什么东西收入金钱,马上就买东西花出去。这并不是你我的实际生活方式,更方便的是在短期内分别安排收入和支出,有时收入大于支出,有时支出大于收入。当我们收入大于支出时,我们的现金余额增加;当我们的支出大于收入时,余额又回落。因此我的现金余额起到短期缓冲的作用。

需求不是一个数字,而是一种关系:需求量是价格的函数。你的货币需求量,即你选择持有的钱数,实际上取决于两种不同的价格。首先,它取决于货币的价格,货币的价格越高,可以买的越多,你选择持有的越少,因为一块钱能买的越多,你买东西需要的钱就越少;其次,你持有的货币数量取决于你持有货币的成本。

假设我选择持有平均 100 美元的现金余额。我获得的是安排我的收入和支出的灵活性,我失去的是我本来可以通过将其借出而不是持有 100 美元现金而获得的利息。所以货币持有成本是**货币利率**(money interest rate),也称为**名义利率**(nominal interest rate)。利率越高——我借出的每一美元能得到的越多,我的货币持有成本就越高,因此我选择持有的货币越少。

货币的价格与货币持有成本(有时也称为货币租金)之间的差别,对于理解一般价格水平是如何确定的至关重要。混淆两者是许多很常见的经济错误的根源。货币的价格是你得到货币的代价,一般价格水平(为获得其他东西你必须放弃的货币金额)越高,货币的价格越低。持有货币的成本(更准确地说,以货币计量的持有货币的成本,你为持有每一块钱每年放弃的钱数)是名义利率。

对货币的需求与对其他任何东西的需求有一个重要区别。由于金钱是用来购买商品的,因此特定数量货币的价值不取决于它是多少钱,而是取决于它能买什么;如果全部(货币)价格翻了一番,翻番后的2块钱与以前的1块钱用处一样。你的需求实际上并不是针对特定数量的货币,而是针对特定数量的**购买力**(purchasing power)。你想要的是一定的实际现金余额,而不是一定的名义现金余额。

物价的均衡水平

货币需求的这种不同寻常的特征,非常有助于理解货币的价格如何随着供给或需求的变化而变化。假设对货币的需求和供给最初处于均衡状态,个人想要持有的钱数等于可持有的钱数,需求量等于供给量。突然间,政府决定将货币供应量增加一倍,新的钞票被印出来分发给民众。会发生什么?

每个人的钱数都变成以前的两倍。因为在改变前人们已经持有他们想持有的货币数量,他们现在发现自己拥有的货币比他们想持有的多。显而易见的解决方案是花得比他们的收入多,从而减少他们的现金余额,并将多余的货币转化为有用的商品或能产生利息的投资。

奇怪的是,这个显而易见的解决方案行不通。虽然我们每个个体都可以让支出超过收入,买入多于卖出,减少现金余额,但我们所有人一起则不能。我买东西,是从其他人那里买的——卖它的人。我通过将货币给你换取商品以摆脱我的多余货币,我的现金余额减少了,但你的现金余额增加了。

更奇怪的是,虽然我们不能减少名义现金余额,即我们持有的货币数量,但试图这样做会减少我们的实际现金余额。由于我们都在努力让买多于卖,净需求量大于净供给量。如果需求量大于供给量,价格就会上涨。商品价格(以货币衡量)的上涨相当于货币价值(以商品衡量)的下降。我们刚好和以前有一样多的美元,但它们的价值降低了。该过程一直持续到实际现金余额降到它们的期望水平(所需水平)。每个人的钱数都是以前的两倍,每一块钱能买到以前的一半,物价翻了一番,其他都没有改变。

理解同一过程的另一种方法是将所有市场视为货币市场。如果你是在卖东西换钱,你也是在用东西买钱;如果你用钱买东西,你也在卖钱换东西。如果实际现金余额大于期望现金余额,这意味着货币的供给大于需求,所以货币的价格下跌,跌到期望现金余额与实际相等。名义货币的价格下跌,会增加期望的现金余额,直到它们等于实际的现金余额。而实际货币的价格下跌,会减少实际现金余额,直到它们等于期望现金余额。

我刚刚描述了在货币市场上如何建立均衡,供给量和需求量如何相等。在这个过程中,我还展示了一般货币价格水平(一般货币物价水平)如何确定。均衡价格水平是现有货币供应量的实际价值等于人们期望的实际现金余额的水平。如果物价高于此值,则个人持有的现金(用其能购买的东西衡量)少于他们的期望。他们试图通过少买入多卖出来增加现金余额,在此过程中,他们将物价推向均衡水平。如果物价低于均衡值,同样的过程反向作用使得物价上涨。这是对一般价格水平如何确定以及它如何变化的简化描述,因为我还没有讨论过系统调整中发生了什么,并且忽略了物价和利息之间的相互作用,但它基本上是正确的,对本章的目的来说已经足够了。

通货膨胀——货币的价格变化

假设我们观察到物价正在上涨。由于物品价格(以货币计)上涨对应于货币价格(以物品计)下跌,物价上涨意味着货币供应量增加,或货币需求量减少。

物价变化可能是供给或需求变化的结果,但实际上,几乎所有货币的价格以及一般货币价格水平的快速变化,都是由于供给的变化。货币需求的变化意味着平均而言,个人正在选择持有比以前更多或更少的现金余额——也许是因为他们的收入、支出的模式或其可预测性改变了,或是生活中其他一些影响他们期望持有多少现金的特征改变了。这类影响到不止一个人而是普罗大众的实际改变,很少会发生得很快;比如一个社会的实际收入在一年内增长了 10% 以上,就是很不寻常的。供给的变化则可能会快得多。在像我们这样的货币体系中,只需印制大量大面值钞票,政府就可以在几天内使货币供应量翻倍——有些政府就这么干过。

需求的变化当然会引起价格水平的重大变化,只要有足够的时间。一个例子是 19 世纪最后几十年的物价逐渐下跌。当时的钱不是纸币,而是黄金。黄金不能印,开采也不多,而使用黄金作为货币的国家的经济体量及国家数量都在增加。需求增长快于供给,因此货币的价格上涨——商品的价格也随之下跌。这一过程后因南非金矿的发现和从低品位矿石中提取黄金的新技术发明而终结。

这种通货紧缩(物价下跌时期)比通货膨胀(物价上涨时期)要少得多。当货币供应量增长快于需求量,导致物价上涨时,就会发生通货膨胀。在美国,每年 10% 及以上的通货膨胀率("两位数的通货膨胀")大约在四五十年前就发生了几次(1974、1979、1980)。在其他一些国家,每年 20%、50% 或 100% 的通货膨胀率也很常见。

通货膨胀的后果

通货膨胀的后果取决于对它的预期程度。如果社会中的每个人都知道物价曾如何变化、在如何变化,以及以后将会如何变化,那么每个人都可以在设定未来物价时考虑货币的价值随时间的变化,为未来的付款签订合同,等等。在这些情况下,通货膨胀是个麻烦事,但也不过如此。如果个人对通货膨胀的预期不正确,未能预料到通货膨胀的出现,或预期的通货膨胀未能出现,那么后果要严重得多。我们先考虑不太严重的完全预料到的通货膨胀的情况,然后再考虑意料之外(未能预料到)或错误预期的通货膨胀。

预料到的通货膨胀。 假设我在一个通货膨胀率固定为10%的世界里借钱给你。我借钱给你的利率将取决于我(和其他所有人)的借款供给以及你(和其他所有人)的借款需求,正如在第十一章中看到的。我知道,当你一年后还钱时,每一美元能买到的比现在少10%。我最终消费的不是金钱,而是商品。我通过借给你而不是自己花必须放弃的当前消费量,以及我能用你一年后还给我的钱的购买力,决定了我愿意借给你的金额。所以我的借款供给不是名义利率(以货币计的利率)的函数,而是**实际利率**(real interest rate,以商品计的利率)的函数。同样,出于同样的原因,你对借款的需求取决于实际利率而不是名义利率。

在名义利率和通胀率都为10%、都为20%或都为0的世界中,我借出(而你借入)货币的意愿相等。在每种情况下,实际利率为零,因为偿还的钱能买到与借出的钱相同数量的商品。同样,通胀率为10%的世界中的25%、20%或15%的名义利率分别相当于零通胀世界里15%、10%或5%的实际利率。借款供给和借款需求取决于实际利率,因此这两个除通胀率外其他都相同的经济世界,将具有相同的实际利率。名义利率会有所不同,但其差异只是弥补了通货膨胀率的差异。

在借贷中,高名义利率补偿了出借人预料到的通货膨胀的影响,其他合约关系也是如此。正如在借贷中,利益相关的个体最终感兴趣的是商品,而不是货币。因此,供求曲线确定的价格是未来支付的实际金额而非名义金额的函数。如果你在一个通货膨胀的世界里,以一个五年期合同雇佣我,你和我都知道,你付给我的那些美元将会越来越不值钱。如果我们愿意达成的实际条款是,比如,未来五年每年支付给我实际上的20000美元,我们可以也会执行的协议是,你在今年向我支付20000美元,明年付给我22000美元,以此类推。同样的,对于其他涉及时间的合约,金额也会随价值的预期变化而调整补偿。

该分析表明,预料到的通货膨胀的主要成本是在安排我们的生活时考虑到它的时间和麻烦。如果像本书的大部分内容一样,我们忽略了这样的交易成本,那么预料到的通货膨胀似乎没有什么重要影响。

意料之外的通货膨胀。 到目前为止,我们一直考虑的是完全预料到的通货膨胀;每个人,出借者和借款者、雇主和雇员,都知道价格正在随着时间发生什么以及将要发生什么,我们现在将放弃该假设并考虑意料之外的通货膨胀。我们先从每个人都预期通货膨胀率为零的简单世界开始。

我们生活在一个物价至今一直保持稳定并且预期未来也会稳定的世界。我以5%的利率借给你1000美元。令我们意外的是,接下来一年里,物价上涨了6%。这一年年末,你还给我1050美元,而我发现它购买力不如我借给你时的1000美元。我们本以为这次借钱的实际和名义利率都是5%,但名义利率为5%,实际利率为−1%。

正如你通过这个例子所看到的,意料之外的通货膨胀会修改借款的实际条款,不利于债权人,而有利于债务人。如果我们预料到了通胀但低估了它,情况也是如此。如果我们都预期通货膨胀率为5%,我们会同意10%的名义利率,如果实际通货膨胀率为10%,那么结果将是实际利率为零,而不是你认为你会支付和我认为我会得到的5%。

意料之外的通货膨胀对其他合约也有类似的影响。假设我同意以20000美元/年的薪水在接下来五年为你工作,并相信物价会保持稳定。然而我错了,物价上涨,我的实际收入下降,每年下降10%。我得到了比我当时想的更糟糕的交易,而你得到了一个更好的交易。在这种情况下,从通货膨胀中获利的是雇主,受损的是雇员。如果我们最初的协议考虑到通货膨胀,但通胀率超过我们的预期,同样的事情也会发生。如果我们高估了未来的通货膨胀,结果则刚好相反,雇佣合同里增加的名义工资对我的补偿会超过实际发生的通胀。

意料之外的或错估了的通货膨胀对债务人、债权人、雇主和雇员的影响都是一个更普遍的原则的特例,这个普遍原则是:通货膨胀让有名义净资产的个人受损,让有名义净负债的个人得利。

"名义净资产"是什么意思?我的房子是**实际资产**(real asset),无论一般价格水平怎么变化,它都继续为我提供相同的服务。10000美元/年的养老金是**名义资产**(nominal asset),由于我收到固定数量的金钱,我的养老金的实际价值,即它可以买到的东西,随货币价值的增加而增加,随其减少而减少。

当我以5%的利率借给你1000美元时,我得到了一项名义资产:对你一年后支付的1050美元的债权。你得到名义负债：一年后支付该金额的债务。如果通胀率意外上升，我的资产和你的债务的实际价值就会下降，这对我不利，对你有利。同样，如果我同意以20000美元/年为你工作五年，我得到一项名义资产：连续5年每年收到20000美元的资产。你得到名义负债：连续5年每年支付20000美元的债务。

个人可能同时拥有名义资产和名义负债——一份未来支付给他固定数额的金钱的雇佣合同，以及需要支付固定金额的抵押贷款。如果他的名义负债多于名义资产，那么他有名义净负债；如果名义资产较多，他有名义净资产。如果资产和负债都在同一年到期，那么这种比较很简单；否则情况会变得复杂。对于同一个个体，如果未来的通胀模式是大部分通胀发生在收回资产之后、必须偿还债务之前，他可能会获益；但如果是另一种模式，他可能会受损。

所以一般原则是，通货膨胀伤害那些拥有名义净资产的人，让那些有名义净负债的人受益。通货紧缩（物价下跌）使那些有名义净资产的人受益，有名义净负债的人受损。

要区别通胀通缩的影响与意料之外的通胀通缩的影响，必须先做出一些细致的区分。在某种意义上，通货膨胀伤害了一个债权人，无论是否被预料到。通货膨胀率越高，归还给他的货币的价值就越低。一旦借出，通货膨胀率越高，债权人境况越糟，而债务人的越好。但一个被完全预料到的通胀率为10%的社会，与一个被完全预料到的通胀率为0的社会相比，债权人的境况并没有更糟。在通胀社会中，更高的名义利率刚好补偿了他们拿回来的更低价值的货币。

一种稍微不同的表述方式，是指出在完全预料到通胀的世界里，债权人只有在借钱令其境况更好时才会借出（债务人借入也是如此）。在一个通胀被错误预期的世界里，合约在订立后实际上是被修改了。借出方或借入方可能会发现实际上的交易与他认为的交易不同，交易比没有交易更糟糕。

不确定的通货膨胀。 到目前为止，我们已经考虑了人们以为他们知道物价发生了什么变化但结果却错了的那种意料之外的通货膨胀情况。更现实的情况会是，每个人都知道自己不知道通货膨胀率会是多少，每个长期名义合同都是一场赌博。你借入或借出，接受或提供一份工作，都是在同意一份实际款目取决于通货膨胀率的变化的合同。在某种程度上，人们可以通过设计条款随价格水平变更的合同来弥补这一点，但结果仍然是大为增加了经商的成本、复杂程度和不确定性。

第二节 失业

我们分析市场，包括劳动力市场，几乎总是假设价格会调整，直到需求量等于供给量。如果你唯一的经济信息来源就是这本书，这似乎是对经济如何运作的充分描述。但如果你还阅读报纸、看电视或听广播，你可能会纳闷，如果劳动力需求量等于供给量，怎么会有几百万人失业？

失业类型

回答这个问题的第一步是了解什么是"失业"。报纸上报道的失业数字是估计的人数，当被问及是否正在找工作而没有工作，他们会答案"是"。数据是通过向总体的一小部分提出问题并从其答案中估计出来的。失业通常以**失业率**（unemployment rate）的形式给出，即失业人数占总劳动力的百分比。

对上述问题回答"是"的不同原因对应于不同类型的失业。有些涉及劳动供给数量和需求数量不相等，有些不是。

求职性失业（Search unemployment）。你刚在年薪 40000 美元的工程师职位上辞职或被解雇。如果你愿意，你可以走进附近的餐馆，找一份洗碗的工作；这样一来，收入可能是以前的 1/4。你还是决定找另一份工程师的工作。

花了一些日子阅读招聘广告后，你锁定了一份尚可接受的工作。它需要很长时间的通勤，薪酬为 30000 美元。你继续找，两周后，你找到了一份更好的工作，薪酬是 40000 美元并且离你住的地方还算近。你去面试，并收到了录取通知。但你又多花了几天时间四处寻找，希望能找到更好的，然后才接受了那份工作。

你在两份工作之间花了大约 3 周时间。在这段时间中，你失业了多久？从某种意义上说，一直失业；在另一种意义上，没有失业。

在这几周内的任何时候，如果被问到，你会说你想要一份工作但没有找到，从劳工统计局的角度来看，你失业了。但在那段时间里，如果你想要一份工作，是可以找到的，如当洗碗工。你不当洗碗工的原因是你有一份更好的工作，你受雇于找工作这份工作本身。如你的选择所示，你更喜欢找工作本身而不是当洗碗工。

这种求职性失业占失业报告的很大一部分。在一个商品不相同的市场，如房产市场、婚恋市场、劳动力市场,搜寻是一种生产性活动。如果你的搜寻结果是在家附近找到一份工作,而不是在这座城市的另一边,是一份利用你所有技能而不是一半技能的工作,是一份与你喜欢的人共事的工作,你"失业"期间已经产出了相当大的价值。

在求职性失业的情况下,个人称他正在找工作是在说真话,但将其称为失业暗示了劳动力的供给大于需求,而这是误导人的。求职性失业是一个正常且可取的劳动力市场特征,这种失业可以被减少甚至消除——例如,通过宣布任何人失业超过一周将被枪杀,或任何人辞职或被解雇是非法的除非他已经另有一份工作。但这样的法律的后果是使情况变糟,而不是更好,它消除了生产性活动——花时间生产选择合适的工作所需的信息。

虚报的失业(Fictitious Unemployment)。测得的失业的另一个来源是那些没有在找工作但觉得谎称正在找工作符合自身利益的人。对许多(尽管不是所有)救济领取者来说,领取救济的条件之一是正在找工作。想必领救济的人中有一些是宁愿失业(或偷偷就业)并领取救济,也不愿从事他们可以找到但不能再领救济的工作。如果你不想工作,很容易找不到工作。因此,一些报告的失业人数包括假装找工作的人,如果提供的工作足够有吸引力,他们会接受工作,但面对那些将提供给他们的工作,他们宁愿选择失业。有研究估计,联邦救济规则的改变,即让找工作成为获得救济的前提,使得观测到的失业率增加了一到两个百分点。如果这个结果是正确的,就表明这种失业可能构成了大约 1/4 的测得的总失业率。

非自愿失业(Involuntary Unemployment)。考虑一个生产力低到对任何雇主都一文不值的人。只有同意无偿工作或比无偿报酬还低,他才能得到一份工作。就供求图而言,他的劳动供给量等于需求量,这也跟我们预想的一样。但不幸的是,均衡价格为零。

这是一个极端例子,但它表明就经济学逻辑而言,即使是最不自愿的失业,也可能是自愿的。用通俗的话来说是,只有同意无偿才能找到工作的人是非自愿失业的。然而,说市场不运转仅仅是因为均衡价格为零好像不大对劲。

想要工作但均衡工资为零的人可能很少见,但是一种类似的甚至更非自愿的失业类型很常见。在现行最低工资法下,在大多数领域,一个人以低于最低工资标准工作是非法的。如果对于某些类型的劳动力,例如技能不熟练的青少年,供给量等于需求量时的工资低于最低工资,那么在最低工资条件下,这种劳动力的供给量大于需求量。那些愿意为最低工资工作并且可能愿意以更少的工资工作,但在最低工资条件下无法找到工作的人,是多余的工作者,在统计数据中显示为失业。最低工资导致劳动力过剩,正如最高租金导致住房短缺一样。

失衡失业(Disequilibrium Unemployment)。到目前为止,我讨论过的失业都与劳动力市场的均衡相一致,只有一个例外。这个例外是最低工资法导致的失业,在这种情况下,市场无法达到均衡价格,因为对于某些类型的劳动来说,均衡价格是非法的。

还有一类失业是失衡导致的失业。在整本书中,我对失衡的讨论,仅限于证明将市场移出均衡会产生令其恢复均衡的作用力,但这种力量不会立即发挥作用。在一个不断变化和不可预测的社会中,价格在任何时刻都可能高于其均衡水平,而供给过剩倾向于将其拉低;或者价格可能低于均衡水平,但需求过剩倾向于推高它。不均衡很有可能持续很久,在非同质商品市场中尤其如此,例如劳动力或配偶市场。如果一种商品的每一单位都是相同的——比如以盎司计的纯银,那么我们很容易观察到价格、供应量和需求量,并进行相应调整。而有一百万种不同品质的劳动力(以及工作和配偶),找到均衡价格相关的信息就要困难得多。更难的是出售的不是一天消费完的商品而是一段持续几年的合同的情况,而这还是这些市场的常态。在这种情况下,均衡价格不仅要考虑今天的供需状况,还要考虑整个合同期间的预估的供需条件。而本章讨论过的不确定的通货膨胀对长期合同的影响,则使之变得难上加难。

失业与通货膨胀

在论证求职性失业是一种可取的活动时,我隐含地假定了个人对可找到的工作类型有准确的概念,因此仅当回报在某种平均意义上至少与成本相当时,才会选择进行搜寻。假设情况并非如此,假设工作者不知何故被愚弄了,他认为只要找得更久一点,就可以找到一份年薪40000美元的工作,而事实上他找不到这样的工作。在他意识到自己的错误之前,他可能会浪费几个月寻找一份不存在的工作。

此类错误的一个可能来源是意料之外的或错误预期的通货膨胀。考虑通胀率意外降低的影响。物价已经以每年10%的速度上涨了很多年,而大多数人预期物价还会继续如此。出于某种原因,一直在增加货币供应量从而制造了通胀的政府,忽然决定关闭印钞机。

人们都已经习惯了旧的通胀水平,不管是买卖商品,还是工作招工,都普遍假定明年一美元的价值将比今年减少10%。政府停止印钞后的最初,一切照旧;生产者让产品价格每年涨10%,工人的工资预期每年增加10%。

然而,可用于购买这些商品和雇用这些工人的货币数量不再增加。生产者发现,在他们的定价下,他们卖不完他们的产品,他们只好降价。最终,每个人都明白了,价格回落到了政府停止增加货币供应时的状态。

有些人明白得比其他人早。生产者每天都在销售他们的商品,他们很快发现他们的价格太高并调了价。个体工人每隔几年才换一次新工作,因此需要更长的时间才能认识到这种变化并调整他们的预期。在此期间,工人的期望工资高于实际上的均衡工资,即劳动力供求相等的工资。对雇主来说,他能招到工人的实际工资上涨了,因此他雇佣的工人更少。从工人的角度来看,他是在对目标工作过度乐观的基础上求职,因此他找工作会一直找到寻找的边际成本超过边际收益的程度。

在我所描述的情况下,不正确的求职会导致不应有的高失业率。在其他情况下,它也可能导致一个不应有的低失业率。考虑一下本章讨论过的——物价稳定了很久然后突然开始上涨的情况。一名雇员刚刚辞去一份30000美元年薪的工作,他(正确地)认为自己在其他地方至少值40000美元。第二天,他接受了一份在接下来5年每年给他40000美元的工作。他不知道的是通胀率已经从零上升到了10%——但他的雇主知道。实际上,他今年的工资是4万美元,明年是36364美元,后年是33058美元。如果他知道了这一点,他就会继续找工作而不是接受这份工作。

在这种情况下,通货膨胀的意外发生降低了失业率,但在某种程度上使新就业人员的处境变差了;他们被哄骗接受了一份比找得久一点所能得到的工作更差的工作。另一方面,雇主的境况变好了,因为劳动力供给数量不是基于雇员实际得到的报酬(根据通货膨胀调整)而是根据他们以为自己得到的报酬,劳动力的供给曲线已经外移,实际均衡工资下跌,利润上升。最终,雇员们意识到发生了什么,劳动力供给曲线回移,利润回到正常水平。但在调整期间,由于雇员犯的错,雇主境况变好,雇员境况变糟。

第三节 为什么会发生通货膨胀:公共选择的视角

我已经给出一个简单的——有些人可能认为过于简单的——对通货膨胀的解释:通货膨胀的发生是因为政府扩大了货币供应。这提出了一个明显的问题。所有的西方国家政客,包括那些当选的政客,都反对通货膨胀,这一点听他们的演讲就能发现。如果他们所要做的就是停止印钞,为什么不这样做呢?为什么会发生通货膨胀？如果通胀真的开始了,为什么不立即阻止？

有两种可能的答案。一是通货膨胀是一个错误;在美国和其他地方,控制货币政策的政客没有意识到 他们印的货币数量与该货币的价值之间的关系。

委婉地说,这难以自圆其说。我们对通货膨胀的理解至少可以追溯到大卫·休谟,他在两百多年前正确分析了通货膨胀的原因。虽然货币供应量、价格水平和其他经济变量之间关系的细节很复杂,但来自许多不同时期的不同社会的大量证据表明,货币供应的大量增加几乎不可避免地会导致物价的大幅上涨,而物价的大幅上涨几乎不会在货币供应没有大量增加的情况下发生。很难相信,如果政客们知道通胀原因而且利用这种知识来防止通胀于他们有利,他们却还没能设法做到这一点。

更能自圆其说的解释是,政客们经常发现通货膨胀于他们是有利的。他们在竞选时反对通货膨胀,在当选后却没有采取任何行动,这种行为完全是理性的。他们竞选时反对通胀是因为他们希望得到那些反对通胀的选民的支持。政客们支持通胀是因为他们从通胀的某些后果中受益。他们相信选民的理性无知,可以瞒住言行不一。

这带来另一个问题:为什么政客们经常制造或维持通胀？至少有两个原因。其一也最简单的是,政府本身通常是通货膨胀的主要受益者;其二也更复杂的是,通胀率意外的上升往往会带来立刻且可见的收益,而成本却延迟且不可见;而意外的下跌往往具有立刻且可见的成本,收益却不可见且延迟。由于第十八章讨论过的投票的公益性质,选民主要根据免费信息采取行动,因此从政治上讲,立刻且可见的成本和收益比那些并非如此的成本和收益要重要得多。因此,提高通胀率对政客有利,而降低通胀率对他们不利。

通货膨胀的受益者

在我之前关于通货膨胀的讨论中,我指出它有利于拥有名义净负债和有损于名义净资产的人。通常,政府有很多名义负债,几乎没有名义资产。因此,他们是通货膨胀的最大受益者之一。

当前美国政府的一项非常大的名义负债是国债。它欠债权人——政府债券的所有者一笔固定数量的美元。如果所有物价翻倍,它所欠的实际价值就跌去一半。为什么国债的实际价值在 1980 年比 1945 年低,尽管其间赤字几乎没有间断过？就是因为大部分债务都被通胀抹掉了。

当然,如果政府保持通胀,它最终会发现,为了借钱必须提供更高的名义利率,以补偿债权人预期因通货膨胀会遭受的损失。在这一点上,如果投资者正确地预测了未来的通货膨胀,政府就不会再从通胀中获益。像其他债权人一样,只有在通货膨胀未被预料到的情况下,政府才能成功拿到低于市场的实际利率。

政府仍然有动机延续通胀。如果它不这样做,通货膨胀将低于债权人的预期,政府将发现自己支付的实际利率比无论是政府自己还是债权人的预期都要高。它将为没有发生的通货膨胀向债权人提供补偿。

政府的第二大负债是它有义务支付未来的款项:社会保障、退伍军人福利等。这只在部分上是名义负债。从生活费用调整被纳入这些义务这个意义上讲,政府所欠的是实际量而不是名义量,是购买力的数额而不是金钱的数额。

通货膨胀是一种收入来源。通货膨胀不仅降低了美国和类似国家政府负债的实际价值,还可能增加政府的实际收入。在累进税制下,你的名义收入越高,你必须缴纳的税款占该收入的比例就越高。如果所有的物价和所有的收入都翻倍,你的税前实际收入与以前一样,但你的税率更高,所以政府向你征收的税款的实际价值更高。这种现象被称为**税档潜升**(bracket creep,通货膨胀使你的收入升到更高的税档),意即通货膨胀会自动增加税收。政客们喜欢有更多的钱花,但不喜欢与加税关联在一起,因为支出受选民欢迎,而征税不受欢迎。通货膨胀提供了(政治)收益,却没有(政治)成本。

这种无形的增税手段在美国已不复存在。1981 年通过并在 1985 年生效的税法修正案规定了指数化:将通货膨胀考虑在内,自动调整税档。这项改革是否会继续有效或最终被国会撤销,还有待观察。*

税档潜升并不是政府收入因通货膨胀而增加的唯一方式。当印制额外的货币,货币供应量增加,有人会得到新的货币。如果政府印制了新的货币,政府就会得到它。印钞是政府可以在没有任何可见税收的情况下产生收入的一种方式。

赤字支出与通货膨胀。 人们经常声称,赤字支出(deficit spending)是造成通货膨胀的主要原因。这个结论的常见论证是错误的;如果政府的支出超过了它的收入,并借入了差额,其效果是增加了政府债券的供应,而不是货币供应。政府可以,而且有些政府也确实通过印钞而不是借钱来补足赤字,但这不是赤字而是货币创造造成了通货膨胀。

然而,在另一个意义上,赤字支出很可能与通货膨胀有关。赤字支出增加了国债。国债越多,政府从通货膨胀中得到的好处就越多。因此,尽管赤字支出并不导致

---

* 截至 2019 年,也就是在本书第一版出版 33 年后,指数化仍然有效。——作者

通货膨胀,但它确实增加了通货膨胀对目前执政者的好处,因此增加了他们采取通货膨胀政策的概率。

如何在某些时候愚弄所有人。 在讨论通货膨胀与失业的关系时,我表明了通货膨胀率的意外上升如何在短期内导致利润增加和失业率降低。增加的利润来自实际工资的降低,但在通货膨胀开始时,这对工人来说还不明显。失业率降低对新就业的工人来说是净损失,而不是净收益,因为他们接受了若了解了实际和名义工资本会拒绝的工作。但由于他们还不知道这一点,他们认为自己的境况变好。雇主对他们的高额利润满意,工人对他们的低失业率满意,每个人(显然)都过得更好了。如果这恰逢选举年,现任总统大概率能获得连任。

一段时间后,人们调整并适应了。失业率回升,利润回落,物价稳步上涨。现任政府(在向商会发表演讲时)将通货膨胀归咎于工会不合理的工资要求或(在向劳联-产联发表演讲时)归咎于公司试图向消费者勒索惊人的利润。再过一段时间,另一场选举即将开始。美国政府购买新的印钞机并将货币供应量的膨胀率从10%扩大到20%,利润上升,失业率下降。现任政府以压倒性优势当选。现在物价每年上涨20%,政府将通胀归咎于欧佩克(OPEC,石油输出国组织)。

虽然这种策略可能在短期内有效,但在长期上存在问题。通货膨胀对利润和失业的影响取决于它是否被预期到。人们对高且继续上升的通胀率越有经验积累,就越难被欺骗,因此要产生效果所需的增幅也就越大。高且不可预测的通胀率会产生不良影响,也会导致政治上不得人心。在某些时候,政府(或其反对者)可能会得出以下结论:停止提高通货膨胀率,甚至降低通货膨胀率,在政治上是可取的。

这样做可能而且一般来说政治成本很高。如果人们预期通货膨胀率保持在每年20%,而货币供应量仅以10%的速度扩张,那么实际的通胀将低于预期的通胀。如果人们预期通货膨胀率会从20%继续上升到30%,那么即使保持20%的通胀率也会使实际通胀低于预期的通胀。无论哪种情况,结果都与之前发生的实际通胀高于预期通胀的情况相反。利润减少,失业率上升。利润下降与实际工资上升有关,但由于工人还没有意识到通胀率的变化,他们不知道自己的境况变好。削减通货膨胀率的政客会在下一次选举中落败。

这表明存在政治商业周期的可能性。执政政府在选举前的几个月开启通胀,让自己再次当选,在投票之后停下通胀,重新建立物价稳定的预期——并在下次选举前跟新的通胀一起被利用。如果总统控制这个过程,周期将是四年;如果国会控制,周期则为两年。

虽然这为通货膨胀和失业率的变化提供了一个简单巧妙的解释,但它似乎不是一个正确的解释。迄今为止,统计研究没有发现选举模式与商业周期之间有任何明确关系。看起来比较明确的是,政府采取的行动对通胀率和失业率有很大的影响,而这又反过来影响人们的投票。政策和选票之间由此产生的联系带来了一种激励机制,影响着在任政客采取的政策,这可能解释了他们的大部分所作所为。

两点提醒

最后,我有两点要提醒你。第一点是,根据我的经验。经济学学生很有可能混淆通货膨胀率和利率。避免混淆的最好方法是用实际而不是名义尺度来分析一切,从而在分析中消除货币和货币的价格。我在第十一章就是这么做的,那一章我首次引入了利率。然后,我们可以通过将所有物价和流通的货币从"不变货币"(购买力)转换成"现值货币",所有的利率从"实际利率"转换成"名义利率",从而将实际结果转化为名义结果。

第二点是,本章是对一些艰深复杂的概念和关系的简短粗略解释。我相信本章的简述在本质上是准确的,尽管一些经济学家会不同意,但无论如何,这只是一个简述。如果你想更清楚地了解通胀与失业的原因和性质,以及两者与政府政策之间的关系,你应该上一门课或读一本书,了解以前一般被称为货币理论现在更多被称为宏观经济学的知识。本章的目的不是要取代这样一本书,而是要告诉你,宏观经济学的研究可以而且应该基于价格理论——通常被称为微观经济学,这更多是出于对称而非语义考虑。本章,在两种意义上,是微观的宏观章节(a micro macro chapter)。

选读部分

价格指数

由于供需曲线的变化,相对价格不断变化,所以在通货膨胀时,不同商品的货币价格以不同的速度上涨。甚至可能在大多数其他物价都上涨时,还有商品的货币价格下跌,例如,1970 年代及此后的计算机和计算器。

至今我还没有谈到当不同的商品的货币价格以不同的速度上涨时,如何衡量通货膨胀率。解决的办法是使用**价格指数**(price index),即许多不同商品的平均价格。计算平均价格时,我们需要一些方法来决定每种商品应该占多少权重。当大头钉和图钉价格降低 10%,食品和住房价格上涨 10%,说平均价格保持不变是没有意义的。

解决这个问题的一个常见方法是将用加权平均数计算一般价格水平,以每种商品的年消费量作为权重。这样的价格指数衡量了一年内消费的全部商品和服务的货币成本,通常以跟某个基准年相比的相对数表示。假设基准年是 1980 年,如果 1981 年的价格指数是 1.10,这意味着一年内消费的全部商品和服务,在 1981 年要比在 1980 年多花 10%。

这就产生了另一个问题:用哪一年的消费作为权重(weights)?我们是将 1980 年的消费以 1981 年的价格计算的总支出与按 1980 年的价格计算的总支出比较呢?还是将 1981 年的消费以 1981 年的价格计算的总支出与按 1980 年的价格计算的总支出相比较?由于消费的不同商品的相对数量每年不同,这两种计算价格指数的方法至少会得出略有不同的结果。

在计算价格指数时,这两种方法都被用到。**拉氏指数**(Laspeyres index)用的是第一年的消费数量,**帕氏指数**(Paasche index)用的是第二年的数量。如果我们定义第一年与第二年之间物价的真正增长百分比为使消费者在第二年的境况与第一年的完全一样的收入增长百分比,那么就可以证明拉氏指数夸大了物价的增幅,而帕氏指数低估了物价的增幅。如果从第一年到第二年,拉氏指数上升了 10%,那么一个收入也增加了 10% 的消费者第二年会比第一年过得更好——他可以买到比他第一年买到的更喜欢的商品组合。如果帕氏指数上升了 10%,一个第二年收入增加了 10% 的消费者的境况在变糟。结果证明将留给读者作为练习,见习题 11 和 12。

·习题·

1. 本章我用"通货膨胀"来表示"价格水平的上升";一些经济学家喜欢用"通货膨胀"来表示"货币供应的增加"。通常情况下,通货膨胀要么同时是两种意义上的,要么一种意义上的都不是。请描述一些可能的例外情况——货币供应量上升而价格没有上涨,或者价格上涨而货币供应量没有上升。

2. 在讨论政府从通货膨胀中得到的好处时,我说过,通过印钞,政府可以在没有任何可见的税收的情况下获得收入。确切地说,与货币创造相关的无形税是什么?谁来支付它?提示:考虑通货膨胀完全在预料之内,许多效应因而都会消失的情况。找出某人因通货膨胀而承担的不可避免的成本,这种成本不能被任何人因此获得的好处平衡掉,除了印钞的政府外。(本题很难)

3. 在讨论货币供应量和通货膨胀之间的关系时,我说过,一般价格水平的大幅上升几乎不会在没有货币供应量大增时发生。设想一个被围困的城市,当围困持续了足够长的时间,以至于人们开始感到饥饿时,一个面包的价格可能是被围困前的一百倍,结合本章对货币和价格水平之间的关系的阐释对此进行解释。(注意:你不能用本题的例子来回答问题1)。

4. 我唯一讨论过的持有货币的成本是,因持有货币而不能将其借出的利息损失。另一个成本是,如果你的钱包里有钱,有人可能会偷走它。假设这种犯罪率急剧上升,结合本章分析,价格水平会受到什么影响?结合第十九章分析呢?这两种影响的作用方向是相同还是相反的?解释一下。(本题很难)

5. 假设通货膨胀率为12%,名义利率为10%。实际利率是高还是低?假设你预计通货膨胀会持续下去,现在是借钱买房的好时机还是坏时机?讨论一下。

6. 根据目前的税法,利息收入是需要纳税的,而许多利息支出是可扣除的。假设实际利率被定义为税后的而不是税前的,这对实际利率和名义利率之间的关系有什么影响?这如何影响你对问题5的回答?

7. 在讨论通货膨胀率意外上升的影响时,我声称由此产生的失业率下降是一种成本而不是一种收益,因为工人们被愚弄得开始在短期内找工作,而这种找工作又是低效率的。这是否意味着,通货膨胀率的意外下降导致的失业率增加是一种收益?讨论一下。

8. 如果像我所说的那样,最低工资法导致了非熟练工人的失业,那么谁能从这种法律中受益,如果有的话?在回答这个问题时,你可能想使用第十三章的观点。(本题很难)

9. 你如何检验你对问题 8 的答案是否正确?你可以结合第十八章的观点。(本题很难)

10. 设定最高名义利率的法律被称为高利贷法(usury laws),你认为这种法律会产生什么影响?你认为通货膨胀与高利贷法的相关困境之间有什么关系?

以下是选读部分的问题:

11. 假设所有的消费者都是相同的。考虑第 1 年和第 2 年的某个消费者。在第 1 年,他有收入 I,只消费两种商品:x 数量的商品 X 和 y 数量的商品 Y,X 和 Y 的价格在这两年里是不同的。

  a. 用无差异曲线图表示,基于第 1 年得出的第 2 年的拉氏价格指数,大于使消费者在第 2 年保持第 1 年的境况所需的收入的百分比增加。

  b. 用无差异曲线图表示,基于第 1 年得出的第 2 年的帕氏价格指数,小于使消费者在第 2 年保持第 1 年的境况所需的收入的百分比增加。

  (提示:这个问题和问题 12 的答案与第三章中关于住房悖论的解释密切相关)

12. 不用无差异曲线,而用语言分析,针对一个消费多种商品的消费者,重新回答问题 11。

13. 在同一个城市,你在同一天看到了以下两个广告:

"琼斯夫人走进当地的 A&P 商店,进行每周一次的购物。买完之后,她在街区尽头的克罗格商店又购买了相同的东西。克罗格商店的价格比 A&P 商店的价格高 5%。来 A&P 购物,P 代表更好的价格。"

"史密斯夫人在克罗格超市进行每周一次的购物,然后去了 A&P 超市,买了完全相同的东西,比她在克罗格超市的花费多了 6%。要想获得更好的价格,请到克罗格超市购物。"

假设这些广告都是准确的,而且都涉及同一对商店。

  a. 解释一下这两次购物的结果如何会像广告报道的那样。

  b. 解释一下为什么,如果两家商店的价格平均而言真的差不多,你会期望结果和报道的一样。

  c. 解释这个问题、问题 12 和第三章的住房悖论之间的联系。

· 延伸阅读 ·

这里至少有一种完全预料到的通胀的实际成本我没有讨论，即个人持有低效率的低现金余额的成本，因为高名义利率使持有现金成本变得高昂。米尔顿·弗里德曼的《最优货币量》("The Optimum Quantity of Money")，收录在 *The Optimum Quantity of Money and Other Essays*（Hawthorne, N.Y.: Aldine Publishing Co., 1969），对这一问题进行了分析。

关于最低工资法案对不同类型的工人的影响的早期统计学研究，你也许想阅读 P. Linneman, "The Economic Impact of Minimum Wage Legislation," *Journal of Political Economy*, Vol. 90, No. 3 (1982), pp. 443–469。

一篇关于该主题的文章提供了一个巧妙的理论论证，证明了在不完全竞争条件下，最低工资可能不会减少甚至可能增加非熟练工人的就业，并提供了一个最低工资增加没有对就业产生影响的例子。这篇文章是"Minimum Wages and Employment: A Case Study of the Fast-Food Industry in New Jersey and Pennsylvania," by David Card and Alan B. Krueger。

一本你可能想读的宏观经济学书籍是 Michael R. Darby, *Intermediate Macroeconomics*（New York: McGraw-Hill, 1979）；另一本更简单的是 J. Huston McCulloch, *Money and Inflation: A Monetarist Approach*（2nd ed.; Orlando: Academic Press, 1981）。

对于这些问题更深入的讨论可见埃德蒙·菲尔普斯(Edmund S. Phelps)编的《就业与通货膨胀理论的微观经济基础》(*Microeconomic Foundations of Employment and Inflation Theory*)。

关于搜寻和信息，及其对求职性失业的影响的两篇重要的经济学论文是 George Stigler, "The Economics of Information," *Journal of Political Economy*, Vol. 69, No. 3 (June, 1961), pp. 213–225，和他的"Information in the Labor Market," *Journal of Political Economy*, Vol. 70, No. 5, Part 2 (Supplement: October, 1962), pp. 94–105。

第六篇

为什么你应该购买本书?

第六章

現行乙種師範教則

第二十四章　最后的话

许多经济学教科书的一个缺陷,特别是在初级阶段,是它们在教你关于经济学的东西,而不是教你经济学本身。其结果是培养出的学生有能力谈论经济学,但却不会用它,这相当于学会了在鸡尾酒会上点出名字。你现在已经花了 23 章的时间学经济学本身,在最后一章,我将尝试讲一些关于经济学的东西:经济学有什么用处,如何用它,以及经济学家究竟在多大程度上知道些什么。

经济学究竟有什么用处?

看到本节的标题,你可能会想到它应该属于本书的第一章,不是最后一章。作为理性行为的信徒,我或许应该先向你解释为什么经济学值得学习,然后才期望你花时间和精力学习它。遗憾的是,如果我在你读这本书之前告诉你经济学有什么好处,你可能会以为只是虚假广告,理性地驳回我的主张。你现在可能依然得出同样的结论,但至少你的结论有一些证据可以作为基础。

学习经济学至少有四个不同的理由。首先是经济学家在基于理性假设推演人类行为理论的过程中,对如何理性行动进行了很多有用的思考。虽然我们可能对你的目标是什么或者应该是什么知之甚少,但我们非常了解如何在给定一组目标的情况下最好地实现它们。一旦你理解了边际成本、沉没成本、边际价值、现值等概念,你应该发现它们是决定如何组织你的生活的有用工具。当你终于意识到你已经投入了六个月的努力和心痛去追求一个对你一点兴趣都没有的异性,你可以总结出你的处境——并且不情愿地得出关于如何处理它的正确结论——只要你觉察到沉没成本就是沉没成本。当决定是否再花几周时间搜购更好的房子或汽车,你可以通过问额外搜购的回报大于还是小于其边际成本来把问题理得更清,而不是问你是否已经找到了最好的买卖。

学习经济学的第二个理由是为了理解和预测他人的行为,尤其是很多人的行为的影响,以便在规划自己的生活时考虑到它。无论你是想在股市赚钱的投资者、防止士兵逃窜的将军、想要防盗的房主,还是想预测各种职业的未来工资的学生,学经济学应该都很有用。在所有这些例子中,经济学知识都不足以回答你的问题——还需要事实和判断。但在所有这些情况以及更多情况下,经济学提供了一个知识和判断可以结合起来的框架,从而能得出一个也许是正确的结论——或者至少是比没有经济学时得出的结论更好的一个。

学习经济学的第三个理由可能是你希望成为一名职业经济学家:受聘教授经济学,创作经济学理论或将经济学理论应用于你的雇主希望能被回答的问题。显然,我认为经济学家是一个有吸引力的职业,若非如此,我就会以其他方式谋生。作为经济学的传道授业者,我希望你们中的一些人也能得出同样的结论。当然,作为一个理性自利的经济学家个人,我又希望我还没有说服你去跟我竞争进而大为减少我的收入。

学经济学的第四个理由是它很有趣。一旦你理解了经济学的逻辑,你可以从你本来不能理解的周围世界的元素中理出头绪,这既有趣又实用。你也可以把从明显的混乱中提取理性模式的过程,变成为了游戏本身而玩的游戏,即使在看起来很不可能存在可以提取的模式的情形下。

我略去了学经济学的第五个原因,而许多教科书都会把它放在首位:让自己成为更好的公民和更知情的选民。诚然,理解经济学使你更有可能正确认识到政府实际或拟议政策的后果。然而,虽然这可能是我教你经济学的好理由,但除非你与众不同,否则这不是你学习它的好理由。正如我曾多次指出的,在一个我们这样庞大的社会中,你的投票对任何事情能有所影响的概率很低。如果你非常利他,那么对你而言,让大量的人受益的政府政策的改进,可能会平衡你的行动催生这种改进的微小概率。如果你预期自己有非比寻常的影响力——也许是因为你来自肯尼迪或洛克菲勒家族——你可能会得出这样的结论:让自己成为知情公民带来的公共利益能证明成本的合理性。如果不是这两种情况,你对经济学增进的理解带来的公共利益效应,不太可能会值回你付出的私人成本。

经济学家的工作

据我所知,受雇于企业或政府的经济学家有两个职能:一是用经济学理论来回答雇主想要他们回答的问题——告诉福特公司下个季度的汽车需求,或者为财政部估计税法的一项变革对税收会有什么影响;二是用经济学语言构建可信的、听起来很专业的论证，以支持其雇主想要的任何东西。

由于我自己是一名学术型经济学家，我更清楚学术型经济学家的工作：教你正在学的课程，写你正在读的书，还有写文章和做研究，用经济学来解释、预测和开处方。

在这三项职能中，研究是你接触得最少的一项。我在前面的某章曾评论，做经济学需要在不切实际的简化与不可行的复杂化之间不断寻求平衡。我还可以补充说，取得这种平衡，并画出简单的现实图景从而可以对其分析和理解，其基本结构也准确到能告诉我们有关现实世界的一些有用信息，是一门艺术，而不是可以从这本书或任何其他书籍中学到的机械过程。你可以通过观察该理论是否对现实世界有不明显但准确的预测来查验这种尝试是否成功。

这就提出了一个问题：我们如何区分出这两种事情，一种是理论在逻辑上所隐含的，一种是仅仅因为作者在构建理论之前就知道它们是真的，理论才"预测"到的？使用现实世界的知识来构建正确的理论，与构建出不过是对你已知事物的复杂重述的理论之间，有一条微妙的线。

这个问题的一个解决方案是预测你不知道的事情，最好是由于尚未发生，你不可能知道的事情。这种证明你的理论有用性的方式令人信服，特别是当别人的理论做出了不同的预测但结果是错的，而你的结果是对的的时候。遗憾的是，这只适用于其含意可以在相当短的时间内并且能在当前条件下验证的理论。我发表在经济学杂志上的第一篇文章为《国家的规模与形状理论》，其预测由从罗马帝国灭亡至今的不断变化的欧洲政治版图来检验。如果我限制自己只用未来事件来检验自己的理论，那初步的结果可能要到我的孙子才能见得到。

保持在预测与描述分界线的正确一侧的一种方法是仅预测未来。另一种方法是近乎死板地坚持完全理性的逻辑。大多数人认为，实际行为混杂了理性与非理性因素。但在构建经济理论的过程中，诱人的是从一个基于理性的模型开始，然后在需要时引入非理性的因素来解决模型的预测和实际观察到的情形之间的冲突。由此产生的理论，相比于一个假设到处都是理性的理论，看起来更像是对现实世界的描述，但作用却更小。如果只要方便你就假设非理性，那你就可以解释任何事情，但这样做之后，你和其他人都没有任何简单的方法来知道你的理论是否有效，因为你在开始之前就知道答案并相应地修改了理论。

相反，如果在处处都坚持理性假设，即使是在小孩子决定是否踢兄弟姐妹的行为中，改变预测以适应事实的自由也会少得多。基本假设一旦建立，模型将由自身的内在逻辑驱动。无论是否想去那里，它都会将你带到逻辑引向的地方。这样做的一个优点是它可能会让你得出你知道是错误的结论，证明最初的模型是错误的。另一个优点是它可能会让你得出你本以为错的结论,告诉你之前不知道,以及从符合你所认为的事实的方式中构建的理论那里永远不会知道的东西。

从这个角度来看,经济学家关于理性人的假设,正如我在第一章所主张的,既是利用人类行为中可预测因素的一种方式,也是让经济理论家保持诚实的一种方式。

模型,模型,还是模型

"模型"(model)一词在经济学中用于描述三类截然不同的事物。阐释这几类模型可以避免混淆,这也是勾勒经济学家,尤其是学院派经济学家所做的三类完全不同的事情的方式。

一种模型是简化的图景,旨在更容易地分析一个形势的逻辑而忽略不重要的特征。此类模型已在前面的 22 章中反复使用。一个例子是第七章中关于租赁合同的法律限制对房东和租户的影响的讨论。我假设所有房东都是相同的,所有租户都是相同的,并且法律限制对(房东的)成本和(租户的)价值的影响类似于税收或补贴的影响。我做出这些假设不是因为我相信它们是真实的,而是因为它们使问题变得足够简单,而且没有改变形势的本质逻辑。一旦使用这种模型能弄清楚简单形势里正发生什么以及为什么,就准备好了分析更现实——也就更艰深——的案例。其他例子有:第十一章中的理发店问题、第十九章关税在小麦是唯一出口而汽车是唯一进口商品的世界的影响分析,以及第二十一章婚姻市场的两种模式。

第二种模型用于数理经济学中。一个典型的例子可能从假设"在一个有 N 种商品和 M 个消费者的世界"开始,其中数值可能是 10、100 或 10 亿。然后简化假设——不是关于商品或参与者的数量的,而是关于模型要素的数学特征的,如效用函数和生产函数。这些假设不是为了给模型求解——没人想去解这种模型,即把数据代入并解出数据——而是要证明关于解应该是什么样的定理。在本书中,我没有做任何这类严格的数理经济学,但当在第八章解释原则上如何解决经济问题和在第十六章说竞争性市场效率的证明可以转为一种更精确的形式时,我都曾提及。其中一个数理经济学家想要证明的定理,就是关于在什么情况下经济运转是有效率的。

第三种模型我在本书中完全没有使用过,这是一种大规模的计量经济学模型。与前两种不同的是,这种模型试图精确定量地描述某个经济体,比如 2018 年 1 月的美国。要做到这一点,它首先得简化真实情况,就像我在第十四章中把一切生产要素都简化为三个——虽然没有那么彻底,然后用现实世界的数据和统计资料来估算模型中的数量和关系。因此,它是一幅真实经济体的粗略图景。它的目标与其说是理解,不如说是预测。

你现在可能已经意识到,一个真实经济体——比如2018年1月的美国,是一个极其复杂的交互系统。计量经济学模型通常在非常大且昂贵的计算机上运行计算机程序。即使有最好的电脑,任何简单到足以预测明年会发生什么,而且只需要运行不到一年时间的模型,也不得不忽略经济中实际发生的大部分事情去建模。计量经济学的建模艺术,是建立足够简单有用、与被建模的真实经济体有足够的相似性、可以用于预测未来会发生什么的模型。从经济学理论家的角度看,它是一门经济学、统计学和巫术以大致相等的比例结合而成的艺术。

尽管计量经济学建模困难重重,预测也不太可靠,计量经济学模型还是存在并蓬勃发展着,因为它试图生成的信息有巨大的价值。如果你知道明年利率会是什么走向,你就可以在债券市场上大赚一笔。即使这些模型的预测不是很准,仅略知一二,得出的预测很可能错,但高于随机正确的概率,也足以支付无数小时的计算机时间花销与许多计量经济学家和程序员的薪水。

经济学是一门科学吗?

遗憾的是,计量经济学模型有一个副作用,它鼓励了这样一种看法:经济学家是那些花时间试图预测经济下一步走向的人,经济学要么是一场信心游戏,要么是一门非常原始的科学,因为"经济学家从不同意彼此的观点"。这就像对物理和物理学家做类似的评价,并引用糟糕的天气预报作为证据。对于经济学问题,经济学家时常,甚至通常,是同意彼此的。他们持不同意见的是对系统结果的定量预测,这些系统太过复杂,除非在一个非常近似的意义上,否则没有解法。

人们普遍认为经济学的尝试并非科学的第二个原因是,经济理论通常涉及在现实世界中具有相当重要意义的问题。如果经济学家说取消关税我们会过得更好,那会有几个富有的大组织——例如通用汽车和美国汽车工人联合会——宁愿别人不相信这种说法。在这种情况下,对反对声音的报道与支持他们的经济学家占比几乎没有关系。如果99%的经济学家一致认为应该降低关税(这只是比实际略为夸张而已),关税的支持者仍然能够在其余的1%中找到至少一个能言善辩的成员来代表他们的观点。公众的印象则是有些经济学家支持关税,有些反对。

同样的事情也发生在其他学科。物理学通常被认为是最艰深的科学,但是,当涉及许多人深有感触的问题时,它很快就开始显得好像物理学家也从不同意彼此的观点。我们可以看下对核反应堆是否安全、核战争的长期影响是什么,或者基于太空的核攻击防御是否切实可行等的争议。据我(或许,也包括你)所知,这些问题中的每一个都有正确答案,得到了大多数对此有能力持有看法的人士的认同。但只要有几个人在错误的一边并具有适当的资历,只要有影响力的大团体支持双方,就会给普罗大众对这个职业有对半分歧的印象。

1979年,《美国经济评论》发表了一项发送给大量经济学家的民意调查结果,这些经济学家一些是学者,一些受雇于企业或政府。问题以及结果,相当清楚地分为三类。第一类包括价格理论中相当直接的问题:租金管制、最低工资法、关税的影响。在这些问题上意见普遍一致,通常有超过90%的投票者是一致的。第二类主要涉及存在相当大的专业争议的"宏观经济"问题,正如人们所预料的那样,对这些问题的看法存在分歧。第三类问题的答案在很大程度上不取决于经济学,而是取决于道德哲学议题:人们认为什么是好的或公正的世界。一个例子是问:"美国的收入分配是否应该更加均等?"在这个类别中,也存在广泛的分歧。我从投票结果得出的结论是,经济学家和物理学家一样,普遍同意他们的学科已解决的问题,而那些工作仍在进行、结论在很大程度上取决于经济学以外的事物的领域则存在分歧。

· 习题 ·

1. 在讨论学经济学的原因时，我断言，让你成为一个更知情的选民不是你学经济学的好理由，但可能是我教经济学的一个好理由。请解释。你可能不得不假设，我对本书将取得的成功非常乐观。

2. 请以一种原创的方式将经济学应用于本书未曾分析过的事物。理想情况下，你的分析应该结合本书提出的一个或多个观点，从而对现实世界一些本不明朗的现象提供解释或预测。一些可能的主题是：职业体育、大学体育、校内体育、性、精神疾病、节食、学生的 GPA 与其他特征之间的关系、宗教、不同校园的景色、不同校园不同专业的女学生的吸引力、不同校园不同专业的男学生的吸引力、宿舍食物、气候和生活在其中的人、宠物拥有权、美国人不会讲外语的坏名声、为什么有些城市的司机比其他城市的司机更有礼貌、学生参加聚会的数量与他们自身特征或其校园之间的关系，以及小镇居民的心态和行为与大城市居民的心态和行为之间的差异。

3. 在阅读本书的过程中，你一直在学习两件事——理解行为的一般方法（经济学）和该方法的特殊应用（价格理论）。在许多情况下，价格理论的一部分思想可以更普遍地用于理解人们的行为或你应该做什么。这些例子包括军队逃跑（外部性的应用）、放弃一场失败的爱恋（沉没成本），以及通过携带大棒来劝退歹徒（当利润为负时，企业会退出一个行业）。

   a. 简要举出书中的另外两个例子。

   b. 简要举出三个书中没有的、属于你自己的例子。

   c. 从这三个例子中选一个，详细说明如何用经济思想来看待那些本来不太明朗的事情。

4. 对你确信无法用经济学解释的事情，试着给出一个一致的、听起来很有道理的经济学解释。

5. 重读一遍你对问题 4 的回答，你仍然确定你的解释是错误的吗？讨论一下。

· 延伸阅读 ·

本章提到的我的第一篇经济学文章是 David Friedman, "A Theory of the Size and Shape of Nations," *Journal of Political Economy*, Vol. 85, No. 1 (February, 1977), pp. 59–77。

对经济学家的调查报告见 J. R. Kearl, et al., "A Confusion of Economists?" *American Economic Review*: *Papers and Proceedings*, Vol. 69, No. 2 (May, 1979), pp. 28-37。

想从经济学的创立者那里学习经济学的学生应该读一读亚当·斯密的《国富论》；大卫·李嘉图的《政治经济学及赋税原理》和阿尔弗雷德·马歇尔的《经济学原理(第8版)》

这三本书非常不同。斯密的书内容最广泛，也最有趣。李嘉图的那本是最难的；在这本书中，他提出了经济学的基本逻辑——现在称之为一般均衡理论——而没有使用任何我们认为必不可少的数学工具。现代经济学家读李嘉图的《政治经济学及赋税原理》的感觉，就像珠峰探险队的一员在接近山顶时，遇到一个穿着T恤和网球鞋的徒步旅行者从山上下来一样。马歇尔的《经济学原理》是现代经济学的第一部集大成著作；对于一个雄心勃勃的读者来说，这是三本书中唯一可以替代现代教科书的书。

想从经济学经典的现代讨论中获得帮助的学生，可以阅读马克·布劳格的《经济理论的回顾》(*Economic Theory in Retrospect*)。

关于过去社会的经济学的一系列有趣文章，我推荐 Carlo Cipolla, *Money, Prices and Civilization in the Mediterranean World* (Staten Island, N.Y.: Gordian Press, 1967)。

我推荐两本书作为本书的替代或补充，它们以不同而有趣的方式涵盖了几乎相同的材料，分别是米尔顿·弗里德曼的《价格理论》(*Price Theory*)和阿门·阿尔钦(Armen Alchian)与威廉·艾伦(William Allen)合著的《大学经济学》(*University Economics*)；后者的节选本叫《交换与生产》(*Exchange and Production: Competition, Coordination, and Control*)。对经济学的一个简单得多的介绍是保罗·海恩(Paul Heyne)的《经济学的思维方式》(*The Economic Way of Thinking*)。

对于聪明的外行人而非选修某门经济学课程的学生，可以阅读我对本书的重写版本《弗里德曼的生活经济学》(*Hidden Order: The Economics of Everyday Life*)。